常德市工会志

常德市地方志编纂委员会
常　德　市　总　工　会　编

方志出版社
Publishing House of Local Records

图书在版编目（CIP）数据

常德市工会志 / 常德市地方志编纂委员会，常德市总工会编. -- 北京：方志出版社，2018.1
ISBN 978-7-5144-2977-0

Ⅰ. ①常… Ⅱ. ①常… ②常… Ⅲ. ①工会工作—概况—常德 Ⅳ. ①D412.864.3

中国版本图书馆CIP数据核字(2018)第034713号

常德市工会志

编　　者：常德市地方志编纂委员会　常德市总工会
责任编辑：罗　滔
出 版 人：冀祥德
出 版 者：方志出版社
地址　北京市朝阳区潘家园东里9号（国家方志馆4层）
邮编　100021
网址　http://www.fzph.org
发　　行：方志出版社图书经销中心
电话（010）67110500
经　　销：各地新华书店
印　　刷：常德市湘北彩印厂　　0736-7187272
开　　本：787×1092　　1/16
印　　张：44
字　　数：904千字
版　　次：2018年1月第1版　2018年1月第1次印刷
印　　数：0001～3000册

ISBN 978-7-5144-2977-0　　**定价**：298.00元

常德市地方志编纂委员会

《常德市工会志》编纂委员会

主　　任　谭弘发

副 主 任　赵克蓉

委　　员　童成振　赵　鑫　李友德　王夏一　宋奇峰

　　　　　谭祖安　谢春玲　燕　晖　熊礼友　曾　波

　　　　　王华境

《常德市工会志》编纂委员会办公室

主　　任　熊礼友

副 主 任　于冬梅　李国丛

成　　员　周嘉琳　贺计算　孙秀卫　曾　艳　张艳明

　　　　　胡晋豪　王译曼

《常德市工会志》编辑部

主　　编　熊礼友

副 主 编　皮丕忠　刘德泽

序　　言

常德，是湖南工人运动的重要策源地。20世纪初，随着马克思主义在常德的传播和中共常德地方组织的建立，常德工人阶级在中国共产党领导下，前赴后继，浴血奋战，为民族独立和人民解放事业建立了不朽的功勋。在社会主义革命和建设时期，常德工人阶级以主人翁的历史责任感和使命感，发奋图强，改革创新，为建造社会主义现代化大厦做出巨大的贡献。为了详细记载常德近百年来工人阶级产生、发展、壮大历程，记录常德工人运动和工会工作的全貌，常德市总工会常委会决定编修《常德市工会志》，成立了编纂委员会及其办公室。2012年8月，编修工作正式启动，历时六年，完成90万字的编修工作。如此浩大的志书编修，为保证其质量，编修人员本着严肃认真、实事求是的原则，广泛采集资料，多方求教考证，悉心编选，数易其稿。这种精神，值得称道、点赞。

《常德市工会志》以马克思列宁主义、毛泽东思想、邓小平理论和“三个代表”重要思想、科学发展观、习近平新时代中国特色社会主义思想为指导，坚持辩证唯物主义与历史唯物主义观点，详今略古，立足当代，承前启后，继往开来，重点记述了常德工人阶级和工人运动经历的战斗历程、积累的宝贵经验、涌现的大批英烈模范人物。可以说，《常德市工会志》是一部纵贯一个世纪、横叙工运百科，具有时代特征和地方特色的工运专志，是常德工人运动和工会工作的“百科全书”。这部工会志，为工会干部了解常德工人运动历史、学习工会工作提供了重要材料，为研究当前工会工作、进行科学决策提供了历史借鉴和信息资料；同时，为向广大职工群众特别是青年职工进行爱国主义教育，继承和发扬工人阶级优良传统，提供了很好的教材。

方志的功能，在于帮助人们认识过去，建设现在，开创未来。在党的十九大精神的指引下，全国上下正在深入贯彻落实习近平新时代中国特色社会主义思想，常德正处于新一轮大开放、大发展的关键时期，市委七届四次全会确定了开放强市、产业立市战略，常德工人阶级和各级工会组织要肩负起历史重任，弘扬光荣革命传统，牢牢把握为实现“两个一百年”的奋斗目标和中华民族伟大复兴的中国梦而奋斗这个我国工人运动的时代主题，把思想和行动统一到全市的发展思路和目标上来，放眼全局，敬业创业，积极进取，开拓前进，争当新时代改革发展的主力军，为常德工人运动谱写新的历史篇章。

常德市人大常委会副主任、市总工会主席　谭弘发

2018 年 1 月

凡　例

一、本志书以马克思列宁主义、毛泽东思想、邓小平理论、“三个代表”重要思想、科学发展观和习近平新时代中国特色社会主义思想为指导，坚持辩证唯物主义和历史唯物主义的立场、观点和方法，存真求实，力求反映常德工人运动和工会工作的全貌。

二、本志书记事上限不限，从有史料记载写起；下限为 2012 年年底，个别内容延至 2013 年。

三、本志书遵循社会科学分类原则，设篇、章、节，节下视内容设目、子目，采用横排竖写。

四、本志书所引用资料，多出自常德市档案馆和市总工会档案。所引用资料均已核实，不交代出处。

五、本志书所提到的“解放”，是指常德解放时间。

六、本志人物，分传记、简介、名录三类。工运人物、逝世的全国劳动模范和先进生产（工作）者、市以上人民政府追认的职工革命烈士立传记，以卒年先后为序；常德地区（市）工会主要负责人、全国劳动模范和先进生产（工作）者立简介，以任职或获得荣誉称号先后为序；市以上的劳动模范和先进工作者、中华民国时期工运先烈立名录，分别以获得荣誉称号和卒年先后为序。

七、机构和地名均用当时名称，有变动的括今注。撤区建市前的常德地区工会机构，称谓较多，为行文方便，有时采用习惯称谓“地区工会”。

八、本志书数字用法，执行 2011 年 7 月中华人民共和国国家质量检验检疫总局和中国国家标准化管理委员会发布的《出版物上数字用法》;计量单位,执行1984年国务院颁发的《中华人民共和国法定计量单位》,考虑到社会使用习惯,全书中亩不统一换算;标点符号,执行2011年12月中华人民共和国国家质量检验检疫总局和中国国家标准化管理委员会发布的《中华人民共和国国家标准标点符号用法》。

位于常德市柳叶大道的常德市总工会办公大楼，2005年建成使用

1988年11月25—27日，常德市工会第一次代表大会召开

出席常德市工会第二次代表大会的联合工会代表团与市领导合影

出席常德市工会第三次代表大会的部分代表与市领导合影

2003年9月14—16日，常德市工会第四次代表大会召开

2008年11月3—5日，常德市工会第五次代表大会召开

2013年4月8—9日，常德市工会第六次代表大会召开

1988年11月29日，全国人大常委会副委员长、全国总工会主席倪志福（前排中），省人大常委会副主任、省总工会主席刘玉娥（前左三）在常德考察时与市领导和市总工会班子成员合影

1995年1月12日，全国总工会副主席杨兴富（前排中)在常德考察时与市领导和市总工会机关部分干部合影

2009年7月，全国总工会副主席乔传秀（左五），省总工会党组书记、副主席肖刚强（左四）在常德考察时与市总工会班子成员合影

2009年10月，全国总工会副主席王炯(右六）在考察常德时与市领导及市总工会班子成员合影

2009年7月，全国人大常委会《中华人民共和国工会法》执法检查组在常德召开座谈会

2009年10月，国务院就业工作部际联席会议督查组在常德督查就业工作

2007年3月，全国厂务公开协调小组授予常德市“全国厂务公开民主管理先进市”授牌仪式现场

2012年7月4日，中华全国总工会工资集体协商工作情况汇报座谈会在桃源县总工会举行

2010年7月，全省市州、省产业工会主席会议在常德召开

2013年1月，全省“双联”和困难职工帮扶工作现场经验交流会在常德市举行

2013年1月，省委副书记梅克保（右二），省人大常委会副主任、省总工会主席刘莲玉（左一），副省长韩永文（左二）考察市总工会帮扶中心

2009年10月，省政协副主席龚建明（左二）在常德考察《湖南省职工代表大会条例》执行情况

2012年10月，省总工会党组书记、副主席刘革安（左二）在常德调研

2006年7月，市委书记武吉海（中）在常德市总工会机关调研时和市总工会班子成员合影

2006年，市长陈君文（前左）给困难职工发放大米和棉被

2010年4月，市长陈文浩（前左一）欢送全国劳模赴京参加表彰大会

2011年，市委书记卿渐伟（左）为一线职工发放防暑物资

2013年5月，常德市第五次劳动模范和先进工作者表彰大会召开

1989年9月30日，出席常德市第一次职工劳模、模范集体表彰大会的全体代表合影

1995年10月1日，出席常德市第二次劳动模范、先进工作者表彰大会的全体代表合影

2013年5月3日，出席常德市第五次劳动模范和先进工作者表彰大会的代表合影

目 录

第一篇　职工队伍

第二篇　清末民国时期的工人团体和工人运动

第三篇　中华人民共和国成立后的工会组织

第四篇 主要会议

第五篇　工会工作

第六篇　人物和先进集体

Contents

Part Three The Trade Unions After the Foundation of the People's Republic of China

Part Four Major Conferences

Part Five The Work of the Trade Unions

Chapter Six Personage and Excellent Collectives

概　述

常德地处湘西北，扼沅、澧两水入洞庭湖之咽喉，为湘西北门户，自古有“荆楚要地，黔川咽喉”之称。常德人杰地灵、人文荟萃，在历史发展的各个时期，都留下璀璨夺目的篇章。特别是1919年五四运动后的新民主主义革命时期，常德的仁人志士与全国的有识之士一道，在外反列强侵略、内与封建统治斗争中，开启了工人运动的先河，涌现出了黄爱、蒯去病、许之桢等工运领袖和工运人物，使常德成为湖南省工人运动发展的重要地区之一。1927年常德“敬日事变”后，常德工人运动虽然遭到了摧残和镇压，但以后的各个革命时期，常德工人阶级一直站在斗争前列，为赢得新民主主义革命的最后胜利立下了不可磨灭的功勋。中华人民共和国成立60多年来，常德工人阶级及其群众组织——工会，在各级党委的领导以及各级人民政府的支持下，积极投身于社会主义革命、社会主义建设和改革开放事业，为建设常德、振兴常德继续奋斗，做出了重大贡献。

（一）

常德地处内陆，现代工业和产业工人产生较晚。19世纪末，常德以自然经济为基础的农贸市场开始兴起，特别是位于沅水、澧水出口的常德县、津市的商业与手工业发展迅速，行栈商店、制鞋厂、机器修配厂开始在市镇出现。1909年，官僚买办在常德开办了常德文益纺织纱厂，为常德最早的近代工业。1922年，常德建立金陵机械皮革厂，制革工人开始使用机械。随后，常德、津市相继创办3家电灯公司，至此，常德出现最早的一批产业工人。与此同时，外国列强势力相继延伸到常德。1924—1925年，英国在常德开设太古洋行，美国开设美孚石油公司，日本开设日清公司和戴生昌轮船公司，竞相掠夺廉价劳动力和桐油、棉花、皮革等原材料，倾销剩余商品。随之也出现一些与近代工业相联系的产业和行业，逐步形成以码头工人、手工业工人和店员为主体的工人队伍，这就是常德早期的工人阶级队伍。

常德工人阶级形成初期并没有自己的组织，因而饱受封建主义、资本主义和帝国主义的残酷剥削和压迫。他们的劳动条件差、时间长，劳动报酬低，难以维持温饱和生计。工人中患有职业病的现象极为普遍，因工伤亡者无医药补贴和抚恤。工人还经常遭受监工、把头的辱骂和殴打，过着饥寒交迫的生活。工人们为了生计，不得已加入各种行会、帮口和青洪帮等团体。这些组织一般由同一行业或地域的业主、资本家和工人组成，其领导权大都掌握在业主、资本家和封建把头手里。这些人利用行规帮律进行统治，使工人又增多一层剥削，引起工人普遍的不满。因此，常德各县一些行业的工人自行集会、另立自己的行会，如建筑业的“鲁班会”、熟食业的“雷祖会”、船舶业的“杨泗会”、书纸业的“文昌会”、酿酒业的“杜康会”、商业店员的“财神会”等。但这些自发组织的工人团体，缺乏严格的组织管理，最后大多被封建把头操纵，没有起到代表和维护工人权益的作用。

为了维护自身起码的生存权利，工人们也同恶势力抗争过。这些自发性的斗争在一定程度上维护了工人的利益。

1919 年五四运动爆发后，常德工人运动开始崭露头角。为声援北京学生的爱国行动，常德各地的工人与各界民众一道，纷纷举行罢工和示威游行，开展反帝爱国运动，显示出了工人阶级的强大力量。运动中“劳工神圣”的口号风靡社会。一些具有先进思想的知识分子开始在工人中传播马克思列宁主义，常德的工人很快觉醒，迫切要求摆脱行帮组织的束缚，建立工人阶级自己的组织——工会。1920 年 6 月，常德人民的优秀儿女黄爱在天津参加“五四”运动回湖南后，与庞人铨等创建湖南劳工会。在其影响下，1922 年 1 月，常德劳工会正式成立，会员达 400 多人，分布在缝纫、石业、瓦业、木业、刨烟业等行业。这是常德现代工会的雏形。常德劳工会成立后，领导工人为维护自身权益积极进行斗争，相继组织人力车行业，以及泥、木、缝、石四业为增加工资的罢工和请愿，迫使资本家答应工人增加工资的条件。因此，常德劳工会一度深得广大工人的拥护。鉴于劳工会越来越大的社会影响力，1923 年 8 月，常德劳工会被县署查封。

常德工人阶级有组织有影响的工人运动是“五卅”惨案后。1925 年 5 月，上海发生了震惊全国的“五卅”惨案，激起全国人民的义愤。消息传到常德后，6 月 9 日，社会主义青年团常德地方执行委员会领导成立对沪惨案湖南雪耻会常德分会，发动常德人民进行声援。常德工人立即响应，同学生一道举行罢工、罢市和游行示威，搜查焚毁日货，打击买办资本家。这场爱国运动迫使日商戴生昌轮船公司的客、货轮停开，英商烟草公司停业，美国人开办的学校无人报考和上课，重创了英日美帝国主义的嚣张气焰。

常德真正代表工人的工会组织，是中国共产党成立后，自下而上地建立和发展起来的。1925 年冬和 1926 年春，中共湖南区委和湖南全省工团联合会先后选派一批工运特派员，分赴常德的各县，组织建立地方总工会，开展工人运动。1926 年 9 月，常德县总工会正式成立。到 1927 年上半年，常德各县总工会相继成立。在建立地方总工会的同时，各县在各行业普遍建立行业工会，常德县就建立了船业、箩业、泥木业、袜业等 26 个行业工会，工会会员近 8 千余人。至此，常德工人运动开始进入有组织、有规模的发展新时期。

常德各县总工会和行业工会建立后，将领导工人反帝、反封建、反剥削压迫、进行民主斗争作为工人运动的重点。各县总工会组织广大工人全力支援北伐的同时，联合各界群众，掀起反帝高潮。组织建立工人纠察队或工农义勇队，维持革命秩序。各地总工会与农民协会等团体组织特别法庭，判处了一批罪大恶极的土豪劣绅、贪官污吏和工贼，还普遍开展了禁烟、禁赌、禁娼活动。按照中共常德地委指示，常德县总工会及袜业工会选择达人袜厂，组织工人开展对资方的民主斗争，工人民主选出代表，参与管理工厂和组织生产，工人在工厂的地位及经济待遇都有所改善。这次民主斗争取得的胜利，为常德工会日后组织工人进行民主斗争积累了经验。常德工人革命热情之高，斗争声势之大，前所未有。在1926年12月召开的湖南省第一次工人代表大会上，常德、津市、汉寿、石门、澧县、桃源等县总工会和总工会筹备处都派出代表参加了大会，常德、津市、汉寿等县总工会参会代表还作了大会发言，介绍了常德地区的工人运动。

正当工人运动蓬勃发展的时候，1927年4月12日，蒋介石在上海发动反革命政变。5月21日，何健、许克祥等在长沙制造“马日事变”。5月22日，省防军驻常德部队熊振独立旅部伙同县警备队和稽查队，在常德制造了“敬日事变”。常德各县总工会被捣毁封闭，一大批共产党员、工会领导人以及工农革命分子惨遭杀害，常德笼罩在一片白色恐怖之中。面对国民党当局的残酷镇压，常德幸存的党团工会骨干被迫转入地下活动，工人运动处于低潮。而国民党当局趁机重新组织各业工会，仅1931—1936年，常德县就发展到有泥业、缝纫、理发、制革、针织、油漆、航运等27个行业工会，这种工会实际上是国民党欺骗和控制工人的御用工具，即“黄色工会”。

大革命失败后的常德工人阶级，在中共常德地下组织的领导下，一直没有停止过与国民党当局的黑暗统治作斗争。1927—1929年，在周逸群、贺龙、段德昌等创建湘鄂西苏区时期，常德地区的石门、澧县、安乡等地的工运骨干，带领保存下来的工农武装力量，参与了1927年的秋收起义和1928年年初旧历年关暴动。同时，在中共湘西特委、湘西北特委领导下，在常德各地建立秘密工会和赤色职工运动委员会，积极参与乡村的抗租、抗债斗争和城市的反帝反苛捐杂税斗争。在加强工人教育、培养输送工人干部、支援红军作战、参加政权建设、经济建设、维护工人利益等方面，做了大量工作，发挥了重要作用。1931年7月，湘鄂西省总工会成立后，石门、澧县、临澧、津市等地工运骨干，在企业和行业中恢复和发展工会组织，开展工人运动。

抗日战争爆发后，国、共两党实现第二次合作。这一时期，沿海地区一些城镇沦陷后，工厂企业纷纷内迁，常德出现了一批新的工厂企业，常德的产业工人队伍达到7600人，加上手工业、商业和其他行业工人，合计26000多人。面对中华民族生死攸关时刻，在中共常德地下组织的领导下，常德工人阶级迅速投入到抗日救亡斗争中，发起成立“抗敌后援会”，为抗日救国踊跃募捐。1938年2月，中共湖南省工委派帅孟奇到常德筹建工人武装，为建立工人抗日武装做了必要的准备。1943 年 11 月，日本侵略军围攻常德，防守常德的国民党 74 军 57 师官兵英勇抵抗。常德船业、岩业、泥木业、箩业等 32 个行业工会发动 200 多名工人，组成战时工程服务队，舍生忘死地投入到“常德会战”战场。

抗日战争胜利后至新中国成立前夕，常德的国民党当局在各地组建其御用工会，反扑工人谋求解放的斗争活动。1947 年 8 月，中共湖南省工委派雷天一、方用先后来常德发展党的组织，开展工人运动，一些原来被国民党当局把持的行业工会，逐渐被中共地下组织掌控。常德解放前夕，国民党调来曾把沅陵古城付之一炬的土匪部队暂编五师驻守常德，师长汪援华一到常德就扬言守不住就一把火烧掉常德。为保护常德古城，在中共常德地下组织领导下，常德各业工人积极开展护厂、护校、护院、护城斗争。常德《新中日报》的编辑和工人，毫不畏惧地架起秘密电台，将收听到的新华社电讯改写成外国电台的消息，通过报纸及时刊发出去，让广大市民和工人了解被国民党当局封锁的革命发展形势，并通过社论宣传全国解放的进程，号召工人要保护工厂，商人要保护商店，学生要保护学校。常德广德医院、新华电厂的员工暗地里联合起来，组织开展反外迁活动。城内船业、码头业、制革业、屠宰业工会和回民支队联合组成 300 多人的护厂护城队，参与迎接解放斗争。一场坚守岗位、坚持生产、保护设备、反迁移、反破坏的护城运动迅速地在城区展开，使常德古城幸免于难。

（二）

1949 年 7 月，常德和平解放，中共常德地委按照中共七届二中全会关于城市工作“必须全心全意依靠工人阶级”的方针，成立常德专区职工委员会。同年 12 月，根据湖南省总工会筹备委员会决定，成立湖南省总工会筹委会常德专区办事处，加强对全区各县市地方总工会的筹备组建领导工作。随后，各县市相继建立总工会筹委会。各县市建立地方总工会后，加快基层工会组织建设和工会会员发展步伐，到 1951 年年底，全区建立基层工会 496 个，会员发展到 35640 人。一些行业和基层工会建立后随即组织和开展活动。

国民经济恢复时期（1951—1958 年），工会组织的重要作用充分显现。常德地区各级工会按照中华全国总工会确定的工会工作方针，以及湖南省总工会和中共常德地委的指示，动员和组织职工以主人翁姿态，协助人民政府接管城市和官僚资本主义企业；积极投入技术革新、提合理化建议和爱国主义劳动竞赛活动，创新生产纪录，不断提高劳动生产率；贯彻“公私兼顾、劳资两利”的方针，团结和监督资本家，搞好生产经营；采取以工代赈、生产自救、介绍就业等措施，救济安置失业工人；参加抗美援朝、镇压反革命、民主改革和“三反”“五反”等政治运动，为扫除反动封建残余势力，打退资产阶级的进攻，巩固新生的人民政权，恢复国民经济，发挥了重要作用。在基本完成对生产资料私有制的社会主义改造基础上，全区各级工会根据社会主义建设总路线，组织发动职工群众为完成国家经济计划做出了积极贡献。

这一时期，全区各级工会按照省总工会和中共常德地委的部署，采取办政治夜校等形式，向职工群众广泛深入地进行国家在过渡时期总路线和巩固劳动纪律的教育。积极举办业余学校，组织职工学习文化，扫除文盲。全区各县市普遍建立了工人文化宫、俱乐部，厂矿企业普遍建立文娱室、业余文艺演出队和各种体育运动队，活跃职工的文化生活。各级工会与劳动部门配合，贯彻执行《中华人民共和国劳动保险条例》，解决职工生、老、病、死和伤残待遇问题。在职工困难补助、劳动保护、工资奖励、女工家属等方面做了大量的工作，职工的劳动和生活条件大有改善。同时，工会干部的思想觉悟和工作水平有很大提高，作风有很大改进，各级地方工会经常有半数以上的干部到基层蹲点，协助工作，调查研究，与职工同吃同住同劳动，工会和职工群众的联系比较密切，工会在全区政治、经济和社会生活中的作用比较显著。

开始全面建设社会主义时期(1958—1965 年)，工会工作经历了曲折发展的过程。1958 年，根据中共八届二次会议制定的建设社会主义总路线和地方党委工作部署，全区各级工会发动职工群众开展“比、学、赶、帮”劳动竞赛和技术革新、技术革命运动，广大职工努力钻研技术、革新创造，你追我赶，争做贡献。运动中，由于缺乏经验和尊重经济发展规律不够，搞了一些形式主义的东西，造成了一些损失，但对常德的经济建设还是起到了一定的推动作用。正当工人运动和工会工作蓬勃发展的时候，1958 年 5 月，全国总工会党组举行第三次扩大会议，错误地对全国总工会领导人赖若愚、董昕等进行批判，给他们戴上“工团主义”“经济主义”“右倾机会主义”等帽子，把 1957 年以来工会干部提出的工会要在党的领导下开展独立活动，发挥群众监督作用，维护职工利益，在处理人民内部矛盾中工会要发挥调节作用等正确观点，也当作“工团主义”“经济主义”进行批判。这场批判，在工会系统造成了思想上的混乱，工会干部在开展工作中瞻前顾后顾虑重重，工会工作遭到很大挫折。

接着，在全国兴起的人民公社化运动中，中共中央在 1958 年 12 月批转全总党组《关于县级工会处理的意见》(以下简称《意见》)。《意见》提出“县工会将首先随着人民公社的更加健全，更加完善而自然消亡”。1959 年 1 月，中共湖南省委批转省总工会党组《关于工会体制几个问题的报告》，同意省总工会调整压缩机构，落实全总党组关于县级工会的处理意见。同年 2 月，中共湖南省委批转省文化局、省体育运动委员会、省总工会党组《关于工人文化、体育工作领导的请示报告》(以下简称《报告》)。《报告》提出职工文化、体育工作要逐步移交政府或企业行政主管。这些精神下达后，在社会上刮起“工会消亡风”，县市(镇)工会首当其冲，同时波及厂矿企业工会。常德专区工会办事处与常德地委工交政治部合署办公，各县市都大幅压缩工会干部编制，各县市总工会除安排 1~2 名干部留守外，大多被抽调和安排参加中心工作。随后，县市总工会以及大中型企业所属的工人文化宫、俱乐部等职工活动场地相继移交政府和企业行政部门。工会工作大伤元气。

1961年5月，全省工会第五次代表大会根据中共中央中南局关于"要恢复和加强工会工作"的指示，检查了"工会消亡风"给全省工会工作带来的损害和不良影响，决定恢复和加强工会工作。1962年1月和10月，中共湖南省委两次批转省总工会党组的报告，要求各级党委重视工会工作，切实加强领导，充分发挥工会组织的作用；并对工会干部配备，退还被占用的工会资产和文化宫、俱乐部等问题提出了具体意见。随着这些决定和指示精神的贯彻落实，常德地区各县市工会工作逐步得到恢复和加强。其时，国民经济遇到了暂时困难，口粮减少，副食品供应不足，职工体质下降。根据省总工会和中共常德地委的指示和部署，全区各级工会向职工群众广泛深入地进行形势与任务、工人阶级优秀品质和革命传统方面的教育，激励职工同心同德，艰苦奋斗，战胜困难；发动职工利用业余时间种菜养猪，办好食堂，改善生活。各级工会还广泛开展以支援农业为中心内容的"五好企业""五好职工"的劳动竞赛。

"文化大革命"时期（1966—1976年），工会工作受到严重破坏。"文化大革命"一开始，在资产阶级派性的冲击下，工人队伍被分裂，各级工会组织被"砸烂"，新中国成立17年以来的工会工发作被全盘否定。1968年10月后，常德地区工会及各县市总工会，先后被在派性基础上建立的工人阶级代表大会（以下简称工代会）所取代，工会工作处于停顿状态。1973年5月，中共湖南省委根据中央指示，作出整顿健全全省工会组织的部署后，中共常德地委随即贯彻执行。1973年6月19—23日，常德地区工会第二次代表大会召开，成立常德地区总工会。与此同时，全区各县市都先后召开工会代表大会，恢复和建立了县级总工会。1976年10月，中共中央粉碎江青反革命集团后，全区各级工会按照中共常德地委的部署，发动职工迅速投入"揭、批、查"斗争。1977年11月，省总工会发出《关于整顿工会组织的意见》后，常德地区总工会及各县市总工会和基层工会，在各级党委的领导下，在普遍进行整顿的基础上，建立健全组织机构，调整充实领导班子，逐步恢复工会正常工作。

1978年中共十一届三中全会后，常德工会工作开始了紧扣党的中心、紧贴发展大局的工作重点的转折。各级工会按照中共常德地委和省总工会的工作部署，把经济建设作为工会工作中心，发动和组织职工群众开展以增产节约为中心内容的劳动竞赛和为"四个现代化"（工业现代化、农业现代化、国防现代化、科学技术现代化）立功竞赛活动。中共常德地委批转了常德地区工会《关于组织职工深入开展为"四个现代化"立功活动的意见》，全区各行各业掀起了为四化立功的竞赛热潮。职工群众的劳动热情得到充分激发，技能潜质得到充分发掘，涌现出一大批先进典型和模范人物。1983年1月，中共常德地委、常德行署召开全区劳动模范、先进集体表彰大会。1984年后，各级工会为适应经济体制改革的要求，把提高经济效益，改善经营管理，提高产品质量，降低生产消耗，增强企业活力作为立功竞赛的中心内容。工会组织开展的职工劳动竞赛从形式、内容到效果发生了质的提升。

根据邓小平在中国工会第九次代表大会的致辞中所作的"工会要努力保障工人的福

利”“替工人说话、替工人办事”的指示，各级工会把关心和改善职工生活，代表和维护职工的利益摆到了重要位置。从1981年开始，地区工会与地区经委、地区建委、地区财办等部门，组织厂矿、企事业单位开展职工生活后勤工作达标竞赛活动，督促行政部门采取措施，解决职工居住、饮食、卫生等方面所存在的问题。1981年2月，国家劳动总局、中华全国总工会下发《关于整顿和加强劳动保险工作》的通知后，地区工会和地区劳动局拟定具体整顿意见，包括敦促企业建立劳动保险委员会，明确企业行政和工会执行劳保条例的职责等。根据省总工会1980年9月发出的《关于认真做好工会群众劳动保护工作的通知》精神，全区企业工会建立健全劳动保护组织机构，配置专职和兼职劳动保护检查员，参与劳动保护制度和措施的制定和实施，开展群众性安全教育，进行安全监督检查。1988年，全区建立劳动保护监督检查委员会603个，劳动保护检查员达10184人，其中从事工会劳动保护工作的专职干部220人。各级工会普遍建立女职工委员会，维护女职工合法权益，加强女职工特殊保护。在工资奖励、住房分配、物价监督、职工疗养、离退休职工管理等方面，各级工会配合政府和企业行政部门，做了大量的工作，使职工生活福利逐步得到了改善。

1981年7月，中共中央、国务院颁发《国营工业企业职工代表大会暂行条例》后，地区工会把加强企业民主管理作为“拳头”性工作来抓。是年9月，地区工会与地委组织部、地区经委联合召开全区企业民主管理工作会议，制订全区推行和完善职工代表大会制度规划，并组织督导检查和运用通报形式，定期公布各县市推行职工代表大会制度的进度，使全区以职工代表大会为基础的企业民主管理发展很快，到1983年年底，全区企事业单位建立职工代表大会制度的覆盖面达到96%。1984年以后，各级工会狠抓职代会职权的落实，把职代会的议事重点集中到审议企业重大决策上来，把民主管理贯穿于企业生产经营和各项改革的全过程。同时，加大民主监督的力度。1983年2月，中共中央办公厅、国务院办公厅转发的《全国健全企业领导制度经验交流会纪要》规定：“企业领导干部每年由职工代表大会评议一次，实行民主监督。”此后，民主评干活动在全区企事业单位普遍推开，到1986年，全区有1218个企事业单位建立民主评议领导干部制度，受评议的领导干部达7029人。各县市总工会还通过参加同级党委、人大、政协领导班子，参加政府设立的涉及职工权益的专门机构的工作，与政府或政府部门联合开会、联署发文，建立政府与工会联席会议制度等形式和渠道，积极参与社会事务的管理与监督，较好地发挥了参政议政的作用。

为适应改革开放和现代化建设的需要，常德地区工会把建设有理想、有道德、有文化、有纪律的职工队伍作为一项重要任务，对职工广泛深入地进行思想、文化、技术等方面的教育，不断提高职工队伍素质。1979年后，针对新时期职工队伍的特点和思想状况，采取举办讲座、学习班、演讲会和知识竞赛等形式，向职工进行中共十一届三中全会以来的路线、方针、政策、中国近代史、科学社会主义常识和民主法制、职业道德等方面的教育。1981年，中共中央、国务院《关于加强职工教育工作的决定》下达后,各级工会积极参与职工教育的管理与监督,维护职工的学习权利,努力办好工会举办的职工学校。地区工会调整县市工会职工学校的办学方向,减少“双补班”,开设并扩大中等专业文化技术班,开始形成以补习职工文化为基础,以提升职工专业技术为重点的工会职工教育体系。1983年,全区6个县市职工学校共开设中等专业班59个,培训职工学员4212人。1983年,响应全总的号召,地区工会发出《关于在职工中开展“振兴中华”读书活动的通知》,全区各级工会积极组织职工开展“振兴中华”读书自学活动,鼓励职工走自学成才的道路。1984年,中共十二届三中全会通过《中共中央关于经济体制改革的决定》,各级工会教育引导职工更新观念,正确对待经济体制改革中的利益关系,积极投身于改革。1987—1988年,各级工会在职工中进行“坚持一个中心、两个基本点”为主要内容的思想政治教育,引导职工认清形势,正确对待改革开放,坚定对社会主义建设和改革事业的责任与信心。

中共十一届三中全会后,中共常德地委和各县市委切实加强了对工会工作的领导,工会组织建设进入了全面、持续、稳定的发展期。到1982年,全区基层工会组织达到2103个,工会会员达到247746人。按照全总和省总的工作部署,从1984年开始,地区工会开展了整顿基层工会组织,建设“职工之家”活动。经过3年多的努力,到1986年年底,全区整顿验收合格“职工之家”1924个,占应整建验收基层工会总数的95%。随着经济体制改革的深化和国营工业企业厂长工作条例、党的基层组织工作条例和职代会条例的贯彻执行,基层工会的工作职责进一步明晰,工会与党、政关系逐步理顺,多年存在的党群不分、政群不分,党政包揽工会事务的现象逐步得到了纠正,工会在党领导下独立自主开展工作的指导方针逐步得到了落实,基层工会的活力进一步增强。1986年,中共常德地委组织部与地区工会联合下发《关于配备好各级工会领导班子的通知》,要求按照“四化”和精干的原则调整配备好工会的领导班子,使一批年纪轻、有知识、有能力、有干劲、有开拓精神和受职工群众拥护的干部职工进入到各级工会领导班子,为工会组织和工会工作带来生机和活力。

(三)

1988年6月,常德撤区建市。同年11月,地级常德市工会第一次代表大会召开,成立常德市总工会第一届委员会。其后一个阶段,相继经历了1989年春夏之交北京政治风波、1990年苏联解体和东欧剧变、1992年开始的企业工资劳动人事关系“三项制度改革”。面对复杂的国内外政治形势和艰巨的企业经营机制改革重任,市总工会将工作重心放到全面提升职工政治思想素质,全力推进企业转换经营机制上。要求全市各级工会旗帜鲜明地引导职工坚定社会主义立场,增强对社会主义和共产主义的信念,深化对企业经营机制改革重要性和紧迫性的认识。市总工会举办“形势大家谈”的演讲活动,举办“十年改革成果一条街宣传展览”,向基层工会和职工下发省总工会编写的《“三热爱”职工读本》。各区县(市)工会通过举办各种形式的以改革为主题的报告会、演讲会和辩论会,引导职工增强对党和社会主义的信任感,正确对待改革开放,正确处理全局和个人、长远和眼前的利益关系,以主人翁姿态投身于企业“三项制度改革”。为加大职工在企业经营机制改革中的参与力度,市总工会把加强企业民主管理,推进民主管理规范化建设,作为重点工作来抓,制定职工民主管理工作达标考核细则,建立企业三级民主管理体系,加大对职工代表培训的力度,确保职工代表大会的各项职权在不断深化的企业改革中得到了较好的落实,确保了全市职工队伍稳定和企业改革的不断深化。其间,中共中央下发《中共中央关于加强和改善党对工会、共青团、妇联工作领导的通知》,七届全国人大五次会议通过《中华人民共和国工会法》(以下简称《工会法》),为工会工作提供了有利的政策环境和法律保障。各级工会切实把握契机,积极贯彻落实中央文件,宣传贯彻《工会法》。中共常德市委组织部、常德市总工会联合发出《关于加强工会干部管理工作的通知》,中共常德市委办公室转发了常德市总工会《关于继续深入开展建设职工之家活动的意见》。中共常德市委召开“全市学习贯彻《工会法》动员大会”,中共常德市委、市人民政府召开常德市庆祝中华人民共和国成立40周年暨常德市第一次职工劳动模范、先进集体表彰大会。工会工作的环境得到了明显改善,工会在党的领导下独立自主开展工作的观念不断强化。

1994年1月,常德市工会召开第二次代表大会。之后的几年里,市总工会按照中共十四届三中全会通过的《关于建立社会主义市场经济体制的若干问题的决定》精神和全总、省总确定的工作重点,全面调整工作思路、工作内容、方式方法:一是在推动建立平等协商集体合同制度中发展和谐的劳动关系。1994年7月,全国人大常委会通过《中华人民共和国劳动法》(以下简称《劳动法》),市总工会把推进平等协商集体合同制度,作为贯彻落实《劳动法》,发展企业和谐劳动关系的“牛鼻子工程”来抓,提请市政府成立推行平等协商签订集体合同工作领导小组,并由市政府主持召开“推进平等协商签订集体合同工作动员大会”,与市劳动局联合发出《关于企业推行平等协商签订集体合同工作的通知》,由此,推行平等协商签订集体合同工作在全市95%的企业迅速推开。二是在积极协调和化解劳动关系矛盾中营造企业持续发展的环境。全市企业普遍建立劳动争议调解委员会,企业工会在劳动争议调处中引导职工理性维权、依法维权,在维护企业整体利益中维权,化解了大量的劳动争议矛盾。与此同时,着力协助政府实施再就业工程,切实维护职工合法权益。各级工会建立各类培训机构,创办职业介绍所,举办下岗职工再就业洽谈会、招聘会,为下岗职工提供再就业服务。市总工会与市计生委、市劳动局联合发出《关于下岗、待岗女职工计划生育内生育产假期间的工资、奖金、福利发放标准和医药费报销标准的有关规定》,与市劳动局、市工商局、市公安局联合发出《关于加强全市私营企业、个体工商户劳动管理,切实保障职工合法权益的通知》,在不断深化的企业体制改革中保障了职工的合法权益。三是在服务全局工作中凸显工会作为。1995年、1996年、1998年，常德市3次发生特大洪涝灾害。常德市总工会号召全市工会组织和广大职工紧急动员起来，立足岗位，努力生产，支援灾区，全力以赴地投入到抗洪自救支灾的战斗中去。各级工会组织和广大职工群众积极响应市总工会的号召，组织职工迅速投入抗洪抢险斗争，涌现出了李建国等一批抗洪功臣和英模，谱写了全市工人阶级特别能战斗的感人篇章。

1998年11月，常德市工会召开第三次代表大会，确定了在社会主义市场经济体制条件下工会工作的框架和思路。此后，中共常德市委、市政府下发了《常德市全心全意依靠职工办企业的意见》《关于进一步加强新建企业工会工作的意见》，相继召开全市工会组建工作会议、“双联”工作会议和市委工会工作会议，工会工作环境得到进一步改善。各级工会切实把握契机，努力推动市场经济新形势下工会工作：一是下大力抓新建企业组建工会工作，不断扩大工会组织覆盖面。针对非公有制经济比重不断扩大和一些国有企业在改制过程中撤并工会组织等问题，市总工会把加强工会组织建设特别是非公有制企业组建工会工作摆上重中之重的位置。在市委新建企业工会建设工作协调领导小组的协调下，通过明确成员单位的工作职责，建立联席会议制度，纳入全市双文明建设目标管理内容之中，列入各单位工作目标和年度考核等强有力的举措，推动了全市新建工会组织建设步伐的加快。二是大力推行厂务公开民主监督制度建设。1999年2月，省纪委、省委组织部、省总工会等六部门联合下发《关于建立和推行厂务公开、民主监督制度的意见》之后，中共常德市委、市人民政府召开全市推动厂务公开工作动员大会，随即，市县两级成立厂务公开工作领导小组，并制定《厂务公开实施细则》。是年底，全市有1059家国有、集体及其控股企业和事业单位建立了厂务公开制度，占到应推行面的92.5%。与此同时，民主评议企业领导干部和业务招待费制度在企业进一步得到完善。三是大力开展以“双联”和送温暖工程为主要内容的扶贫帮困活动。1999年12月，中共常德市委成立“双联”和困难职工帮扶工作领导小组，领导小组办公室设在市总工会。市总工会在积极推动党政机关联系困难企业，机关干部联系困难职工过程中，通过开展“送温暖”活动，帮助下岗失业人员实现再就业等方式，将“双联”工作打造成为扩大工会组织影响，展示工会作为的常德工会工作的品牌。四是积极参与市委、市政府从2000年开始的全市国有企业“两个置换”（置换企业国有性质，置换职工全民身份）体制改革。在这场深刻的企业体制变革中，各级工会责无旁贷地肩负起推进企业体制改革的深化和代表维护职工合法权益的双重重任。一方面，积极引导广大职工正确认识和处理好整体利益与个人利益、长远利益与眼前利益的关系，承受企业体制改革带来的阵痛，积极投入企业体制改革之中。另一方面，各级工会切实加强企业体制改革过程中职工民主监督的力度，加大在维护职工合法权益上的参与力度。工会推动改革发展稳定的作用充分显现。

2003年9月，常德市工会召开第四次代表大会。同时，中共常德市委、市人民政府召开常德市第三次劳动模范暨先进工作者表彰大会。在随后的几年里，全市工会工作进入了创新发展阶段：一是切实加强新形势下工会干部队伍建设。2002 年 1 月，为了落实《中共湖南省委关于进一步加强新时期工会工作的意见》精神，市总工会向市委提交了《关于切实加强新形势下全市工会工作有关问题向市委的汇报和请示》，就切实加强工会领导班子建设，实现区县(市)总工会主席的高配提出具体实施意见和建议。到市工会第四次代表大会召开之前，9 个区县(市)总工会主席或由区县(市)委常委担任，或由县级人大常委会党员副主任担任，实现了全市地方总工会主席全部按同级党政副职级干部配备。2003 年后，市县两级总工会都建立后备干部培养制度，并纳入同级地方党委组织部门的统一考核、选拔与交流。二是创立“五统一分”的市县一体化代收工会经费模式，即统一代收委托、统一宣传口径、统一征缴方式、统一代收费用比例、统一开征时间、分别商定基本目标任务。从而，使全市工会经费税务代收工作从一开始就步入整体有序、规范运转的轨道，从根本上解决了制约县级工会工作经费瓶颈问题。三是多领域、广覆盖地推进新经济组织组建工会工作。2004 年、2005 年、2006 年，市总工会分别确定为工会组建年、工会组建攻坚年、工会组建规范年，相继发出《关于新经济组织组建工会的实施意见》《关于进一步加强我市建筑、出租车、商贸行业工会组建工作的意见》《常德市非公有制企业规范化建设两年实施计划》和《关于加强我市非公有制企业工会组织规范化建设实施方案》等文件，有力地推动非公有制企业工会建设，实现了非公有制企业工会“建起来、转起来、活起来”。四是创新工作推进机制，即“完善两个机制，打造两个工程”。“两个机制”即以职代会为基础、以厂务公开为手段的职工民主管理机制和以平等协商集体合同为依托的劳动关系协调机制；“两个工程”即职工经济技术创新工程和以“双联”帮扶为依托的送温暖工程。1999 年全面推行厂务公开制度后，经过几年的不断发展，逐步形成了“党委领导、纪检牵头、工会承办、职工参与”的领导体制和工作机制。2007 年，常德市获得了全国推动厂务公开工作先进市称号。2007 年 1 月，省人大颁发《湖南省职工代表大会条例》(以下简称《条例》)后，市县两级工会提请地方人大实施贯彻《条例》执法检查，推进新经济组织建立职工代表大会制度。2002 年，市总工会在汉寿县开展企业工资集体协商的工作试点。2006 年 4 月，市人民政府在汉寿县召开全市推行工资集体协商工作会议，工资集体协商成为企业平等协商集体合同和协调企业劳动关系核心所在。2003—2009 年，市总工会、市劳动局、市人事局、市科技局联合举办 4 次全市职工技能大赛，全市有 20 多万名职工参加了技术练兵和技能竞赛，一批优秀职工获得“常德市技术能手”“常德市职业竞赛标兵”称号，近百名优秀职工代表常德市参加全省职工技能大赛。各级工会深化以“双联”为依托的送温暖工程，打造“双联”工作品牌，并与“送温暖”“爱心超市”“金秋助学”相结合，将帮扶困难职工的工作常态化。

2008 年 11 月，常德市工会召开第五次代表大会，确立了“围绕中心、服务全局”的全市工会工作指导思想。在此后一个时期重点抓了五项工作:一是在服从服务于党和政府的工作大局中扩大工会工作影响。2008年年末,由美国次贷危机引发的全球金融危机,对企业以至全市的经济发展都带来极大冲击。帮助企业应对危机,尽快走出困境,拉动地方经济,是党和政府的工作大局。2009年3月,市总工会联合市人社局、市企业家协会和市工商业联合会,在全省率先组织开展千家企业"共同约定行动"。全市近2000家企业、10万多名职工积极响应。按照"共同约定",企业恪守承诺不裁员不减薪,不把职工推向社会,不把包袱甩给政府。企业工会承诺,积极引导职工正确处理个人利益与企业利益、长远利益与眼前利益的关系,形成抵御危机、走出困境的团队力量。广大职工承诺以主人翁的责任感,努力工作,力挺企业尽快走出困境。"共同约定行动",让全社会感受到了工会组织在经济社会中的影响力。二是在坚持维护企业整体利益和职工具体利益即"两个维护"的有机统一中履行工会职责。各级工会坚持在推动企业持续发展中代表和维护职工合法权益。从2009年开始,市总工会在全市企业开展创建"五一先锋集体""五一先锋号"和"金牌工人"评选活动,激励企业工会和职工在推动企业发展中建功立业。市县两级工会依托协调劳动关系三方机制,开展和谐劳动关系示范园区创建活动,开展工资集体协商"春季要约行动",积极协调企业劳动关系,为推动企业持续发展营造良好环境。2010年1月,"常德市职工维权帮扶中心"揭牌成立,此后,在市县两级建立职工维权帮扶中心基础上,全市191个乡镇(街道)建立了帮扶站,180个企业、社区建立了帮扶点,形成了工会维护职工权益立体化的体制。市县两级工会加大法律维权工作的力度,通过组建执业律师或法律工作者参加的职工法律援助志愿团,承担涉及职工的法律援助、法律咨询、诉讼和仲裁代理、劳动纠纷调解、心理咨询等服务。特别是农民工异地维权上创出影响,创出品牌,2010年10月,全国总工会"进一步加强和规范农民工异地维权联动机制研讨会"在常德市召开。三是在坚持与时俱进开拓创新中增强工会工作生机与活力。各级工会打造工会劳模工作品牌效应,唱响崇尚、尊重、争当劳模主旋律。用劳模的优秀事迹教育和影响职工群众,引领广大职工为建设和谐常德建功立业。四是进一步规范和完善政府与工会联席会议制度。2009年10月,市政府办公室印发《常德市人民政府与常德市总工会联席会议制度》,到2012年,连续召开4次市政府与市总工会联席会议,联席会议围绕增强工会服务全市工作大局职能,强化职工权益维护机制建设,提高低收入市级劳模生活补助标准,加大对困难职工帮扶力度,加强企业集中区域职工文化体育基础设施建设,着力解决住房保障体系建设中存在的问题,农民工权益保护等议题进行议定。不断完善的地方政府与地方总工会联席会议制度,已经成为工会服务全市工作大局,代表和维护职工合法权益的一项重要制度。五是在切实转变工作作风中增强工会组织凝聚力。按照省总工会"贴近中心促发展、贴近基层搞服务、贴近职工办实事"三贴近要求,市总工会组织开展了五大主题活动,即企业大走访、工会大组建、技能大竞赛、工会大维权、职工大联谊活动。2012年,按照全总、省总部署，在全市广泛开展“面对面、心贴心、实打实服务职工在基层活动”，努力做到“三给一问”，即对企业发展给力，对困难职工给爱，对权益受到伤害的会员给法，对不称职工会主席问责。

常德工人运动和工会工作，虽然历经坎坷曲折，但总的是向前发展的，特别是从新中国成立到2012年的63年间，取得了巨大成就。2012年，全市有基层工会组织7222个，有工会会员873632人，分别比1950年的496个基层工会组织和35640名工会会员增加14倍和24倍，全市形成了相对完整的工会组织体系。全市广大职工以主人翁姿态，顽强拼搏，开拓创新，推动了常德的革命、建设和改革开放事业不断向前发展。

近百年来常德工人运动和工会工作的光辉历程证明：坚定不移地自觉接受中国共产党的领导，是赢得工人运动和工运事业健康发展的根本保证；狠抓全心全意依靠工人阶级指导方针的贯彻落实，围绕中心，服务大局，充分调动广大职工的积极性和创造性，是工会工作的本职要求；一以贯之地代表和维护职工的合法权益，是工会组织的基本职责；与时俱进地加强工会组织建设和改革创新，建设一支与新时期、新形势、新任务相适应的高素质工会干部队伍，是工会组织和工会工作持续发展的内在需要。

在不断发展的新形势下，工人运动和工会工作仍然面临着许多新情况、新问题和新挑战，常德的工人阶级和工会组织在中共常德市委和省总工会的领导下，将始终沿着正确的发展方向在不断创新中阔步前进。

大 事 记

1919 年

6 月 15 日 常德工人为维护国货、抵制日货，将府坪之新隆、下南门之九三、常清街之弘旗等 3 家日本洋行的日货和玻璃橱窗捣毁，并协同当地驻军冯玉祥部查获日本洋行偷贩的鸦片，迫使日商关门潜逃。

9 月 澧州镇守使王子彬组织澧水流域之澧县、临澧、石门、慈利、安乡、津市的绅士富户捐款创办“九澧贫民工厂”，各县选派学徒，学成后，回县创办分厂。工厂招收工人、学徒 800 余人。

11 月 津市商人郭梅舫、周六成、杨广元、吴佰熙、王桂生等先后购买 5 艘轮船，分别命名为“新安庆”“新鸿安”“新安泰”“通泰”“通惠”，同吴佰熙在 1916 年购买的“通和轮”一道，行驶在澧水津（市）、安（乡）、长（沙）等航线，雇工近 30 人。

1920 年

6 月 黄爱从上海回到常德，在工人群众中宣传“五四”爱国运动的起因与经过，对常德工人运动的兴起，起到极大的号召和激励作用。

9 月 24 日 国民党控制的中华工会湖南分会成立后，强迫工人入会，勒索会金，在常德各县各埠设立分会、分所 60 余处。

1921 年

4 月 慈利县土匪头子朱疤子，带匪军百余人，窜入石门雄黄矿抢矿和勒索工人钱财。工人吴朝杨、吴远成、杨先振、吴远同等在矿洞里串联组织工人同匪军斗争。天黑时，五六百名工人拿着锄头、钢钎、锤子等一齐出洞，朱疤子见势不妙，望风而逃。

10 月 常德人力车工人 200 余人因车主增加车租 100 文一事，在下南门十字街口商量对付办法，全体一致表决罢工，迫使车主将每辆车租涨价减为 10 文。

1922 年

1 月 4 日 常德市各商店雇员为改良弊端，使雇员与店主“两得其利”，组织雇员改进会，全体雇员在府坪洗心所召开成立会，推选杨训成为主席。

1 月 17 日 湖南劳工会领导人黄爱被军阀赵恒惕杀害后，毛泽东派李立三到常德接黄爱父亲黄益成去上海并转赴广州，向孙中山领导的广州政府请愿，惩办赵恒惕。

1 月 29 日 常德工人受黄爱影响，组织起缝纫业、烟业为主体的 400 余名工人，成立常德第一个工人团体——常德劳工会。缝纫工人杨彝（又名杨茂林）任该会执行部长。常德劳工会成立后，曾接受社会主义青年团常德地方执行委员会的领导。与此同时，商工系统代表蔡湘也组织以木业、泥业为主体的常德县工会。

6 月 13 日 常德劳工运动委员会成立，汪德基任委员长，姜见善任副委员长。

10 月 常德创办鼎新电力公司，拥有发电机 3 台，动力 970 马力。常德有了第一代电力产业工人。

1923 年

3 月 常德劳工会创办工人夜校，参加学习达 200 余人。

4 月 3 日 常德泥、木、石三业工人请愿，要求增加工资。常德县总商会及县议会被迫同意将工人每日工资由 280 文提高到 360 文。

5 月下旬 常德县工会会长蔡湘、副会长马天哲阻止该会木、石、瓦、缝四业工人工资定价，遭到广大工人的抵制，工人们打出公告，否认蔡湘为会长。

5 月下旬 湖南成立外交后援会，提出对日经济绝交。常德随即也成立外交后援会，广大工人积极参加外交后援会活动，向日商、日船提出抗议，经济绝交风潮席卷全区。

9 月 常德县箩业工人举行罢工，要求增加工资。最终，工人罢工斗争取得胜利，每担力资由 20 文增加至 60 文。

1924 年

1 月 湖南平民教育促进会常德分会成立，开设平民学校，吸收工人和市民参加平民教育。

5 月 社会主义青年团常德特别支部开始在工人中发展团员。先后有染织业工人杜海清、缝纫工人杨春初、织袜工人胡梅初、黄元议、周碧山等加入团组织。

1925 年

1 月 汉寿县辰阳镇进步绅士在县城西门开办汉寿县平民工厂，工厂有木织布机 8 台，生产花格布，工人为来自城乡贫苦的青年男女，100 余人。在县女子职业学校任职的帅孟奇担任该厂织布技师，她在工人中宣传妇女解放、抵制日货等革命思想。

4 月 常德各缝纫店店主联合压榨工人，将每日工资由三角减至二角四分。缝纫工人不堪忍受，举行联盟罢工，并呈请县署总部，另组织缝纫工厂，承包军服等业务，摆脱店主剥削。

6 月 “五卅”惨案发生后，常德工人积极参加“常德雪耻会”，与学生、市民一道举行罢工、罢课、罢市，开展打击买办资本家曾春轩的爱国运动，并向各界募捐，援助上海罢工工人，抗议英、日帝国主义侵略罪行。津市工人为声援“五卅惨案”受害工人，偕同各界人士成立“津市对沪惨案雪耻分会”和“对日英经济绝交委员会”，全城罢工、罢课、罢市 3 天。

6 月 28 日 澧州镇守使贺龙在津市商会召开会议，提出整顿“九澧贫民工厂”，并更名为“九澧平民工厂”，招收工人、学徒 600 余人。

8 月 常德城内工人和学生、中小商人一道，掀起反帝爱国热潮，工人罢工，商人罢市，夜以继日地进行示威游行，高喊“国存家存，国亡家亡”“同胞急起，抵抗英日”“不坐日本船，不吸英国烟”。

12 月 中共湘区委员会派纺织工人、省港罢工成员彭唯一为工运特派员到常德开展工人运动，同时派省工运特派员周维城到桃源开展工人运动。

1926 年

1 月 17 日 共青团常德地方执行委员会建立工人支部，有工人团员 8 人。

2 月 中共常德特支扩大为常德地委，由廖如愿任地委书记，彭唯一（后颜南山）任工运委员，在常德地委的领导下开始建立各级工会组织。

5 月 1 日 在中共常德地委的领导下，常德日清、太古洋行工人和全城人力车工人、码头工人宣布罢工，举行游行，反洋货，反苛捐杂税，各校学生罢课声援。罢工持续 10 多天，迫使县知事公署请求工人推选代表谈判解决。罢工结果：印花、屠宰、所得税等税负减轻 1/3；工人在罢工期间的损失，由资方按工人每天的劳动所得照半数补助；所有随税的附加，一律全部取缔；四乡的稽征所、警察分所，一律撤销再不增设；码头工人的工资提高 30%，取消人力车工人预交押金的规定。

9 月 9 日 常德县总工会成立，在广济宫举行成立典礼，参加大会的有缝纫业、木业、箩业、烟业、染织业、织袜业、铅印活版业等工会，会员6000余人。大会选举颜南山为总工会委员长、文恒益为副委员长。常德县总工会成立后，建立了工人纠察队，胡业本任总队长，拥有队员40人、枪支20余支。

10月 常德举行全市工人、市民、学生反英示威大会，抗议英国军舰炮轰四川万县的野蛮暴行，会后举行盛大游行，参加者达万余人。

10—11月 安乡、津市、澧县总工会相继成立。

11月 汉寿县总工会筹委会主席罗承阀、副主席李惠堂，纠察队队长李光华等率领纠察队员，配合农民自卫队，深夜袭击洲口杨家湖团防局，将大土豪梅孟樵活捉，翌日解县，经特别法庭公审后枪决。

11月 随着常德工会组织的建立，各行业中党的组织也有发展，在中共常德地委领导下的工会支部发展到11个。

常德县总工会旧址（今武陵区高山街巷内）

1927 年

2 月 常德县总工会全体纠察队员在队长胡业本带领下，参加北伐军攻打驻常贵州军阀袁祖铭的战役，缴获袁军 30 余条枪支和弹药，武装了常德工人纠察队。

3 月 常德达人袜厂工人开展劳资共管的斗争，在袜业工会中共党支部书记陈敏等的领导下，赶走剥削压榨工人的经理，收回解雇工人，并把全城单干的织袜工人组织起来，扩大了织带、织毛巾等业务。

3 月 安乡县总工会与农会一道，组织工农群众查封英商亚细亚，美商德士古、美孚等三家煤油公司的煤油 480 桶，在五总操坪焚毁，同时还烧了英货呢布、火柴，并把天主教堂霸占的 1 万多亩田土收归县财政。

4 月 中共常德地委创办工农干训所，地址设在烈士祠，地委民运部长许和钧担任所长，第一期培训工农干部 200 人。

4 月下旬 常德特别法庭成立，地委工运部长、常德县总工会委员长颜南山担任审判长。

5 月 24 日 常德发生反革命“敬日事变”。当天拂晓，驻常德熊震部队伙同县警备队和稽查队，突然包围和围剿常德县总工会、工农干训所、湘西报社等革命团体。县总工会 30 多名纠察队员奋起反抗，大部分队员牺牲，总工会教育部部长滕代胜被捕遭杀害。这次事变，死伤工农群众 200 多人，常德县总工会被封，城区内 28 个行业工会均被解散。中共常德地委机关遭到破坏。

10 月 中共湖南省委派彭公达到常德，改组常德县委，建立中共湘西特委。彭公达任特委书记，蔡以诚任组织委员，刘泽远任宣传委员，张盛荣任工运委员，领导建立工农武装，开展游击战争。

11 月 18 日 桃源工农红军领导人周维城(省工运特派员)、徐才益、张祺等在桃源东乡青龙寺秘密召开徐溶熙苏维埃成立大会，建立湘西北第一个苏维埃政权。

1928 年

3 月 徐溶熙苏维埃在桃源青龙寺召开近千人的工农群众大会，提出政权建设的纲领和措施：(1)实行均田制，做到耕者有其田；(2)实行减租减息，地租由原来的一担五斗减为一担；(3)禁止发放高利贷；(4)不许吃鸦片，不许退佃，不许行贿、贪污。

5 月 15 日 中共石门县委书记、石门县总工会委员长曾庆轩及袁任远、陈昌厚、佘汉初等率领工人游击队员 20 余人，在石门南乡夏家巷举行暴动，袭击南乡团防局和清乡委员会，杀死团总梅春圃和清乡委员陈海秋。暴动胜利后，成立湘西工农革命军第四支队，佘汉初任司令。

5月 澧县总工会委员长曹志民、秘书李千、工人党员方佰川组织大堰垱工人暴动，杀死国民党县长聂勉斋和大恶霸曾月琴。

5月 湖南省总工会秘书长蒯去病（又名蒯遂如）和夫人王月贞在常德东门外5号被捕。6月，两人被杀害于常德校场坪。

7月 因常德“敬日事变”逃回老家江西安源的常德县总工会委员长颜南山，隐蔽1年多后叛变自首，参加安源“反共委员会”。

1929年

6月 省工运特派员、湘西特委直属赤卫大队政委、桃源县总工会负责人周维成，湘西特委直属赤卫大队大队长徐才益，被国民党当局杀害于常德小西门外柳堤。

8月 由曾庆轩之父曾焕之组建的石门仙阳河“群一织布厂”成立。该厂以织布、织袜为掩护，秘密串联、组织工农群众开展革命活动。

1930年

10月 贺龙率红军进驻石门县城，县缝纫工会主席刘井章等组织30多名工人为红军做衣服400多套、被单300多床，还发动工人群众为红军筹集粮食1500多公斤。

11月 贺龙率红军进驻临澧县合口镇，铁木工人晏显恩等为红军加工铁脚码子数千副，铁钩子十多副，攻城木梯数十张。工人游从和、肖世乾等参加红军。

12月 石门县古罗坪苏维埃政府成立，木工鄢帝城任主席，裁缝覃章炎任赤卫队队长。

1931年

2月 澧县国民党当局为防范工人运动，建立全县性的理发业工会、染织业工会和箩业工会，强制工人入会。

4月 津市国民党当局为防范中共地下组织开展工农运动，组建各业工会，由津市商会管辖，拥有会员2000多名。

7月 中共湘鄂西临时省委召开湘鄂西省工人代表大会，正式成立湘鄂西省总工会，选举张昆弟为委员长，设组织、宣传、青工、女工等部。

8 月 桃源富商开办的冷家溪金矿宣告停产，大批工人失业。

11 月 由于国民党大肆镇压，共产党领导的工会组织遭受严重破坏，常德城内黄色工会组织开始恢复和建立。到年底，恢复和建立的黄色工会有 12 个，即泥业工会、木业工会、石业工会、缝纫工会、理发工会、烟蜡工会、染业工会、箩业工会、制革工会、袜业工会、针织业工会、轮卸驳装业工会。

1932 年

3 月 桃源县国民党当局公布民众团体组织法，国民党县党部派谭大锦等组建县总工会，并规定每个职业工会派驻一名国民党员，担任会外监事。

6 月 湖南省建设厅批准袁宏达在津市创办轧花厂，招收工人 631 人、职员 96 人。

12 月 苏区湘鄂西省拥有 11 个县总工会、100 多个区工会，会员达 3 万多人。

1933 年

3 月 湖南省建设厅以 3000 银元收买桃源冷家溪金矿，设立采矿工程处。职员月均工资 56 元 4 角，工人月均工资 14 元 8 角。

1934 年

2 月 6 日 贺龙率工农红军攻打常德。所到之处，宣传发动工农群众参加红军。

7 月 贺龙率红军进驻石门县城，城内喻华清、龙申汉等 50 多名工人，组成 3 个筹粮小组、4 个缝纫小组，帮助红军筹粮借款缝衣。

12 月 红二、六军团在桃源、常德县活动 7 天，有数千名工农群众参加红军。

1935 年

6 月 常德县先后有豆腐业、丝业、人力车业、斛业、屠业、运业、旅茶业、饭馆业、油漆业等 9 个行业成立工会组织。

8 月 贺龙、萧克率领红二、六军团攻打津市、澧县，津澧工农群众积极支援红军。澧县、津市石印局工人日夜为红军赶印宣传品。津市各商店店员为红军义卖大米。澧县 30 名缝纫工人为红军缝补衣服。津市 100 多名工人参加红军。

9月 红军离开津市到澧县王家厂，发动工人群众，向残酷剥削雇工、乘洪水之灾囤积居奇的隆大南货号老板王宗部进行斗争，责成王拿出财物，赈济灾民。在澧县，2000余名工农群众加入红军。

11月 贺龙、任弼时率红军撤出湘鄂西根据地，途径石门县磨岗隘、维新场、皂果市、城关、瓜子峪等地，石门泥木、缝纫、理发等行业工人，积极帮助筹粮借款等工作。

1936年

6月 国民党桃源县党部派谭大锦、张元善到陬市组建职业工会，设立桃源县总工会陬市办事处，以做轩辕会为名，要求每名会员缴纳会金2元2角。

12月 常德各县建立各行业工人团体，其中常德县有行业工会20个，会员7375人；桃源县工会8个，会员886人；汉寿县工会3个，会员896人；临澧县工会1个，会员103人；石门县工会1个，会员34人；澧县工会29个，会员3093人。

1937年

3月 红军北上后，松滋县农会副干事潘哲夫留在石门、松滋两县交界的子良、刘家场继续进行革命活动时被捕，子良乡铁匠郑达成组织10余人劫狱将其救出。潘得救后移住郑家，在子良、太平街组织游击队。

6月 澧县新洲镇箩业工人60余人罢工，历时10余天，箩行老板答应每工班每人增加2文工钱后复工。

8月3日 常德人民抗敌后援会召开会议，议决抵制日货，通知箩业、船员、民船等工会会员，从3日起不得起卸装运。

8月10日 常德城工人和各界群众为抵制仇货举行游行示威，迫使日商戴生昌公司关闭。

12月 国民党从沦陷区迁集一些工厂到桃源，中共湖南省委派干部驻在沅陵，专门负责指导和开辟沅陵与常德一带的军工企业的工作，组织工人群众抗日救亡。

1938年

1月 中共湖南省工委派帅孟奇到常德、汉寿开展抗日救亡活动，先后在工人、店员、学生和知识分子中，发展20多名进步人士入党，并建立了中共常德特别支部。

3月 按照中共湖南省工委关于把“行业式工会变为群众的革命工会”的指示，中共常德地方组织领导成立了常德工人工作委员会，改造了码头、人力车等5个工会，发展工人党员35人。

7月初 国民党把持的常德县总工会成立，会址设城隍庙。

7月下旬 中共湖南省委派白荣华（又名王铁铮）到常德，成立中共常德中心县委，白荣华任书记，办公地址设在大河街四川金堂卷烟铺工人李厚生家中。

10月 中共中央长江局领导的武汉生活书店总店派职员孙洁人到常德筹建支店。店址设在大高山巷，于10月10日开业。

1939年

1月 中共常德中心县委书记王铁铮，传达省工委在邵阳青龙桥召开的扩大会议精神，县委决定由苏春成负责工运工作。

3月 武汉抗战健儿孩子剧团指导员陈原，从汉口到桃源的被服厂做工人工作，向工人宣传抗日救国道理。

5月1日 中共常德中心县委领导的常德总工会筹备处，举行庆祝“五一”国际劳动节活动，召开群众大会，宣传共产党的抗日统一战线政策。

1940年

6月 中共党员韦来宽以国民革命军第53军政治处工作人员身份，到津市联络教工40余人，成立“津市怒吼歌咏队”并公开活动。

7月 中共党员、常德县总工会理事长苏春成叛变自首，加入中统特务组织。

8月 由中共地下组织掌握的益阳县总工会组织织造业工人200余人到桃源织布厂工作，工人要求增加工资被厂主拒绝。此后，这些工人被厂主开除。

9月 安乡成立由国民党控制的县总工会，国民党员陈登科任理事长，有职业工会13个，会员1000余人。

12月 中共常德县委工人支部成员黄福林、娄文秀、张承忍等6人被叛徒苏春成出卖遇害。

1941年

1月 衡阳毓敏湖总厂的高仲桥、吴方汉、林左弟等工人，在中共地下党员李群、高培勋的帮助下，在桃源陬市镇开设新明弹棉机器制造厂。

11月4日 日军飞机在常德城乡投下鼠疫杆菌,城内有200多名工人、市民患鼠疫症死亡。

12月 国民党安乡县党部、安乡县政府颁发《非常时期职业团体会员强制入会与限制退会办法》。

1942年

4月中旬 常德人力车栈主剥削压迫工人,猛涨车租费。工人王佰生、谢国清、宁家明等组织人力车工人,在大西门武陵戏院召开群众大会,反对资方涨租。叛徒苏春成带领特务包围会场,抓走谢国清、宁家明,王佰生一家被迫逃亡乡下。

8月 日军飞机轰炸常德,城内房屋被烧达95%,较大的工商业户迁往湘西、贵阳、重庆等地,小商小贩避居农村,广大工人流离失所。

12月 桃源冷家溪金矿局对工人加强控制和压迫,全矿工人661人,设矿警154名,每4名工人配1名矿警。设岗哨8处,每2小时换班一次。

1943年

3月 国民党控制的澧县总工会理事会改选,下设3个职业工会联合办事处,强制工人入会,收缴会费。工人除每月交工资的2%作为会费外,还要交一个月工资作入会金。

6月 日军侵入安乡,县城两条大街被烧毁300余户,其中工人被烧40余户。

7月 常德创办德记、同德织布工厂,两厂拥有工人354人。

11—12月 日军侵犯常德,常德各界群众奋起支持中国军队抵抗日军进攻。12月2日,日军攻破常德城,全城房屋被毁万余栋,2300多名工人、市民惨遭杀害。

1944年

1月14日 国民党控制的常德县总工会公布国民政府行政院1943年12月30日修订的工会法,并强制实施。

3月 因常德会战离城的工人和各界群众纷纷回城,城内担任构筑国防工事的32个行业工会负责人于11日举行总工会第五次扩大联系会议。

8月 中共汉寿地下党组织支持工人、农民反对劳役,使被捕的工人周光孝、肖壮秋得到释放。县总工会与辰阳镇公所协商,免除县城工人所在保甲范围的劳役。

12月 中共地下党员李龙在桃源畲田窑厂发动工人,反对老板要工人做包坯的规定,提出老板出土、出窑、出柴，工人包做、包烧，生产出的窑货，由老板与工人平分的新办法。遭老板拒绝后，李龙便组织工人自建新窑。

1945 年

8 月 15 日 日本宣告投降，津市、澧县各业工人奔走相告，纷纷走向街头，载歌载舞。各界人民召开盛大庆祝会，欢庆抗战胜利。

9 月 3 日 常德县 1 万多名工人参加在泮池街举行的抗日胜利大会。游行队伍行至街头时，各店店员燃放鞭炮，同庆胜利。

1946 年

2 月 因通货膨胀，桃源陬市镇木、瓦、锯、石工人要求提高工价和以钞票折米，商会不答应。1000 多名工人集会，逼使镇长文昌善答应提高工价，工钱折米。

5 月 常德城回民中的屠宰、皮革工人和回民青年学生 60 人，组织“回民联谊会”和“回民青年会”。

6 月 桃源县城聂茂源药店 20 多名工人罢工 2 天，要求增加工资。罢工取得胜利，工人工资增加 30%。

1947 年

5 月 1 日 临澧县全县职业工会第一次代表大会在县城召开，成立临澧县总工会。

9 月 常德县河洑镇伞业工人抓住生产旺季罢工，迫使老板答应增加工资 2 成多。

12 月 中共津市新华工厂地下支部与中共澧县工委接上党的关系，接受澧县工委领导，开展地下斗争。

1948 年

5 月 1 日 汉寿县辰阳镇各业工人，在中共地下组织领导下，举行庆祝“五一”国际劳动节大会。会后举行游行示威，高呼“反对剥削”“实行 8 小时工作制”等口号。

6 月 津市新华工厂工人为中共澧县工委负责人左承统赶制 2 台铁木混合织布机，安装在韩石巷"蔡福记织布厂"。左承统以该织布厂为掩护，开展革命工作。

8月 常德元福商店成为中共湘西工委的联络点。

11月 中共汉寿地下组织发动工人投资入股，在县城开办"泥木工人生产合作社"和"劳工食堂"。

1949年

5月上旬 中共湘西工委成立，方用任书记。同时，建立湖南人民解放突击总队，陈采夫任总队长，方用任政委。

5月 中共澧县工委发动工农群众，组建湖南人民解放突击总队第四大队，并委派中共新华工厂地下组织负责人李群和工人袁都银等赴湖北沙市找解放军联系，迎接解放军渡江南下。

6月 中共常澧地委工人运动工作委员会在南下途中成立。

7月 中共湘西工委负责人周艾从领导《新中日报》地下党员、工人开展护厂迎接解放工作，并在中、上层人士中举办"新民主主义学习会"。

1949年，常德工人为进军大西南的解放军抢修道路

7月 津市新华工厂工人秘密修理一批枪支,派仇勇夫送至第四突击大队左承统处。

7月 驻常德城的国民党暂编第五师师长汪援华,强令东门外居民迁移,准备火烧东门外全部房屋,以阻止解放军攻城。居住东门的300多名码头、屠宰、制革工人自备屠刀、扁担等武器,以清真寺为聚集地,准备浴血抗争,并放出“谁烧常德城,就杀谁的头”等口风,使汪援华火烧东门的阴谋未能得逞。

7月29日 解放军向常德城逼近,中共地下党员朱其来带领泉水桥渔民60多人、船只40多条,迎渡解放军进城,常德宣告解放。当天下午,全市各业工人代表参加在新世纪电影院召开的各界代表欢迎解放军、庆祝常德解放的大会。

12月21—24日 桃源县职工代表会议在渔父祠召开,传达湖南省职工代表会议精神,选举产生县总工会筹委会。

12月28日 根据湖南省总工会筹备委员会决定,撤销中共常澧地委工人运动工作委员会,成立湖南省总工会筹备委员会常德专区办事处,曲德成任主任。同日,常德县工会联合会临时筹备处成立。

1950年

1月1日 常德市党政军民在民主剧院举行庆祝新年拥军联欢大会,市职工会主任李振齐当选为大会主席团成员,并在大会讲话,职工代表冯光路发言。

1月16日 安乡县召开全县职工代表大会,成立安乡县总工会筹备委员会,并决定将39个旧行业工会合并为20个新工会。

1月 常德市普遍建立工会组织,有30多个行业成立筹委会,参加工会人数近万人。

3月 常德市医药业店员工会响应全国总工会救济上海失业工人的号召,从22日起节约1个月工资,省下人民币1039000元(旧币),交市职工会转汇上海。

5月14日 汉寿县总工会筹备委员会成立。

8月 中共临澧县委决定成立临澧县总工会筹备委员会。

8月 常德市省立四中教师杨昌帜出席中国教育工会第一次全国代表大会。

8月 汉寿县工会与县工商联合会签订劳资合同,合同规定资方保证职工每天2小时的学习时间,劳方每天工作时间不超过10小时。职工参与社会活动,资方不得扣发工资,不得无故解雇或辞退工人;如需解雇辞退,要报请县工会批准。

9月初 常德市总工会筹备委员会成立,职工会被撤销。

9月下旬 澧县召开全县首届职工代表会议,成立澧县总工会筹备委员会。

1951 年

1951 年，常德工人参加扫盲班

4 月 2 日 常德市 67 个行业、8500 名工人举行大游行，拥护政府严厉镇压反革命。

6 月 常德市全体职工响应全国总工会号召，积极投入抗美援朝运动，踊跃交纳 32000 万元（旧币）捐献款，超额完成 6 个月的生产捐献计划。

9 月 常德地区第一家国营煤矿——澧县羊耳山煤矿建成。

10 月 常德县总工会筹备委员会成立。

1952 年

1 月 省总工会筹委会常德专区办事处召开各县市工会筹委会负责人会议，传达贯彻全国总工会党组扩大会议精神。

3 月 常德、澧县、桃源、汉寿等县和常德市，相继在工商界开展“反行贿、反偷税漏税、反盗骗国家财产、反偷工减料、反盗窃国家经济情报”的“五反”运动。常德市总工会筹委会召开地方产业、手工业、商业、财政金融业、交通运输业共 6000 余名工人参加的检举不法商人动员大会。

5 月 25 日 常德市召开首届教育工会会员代表大会，选举产生中国教育工会常德市委员会。

6 月 常德地区各县市在党政机关、人民团体、企事业单位的干部职工中，开展反贪污、反浪费、反官僚主义“三反”的运动。

8 月 常德地区国营厂矿企业按照中共湖南省委和省政府的部署，发动职工群众改革旧工资制度，实行八级工资制。

9 月 11 日 省总工会筹委会常德专区办事处决定，撤销津市市总工会，成立津市镇工会，归属澧县总工会领导。

9月 为配合“三反”“五反”运动，常德地区各县市对基层工会领导班子开展“三查”(查思想、查立场、查出身历史)活动。

1953年

1月 省总工会筹委会常德专区办事处根据中共湖南省委指示和全国总工会的决定，在全区推广沈阳53工厂党、政、工、团干部在党委领导下分工负责和互相配合的经验。

2月16—23日 常德市召开首届工会会员代表大会，选举产生常德市总工会委员会，葛敬当选为市总工会主席。

4月 湖南省总工会成立，省总工会筹委会常德专区办事处更名为省总工会常德专区办事处。

5月29—31日 澧县工会第一届会员代表大会在津市镇召开，选举产生澧县总工会委员会，王树桥当选为县总工会主席。

6月 常德地区各县市基层工会发动职工群众掀起学习宣传总路线，用实际行动贯彻总路线精神的热潮。

9月 省总工会常德专区办事处根据中共湖南省委和省总工会指示精神，部署全区厂矿企业开展劳动纪律教育。

10月 湖南省总工会更名为湖南省工会联合会(以下简称省工会)，省总工会常德专区办事处更名为湖南省工会联合会常德专区办事处。

12月 常德市制革厂试用猪皮制革获得成功，填补湖南省该项技术空白。

1954年

3月18日 津市恢复市建置，津市镇工会联合会改称“津市市工会联合会”。

3月 湖南省工会联合会常德专区办事处根据省工会常委扩大会议关于县镇工会组织整顿与建设的意见，提出石门、慈利两县职工不多，厂矿很少，没有较大城镇，工会应予撤销。报经中共常德地委同意后，撤销石门、慈利两县工会筹委会。

6月 根据全国总工会、劳动部和省工会、省劳动厅文件精神，常德地区的劳动保险业务移交工会统一管理。

7月1日 沅水常德市客运轮渡开航，结束了千年木船摆渡的历史。

1955 年

1 月 常德地区各县市工会积极开展“反对美蒋和约”的宣传活动。

2 月 常德地区各县市工会相继举行抗议活动，反对使用原子武器。

6 月 16 日 常德县工会首届会员代表大会在杨家牌坊召开，选举产生常德县工会联合委员会，陈必达任主席。

6 月 22—24 日 汉寿县工会首届会员代表大会在县城召开，选举产生汉寿县工会联合会首届执行委员会，张元祥任主任。

6 月 常德市工人文化宫竣工。

7 月 3—27 日 澧县财贸系统的干部职工 663 人，分两批在县城集中，开展反贪污盗窃活动。

11 月 湖南省第一个国营农业机械站常德县河洑拖拉机站建成，拥有拖拉机 4 台、其他机引农具 20 部。

1956 年

2 月 9 日 常德市工人和各界群众 2 万人集会游行，庆祝全市社会主义改造事业的伟大胜利。

3 月 澧县县直机关、国营厂矿、事业单位开展肃反工作，参加肃反的干部职工 3967 人。

6 月 6 日 省工会发出《关于撤销省工会各专区办事处工作的指示》。6 月底，省工会常德专区办事处被撤销。

8 月 安乡县城手工业五金组工人潘少湘，制成全国第一台电传自动水位计，通过水利部、北京水利研究所、南京水文总站鉴定。

10 月 石门县工会第一届会员代表大会召开，选举产生石门县工会联合会第一届委员会，伍风支任主席。

11 月 常德市制革厂工会副主席蓝佑恒代表常德地区赴北京参加中国轻工食品系统第一次工会会员代表大会，受到毛泽东、朱德等中央领导人的接见并合影留念。

1957 年

1 月 14 日 中共石门县委发出《关于加强对工会工作领导的意见》的通知。

7 月 7 日 省工会常委会决定，并报经省委批准，成立湖南省工会联合会常德专区工作组，办公地点设在常德市新东街90号。

7月 常德、益阳、津市三市在职工中普遍开展反右派斗争。

9月 常德地区各县市基层工会在职工中开展社会主义教育，对右派言论进行辩论和批驳。

1958年

1月 湖南省工会联合会常德专区工作组改名为湖南省工会联合会常德专区办事处。

2月 常德地区厂矿开展反浪费、反保守运动。

5月26日 省工会常德专区办事处颁发《关于加强向职工群众进行系统的社会主义教育的意见》。

6月 省工会常德专区办事处召开专门会议，研究宣传贯彻中共八届二次会议提出的“鼓足干劲，力争上游，多快好省地建设社会主义”总路线的方法和措施。

8月 中共中央提出以钢为纲，大搞工业群众运动。省工会常德专区办事处要求各县市工会组织围绕钢铁煤炭生产安排工会工作，派强有力的干部深入生产第一线，开展社会主义竞赛和工业群众运动。

11月 常德地区开展“千台机床生产运动”。至年底，共有县级以上31家、机械厂生产机床1700台。

10月 省工会常德专区办事处召开全区县市和直属厂矿工会主席会议，传达贯彻全国总工会党组和省工会党组扩大会议精神，清算以赖若愚、董昕为代表的右倾机会主义和宗派主义在常德工会工作中的影响。

1959年

4月19日 省工会更名湖南省总工会后，根据省总工会通知，湖南省工会联合会常德专区办事处更名为湖南省总工会常德专区办事处，并启用新印章。办公地点迁至常德市城东百胜巷内。

9月1日 湖南省总工会常德专区办事处发出《关于组织动员全区职工掀起增产节约新高潮和有关工会工作问题的意见》。

10月1日 常德地区、常德市联合举行庆祝中华人民共和国成立10周年大会。常德市市长葛敬致开幕词，常德专署专员杨进忠作报告。会后，1万多名工人高举各种图表、模型和宣传画游行。

10 月 1 日 常德棉纺厂建成投产。

12 月 10—11 日 常德地区工业交通直属厂矿企业生活现场会在 601 矿召开。

12 月 省机械工业局、省机械工会组织 19 名出席全国群英会的代表、全省刀具操作赛能手，到常德七一机械厂等 6 个企业进行技术操作表演。

1960 年

2 月 成立中共常德地委工交领导小组技术革新、技术革命社会主义竞赛办公室。办公室设在省总工会常德专区办事处内。

3 月 常德地区各级工会发动职工，掀起以机械化、半机械化、自动化、半自动化为中心的技术革新、技术革命高潮。

6 月 省总工会常德专区办事处部署各县市和地直厂矿企业，加强职工业余教育工作，抓紧扫除文盲，大办业余初中，发展业余中专。

1961 年

2 月 省总工会常德专区办事处部署各县市工会和直属厂矿企业工会，开展以种菜养猪为主的群众性副食品生产活动，办好食堂，安排好职工生活。

4 月 省总工会常德专区办事处与中共常德地委工交政治部合署办公。办公地点迁至地委院内。

8 月 根据湖南省工会第五次代表大会精神，常德地区各县市工会联合会相继更名为县市总工会。

12 月 17—21 日 常德地区工会积极分子代表会议召开。中共常德地委书记(当时设有第一书记)苑洪武、湖南省总工会副主席王庆山到会讲话，省总工会常德专区办事处主任林丛作报告。

1962 年

6 月 23—26 日 省总工会常德专区办事处召开全区县市工会和直属基层工会主席会议，研究部署精简职工的安置和思想教育工作。

7—8 月 省总工会常德专区办事处就精简职工的安置和生活问题开展调查研究，写出专题材料向地委、行署报告。

9月 根据省总工会五届四次委员扩大会议关于充实调整工会干部、清退工会资产的精神，省总工会常德专区办事处督促各县市总工会向当地党委、政府汇报，得到重视和支持。全区有7个县加配了工会干部，7个县市确定收回被占用的工人俱乐部和教工之家。

10月 省总工会常德专区办事处帮助总结中共澧县县委加强对工会工作领导的经验和澧县工会组织职工支援农业生产的经验。经验材料被省总工会转发，并在《新湖南报》和《工人日报》刊载。

1963年

1月4日 省总工会常德专区办事处发出《关于当前工作几点意见》的文件。

2月8日 省总工会常德专区办事处、常德专区煤矿企业公司发出《关于开展煤矿矿际竞赛的联合通知》。

3月 省总工会常德专区办事处发出《关于组织职工开展学习雷锋活动的通知》，要求各县市基层工会迅速组织职工掀起学习雷锋的热潮。

9月 省总工会常德专区办事处配合中共常德地委、市委增产节约和“五反”（反对贪污盗窃、反对投机倒把、反对铺张浪费、反对分散主义、反对官僚主义）工作组，在常德电厂、常德市制革厂进行整顿工会的试点。

10月18日 省总工会常德专区办事处主任林丛在常德地区工业交通工作会议上，发表《关于深入发动群众，广泛开展增产节约“五好”竞赛的意见》的讲话。

1964年

1月30日 中共常德地委批转省总工会常德专区办事处关于常德市制革厂结合“五反”进行工会整顿试点的报告。

1964年，常德市自来水厂工人在操作设备

5月3日 中共常德地委批转地委统战部、省总工会常德专区办事处关于企业“五好”竞赛中如何对待资产阶级工商业者的请示报告。

7月4日 省总工会教育部在津市召开益阳、常德职工业余文化教育协作区会议。

11月20日 中共常德地委批转省总工会常德专区办事处《关于结合社教运动，整顿工会组织，纯洁提高工人阶级队伍的意见》。

1965年

1月 津市新华农业机械厂生产的P—810型动力轧花机被评为全国先进轧花机。

4月 省总工会、省总工会常德专区办事处组成联合工作组，由省总工会副主席刘亚球带队，到常德棉纺厂进行职代会工作试点。中共常德地委批转了省总工会常德专区办事处关于《常德棉纺厂召开职工代表会，组织生产新高潮》的报告。中共湖南省委刊物《湖南通讯》刊登了这个报告，《中国工运》也予转载。

5月14日 省总工会常德专区办事处发出《关于农村财贸等企事业单位在“四清”运动中整顿工会组织的意见》。

8月28日 中共常德地委工交政治部、省总工会常德专区办事处发出《关于组织职工参观湖南省工交系统学习毛主席著作先进事迹巡回展览的联合通知》。

11月21—26日 中共常德地委工交政治部、省总工会常德专区办事处联合召开常德专区工交系统“五好”和学习毛主席著作积极分子代表大会。

12月 省总工会常德专区办事处发出通知，要求各县市基层工会组织认真贯彻执行中共湖南省委《关于学习戴笃伯同志的决定》，在全区职工中广泛深入地开展学习戴笃伯的活动。

1966年

2月 省总工会常德专区办事处与汉寿县总工会在汉太供销社进行财贸系统职代会工作试点，探索运用职代会发动群众参与企业管理，监督干部和企业工作的经验。

6月 省总工会常德专区办事处转发省总工会《关于迅速动员和组织职工积极投入社会主义文化大革命的通知》。

9月 常德地区和常德市、常德县一部分学生、工人、干部走上常德街头游行，提出“一改二打”（改组常德地委，打倒张文光、范志德）的口号。其后，另一部分游行的学生、工人和干部，则提出“三相信”（相信地委、市委、县委）的口号。

11 月 省总工会常德专区办事处根据中共中央关于人民团体负责人凡称主席的一律改称主任的指示，向各县市和地直基层工会发出通知，要求县市、镇和基层工会主席，一律改称为工会主任。

1967 年

3 月 以工人为主体的群众组织“常德工联”成立，另一派群众组织“常德红联”也相继成立。

7 月 “工联”派占据常德城区，“红联”派驻扎市郊南坪，两派相持半月之久，先后发生 3 次激烈枪战，死伤不少无辜群众。

10 月 常德地区成立抓革命、促生产领导小组，由解放军支左部队、地方领导干部、群众组织的代表组成三结合临时领导机构，指挥全区的生产和工作。

12 月中旬 省总工会常德专区办事处接到省总工会办公室转发的省革委会筹备组批示：在“文化大革命”期间，一律不恢复和新建工会组织，不发展会员。

1968 年

5 月 常德市开通人民路东起大米厂、西至三岔路的公共汽车营运线，为常德营运公共汽车之始。

9 月 根据省革委会、省驻军支左领导小组《关于组织以工人为主体的毛泽东思想宣传队进驻“老大难”单位，宣传落实毛主席一系列最新指示的决定》，常德地、市(县)先后派出工人毛泽东思想宣传队(简称工宣队)，进驻中小学和文化卫生等单位，开展斗、批、改工作。

10 月 常德地区召开首届工人阶级代表大会，成立常德地区工人阶级代表大会委员会(简称工代会)，取代省总工会常德专区办事处。刘传禹任主任，丁应南、盛质彬、余凤仙任副主任。

1969 年

1 月 常德地区工代会通知各县市工代会，对所属基层工会，做好撤销合并工作。从撤并之日起，不再行使原基层工会的职权。

7 月 1 日 澧县新华农业机械厂在常德地区农业机械修配厂、七一机械厂和常德县农业机械厂协助下，试制出 3 台东方红—30 型拖拉机。

1970 年，常德供电所工人创“一条龙带电升压”操作法

9 月 1 日　常德市工人纠察队、人民纠察队指挥部成立，办公地址设在地区交通局院内。

10 月　常德地市县机关、团体、厂矿企事业单位开展清理阶级队伍、“斗批改”和“一打三反”运动。原省总工会常德专区办事处和市、县工会干部绝大多数进“五七”干校学习或调其他单位工作。

1970 年

1 月　常德地区革委会设立群众工作组，代行原工会、共青团、妇联的工作职责。常德地区工代会被撤销。

8 月　601 矿工程技术人员冯泽林、刘镇仙、陈恩泽和工人朱熊飞、林祥富、官占位，研制成功机械和液压式两种曲轨翻车机，每机每天可替代 21 名卸矿工人作业。

10 月　常德县新源印刷厂职工将手工操作的平台印刷机革新为自动续纸印刷机。省印刷物资公司将这项成果推广到湖南全省和湖北、四川、广西等地的印刷厂。

10 月　枝柳铁路常德工区指挥部成立。常德地区抽调数万人按部队建制组成民兵筑路大军。从 11 月起，经过长达 8 年的努力，完成境内澧县、临澧、石门共 60 公里线段建设。

1971 年

2 月　常德无线电元件厂参加四机部在北京召开的电子元器件订货会，与 230 多家军工和民用企业签订 12 万只电位器销售合同。

5 月 12 日　大庆油田革委会副主任高峰率报告团到常德。13 日，常德地区举行 10 万人参加的广播报告会，报告团在报告会上介绍艰苦创业的经验。

5 月　安乡县服装厂工人曾佰斗试制包缝机成功，其样品在省工业展览馆展出。

9 月　湖南雄黄矿白砒技术改造完工，土炉改装成沸腾炉，回收尾气制成硫酸、普钙。

11月 常德纺织机械厂模具车间工人钱宁伟、陆瑞龙等利用普通车床和铲齿车床，一周内制成13米滚刀，创造了国内大模数滚刀生产周期最短的纪录。

1972年

2月12日 常德地区革委会政治部转发省革委会纪要，要求抓好对工会、贫协组织的整顿工作。

2月 湘澧盐矿建成投产，是为国内最大的真空制盐企业。

5月 601矿技术员罗文忠，工人陈远湘、蒯向奎、丁春云等与湖北建工学院合作，研制出中国第一台光电自动选矿机，获全国建材科技大会科技成果三等奖。

6月23日 湖南省皮革生产现场经验交流会在常德市制革厂召开。

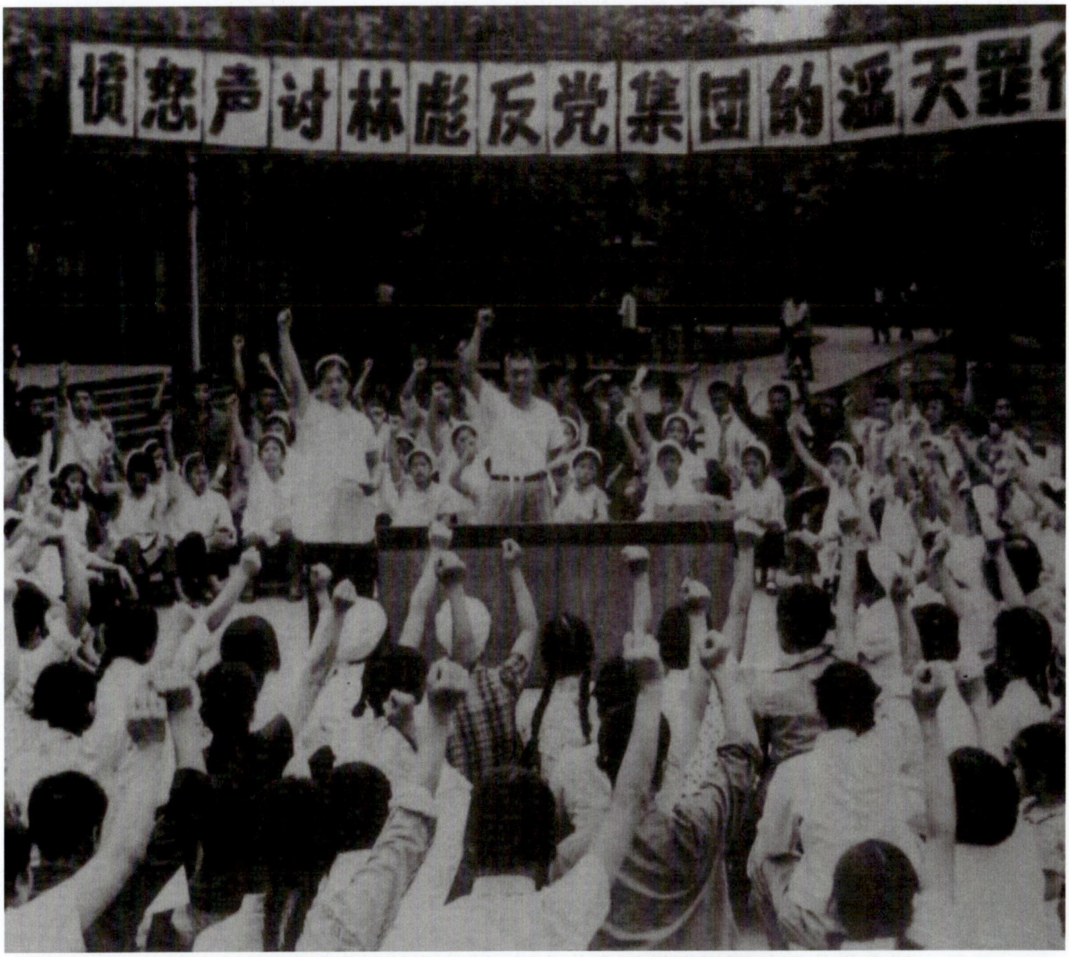

1972年，常德纺织工人声讨林彪反革命集团罪行

1973 年

4 月　中共常德地委召开县市委负责人会议，部署恢复工会组织的工作。常德地区工会筹委会成立。

6 月 19—22 日　常德地区工会第二次代表大会在常德市召开。中共常德地委副书记陈书谏致开幕词，地委副书记詹顺初、地委委员郭春荣出席会议。省总工会常德专区办事处主任林丛作工作报告。大会选举产生由 67 人组成的常德地区总工会第一届委员会。在第一届委员会第一次会议上，选举产生由 15 人组成的常务委员会，选举林丛为主任，王海云、胡松甫、段远来、丁应南、罗绍兰、余凤仙为副主任。

11 月　省总工会在锡矿山矿务局召开忆苦批林现场会。会后，常德地区总工会组织县市和地直厂矿企业 400 余名干部、职工分批前往参观学习。

1974 年

3 月　常德地区总工会抽调丁应南、余凤仙等 12 名不脱产的工会副主任、常委及造反派工人到地区总工会工作。

4 月　地区总工会和常德市、县总工会联合在常德市召开“批林批孔”万人誓师大会。

6 月　在全省“补台”风影响下，常德地区工会系统相继将 1973 年恢复工会组织时未当选的造反派补充进工会领导班子。

8 月　汉寿县总工会收回被占用的工会房屋和资产，恢复开放工人俱乐部。

1975 年

5 月　常德地区总工会转发《石门县总工会和基层工会两级办工人业余政治夜校的调查报告》，在全区各县市和厂矿企业推广，并在石门县召开学习无产阶级专政理论经验交流会，中共石门县委书记罗寅阶作《为巩固无产阶级专政办好业余政治夜校》的经验介绍。

7 月　省总工会在《工会工作简报》刊登题为“工人政治夜校好”的报道，在全省推广石门县两级工会组织办工人业余政治夜校的经验。

9 月　常德地区总工会举办全区职工篮球、乒乓球选拔赛。各县市总工会和地直厂矿企事业工会共 22 支代表队、500 多名运动员参加比赛。

12 月　新安焦化厂与石门钢铁厂合作实验“缚硫焦炼铁”成功，通过中科院、省科技局、省冶金局鉴定认可。1977 年,获冶金部重要科技成果奖。1978 年,获全国科学大会奖和湖南省科学大会奖。

1976 年

3 月 常德地区总工会收到省总工会唐忠富、胡勇等向全省工会组织散发的开展反击右倾翻案风的传单,认为传单内容涉及攻击中共湖南省委,立即向中共常德地委汇报,将寄至常德各县市的传单扣押封存。

4 月 常德地区总工会在常德纺织机械厂召开全区工会工作会议。

10 月 常德地直和各县市职工纷纷举行盛大集会游行,庆祝粉碎江青反革命集团。

12 月 常德地区总工会召开各县市和直属工会主任会议,学习贯彻中共中央和省委文件,研究部署揭批江青反革命集团及其在湖南的帮派势力。

1977 年

3 月 常德地直和常德市、常德县万余名职工在常德城区集会,揭发批判江青反革命集团在湖南的帮派骨干和在常德的帮派分子。

7 月 中共常德地委在桃源县召开工业学大庆经验交流会。

9 月 各县市委按照大庆式企业 6 条标准进行考核,全地区共有 28 个企业符合标准。

10 月 中共常德地委、常德行署召开全区工业学大庆会议。常德地区总工会主任林丛在会上发言。

11 月 常德地区总工会召开整顿工会组织座谈会。

11 月 21 日至 12 月 4 日 常德地区各级各类学校中进驻的工人毛泽东思想宣传队全部撤出。

1978 年

3 月 常德地区总工会组织各县市和地直基层工会,开展比思想、比工作、比团结、比作风、比贡献的社会主义竞赛活动。

10 月 11—21 日 常德地区总工会主任林丛、石门县总工会主任周祖文、常德纺织机械厂工会主任马贵富参加中国工会第九次全国代表大会。马贵富当选为全国总工会第九届执行委员会候补委员。

11—12 月 常德地区各县市总工会和基层工会主任、副主任改称主席、副主席。

12 月 8—14 日 常德地区总工会主席林丛率团 132 人，参加湖南省工会第八次代表大会。林丛和常德地区总工会副主席王海云、常德市总工会主席齐国志、常德纺织机械厂工会主席马贵富当选为省总工会第八届委员会委员。

12 月 国家经委、煤炭部、建材总局在常德召开全国煤矿、石煤综合利用经验交流会。常德地区介绍石煤综合利用的情况和经验。

1979 年

2 月 常德行署财政局、常德地区总工会联合转发财政部、全国总工会《关于恢复企业、事业、机关的行政方面拨交工会经费的联合通知》，要求凡已建立工会组织的企业、事业、国家机关的行政方面，均从 1979 年 1 月起，按照规定拨交工会经费。

5 月 常德地区各县市基层工会结合整顿工会组织，重新发放工会会员证。

7 月 19 日 常德地区编委和常德地区总工会联合发出《关于各县、市（镇）总工会机构设置和人员编制的通知》，规定常德市总工会可设办公室、生产生活科、组宣科。县（镇）总工会内部不设立科室。各县、市(镇)总工会的事业编制共 101 名。

10 月 根据省总工会通知，常德地区总工会改名为“湖南省总工会常德地区工作委员会”，作为省总工会派出机构，不召开地区工会代表大会。

11 月 省总工会常德地区工作委员会召开全区增产节约劳动竞赛经验交流会。

1980 年

1 月 19—22 日 省总工会常德地区工作委员会召开全区工会工作先进集体和积极分子代表大会。出席会议代表 592 人。中共常德地委副书记、行署专员刘佳时出席并讲话，省总工会常德地区工作委员会主任林丛作工作报告。

3 月 4—5 日 省总工会常德地区工作委员会和常德地区化工局，联合对全区 8 个氮肥厂厂际竞赛进行检查评比。

4 月 28 日 省总工会常德地区工作委员会、共青团常德地委联合发出通知，要求各级工会、团组织加强对广大职工、团员青年的思想教育，制止迷信活动歪风。

6 月 11—13 日 常德地区青年工人金属切削技术比武大会在湖南拖拉机制造厂举行。常德市红光仪器厂、湖南拖拉机制造厂分获团体一、二、三名；周康国、杨建、黄佰道、蒯向云分获车、钻、铯、铣 4 个工种个人第一名。

10 月 省总工会指定汉寿县教育系统建立教工代表大会试点，汉寿县总工会配合县教育局在城关联校召开全省第一个教工代表大会。

11 月 4—8 日 省总工会常德地区工作委员会召开全区为“四化”立功活动经验交流会。中共常德地委副书记、行署专员刘佳时出席并讲话。省总工会常德地区工作委员会主任林丛作工作报告。

11 月 汉寿县总工会常委、县供销社联合工会主席、战斗英雄、全国劳动模范戴笃伯，作为中国人民友好代表团成员，赴朝鲜参加中国人民志愿军赴朝参战 30 周年纪念活动。

12 月 27—29 日 省总工会常德地区工作委员会召开全区职工生活后勤工作先进集体、先进工作者表彰大会。中共常德地委副书记郭春荣出席并讲话。省总工会常德地区工作委员会主任林丛致开幕词，副主任胡松甫作工作报告。

1981 年

1 月 12—28 日 省总工会常德地区工作委员会对地直基层工会工作进行全面检查。

3 月 3 日 省总工会常德地区工作委员会与团地委、地区妇联、地区教育局、地区文化局、地区爱卫会等联合发出响应全国总工会等 9 个单位号召，掀起开展“五讲四美”文明礼貌活动热潮的倡议书。

3 月 9 日 省总工会常德地区工作委员会召开地直和常德市所属单位开展“五讲四美”文明礼貌活动动员大会。

4 月 省总工会常德地区工作委员会召开全区职工立功竞赛和劳动保护工作会议。

6 月 15 日 在全国酒类评比会上，常德“武陵酒”获酱香型酒类第一名，“德山大曲”获曲香型酒类第一名。

6 月 省总工会常德地区工作委员会和地区劳动局、地区卫生局，对全区 189 个县属以上厂矿企业的尘毒危害情况进行联合调查和安全生产大检查。

8 月 省总工会常德地区工作委员会和地区劳动局在津市召开全区劳动保险整顿工作现场经验交流会。

9 月 省总工会常德地区工作委员会和地委组织部、地区经委联合召开全区企业民主管理会议，研究制定全区推行和完善职工代表大会制度的规划。

1982 年

3 月 省总工会常德地区工作委员会召开全区女工工作先进集体、先进个人表彰大会。

4 月 27—28 日 省总工会常德地区工作委员会召开全区劳动模范和立功人员代表座谈会。中共常德地委副书记郭春荣出席并讲话，行署副专员徐建民参加会议。

5 月 6—10 日 湖南省工会第九次代表大会召开。会上，省总工会常德地区工作委员会主任林丛、常德纺织机械厂工会主席马贵富、常德市总工会主席熊宝林、石门县总工会主席周祖文、403 队工会干部罗绍南，被选为省总工会第九届委员会委员。

11 月 2—11 日 省总工会常德地区工作委员会、地区教育局联合举办幼儿园园长培训班。

11 月中旬 省总工会常德地区工作委员会举办县市和地直基层工会新任主席学习班。

12 月 27—29 日 省总工会常德地区工作委员会和地区经委联合召开全区企业民主管理工作经验交流会。

1983 年

1 月 中共常德地委、常德行署召开全区劳动模范、先进生产（工作）者代表大会。会上，表彰奖励了 893 名先进模范人物。会后，各县市工会对中华人民共和国成立以来评选出的省以上劳模，进行全面调查登记。

2—3 月 省总工会常德地区工作委员会在全区开展“两水之春”职工文艺活动。

3 月 22—29 日 省总工会常德地区工作委员会、地区体委召开全区职工体育工作经验交流表彰会。

4 月 省政府、省总工会分别授予方立云“革命烈士”“模范工会会员”称号。方立云是常德市一中实验室仪器管理员，1982 年 10 月 21 日，在协助公安人员围捕强奸杀人嫌犯时，奋勇与嫌犯搏斗，不幸中弹牺牲。

5—6 月 省总工会常德地区工作委员会在全区开展“两水之夏”职工体育活动。

7 月 省总工会常德地区工作委员会发出《关于在职工中开展“振兴中华”读书活动的通知》。

8 月 省总工会常德地区工作委员会在全区职工中，开展以爱国主义教育为中心的中国近代史教育。

12 月 6 日 省总工会常德地区工作委员会在常德滨湖剧院召开大会，传达贯彻中国工会第十次代表大会精神。全区 1500 多名工会工作积极分子和党政领导干部参加会议。

1984 年

2 月 28 日 省总工会常德地区工作委员会转发临澧县总工会《关于加强机关人员自身

思想和作风建设的几项规定》,要求各县市工会、地直基层工会切实加强自身建设。

3月10—13日 省总工会常德地区工作委员会召开全区工会工作会议。参加会议的有各县市总工会正副主席,地直基层工会、各局联合工会和所属公司工会主席,以及受到全国总工会、省总工会表彰的先进集体和先进个人代表,共100余人。

5月 省总工会常德地区工作委员会在全区开展整顿基层工会,建设“职工之家”的活动。

6月 中共常德地委、常德行署制定全区工交企业改革的补充意见,对国营小型企业进一步放宽政策,对集体企业实行经济承包责任制和浮动工资制。

8月 常德市婚姻介绍所成立,隶属常德市总工会领导,由常德市总工会女工部部长任所长。

1985年

2月 常德地区各县市基层工会在春节前后,广泛开展职工生活互助活动。

3月31日 省总工会常德地区工作委员会召开全区工会工作先进集体和先进个人代表大会。

5月1日 省总工会常德地区工作委员会、常德市总工会在常德滨湖公园举行“万人游园”活动。

7月19日 常德市发生刘某春、李某年抢劫杀人案件。常德市塑料五厂采购员丁为禄、常德市武陵皮鞋厂女工杨志君等职工挺身而出,协助公安部门追捕案犯,在与案犯搏斗中,丁为禄不幸牺牲。

8月1日 省总工会在常德市召开表彰见义勇为的好工人丁为禄、杨志君大会。省总工会决定,追认丁为禄为“模范工会会员”,授予杨志君“优秀工会会员”称号。

8月28日 中共常德地委办、常德地区行署办召开有组织、宣传、经委、财委等部门负责人参加的工会工作联席会议,听取省总工会常德地区工作委员会的工作汇报,讨论研究工会参政、议政问题。

12月 常德县昌明锅厂生产的昌字牌铸铁锅,经国家质量审定委员会批准,获国家银质奖章。

1986年

2月 中共常德地委、常德地区行署加大对劳动竞赛的组织领导力度,地、县市企业的劳动竞赛委员会或领导小组的主任(组长)由同级党政负责人担任。

4月7日 中共常德地委召开全区企业思想政治工作会议。省总工会常德地区工作委员会主任吴本立在会上作题为《加强思想政治工作，搞好企业民主管理，充分发挥工人阶级的主人翁精神》的讲话。

4 月 省总工会常德地区工作委员会组织“五一”文艺调演。参加调演的有各县市和地直单位职工 800 余人。

7 月 常德县总工会与团县委联合倡导开展学习革命英烈，做“四有”新人活动，发动职工为工运先驱黄爱烈士塑像募捐，共募集资金 2 万余元。

7 月 省总工会主席刘玉娥，在省总工会常德地区工作委员会主任吴本立陪同下，到常德市、安乡县考察工作。

10 月 桃源县总工会举办工运史展览，组织全县 38 个基层工会，制作各单位工运史宣传牌 45 块，在县城中心布置工运史一条街，陈列展览 12 天。

1987 年

1 月 19—20 日 省总工会常德地区工作委员会召开全区工会工作会议，地区工会主任吴本立作工作报告。中共常德地委副书记庞道沐，地委委员、地区妇联主任刘淑元出席会议并讲话。

2 月 省总工会常德地区工作委员会部署全区各级工会配合党政部门对职工进行坚持四项基本原则、坚持改革开放的思想政治教育，开展反对资产阶级自由化的斗争。

4 月 常德地区国营工交企业普遍推行承包经营责任制。年底，全区 160 家企业中，有 127 家实行上缴利润包干、利税包干等形式的经营承包责任制，有 21 家小型企业改为集体经营或租赁经营及个人承包。

5 月 省总工会常德地区工作委员会转发《桃源纺织印染厂职工暨会员代表大会实施细则》，要求各县市总工会、地直基层工会结合实际，推进企业民主管理。

6 月 省总工会常德地区工作委员会召开全区工运理论政策研究工作会议。

10 月 13—14 日 省总工会常德地区工作委员会召开全区“双增双节”立功竞赛经验交流暨模范班组表彰会议。各县市总工会和地直基层工会负责人及先进模范班组代表 100 余人参加会议。

1988 年

3 月 23 日 湖南省总工会转发中共澧县县委组织部、澧县总工会《关于在全县基层工会直接选举工会主席的通知》，要求各地参照办理。

3月24日　省总工会常德地区工作委员会召开全区工会工作会议，主任吴本立作工作报告。

6月　撤销常德地区，建立地级常德市后，中共常德市委决定成立常德市总工会，并责成省总工会常德地区工作委员会拟制常德市总工会机构设置初步方案。12月20日　常德市编制办批复，同意常德市总工会内部机构设置：办公室、组织部、宣教部、民主管理部、女工部、生产生活部、财务部。

11月25—27日　常德市工会第一次代表大会召开。出席大会代表286人，特邀代表10人。市委书记陈彰嘉、副书记庞道沐，市政府副市长卜启圣出席大会。大会选举产生常德市总工会第一届委员会和常德市总工会第一届经费审查委员会。在常德市总工会第一届委员会第一次全体会议上，吴本立当选为常德市总工会主席，朱沅生、刘书林、张春仙为副主席。

11月29日　全国人大常委会副委员长、全国总工会主席倪志福，在省人大常委会副主任、省总工会主席刘玉娥陪同下，到常德市考察工作。

1989年

1月21日　津市通用机械厂工会成立。这是津市市建立的第一个私营企业工会。

2月　常德市总工会印发《关于在全市职工中广泛开展形势教育的意见》，对全市各级工会在职工中开展形势教育作出具体部署。

4月　常德市总工会印发《关于认真做好专职工会干部岗位培训的通知》，成立岗位培训领导小组。

5月30日　常德市职工技术协会成立。副市长陈德铨、市科委主任张自强、市经委副主任苏以明任名誉会长，市总工会副主席朱沅生任会长。

6月30日　常德市总工会女职工委员会成立。市委常委彭孟芝、市人大常委会副主任刘淑元任名誉主任，市总工会副主席张春仙任主任。

8月14日　常德市总工会印发《关于加强全市工会组织廉政建设的规定》，要求各级工会坚持不懈地开展廉政建设，提高工会干部搞好廉政建设的自觉性。

9月30日　中共常德市委、市政府召开常德市庆祝中华人民共和国成立40周年暨常德市第一次职工劳动模范、模范集体表彰大会。市委副书记、市长蔡长松在会上讲话，市政府授予张凤梅等100人"常德市劳动模范"称号。

10月7—9日　全省工会志、工运史征编工作总结交流会议在常德召开。省总工会副主席李桂芬和省总工会史志办负责人黄春华等出席会议。

1990 年

1 月 常德市总工会作出决定，在全市职工中开展学焦裕禄、学雷锋、学铁人、学本市先进典型的“四学”活动。

1 月起 中共常德市委、市政府在全市开展以“优质、低耗、稳产、适销、安全”为主要内容的社会主义劳动竞赛。参赛单位 2496 个，参赛职工 337000 人。

2 月 6—7 日 常德市总工会召开一届三次全体会议，市总工会主席吴本立作工作报告。

4 月 27 日 常德市总工会作出决定，授予何兴发等 10 人为常德市 1990 年度“职工信赖的优秀厂长(经理)”、钟建秋等 10 人为常德市 1990 年度“优秀工会主席”的称号。

5 月 31 日 常德市职工文化协会成立。

8 月 20 日 常德市总工会召开全市联合工会和机关工会工作经验交流会，市总工会副主席张春仙讲话。

9 月 常德市总工会上收武陵区工人文化宫等 6 个事业单位，上收事业人员编制 59 人。

9 月 常德市总工会、市体育局联合举办常德市首届职工篮球赛。

1991 年

1 月 10 日 常德市总工会发出《关于加强对文化宫、俱乐部的管理，认真做好扫黄、禁赌工作的通知》，要求全市各级工会组织认真贯彻落实市委、市政府扫黄工作会议精神，切实做好工人文化场所的扫黄、禁赌工作。

1 月 22 日 中共常德市委组织部、常德市总工会联合发出《关于加强工会干部管理工作的通知》。

2 月 常德市总工会和市委宣传部联合举办“常德市羊年元宵游乐晚会”，组织 21 个活动项目，万余人参与观赏和游乐。

4 月 18 日 中共常德市委办公室转发常德市总工会《关于继续深入开展建设职工之家活动的意见》，要求全市各级党组织切实重视和支持工会建家活动，充分发挥工会组织及职工的积极作用。

6 月 1 日 常德市总工会召开全市职工思想政治工作经验交流会议。

12 月 16 日 常德市总工会召开全市职工民主管理工作会议，总结 1991 年民主管理工作情况，安排 1992 年民主管理工作任务。

12 月 常德市总工会制定《职工民主管理工作达标考核细则》。

1992 年

2 月 13—14 日 常德市总工会召开一届五次全体会议，市总工会主席吴本立作工作报告。会议决定增补叶诗林为副主席。

2 月 28 日 常德市总工会发出《关于在全市开展职工生活后勤工作竞赛的通知》。

4 月 15 日 常德市总工会发出《关于全面清理工会财产的通知》，部署对全市工会系统的财产进行全面清理，建账建制。

4 月 21 日 常德市总工会发出关于学习、宣传、贯彻《中华人民共和国工会法》(以下简称《工会法》)的通知，要求全市各级工会组织把学习宣传第七届全国人大五次会议通过的《工会法》作为工会工作的主要内容抓紧抓落实。

4 月 30 日 中共常德市委召开全市学习贯彻《工会法》动员大会，市和各区县(市)党委、政府、工会负责人共 1000 余人参加会议。市委副书记周阳生讲话，市人大常委会副主任吴愈俊作动员报告。

7 月 30 日 常德市职工物价监督总站成立，市总工会主席吴本立任站长，市物价局副局长雷志钦任副站长。该站主要任务是组织全市职工开展物价监督活动，及时掌握物价、计量信息，为政府提供意见和建议。

9 月 常德市总工会等 9 家单位发起和组织全市职工技术比武活动。全市 13 万多名职工参加 8 个工种比武，100 名职工进入决赛，25 人获“常德市技术能手”称号。

10 月 4 日 常德市总工会成立常德市工达实业发展公司。该公司为常德市总工会所辖的全民所有制工贸实体，实行独立核算，自主经营。

1993 年

3 月 12—13 日 常德市总工会召开一届六次全体会议，市委副书记彭孟芝出席并讲话。

7 月 14 日 常德市总工会召开一届七次全体(扩大)会议，选举常德选区出席湖南省工会第十一次代表大会代表。

7 月下旬 常德市总工会机关由百胜巷迁至建设路市工人文化宫职工文化活动中心。

8 月 18 日 常德市编制办行文，批复同意将常德市工人文化宫定为正科级事业单位。

8 月 19 日 常德市政府办公室印发《转发市总工会、市劳动局、市人事局〈关于进一步明确劳动模范的认定条件和待遇的意见〉的通知》，要求全市各级工会、劳动、人事部门在劳模认定和落实待遇过程中，要密切配合，协调行动，严格按政策规定办事。

12 月 常德市总工会组织调查组，对全市特困企业职工生活状况进行专题调查。据调查，全市有特困企业 654 家，在职职工 40612 人，退休职工 11214 人。

1994 年

1 月 12—14 日 常德市工会第二次代表大会召开。选举产生常德市总工会第二届委员会和常德市总工会第二届经费审查委员会。在常德市总工会第二届一次全体会议上，张春仙当选为常德市总工会主席，叶诗林、裴万里当选为副主席。

2 月 10 日 常德市总工会和市财政局、市审计局等 7 家单位发出《关于贯彻〈工会法〉中有关工会经费问题的联合通知》，要求在常德市境内的外商投资、合资、独资企业和实行承包经营、租赁经营的原全民、集体企业，均应按职工工资总额的 2%拨交工会经费，不得以任何借口拒交、拒解工会经费。

2 月 28 日 常德市总工会与市乡镇企业经济委员会联合发出《关于加强乡镇企业工会工作的意见》，对乡镇企业组建工会的条件、程序、组织体制、基本任务等作了明确规定。

3 月 25 日 根据省总工会、省体委文件精神，常德市总工会与市体委联合发出《关于在全市职工中开展“五一”体育活动周的通知》，决定自 1994 年起，在每年 5 月 1 日的前一周，开展全市职工体育周活动。

5—10 月 常德市总工会女职工委员会开展“伸出一双手，奉献一颗爱心”活动。全市 4 万多名女职工参加活动，共捐献现金 10 多万元，图书 4 万余册，玩具、衣物 1 万余件。

1995 年

2 月 16—17 日 常德市总工会召开二届二次全体(扩大)会议，市总工会主席张春仙作工作报告，市委副书记彭孟芝出席并讲话。

3 月 常德市总工会组织开展全市职工基本生活状况统计调查。据调查，全市有 41791 名职工被停、减工资，占职工总数的 14.81%。

6 月 常德市普降暴雨，累计降雨量 1123 毫米。全市有 1000 多家工商企业、7 万多名职工、4 个县级工会设施遭受洪涝灾害，直接经济损失 17.63 亿元。

7 月 6 日 常德市总工会发出《关于牢固树立持续战大洪、抗大灾的思想，组织动员全市职工以主人翁姿态奋发生产支灾救灾的通知》，要求全市各级工会以帮助受灾企业职工生产生活突出困难为宗旨，开展轻灾区支援重灾区、澧水支援沅水、大中型企业支援小企业、全市职工支援灾区职工的活动。

9月28日 中共常德市委、市人民政府召开常德市第二次劳动模范和先进工作者表彰大会。市委书记吴定宪出席大会并讲话。市政府授予谢海泉等202人“常德市劳动模范”称号,授予彭经民等95人“常德市先进工作者”称号。

11月7日 常德市总工会召开二届三次全体(扩大)会议,市总工会主席张春仙作工作报告,副市长陈君文出席并讲话。

11月15日 常德市总工会成立推行平等协商签订集体合同工作领导小组,市总工会主席张春仙任组长。同日,市总工会与市劳动局联合发出《关于企业推行平等协商签订集体合同工作的通知》。

1996年

2月5—6日 常德市总工会召开二届四次全体(扩大)会议,市总工会主席张春仙作工作报告,市委副书记彭孟芝出席并讲话。

2月29日 常德市总工会办公室印发《关于对建立平等协商和集体合同制度实行目标责任制的考核办法》。

6月4日 常德市总工会发出《关于切实加强破产企业工会工作的意见》,要求全市各级工会积极做好稳定工作,依法保护工会财产,切实维护职工权益。

7月 湘西北普降大暴雨,沅水猛涨,常德站水位达42.49米,超历史最高水位0.99米。全市有1800多家工商企业、10万多名职工、2个地方工会设施遭受洪灾,直接经济损失19.7亿元。

7月19日 常德市总工会发出《关于动员全市各级工会组织和广大职工奋起抗洪自救支灾的通知》,要求全市工会组织和广大职工紧急行动起来,全力以赴地投入到抗洪自救支灾的战斗中去。

12月8日 国内最大的卫生纸厂——恒安纸业有限公司落户德山开发区。

12月26日 全省首家劳模协会——常德市职工劳动模范协会成立,市委副书记彭孟芝任名誉会长,市劳模、原常德行署副专员何秋舫任会长,市总工会主席张春仙、副主席叶诗林等任副会长。

1997年

1月 全省首家职工劳模互助互济会——常德市职工劳模互助互济会成立。

2月20—21日 常德市总工会召开二届五次全体(扩大)会议。市总工会主席张春仙作工作报告，市委副书记彭孟芝出席并讲话。

2月26日 中共常德市委召开全市国有企业党建工作会议。市总工会主席张春仙在会上发言。

4月 常德市政府颁发《常德市困难企业职工生产生活解困救助办法》。

5月27日 常德市总工会、市计生委、市劳动局联合发出《关于下岗、待岗女职工计划内生育产假期间的工资、奖金、福利发放标准和医药费报销标准的有关规定》，文件规定：下岗、待岗女职工计划内生育、医药费的报销，与在岗职工享受同等待遇；产假期内的工资、奖金、福利，与在岗职工享受同等待遇。

7月9日 常德市武陵区德洋绣品有限公司职工代表自发召开职代会临时会议。该公司是一家独资经营的外资企业，因裁减员工、拖欠工资，职工代表多次要求公司工会负责人召开职代会，维护职工权益，未果。遂由4名职工代表牵头召开有44名职工代表（占代表总数的70.9%）参加的职代会临时会议，并形成四项决议。

7月21日 常德市总工会与市劳动局、市工商局联合发出《关于在全市私营企业中组建工会和开展工会工作的通知》，要求加快全市私营企业组建工会和开展工会工作的步伐。

10月10日 常德市总工会与市劳动局、市工商局、市公安局联合发出《关于加强全市私营企业、个体工商户劳动管理，切实保障职工合法权益的通知》。要求纠正各种违反劳动法律、法规的行为，保障职工的合法权益。

11月7日 常德市总工会召开二届六次全体会议。会议补选张元英为市总工会主席，补选窦长清为市总工会副主席。

1998年

1月19日 常德市总工会召开二届七次全体（扩大）会议。市委常委、市总工会主席张元英作工作报告，市委副书记李少甫出席并讲话。

2月19日 中共常德市委书记吴定宪，市委常委、秘书长曹儒国到市总工会考察工作，听取市总工会党组关于工会工作的情况汇报。

3月3日 常德市总工会召开二届八次全体会议。会议选举常德选区出席湖南省工会第十二次代表大会代表。

4月26—28日 湖南省工会第十二次代表大会召开。市委常委、市总工会主席张元英，临澧县总工会主席蒋炳福，常德棉纺厂工会主席张升豪当选为省总工会十二届委员会委员。常德市总工会经审会主任谭春煌当选为省总工会十二届经审会委员。张元英和常德卷烟厂工会主席车德莲、常德纺织机械厂技术干部李鸣威当选为中国工会十三大代表。

5月 常德市总工会机关迁至常德市城东百胜巷办公。

7月 湘西北普降大暴雨，常德遭受特大洪涝灾害。市总工会机关干部职工全力以赴参加抗洪抢险救灾工作。27—28日，市委常委、市总工会主席张元英，市总工会副主席窦长清、裴万里，带领机关干部分赴安乡、澧县、津市等地，慰问受灾职工。

8月6日 中共常德市委、市人民政府、市总工会联合向全国总工会书记处汇报常德遭受特大洪灾情况。

9月3日 常德市总工会发出《关于在全市职工中认真开展向抗洪功臣李建国同志学习活动的决定》。

9月29日 中共常德市委召开全市工会组建工作会议，市委常委、市总工会主席张元英在会上通报工作情况。

11月3—6日 常德市工会第三次代表大会召开。大会选举产生常德市总工会第三届委员会。在三届一次全体会议上，张元英当选为主席，窦长清、裴万里、苏国才当选为副主席。

1999年

1月25日 常德市总工会召开全市工会工作会议，市委常委、市总工会主席张元英作工作报告，市委副书记李少甫出席并讲话。

3月8日 中共常德市委副书记、市长程海波，市财政局长万善志到市总工会现场办公，研究解决工会经费收缴困难的问题。

3月10—12日 省总工会主席王四连到常德市考察工会工作，市委常委、市总工会主席张元英陪同考察。

3月26日 中共常德市委召开党务工作例会，专题研究工会、青年、妇女工作。会上，市总工会副主席窦长清汇报工会工作情况。会议同意以市委、市政府文件下发《常德市全心全意依靠职工办企业的意见》。

4月7日 省总工会1998年度信息工作总结表彰会议在常德市召开，省总工会副主席石光明，市委常委、市总工会主席张元英到会并讲话。常德市总工会被评为1998年度全省工会信息工作第一名。

4月10日 常德市总工会、市工商局联合发出《关于在全市私营企业中组建工会联合会有关问题的通知》，要求建立健全私营企业工会领导体制，加强全市私营企业工会组织建设和工会工作。

5月10日 常德市总工会召开全体机关干部大会，愤怒声讨以美国为首的北约轰炸中国驻南斯拉夫大使馆。

6月8日 常德市个体企业工会联合会成立。

8月11日 中共常德市委、市人民政府召开全市厂务公开工作大会。市委常委、市纪委书记彭晋镛，市委常委、市总工会主席张元英到会并讲话。各区县(市)纪委书记、主管工业副区县(市)长、总工会主席，市直大中型企业的党、政、工负责人共300余人参加大会。

8月27日 在全省工会经审工作会议上，常德市总工会获全省“工会经审工作特等奖”。

2000年

1月 中共常德市委成立常德市新建企业工会建设工作协调领导小组，市委副书记李少甫任组长，副市长、市总工会主席张元英，市委组织部副部长彭明建，市总工会副主席窦长清任副组长。

1月27日 市政府召开全市省劳动模范和先进工作者推荐评选工作会议，对推荐评选工作作出具体布置和安排。

2月29日 常德市总工会召开全市工会工作会议。副市长、市总工会主席张元英作工作报告。市委副书记李少甫出席并讲话。

4月20日至6月20日 常德市总工会党组根据市委统一部署，开展“三讲”(讲学习、讲政治、讲正气)教育活动。

6月5日 中共常德市委办公室、市人民政府办公室印发《关于进一步加强新建企业工会工作的意见》。

6月12日 常德市总工会印发《关于加强破产、改制企业工会资产处置和工会重建工作的意见》，要求切实加强对破产、改制企业工会资产的依法处置，切实加强改制企业工会重组工作。

12月 常德市总工会开展国有企业职工生活状况调查。据调查统计，全市国有企业职工156762人，其中月人均收入低于100元的困难职工37920人，占职工总数的24.2%。

2001年

1月8—18日 常德市总工会启动“送温暖”工程，全市工会共筹措资金1500万元，慰问困难企业726家，慰问困难职工8226户。

2月23日 常德市总工会和武陵区总工会在市工人文化宫举行“全省百万职工声讨法轮功罪行”签名活动。同日，鼎城、汉寿、桃源、临澧、澧县、安乡、石门、津市等区县(市)总工会亦在同时举行"声讨法轮功罪行"签名活动,全市参加签名的干部职工达5万人。

3月7日 省人大常委会副主任、省总工会主席王四连到常德调研县属国营企业的体制转换和职工社会保障工作,市总工会副主席窦长清等陪同调研。

3月8日 常德市总工会召开三届四次全体(扩大)会议,副市长、市总工会主席张元英作工作报告,市委副书记李少甫出席并讲话。

4月26日 常德市总工会、武陵区总工会与常德市劳动局、武陵区劳动局联合举办2001年常德市大型劳务洽谈会。3000名下岗职工参加洽谈,现场近300名职工找到工作。

6月21日 常德市总工会在常德电视台举办《工人颂歌》大型文艺晚会,庆祝中国共产党成立80周年。全市18个大中型企事业单位的工会代表队参加文艺演出。

8月28日 常德市总工会在市第一人民医院举办"超越自我、迎接挑战——21世纪职业女性大论坛"演讲决赛。共评出一等奖11名、二等奖16名。

11月29日 常德市总工会被湖南省总工会授予"2001年度全省工会统计工作先进单位"称号。

2002年

2月3日 全市"双联"(党政机关联系困难企业,党政干部联系困难职工)工作会议召开,市委常委、秘书长刘本之主持会议,市委副书记莫道宏到会并讲话,市总工会党组书记、副主席窦长清报告工作。

3月3日 中共常德市委召开市委工会工作会议。市委副书记莫道宏出席会议并讲话,市人大常委会副主任余习忠,市政府副市长、市总工会主席张元英,市政协副主席戴平安,常德军分区政治部主任谢朝武,市委组织部部长欧运崇出席会议。市总工会党组书记、副主席窦长清作工作汇报。各区县(市)委分管副书记、区县(市)总工会主席和市直企业、机关工会主席共300余人参加会议。

4月7日 省人大常委会副主任、省总工会主席王四连,省总工会民管部部长钟力生到常德调研困难职工的"低保"情况。

5月15日 常德市总工会召开区县(市)工会主席会议。通报市总工会机构改革情况,部署工会组织建设、困难职工群体生活保障等工作。

6月 中共常德市委任命覃清香为市总工会党组书记,雷志汉为党组副书记。

8月15日 常德市总工会召开三届六次全体会议,增补覃清香、雷志汉为常德市总工会第三届委员会委员、常委、副主席。

8月22—23日 常德市总工会在市电信公司举办全市大中型企事业单位工会主席联谊会和《工会法》培训班,由全国总工会工运学院教授沈琴琴等授课,120多人参加培训。

10月15日 省人大常委会副主任、省总工会主席王四连到常德调研工会组织建设。

10月 常德市总工会在全市开展女职工保健知识宣传月活动，聘请专家在各区县（市）进行巡回讲座。

2003年

1月17日 中共常德市委召开全市“双联”工作会议。各区县（市）委分管副书记、区县（市）总工会主席和市直143个参联单位的负责人参加会议。市委副书记戴军勇到会讲话。市委常委，市总工会党组书记、副主席覃清香作工作报告。

3月5日 中共常德市委召开全市工会工作会议。各区县（市）分管副书记、区县（市）总工会主席和市直联合工会、基层工会主席参加会议。副市长、市总工会主席张元英主持会议。市委副书记戴军勇到会讲话。市委常委、宣传部部长，市总工会党组书记、副主席覃清香作工作报告；副市长宋冬春宣读表彰决定；市人大常委会副主任刘克云，市政协副主席曹同生，常德军分区副政委朱良才出席会议。

3月21日 市委副书记戴军勇，市委常委、组织部部长欧运崇到市总工会机关主持市总工会领导交接。市委决定，提议免去副市长张元英兼任市总工会主席和市委常委、宣传部部长覃清香兼任的市总工会副主席职务，免去覃清香兼任的市总工会党组书记职务，任命市人大常委会副主任刘克云兼任市总工会党组书记，提名刘克云为市总工会主席人选。

4月1日 常德市总工会召开三届七次全体会议，选举刘克云为市总工会委员、常委、主席。

6月 常德市总工会和市劳动局、市人事局等部门联合举办全市职工技能大赛，共有175家工矿企业的987名选手参加车、钳、铣、焊等4个工种的竞赛。竞赛产生的13名优胜者代表常德市参加湖南省职工技能比赛，并获团体总分第4名。湖南车桥厂职工吴家剑获得全省钳工第3名。

9月14—16日，常德市工会第四次代表大会在常德芷园宾馆召开。大会选举产生出常德市总工会第四届委员会。在第四届一次全体委员会议上，刘克云当选为主席，雷志汉、刘志成、陈寿林、戴正玉当选为副主席。

9月17日 中共常德市委、市人民政府召开常德市第三次劳动模范和先进工作者表彰大会。市委书记程海波、市长陈君文分别发表讲话。

12月31日 常德市总工会困难职工帮扶中心成立。

2004 年

2 月 20 日 中共常德市委召开全市工会工作会议，市委副书记戴军勇出席并讲话，市人大常委会副主任、市总工会主席刘克云作工作报告。

2 月 23 日 常德市总工会发出《关于加强组织进城务工人员入会工作的通知》。要求最大限度地把进城务工人员组织到工会队伍中来，维护好他们的合法权益。

3 月 18 日 常德市总工会印发《关于新经济组织组建工会的实施意见》。要求年内 10 人以上新经济组织工会建会率达 80%以上；25 人以上新经济组织建会率达 100%；职工入会率达 90%。

3—4 月 常德市总工会女职工委员会在全市开展非公有制企事业单位女职工工作状况调研。据调查，全市有女职工 10 人以上的非公有制企事业单位 268 家，组建女职工组织的 195 家，组建率为 73%。

6 月 常德市总工会与福建省莆田市总工会联系，输送 400 名常德市下岗职工到福建就业。

6—7 月 常德市总工会与市安监局、市劳动局开展全市非公有制企业职工劳动保护工作的联合调查。

8 月 25 日至 9 月 25 日 常德市“双联”工作领导小组对全市“双联”工作进行督查。市委副书记戴军勇，市委常委、副市长陈文浩，市委常委、秘书长刘明，市人大常委会副主任、市总工会主席刘克云参与督查。

9 月 16—18 日 常德市总工会和市经贸委、市劳动局、市轻纺办在常德云锦纺织有限公司共同举办“云锦杯”常德市纺织职工职业技能大赛。51 名选手进入决赛，共决出 20 名优胜选手。

11 月 30 日 常德市政府召开全市评选推荐省劳动模范和先进工作者工作会议，副市长宋冬春、市总工会副主席刘志成分别在会上讲话。

2005 年

1 月 21 日 中共常德市委、市人民政府召开全市厂务公开民主管理工作会议。会议由副市长、市厂务公开工作领导小组副组长宋冬春主持，市委副书记、市纪委书记、市厂务公开工作领导小组组长曹儒国讲话，市人大常委会副主任、市总工会主席、市厂务公开工作领导小组副组长刘克云作工作报告。

3—5 月 常德市总工会党组在市委统一部署下，开展保持共产党员先进性教育活动。

4 月 30 日 常德市总工会在市电视台举办“劳动者之歌”大型综艺晚会，庆祝中华全国总工会成立 80 周年。

6 月 23 日 常德市总工会印发《关于进一步加强我市建筑、出租车、商贸行业工会组建工作的意见》。要求加强这些行业中非公有制企业工会组织建设，最大限度地把进城务工人员组织到工会之中。

6 月 28 日 常德市总工会、市地税局印发《常德市地税部门代收工会经费管理办法》。由市总工会委托地税部门代收工会经费。

6 月 30 日 常德市总工会、市劳动局联合发出《关于建立非公有制企业集体合同制度，规范劳动用工行为，推动劳动合同实施的通知》。

7 月 15 日 常德市总工会印发《关于深入学习贯彻〈关于坚持走中国特色社会主义工会发展道路的决议〉的通知》。

7 月 21 日 常德市总工会印发《关于在非公有制企业开展创新竞赛的实施意见》，决定在全市非公有制企业中开展职工创新竞赛活动。

9 月 常德市总工会机关由常德市百胜巷迁至柳叶大道新址办公。

11 月下旬至 12 月上旬 市总工会、市劳动局对全市推行集体合同工作情况进行联合督促检查。

2006 年

2 月 27 日 全市工会工作会议召开。各区县(市)委分管副书记，区县(市)总工会主席、常务副主席、经审会主任、女工委主任，市直和中央、省驻常单位及企业工会主席参加会议。

2 月 27 日 常德市总工会召开四届三次全体会议，市总工会副主席雷志汉作工作报告。

4 月 15 日 常德市总工会印发《关于加强我市非公有制企业工会组织规范化建设的实施意见》。

4 月 15 日至 5 月 15 日 中共常德市委宣传部和市总工会在全市组织开展“工人阶级宣传月”活动。要求各级工会落实“三个一”的活动内容，即悬挂一条横幅标语，组织一场“党组织负责人讲工人阶级”报告会，开展一次文体活动。

6 月 13 日 常德市总工会与市安监局、省煤炭安监局常德分局联合发出《关于在我市开展“关爱农民工生命安全与健康特别行动”的通知》。要求最大限度地减少事故隐患和职业危害，促进企业安全生产，保障农民工的安全与健康权益。

6 月 常德市总工会和市人大内司委、市劳动局，对全市贯彻落实《中华人民共和国劳动法》《中华人民共和国工会法》，规范劳动用工和维护劳动权益的情况进行联合督查。

8月4日 湖南省税务代收工会经费工作经验交流会在常德市召开。会议推广常德税务代收工会经费经验。省人大常委会副主任、省总工会主席王四连，省地税局副局长钟世明出席并讲话；省总工会党组书记、副主席石光明，省总工会党组成员、经审会主任肖祖礼出席会议。市委副书记、市纪委书记曹儒国出席并致辞。

8月 常德市总工会与市劳动局、市科技局联合举办全市第二届机械行业职工技能比武活动，156名选手参赛，有12名选手获得“常德市技术能手”称号，并代表常德市参加全省职工职业技能赛。在全省职工职业技能大赛中，湖南汽车车桥厂铣工程秋勇夺得全省单项第一，获“湖南省技术能手”称号。

9月24日 常德市总工会、市“双联”办联合发起组织的常德市2006年情系困难职工“爱心超市”活动，在德山莲花池小学举行捐助仪式。全市联系德山片的35个机关和企事业单位参加捐献活动，共捐现金10万多元，捐物折款20万元。市委常委、市纪委书记刘剑英，市委常委、秘书长刘明，市委常委、副市长宋冬春，市人大常委会副主任、市总工会主席刘克云，市政协副主席曹同生到现场参加捐助活动。

12月1日 常德市政府办公室印发《常德市人民政府与常德市总工会联席会议制度》。

2007年

1月 常德市劳动竞赛委员会成立，市委常委、副市长宋冬春任主任。

2月1日 常德市总工会召开四届四次全体会议，市总工会党组书记、副主席雷志汉作工作报告。

2月2日 上午，全市工会工作会议召开。各区县(市)委专职副书记，区县(市)总工会主席、常务副主席、经审会主任、女工委主任，市直和中央、省驻常单位和企业工会主席参加会议。市人大常委会副主任、市总工会主席刘克云作工作报告。

下午，全市“双联”工作会议召开。各区县(市)委专职副书记，区县(市)总工会主席、“双联”办主任，市直副处级以上行政事业单位负责人参加会议。市人大常委会副主任、市总工会主席刘克云作工作报告。

2月7日 中共常德市委召开常委会议，专题听取并研究工会工作。市人大常委会副主任、市总工会主席刘克云汇报全市工会工作情况，市委书记武吉海就工会工作如何促进经济社会发展发表讲话。

5月15日 常德市总工会召开四届五次全体会议，市人大常委会副主任、市总工会主席刘克云出席并讲话。

5 月 29 日 常德市总工会印发《关于大力推行女职工权益保护专项集体合同的意见》,要求全市女职工权益保护专项集体合同签订率在 2008 年达 80%。

6 月 1 日 中共常德市委召开全市厂务公开民主管理工作会议,市委常委、市纪委书记刘剑英出席并讲话,市人大常委会副主任、市总工会主席刘克云作工作报告。

8 月 27 日 常德市总工会举行 2007 年“金秋助学”受助仪式,33 名困难职工和困难农民工子女得到资助。

9 月 常德市政府举办全市职工技能大赛。全市 20 多万职工参加技术练兵和竞赛,从中选出 102 名职工参加决赛,有 15 人获得技师职业资格,5 人获得“常德市技术能手”称号,3 人获得“常德市职业技能竞赛标兵”称号。

11 月 2 日 常德市政府决定成立常德市第四次劳动模范和先进工作者评选表彰工作筹备委员会,市委常委、常务副市长陈文浩任主任,市委常委、副市长宋冬春,市人大常委会副主任、市总工会主席刘克云,市政府副秘书长张运华任副主任。

2008 年

1 月 22 日 常德市总工会发出《关于吸纳再就业企业军转干部加入工会组织的通知》。要求各级行政机关事业单位工会组织严格执行《中华人民共和国工会法》的有关规定,对凡与本单位建立劳动关系的再就业企业军转干部,不论户籍所在,用工形式如何,工作时间长短,都要依法把他们吸纳到工会组织中来。

1 月 31 日 常德市总工会发出《关于进一步动员全市各级工会组织和广大职工全力投入抗冰救灾工作的通知》。

2 月 29 日 常德市总工会召开四届六次全体会议,市总工会党组书记、副主席雷志汉作工作报告。

3 月 13 日 常德市总工会与市地税局联合行文,决定加强和规范全市建筑安装行业工会经费的代征工作。

4 月 2 日 常德市总工会召开四届七次全体会议,补选市总工会委员、常委,选举产生 38 名出席省工会第十四次代表大会代表。

4 月 16 日 常德市政府作出决定,授予戴卫良等 81 人“常德市劳动模范”称号,授予刘中华等 19 人“常德市先进工作者”称号。

5 月 7 日 常德市总工会发出《关于进一步抓紧做好工会组建和规范工作的通知》,要求 2008 年 9 月 30 日前全面完成工会组建和规范化建设目标任务。

6 月 12 日 常德市总工会与市地税局、人民银行常德市中心支行联合发出《关于地税代征工会经费纳入国库管理有关事项的通知》，对地税代征工会经费的范围、程序、途径、业务处理流程等作了明确规定。

10 月 29 日 常德市总工会召开四届八次全体会议，市人大常委会副主任、市总工会主席刘克云作工作报告。

11 月 3—5 日 常德市工会第五次代表大会召开。大会选举产生常德市总工会第五届委员会、经费审查委员会、女职工委员会。在市总工会五届一次全体会议上，石成林当选为主席，陈寿林、戴正玉、谢春玲、罗亚海当选为副主席。

11—12 月 常德市总工会组织开展全市工会“情系橘农，奉献爱心”活动，以缓解因四川广元蛆柑影响对常德石门、桃源柑橘主产地的压力。活动期间，全市各级工会组织为橘农销售柑橘 38 万公斤。

2009 年

1 月 19 日 常德市总工会、市人社局、市财政局联合发出《关于进一步明确市级职工劳动模范生活困难补助标准的通知》，决定从 2009 年 1 月 1 日起，对全市低收入市级职工劳动模范的生活困难补助标准，由原来月收入不足 700 元补足 700 元，调整为月收入不足 1000 元补足到 1000 元。

2 月 18 日 中共常德市委召开全市工会工作暨“双联”工作会议，市委书记卿渐伟发表讲话，市人大常委会主任刘本之、市政协主席刘春林出席会议。

3 月 18 日 由常德市总工会发起，市人社局、市企业家协会、市工商联联合倡议的常德市千家企业“共同约定行动”在临澧县启动。市人大常委会副主任，市总工会主席、党组书记石成林在启动仪式上讲话。临澧县委书记黄清宇就响应市总工会等四家单位的倡议，以《共同约定行动促进县域经济发展》为题作了讲话。

3 月 30 日 常德市总工会、市地税局、市国税局印发《常德市贯彻〈湖南省工会经费代收管理办法〉实施细则》。

6 月 2 日 常德市“双联”工作领导小组更名为常德市“双联”和困难职工帮扶工作领导小组。

6 月 2 日 省总工会党组书记、副主席肖刚强，省总工会常委、组织部长田良玉一行，到常德就工会组织建设工作进行督导调研。常德市人大常委会副主任，市总工会主席、党组书记石成林陪同。

7 月 9—10 日 十一届全国人大常委，全国总工会副主席、书记处书记、党组副书记乔传秀在省总工会党组书记、副主席肖刚强的陪同下，到常德检查指导工作。在汇报会上，市人大常委会副主任，市总工会主席、党组书记石成林就常德市贯彻实施《中华人民共和国工会法》以及工会工作情况作了汇报。市总工会副主席陈寿林、戴正玉、谢春玲、罗亚海，纪检组组长程灵敏，经审会主任施才明等参加汇报会。

8月7—9日 由常德市总工会与市人社局、市科技局、市广电局共同举办常德市职工职业技能竞赛暨全省第三届职工职业技能大赛选拔赛，共决出25名选手参加全省第三届职工职业技能大赛。此前，全市共举办832场次初赛，参加职工人数达10327人次。

9月22日 由市总工会主办，市文化局联合工会、市群众艺术馆承办的“《脊梁颂》—常德市职工庆祝新中国成立60周年文艺汇演”在市工人文化宫举行。

9月25日 “新中国60年湖南最具影响劳模评选活动”揭晓，全国先进工作者、常德市公安局副局长王汉桃入选。

9月 湖南石门特种水泥有限公司化学分析师陈中亚获第九届“全国技术能手”称号。

10月12日 常德市总工会召开五届二次全体会议。会议由市人大常委会副主任、总工会主席石成林主持。会议补选市总工会党组书记赵克蓉、党组成员程灵敏为副主席，市总工会党组成员、纪检组组长刘孟春为常委。

11月3—5日 省人大常委会副主任、省总工会主席刘莲玉到常德调研工会工作。市委副书记曹儒国参加调研座谈，市人大常委会主任刘本之，市人大常委会副主任、市总工会主席石成林陪同调研。

10月16日 全国总工会副主席、书记处书记王炯在省总工会党组书记、副主席肖刚强，市委常委、常务副市长刘小明，市人大常委会副主任、市总工会主席石成林陪同下，到常德市总工会机关调研，市总工会党组书记、副主席赵克蓉汇报工作。

11月24日 常德市政府、市总工会召开联席会议。市委副书记、市长陈文浩，市委常委、常务副市长刘小明，市人大常委会副主任、市总工会主席石成林，副市长徐超文，市长助理、市政府秘书长沈习淼出席会议。

12月10日 常德市“双联”和困难职工帮扶工作领导小组工作会议召开。市人大常委会副主任、市总工会主席石成林主持会议，市委副书记曹儒国，市委常委、组织部部长李平，市政协副主席敖建斌出席并讲话。

2010年

1月20日 “常德市总工会困难职工帮扶中心”更名为“常德市职工维权帮扶中心”，市总工会举行市职工维权帮扶中心揭牌仪式暨“两节”送温暖、“爱心超市”活动。市委书记卿渐伟，市委副书记曹儒国，市委常委、组织部部长李平，市人大常委会副主任、市总工会主席石成林，市政协副主席敖建斌，市政府副秘书长张运华出席活动。

3 月 10 日 常德市总工会召开五届三次全体会议。会议由市人大常委会副主任、市总工会主席石成林主持，市总工会党组书记、副主席赵克蓉传达省总工会十四届三次全会精神。会议听取并审议市总工会经审会主任施才明作的工会经审工作报告。会议增选施祖杰为副主席。

4 月 13 日 由常德市总工会、市人社局、市企业家联合会、市工商业联合会联合倡议的常德市推进工资集体协商“百日要约行动”在汉寿县举行启动仪式。市人大常委会副主任、市总工会主席石成林主持仪式，省总工会副主席李挚、市政府副市长徐超文、汉寿县委书记刘定青出席并讲话，市总工会党组书记、副主席赵克蓉作动员报告。

5 月 21 日 常德市满意办副主任蔡新带领市政府督查组指导市总工会建设满意机关工作。市总工会党组书记、副主席赵克蓉主持召开汇报会，副主席施祖杰向督查组汇报建设满意机关工作情况。

5 月 27 日 湖南省全国劳动模范和先进工作者先进事迹常德报告会在市工人文化宫举行。市人大常委会副主任杨先平主持报告会，省总工会党组成员、纪检组组长黄新民，市委宣传部副部长黄修林，市总工会党组书记、副主席赵克蓉，市总工会副主席谢春玲出席报告会。

8 月 5 日 常德市协调劳动关系三方召开推进工资集体协商构建和谐劳动关系工作大会。会议由市人大常委会副主任、市总工会主席石成林主持，副市长徐超文作工作报告。市政协副主席陈伟俊，市人社局局长曾再农，市总工会党组书记、副主席赵克蓉，市企业家协会会长、大湖水殖股份有限公司董事长罗祖亮出席会议。

8 月 25 日 常德市工会系统 2010 年度“金秋助学”活动启动仪式在芷园宾馆举行。市委副书记曹儒国出席并讲话，市人大常委会副主任、市总工会主席石成林主持启动仪式。市总工会领导赵克蓉、程灵敏、刘孟春、罗亚海、施祖杰、施才明参加启动仪式。

9 月 3 日 常德市室内装饰行业首家基层工会组织——宏胜装饰有限公司工会成立。

9 月 29—30 日 省总工会副主席、省“双联”帮扶领导小组办公室主任周乐红到常德调研督查“双联”帮扶工作。市人大常委会副主任、市总工会主席、市“双联”帮扶领导小组副组长石成林作工作汇报，市总工会党组书记、副主席赵克蓉，副主席罗亚海参加汇报会。

10 月 9 日 常德市总工会举行劳模和先进工作者健康检查启动仪式。启动仪式由市人大常委会副主任、市总工会主席石成林主持，市政府副市长徐超文出席并讲话，市政协副主席敖建斌宣布仪式启动。

10 月 19 日 全国总工会“进一步加强和规范农民工异地维权联动机制研讨会”在常德市召开。全国总工会保障部部长邹震，省总工会副主席周乐红，市委副书记曹儒国，市人大常委会副主任、市总工会主席石成林出席研讨会。

10 月 22—28 日 常德市总工会、市体育局举办全市首届企业职工运动会。9 个区县(市)及市直 4 区、12 个行业系统和市直 17 家大中型企业共 42 个代表团、1020 名运动员参赛。

11 月 24 日 中共常德市委工会工作会议在芷园会堂召开。市委、市人大、市政府、市政协、常德军分区主要领导出席会议。各区县(市)委书记、组织部部长,区县(市)总工会主席、党组书记,市直 4 区党(工)委书记、组织人事部门主要负责人、工会主任,市直工会联合会主席,未归属工会联合会的市直行政事业单位工会主席,市直和中央、省驻常德企业法人代表、工会主席,市总工会全体干部职工,2010 年受表彰的全国、省级劳动模范和先进工作者近 400 人参加大会。

12 月 16—17 日 新疆维吾尔自治区总工会财务部副部长阎新丽一行 17 人到常德市考察工会工作。市总工会副主席程灵敏、施祖杰陪同考察。

2011 年

1 月 5 日 常德市劳动模范协会第三次代表大会召开。会议由市人大常委会副主任、市总工会主席石成林主持,市委常委、宣传部部长覃清香,市政府副市长徐超文,市总工会党组书记、副主席赵克蓉等出席并讲话,市总工会副主席谢春玲作工作报告。市人大常委会副主任杨先平,市政协副主席敖建斌,市委组织部副部长李娥媓,市委组织部副部长、市人社局局长曾再农出席会议。会议修改通过了《常德市劳模协会章程》,发表了《致全市劳动者倡议书》。在常德市第三届劳动模范协会第一次理事会上,钟华山当选为会长,赵克蓉、谢春玲等当选为副会长。

1 月 20 日 常德市 2011 年“两节”送温暖暨“爱心超市”活动举行启动仪式。市人大常委会副主任、市总工会主席、市“双联”和困难职工帮扶工作领导小组副组长石成林主持启动仪式,市人大常委会副主任杨先平,市政协副主席、市“双联”和困难职工帮扶工作领导小组副组长敖建斌出席启动仪式。

3 月 18 日 全市工会工作暨“双联”帮扶和工资集体协商工作会议召开。会议由市委常委、组织部长石谋军主持,市委副书记、市人大常委会主任曹儒国,市人大常委会副主任杨先平,市政协副主席敖建斌出席会议;市人大常委会副主任、市总工会主席石成林作工会工作报告,副市长徐超文作工资集体协商工作报告。

3 月 18 日 常德市总工会召开五届四次全体会议。市人大常委会副主任、市总工会主席石成林主持会议,市总工会党组书记、副主席赵克蓉就如何落实全市工会工作会议精神发表讲话。

4 月 28 日 常德市总工会、市劳模协会在市电视台演播大厅举行“《劳模颂》——2011 年常德市庆祝五一国际劳动节文艺晚会”。市委副书记、市长陈文浩,市委副书记、市人大常委会主任曹儒国，市委常委、宣传部部长覃清香，市委常委、市政府副市长宋冬春，市人大常委会副主任杨先平，市人大常委会副主任、市总工会主席石成林，市政府副市长徐超文，市政协副主席敖建斌，老领导颜永盛、吴定宪、钦时中，和来自全市的劳动模范、先进工作者、企业职工代表一起观看演出。

5 月 10 日 由省总工会主办，常德市总工会和澧县县委、县政府共同承办的全国劳动模范毕承松百岁寿辰座谈会在澧县举行。海南省委原副书记、中央巡视组原组长蔡长松，省人大常委会副主任、省总工会主席刘莲玉，省总工会党组书记、副主席肖刚强，省总工会党组副书记、副主席刘革安，市委书记卿渐伟，市委副书记、市人大常委会主任曹儒国，市委常委、常务副市长刘小明，市人大常委会副主任、市总工会主席石成林，市政府原常务副市长钦时中，市政府原副巡视员叶培明等出席座谈会。座谈会由肖刚强主持。蔡长松、刘莲玉、卿渐伟分别致辞，刘革安在会上宣读中华全国总工会和省委书记、省人大常委会主任周强的贺信。

5 月 27 日 常德市建功“十二五”劳动竞赛在大湖水殖股份有限公司启动。省总工会党组副书记、副主席刘革安，市人大常委会副主任、市总工会主席石成林，市政府副市长、市劳动竞赛委员会主任徐超文出席启动仪式并讲话。

7 月 29 日 常德市总工会举办常德市企业暨行业（区域）性工资集体协商指导员培训班，120 名工会干部参加培训，省总工会民管部部长袁申辉讲授辅导课。

8 月 19 日 常德市总工会举行第九届“金秋助学”活动大会。会议由市总工会党组书记、副主席赵克蓉主持，市人大常委会副主任、市总工会主席石成林，市政协副主席敖建斌出席大会。此届“金秋助学”活动，市总工会投入 39.8 万元，资助 114 名特困职工家庭子女入读大学。

11 月 3 日 常德市城区特困职工长期生活救助启动仪式暨第一期发放活动在市总工会举行。市人大常委会副主任、市总工会主席石成林及市总工会班子成员、部分基层工会主席和第一期受助特困职工参加活动。市总工会党组书记、副主席赵克蓉主持启动仪式。

11 月 3—6 日 2011 年湖南省职业技能竞赛在株洲举行。常德市代表团 51 名选手参加钳工、焊工、维修电工、秘书、营销、餐厅服务员、中式烹调师等七个项目的竞赛。获得一等奖 3 个、二等奖 3 个、三等奖 2 个、优胜选手奖 19 个。陈杜娟、杨传被授予“湖南省技术能手”称号。常德市代表团获得团体总分第四名和团体二等奖。

11 月 25 日 湖南省“交通职院杯”车辆制造业职工职业技能竞赛落下帷幕。常德市山立汽车用品有限公司参赛选手胡明、唐绍林获得一等奖，并获得“湖南省技术能手”“湖南省五一先锋”称号。常德市总工会获“优秀组织奖”。

12 月 13 日 常德市深化创新厂务公开民主管理工作现场推进会在澧县召开。会议由市人大常委会副主任、市总工会主席、市厂务公开领导小组副组长石成林主持，市政府副市长、市厂务公开领导小组副组长徐超文作工作报告，市委常委、市纪委书记、市厂务公开领导小组组长赵应云，市纪委副书记、市监察局局长、市厂务公开领导小组副组长谭本仲，市总工会党组书记、副主席、市厂务公开领导小组副组长赵克蓉，市总工会副主席、市厂务公开领导小组副组长兼办公室主任施祖杰出席会议。

2012 年

2 月 21 日 全市工会工作暨“双联”帮扶工作会议召开，市委副书记宋冬春，市人大常委会副主任、市总工会主席石成林出席并讲话，市政协副主席敖建斌主持会议。市政府副厅级干部黎建平宣读表彰通报。

2 月 21 日 常德市总工会召开五届五次全体会议。市人大常委会副主任、市总工会主席石成林主持会议并讲话。

4 月 17 日 常德市学习宣传《湖南省企业工资集体协商条例》动员暨 2012 年企业工资集体协商“春季要约行动”启动大会在芷园会堂召开。市人大常委会副主任、市总工会主席石成林主持会议，市政府副市长徐超文做动员讲话，市政协副主席、市工商联主席陈伟俊，市政府副秘书长杨俊，市人社局局长张运华，市总工会党组书记、副主席赵克蓉，市企业家协会会长罗祖亮出席会议。

4 月 18 日 常德市总工会召开五届六次全体会议。市人大常委会副主任、市总工会主席石成林主持会议并讲话，市总工会党组书记、副主席赵克蓉传达省总工会学习实践“中国特色社会主义工会发展道路” 专题学习班的精神，市总工会副主席罗亚海通报全市职工医疗扶助工作情况，会议补选彭春生为市总工会副主席，增补孙冬香等 11 人为市总工会第五届委员会委员。

4 月 25 日 常德市庆祝“五一”国际劳动节暨建功“十二五”劳动竞赛、“十大金牌工人”表彰大会在市工人文化宫召开。

5 月 26 日 常德市 2012 年职工职业技能竞赛开幕式在常德高级技工学校举行。此次大赛由市总工会、市人社局、市科技局、市经信委联合举办，共有来自各区县(市)和全市大中型企业的 18 支代表团、81 名选手参赛，涉及计算机程序设计员、车工、数控机床装调维修工、铣工 4 个工种。

6 月 2 日 在中共湖南省代表会议上，湖南云锦集团有限公司挡车工、常德市总工会第五届委员会委员苏玲当选为中共十八大代表。

6 月 13 日 江苏省人大常委会副主任、省总工会主席张艳一行在湖南省总工会党组书记、副主席刘革安陪同下到常德考察。市委书记卿渐伟，市人大常委会副主任、市总工会主席石成林会见客人并介绍常德市情。

6 月 19 日 市总工会召开各区县(市)总工会主席及相关负责人会议，推进全市职工医疗互助活动。会议由副主席罗亚海主持，党组书记、副主席赵克蓉作主题讲话，市人大常委会副主任、市总工会主席石成林，市总工会纪检组组长刘孟春、副主席施祖杰出席会议。

6 月 17—21 日 湖南省第四届职工职业技能大赛在湖南工业职业技术学院举行。常德市派出 13 名选手参加计算机程序设计员、车工、数控机床装调维修工、铣工 4 个工种的比赛，获得团体总分第四名和优秀组织奖。澧县选手李金洲获计算机程序设计员竞赛第三名，被授予“湖南省技术能手”和湖南省“五一先锋”称号。

8 月 7—10 日 常德市总工会在市委党校举办中国特色社会主义工会发展道路工会主席培训班。市委副书记宋冬春，市人大常委会副主任、市总工会主席石成林出席开班仪式。来自全市的基层工会主席和新进工会工作的工会干部共计 300 余人参加培训。

8 月 9 日 省总工会副主席周乐红一行到常德督促指导职工法律保障和维权帮扶工作。市总工会党组书记、副主席赵克蓉主持汇报会。市总工会副主席罗亚海汇报工作情况，副主席彭春生，建筑物业工会主任熊礼友参加汇报会。

8 月 13 日 市总工会道德讲堂开讲，党组书记、副主席赵克蓉主持开讲仪式。

9 月 5 日 常德市总工会举行第十届“金秋助学”活动仪式。仪式由市总工会副主席谢春玲主持，市人大常委会副主任、市总工会主席石成林出席并讲话，副主席罗亚海介绍活动基本情况。纪检组组长刘孟春，副主席施祖杰、彭春生，经贸工会主任赵建祥，建筑物业工会主任熊礼友，副调研员欧阳常森出席仪式。活动现场为 63 名特困职工家庭的大学生发放助学金 30 余万元。

10 月 19 日 常德市第五次劳动模范和先进工作者推荐评选动员大会在芷园会堂召开。大会由市人大常委会副主任、市总工会主席石成林主持，市委副书记宋冬春、市政府副市长徐超文出席并讲话，市政协副主席敖建斌，市政府副秘书长杨俊，市总工会党组书记、副主席赵克蓉出席会议。

11 月 28 日 常德市总工会“情牵一线，缘定一生”交友联谊活动正式启动，来自常德烟草机械有限公司等单位的 20 余位青年职工参加活动。

12 月 20 日 常德市政府、市总工会召开第四次联席会议。市委常委、常务副市长刘小明，副市长徐超文出席会议并讲话，市总工会党组书记、副主席赵克蓉报告工会工作情况，市政府副秘书长杨俊主持会议，市直有关部门领导和市总工会常委、部室负责人参加会议。

2013 年

1 月 11 日 湖南省“双联”和困难职工帮扶工作现场经验交流会在常德市召开。省委副书记、省“双联”和困难职工帮扶工作领导小组组长梅克保出席会议并讲话，省人大常委会副主任、省总工会主席、省“双联”和困难职工帮扶工作领导小组副组长刘莲玉作工作报告。副省长、省“双联”和困难职工帮扶工作领导小组副组长韩永文主持会议并作总结讲话。市委书记卿渐伟致欢迎辞,市委副书记宋冬春代表市委、市政府作经验介绍。市人大常委会副主任谭弘发,市政府副市长匡加才,市政协副主席敖建斌,市正厅级干部、市总工会主席石成林出席会议。

1 月 16 日　常德市政府副市长匡加才在市总工会常委会议室召开座谈会。市总工会、市科协、市地震局、市知识产权局、市无管处等单位负责人参加座谈会。会上,市总工会党组书记、副主席赵克蓉汇报工会工作。市总工会领导施才明、赵鑫、赵建祥、熊礼友参加座谈。

2 月 21 日　湖南省总工会副主席李挚一行到常德,对常德电业局申报全国厂务公开先进单位的工作进行验收,市总工会副主席施祖杰陪同验收。

3 月 22 日　常德市总工会召开五届七次全体会议。市正厅级干部、市总工会主席石成林主持会议,市总工会党组书记、副主席赵克蓉作工作报告。

3 月 23 日　广西壮族自治区钦州市政协副主席、市总工会主席韦全一行到常德市考察交流工会工作。市总工会党组书记、副主席赵克蓉主持交流会,市总工会纪检组组长刘孟春、副主席施祖杰参加会议。

4 月 8—9 日　常德市工会第六次代表大会在芷园宾馆召开。市委副书记宋冬春出席会议并讲话,市政府副市长匡加才出席会议。市正厅级干部、大会执行主席石成林代表市总工会第五届委员会作工作报告。大会选举产生常德市总工会第六届委员会,六届一次全体会议上,石成林当选为主席,赵克蓉、谢春玲、罗亚海、施祖杰、万后铭当选为副主席。

5 月 3 日　常德市第五次劳动模范和先进工作者表彰大会在市工人文化宫召开。市委书记王群发表讲话,激励全市劳动者弘扬劳模精神,立足本职岗位,抢抓发展机遇,焕发创业激情,为建设“四个常德”凝心聚力,团结奋斗。市委副书记宋冬春宣读表彰决定,授予胡科军等 82 人“常德市劳动模范”称号,刘永春等 18 人“常德市先进工作者”称号。市正厅级干部、市人大常委会党组成员、市总工会主席石成林致辞,号召全市劳模和广大工人,进一步焕发劳动热情,释放创造潜能。全国五一劳动奖章获得者、常德卷烟厂机械维修工邓政权在会上发出倡议,号召广大劳动者永葆先进本色,争当时代先锋。会议由市委常委、常务副市长刘小明主持。刘明、李爱国、曾再农等市领导出席会议。2013 年受到表彰的全国、省五一劳动奖章获得者,先锋号获奖单位,全国、省劳动模范代表,各区县(市)委书记等数百人参加会议。

第一篇
职工队伍

常德卷烟厂职工

1910年，常德商会会长曾春轩集资开办同利人力车公司，有人力车200辆。此后，逐步形成常德人力车工人群体

第一章 职工队伍的形成与发展

第一节 职工队伍的形成

常德境内山、丘、平、湖地貌皆备，河川交错，交通便利，土地肥沃，物产丰富，素称“鱼米之乡”，自古农商发达。据旧志记载，在周代常德“植谷唯稻”、“饭稻羹鱼”，种稻业已有相当发展。至近代，清嘉庆、道光年间（1796—1850），常德成为全国著名的稻米产区之一。植棉也日益普及，成为湖南的棉花主产区。道光三十年（1850）前，湖南每年运往江浙的大米三四千万担，其中常德约占1/3。湖南各地来滨湖区贩运棉花者日益增多，津市成为全省棉花主要集散地。常德的商业也日益繁荣。常德城得沅水之便，上连云贵川，下通武汉上海，是湘西北最大的中转口岸。光绪三十二年（1906），常德城辟为商埠。之后，英、日、美、法、德等国商人在常德城修建栈房码头，开庄设行，大量倾销各种织物、海产、鸦片、钟表、钢铁、煤油等外国货，廉价掠夺桐油、五倍子及茶叶、生丝、烟叶等土特产品。各县城以及乡村集镇相继发展兴旺。桃源陬市是湖南省最大的木材市场，汉寿西港是全省三大米市之一。19世纪末，汉寿县城设有锅坊、木坊、染坊、搬运、榨坊、铁铺、篾铺、缝纫、刨烟、袜业等30余行业，有工人1000人左右。

由于商业的发展，常德手工业也发展较快，各种服役的雇工亦有相当的发展。常德城东门外皇经阁、西门外落路口、南岸沙滩河3处为主要露天造船厂，能造5～100吨左右的鳅船、麻阳船、辰溪船、长船、木帆船。常德城内有缝纫、泥木、搬运和使用简易机器的小型纺纱、织袜、制药、制鞋、制革等手工业作坊，开设有100余家南货、百货小商店及聂振茂、吉春堂、同济堂3家药店。共有店员和手工业工人2000余人。

清顺治元年（1644），津市出现了聂隆茂药店，随之而起的是铁铺、秤铺等，产生了津市第一批店员、手工业工人。雍正十一年（1733），清政府在津市设巡检司后，相继出现了钱铺、油行、盐号、染坊、布铺、花粮行等店员、工人。道光二十年（1840）后，津市行栈业较为发达，有货栈、搬运、油漆、碾米、砖瓦、码头装卸等手工业工人千余人。日渐发展为澧水流域的商业中心。

澧州城开设有染坊、磨坊、铁铺、铜铺、锅铺，还有缝纫店、理发店、印刷店、豆作点等，雇用了几百名店员和工人。

安乡在清末时期，有木器业、铁器业、篾器业、理发业、缝纫业、箩业、挑水、靴鞋业、屠宰业等手工业工人约千人。

1935 年，常德县公安局颁发的篾业工人力夫证

20 世纪初，随着近现代工业的发展，常德现代产业工人相继形成。

1909 年，常德文益纺织厂开工，有纱锭 500 锭，工人 206 人。是为常德最早的近代工业企业。1919 年，熊世锟、金大用等人在津市创办九澧民生工厂，有工人 300 余人。1922 年 4 月，常德金陵机械皮革厂开办，有工人 57 人，开始使用机器制革。10 月，常德鼎新电灯公司成立，拥有发电机 3 台，975 匹马力，工人 62 人。这一年，常澧镇守使唐荣阳在石门开办大狮公司，雇工开采雄黄矿，有工人 400 多人，是为境内第一批固定性矿业工人。

20 世纪 20 年代，外国资本在常德也开设很多公司，这些公司的开设，使常德出现一些与近代工业生产相联系的行业。由于外国公司的发展，常德码头运输和商业也得到发展。至 1926 年，常德境内形成了一支以码头工人、手工业工人和店员为主的工人队伍，人数达 1.7 万人。

抗日战争初期，大批工厂内迁，常德出现一批新的工业企业。这其中有年产 300 多部织棉机、织布机、轧花机的华湘机器厂第四分厂，年产 600 多部织袜机、汗衫机的洋华机器制造厂和年产 100 多部轧花机的贺兴发轧花机制造厂，以及德记、同德两个织布厂。这些工厂的开办，使常德的产业工人和航运、商业、手工业工人队伍迅速增加。到 1940 年，境内已有工人 35000 多人，其中产业工人 7600 人。

抗战胜利后，国民党发动内战，境内工商企业纷纷倒闭，大批工人失业。到新中国成立前夕，工人总数不到 24000 人。

第二节　职工队伍的发展

1949 年，中华人民共和国成立后，随着社会主义革命和建设事业的发展，常德职工队伍日益壮大。到 1952 年，境内有职工 49650 人，其中手工业工人 25450 人，店员 14700 人，产业工人 9500 人；国营和集体企业工人 19200 人，私营企业职工 30450 人。

随着国民经济和社会发展第一个五年计划的实施和1958年工业大跃进，常德地区组建了大批公私合营企业和手工业合作社，扩建了常德新湘卷烟厂、七一机械厂、羊耳山煤矿、青峰煤矿、湘西钨矿、常德电厂等10余家厂矿，新建了常德棉纺织厂、津市缫丝厂、常德农机修配厂、常德金刚石矿、石门磷肥厂等一批比较大的工矿企业，招收了大量工人。到1960年，全区职工总数达到19万余人，比1952年增加3倍多。1962年，益阳、常德分设后，常德地区职工人数为113895人。

1961—1963年的三年困难时期，根据中共中央关于压缩城镇工矿人口、精简职工的决定，全区共精简职工54000人。随着经济形势的好转，全区职工人数逐步回升。1969—1976年，全区全民单位招收职工6.4万余人。

中共十一届三中全会以后，全党全国以经济建设为中心，常德积极培育地方工业，扶植乡镇企业，发展民营经济，工业稳步发展，职工人数逐年增加。1979年，全区共有职工人数282395人。1988年，常德撤区建市，据对全市建立工会组织的2491个基层单位的统计，职工总数为342988人。2002年，据对全市8211个有基层工会单位的统计，职工总数为417110人。2013年，据对基层工会的13067个涵盖单位统计，全市职工总数（含农民工）为988661人。

1956年10月，西洞庭农场轧花厂建成投产时工人合影

第二章　职工队伍分布与构成

第一节　国民经济各部门职工

一　工业

清末、民初时期，产生了常德第一代现代工业工人，同时，还有一支人数众多的手工业工人队伍。其后由于战争等因素的影响，这支工人队伍很不稳定，人数时增时减。至 1949 年上半年，有工业企业工人 9000 人。新中国成立后，经过 60 多年的艰苦创业，常德逐步建成初具规模、门类比较齐全的工业体系，职工队伍不断发展壮大。到 2013 年，全市有工矿企业职工 55.9 万人，其中 1006 个规模以上工矿企业，有职工 18.16 万人，其中采矿业 5626 人，制造业 80921 人，电力、燃气及水的生产和供应业 8086 人。

二　交通运输、邮电业

常德水陆交通运输队伍形成初期，人数无精确统计。1926 年，有码头搬运和人力车工人约 7000 人。新中国成立后，常德交通运输事业有很大发展，到 2013 年，全市拥有交通运输企业 2353 个，涵盖公路、水运、铁路、航空、管道等领域，有职工 6.5 万人。

1899 年，常德设立大清邮政常德支局；1904 年，常德创建电报官局，开办邮政及电报业务，产生了一批邮电职工。至 1949 年，常德境内有邮电局所 147 处，职工 458 人。新中国成立后，常德邮电通信发展很快，至 2013 年，全市共有邮政局所 204 处，电信、联通、移动通信公司 3 家，职工 5900 人。

三　建筑、房地产、公用事业

民国时期，常德建筑业和建筑工人队伍无精确统计，到 1949 年，境内有泥木工人约 3000 人。新中国成立后，在党政和工会的领导下，各县市泥木工人逐步组织起来，组成全民所有制和集体所有制两种建筑企业。1953 年开始大规模经济建设后，全区建筑职工队伍迅速壮大。

到1958年，达8200人。此后，调整国民经济，建筑业队伍压缩，到1962年，职工人数为1900人。1963年后，基本建设投资有所增加，建筑业有所发展，到1965年，职工人数增至4200人。“文化大革命”期间，建筑业受到严重影响。1978年以后，随着经济建设的发展，城乡建筑业蓬勃发展，到2013年，全市有建筑企业118个，职工99898人。

1949年前，常德房地产、公用事业落后，职工很少。新中国成立后，随着建设事业的发展，城市房地产、道路和公共交通、供水、园林、环境卫生、环境保护等城市公用事业逐步发展起来，职工逐渐增多。到2013年，全市有房地产企业207个，职工6699人；公共设施管理业单位109个，职工7588人。

四　商业、餐饮业

清光绪年间（1875—1908），常德商品流通逐渐发展，商业从业人员日益增多。抗战前期，常德商业出现短暂繁荣。1941年，境内商业从业人员达6.2万人。解放战争时期，常德境内商店倒闭者占28.5%。新中国成立后，常德商业、餐饮业和服务业迅速发展，1952年，全区国营商业企业达490家，职工3100人；成立县市合作联社16家，基层供销社112个，有职工3000人。1956年以后，一个以国营商业为主体的社会主义统一市场逐步形成，1957年，全区商业、餐饮企业达4600个，从业人员3.1万人。1978年以后，对商业体制进行改革，多种经济成分、多条流通渠道、多种经营方式的商品流通格局逐步形成，促进了商业的发展。2013年，全市商业餐饮业职工达8.1万人。

五　金融业

清宣统二年（1910），大清银行在常德设立分号。辛亥革命后，中国银行、湖南银行、裕湘银行、江西银行等先后来常德设立分行，产生了一批金融职工。至民国29年（1940），境内有银行机构25个，还有40多家钱庄，但职工人数不详。新中国成立后，经过60多年的发展与变革，常德已建立起包括工商银行、农业银行、建设银行、中国银行、交通银行、城乡信用社以及各类保险公司在内的金融体系。到2013年，全市拥有金融业机构52个，职工10982人。

六　农、林、牧、气象、水利业

1933年，湖南省农事实验场在常德县门板洲设立常德分场，产生了一批农业工人。新中国成立后，人民政府加强农场建设，1955—1958年，常德地区相继建起西洞庭、贺家山、西湖、洋淘湖4个省属农场,还有七里湖、安乡县农场、常德县园艺场等一批县属农场,据1959年地区工会统计,全区有农场职工33700人。1972年,开垦石门县的西北荒山,成立西洞庭农场东山峰分场(1974年改为常德地区东山峰农场),安置下放知识青年1209人。到1998年,全市有国营农场8个、省属原种场1个,有职工31900人。1999—2000年,西湖、西洞庭、东山峰农场相继改为管理区,职工身份不变。到2013年,全市有农业职工4.3万人。

1917年,建立省属旸山林场(今常德林场),配备林警、林工20余人。这是常德第一代林业职工。20世纪50年代初起,常德国营林场、乡村集体林场发展迅速。1958年,常德建有国营林场25个,有职工2074人。到1987年,全区尚有国营林场17个,职工1486人。至2013年,全市林业行政、事业单位有职工3100人。

1955年,西洞庭农场第一代拖拉机手

常德畜禽,历来是农家私养。新中国成立后,各级农业部门建立良种培养和畜疫防治机构,促进了畜牧业的发展。到2010年,全市畜牧业职工达2600人,其中兽医技术人员2100人。

1932年,湖南省政府在常德建立气象测候所,产生了一批气象职工。新中国成立后,气象事业发展迅速,到2010年,全市共建立气象台、站9个,有职工230人。

常德从事水利工作的人员,随着水利事业的发展而不断增加,1951年仅80人,1957年

758 人,1979 年增至 6300 人。到 2013 年,全市水利系统职工达 7100 人。

七　科学技术事业

民国期间,随着近代农工医卫等科研、生产、服务机构的建立,常德从事科技工作的职工队伍逐步形成。新中国成立前夕,境内约有自然科学技术人员 300 人,以后随着人才的培养、引进,科技队伍发展壮大。1978 年年底,常德地区拥有自然科学科技人员 9353 人,1984 年 15986 人,1986 年 24975 人。1998 年,常德市有自然科学科技人员 97597 人。到 2013 年,全市拥有自然科学科技人员 12.95 万人,其中科研机构科技人员 2982 人。

八　教育、文化、卫生事业

自维新运动后,常德教育事业不断发展,并逐渐造就了一支人数众多的教师队伍。1903 年,湖南西路师范学堂、常德府立中学堂和武陵县立高等小学堂共有教师 50 多人。1912 年,常德城区有教职员 256 人。新中国成立后,常德境内共留用旧学校教职员工 6297 人。1982 年,常德地区教职员工为 63498 人。后由于实行计划生育,生员减少,学校布局调整,教师队伍人数有所减少。到 2013 年,全市教职员工为 55065 人。

清末、民国时期,近代文化事业在常德逐步兴起。常德相继建起图书馆、教育馆、电影院等文化设施,形成了一支文化工作者队伍。新中国成立后,常德文化事业有了新的发展。1952 年,全区有文化馆、图书馆、电影院、剧团等文化单位 35 个,职工 712 人。到 2013 年,常德市文化事业单位发展到 87 个,有职工 32531 人。

新中国成立前夕,常德境内有公立卫生机构及教会医院 11 所,加上私人诊所,医务人员有 2367 人。1949 年 8 月至 1952 年年末,常德专署和各县(市)人民政府先后接管省立常德医院、广德、津兰两个教会医院和 8 个县卫生院,加快卫生事业发展步伐。1957 年,全区医务人员达到 5788 人。到 2013 年,常德市拥有卫生医疗机构 320 个,医务人员 27027 人。

九　机关、团体

新中国成立后,常德的各级机关、团体逐步建立,职工人数逐步增多。1950 年,全区机关、团体共有职工 5600 人,到 1957 年,发展到 12800 人。1978 年以后,机关、团体增多,职工增加迅速。到 2013 年,常德市机关、团体职工达 59673 人。

第二节 职工队伍的所有制构成

一 全民所有制职工

全民所有制职工在常德职工中所占比例，1950年为45.2%；随着社会主义建设事业的发展和对资本主义工商业社会主义改造的完成，到1957年，上升为61.7%。“文化大革命”中，推行集体转全民，到1978年，达77.5%；1988年，仍维持在77.9%。20世纪90年代后期起，国有企业加快实施兼并破产、改制搞活、减人增效与下岗分流等一系列改革措施，全民所有制职工开始减少。2000年起，常德在国有企业中大力推行“两个置换”（置换国有企业产权，置换全民职工身份），通过产权转让等形式，改变企业的国有身份；通过一次性经济补偿，使职工退出全民身份，全民所有制职工所占比例大幅下降。是年底，全市累计置换企业产权707户，置换职工身份10.5万人。到2013年，全市全民所有制职工占职工总数比例下降至42.2%。

二 城镇集体所有制职工和乡镇企业职工

常德城镇集体所有制职工占职工总数比例，1950年为0.3%，1957年为27.2%，1965年为31.9%。“文化大革命”期间，集体职工比例下降，1978年为22.5%。1979年以后，发展多种经济成分，集体职工人数有所增加，到1989年，集体职工占全市职工总数的23.6%。1993年起，常德加快集体企业改制步伐，城镇集体所有制职工所占比重逐年下降，到2013年，下降到3.4%。

1958年，常德地区兴办社队企业9150个，产生了一批乡镇企业职工。到1976年，常德社队企业发展到1.26万家，从业人员19.19万人。1990年起，常德市委、市政府大力扶植乡镇企业发展，到1998年，全市乡镇企业达到18.26万家，从业人员67.47万人。从21世纪起，常德乡镇企业逐步改制为私营企业和合营企业，乡镇企业职工转为私营或合营企业职工。

三 其他经济单位职工

1950年，常德私营企业职工为1.6万人，占全区职工总数的42.5%。经过对资本主义工商业的社会主义改造，到1957年，下降到不足100人。1979年以后，发展多种经济成分，私营企业逐步发展壮大，到 2002 年，全市私营企业职工达到 12.3 万人，占全市职工总数的 29.5%。

1957 年，常德有公私合营单位职工 1.1 万人，占全区职工总数的 8.6%。1958 年起，合营单位职工陆续转到集体所有制或全民所有制单位，合营企业逐步消失。1979 年后，合营单位又从无到有、逐步发展。

到 2013 年，全市在内资企业，港、澳、台商投资企业，外商投资企业等经济单位的从业人员，已占全市职工总数的 47.4%。

1985 年，常德市公交公司司乘人员在链绞式公共汽车前合影

第三章 职工队伍素质

第一节 政治素质

在新民主主义革命时期，常德工人阶级在中国共产党领导下，团结农民和各阶层人民，反对帝国主义、官僚资本主义和封建主义的剥削压迫和国民党的反动统治，为新民主主义革命的胜利立下了功勋。常德解放前夕，有中共地下党员500多名，大部分分布在工厂、学校，他们为保卫城市迎接解放做出了积极贡献。中华人民共和国成立后，常德工人阶级发扬当家做主的精神，坚持走社会主义道路，努力发展社会生产力，振兴常德经济和各项事业，成为现代化建设和改革开放的主力军。在改造客观世界的过程中，职工队伍的政治素质不断提高，涌现出一大批先进模范人物，职工中的中共党员和共青团员队伍也不断壮大。据对1957—2010年有数据报表的41个年份统计，常德企事业单位共评出劳动模范和先进生产（工作）者200多万人次。2013年，全市职工中有中共党员11.64万人、共青团员6.03万人，合计17.67万人，占全市职工总数的34.9%。

第二节 文化素质

常德原有工业基础薄弱，绝大多数职工来自农村，文化水平低。新中国成立初期，全区职工中的文盲、半文盲约占80%，高小文化程度占15%，初中以上文化程度占5%。1950—1958年，全区各县市在职工中大规模开展以扫盲为重点的业余文化教育，职工文化水平逐步提高。到1960年，全区共扫除文盲27080人，职工中文盲、半文盲的比例减少到20%。“文化大革命”中，职工业余教育受到冲击。1978—1980年，为加快扫盲步伐，全区共办扫盲班82个，参加人数17260人。到1982年，全区职工中文盲、半文盲的比例已不足5%。1981年后，各系统各部门纷纷举办职工学校，招收本行业、本系统职工进行短期文化补习和业余技术培训。1980—1985年，全区对不够初中文化水平的青壮年职工进行文化补课，到1986年年底，年龄在35岁以下的职工文化补课合格人数6.7万人，合格率达82.9%。1982年1月，常德行署成立职工教育管理委员会，组织职工开展从初等到高中、中专、职大、电大、函大等各类成人教育。加上1978年以后，统一分配到各企事业单位工作的大学、中专和技工学校毕业生不断增多，职工队伍的文化素质有了很大提高。1985 年，对地直单位 85985 名全民所有制职工调查，大专以上文化的 3595 人，占全民职工总数的 4.18%；中专程度（含高中）的 21885 人，占 25.4%；初中程度的 36733 人，占 42.8%；小学程度的 22292 人，占 25.92%；文盲、半文盲 1480 人，占 1.8%。全区集体所有制企业事业单位 99638 名职工中，大专文化的 253 人，占集体职工总数的 0.26%；中专及高中文化的 17116 人，占 17.1%；初中文化的 45058 人，占 40.5%；小学文化的 32446 人，占 32.56%；文盲、半文盲 4765 人，占 4.7%。

常德撤区建市后，据 1989 年对 10 个市直属工业、交通、基建企业 22651 名工人的抽样调查，文盲 147 人，占调查总数的 0.06%；小学文化程度的有 5037 人，占 22.2%；初中文化程度的有 9535 人，占 42.1%；中专及高中文化程度的有 6733 人，占 29%；大专以上文化程度的有 820 人，占 3.6%。

1990—1992 年，全市普遍开展职工读书活动，3 年中参加读书活动的职工达 17.6 万人。从 1993 年起，市和区县（市）工会对职工文化知识的培训进一步加强，纷纷兴办各种类型的职教机构。到 1998 年，全市有 4900 多名职工取得了文化基础教育结业证；1.7 万名职工取得

常纺机摇架车间工人劳动场景

中等教育毕(结)业证;2.5 万名职工取得高等教育毕(结)业证。

从 21 世纪起,随着改革开放的深入和现代化建设的快速发展,职工学习文化的自觉性不断增强,每年有 10 多万名职工业余参加大中专文化学习,学习内容也由文化补课发展到学习计算机、会计、统计、法律、企业管理、外语等专业。据 2008 年对全市 17.2 万名职工的文化水平抽样调查,小学 17544 人,占 10.2%;初中 60716 人,占 35.3%;高中 68112 人,占 39.6%;大专以上 25628 人,占 14.9%。高中及高中以上文化程度的职工已达职工总数的 54.5%。

第三节　技术素质

新中国成立前,常德工业基础薄弱,科学技术落后,职工技术水平低。20 世纪 50 年代初,全区技工平均技术等级不足 2 级。其后,通过培训、引进和群众性技术学习活动,职工技术水平逐步提高。1955 年,全区自然科技人员达到 1200 人。1956 年,全区 1.1 万工人经过考核定级平均技术等级达到 3.7 级。1958 年,新工人大量增加,工人平均技术等级下降。1959 年,创办常德机床厂技工学校,至 1960 年,全区共建技工学校 8 所,开展对职工技术素质的专业培训。"文化大革命"期间,技术培训和群众性技术学习活动受到冲击,工人平均技术水平出现倒退。1982 年后,常德对不够初级技术水平的职工开展技术补课,同时加强技术培训,广泛开展群众性技术练兵活动;1987 年后,又在技术工人中开展评聘技师的工作,使职工技术水平有很大提高。1989 年,对常德市 19891 名职工技术状况进行抽样调查,技术等级为一至三级的 3782 人,占 19%;四至六级的 8688 人,占 43.68%;七至八级的 4968 人,占 24.98%;技师 70 人,占 0.35%;工程技术人员 2383 人,占 11.98%。

从 20 世纪 90 年代起,为进一步提高职工队伍的整体技术素质,在新工人的招用上贯彻"先培训后就业"的方针。1990—2000 年,全市共举办各类成人中等技术培训班 2100 多期,参加职工 102 万人次,培养各类专业技术人才近万人。

随着国有企业改革的深化,从 1998 年起,在全市职工技术素质教育中,进一步加大对下岗职工的专业技术教育力度。到 2000 年,共为 2 万余名下岗失业人员进行了技能培训。2002 年,常德市设立了职业技能鉴定中心,1700 余人经鉴定后取得了相应的职业资格证书。从 2004 年起,全市不断扩大职工的就业创业培训规模。2005—2013 年,每年培训规模均在 10 万人以上。2013 年,全市接受创业培训的职工达 7379 人。

第二篇
清末民国时期的工人团体和工人运动

1943年，浙江铁工厂职工中的一批中共地下党员来到津市，创办新华弹棉机器制造工厂，并组建了党支部。图为工厂成立一周年时全体职工合影

1925年5月7日，常德县城中共党组织发动工人、学生在县城文庙泮池坪体育场集会，成立雪耻会

第一章　工人团体

第一节　帮会行会

常德地区早期的工人自发组织是帮会和行会。

帮会，又称“帮口”，是一种按籍贯同乡结成的会馆组织。缘起是小商人和手工业者为了同乡互助，维护自身利益，按原籍地域结成同乡帮口，后经长期演变，成为既有工人又有业主参加的混合组织，为豪绅所操纵。

行会，是独立手工业劳动者和帮工为主体组成以协调同行业关系维护自身利益的自发组织。

常德地区的帮会和行会产生于明末清初，盛行于清代，延续至民国时期。19世纪末，在常德、桃源、汉寿、临澧、安乡、津市等地的建筑业有“鲁班会”，熟食业有“雷祖会”或“占公会”，船业有“杨泗会”，书纸业有“文昌会”，酿酒业有“杜康会”，国药业有“药王会”，商业店员普遍建有“财神会”等。各行会都有本行业的一个始祖作为偶像崇拜，如建筑业尊鲁班为祖师爷，酿酒业尊杜康为祖师爷。逢始祖的诞辰或逝世日作为该行业的集会日，召集会友，进行庆祝或纪念，行话称为“做会”。做会期间，会友共商本行大事，如推举头目，议定价目，举行学徒满师仪式等。同时摆酒筵，观会戏。一年一度，照例不变。行会负责人年年推选，一般是推选德高望重的师傅担任，有的则被封建把头操纵。新会员入会要交会费2~3元银圆。行会组织有一定的地域，不入会的就不能在该地做工。工人们为求得一个谋生之地，不得不加入行会，受行规束缚。

第二节　劳工会

1920年9月，常德人黄爱在天津参加“五四”运动后，回到湖南与庞人铨等创建湖南劳工会，以“改造物质的生活，增进劳工的知识”为宗旨，在长沙发展组织，开展活动。在黄、庞创建的湖南劳工会影响下，常德于1922年1月29日成立了常德劳工会，缝纫工人杨彝（又名杨茂林）任执行会长，会员400余人，分布在缝纫、石业、瓦业、木业、烟业等行业。

常德劳工会成立后，在随后6月成立的社会主义青年团常德地方执行委员会劳工运动委员会的指导帮助下,创办 1 所工人夜校。常德劳工会主要是在行业内领导工人开展经济斗争,为劳苦工人争取一些经济利益。1923 年 1 月 29 日,劳工会举行纪念成立一周年的盛大游行。400 多名会员高举"劳工神圣"的小纸旗,在常德城游行一周,沿途散发要求增加工资的传单。4 月,常德各缝纫店的店主联合压榨工人,将工人每日工资由 3 角减少至 2 角 4 分。缝纫工人不堪忍受,200 多人于月初举行罢工, 并呈请县署另组织缝纫工人承包军服等业务,摆脱店主剥削。同月,泥、木、缝、石四业工人请愿提高工价,200 余人围住县衙门,打着"劳工会请愿团"的旗帜,宣言若县署不应允就长期罢工。县署为防止罢工风潮愈演愈烈,被迫答应工人的条件。5 月 7—9 日,为支持"湖南省外交后援会常德分会",常德劳工会组织常德城内工人举行排日纪念活动,开展对日经济绝交斗争。全体市民休市,工人和学生上街游行,发表演说,散发传单,查禁日货,并要求各家商店一律不准向为日本人做事的中国船员供应粮食和其他食品。工人们还把个别向日本人献媚取宠的人拉去游街示众。5 月 19 日,刨烟业工人罢工,要求店主增加工资,并发出宣言"非达要求决不工作"。在工人的强大压力下,店主同意增加工资。1923 年 8 月,劳工会被县署查封、执行会长杨彝被县署扣押,各业工人非常愤怒,200 多人当即自动集会,向县署请愿开释,并将劳工会启封。

常德劳工会在成立初期组织工人进行经济斗争,发挥过积极作用。但由于其主要领导杨彝等人受行帮思想影响较深,1925 年以后,他们为扩充自己的势力,指使流氓到各行业工会进行捣乱,企图抵制中国共产党对常德工人运动的领导,阻止常德县总工会的建立。1926 年 9 月,常德县总工会成立之后,对常德劳工会的不良现象进行斗争,争取团结多数工人。劳工会中的一部分工人先进分子,鉴于杨彝伙同日贼周万盛盗用工会名义破坏工人运动,遂起反对,将杨彝送押官署惩罚。继而常德总工会召集市民大会,将劳工会查封。常德劳工会至此结束。

第三节　工　会

一　大革命时期工会

1921 年 7 月,中国共产党成立。此后,常德工人在党的领导下,建立起自己的工会组织。1922 年 6 月,常德成立中国社会主义青年团常德地方执行委员会,所设 4 个委员会中,即有劳工委员会机构。1925 年冬至 1926 年,中共湘区委员会为加强对常德工人运动的领导,派出一批工运特派员,分赴常德各县组建工会,开展工人运动。1925 年 12 月,省工运特派员彭唯一首先在常德搬运工人中进行宣传发动,组织工人摧毁封建把头把持的帮会组织,成立共产党领导下的箩业工会。在箩业工会影响下,常德的烟业、理发业、制袜业也相继成立工会。

1926年6月，常德县总工会筹备处成立，适逢全国革命形势迅猛发展之际，筹备工作进展顺利。7月，北伐军进占长沙。7月29日，湖南省建设厅印发孙中山任内公布的《工会条例》，通令自即日起，"凡在国民政府管辖区域的工会及职业组合一律适用工会条例，应分别改组，并向当地主管官署注册"。同时，中共湘区委员会发出"铲除反动势力，扶植工农商学团体的宣言"。9月，北伐军攻克武汉。中华全国总工会电告湖南全省总工会，望各工会即速整顿恢复，以统一全国工人运动，共促革命成功。在中共湘区委员会和湖南全省总工会领导下，常德工会组织迅速发展起来。至9月上旬，建有行业工会26个，有会员8000余人。9月9日，常德县总工会在广济宫召开成立大会。会场大门两边的楹联写着"团结七十二行道图谋解放，争从十八层地狱走进天堂"。参加大会的有缝纫业、箩业、木业、棕业、烟业、染业、制袜业、铅印业等行业的工会会员6000余人。大会选举颜南山为总工会委员长，文恒益为副委员长，滕代胜为教育部长，张盛荣为宣传部长，熊敏为妇女部长，胡诗成为青工部长，刘官清为秘书。随后，在中共党组织的领导下，其他各县市总工会也迅速建立起来。1926年9月，贺龙率北伐军进入澧县、津市。10月，津市总工会成立。接着，澧县、汉寿、石门、桃源、临澧、安乡等县先后成立总工会，各县行业工会和区、镇工会亦相继成立。

1926年12月1日，湖南全省第一次工人代表大会召开。常德、汉寿、石门、澧县、桃源等县总工会派代表出席大会，常德等县总工会还专门向大会汇报工作。会上，常德县总工会委员长颜南山被推选为省总工会第一届执行委员会委员。

至1927年年初，全区各县市、各镇、各行业均已建立工会组织，形成与农会、妇联等公众团体共主县政的局面。各工会组织高举反帝旗帜，抵制仇货，反对苛捐，争取劳资共管企业，建立工人纠察队，维护社会秩序，惩治土豪劣绅，查嫖赌，禁鸦片，开展多种形式的革命斗争。

1927年5月24日，国民党驻军在常德发动"敬日事变"，反扑工农运动，袭击中共组织、工会、农会驻地，捕杀共产党员和工农积极分子。常德县总工会除委员长颜南山在工人掩护下逃走外，教育部长滕代胜、箩业工会委员长文恒益、烟业工会委员长郭久成、织袜工会委员长王光一均遭杀害，总工会机关被捣毁，28个职业工会被解散。其他各县工会组织也均被摧毁，常德幸存的党团工会骨干被迫转入地下，革命进入低潮。

二　国民党组建的工会

"敬日事变"后的一个时期，国民党常德党政当局，因慑于大革命时期工人运动的威力，一方面对共产党领导的工会继续采取镇压取缔政策，另一方面对重新组建工会持消极态度。此时，常德各县只有一些自发恢复的行业工会。直到1930年10月30日，国民党中央发出关于工会等人民团体统限于1931年2月15日前"一律改组或组织完竣"的电令后，才按国民政府《工会法》的规定，抓职业工会和产业工会的组建。1934年国民政府颁布《县市总工会组织准则》后，各县、市总工会逐步建立。

国民党常德县党政当局于1931年组建职业工会。至1936年，建立有泥业、木业、缝纫、理发、制革、针织、油漆、民船等27个职业工会，会员7375人。这些工会的头目，不为工人阶级谋利益，而是为自己谋私利和帮助资本家控制剥削工人。码头工人进入沅水两岸码头作业，先要向码头工会缴2~4元会金，还要给工会头目摆2~4桌酒席。工会头目还采取少写或不写搬运数量的办法克扣工人工资。每逢过年过节和工会头目的婚、丧、嫁、娶、生日，强迫工人送礼。否则就会遭到无理刁难，甚至被开除出码头。中共湖南省工委为争取、改造这些工会组织，派出一批共产党员到常德、汉寿等地手工业工人较为集中的城镇，发动工人组织工会，进行上层联络和下层秘密活动，培植公开工作的干部参加工会竞选。1938年年初，中共常德特别支部派遣有合法身份的地下党员苏春成（民船业）、李银生（泥木业）、尹长清（缝纫业）等30余人打入码头、人力车等行业工会担任理事。经过几个月的努力，于1938年5月，经国民党县党部同意，成立常德县总工会筹备处，由4名中共地下党员担任正副主任。筹备处成立后，积极开展抗日救亡活动，因没有注意隐蔽，引起国民党当局的干涉，派国民党县党部成员打入筹备处，县总工会的筹备工作被迫停止。1940年3月，在中共地下组织的帮助下，泥木业的鲁品升、缝纫业的尹长清、针织业的黄柏成等，联名向政府请愿，再次要求成立常德县总工会筹备处。当局指派国民党县党部的马天哲、罗明等为筹备委员，参与县总工会的筹备工作。是年6月29日，常德县工会在城隍庙正式成立。后经过数次改选，至1949年7月，常德解放，国民党组建的常德县工会即行解散。

国民党汉寿县党政当局于1935年成立县总工会筹备处，指定资本家徐芝仙任筹委会主任，王琏等6人为筹委会委员。接着在县城的刨烟业、泥业、木业、缝纫业、船业等工人较多的行业，建立职业工会筹委会。工人们对这种工会感到厌恶，入会者寥寥无几。1937年，中共党员罗承阀、曾玉庭等出面弹劾工会领导人，迫使国民党县党部撤销徐芝仙、王琏的筹委会职务。1938年3月，中共党员罗承阀、罗汉荣，工人张云程、曾光明以合法身份公开活动，取得县总工会3个常务理事、1个常务监事的席位。而后以县总工会的名义，责成商会取消对箩业工会不合理的“箩捐”制度。1941年夏，罗汉荣呈文整顿改组工会，国民党县党部委任罗汉荣为改组委员。通过整顿改组，汉寿县总工会及县城20多个职业工会的负责人中，工人占95%，领导权基本由工人掌握。在共产党能起领导作用的工会中，由工会出面，运用有关法规，监督劳资协约，协调劳资纠纷，争得工人利益。并成立工人生产合作社、消费合作社等组织，帮助工人就业，救济失业工人。

国民党澧县党政当局，从1930年至1938年，先后建立泥瓦业、缝纫业、染织业等9个县属职业工会。1939年，国民党澧县执行委员会决议，建立县总工会理事会，任命县参议员王学登为理事长。县总工会成立后，新洲篓业工人，大堰垱樵业工人，新洲、津市两地的刨烟工人为应对物价上涨，要求增加工资，先后举行罢工，均遭工会阻挠。为防范工潮再次发生，澧县总工会理事会于1940年4月，呈请县党部转县政府通令各乡镇公所及警察局协助总工会和职业工会推进会务。县政府于5月14日发出训令，强制职业工人加入工会，如逾期不履行入会手续，由总工会呈请主管官署予以行政处分或停止其业务工作。1940—1945年，先后新建竹篾业、旅筵业、轧花业等17个县属职业工会，下设40个分会，登记入会者9628人。1946年又在全县分地区设立职业工人联合会，工会管理实行条块结合。1947年，县总工会理事会颁发《总清查条例》，县境内从事各职业或产业的工人，不论入会与否，均施行会员清查登记，并随之收取入会金。

国民党桃源县党部于1929年派张元善、李德清、刘大顺等筹建职业工会，规定每个职业工会，由一名国民党员担任会外理事监督会务。1936年，国民党县党部派覃大锦、张元善到陬市组建木、瓦、锯、石等7个职业工会，并设立了办事处。6月，陬市缝纫职业工会副理事长赵盛斋以做轩辕会为名，令每个会员缴纳会金2.2元，当日交齐。新工人钟茂堂一时交不出会金，被赵当即用铁器打死。1946年，陬市店员陈刚正、张道生等发起筹建店员工会，国民党县党部认为是搞非法组织和异党活动，派警察局到陬市抓人，致使工人无法成立工会组织。

国民党临澧县党政当局于1931年着手在县城组建民船航运工会、缝纫业工会、贫民工厂工会。1936年，又建立泥木业工会、理发业工会。在合口建立旅筵业、漆业、印刷业、染织业工会。1937年，缝纫业工会在鳌山、合口，泥木业在合口建立分会。合口旅筵业工会在停弦渡，理发业工会在七重堰设立分会。1946年年底，国民党当局开始筹建临澧县总工会。1947年5月1日，临澧县总工会正式成立，张德植任理事长。1948年下半年，临澧县选举县参议员，士绅郑安仁、蒋文蔚以工会代表名义参加竞选。郑安仁被选为参议员，蒋文蔚被选为候补参议员，代表工会进入民意机构。

国民党安乡县党政当局于1940年9月成立安乡县总工会，由国民党员、县消防队长陈登科任理事长。继而在官垱、三岔河、理兴垱、下渔口、虾扒垴等集镇设县工会办事处。当年建立职业工会13个。1941年，国民党安乡县党部、县政府颁发《非常时期职业团体会员强制入会与限制退会办法》，加强对工会的控制。至1949年，全县职业工会达到32个。

三　湘鄂西苏区工会

1927年8月至1929年2月，常德、石门、澧县、临澧、安乡等地的工运骨干，率领大革命失败后保存下来的工农武装力量，参加1927年的秋收起义和1928年年初的旧历年关暴动。同时，在中共湘西特委、湘西北特委领导下，常德等地开始恢复中共党的组织，成立秘密工会和赤色职工运动委员会，不少工运骨干积极投入和领导乡村的抗租、抗债斗争和城市的反帝反苛捐杂税的斗争，还开展建立苏维埃政权的宣传活动。1929 年 3 月至 1930 年，随着苏维埃政权的不断建立，各县苏区工会也普遍正式成立，并在苏维埃政府领导下，制定苏维埃有关劳动工会的法令，积极开展苏区、游击区工人运动。1931 年 7 月 20 日，湘鄂西省总工会成立后，石门、澧县、临澧、津市等地在企业中按产业原则建立工会，在苏区工业中贯彻实施苏维埃《劳动法》和开展革命竞赛活动，在职工中开展一些文化教育活动。1932 年 1 月至 1934 年 11 月，湘鄂西苏区工会受左倾路线影响，对工人运动提出过高要求，制定过“左”的政策，在城市工人运动中提出在白区搞总罢工，在农村继续没收地主富农财产外，连中农财产也没收，还搞绑票经济；在肃反中大量杀害工人运动骨干，湘鄂西省总工会党团书记张昆弟等均遭杀害。刚刚兴起的苏区工人运动陷入停顿状态。

第二章　工人运动

第一节　清末民国时期工人的地位和生活状况

常德的工人自产生之日起，就深受帝国主义、封建主义、官僚资本主义的压迫和剥削，地位低下，生活困苦。

社会地位。20 世纪初，常德的工人政治上受尽欺压，没有丝毫的权利，经济上受资本家和大小工头的盘剥，人身安全没有保障，是生活在最底层的人。劳动最繁重、最危险的码头工、拉纤工、船工被称为“箩脚子”“苦力”“船古佬”，资本家把他们当作奴隶使用。常德下南门

常德大河街美孚洋油公司旧址　（1959 年摄）

解放前,常德城工人、市民在西门外右城湾的住所

码头老板规定,凡上码头做工者,要请大小把头吃酒、喝茶,交10块银元的入会保金,签订“倘遇意外各安天命”的契约。大小把头可以任意处罚工人,而工人不得有任何不服的表示,否则以不尊重老板问罪,轻者罚跪、罚款,重者挨打、开除。水巷口码头的把头刘长友,专门做了一根2寸宽、5尺长的竹板,上面写着“你该我打”四个字。他经常用这根竹板把看不顺眼的工人打得皮开肉绽。有的工厂、船行、码头还规定,工人要找3~5人的连环保,方准上工。若犯规矩,即株连保人。桃源长江公司金矿,只有工人246名,但配有矿警50名,监视工人劳动。

劳动时间。常德工人每日劳动时间普遍为12小时。店员工人14小时,人力车工人16小时。学徒工每天劳动时间14~18小时,早上起在人前,晚上睡在人后,开餐吃在人后,散在人前。

劳动条件。资本家为追求高额利润,不顾工人死活。工人做工没有任何劳动保护设施,劳累如牛负重。这种情况尤以矿山为甚。据《石门县志》记载,石门雄黄矿井下排水全靠人力,

“傍岩度梯，截巨竹解水。每二丈为一车，一车役夫四人，常以八月举役至次年三月出黄”。采矿工具亦很落后，最早是用楠竹削尖作工具，后才用锄、钢钎。矿谣称：“采黄一根针，背黄一个篓，照明桐油灯，上井人鬼分不清。”车水、采黄、背黄工人人身无自由，生命无保障，常因塌方或井下起火，被乱石砸死或砒烟毒死。据石门雄黄矿矿史记载，从清末至中华人民共和国成立时止，该矿死亡矿工达 1 万余人。

劳动报酬。1902 年，常德县署限定，码头工人每月工资银元 7~8 元；手工业工人每日工资 3 角；矿业工人每月工资 7~10 元，为职员工资的 1/4。人力车工人每日工资铜元 100 余枚，老板从中抽走 52 枚，余下的仅能维持一家的简单生活。

第二节　工人的自发斗争

常德工人为摆脱帝国主义、官僚资本主义、封建主义的残酷压迫和剥削，开展一系列自发的政治斗争和经济斗争。

清末民国初，津市土布店比较发达，有十来家，大多为前店后坊，自染自销，规模较大的土布店染坊有工人近百人。辛亥革命后，英、美、日等国的洋布源源输入，土布销路顿减，土布店日趋没落，被迫倒闭或改行，致使大批土布店工人流离失所。外国商人不仅在经济上进行掠夺，还大量贩卖毒品，在精神上残害工人。1914 年，有几名英国商人私自运进大批枪支弹药和毒品，住在津市华阳旅店，进行非法贩卖，牟取暴利。工人徐金子、张易之等 6 人，夜闯华阳旅店，杀死 2 名英国商人，夺得这批军火和毒品。此事震动全国。

1919 年 6 月 15 日，常德城工人为维护国货，抵制日货，在府坪一带，与日商发生冲突。工人们将日人所办的府坪兴隆洋行、下南门丸山洋行、常德街弘旗洋行的玻璃橱窗通通捣毁。同年 6 月 19 日，常德工人与各界群众开展阻乘日轮活动，联合向地方政府请愿，强烈要求日轮出境。全城工人为此举行 3 天的总罢工，最终获得胜利。

1921 年 10 月 31 日，200 多名人力车工人在常德城下南门十字路口集会，抗议老板在原每辆车 500 文租金基础上再加 100 文租金的加码剥削，声言组织同行业一致罢工，迫使车行老板只象征性地加收 10 文钱的租金。

1922 年，常澧镇守使唐荣阳在石门成立大狮公司，招收大批工人开采雄黄，为追求高额利润，不顾工人安危，成百工人死于矿井，迫使工人由消极怠工进而展开自发斗争，向矿方要求采取安全措施、增加工资、减少劳动时间。同年 10 月，雄黄矿多次发生停工和打死矿警、班头事件。矿方见损失惨重，被迫答应工人的一些要求。

第三节　共产党领导或影响的斗争

1925年起，随着中共常德地方组织的建立和发展，全区各地各行业工人，在共产党领导下先后建立起工会组织，工人运动逐渐兴起，不断进行反抗压迫、谋求解放的斗争。

一　声援“五卅”运动

1925年5月30日，上海发生英国巡捕打死打伤数十名游行学生的“五卅”惨案，激起全国人民的义愤。消息传到常德后，共青团常德地方组织随即领导建立对沪惨案湖南雪耻会常德分会，各县也相继成立雪耻会，发动各界民众声援。常德工人立即响应，举行罢工和游行示威，支持上海工人、学生的革命行动。6月20日，英商福中公司老板在大河街太古码头雇工挑桐油下河装船，遭到码头工人抵制。进入7月，各界群众夜以继日举行游行示威，高呼“不坐日本船，不吃英国烟”等口号。工人们分驾小船在沅水边日夜轮流值守，包围英、日轮船，不许仇货上岸。迫使日商戴生昌轮船公司的客、货轮停开，英商烟草公司停业，美国人开办的复德、三德中学无人报考和上课。是年8月，日商动用军警打伤工人、学生13人，并收买军阀枪杀1名补习学生。日商的暴行激起工人的义愤，他们组织起来，连续举行游行示威。在常德工人的强大压力下，日本商人不得不低头认罪，赔偿损失。

在津市，工人店员会同各界人士在津市商会举行联席会议，并成立“津市对沪惨案分会”。他们和学生一道上街贴标语，集会演说，禁止出售英货、日货。福兴义绸庄有一批日货，被工人、店员查出来后处以罚款。为挤垮英、日轮船公司，津市原来分散经营的轮船也自动联合起来，成立“六轮公司”。工人们四处游说，劝导旅客不乘坐日轮。日轮一时客、货均无，被迫停航。工人们的爱国精神，激发起市民的反帝激情，他们拆毁设在津市的天主教堂。

二　烧毁洋货

20世纪初，安乡县城有福记亚细亚、德士古、美孚3家煤油公司，均有较大的储油库。油商利用油库囤积居奇，市场紧缺时高价出售，由铜钱240文一斤涨到480文一斤。1927年3月，安乡县工会与农会一道开展查洋油、洋布、洋烟、洋伞等洋货活动。以200多名篓业工人为主体，在县总工会、县工人纠察队和篓业工会主席宋秋阶领导下，查封亚细亚等三家煤油公司，并将480桶煤油（每桶280斤）运往五总坪操场焚烧。除煤油外，还烧掉不少英制“大联珠”香烟和洋伞、洋布等，共烧了2天2夜。

三　审判豪绅

1926年冬至1927年春，常德各县工会、农会等团体共同组建审判土豪劣绅的特别法庭，镇压一批罪大恶极的土豪劣绅。

汉寿县大土豪梅孟樵贩毒聚赌、霸产夺妻、暗组武装、擅抓擅杀、谋财害命，激起民愤。1926年12月，中共汉寿县委根据民众要求，派县总工会委员长罗承阀率工人纠察队和农民自卫队夜袭杨豪湖团防局，将梅孟樵捉押到县城。以詹乐贫为主席的县特别法庭召开有工人、农民、学生、商民参加的公审大会，将梅孟樵公审后处决。

常德县审判土豪劣绅法庭成立后，县总工会派员参加法庭的工作，组织工人纠察队维持社会秩序。1927年3月，常德县特别法庭在小西门公审处决土豪杨仲达，为防受杨仲达贿赂的县警备队法场劫人，县总工会和各行业工会的工人纠察队全副武装守卫刑场，确保审判顺利进行。

四　破除封建宗法

1926年9月，常德县总工会成立后，在城乡开展反对封建宗法的运动。组织民众捣毁神像，没收庙产，动员和尚、尼姑还俗回家务农，限制巫师巫婆的迷信活动；废除族规，清理族产，将祠堂收为公房。县总工会设立妇女委员会，根据省总工会关于劳动妇女的决议案精神，实行男女平权，工资平等，保护妇女权益，反对包办婚姻，争取婚姻自主。工会还强制资本家、地主豪绅退掉丫鬟使女，动员童养媳的父母接回自己的女儿，组织妇女批判虐待媳妇的恶婆婆，惩办迫害丫鬟使女的太太小姐。石门县总工会组织工人群众对坏族长、经管和寺庙住持进行批斗或戴高帽游街，使之颜面扫地。还组织儿童团烧毁县城内雷古庵、城隍庙、水府庙的大小神像。封建迷信和宗法统治，一时绝迹。

五　劳资共管企业

1927年春，常德县总工会根据中共常德地委决定，在达人袜厂开展劳资共管工作。达人袜厂是常德纺织行业的最大企业，有男女职工180余人，资金比较雄厚。该厂名义上是股东经营，实权却操在一个张姓经理手中，对工人的剥削甚为严重。劳资共管工作刚试行，该厂经理和部分股东进行抵制，借口工厂经济困难，抽减资金，解雇工人，转移隐藏生产资料，压制利润收益。张姓经理还将新购进的14部毛巾机、20部织袜机拆散转移到小老婆苏月华的娘家，袜厂生产陷入停顿。县总工会一方面发动工人进行斗争，坚持劳资共管，选出工人代表管理工厂，组织生产，实行按劳动和股金分红；一方面根据苏月华的穷苦工人出身，安排袜业工会负责人胡业本、陈敏帮助她提高觉悟，支持她代表资方主持工厂，将抽走的资金和生产设备全部转回工厂，解雇的工人全部收回工厂安排工作，并答应工人提出扩大规模、增加人员的条件。在袜业工会的号召下，单干的织袜工人纷纷要求加入达人袜厂，袜厂工人增加到300人，增设织毛巾、织带等生产项目。

六　年关暴动

1927年5月21日“马日事变”后，常德革命处于低潮，中共湖南省委根据中央“八七”会议精神，提出“湖南暴动以长沙为中心，湘中、湘南、湘西同时发动”，展开武装斗争。1927年11月，在桃源年关暴动中，省工运特派员、桃源县总工会负责人周维成和县自卫大队长徐才益带领工人到栖凤乡，杀死当地税吏，发动武装暴动。1927年11月18日，周维成与共产党员张祺联合9个乡的代表举行联席会议，宣布成立徐溶熙（代号）苏维埃政权，这是湘西北建立最早的红色政权。并成立桃源第十七游击大队，手工业工人是其中重要的骨干力量。

同年11月，中共湘西特委在常德县草鞋洲召开石门、桃源、临澧、澧县、慈利等县县委书记会议，酝酿在反革命势力比较薄弱、群众基础较好的石门山区，首先发起暴动，割据石门。12月，中共石门县委书记、县总工会委员长曾庆轩从县城回到家乡杜家岗，创建工农武装100余人。中共湘西特委委员、石门县委委员袁任远到南乡开展活动。1928年5月，国民党石门县党政当局在镇压中、北乡的“年关暴动”后，将矛头直指南乡，搜捕共产党人和革命群众。5月5日，国民党警备队8名队员到花薮寺垭铺，搜捕革命分子。暴动队闻讯后，趁机行动，于晚上9时，由曾庆轩和袁任远带领精干小分队，从蒙泉区樟木岗出发，半夜赶到寺垭铺，将警备队员住处佘家饭店包围，破门而入，把8名警备队员砍倒，缴获全部武器，并在镇上张贴标语，号召贫苦民众起来闹革命。5月13日，中共石门县委决定乘胜摧毁驻在夏家巷的南乡清乡委员会及团防局。15日晚，几十名工农暴动队员在舒筱帆家集合，由佘汉初、陈光昭、陈寿山、杨三级带领，进入夏家巷，包围团防局驻地，砍倒哨兵，冲进屋内，击毙恶霸阎谷生、团总梅春圃、清乡委员会委员陈海秋和2名警备队员，缴获长短枪4支。

寺垭铺、夏家巷暴动成功后，各地游击队纷纷响应，起义浪潮席卷南乡及石（门）、慈（利）、桃（源）、临（澧）县边界。为坚持斗争，以夏家巷的暴动队为基础，在蒙泉区樟木岗成立湘西工农革命军第四支队，佘汉初为司令，袁任远为党代表，下设2个中队共900余人、600多条枪。接着第四支队集中优势兵力，消灭南乡各区团防队，并向四周扩展。支队还派党代表冯钧带领一支队伍上了太浮山，徐才益率领中共湘西北特委直属游击队100多人也向太浮山靠拢，形成以太浮山为中心，东至临澧的佘市桥、西至桃源的界溪河、慈利的老棚、北至石门城南的会垭山、南至濒临常德的盘塘桥，纵横100余公里的武装割据局面。

七 支援红军

1928年5月，石门县总工会委员长曾庆轩的父亲曾焕之，在石门渫阳开办群一织布厂，有工人100余人，织袜机2台，织布机12台。该厂除在物资、资金上支援苏区斗争外，还组织工人为红军和苏区游击队送情报，站岗放哨。1930年4月，群一织布厂的中共组织负责人得知石门团总罗效之率兵去澧县彭家铺截击贺龙的队伍，即派工人周训诗给贺龙送信，使红军先赶到该地设伏，消灭罗部100余人。

1930年12月，贺龙率红军由石门经临澧合口攻打澧州城，合口镇铁业工人为红军赶制铁脚码子数千副，木工为红军制作攻城木梯30余部。红二、六军团粉碎国民党对湘鄂川黔根据地的围剿后，进入临澧新安、合口一带驻扎。当地的手工业工人纷纷参加红军领导的游击队，斗争土豪劣绅，为红军筹粮筹款。新安、合口集中近百名缝纫工人、30多部缝纫机，为红军缝制军服、米袋、军帽、军旗7000余件。

1934年12月，贺龙、萧克率红军进驻桃源县城、陬市等地，打开县城的老当铺和陬市的志诚当铺，店员工人积极协助发当，两天时间把当铺的东西发完。红军打开县城盐仓，分给各商店代售，各家店员工人按数取盐销售。码头工人陈景福、陈云岸等50余人，在盐仓里帮助红军出盐，7天时间即把盐卖完，为红军筹款5万余银元。

1935年8月，红军进驻津市和澧县县城，津市和澧县10多家印刷厂工人为红军赶印文件和宣传品，书纸店的店员主动为红军提供印刷纸张。药店、医院的工人和医务人员为红军积极筹募药品。津市500多名裁缝和妇女，集中30多部缝纫机，在津市商会和镇大煤油公司，为红军赶制军服。市面各店铺的扣子、棉线、丝线被买光。扣子不够，缝工家属和街道居民就绞布扣子。红军驻扎津、澧1个多月，共筹得现金、药品等价值40万银圆。

八 抗日救亡

1937年7月7日卢沟桥事变后，中国共产党发表抗日宣言，号召全国人民团结起来，驱逐日寇出中国。常德的工人阶级响应号召，积极投入抗日救亡活动。

1937年9月，常德县工人和学生建立“湖南省人民抗敌后援总会常德县分会”。后援会成立后，会员到城内和郊区宣传抗日救亡，介绍抗日形势，教唱抗日歌曲。并于10月底，在常德城组织1000多人的“抗日救亡歌咏大游行”。

1938年春，中共地下党员游玉圃、游述海、蔡思治等，在澧县大堰垱镇举办青年读书会，组织青年工人、学生开展抗日宣传活动。同年暑假，进步青年李西园、宋叔铭等在津市、澧县一带举办歌咏会，演出收入全部用于抗日宣传和慰问抗日战士家属。

常德县民众抗日组织的证章

1938年"五一"劳动节，常德县总工会筹备处召集群众庆祝大会，开展"抗日救亡宣传周"活动，"金城""新知""自力""大上海" 等4家进步书店的职工出售进步书刊，举办新文化学习班，宣传共产党的抗日主张，分析抗战形势。

1938年10月，汉寿县总工会配合洞庭湖区国民党驻军在南嘴、茅草街之间的河道布设鱼雷，阻拦日军汽艇。中共党员、县总工会常务理事罗承阀、曾玉庭组织50多名木工，日夜赶做木桩，用篾缆、铁丝拴固鱼雷。历时月余，无偿完成任务。

1940年，国民政府从沦陷区搬迁一些军工企业到桃源。这些工厂的工人为保障抗日前线军需供应，夜以继日的工作。麟筌被服厂的工人赶制军服、军被1万余件，皮件厂的工人赶制皮带、枪套、粮袋，粮糕厂的工人赶制罐头、饼干，第六化学厂工人赶制酒精等，有力地支援了抗战。1942年1—6月，陬市木、瓦、锯、石业300多名工人，到河洑山修碉堡、筑炮台，每人每天还拿出工资的1/3捐献抗日。

1943年，浙江铁工厂职工、中共地下党支部书记仇甬夫带领一批工人和地下党员，来到津市，创办新华弹棉机器制造工厂，组建党支部，开展党的地下活动和抗日活动。

1943年11月，日本侵略军侵犯常德。为支援常德的抗日官兵，常德民众组织起来破坏常长、常澧、常桃公路和常德飞机场，堵塞河道，抢修防御工事。常德城内以泥木业为主体的32个行业200多名工人，自动组成战时工程服务队，协助守军抢修工事。战时服务队分3个中队，以木业工人为主体组成第一中队，队长何英清；以泥业工人为主体组成第二中队，队长向春和；其他各业工人组成第三中队，队长周和清。他们舍生忘死地在常德城的6个大门和主要街道路口修筑战壕、炮台、碉堡，设置路障，在城墙上修筑机枪阵地，堆放沙包。在城外防线被攻破，进入激烈巷战时，工人们自动参加战地担架队，冒着枪林弹雨抢救伤员。

九　迎接解放

1949年5月，中共澧县工委派地下党员、新华弹棉机厂工人李群、袁都银去湖北沙市做地下工作，迎接解放军南下。他们与解放军江汉军区取得联系，为解放沙市、进军湘西北提供军事情报。解放军在沙市、宜昌一带渡过长江后，李群、袁都银二人又为解放军做向导，随军南下。

1949 年 7 月，解放军进逼常德。驻常国民党军暂五师师长兼城防司令汪援华准备烧城逃走。城内工人闻讯后，互相串联，展开护城、护厂、护院斗争。300 多名码头、屠宰、制革工人在中共地下组织领导下，分布在街头巷尾，制造舆论，阻止烧城。城东的码头工人李锡富、制革工人黄一民、屠宰工人李克阻和回民支队的王泽民等，制定“平时分散探听情况，急时敲响封斋木棒为号，齐集清真寺待命”的计划。工人们自备扁担、屠刀、棍棒，随时参与护城斗争和迎解工作。广德医院、新华电厂、新中日报社的职工也暗地联合起来，开展反外迁、反逃跑活动，坚守岗位，坚持生产，保护设备。在工人的压力下，国民党驻军的烧城企图终未得逞。

新中日报社夜间编辑、中共地下党员丁正和排字工人肖质强，电讯员郑君玉、贺家兴等，秘密收听新华电讯社新闻，改写成外国电台的消息，在报上刊发，让常德城内的民众了解全国解放战争的胜利消息。为安定人心，迎接解放，丁正和报社总编谷峻撰写社论，指出共产党

领导常德城东工人和回民护城的中共回民支部的机关驻址，今为武陵区城东办事处所在地

的政策是消灭国民党军的有生力量，常德没有集结重兵和大的城防工事，不可能打仗，民众不必恐慌，工人要保护工厂，商人要保护商店，学生要保护学校。社论发出后，在各界引起较大反响，打算离城的不走了，已经下乡的陆续回到城里，照常生产和营业。

7月29日清晨，解放军行进到常德城外。泉水桥的渔民和民船业工人在中共党员朱其来的带领下，组织起五六十人和三四十条船，赶到竹影潭、杨桥一带迎渡解放大军。中午，常德城内各业工人和各界人士，走上街头，欢迎解放军。下午，各界人士和工人代表，出席由解放军第十三兵团政治部主任刘道生主持、在新世纪电影院召开的庆祝大会。

1949年7月，常德工人、市民听取解放军第49军政治部宣传部部长柴川若的街头讲话

第三篇
中华人民共和国成立后的工会组织

常张高速公路施工场景

1988 年 11 月，常德市总工会成立时，市总工会领导为常德市总工会挂牌

第一章　常德地区工会

第一节　湖南省总工会筹备委员会常德专区办事处

1949年12月，湖南省总工会筹备委员会常德专区办事处成立，曲德成任主任，孙晨阳任副主任，人员编制12人。科室设置为一室两科，即办公室、组织科、劳保科。办公地点设在常德市人民电影院旁，后迁至常德滨湖影剧院左侧巷子内。其间，常德地区所辖的桃源县、安乡县、汉寿县、临澧县、澧县、常德县、常德市相继成立总工会筹备委员会。

第二节　湖南省总工会（工会联合会）常德专区办事处

1953年4月，湖南省总工会成立，湖南省总工会筹委会常德专区办事处更名为湖南省总工会常德专区办事处，孙晨阳任主任，刘秉俊任副主任，人员编制为13人。科室设置为一室三科，即办公室、组织科、文教科、劳保科。

1953年9月，湖南省总工会更名为湖南省工会联合会，湖南省总工会常德专区办事处随之更名为湖南省工会联合会常德专区办事处，由孙晨阳任主任，1954年10月后由史朝祥任主任，人员编制为13人。科室设置为一室三科，即办公室、组织科、文教科、劳保科。

1956年6月，在加强产业工会的指导思想下，湖南省工会联合会下发《关于做好撤销省工会各专区办事处工作的指示》文件，决定将湖南省工会联合会所属各专区办事处撤销，常德专区办事处于同年6月撤销。1957年5月，成立湖南省工会联合会常德专区工作组，杨连家任组长，人员编制为9人，但没有设置科室。

1958年4月，湖南省工会第四次代表大会召开，决定恢复湖南省工会联合会所辖各专区办事处。恢复后的湖南省工会联合会常德专区办事处，由崔延俊任主任，魏子文任副主任，人员编制为15人。设置两室三科，即办公室、职工教育办公室、组织教育科、宣传科、工矿科。1959年3月，湖南省工会联合会更名为湖南省总工会，湖南省工会联合会常德专区办事处亦更名为湖南省总工会常德专区办事处。

1960年11月，中共常德地委对湖南省总工会常德专区办事处人事进行调整，由魏子文任主任，人员编制为10人。科室设置为一室三科，即办公室、生产科、组织科、生活福利科。

1961 年 4 月，因“工会消亡风”的影响，湖南省总工会常德专区办事处与常德地委工交政治部合署办公，人员编制为 11 人，没有设置科室，由林丛任主任。

1966—1967 年，受“文化大革命”影响，湖南省总工会常德专区办事处停止工作和活动，工会组织瘫痪。

第三节　常德地区工代会

1968 年 10 月，常德地区召开首届工人阶级代表大会，成立常德地区工代会并取代湖南省总工会常德专区办事处。大会推选刘传禹为主任，丁应南、盛质彬、余凤仙为副主任。此次代表大会被定为常德地区工会第一次代表大会。1970 年 7 月，常德地区革委会设立群众工作组，代行原工会、共青团、妇联的工作职责，常德地区工代会被撤销。

第四节　常德地区总工会

一　全体委员会

根据中共湖南省委批转的湖南省总工会关于整顿健全工会组织的通知精神，1973 年 5 月 21 日，中共常德地委下发《关于召开常德地区工会第二次代表大会的决定》，组建常德地区总工会。6 月 19—23 日，常德地区工会第二次代表大会在地区会堂召开，大会选举产生了常德地区总工会第一届委员会。丁应南、丁枚松、于智平、马培党、马富贵、马可珠（女）、王海云、王云兰（女）、王纯英（女）、王善群、王哲榜、王云发、文春生、邓贵卿、邓元初、田海云、刘发清、刘志奇、刘继明、伍远思、齐国志、卢长安（女）、印承福、成伯凡、余凤仙（女）、邵桂芝（女）、杨松仙、杨建群（女）、邹宏、陈富昌、陈万信、陈本固、陈必达、陈章英（女）、李兆珠、李先满、芦敏、罗绍兰（女）、罗德丕、罗长春、罗善夷、张福珍（女）、张金川、张顺英（女）、林丛、吴远来、吴远忠、范金莲（女）、武希圣、胡松甫、段远来、聂铁岭、高绍玉（女）、寇竹翠（女）、龚肇举、庹世根、彭尧年、彭世柏、韩正湘、蒋宗清、戴笃伯、魏忠堂等 62 人当选为常德地区总工会第一届委员会委员。

二　常务委员会

1973 年 6 月 19 日，常德地区总工会第一届委员会举行第一次全体会议，选举产生常德地区总工会第一届委员会常务委员会。丁应南、马培觉、王海云、王纯英(女)、王云兰(女)、刘发清、齐国志、伍远思、余凤仙(女)、杨松仙(女)、林丛、陈富昌、罗绍兰(女)、胡松甫、段远来等15人当选为常德地区总工会第一届委员会常务委员;林丛当选为主任,王海云、胡松甫、丁应南、罗绍兰、段远来、余凤仙等6人当选为副主任。

常德地区总工会期间,没有设置部门和科室,实行常委分工集体负责制。

第五节　湖南省总工会常德地区工作委员会

1979年5月,湖南省总工会经请示中共湖南省委和全国总工会后,下发《关于地区总工会改为地区工作委员会的通知》,明确地区工作委员会作为省总工会派出机构,负责指导本地区的工会工作。为此,常德地区总工会向中共常德地委呈报了"关于成立湖南省总工会常德地区工作委员会的请示报告",以及科室设置和人员编制建议方案。8月17日,中共常德地委下发《关于成立湖南省总工会常德地区工作委员会的通知》,明确湖南省总工会常德地区工作委员会由林丛、胡松甫、蒋朝忠、许铭文、崔文德、哨方舟、梁桂修、甄永杰、刘发清、杨松仙、马富贵、齐国志等12人组成,林丛任主任,胡松甫任副主任,后增补张富顺为副主任。人员编制:1979年10人,1980年14人,1981—1982年16人,1983年15人。科室设置为一室两科,即办公室、组织宣传科、生产生活科。

1983年9月,中共常德地委对常德地区工会人事进行调整,由何贵铭任主任,孙保卿、彭淑华任副主任,科室设置为一室两科,即办公室、组宣科、生产生活科。1984年9月1日,常德地区编制委员会批复,同意常德地区工会成立文化宫俱乐部管理站,属正科级事业单位(定事业编4名)。地区工会人员编制为20人。

1985年12月,地委对常德地区工会人事进行调整,由吴本立任主任,鲁代珍任副主任,刘书林任纪检组组长。科室设置为一室两科一站,即办公室、组宣科、生产生活科,文化宫俱乐部管理站。1986年7月,常德地区编制委员会批复同意常德地区工会增设民主管理科。地区工会人员编制为20人。

第二章　常德市总工会

1988 年 5 月,常德地区撤销,建立地级常德市。按照中共常德市委和省总工会商定方案,组建地级常德市总工会。1988 年 11 月至 2013 年 4 月,先后召开了常德市工会第一至第六次代表大会,选举产生出常德市总工会一至六届委员会。

第一节　常德市总工会第一届委员会

一　全体委员会

1988 年 11 月 25—27 日,常德市工会第一次代表大会在常德桃林宾馆召开。大会选举产生常德市总工会第一届委员会。马培觉、王斌、王泽槐、皮世双、叶诗林、申南松、石高翔、刘书林、朱沅生、伍育均、李少清、李志浩、吴本立、肖昌敏、张会苏、张红专、张春仙、张耀良、杨家福、周用炎、陈光中、陈先建、陈铁牛、陈章华、孟祥梯、欧阳正球、和洪宣、徐世樵、唐振球、曹丰平、曹继洵、曾照富、曾梯清、蒋争鸣、董国利、谭觉今、谭春煌、戴坤安、戴爱文等 39 人当选常德市总工会第一届委员会委员。

1991 年 2 月 1 日,常德市总工会第一届委员会举行第四次全体会议。全会增补袁龙恩、芦少华、朱茂章、金道德、张瑞华 5 人为常德市总工会第一届委员会委员。

二　常务委员会

1988 年 11 月 26 日,常德市总工会第一届委员会举行第一次全体会议,选举产生常德市总工会第一届委员会常务委员会。叶诗林、刘书林、朱沅生、吴本立、张春仙、曹丰平、谭春煌、戴坤安 8 人当选为常务委员;吴本立当选为主席,朱沅生、刘书林、张春仙 3 人当选为副主席。

1992 年 2 月 13 日，常德市总工会第一届委员会举行第五次全体会议。全会免去朱沅生、刘书林副主席、常委、委员职务,免去曹丰平常委、委员职务;选举叶诗林为副主席,替补张耀良、袁龙恩、朱茂章、张会苏 4 人为常务委员。

1993 年 3 月 12 日，常德市总工会第一届委员会举行第六次全体会议。全会免去吴本立主席、常委、委员职务；选举张春仙为主席，选举裴万里为委员、常委、副主席，选举张耀良为副主席。

三　经费审查委员会

1988 年 11 月 25 日，常德市工会第一次代表大会选举产生了常德市总工会第一届经费审查委员会。刘立文、刘玉莲、孙金湘、张琳、张耀良、李林森、李前程、周金环、胡宗明、高宏明、黎卫平等 11 人当选为第一届经费审查委员会委员。在随即召开的常德市总工会第一届经费审查委员会第一次全体会议上，张耀良当选为主任，孙金湘当选为副主任(兼职)。

1991 年 2 月 1 日，常德市总工会第一届委员会举行第四次全体会议，增补刘建章为常德市总工会第一届经费审查委员会委员。

1992 年 2 月 13 日，常德市总工会第一届委员会举行第五次全体会议，免去黎卫平常德市总工会第一届经费审查委员会委员职务，替补吴秀梅为市总工会第一届经费审查委员会委员。

四　女职工委员会

根据《中国工会章程》的规定，为进一步加强女职工工作，1989 年 1 月，湖南省总工会下发《关于成立女职工委员会的通知》，要求在省、地、州、市、县和基层成立工会女职工委员会。常德市总工会随即开始筹备成立市总工会女职工委员会。1989 年 6 月 27 日，市总工会下发《关于常德市总工会女职工委员会的批复》，同意由张春仙、张会苏、王植坤、李群、于秀英、王立军、王国华、王桂芳、王梅芳、史书秀、刘珍英、刘德娟、朱爱萍、孙湘新、李文松、李厚珍、吴清平、余桂珍、周用兰、周金环、胡宗明、姚德兰、倪爱国、龚赤霞、曾银贵、曾菊香、葛振美、黎卫平等 28 人组成常德市总工会女职工委员会，张春仙任主任，张会苏任第一副主任兼秘书长，王植坤、李群任兼职副主任，聘请市委常委、市妇联主任彭孟芝和市人大常委会副主任刘淑元为名誉主任。

五　工作机构

常德市总工会第一届委员会成立后，常德市机构编制委员会对市总工会工作机构设置和人员编制进行了核定批复，同意工作机构设置 7 个部室，即办公室、组织部、宣教部、民主管理部、生产生活部、女工部、财务部；同时，常德市机构编制委员会批准市总工会在保留原有的事业机构文化宫俱乐部管理站的基础上，增设 4 个正科级事业机构，即职工技术协作管理站(核定事业编制 7 名)、法律顾问室(核定事业编制 2 名)、中国职工旅行社常德支社(核定事业编制 2 名）、职工物价监督管理站（核定事业编制 4 名）。核定市总工会人员编制 41 人，其中行政编 22 人、事业编 19 人。

1990 年 9 月，市政府在地改市后的市、区第二次机构设置、职能调整中，将武陵区总工会所属的工人文化宫、职工学校、工人服务社、职工技术协作交流站、职工物价监督管理站、法律顾问室等 6 个事业机构，包括 59 个事业人员编制上收到市总工会。其中，工人文化宫、职工学校、工人服务社定为市总工会下属独立核算二级事业机构（3 个事业机构在编人员 51 名），职工技术协作交流站、职工物价监督管理站、法律顾问室 3 个事业机构及 8 个事业编制并入市总工会的下属事业机构职工技术协作管理站、法律顾问室、职工物价监督管理站。

第二节　常德市总工会第二届委员会

一　全体委员会

1994 年 1 月 12—14 日，常德市工会第二次代表大会在常德芷园宾馆召开。大会选举产生常德市总工会第二届委员会。车德莲、叶诗林、卢少华、皮世双、刘世元、刘海清、朱茂章、李志浩、辛业荣、张会苏、张自杰、张祖汉、张春仙、陈迪秋、陈铁牛、金道德、胡宗明、赵建祥、赵德武、贺修明、段贤东、姚启勋、徐新发、袁龙恩、钱雪峰、梁朝坤、章春香、陶铁军、曾梯清、鲁龙久、蒋丙福、彭志栋、裴万里、谭春煌、戴坤安等 35 人当选为常德市总工会第二届委员会委员。

1996 年 2 月 5 日，常德市总工会第二届委员会举行第四次全体会议，免去朱茂章、李志浩、辛业荣、陈迪秋、姚启勋、徐新发、彭志栋的市总工会第二届委员会委员职务，替补罗才恒、罗跃群、徐泽庭、曾庆友、曾燮柳为常德市总工会第二届委员会委员。

二　常务委员会

1994 年 1 月 13 日，常德市总工会第二届委员会举行第一次全体会议，选举产生常德市总工会第二届委员会常务委员会。叶诗林、卢少华、朱茂章、张会苏、张春仙、袁龙恩、裴万里、谭春煌、戴坤安等 9 人当选为常务委员；张春仙当选为主席，叶诗林、裴万里当选为副主席。

1995 年 11 月 6 日，常德市总工会第二届委员会举行第三次全体会议，选举王用喜为市总工会第二届委员会委员、常委、副主席。

1997 年 11 月 7 日，常德市总工会第二届委员会举行第六次全体会议，选举张元英为常德市总工会第二届委员会委员、常委、主席，选举窦长清为常德市总工会第二届委员会委员、常委、副主席，全会同意免去张春仙市总工会第二届委员会主席、常委、委员职务。

三　经费审查委员会

1994 年 11 月 25 日，常德市工会第二次代表大会选举产生了常德市总工会第二届经费审查委员会。丁时福、王国政、刘玉莲、刘柏权、刘建章、李前程、张瑛、张兰香、罗振华、徐联玉、裴万里、谭春煌等 12 人当选为市总工会第二届经费审查委员会委员。在随即召开的常德市总工会第二届经费审查委员会第一次全体会议上，裴万里当选为常德市总工会第二届经费审查委员会主任，谭春煌当选为副主任。

四　女职工委员会

1994 年 1 月 13 日，常德市总工会第二届委员会举行第一次全体会议，表决通过常德市总工会第二届女职工委员会组成人员。委员会由张会苏、王植坤、李群、于秀英、王立军、王国华、王桂芳、王梅芳、史书秀、刘珍英、刘德娟、朱爱萍、孙湘新、李文松、李厚珍、吴清平、余桂珍、周用兰、周金环、胡宗明、姚德兰、倪爱国、龚赤霞、曾银贵、曾菊香、葛振美、黎卫平等 28 人组成，张会苏任主任，聘请市委副书记彭孟芝和市政协副主席马桂迟为名誉主任。

五　工作机构

常德市工会第二次代表大会后，市总工会工作机构设置为六部二室，即办公室、组织部、宣传教育部、民主管理社会保障部、经济工作部、女工部、财务部、经费审查办公室。同时，设置具有行政管理职能的事业单位 5 个：文化宫俱乐部管理站、法律顾问室、职工物价监督总站、职工技术协作管理站、中国职工旅行社常德支社。市总工会人员编制 41 人，其中行政编 19 人、事业编 22 人。

第三节　常德市总工会第三届委员会

一　全体委员会

1998 年 11 月 3—6 日，常德市工会第三次代表大会在常德芷园宾馆召开。大会选举产生常德市总工会第三届委员会。王汉桃、王自银、车德莲、史韬、冉祖国、戴可、皮世双、甘启明、刘勇华、孙湘新、芦少华、苏国才、余前舫、张元英、张会苏、张良才、张禹华、张祖汉、陈谷生、陈铁牛、罗才恒、金道德、胡宗明、胡玲玲、袁龙恩、钱雪峰、徐泽庭、梁朝坤、雷子贵、雷文乔、将丙福、曾庆友、曾燮柳、窦长清、裴万里、戴世安、戴坤安等37人当选为市总工会第三届委员会委员。

2001年3月8日，常德市总工会第三届委员会举行第四次全体会议，替补王海清、田静、向延志、向家云、陈显银、赵燕翎、胡宪中7人为市总工会第三届委员会委员，免去王自银、王汉桃、罗才恒、罗辉、金道德、张良才、曾庆友、梁朝坤、雷子贵9人市总工会第三届委员会委员职务。

2002年3月2日，常德市总工会第三届委员会举行第五次全体会议，增补陈寿林、戴正玉、江渭河、李桂香、陈秋林、周而强、郭建堂、易建平、周远明、荀兴举10人为市总工会第三届委员会委员；免去皮世双、冉祖国、张会苏、胡宗明、钱雪峰、蒋丙福6人市总工会第三届委员会委员职务。

二　常务委员会

1998年11月5日，常德市总工会第三届委员会举行第一次全体会议，选举产生常德市总工会第三届委员会常务委员会。史韬、芦少华、苏国才、张元英、张会苏、张禹华、袁龙恩、窦长清、裴万里9人当选为常务委员；张元英当选为主席，窦长清、裴万里、苏国才当选为副主席。

2001年3月8日，常德市总工会第三届委员会举行第四次全体会议，增补刘志成为市总工会第三届委员会委员、常委、副主席；免去苏国才、裴万里市总工会第三届委员会副主席、常委、委员职务。

2002年3月2日，常德市总工会第三届委员会举行第五次全体会议，增补陈寿林、戴正玉为市总工会第三届委员会常委、副主席，免去张会苏市总工会常委、委员职务。

2002年8月15日，常德市总工会第三届委员会举行第六次全体会议，选举覃清香、雷志汉为市总工会第三届委员会委员、常委、副主席。免去窦长清市总工会第三届委员会副主席、常委、委员职务。

2003年4月1日，常德市总工会第三届委员会举行第七次全体会议，免去张元英市总工会主席、常委、委员职务，免去覃清香市总工会副主席、常委、委员职务，选举刘克云为市总工会第三届委员会委员、常委、主席。

三　经费审查委员会

1998年11月3日，常德市工会第三次代表大会选举产生市总工会第三届经费审查委员会。王国政、刘卫军、刘建章、李建安、汪有志、张禹华、候元香、夏丽娟、徐联玉9人当选为市总工会第三届经费审查委员会委员。在市总工会第三届经费审查委员会第一次全体会议上，张禹华当选为主任，刘建章当选为副主任。

2001年3月8日，常德市总工会第三届委员会举行第四次全体委员会议，替补戴玲、王丽萍、卓尚沅3人为市总工会第三届经费审查委员会委员，免去刘建章市总工会第三届经费审查委员会副主任、委员职务，免去汪有志、侯元香2人市总工会第三届经费审查委员会委员职务。

2002年3月2日，常德市总工会第三届委员会举行第五次全体委员会议，替补杨甫成为市总工会第三届经费审查委员会委员。

四　女职工委员会

1998年11月5日，常德市总工会第三届委员会举行第一次全体会议，表决通过常德市总工会第三届女职工委员会组成人员。由王石蓉、王丽峰、易兰、方春兰、倪爱国、帅先凤、戴可、孙志华、曲选凤、刘晓玉、刘德娟、兰良智、朱丹、李美娥、李毅华、余宏英、张会苏、张艳明、杨晓春、杨家珍、陈占明、欧丽萍、唐元珍、彭固枝、谭建芝、燕春秀26人组成常德市总工会第三届女职工委员会，张会苏任主任，戴可、余宏英任副主任。

2001年3月8日，常德市总工会第三届委员会举行第四次全体会议，增补宋光琼、雷文乔为市总工会第三届女职工委员会委员，免去孙志华、陈占明、吴桂云、唐昊珍、樊云惠5人市总工会第三届女职工委员会委员职务。

2002年3月2日，常德市总工会第三届委员会举行第五次全体会议，替补戴正玉为市总工会第三届女职工委员会委员、主任。

五　工作机构

常德市工会第三次代表大会后，市总工会工作机构设置为六部二室，即办公室、组织部(加挂宣传教育部牌子)、民主管理部、经济工作部、法律维权部、女工部、财务部、经费审查办公室。1998—2000年，市总工会下属事业机构保留5个：文化宫俱乐部管理站、法律顾问室、职工物价监督总站、职工技术协作管理站、中国职工旅行社常德支社。市总工会人员编制定编为41人,其中行政编19人、事业编22人。

2000年9月,根据中共常德市委《关于贯彻事业单位登记管理暂行条例的意见》,常德市机构编制委员会批复:同意市总工会财务部加挂资产管理办公室牌子,并赋予系统资产管理的职能;同意撤销市总工会法律顾问室和职工物价监督管理站,原分别核定的4名和6名事业编制一并核销;同意市总工会职工技术协作管理站更名为市总工会职工技术协作办公室,原10名事业编制核定为7名;同意中国职工旅行社常德支社更名为湖南常德职工旅行社,人员编制仍核定为2名;同意市总工会文化宫俱乐部管理站和职工学校事业编制分别由原来的4名和11名核减为3名和3名。调整后的市总工会人员编制28人,其中行政编制16人、事业编制12人。

2002年,按照中共常德市委、市政府《关于印发〈常德市市直党政群机关机构改革方案实施意见〉的通知》精神,经市机构编制委员会办公室审核,市委批准《常德市总工会机关机构改革方案》。市总工会机关内设机构由原来的7个职能部室减少为6个,即办公室、组织部(加挂宣传教育部牌子)、民主管理部、生产保护部、财务部(经费审查委员会办公室与其合署办公)、女工部(加挂常德市总工会女职工委员会办公室牌子)。同时,设置具有行政职能的正科级事业单位2个:常德市总工会职工技术协作办公室(简称市总工会技协办,核定全额拨款事业编制5名);常德市总工会工人文化宫俱乐部管理站更名为常德市总工会法律保障工作办公室(简称市总工会法律保障办,核定全额拨款事业编制4名)。2003年8月,市机构编制委员会下发《关于机构性质变更的批复》,同意市总工会下属的湖南常德职工旅行社不再作事业单位管理,原有2名全额拨款事业编制予以核销。机构改革后,市总工会内设机构为6个职能部室和2个正科级事业单位。是时,市总工会人员编制为27人,其中行政编制16人、工勤编制2人、事业编制9人。

第四节　常德市总工会第四届委员会

一　全体委员会

2003年9月14—16日,常德市工会第四次代表大会在常德芷园宾馆召开。大会选举产生常德市总工会第四届委员会。王文军、王承云、车德莲、皮作清、华建忠、向家云、向君承、刘克云、刘志成、刘祖东、刘祖欣、刘清平、刘德泽、江升元、孙克茂、孙湘新、杨仁华、杨连范、杨昌玉、肖英、肖建春、谷正雄、张阳、张人普、张禹华、陈宇教、陈谷生、陈显银、陈寿林、易建平、易建设、和洪宣、胡金梅、胡宪中、荀兴举、皇甫泽华、徐建军、唐超虎、梅宏、黄德泉、崔卫平、彭志宏、谢春玲、雷志汉、熊永钧、薛永春、戴正玉等47人当选为市总工会第四届委员会委员。

2006年2月27日，常德市总工会第四届委员会举行第三次全体会议，增补王志宏、许世林、刘宗林、张炼钢、黄志泉、傅临南6人为市总工会第四届委员会委员，免去向家云、张阳、张人普、荀兴举、夏智、崔卫平6人市总工会第四届委员会委员职务。

2007年2月1日，常德市总工会第四届委员会举行第四次全体会议，增补向晓芳、孙全发、江柏桂、张俊、张晓莲、萧馨昉6人为市总工会第四届委员会委员，免去车德莲、孙克茂、陈长明、陈显银、傅临南5人市总工会第四届委员会委员职务。

2008年2月29日，常德市总工会第四届委员会举行第六次全体会议，免去王文军、王志宏、王承云、皮作清、刘祖欣、张宏成、陈宇教、杨昌玉、萧馨昉9人市总工会第四届委员会委员职务；替补肖瑛、李金生、李政达、罗培煌、龚玉德、蒋宗海、蒋勇林7人为市总工会第四届委员会委员。

常德市总工会第四届委员会全体委员合影

二　常务委员会

2003年9月15日，常德市总工会第四届委员会举行第一次全体会议，选举产生常德市总工会第四届委员会常务委员会。刘克云、刘志成、刘德泽、孙湘新、张禹华、陈寿林、谢春玲、雷志汉、戴正玉9人当选为常德市总工会第四届委员会常务委员，刘克云当选为主席，雷志汉、刘志成、陈寿林、戴正玉当选为副主席。

2007 年 5 月 15 日，常德市总工会第四届委员会举行第五次全体会议，选举熊夏明为常德市总工会第四届委员会委员、常委、副主席。

2008 年 2 月 29 日，常德市总工会第四届委员会举行第六次全体会议，免去张禹华、谢春玲市总工会第四届委员会常委、委员职务，替补程灵敏、夏小雯为市总工会第四届委员会委员、常委。

三 经费审查委员会

2003 年 9 月 14 日，常德市工会第四次代表大会选举产生了常德市总工会第四届经费审查委员会。张禹华、杨甫成、赵鑫、郭和清、胡琼方、姚凯、鲁兰芳、熊卫国、戴玲等 9 人当选为市总工会第四届经费审查委员会委员。在市总工会第四届经费审查委员会第一次全体会议上，张禹华当选为主任，赵鑫当选为副主任。

2007 年 2 月 1 日，常德市总工会第四届委员会举行第四次全体会议，增补卢开美、雷志林为总工会第四届经费审查委员会委员。

2008 年 2 月 29 日，常德市总工会第四届委员会举行第六次全体会议，免去张禹华市总工会第四届经费审查委员会主任、委员职务；替补夏小雯为市总工会第四届经费审查委员会委员、主任。

四 女职工委员会

2003 年 9 月 15 日，常德市总工会第四届委员会举行第一次全体会议，表决通过市总工会第四届女职工委员会组成人员。委员会由王石蓉、甘莲、帅先凤、叶富荣、曲选凤、向晓芳、朱丹、杨云芳、李建卿、张瑛、张艳明、张亚兰、邹静、邹昭艳、宋光琼、林峰、定明霞、胡淑云、周桂珍、赵燕翎、夏小雯、倪爱国、聂瑛、聂小玲、彭固枝、彭丽华、焦碧云、熊继君、戴正玉等 29 人组成，戴正玉任主任、夏小雯任副主任。

2008 年 2 月 29 日，常德市总工会第四届委员会举行第六次全体会议，免去林峰、定明霞市总工会第四届女职工委员会委员职务，替补戴莉华、何金霞、徐广郁、唐立新为市总工会第四届女职工委员会委员。

五　工作机构

常德市工会第四次代表大会后，市总工会的工作机构设置为 6 个部室，即办公室、组织部(加挂宣传教育部牌子)、民主管理部、生产保护部、女工部(加挂女职工委员会办公室牌子)、财务部(经费审查办公室与其合署办公)。同时，设置具有行政职能的正科级事业单位 2 个：法律保障办公室、职工技术协作办公室。市总工会人员编制 27 人，其中行政编 17 人，工勤编 1 人、事业编 9 人。

第五节　常德市总工会第五届委员会

一　全体委员会

2008 年 11 月 3—5 日，常德市工会第五次代表大会在常德芷园宾馆召开。大会选举产生常德市总工会第五届委员会。丁剑平、甘莲、石成林、田祖明、朱丹、任朝晖、华清明、华建忠、向君承、向晓芳、刘宗林、刘祖东、刘德泽、江升元、阮军、孙湘新、苏玲、李金生、李政达、杨仁华、肖瑛、吴正清、沈友福、张俊、张晓莲、陈友生、陈寿林、陈学贵、林红、易建平、罗少波、罗亚海、罗培煌、和洪宣、皇甫泽华、施才明、姚进芝、莫敏鹰、夏桃清、徐建军、唐朝虎、黄志泉、黄继兵、龚玉德、蒋宗海、蒋勇林、程灵敏、谢春玲、鄢孝林、戴正玉等 51 人当选为市总工会第五届委员会委员。

2009 年 10 月 12 日，常德市总工会第五届委员会举行第二次全体会议，替补丁友才、许世林、赵克蓉、刘孟春、黄朝晖、董建华为市总工会第五届委员会委员。

2010 年 3 月 10 日，常德市总工会第五届委员会举行第三次全体会议，增补王绪峰、李友德、雷志华、施祖杰为市总工会第五届委员会委员，免去杨仁华、蒋勇林市总工会第五届委员会委员职务。

2011 年 3 月 18 日，常德市总工会第五届委员会举行第四次全体会议，替补王华境、刘春华、杨泽民、罗敏、赵鑫、赵建祥、涂卫军、徐泽荣、唐贤璋、奚献良、夏吉军、曾波、蹇在斌等 13 人为市总工会第五届委员会委员，免去江升元、华清明、向君承、刘德泽、阮军、陈学贵、和洪宣、徐建军、黄志泉、黄继兵等 10 人市总工会第五届委员会委员职务。

2012 年 2 月 21 日，常德市总工会第五届委员会举行第五次全体会议，免去张晓莲市总工会第五届委员会委员职务，增补周乃泉为市总工会第五届委员会委员。

2012 年 4 月 18 日，常德市总工会第五届委员会举行第六次全体会议，增补孙冬香、李曜宏、邹亚平、罗跃来、洪学文、黄仁贵、游澜波、彭中好、彭春生、童成立、熊礼友等 11 人为市总工会第五届委员会委员。

二　常务委员会

2008 年 11 月 5 日,常德市总工会第五届委员会举行第一次全体会议,选举产生常德市总工会第五届委员会常务委员会。石成林、陈寿林、戴正玉、谢春玲、罗亚海、程灵敏、施才明、刘德泽、孙湘新等 9 人当选为常德市总工会第五届委员会常务委员,石成林当选为主席,陈寿林、戴正玉、谢春玲、罗亚海当选为副主席。

2009 年 10 月 12 日,常德市总工会第五届委员会举行第二次全体会议,选举赵克蓉、刘孟春为市总工会第五届委员会常委,选举赵克蓉、程灵敏为市总工会第五届委员会副主席,免去陈寿林、戴正玉市总工会第五届委员会副主席、常委、委员职务。

2010 年 3 月 10 日,常德市总工会第五届委员会举行第三次全体会议,选举施祖杰为市总工会第五届委员会委员、常委、副主席,增补李友德为市总工会第五届委员会常务委员。

2011 年 3 月 18 日,常德市总工会第五届委员会举行第四次全体会议,增补王华境、赵鑫、赵建祥、曾波等 4 人为市总工会第五届委员会常务委员,免去刘德泽市总工会第五届委员会常委、委员职务。

2012 年 4 月 18 日,常德市总工会第五届委员会举行第六次全体会议,选举彭春生为市总工会第五届委员会常委、副主席;免去程灵敏市总工会第五届委员会副主席、常委、委员职务。

三　经费审查委员会

2008 年 11 月 3 日,常德市工会第五次代表大会选举产生常德市总工会第五届经费审查委员会。卢开美、何书怀、陈军、陈乾松、赵鑫、施才明、姚赛芝、徐壮志、徐志英、雷志林、蔡秋云等 11 人当选为市总工会第五届经费审查委员会委员。在市总工会第四届经费审查委员会第一次全体会议上,施才明当选为主任,赵鑫当选为副主任。

2011 年 3 月 18 日,常德市总工会第五届委员会举行第四次全体会议,增补于冬梅为市总工会第五届经费审查委员会委员、副主任。

2012 年 2 月 21 日,常德市总工会第五届委员会举行第五次全体会议,增补芦杨、曹璐璐为市总工会第五届经费审查委员会委员。

四　女职工委员会

2008 年 11 月 5 日，常德市总工会第五届委员会举行第一次全体委员会议，表决通过常德市总工会第五届女职工委员会组成人员。由王朝蓉、田清、朱丹、刘伏沅、刘晓艳、刘德泽(男)、孙湘新、芦少华(男)、严晓丽、李建卿、李亚苹、肖红梅、何金霞、张亚兰、周桂珍、赵梅英、钟音、宋光琼、林峰、定明霞、胡淑云、周桂珍、赵燕翎、夏小雯、聂瑛、聂一平、聂小玲、徐广郁、徐志英、黄晓娟、曾 艳、熊瑛、潘文桂等 28 人组成常德市总工会第五届女职工委员会，戴正玉任主任、易建平任副主任(兼职)。

2009 年 10 月 12 日，常德市总工会第五届委员会举行第二次全体会议，全会表决通过赵克蓉任市总工会第五届女职工委员会委员、主任，免去戴正玉市总工会第五届女职工委员会主任、委员职务。

2010 年 3 月，常德市机构编制委员会下发《关于市总工会增加处级领导职数的批复》，同意增加女职工委员会主任(副处级)职数 1 名。10 月，中共常德市委任命赵鑫为市总工会女职工委员会主任。

五　工作机构

常德市工会第五次代表大会后，市总工会工作机构设置为 6 个部室，即办公室、组织部(加挂宣传教育部牌子)、民主管理部、生产保护部、女工部(加挂女职工委员会办公室牌子)、财务部(经费审查办公室与其合署办公)。同时，设置具有行政职能的正科级事业单位 2 个：法律保障办公室(加挂职工维权帮扶中心牌子)、职工技术协作办公室。2010 年 3 月，常德市机构编制办下发常编办〔2010〕75 号文件批复，设立常德市职工维权帮扶中心，为市总工会管理的正科级事业单位。核定金额拨款事业编制 2 名。2012 年、2014 年又先后追加全额拨款事业编制 2 名。2011 年 3 月，常德市机构编制委员会下发《关于设立市总工会信息中心的批复》，同意设立市总工会信息中心，核定全额拨款事业编制 2 名。市总工会人员编制为 35 人，其中行政编 18 人、工勤编 1 人、事业编 16 人。

第六节 常德市总工会第六届委员会

一 全体委员会

2013 年 4 月 8—9 日，常德市工会第六次代表大会在常德芷园宾馆召开。丁建平、万毅、万后铭、王辉、王华境、王爱民、王绪峰、孔生彪、尹东辉、石成林、任朝晖、刘开明、刘祖东、刘春华、刘建强、杨新安、苏玲、李友德、李亚林、李金生、李政达、肖瑛、沈国华、沈国初、张俊、陈明君、欧阳常森、罗敏、罗少波、罗亚海、罗跃来、罗培煌、易建平、周凯、周乃泉、郑兴进、胡盛勇、赵鑫、赵克蓉、赵建祥、钟广英、施祖杰、洪学文、夏吉军、夏桃清、徐泽荣、奚献良、涂卫军、黄河、黄睿、龚玉德、商叔华、彭中好、彭宏武、童成立、游澜波、曾波、谢春玲、熊礼友、熊永忠、蹇在斌等 61 人当选为常德市总工会第六届委员会委员。

二 常务委员会

2013 年 4 月 9 日，常德市总工会第六届委员会举行第一次全体会议，选举石成林为主席，赵克蓉、谢春玲、罗亚海、施祖杰、万后铭为副主席，赵鑫、黄河、周凯、赵建祥、熊礼友、欧阳常森、王华境、李友德、曾波为常务委员。

三 经费审查委员会

2013 年 4 月 8 日，常德市工会第六次代表大会选举产生常德市总工会第六届经费审查委员会。于冬梅、刘龙格、孙观金、张小平、陈 军、芦 杨、周 凯、胡惠明、姚赛芝、徐壮志、徐志英、黄晓炎、蔡秋云等 13 人当选为市总工会第六届经费审查委员会委员。

4 月 9 日，常德市总工会第六届一次经费审查委员会议选举周凯为主任，于冬梅为副主任。

四 女职工委员会

2013 年 4 月 9 日，常德市总工会第六届委员会举行第一次全体会议，表决通过常德市总工会第六届女职工委员会组成人员。由于冬梅、于宗梅、王朝蓉、龙必军、田清、甘莲、任泽平、李玲、严晓丽、吴秀英、何金霞、张亚兰、赵克蓉、钟音、钟敏、赵鑫、莫雅岚、徐广郁、徐志英、郭玉璟、黄晓娟、黄晶珍、曾艳、熊瑛、潘友桂等 25 人组成，赵鑫任主任。

五　工作机构

常德市工会第六次代表大会后，市总工会机构设置为 6 个部室，即办公室、组织部(加挂宣传教育部牌子)、民主管理部、生产保护部、女工部(加挂女职工委员会办公室牌子)、财务部(经费审查办公室与其合署办公)。同时，设置具有行政职能的正科级事业单位 4 个：常德市总工会法律保障工作办公室、常德市总工会职工技术协作办公室、常德市职工维权帮扶中心、常德市总工会信息中心。市总工会人员编制为 35 人，其中行政编 18 人、工勤编 1 人、事业编 16 人。

第三章　区县(市)总工会

第一节　武陵区总工会

一　组织沿革

1949 年 7 月 29 日，常德城区解放。8 月 5 日，常德城区从常德县析出，成立常德市。9 月，成立常德市职工会。1950 年 9 月，成立常德市总工会筹备委员会。1953 年 2 月 16—24 日，常德市首届工会会员代表大会召开，正式成立常德市总工会，驻地在常德市人民中路高山街路口。1953 年 11 月，湖南省总工会更名为湖南省工会联合会，常德市总工会亦更名为常德市工会联合会。1961 年 6 月又恢复为常德市总工会，驻地在中共常德市委机关院内。

1966 年“文化大革命”开始后，常德市总工会停止了活动。1968 年 10 月，常德市首届工人阶级代表大会召开，成立常德市工代会取代常德市总工会。1970 年 1 月，常德市工代会撤销，由常德市革命委员会群工组负责领导全市工会工作，殷勇惠任群工组组长，彭勇清任副组长。

1973 年 6 月，根据中共中央关于整顿健全工会组织的指示，恢复常德市总工会，驻地在常德市工人文化宫。此后，市总工会的组织机构逐步建立健全，设置有办公室、组织宣教部、民主管理部、生产部、财务部，以及下属的事业机构职工学校、工人文化宫、职工技术协作交流站、职工物价监督总站、法律顾问室、工人服务社。

1988 年 5 月，常德地区被撤销，设立地级常德市。原常德市更名为常德市武陵区，原常德市总工会也随之更名为常德市武陵区总工会。其后，内设机构为办公室、生产部、组织宣教部，其原来的事业机构职工学校、工人文化宫、职工技术协作交流站、职工物价监督总站、法律顾问室、工人服务社全部上收到常德市总工会。武陵区总工会驻地先在常德市工人文化宫院内，1994 年迁至洞庭大道新址。

二　工作概要

(一)组织建设

1950 年 9 月，常德市总工会筹备委员会成立后，逐步开展基层工会组建工作，是年底，全市建立基层工会 54 个，共有会员 2468 人。1953 年，常德市总工会成立后，工会组织和会员发展迅速，到1955年全市建有基层工会166个，会员6253人。1966年，受“文化大革命”的冲击，全市基层工会组织基本处于瘫痪状态。1973年，市总工会恢复后，加大基层工会组织建设力度，1980—1988年，是基层工会建设快速发展期。到1988年10月，全市共有基层工会509个，职工31780人。1988年市改区，常德市总工会改为武陵区总工会。1990年后，较大工厂企业收归市管，武陵区基层工会降至134个，行业联合工会12个，职工人数降至21385人，会员总数20832人。1999—2005年，区内工厂企业实行改制，全区破产清算企业78家，12860名职工进行了工龄买断“置换身份”，基层工会组织再次减少。2003年，区总工会根据区委和上级工会关于在新经济组织中组建工会的指示，加大在民营企业组建工会工作力度，全区基层工会发展到199个，会员16700人。同时，在5个街道办事处和7个郊区乡镇建立了工会联合会，全区工会联合会达24个。2006—2012年，随着非公有制企业的迅猛发展，职工（含农民工）人数迅速增加。至2012年，全区共有基层工会组织809个，其中非公有制企业工会组织711个。全区职工总数48373人，会员45954人，占职工总数的95%。

（二）职工教育

1951年1月，常德市总工会（筹）与市文教局、宣传部、青年团、妇联、教联、教育工会、文化馆等单位联合筹建常德市职工业余学校，隶属常德市总工会领导。1953年，根据全国扫盲工作会议精神，市职校又筹建了建民织布厂和七一机械厂两所厂校（分校）。“文化大革命”期间，职工学校被解散，1973年10月，常德市总工会恢复市职工业余学校。1980年市职校改名为常德市总工会中等专业学校，1982年7月又改名为常德市职工学校。至1988年，全市各类职工学校发展到17所，专（兼）职教师达130余人，学员5500多人。职工学校根据不同时期加强职工教育，1950—1956年，主要学习文化基础知识，1960年以后主要学习工业生产技术，1980年后主要学习现代科学技术。1988年5月，常德撤区建市，在1990年9月的市政府第二次市、区机构设置、职能调整时，职工学校上收到地级常德市总工会。1990年后，武陵区总工会在职工教育上实施转轨变型，重点放在素质教育上。在全区开展“工人阶级宣传月活动”，组织与职工切身利益联系密切的法律法规相关知识政策讲座，并举办文艺演出、体育竞技、游艺游园、红色旅游、诗歌朗诵、演讲书画赛等活动。2008年起，区总工会在全区实施以“练内功、强素质、蓄能量”为主要内容的职工素质提升工程，把每年3月定为“职工读书月”，广泛开展“创学习型组织，做知识型职工”活动。至2012年，区总工会共筹集资金110余万元，用于建设“职工书屋”。

（三）劳动竞赛

1949年初冬，根据常德市军管会关于恢复和发展商业、运输业和手工业生产的决定，常德市职工会组织全市店员、运输工人和手工业工人投入服务和生产劳动。1951年，组织全市各行业职工积极投入市委、市人委提出的“搞生产，搞好生产”的运动。1955年年初，在全市职工中开展“厉行节约，反对浪费”的劳动竞赛。1958 年，开展“人人想办法，个个献妙计”的竞赛活动。1963 年，全市 1.2 万多名职工参加“向机械化、自动化进军”技术革新和劳动竞赛活动。1980 年，中共常德市委批转市总工会《关于在全市企业广泛开展为四化立功活动的报告》，并成立“立功竞赛领导小组”，组织全市职工开展立功竞赛活动，142 个企业中，参赛职工达 25800 人。1982 年 6 月，中共常德市委批转市总工会党组《关于积极开展群众技术协作活动的报告》，随后，市委又下发《关于成立常德市职工技术协作委员会的通知》，职工技协组织在推动经济发展中发挥着重要作用。1982 年，常德市被评为湖南省社会主义劳动竞赛县级市第一名。1986 年 4 月，根据中共常德市委、市政府的部署，市总工会在全市开展“做四有职工，当改革主力，创文明集体，为四化立功”的达标竞赛活动，全市 3.1 万多名职工参加竞赛活动，被评为湖南省“四化达标竞赛活动”县级市第一名。撤区建市后，武陵区总工会围绕推动全区经济发展，组织全区职工开展以“双增双节”为主要内容的劳动竞赛，分系统开展主题竞赛活动。

（四）民主管理

1952 年 3 月，市总工会（筹）召开地方工业、手工业、商业、财政金融、交通运输业共 6000 余人的动员大会，号召工人实施民主监督，检举不法商人，反击资产阶级进攻。1961 年，根据中共中央指示精神，市工会联合会开始在工业企业推行在党委领导下的职工代表大会(职工大会)制度。到 11 月底，全市 50 人以上的工业企业工会 60%建立了职代会制度。1981 年，中共中央、国务院转发中组部、国家经委、全国总工会《国营企业职工代表大会暂行条例》后，市总工会建立推进职代会工作领导小组，组织 14 个局、工业公司、146 个基层工会集中培训了 2089 名职工代表，加大职代会的组织建设。到 1984 年，全市 90%的企事业单位建立了职工代表大会制度。1984 年，市总工会在国营企业实行民主选举企业行政领导人。1986 年，在国有企业建立工厂管理委员会。同年，在集体所有制企业实行职代会领导下的厂长负责制试点。在 1988 年市改区后，全区 107 家集体所有制企业都建立并完善了职代会领导下的厂长负责制，《工人日报》《湖南工人报》先后报道了武陵区集体企业实行职代会领导下厂长负责制的成功经验。2000 年后，武陵区总工会继续坚持以职工代表大会为载体，以厂务公开为手段，加强企事业单位民主管理，切实保障职工群众民主政治权利。

（五）劳动保护

1979 年开始，市总工会设置专干参与劳动保护、安全生产事故处理。1981 年，宣传贯彻执行《劳动保险条例》，80 家全民企业参加劳动保险，参保职工 21960 人。1985 年，根据国务院《劳动安全监察条例》精神，全市共建立职工劳动保护监督检查委员会 83 个，监督检查委员 1275 人，举办劳动保护学习班 57 期，培训劳动保护骨干 1416 人。同时，市总工会加大安全生产监督和事故处理参与的力度。1985 年 10 月，常德市洞庭橡胶厂发生 1 名电焊女工作业时被电火花引起大火当场烧死的事故，在当初处理事故时定性为死者本人违章作业，市总工会介入调查，认定是企业对易燃易爆物品储存管理违章，使该厂分管的2名副厂长受到纪律处分。1987年，全市企事业单位制定了《伤亡事故综合分析日报制度》《重大伤亡事故及时报告制度》《伤亡事故调查制度》和《生产性基建项目、劳动保护和环境保护同时审查验收制度》等四个制度，设职工劳动保护检查员1393人。1988年市改区后，武陵区总工会在安全生产劳动保护上，切实加大“三同时”参与力度，2000年后，将安全生产劳动保护工作的重点放在非公有制企业。

（六）维权帮扶

1952年8月，省总工会号召各级工会开展互助互济活动，市总工会（筹）在12个工厂建立了互助会，解决工人家庭生活困难（因管理不善，1953年停办）。1962年，市总工会根据全总和省总指示精神，对互助会进行整顿发展，全市互助储金会组织达190个，参加职工近8000人。1981年3月，市总工会积极为市奶制品厂职工宿舍问题呼吁，中共常德市委指示市计委修建一栋500平方米的宿舍，省总工会给予专题推介。1982年6月，市总工会率先在全省建立职工物价监督站，维护职工利益。1988年，市改区后，区总工会根据区内国有企业全部上收到常德市，区内多为经济效益相对较差的集体企业的状况，加大对困难职工的帮扶力度。1990—2005年，全区工会组织广泛开展“送温暖”活动，共走访困难职工1200多户，筹集资金20多万元帮助特困家庭，为1300余名下岗职工解决了再就业问题。2008—2012年，为提升职工再就业能力，区总工会举办了15期职工技能培训班，为3000余名职工和农民工免费培训，帮助2000多名职工和农民工实现就业与再就业。从1996年开始，全区企业普遍签订集体合同、开展工资集体协商，到2012年，全区460家企业进行了工资集体协商并签订了集体合同和女职工专项集体合同，覆盖职工近万人。

历届工会委员会主席（主任）、副主席（副主任）一览表

表3-1

机构名称	届　别	职　务	姓　名	任　期
常德市职工会（1949.9—1950.9）	—	主　任	李振齐	1949.9—1950.9
		副主任	葛　敬	1949.9—1950.9
			卢善庆	1949.9—1950.9
常德市总工会筹委会（1950.9—1953.2）	—	主　任	张丕刚	1950.9—1951.11
			孙晨阳	1951.11—1952.7
		副主任	孙晨阳	1950.9—1951.11
			葛　敬	1950.9—1953.2
			卢善庆	1950.9—1953.2
常德市总工会（1953.2—1955.6）	第一届委员会	主　席	葛　敬	1953.2—1953.10
			李焕英	1953.10—1954.10
			胡德清	1954.10—1955.6

续表 3–1

机构名称	届别	职务	姓名	任期
常德市总工会（1953.2—1955.6）	第一届委员会	副主席	刘润泉	1953.2—1954.11
			武希圣	1954.10—1955.6
常德市工会联合会（1955.6—1958.10）	第二届委员会	主席	周宝华	1955.6—1956.5
			李焕英	1956.6—1958.10
		副主席	蔡国炳	1955.6—1956.11
			贾英杰	1956.10—1957.12
			李全友	1957.7—1958.10
			徐洪耀	1958.8—1958.10
常德市工会联合会（1958.10—1961.12）	第三届委员会	主席	徐洪耀	1958.10—1959.6
			李二祥	1959.6—1960.4
常德市总工会（1961.12-1968.10）	第四届委员会	主席	丁为政	1961.11—1968.10
		副主席	陈喜君	1961.1—1964.7
			李心诚	1964.10—1968.10
常德市工代会（1968.10—1969.12）	第五届委员会	主任	丁应甫	1968.10—1969.10
		副主任	余金庭	1968.10—1969.12
			瞿长生	1968.10—1969.12
常德市革委会群工组（1970.1—1973.6）		组长	殷勇惠	1971.9—1973.6
		副组长	殷勇惠	1970.1—1971.9
			彭勇清	1971.9—1973.6
常德市总工会（1973.6—1978.11）	第六届委员会	主任	齐国志	1973.6—1978.11
		副主任	李淑仁	1973.6—1978.11
			李昆山	1973.6—1978.11
			张传金	1973.6—1978.11
			张传旺	1973.6—1978.11
常德市总工会（1978.11—1982.3）	第七届委员会	主席	齐国志	1978.11—1982.3
		副主席	裴先秋	1978.11—1984.1
			李淑仁	1978.11—1979.8
			许跃明	1980.1—1981.4
常德市总工会（1982.3—1986.4）	第八届委员会	主席	熊宝麟	1982.—1986.4
		副主席	陈杏元	1982.3—1984.4
			彭贤诚	1984.—1986.1
			张春仙	1984.1—1986.4

续表 3–1

<table>
<tr><th>机构名称</th><th>届　别</th><th>职　务</th><th>姓　名</th><th>任　期</th></tr>
<tr><td rowspan="3">常德市总工会
（1986.4—1988.11）</td><td rowspan="6">第九届委员会</td><td>主　席</td><td>张春仙</td><td>1986.4—1988.11</td></tr>
<tr><td rowspan="2">副主席</td><td>李志浩</td><td>1986.4—1988.11</td></tr>
<tr><td>叶诗林</td><td>1986.4—1988.11</td></tr>
<tr><td rowspan="3">武陵区总工会
（1988.11—1991.4）</td><td>主　席</td><td>李志浩</td><td>1988.11—1991.4</td></tr>
<tr><td rowspan="2">副主席</td><td>王宏典</td><td>1989.2—1991.4</td></tr>
<tr><td>罗跃群</td><td>1991.3—1991.4</td></tr>
<tr><td rowspan="5">武陵区总工会
（1991.4—1995.4）</td><td rowspan="5">第十届委员会</td><td rowspan="2">主　席</td><td>李志浩</td><td>1991.4—1992.4</td></tr>
<tr><td>罗跃群</td><td>1992.4—1995.4</td></tr>
<tr><td rowspan="3">副主席</td><td>王宏典</td><td>1991.4—1992.4</td></tr>
<tr><td>罗跃群</td><td>1991.4—1992.4</td></tr>
<tr><td>刘月英</td><td>1992.4—1995.4</td></tr>
<tr><td rowspan="2">武陵区总工会
（1995.4—2000.11）</td><td rowspan="2">第十一届委员会</td><td>主　席</td><td>罗跃群</td><td>1995.4—2000.11</td></tr>
<tr><td>副主席</td><td>刘月英</td><td>1995.4—2000.11</td></tr>
<tr><td rowspan="3">武陵区总工会
（2000.11—2005.3）</td><td rowspan="3">第十二届委员会</td><td>主　席</td><td>甘启明</td><td>2000.11—2005.2</td></tr>
<tr><td rowspan="2">副主席</td><td>刘月英</td><td>2000.11—2005.2</td></tr>
<tr><td>梁湘虎</td><td>2000.11—2005.2</td></tr>
<tr><td rowspan="6">武陵区总工会
（2005.3—2012.1）</td><td rowspan="6">第十三届委员会</td><td>主　席</td><td>江升元</td><td>2005.3—2012.1</td></tr>
<tr><td rowspan="5">副主席</td><td>徐建军</td><td>2005.3—2012.1</td></tr>
<tr><td>陈贻忠</td><td>2005.3—2006.1</td></tr>
<tr><td>熊惠忠</td><td>2005.3—2006.1</td></tr>
<tr><td>彭仕杰</td><td>2006.2—2012.1</td></tr>
<tr><td>胡建华</td><td>2007.2—2012.1</td></tr>
<tr><td rowspan="3">武陵区总工会
（2012.2—　）</td><td rowspan="3">第十四届委员会</td><td>主　席</td><td>罗　敏</td><td>2012.2—</td></tr>
<tr><td rowspan="2">副主席</td><td>梁湘虎</td><td>2012.2—</td></tr>
<tr><td>冯明亮</td><td>2012.2—</td></tr>
</table>

第二节　鼎城区总工会

一　组织沿革

1949年7月29日，常德解放，同年12月成立常德县工会联合会临时筹备处，筹备处设在常德市四眼巷城隍庙内，由旧工会负责人李银生负责。1951年10月，常德县工会联合会临时筹备处更名为常德县总工会筹备委员会。

1955年6月16日，常德县工会联合会筹备委员会在常德市杨家牌坊召开常德县第一次工会会员代表大会，正式成立常德县工会联合会。1956年8月更名为常德县总工会，地址在中共常德县委机关院内。1966年"文化大革命"开始后，常德县总工会停止活动。1968年10月，常德县首届工人阶级代表大会召开，成立常德县工代会取代常德县总工会。

1973年6月，根据中共中央关于整顿健全工会组织的指示，恢复常德县总工会。1988年6月，常德地区被撤销，设立地级常德市。原常德县更名为常德市鼎城区，原常德县总工会也随之改称为常德市鼎城区总工会，驻地在鼎城区武陵镇阳明路。

二　工作概要

1970年，常德县蔡家岗公社农机修配厂工人修理拖拉机

（一）工会组织建设

1949年12月，常德县工会联合会临时筹备处成立，随即筹建县内各行业工会和基层工会。1951年年初，县内相继建立运木业、铁木业、篾缆业、缝纫业、搬运业和店员等9个行业工会；还建立了河洑镇、蒿子港镇等10个镇工会筹委会。1951年5月，建立了全县第一个工厂工会组织昌明锅厂工会。1955年6月，县工会联合会成立后，全县工会组织建设进一步加强，当年底，全县有工会组织128家，工会会员6014人。1966年受"文化大革命"冲击，工会组织建设处于

停顿。1973 年常德县总工会恢复后，工会组织建设得到恢复和加强，到 1978 年，全县有工会组织 230 个，会员 9300 人。2001 年 10 月，修改后的《中华人民共和国工会法》颁布，全县的工会组织建设进入了高潮期。2002 年 8 月，中共常德市鼎城区委办公室、区人民政府办公室联合印发《关于进一步加强新时期工会工作的意见》，对加强工会组织建设提出了更高更新的目标和要求。根据非公有制经济体快速发展的趋势，区委、区政府成立了“新建企业工会组织建设协调领导小组”，积极探索“以党建带工建”“党工共建”的工会组织建设新方式，提出“哪里有职工，哪里就要建立工会组织”的建设目标，采取建立“目标责任制”等有力措施，形成了一个工会组织建设的十年高潮期。为使新建工会组织发挥作用履行职责，鼎城区总工会于 2003 年制定《工会组织规范化建设暂行规范》并不断加强“职工之家”制度建设。到 2012 年年底，全区共有基层工会组织 610 个，其中非公有制经济工会组织 248 个，工会会员 59056 人，其中农民工会员 28137 人。全区有 62 家基层工会分获国家、省、市、区级“模范职工之家”称号。

（二）职工宣传教育

1951 年开始，常德县总工会筹备委员会相继在河洑伞厂、新湘卷烟厂、人民织布厂和运木工人中创办了 5 所工会业余学校，有学员 196 人。河洑工会的职工业余学校，先后为 1100 多人次补习文化。工会组织的职工宣传教育不仅为工人办校学文化，还配合中心工作开展职工政治宣传教育，组织职工支援“抗美援朝”，参加“清匪反特”“三反”“五反”等活动。“文化大革命”期间，职工教育中断。中共十一届三中全会后，职工教育逐步恢复，并逐步把教育重点转移到服务经济建设与提高职工素质上来。按照全总和省总的部署，组织开展了“为四化建功立业”“振兴中华职工读书竞赛”“五讲四美三热爱”“做四有新人”等一系列教育活动。2000 年以后，为帮助职工适应新的经济环境，职工教育的主要内容是开展技能培训，努力提升职工技能水平。到 2012 年年底，全区工会共举办各种形式的培训班 63 次，培训职工 3300 人次。全区各级工会还大力开展宣传劳模、学习劳模、争当劳模和弘扬劳模精神系列活动，激励职工爱岗敬业。

（三）服务经济建设

新中国成立初期，常德县总工会筹委会号召和组织职工开展“发展生产，增产节约，为国家创造财富，积累资金”的劳动竞赛群众运动。1957 年，县工会联合会组织职工开展以增产节约为中心的社会主义劳动竞赛。县内的昌明锅厂、新湘卷烟厂均以高生产效益出席湖南省第二次先代会，新源印刷厂被授予“劳动竞赛先进单位”。1987 年，《中国劳动人事报》专题报道了常德县化工厂工会组织开展技术革新和劳动竞赛的事迹。1988 年起，区总工会动员和组织全区职工积极投身经济建设主战场，大力开展劳动竞赛、技术创新活动。在全省的“百万职工创新兴湘”活动中，全区有 8300 多名职工投入活动。金鼎水泥公司“技协”组织职工完成

“立窑工艺流程”技改，降低成本10%；武陵结构厂“技协”组织职工创新工艺，每年为企业增创价值300多万元。2003年，在常德市职工技能赛中，鼎城区总工会选送的铁光辉、廖池贵获得“常德市技术能手”称号。2004年8月，鼎城区总工会“职工技协”被湖南省总工会和湖南省职工技术协会授予全省职工技协先进集体称号。

（四）民主参与和民主管理

1955年，常德县工会联合会根据全总“充分发挥职工代表大会的作用，加强群众监督”的指示精神，在县内29个基层工会实行职工代表大会制度，以后逐步推行至全县。1983年，中共常德县委发文强调各级党组织要积极领导和支持职工代表大会制度建设。到1987年，全县有160家企事业单位建立了职代会制度。1987年，《中国劳动人事报》以《厂长与职工对话工人帮厂长决策》为题报道了常德县化工厂民主管理的经验。随后，中共常德县委下发了《关于充分发挥工会参政议政作用，加强职工民主管理的意见》。1997年，区总工会与区委组织部下发《关于职工代表大会民主评议领导干部的意见》。是年，全区200多家企事业单位民主评议干部950人次，159家企业民主选举厂长、工会主席；198个基层单位民主选举车间主任、班组长。2001年，职工民主管理工作进一步规范，区委、区政府成立了厂务公开领导小组，区总工会参与领导与协调工作。全区企事业单位在涉及发展与职工利益的重大事项上，职代会能行使决策权。区棉麻公司的民主管理制度化、涵盖广，除商业机密外一律公开。到2012年，全区有218家企事业单位建立了厂务公开民主管理制度。区一中、教师进修学校、市四医院、区粮食局等单位民主管理各有特色，职代会除对单位重大改革有决策权外，还对竞聘上岗、解聘下岗具有审议权。

（五）困难职工帮扶与职工权益维护

1954年，常德县遭受特大水灾，县工会联合会组织对1100余名生活困难的职工家庭进行救济，救济金额达1.2万元。1962年，县总工会多方筹集资金54600元，对3532名生活严重困难和2780名一般困难的职工进行定期补助和临时补助。进入20世纪90年代后，区内企业先后改制或停产，部分职工家庭困难，区总工会组织各企业工会开展“进万家门、知万家情、解万家难、暖万家心”活动，为1195个困难职工家庭送去救济金16万多元。从2002年开始，区总会在全区开展“双联”（党政机关联系困难企业，机关干部联系困难职工）“送温暖”“金秋助学”“爱心超市”等活动，共慰问和帮扶困难职工11000多人次。2004年，区总工会建立职工维权帮扶中心，对职工实施全方位维权帮扶。2009年，该中心为职工提供法律援助、法律咨询229人次，被授予“全省十佳帮扶工作示范基地”；同年，鼎城区被评为全省“双联”工作优秀区县。从1996年开始，全区企业普遍推行签订集体合同，开展工资集体协商。到 2012 年，全区企业签订集体合同和女职工专项合同的有 381 家，开展工资集体协商并签订合同的有 351 家，覆盖职工近 3 万人。从 2001 年起，区总工会每年提请区人大对上述合同的履行情况进行督导检查，有效维护了职工的核心利益。

历届工会委员会主席（主任）、副主席（副主任）一览表

表 3–2

机构名称	届　别	职　务	姓　名	任　期
常德县工会联合会临时筹备处（1949.12—1951.10）		负责人	李银生	1949.12—1950.10
			郑光业	1950.10—1951.10
常德县总工会联合会筹委会（1951.10—1955.6）		主　任	孙中元	1951.10—1952.4
		负责人	杨孚凰	1951.10—1953.4
		主　任	李瑞生	1953.4—1954.4
			陈必达	1955.4—1955.6
常德县工会联合会（1955.6—1964.11）	第一届委员会	主　席	陈必达	1955.6—1957.6
	第二届委员会	主　席	陈必达	1957.6—1961.11
		副主席	庞桂庭	1961.3—1961.11
	第三届委员会	主　席	潘国忠	1961.11—1964.11
		副主席	庞桂庭	1961.11—1964.11
			陈喜君	1964.7—1964.11
常德县总工会（1964.11—1968.5）	第四届委员会	主　席	潘国忠	1964.11—1968.5
		副主席	庞桂庭	1964.11—1968.5
			陈喜君	1964.11—1965.8
常德县工代会（1968.5—1973.6）	第五届委员会	主　任	孙克富	1968.5—1973.6
		副主任	代世凡	1969.3—1973.6
			丁必成	1969.3—1973.6
			张昌玉	1969.3—1973.6
			周菊梅	1969.3—1973.6
常德县总工会（1973.6—1978.11）	第六届委员会	主　任	陈必达	1973.6—1978.11
		副主任	曾庆功	1973.6—1978.11
			孙克富	1973.6—1978.11
			陈惠枝	1976.1—1978.11

续表 3-2

机构名称	届　别	职　务	姓　名	任　期
常德县总工会（1978.11—1982.3）	第七届委员会	主　席	陈必达	1978.11—1979.11
			邱柏林	1980.2—1980.11
			代修恒	1981.3—1982.3
		副主席	陈惠枝	1978.11—1982.3
			崔一生	1982.1—1982.3
常德县总工会（1982.3—1986.9）	第八届委员会	主　席	代修恒	1982.3—1984.1
			高文卿	1984.1—1986.7
			伍育钧	1986.7—1986.9
		副主席	陈惠枝	1982.3—1984.1
			崔一生	1982.3—1986.9
			焦贵富	1985.11—1986.9
			芦少华	1985.12—1986.9
常德县总工会（1986.9—1991.4）	第九届委员会	主　席	伍育钧	1986.9—1991.4
		副主席	芦少华	1986.9—1989.8
			曾银贵	1986.9—1991.4
			彭炳根	1990.4—1991.4
鼎城区总工会（1991.4—1996.3）	第十届委员会	主　席	伍育钧	1991.4—1993.3
			姚启勋	1993.3—1995.1
			徐泽廷	1995.1—1996.3
		副主席	曾银贵	1991.4—1996.3
			王协阶	1991.4—1995.1
			颜复国	1991.4—1995.1
			汪友志	1995.1—1996.3
鼎城区总工会（1996.3—2003.3）	第十一届委员会	主　席	徐泽廷	1996.3—1999.3
			罗　辉	1993.3—2001.2
			陈显银	2001.2—2003.3
		副主席	曾银贵	1996.3—2001.2
			汪友志	1996.3—2001.2
			李秋霞	2001.2—2003.3
			单　文	2001.2—2002.3
			陈乾松	2002.3—2003.3

续表 3-2

机构名称	届　别	职　务	姓　名	任　期
鼎城区总工会（2003.4—2008.4）	第十二届委员会	主　席	皇甫泽华	2003.3—2008.4
		副主席	陈显银	2003.3—2006.3
			李秋霞	2003.3—2007.12
			陈乾松	2003.3—2008.4
			陈桂梅	2006.3—2008.4
			萧馨舫	2006.3—2007.11
			李政达	2007.11—2008.4
鼎城区总工会（2008.4—2013.4）	第十三届委员会	主　席	皇甫泽华	2008.4—2013.4
		副主席	李政达	2008.4—2013.4
			陈乾松	2008.4—2013.4
			陈桂梅	2008.4—2013.4
			徐小敏	2010.4—2013.4
鼎城区总工会（2013.4—　）	第十四届委员会	主　席	沈国华	2013.4—
		副主席	李政达	2013.4—
			徐小敏	2013.4—
			陈乾松	2013.4—
			陈桂梅	2013.4—
			蔡学选	2013.4—

第三节　汉寿县总工会

一　组织沿革

1949 年 8 月 4 日，汉寿县和平解放。9 月，由中共汉寿县委组织部民运干部张修业、码头工人徐德友、店员史松林等负责县总工会筹建工作。1950 年 5 月，成立汉寿县总工会筹备委员会，内设组织、文教、财务 3 个股室。1953 年 10 月，汉寿县总工会筹备委员会更名为汉寿县工会联合会筹备委员会。

1955 年 6 月，汉寿县工会第一次代表大会召开，选举产生汉寿县工会联合会第一届委员会，正式成立汉寿县工会联合会，内设办公室、组织宣传部和财务部。1961 年 9 月，汉寿县工会联合会更名为汉寿县总工会。

1966年“文化大革命”开始后，汉寿县总工会停止了活动。1968年5月，汉寿县首届工人阶级代表大会召开，成立汉寿县工代会取代汉寿县总工会。

1973年6月，根据中央关于整顿健全工会组织的指示，恢复汉寿县总工会。1988年，汉寿县工会增设工人文化宫和职工学校两个直属事业机构。2004年，县直机关实行机构改革，县总工会内设机构调整为办公室和综合工作部。2010年，县总工会增设法律保障部。

二　工作概要

（一）组织建设

1950年5月，县总工会筹备委员会成立后，逐步开展基层工会组建工作，是年底，全县建立基层工会37个，共有会员1177人。1955年，汉寿县工会联合会成立后，工会组织和会员发展迅速，全县建有基层工会66个，会员3153人。1966年，受“文化大革命”的冲击，全县基层工会组织基本处于瘫痪状态。1973年，县总工会恢复后，重建基层工会72个，发展会员4372人。1979年，全县有联合工会11个，基层工会152个，会员12789人。1980—1986年，随着改革开放政策的全面推行，基层工会建设得到进一步发展。1986年年底，全县建有联合工会15个、基层工会189个，会员20323人。进入20世纪90年代以后，非公有制经济迅速发展，非公有制企业工会组建工作也全面展开。2000年，中共汉寿县委办公室、县人民政府办公室联合印发《关于进一步加强新建企业工会工作的意见》，并成立汉寿县新建企业工会组织工作协调领导小组。同时，积极探索形成“党工共建”的创建经验。至2012年，全县有基层工会428家，其中非公有制经济组织工会267家，工会会员45183人。

（二）职工教育

1952年，汉寿县第一所职工业余学校开办。至1956年，全县共设立2所职工业余学校和14所工人夜校，职工业余学校开办9期，入校学员1400多人。1985年，以城关镇工人业余学校为基础，正式创办县职工学校，对职工进行政治和技术培训。1990年后，县总工会以提高员工整体素质为目标，以“职工欢迎、企业需要、社会认可”为标准，以实用技术和科技创新为重点，加强职工技能培训。2008年后，县总工会相继建立春华轩烹饪技术培训、宏达家电超市家电维修技术培训、煤矿机械有限公司机械加工技术培训、银阳纺织公司纺织技术培训等4个技术培训基地，每年都举办专业技能培训。

（三）劳动竞赛

1951—1956年，在全县工商业战线开展以增产节约、技术革新为主要内容的社会主义劳动竞赛。县大业铸造厂犁头炉职工黄文清、许振华革新生产流程，创每天制作模具11付的新的纪录，比原来提高工效近3倍。1960年，县工会发起提合理化建议活动，全县职工提出合理化建议24万多条，有11万多条被采纳。1981年，在全县开展为“四化”立功竞赛活动，县总工会成立立功竞赛活动领导小组，各基层工会普遍制定了为“四化”立功竞赛条例，全县竞赛活动持续展开。1990年后，县总工会将劳动竞赛的重点放到技术创新和技能提升上。1990—2004年，县总工会组织开展以岗位练兵、技术比武、提合理化建议等为主要内容的劳动竞赛。2005—2009年，组织开展以“科技创新、管理创先、产品创优、成本创低、效益创高”为主要内容的群众性经济技术创新活动。

（四）维护职工权益

1952年，城关镇肖协兴百货号老板克扣职员工资，打骂职员、陷害职员，被工会查处，长了工人的士气，提高了工会的威信。“有问题，找工会”遂成为汉寿职工的口头禅。1980年，县总工会重视改善职工生活条件，督促企业加强职工宿舍、职工食堂、职工卫生室、职工活动室、职工用水用电等关系职工切身利益的基础设施建设，并加强对劳动保护用品配备和发放的监督检查。20世纪90年代起，县总工会依法履行劳动保护职责的作用，维护职工合法权益。1990—1999年，县总工会参与处理劳动仲裁案件15起，代表职工直接与行政对话协商处理职工案件24件。2000—2004年，调解处理各种劳动纠纷58起，纠正企业（行政）对职工的不公正处理182人次。2007年，县总工会会同劳动、安监、环保、地税等部门，对全县105家工业企业进行为期半个月的突击封闭督导检查，就企业用工、职工劳动与休假、劳动报酬支付、劳动保护、安全生产、职工人身保障、职工福利与社会保障、劳动争议、劳动合同等12个方面形成专题报告，呈送有关领导和主管部门，及时纠正了32起侵犯职工合法权益的事件。2003年，县总工会在全市率先推行建立企业工资协商机制，到2012年年底，全县各类企业都建立了工资集体协商为核心的平等协商集体合同制度。

（五）帮扶困难职工

1990—1999年，县总工会举办下岗职工再就业培训班16期，培训下岗职工1287人，为765名下岗职工找到新的就业岗位，并总结10位再就业职工的成功经验在全县进行推广。2000—2004年，共举办各种培训班5期，培训职工2400人，提供各类就业信息1400条，帮助800人实现再就业。2005—2009年，建立培训基地3个，举办培训班6期，培训下岗、失业困难职工1200人次，提供就业岗位4000多个，帮助2300人实现了再就业。2007年，县总工会建立困难职工帮扶中心，为3600多名困难职工建立电子档案。2010年，县农村信用联社工会、县龙阳国际大酒店工会设立“爱心互助基金”，帮助职工解决特殊困难。2010年起，县总工会把培训重心转向农民工，把安置就业视角从组织外出务工转向就近务工。在岩嘴乡新建实用技术培训基地，聘请专家对返乡农民工进行实用技术培训，每年办班1~2期，共培训职工1000多人。每年与县人力资源和社会保障局联合举办“就近务工，建设家园”专场招聘会，组织县内100多个用人单位提供5000多个就业岗位。

历届工会委员会主席(主任)、副主席(副主任)一览表

表 3-3

机构名称	届别	职务	姓名	任期
汉寿县总工会筹备委员会(1950.5—1953.10)	—	主任	徐德友	1950.5—1952.10
		副主任	史松林	1950.5—1952.10
汉寿县工会联合会筹备委员会(1953.10—1955.6)	—	主任	不详	
		副主任	黄竟成	1952.10—1954.1
			袁定鼎	1952.11—1954.1
	—	主任	袁定鼎	1954.1—1955.6
		副主任	黄竟成	1954.1—1955.6
汉寿县工会联合会(1955.6—1961.9)	第一届委员会	主任	张元祥	1955.6—1957.7
		副主任	袁定鼎	1955.6—1957.7
	第二届委员会	主任	黄竟成	1957.7—1961.9
		副主任	袁定鼎	1957.7—1961.9
汉寿县总工会(1961.9—1964.1)		主席	黄竟成	1961.9—1962.4
		副主席	雷长清	1962.10—1963.2
			乔崩	1963.2—1964.3
汉寿县总工会(1964.2—1968.5)	第三届委员会	主席	王自力	不详
			朱堂	不详
			周立民	不详
		副主席	乔崩	1964.3—1968.3
汉寿县工代会(1968.5—1973.5)	第四届委员会	主任	李德绪	1968.5—1973.5
		副主任	胡学文	1968.5—1973.5
			龙云海	1968.5—1973.5
			卢继尧	1968.5—1973.5
			杨金枝	1968.5—1973.5
汉寿县总工会(1973.5—1978.12)	第五届委员会	主任	王善群	1973.6—1978.12
		副主任	周达本	1973.6—不详
			曾庆龙	1973.6—不详
			吕志	1973.11—1978.12
			肖惠柏	1974.8—不详
			夏荣华	1978.8—1978.12

续表 3-3

机构名称	届　别	职　务	姓　名	任　期
汉寿县总工会（1978.12—1982.3）	第六届委员会	主　席	李干忠	1978.12—1982.3
		副主席	王善群	1978.12—1982.3
			夏荣华	1978.12—1982.3
			吕　志	1978.12—不详
			左玉梅	1981.5—1982.3
			解顺民	1981.11—1982.3
汉寿县总工会（1982.3—1986.10）	第七届委员会	主　席	李干忠	1982.3—1984.3
			陈先建	1984.4—1986.10
		副主席	王善群	1982.3—1984.1
			左玉梅	1982.3—1984.1
			解顺民	1982.3—1985.11
			邹远涛	1985.5—1986.10
			向文学	1985.11—1986.10
汉寿县总工会（1986.10—1992.9）	第八届委员会	主　席	陈先建	1986.10—1991.12
			陈文华	1991.12—1992.9
		副主席	向文学	1986.10—1992.9
			邹远涛	1986.10—1992.9
			陈　军	1992.2—1992.9
汉寿县总工会（1992.9—2003.8）	第九届委员会	主　席	陈文华	1992.9—1993.11
			徐新发	1993.11—1996.4
			曾燮柳	1996.4—2002.6
			刘祖欣	2002.6—2003.8
		副主席	邹远涛	1992.9—2003.8
			廖全美	1992.9—1997.12
			彭志国	1994.6—不详
			朱建农	1994.12—2002.1
			王北斗	1995.1—2002.3
			张兆平	1998.5—2003.8
			彭　力	2002.3—2003.8
			涂芳源	2002.3—2003.8
			杨仁华	2003.3—2003.8

续表 3-3

机构名称	届别	职务	姓名	任期
汉寿县总工会（2003.8—2008.4）	第十届委员会	主席	刘祖欣	2003.8—2007.12
			龚玉德	2007.12—2008.4
		副主席	杨仁华	2003.8—2008.4
			邹远涛	2003.8—2008.1
			张兆平	2003.8—2008.4
			彭　力	2003.8—2008.4
			涂芳源	2003.8—2006.3
			邱智锋	2006.3—2008.4
汉寿县总工会（2008.4—2013.3）	第十一届委员会	主席	龚玉德	2008.4—2013.3
		副主席	杨仁华	2008.4—2010.1
			邱智锋	2008.4—2013.3
			邹远涛	2008.4—2013.3
			彭　力	2008.4—2013.3
			张兆平	2008.4—2010.1
			王绪峰	2010.1—2013.3
			肖红梅	2010.1—2013.3
汉寿县总工会（2013.3—　）	第十二届委员会	主席	龚玉德	2013.3—
		副主席	王绪峰	2013.3—
			邱智锋	2013.3—
			邹远涛	2013.3—
			彭　力	2013.3—
			肖红梅	2013.3—

第四节　桃源县总工会

一　组织沿革

1949年7月27日，桃源县解放。8月中旬，中共桃源县委派刘仲任负责筹备组建桃源县总工会，同年11月接管了旧县总工会。12月21日，筹备小组在县城渔父祠召开职工代表大会，选举组成桃源县总工会筹备委员会。筹备委员会设在民众教育馆（今桃源县第九中学旁），1951年迁至皇甫大屋（今县武装部民兵基地招待所）。筹备委员会内设办公室、组织劳动部、文教青工部、生产工资部。1953年10月，桃源县总工会筹备委员会更名为桃源县工会联合会筹备委员会。1955 年 6 月 7 日，桃源县工会第一次代表大会召开，正式成立桃源县工会联合会。1962 年 11 月，桃源县工会联合会更名为桃源县总工会，其间，县总工会仅设置办公室 1 个机构。

1966 年“文化大革命”开始后，桃源县总工会停止了活动。1968 年 5 月，桃源县首届工人阶级代表大会召开，成立桃源县工代会取代桃源县总工会。1973 年 6 月，根据中共中央关于整顿健全工会组织的指示，恢复桃源县总工会，1986 年 1 月，县总工会迁至县城漳江南路新址。其间，县总工会内设机构不断健全。至 2009 年，设置有办公室、法律保障部、民主管理部、组织宣教部、生产保护部、女工部、财务部、经审办、技协办和机关工会等 10 个部室。

二　工作概要

（一）工会组织建设

1949 年 12 月，桃源县总工会筹委会成立后，加强基层工会组织建设。先后筹建镇级工会 1 个，产业(联合)工会 3 个，基层工会 66 个，职工 6310 人，会员 5810 人。1966 年因“文化大革命”冲击，工会组织建设处于停顿状态，1973 年县总工会恢复后，工会组织建设得到恢复和加强。1984 年，桃源县总工会在全县基层工会开展“整组建家”工作。到 1986 年年底，全县有 12 个工会联合会、250 个基层工会，22271 名会员。1985 年 8 月，常德地区工会“整组建家” 经验交流会在桃源县召开。1991 年， 全县所有的党政机关、事业单位全部建立工会。1997—1999 年，全县各乡镇工会工作委员会相继建立。2004 年，根据民营企业的快速发展，为加快新建经济组织工会组建工作，中共桃源县委办公室下发《关于进一步加快新建企业工

2011 年，桃源县总工会举办返乡农民工招聘会

会组建工作的意见》，明确2004年和2005年分别是工会组建攻坚年和工会组建规范年。到2009年年末，全县共有基层工会506家，非公企业工会组织206家，工会会员39779人，全县所有新建非公有制企业全部建立工会，基本做到了边组建边规范。至2012年年底，全县工会组织已达749家，共有会员41800人。县总工会在全县基层工会开展创建“先进职工之家”，活动。到2012年年末，全县共有69家基层工会和工会小组荣获湖南省、常德市和桃源县“模范职工之家”和“模范职工小家”称号

(二)职工素质教育

1950年4月开始，县总工会筹委会开办了职工业余夜校，组织工人学习《工农政治课本》《工人文化课本》。1951年7月，桃源县城关镇职工业余学校成立，9月，陬市镇职工业余学校成立，一大批工人开始文化知识的学习。1958年，由于“工会消亡风”的影响，城关镇职工业余学校被迫停办。1962年，县工会联合会请示中共桃源县委、县人委，将县干部业余文化补习学校与城关镇职工业余学校合并，于1963年3月成立桃源县干部职工业余学校。1966年，受“文化大革命”冲击，职工业余学校停办。1979年3月，桃源县总工会恢复职工业余学校。1982年，全县青年职工开始“双补”(补学文化、补学技术)。到1984年，全县有职工学校7所，补上文化课的职工3773人，补上技术课的2975人。是年，各基层办学点达143个，兼职教师87人。1997年职工学校停办，县总工会将职工文化补习提升为素质教育，在全县职工中开展振兴中华读书活动，组织“三热爱”(热爱中国共产党，热爱社会主义，热爱祖国)艺术周活动，开展爱国主义宣传月和维护妇女儿童合法权益宣传月活动，举办“爱我中华，知我中华”版图展览，开展时事政治知识竞赛活动等，在加强职工文化知识的同时，强化思想政治教育，提升职工整体水平。

(三)劳动生产竞赛

1953—1956年，县工会联合会根据过渡时期总路线的要求，广泛开展了以增产节约为中心的劳动竞赛。1964年11月，桃源县第一次“五好”职工代表大会召开，动员全县职工开展工业学大庆运动。1977年开始，全县职工紧跟党的工作重点的转移，认真贯彻国民经济“调整、改革、整顿、提高”的方针，开展以增产节约为内容的劳动竞赛。1980年，县总工会组织开展为“四个现代化”(农业、工业、国防和科学技术现代化)立功竞赛活动。1984年，全县开展“争高产，创优质，节约能源，降低消耗”的劳动竞赛。1993年开始，全县各级工会广泛开展以扭亏增盈为目标的多种形式的劳动竞赛。县总工会充分发挥职工技术协作的优势，至1987年县职工技术协作委员会成立后，全县建立职工技术协作组织53个，会员587人。持续开展技术讲座、举办技术培训班、开展技术咨询、建立技术扶贫点等活动，有10个工业产品获湖南省优质产品证书。县精密铸造厂通过技术协作，熔模生产成效明显上升，月产量由13吨提高到16.46吨，合格率由原来的78%上升到83%。2000年后，县总工会将劳动竞赛提升到推动企业技术创新、提高职工生产技能上。2003—2012年，相继组织职工投入到“百万职工兴湘创新”“芙蓉

杯竞赛”等技能比武、劳动竞赛活动，使之成为促进地方经济发展的有效平台。

(四)职工民主管理

1961年，根据中共中央指示精神，县工会联合会开始在厂矿企业中推行在党委领导下的职工代表大会(职工大会)制度。到11月底，全县50人以上的基层工会有33个建立了职代会制度。1981年，《国营工业企业职工代表大会暂行条例》下发后，桃源县企业民主管理工作领导小组成立。同年11月，中共桃源县委转发县委组织部、县经济委员会、县总工会《推行和完善职工代表大会制度的规划》。县总工会承担推行和完善职工代表大会制度，落实职代会各项决议等工作任务。是年末，全县建立职代会192个，占应建数的95%，教育系统81个单位全部建立教职工代表大会。1983年，全县民主管理工作重点转移到落实职代会职权和提高职代会质量上，着重抓职代会的巩固、完善、提高。是年末，全县建职代会的单位292个，占应建数的98%。1987年11月，县委组织部、县经委、县劳动人事局、县总工会联合下发《关于在企事业单位进一步开展民主评议干部工作的通知》，民主评议企业领导干部在全县企事业单位普遍推开。1999年，桃源县厂务公开领导小组成立，9月召开全县推行厂务公开会议。此后，厂务公开制度在全县普遍推行，截至2012年年底，全县推行厂务公开民主管理制度的单位有458家，推行面达80%以上。各级工会还通过在县人民代表大会、县政治协商会议的合法席位，代表职工参与经济建设规划及劳动、工资等改革的决策。

(五)职工维权帮扶

1956年，县工会联合会在观音寺石灰矿、陬市竹业站、城关搬运社、陬市搬运社等单位，设立职工劳动保护工作委员会，其他基层单位设劳保委员或劳保检查员，及时处理有关劳动保护问题。根据政务院颁布的《中华人民共和国劳动保险条例实施细则修正草案》的精神，国营商业百货、纺织品、贸易、专卖、食品、食杂、油脂等公司，均自1956年7月起实行劳动保险，享受劳动保险的职工达481人。1979年，桃源县总工会会同县卫生防疫站开展企业单位卫生鉴定工作，对全县相关企业从事高温作业的职工、接触矽尘粉尘的职工、接触有毒物质的职工进行健康检查并发放保健食品。1994年7月，县总工会成立职工退休养老互助会，到1997年，参加人数1.6万余人，入库资金190余万元。1995年、1996年两年共发放互助金14万元。2002年开始，县总工会依托“双联”工作平台，加大困难职工帮扶力度，到2011年年末，全县已有120个机关单位联系了22个社区和40家企业，1000多名机关干部联系了近1000名困难职工，使95%的企业基本上做到了不停产、不减员、不降薪，同时600多名下岗职工进入了低保。2003年，桃源县劳动者维权协会成立，2003—2009年累计为工会会员维权523人次，挽回各种经济补偿689万元。从1996年开始，全县企业普遍签订集体合同、开展工资集体协商，到2011年，全县120家企业进行了工资集体协商并签订了集体合同和女职工专项集体合同，覆盖职工近2万人，维护了职工核心权益。

历届工会委员会主席(主任)、副主席(副主任)一览表

表 3-4

机构名称	届　别	职　务	姓　名	任　期
桃源县总工会筹备委员会(1949.12—1953.10) 桃源县工会联合会筹备委员会(1953.10—1955.6)	—	主　任	刘仲任	1949.12—1952.7
			李　秋	1952.8—1954.5
			徐玉昌	1954.5—1955.5
		副主任	李　秋	1950.8—1952.7
桃源县工会联合会(1955.6—1957.9)	第一届委员会	主　席	龙志斌	1955.6—1957.5
			李　秋	1957.6—1957.9
		副主席	陈德培	1957.1—1957.8
桃源县工会联合会(1957.9—1962.11) 桃源县总工会(1962.11—1963.2)	第二届委员会	主　席	李　秋	1957.9—1962.7
			孙　庆	1962.8—1963.2
		副主席	陈德培	1957.9—1962.9
桃源县总工会(1963.2—1964.7)	第三届委员会	主　席	孙　庆	1963.2—1964.7
		副主席	马德和	1964.1—1964.7
桃源县总工会(1964.7—1968.5)	第四届委员会	主　席	孙　庆	1964.7—1968.5
		副主席	马德和	1964.7—1968.5
桃源县工代会(1968.5—1973.6)	第五届委员会	主　任	吉志君	1968.5—1973.5
		副主任	张光燃	1968.5—1973.5
			王德志	1968.5—1973.5
桃源县总工会(1973.6—1978.11)	第六届委员会	主　任	陈万信	1973.6—1978.11
		副主任	黄维国	1973.6—1977.
			熊宏生	1973.6—1978.11
			邵桂枝	1977.6—1978.11
			何义清	1973.6—1978.11
			张光然	1974.4—1976.10
			武继春	1978.10—1978.11
桃源县总工会(1978.11—1982.3)	第七届委员会	主　席	陈万信	1978.11—1982.3
		副主席	武继春	1978.11—1982.3
			邵桂枝	1978.11—1982.3
			熊宏生	1978.11—1982.3
			何义清	1978.11—1982.3
			江友生	1978.11—1982.3
			刘　荣	1979.10—1982.3

续表 3-4

机构名称	届　　别	职　务	姓　名	任　　期
桃源县总工会（1982.3—1986.3）	第八届委员会	主　席	陈万信	1982.3—1984.1
			张兴娟	1984.1—1985.2
		副主席	刘　荣	1982.3—1984.1
			李前程	1982.3—1986.3
			武继春	1982.3—1984.1
			江兴中	1985.12—1986.2
桃源县总工会（1986.3—1992.1）	第九届委员会	主　席	江兴中	1986.3—1988.5
		副主席	李前程	1986.3—1992.1
			曾菊香	1987.3—1992.1
桃源县总工会（1992.1—1997.1）	第十届委员会	主　席	陈铁牛	1992.1—1997.1
		副主席	李前程	1992.1—1996.8
			曾菊香	1992.1—1996.8
			张尧初	1996.2—1997.1
			柴旺仓	1996.8—1997.1
			吴秋云	1996.8—1997.1
桃源县总工会（1997.1—2003.4）	第十一届委员会	主　席	陈铁牛	1997.1—2002.4
			崔卫平	2002.4—2003.4
		副主席	张尧初	1997.1—2003.4
			吴秋云	1997.1—1999.1
			柴旺仓	1997.1—2003.4
			罗其林	1999.1—2003.4
			文会祥	2002.5—2003.4
			胡琼方	2002.5—2003.4
桃源县总工会（2003.4—2008.9）	第十二届委员会	主　席	杨连范	2003.4—2008.9
		副主席	罗培煌	2008.3—2008.9
			罗其林	2003.4—2008.9
			文会祥	2003.4—2008.9
			胡琼方	2003.4—2008.9
			王志宏	2006.2—2007.12
桃源县总工会（2008.9—2013.3）	第十三届委员会	主　席	杨连范	2008.9—2013.3
		副主席	罗培煌	2008.9—2013.3
			文会祥	2008.9—2011.2
			胡琼方	2008.9—2013.3
			倪泽群	2011.2—2013.3
			高志平	2012.1—2013.3

续表 3-4

机构名称	届别	职务	姓名	任期
桃源县总工会（2013.3— ）	第十四届委员会	主席	郑兴进	2013.3—
		副主席	罗培煌	2013.3—
			高志平	2013.3—
			胡琼方	2013.3—
			倪泽群	2013.3—

第五节　临澧县总工会

一　组织沿革

1949 年 8 月，临澧县解放。在中共临澧县委的领导下，1950 年 8 月组建临澧县总工会筹备委员会，内设办公室、劳动保护部、生产部、组织宣传教育部。1953 年 10 月，临澧县总工会筹备委员会更名为临澧县工会联合会筹备委员会。1955 年 6 月 1 日，临澧县工会第一次代表大会召开，正式成立临澧县工会联合会。1962 年 11 月，临澧县工会联合会更名为临澧县总工会。

1966 年“文化大革命”开始后，临澧县总工会停止活动。1968 年 5 月，临澧县首届工人阶级代表大会召开，成立临澧县工代会取代临澧县总工会。

1973 年 6 月，根据中共中央关于整顿健全工会组织的指示，恢复临澧县总工会。其后，县总工会内设机构不断健全，在原有办公室、劳动保护部、生产部、组织宣传教育部基础上，增设民主管理部、女工部、财务部、职工学校、工人俱乐部。2002 年，根据中央和县委机构改革精神，县总工会内设机构为办公室、组织宣传教育部、财务部。2012 年，增设临澧县职工维权帮扶中心。

二　工作概要

（一）组织建设

1950 年 8 月，临澧县总工会筹委会成立后，先后在合口镇、城关镇、新安镇和教育系统筹建工会。到 1952 年，全县建有 4 个镇工会筹备委员会，2 个产业工会，会员 1655 人。1956 年，全县工业工会、教育工会、商业工会相继建立，会员发展到 2500 多人。1966 年因“文化大革命”冲击，工会组织建设处于停顿状态，1973 年县总工会恢复后，工会组织建设得到恢复和加强。1978 年，全县建有工会组织 151 个，会员 7500 人。到 1989 年，全县建有各类工会组织 252 个，会员 18500 人。2004 年，进一步加大工会组建工作力度，形成了“党委重视，行政支持，工会主抓，各方面配合”的新格局，一年新组建基层工会 73 家，发展新会员 2891 人。

2006年,根据非公有制经济组织的快速发展和农民进城务工人员增加的趋势,大力吸收农民工参加工会组织,全年新建工会35家,发展新会员4805人,其中农民工4737人。2009年加强工会组织建设和工会干部队伍建设,全县新建基层工会32家,发展会员3620人,其中农民工3298名。同年,各级工会主席按照“高配”原则,由党政副职领导担任。到2012年年底,全县共组建工会联合会32个、基层工会513个,有会员55690人,其中女会员18630人。

(二)职工教育

1950年,建立县职工业余学校,参加学文化、学政治、学时事的职工236人。1953年后共办职工学校4个,设普及班10个,中级班6个,学员393人。1979年,全县职工学校培训学员2374人。1983年,在全县职工中开展“双补”教育活动(补习文化、技术),有1226名拿到“双补”“合格证”。其中15名职工考上大学,21名职工考上各类进修班。1993年,县总工会职工学校开设一个大专班,四个中专班,在校全日制学生180多名,获得全国总工会授予的示范性职工中等专业学校称号。县总工会加强阵地建设,强化职工素质教育。1979年,在108个基层工会设立文娱室127个。1982年,开展就地、业余、小型、多样的俱乐部竞赛活动。1983年,县总工会与县体委联合开展“道水之春”“道水之夏”“道水金秋”文体活动。1987年,县总工会俱乐部按照市总工会文化馆俱乐部达标创先要求,开辟舞厅、录像、阅览室、球场等,使俱乐部活动场所达1370平方米,每天吸引400多人到俱乐部活动。是年,县工会组织“首届爱国储蓄歌手大奖赛”“三八节家庭文娱晚会”“交谊舞大奖赛”,各基层工会开展180项中小型活动。1997年,县总工会组织了1500多名青年职工参加“迎香港回归”长跑活动。2008年,县总工会组织迎奥运“环保杯”职工篮球赛和“中泰杯”职工登山活动。2009年,县总工会组织迎国庆60周年广场“红歌会”,全县有16个合唱团近万人参加。2010年,县总工会在县博物馆广场举办“爱我临澧,发展临澧”庆“五一”职工活动。

(三)劳动竞赛

1952年,全县开展“红五月”竞赛,合口利民公司夺得“生产模范厂”红旗,黄任生、胡忠大被评为甲等模范。1954年,合口米厂等3个单位,11个小组,提合理化建议103条,采用的15条,提高工效53.3%,节约支出2490元,节约面粉1900多公斤。1956年,全县开展先进生产者运动,把创先进作为劳动竞赛的重要内容,同时大搞技术革新,提合理化建议,增加产量,提高质量。1963年,县总工会组织职工围绕增产节约开展比、学、赶、帮活动,开展技术革新。县机械厂在竞赛中完成年计划149%,劳动生产率比上年提高24%。县肉食水产公司开展“五好”企业、“六好”职工的竞赛,完成全年利润计划的300%,被评为常德地区的先进单位。1979年,县总工会组织技术比武,全县1500名职工参加。县氮肥厂在劳动竞赛中,一年节煤折币11万元,全厂盈利32万元,比上年增加21万元。1989年,县总工会组织全县98%的企业单位开展劳动竞赛,全县各级先后召开动员会、表彰会27次,提合理化建议3850条,创造价值230万多元，被常德市评为全市劳动竞赛先进单位。1990年，县总工会组织万名职工献计献策，提合理化建议9628条，创价值254万元，其经验在全市推介。1991年开始，组织开展女职工“芙蓉杯”素质达标竞赛活动。2003年起，县总工会动员组织全县职工投入经济建设主战场，相继开展各项劳动竞赛技能比武活动。2010年，县个体工商业协会侯惠惠在技能比赛中，获计算机速录全市第一名、全省第六名。

（四）维护职工权益

1951年，为处理好劳资关系，成立了县劳资协会，签订了劳资集体合同，解决好职工工资和福利待遇和处理好解雇问题，同时，组织职工监督资方的不法行为。1979年，县总工会和劳动局恢复和建立职工劳动保险制度。1981年，县总工会负责人参加全县工资调资领导小组。1985年，全县开展职工义务物价监督检查工作，成立一个总站，8个分站，维护消费者利益。是年，常德地区物价监督检查工作会议在临澧召开，推介临澧经验。2003年开始，全县开展“党政机关联系困难企业、党政干部联系困难职工”活动，到2007年，全县有88个单位联系困难企业58个，1048名干部联系困难职工1105名，为困难企业引进项目和资金，帮助困难职工走出困境。2009年，县总工会帮助1500名职工新建养老保险，2200多名职工加入工伤保险，建立完善4083名困难职工电子档案。为全国、省、市级劳模发放困难和医疗补助6万多元。2010年起，县总工会把维权工作重点放在建立集体合同、工资集体协商、职工互助医疗保险、返乡农民工就业援助等方面。2012年，县总工会在全县工会系统开展“面对面、心贴心、实打实服务职工在基层”活动，切实解决职工困难维护职工权益。县总工会注重维护女职工特殊权益，2003年组织2000多名女工参加“两癌”保险。2011年，在全县推进女职工特殊疾病保险，全年“两癌”保险费达到84365元。

（五）民主管理

1952年，县内国营企业开始建立民主管理委员会和职工代表会议制度，重要事项如推销公债、签订合同等先由代表会议表决，再由代表发动职工完成任务。1956年，改职工代表会议为职工代表大会，扩大职工参加企业管理的权限。1960年后，各企事业单位在劳保福利，困难补助，评比奖励，生产竞赛等工作中，实行民主评议，几榜定案的方法，体现职工的民主权利。1982年，县委、县政府召开全县企业民主管理工作会议，当年有2个单位由职工直接民主选举厂长、经理，10个单位直选车间主任，15个单位直选组长。1985年，全县有114个单位建立职代会，行使职工参加企业民主管理的权利。1996年10月，县总工会举办155名工会干部参加的“推行平等协商，签订集体合同”的培训，是年有198家企业签订集体合同。2006年开始，在全县国有和非公有制企业逐步推进工资集体协商，到2012年，全县312家非公有制企业和22家事业单位实现工资集体协商。从1999年开始，在全县国有企事业单位和规模以上民营企业推行和建立厂务公开制度。到2012年，全县推行率分别达到100%和90%。湖南安福气门有限公司作为民营企业被授予全国厂务公开民主管理先进单位称号。

历届工会委员会主席(主任)、副主席(副主任)一览表

表 3-5

机构名称	届　别	职　务	姓　名	任　期
临澧县总工会筹委会 临澧县工会联合会筹委会 (1950.8-1955.6)	—	主　任	杨孚凰	1951.3—1952.9
			张清显	1953.7—1955.6
		副主任	张清显	1952.9—1953.7
临澧县工会联合会 (1955.6-1957.8)	第一届委员会	主　席	郑庆振	1955.6—1957.8
		副主席	张清显	1955.6—1956.6
			张荣湘	1956.7—1957.8
临澧县总工会 (1957.8—1962.1)	第二届委员会	主　席	郑庆振	1957.8—1958.9
		副主席	尹宏安	1957.7—1959.11
			信相成	1960.1—1962.1
			杨文进	1961.12—1962.1
临澧县总工会 (1962.1—1964.8)	第三届委员会	主　席	王步雨	1962.1—1962.12
		副主席	杨文进	1962.1—1962.12
			朱泽华	1963.2—1964.8
临澧县总工会 (1964.8—1968.5)	第四届委员会	主　席	王步雨	1964.8—1968.5
		副主席	朱泽华	1964.8—1968.5
临澧县总工会 (1973.6—1978.11)	第五届委员会	主　任	邹　宏	1973.6—1978.11
		副主任	蒋宗清	1973.6—1978.11
			徐宗祝	1973.6—1978.11
			周泽仁	1974.4—1978.11
临澧县总工会 (1978.11—1982.3)	第六届委员会	主　席	邹　宏	1978.11—1982.3
		副主席	贾柏枝	1978.11—1982.3
			邹纯良	1978.11—1982.2
临澧县总工会 (1982.3—1986.3)	第七届委员会	主　席	邹　宏	1982.3—1982.12
			贾柏枝	1982.12—1986.3
		副主席	贾柏枝	1982.3—1982.12
			徐泽波	1982.12—1984.2
			王青山	1984.3—1985.2
			崔启鸿	1985.2—1986.3

续表 3–5

机构名称	届　别	职　务	姓　名	任　期
临澧县总工会（1986.3—1991.3）	第八届委员会	主　席	李少清	1986.3—1991.3
		副主席	崔启鸿	1986.3—1986.12
			黎卫平	1989.3—1991.3
			万绍荣	1988.2—1991.3
临澧县总工会（1991.3—1996.3）	第九届委员会	主　席	李少清	1991.3—1995.3
			蒋炳富	1995.3—1996.3
		副主席	黎卫平	1991.3—1995.3
			李妹香	1991.3—1996.3
			万绍荣	1991.3—1996.3
			李绍景	1994.3—1996.3
			刘静友	1994.3—1996.3
临澧县总工会（1996.3—2003.5）	第十届委员会	主　席	蒋炳富	1996.3—2002.5
			周远明	2002.6—2003.5
		副主席	于可教	1996.3—2003.1
			张艳明	1996.3—2003.5
临澧县总工会（2003.5—2008.5）	第十一届委员会	主　席	王承荣	2003.5—2008.5
		副主席	陈宇教	2003.5—2008.5
			何书怀	2003.5—2008.5
			张艳明	2003.5—2008.5
临澧县总工会（2008.5—2013.3）	第十二届委员会	主　席	蒋宗海	2008.5—2013.3
		副主席	鄢孝林	2008.5—2012.3
			洪学文	2012.3—2013.3
			何书怀	2008.5—2013.3
			孙观金	2012.3—2013.3
临澧县总工会（2013.3—　）	第十三届委员会	主　席	刘开明	2013.3—
		副主席	洪学文	2013.3—
			孙观金	2013.3—
			钟　音	2013.3—

第六节　石门县总工会

一　组织沿革

1949 年 7 月，石门县解放。1950 年 6 月，中共石门县委派邢运身作为负责人组建石门县总工会筹备委员会，1952 年 11 月，中共常德地委组织部任命李春明为石门县总工会筹备委员会主任。筹委会内设有办公室、劳保部、文教部、生产部。1953 年 10 月，县总工会筹备委员会更名为县工会联合会筹备委员会。

1954 年 3 月，湖南省总工会常德专区办事处根据石门县职工不多、公私企业较少，没有较大城镇，报经中共常德地委同意，撤销了石门县工会联合会筹备委员会。1956 年，石门县工业工会、教育工会、商业工会相继恢复，同年 10 月，召开石门县工会第一次代表大会，正式成立石门县工会联合会。1964 年，石门县工会联合会更名为石门县总工会。

1966 年"文化大革命"开始后，石门县总工会停止了活动。1968 年 9 月 16 日，石门县工人阶级代表大会召开，成立石门县工代会取代石门县总工会。

1973 年 6 月，根据中共中央关于整顿健全工会组织的指示，恢复石门县总工会。其后，县总工会内设机构不断健全，在原有办公室、劳保部、生产部的基础上、增设组织宣传教育部、女工部、财务部。2002 年，根据中央和县委机构改革精神，县总工会内设机构为办公室、组宣部、女工部、生产保障部。2011 年以后，机构设置为办公室、组宣部、工会经费管理部、法律保障办公室。

二　工作概要

（一）组织建设

1950 年 6 月，县总工会筹备委员会成立后，即着手筹建各行业工会。至 1952 年，全县建有店员、泥木、教育、手工业、码头搬运等 9 个工会组织，发展会员 300 人。1954 年，石门县工会联合会筹委会撤销后，基层工会同时解散。1956 年，石门县工业工会、教育工会、商业工会相继恢复，会员发展到 1800 人。1964 年，建有工会 64 个，会员 4800 多名。1966 年始，因受"文化大革命"冲击，工会组织建设处于停顿状态。1973 年，县总工会恢复以后，工会组织建设得到恢复和加强。1978 年，全县建有工会 161 个，会员 8300 人。1989 年，全县建有工会 219 个，会员达到 2 万人。从 2004 年开始，县总工会争取县委、县政府的重视与支持，加大非公有制经济组织组建工会的力度。2008 年以后，全县建有各类工会组织 384 个，其中联合工会 35 个，基层工会 349 个;共有会员 31499 人,其中农民工会员 8826 人,女职工会员 12785 人。

(二)职工教育

1950 年,县总工会筹备委员会创办职工夜校 1 所,当年有 240 名职工参加学习。1954 年,成立石门县职工文化补习学校,借用城关完小教室早晚上课,设有扫盲班、小学班。1960 年,文化补习学校并入县委党校统一管理。“文化大革命”期间,职工教育中断。中共十一届三中全会后,职工教育逐步恢复。1983 年 4 月,县总工会和县工农教育委员会联合发出通知,进行职工文化技术补课。同年,全县各厂矿企业开办职工学校 66 所,学员 2200 人。1983—1984 年,县总工会根据全国总工会统一部署,组织开展“振兴中华职工读书竞赛”活动,有 2 人获全国一级优秀奖,18 人获全国二级优秀奖,109 人获鼓励奖。1986 年,县总工会整合教育资源,全县设立正规职工学校 6 所,有教职工 57 人。1993 年和 1996 年,县总工会职工学校先后开设石门外事学校和石门县高中文化补习学校。从 1993 年起,县总工会职工学校连续五年被省总工会评为先进单位。

(三)劳动竞赛

1950 年,石门县委、县政府作出了关于恢复和发展商业、运输业和手工业生产的决定。6 月,石门县总工会筹备委员会成立后,号召和组织职工开展“发展生产,增产节约,为国家创造财富,积累资金”的劳动竞赛群众运动。1957 年,县工会联合会组织职工开展以增产节约为中心的社会主义劳动竞赛,全县职工提合理化建议 3000 多条,被采纳 1550 条。1958—1960 年,组织职工开展技术革命和技术革新竞赛活动,创革新项目 2000 多条。1978 年,县总工会组织开展比思想、比工作、比团结、比作风、比贡献的社会主义劳动竞赛活动,受到常德地区总工会通报表扬。1979 年,在全县开展增产节约竞赛活动,易市供销社生资门市部工会小组获“湖南省增产节约班组”称号,涂自果、邵国柱、刘湘清获“湖南省增产节约能手”称号。1983 年,在全县职工中开展“六好”竞赛活动,县织布厂储荣华、县教委魏宗荣获全国优秀工会积极分子称号。1986 年,县总工会在全县 107 个企事业单位建立劳动竞赛组织,制定竞赛细则。1990—1996 年,县总工会组织各行业工会和基层工会,根据本单位特点,持续开展“双增双节”“文明服务”“优质销售”为主要内容的社会主义劳动竞赛。2003—2012 年期间,县总工会动员组织全县职工投身经济建设主战场,相继开展技能比武、技术创新、劳动竞赛等活动,锻炼出了一大批技术骨干和业务能手。

(四)维护职工权益

1949 年 8 月,全国工会工作会议通过《私营工商企业中劳资双方订立集体合同暂行办法》。1950 年,在农历年关各厂、店最易辞退职工之时,县总工会筹委会号召各行业工会组织劳资双方签订集体合同,以防止资方任意解雇工人。相继有南货、百货、绸布、针织、杂货等行业订立书面合同。国药、书纸、铁作等行业达成口头协议。码头、装卸等业经过劳资双方协商,制定了力资标准。为避免工人工资因物价波动而受影响，工会还提出将工资按实物(大米)计算。这一年，县总工会筹委会成立失业工人救济委员会，先后救助失业和贫困工人570人。20世纪60年代初，县财贸系统工会针对营业员、服务员、理发员等职工实行长班制，影响休息和健康的问题，同行政协商，改为轮流换班循环上班。1980年实行经济承包责任制后，部分企事业出现一些损害职工权益的做法。县总工会组成调查组，深入企事业单位了解情况，如实向县委、县政府反映职工劳动工资、医药费管理、女工特殊保护、富余人员的安置等方面的问题，为领导决策提供依据，促使问题解决。1986年，县总工会对全县职工医疗问题进行调查，发现县教育系统享受公费医疗的3906名教职工中，其公费医疗的比例只占实际支出的33.5%，即向县党政领导汇报，促使县教育部门修改医疗制度，增拨了医疗费。白洋湖水稻原种场工会为职工城镇户口问题，从1988年起，多年向上反映情况，引起全国总工会和省政府的重视，107名职工的城镇户口得到落实。1996年起，县总工会对贫困职工相继开展“送温暖”“金秋助学”“爱心超市”等活动，并承担县“双联”(党政机关联系困难企业，党政干部联系困难职工)领导小组办公室的日常工作。2008年起，县总工会在全县开展创建劳动关系和谐企业(单位)活动，全县有120多家企事业参与活动，由企业、工会、职工三方协商，签订了“共同约定书”。

(五)劳动保护

1951年2月，政务院《劳动保护实施条例》颁布后，县工会组织要求各企业工会加强对职工安全知识教育，督促企业加强安全生产和劳动保护措施。20世纪50年代，全县对有尘毒的厂矿，推行湿式作业、密封法等措施，控制矽尘浓度。60年代，对全民所有制企事业单位按生产和工作需要，发放劳动防护用品。1979年，成立县安全生产委员会，各厂矿企业设立安全科(股)，班组设安全员，贯彻执行安全生产各项规章制度。县总工会重视对劳动保护工作的调研和监管。1991年，在对工矿企业的调研活动中，发现工业尘毒严重危害职工身心健康和生命安全，县河曲煤矿106名职工中有54人患硅肺病，县五峰山煤矿122名职工中有32人患硅肺病。县总工会将此情况写成专题调研报告上报，得到县党政领导的重视，督促这两个煤矿投入120万元改善生产条件；对86名硅肺病职工进行救治；县有关部门对矿山职业病防治，从医疗、营养补贴、劳保福利、工作岗位等方面作出了相应规定。1998年起，县总工会每年组织“安康杯”竞赛活动，提高企业安全生产意识和职工安全自我保护能力。

(六)民主管理

20世纪50年代初，县内国营企业中建有民主管理委员会和职工代表会议制度。许多重要事项如推销公债、签订合同等先在代表会议上议决后，再通过代表动员职工完成任务。1956年，改职工代表会议为职工代表大会，实行代表常任制，扩大职工参加企业管理的权限。60年代，各企事业单位在劳保福利、困难补助、评比奖励、生产竞赛等工作中，实行民主评议、几榜定案的方法，来体现职工的民主权利。在80年代初的企业改革中，厂长经理由行政任命转为民主推荐，县总工会把民主评议干部纳入职代会工作范畴。从90年代起，县委、县政府将健全职代会制度和厂务公开作为企业民主管理的重要内容。1998年，成立石门县厂务公开领导小组。至2012年，全县有199家企事业单位建立职代会和厂务公开制度，国有企事业单位和50人以上非公有制企业建制率达100%，石门县获“湖南省推动厂务公开民主管理工作先进县”称号。

历届工会委员会主席（主任）、副主席（副主任）一览表

表3-6

机构名称	届　别	职　务	姓　名	任　期
石门县总工会筹备委员会	—	主　任	邢润身	1950.6—1953.11
石门县工会联合会筹委会	—	主　任	李春明	1953.11—1954.3
石门县工会联合会（1956.10—1961.9）	第一届委员会	主　席	伍凤支	1956.10—1958.3
			卓明厚	1958.3—1961.9
石门县工会联合会（1961.9—1964.8）	第二届委员会	主　席	李春明	1961.9—1964.8
石门县总工会（1964.8—1968.9）	第三届委员会	主　席	李春明	1964.8—1964.11
石门县工代会（1968.9—1973.6）	第四届委员会	主　任	谭君才	1968.9—1973.6
		副主任	王慧国	1968.9—1973.6
石门县总工会（1973.6—1978.12）	第五届委员会	主　任	彭尧年	1973.6—1976.1
			汤荣华	1976.1—1977.3
			陈宝年	1977.3—1978.6
			周祖文	1978.6—1978.12
石门县总工会（1978.12—1982.3）	第六届委员会	主　席	周祖文	1978.12—1982.3
		副主席	罗文礼	1978.12—1981.5
			刘次平	1980.3—1982.3
石门县总工会（1982.3—1986.10）	第七届委员会	主　席	周祖文	1982.3—1984.3
			贺宗亮	1984.3—1986.2
			孟祥悌	1986.2—1986.10
		副主席	刘次平	1982.3—1983.3
			文绍海	1983.3—1984.5
			张志尧	1984.3—1986.1
			彭炎东	1984.9—1986.6
			周金环	1986.2—1986.6

续表 3-6

机构名称	届 别	职 务	姓 名	任 期
石门县总工会（1986.10—1991.6）	第八届委员会	主 席	孟祥悌	1986.10—1989.8
		副主席	汤乘涛	1986.10—1991.6
石门县总工会（1991.6—1997.1）	第九届委员会	主 席	金道德	1991.6—1997.1
		副主席	汤乘涛	1991.6—1997.1
			丁玉香	1991.6—1997.1
石门县总工会（1997.1—2002.8）	第十届委员会	主 席	金道德	1997.1—1999.2
			向延志	1999.2—2002.8
		副主席	汤乘涛	1997.1—1999.2
			丁玉香	1997.1—1998.1
			向延志	1997.1—1999.2
			王石蓉	1999.2—2002.8
			易法理	2001.9—2002.8
石门县总工会（2002.8—2008.2）	第十一届委员会	主 席	杨昌玉	2002.8—2008.2
		副主席	刘祖东	2003.2—2008.2
			易法理	2002.8—2008.2
			王石蓉	2002.8—2008.2
石门县总工会（2008.2—2013.2）	第十二届委员会	主 席	李金生	2008.2—2013.2
		副主席	刘祖东	2008.2—2013.2
			程家兵	
			王石蓉	
			肖四清	
石门县总工会（2013.2— ）	第十三届委员会	主 席	李金生	2013.2—
		副主席	刘祖东	2013.2—
			程家兵	
			王石蓉	
			肖四清	

第七节 澧县总工会

一 组织沿革

1949年7月，澧县解放。8月，中共澧县县委、县人民政府成立，接管了旧政权包括工会在内的所属组织机构。中共澧县县委派县委民运部长孙木林负责组建澧县总工会筹备委员会,1950年9月,澧县总工会筹备委员会成立。1953年5月29日,澧县总工会筹备委员会在津市召开澧县工会第一次代表大会,正式成立澧县总工会,内设组织部、生产部、劳保部、文教部、财务部、女工部和办公室。同年10月,澧县总工会更名为澧县工会联合会。

1954年3月,津市从澧县析出,成立县级津市市后,澧县工会联合会未设置内部机构。1956年10月,澧县工会联合会内设组织部、宣教部、劳动部。1961年8月,澧县工会联合会更名为澧县总工会。1966年"文化大革命"开始后,澧县总工会停止了活动。1968年9月16日,澧县工人阶级代表大会召开,成立澧县工代会取代澧县总工会。

1973年6月,根据中共中央关于整顿健全工会组织的指示,恢复澧县总工会。其后,县总工会内设机构不断健全,2002年,根据中央和县委机构改革精神,县总工会内设机构为组织宣教部、法律维权部、财务部、办公室。至2013年,内设机构维持不变。

二　工作概要

(一)组织建设

1950年9月,澧县首次职工代表大会在县城召开,成立了澧县总工会筹备委员会,筹委会的主要任务是教育工人,组织工人,引导工人积极生产,开展生产竞赛,积极稳妥发展工会组织。在这期间,工会组织发展很快。1950年上半年,中国建筑工会澧县筹备委员会、中国店员工会澧县委员会相继产生。到1951年年底,城关、垱市、新洲、槐市、梦溪等集镇都相继建立镇工会委员会。1952年,渡口、官垸、红庙、刘市、荣市等农村区镇都建有工会组织。到1953年年底,全县共有镇工会7个,产业工会115个,发展会员12623人。1973年8月,中共中央下达关于整顿健全工会组织的指示精神后,工会组织得到快速的发展。至1985年,全县基层工会达225个,职工23423人,会员18975人,按战线、系统建立联合工会15个,专职工会主席按照同级党政副职配备。随着经济体制改革的深入,非公有制企业得到发展,职工结构发生变化,下岗职工、农民工逐步成为工会工作的主要对象。从1996年起,县总工会下大力抓农民工、下岗职工的入会工作,坚持"党建带工建,工建促党建"的原则,不断创新工会组建形式和工作方法,基本形成了"党委领导,政府支持,工会运作,多方配合"的建会格局。2012年,全县基层工会组织增加到506家,工会会员达到35509人。

(二)职工教育

1949年10月,中共澧县县委民运部和县总工会筹备委员会建立澧县工人夜校,在县城、垱市、新洲等主要集镇设班授课,以扫盲为主,学习小学教育课程。1952年,将工人夜校更名为职工业余学校,由小学课程扩展到中学课程。1956年春,澧县职工业余学校与干部文化补习学校合并,成立澧县干部职工文化学校,配有专职教师2名,1958年"大跃进"中停办，1979 年 9 月恢复，校名为澧县职工学校。从 1982 年开始，实行免费教育。到 1985 年年末，有各类教学班 61 个，入学职工 3369 人。1982—1985 年，连续被评为省、地先进职工学校。1984 年被评为全国和全省"振兴中华职工读书知识竞赛"先进单位。1989 年，县总工会配合县委、县政府在广大职工中开展贯彻党的基本路线教育。1999 年，组织全县各级职工开展"抵制邪教""远离邪教"的教育活动。2000 年起，澧县每年免费开展下岗职工再就业培训和农民工培训 3000 人以上。2000 年，澧县职工学校被全国总工会评为"全国工会系统职工中等教育德育示范性学校"。2009 年，被全国总工会评为全国"全国农民工培训示范基地"，并给予 200 万元的奖励基金。

（三）劳动竞赛

1952 年 9 月，根据中共中央关于开展增产节约运动指示精神，在全县职工中开展了以增产节约为中心内容的社会主义劳动竞赛活动。县发电厂职工群策群力，将内燃机换成外燃机，改烧木炭、汽油为烧煤炭，节约成本 50%。县城关大米厂、印刷厂等企业发动职工改良工艺，提高劳动效益。1954 年，澧县总工会在全县开展以技术革新为中心内容的社会主义劳动竞赛，县农具厂工人采取就地取材，就地制造，就地推销的方式，流动下乡生产，在沿途设点，革新农具，把先进操作技术传授给农民，受到好评。县织布厂工人将脚踏手扯织布机，装上动力，改手工操作为半机械操作，劳动生产率明显提高。城关米厂、新洲米厂通过开展劳动竞赛，日产大米由 600 吨提高到 800 吨，满足了治理西洞庭湖民工用粮的需要。1957 年 4 月 17 日，县工会联合会召开工交、财贸、农场工会主席联席会议，发动职工群众围绕改造生产工具和增产节约提合理化建议，进行技术革新，提高产品质量、减少原材料消耗，降低生产成本。1980 年，县总工会在全县开展"为四化立功"活动。是年，全面超额完成 6 项经济指标。县酒厂职工唐超俭、胡大湘、宋叔尔 3 人改造 KEGII—2—8 型卧式快装锅炉成功并余热综合利用，年节约价值在 5000 元以上。从 2000 年开始，县总工会将劳动竞赛的重点放在提升职工技能水平上，组织开展技术比武和技能大赛。在 2012 年职工技能大赛中，澧县职工李金洲获计算机程序设计全市第一名、全省第三名、全国第十五名好成绩。

（四）权益维护

1951 年 4 月，县总工会筹委会在县城、新洲、垱市、槐市、梦溪等五集镇建立劳资协商委员会。主要进行劳资协商，签订劳资合同，处理劳资关系，维护职工权益。1980 年，全县国营和集体企业全面推行职工代表大会制度，涉及职工权益的事项必须经职代会审议通过。1982 年，全县 207 个应建职代会企事业单位全部建立，职工群众通过职代会维护民主管理权利和经济利益得以实现。到 1992 年，全县 70%的企事业单位在抓好厂级（公司）职代会的同时，将职工民主管理和民主参与向车间、班组延伸，与此同时，县属工业企业民主评议干部制度基本形成。从 1996 年开始，县总工会在全县推行工会代表职工与厂长（经理）代表行政签订企业"双保合同"制度。进入 21 世纪后，工会维权向多层面延伸，集体合同、工资集体协商工作成为维护职工权利的重要手段。2008 年县总工会响应上级工会的号召，开展“共同约定行动”，全县 32 家规模企业率先启动，覆盖 2 万名职工。

（五）职工活动

1953 年 9 月，中共中央颁发了过渡时期总路线，县工会组织动员职工投入社会主义改造运动，成立工人业余宣传队，围绕总路线精神排练文艺节目，编写宣讲稿，到街头巷尾演出宣讲。1961 年 9 月，县工会俱乐部正式建立，每周二、四、六晚上开放，表演评书、大鼓、渔鼓、相声、小品等文艺节目，宣传党的方针政策。1964 年 4 月，俱乐部举办《红岩》《林海雪原》《伟大的普通一兵》等讲座，向职工群众进行革命传统教育。“文化大革命”结束后，澧县工会先后开展老工人报告会、雷锋事迹展览、职业道德讲演会和组织观看有教育意义的电影等活动，引导职工坚持正确的人生观和价值观。县总工会还成立“共产主义理想教育服务队”，背着录像放映机，往返行程万余里，先后到 124 个基层单位，放映模范人物的感人事迹，启迪和培养职工的理想和情操。2004 年后，县总工会坚持举办全县职工大型活动，县国土资源局、县地税局、金龙玉凤餐饮有限公司等单位每年都举办职工运动会。

（六）职工帮扶

1961 年年初，县工会开展全县职工互助互济活动，全年储蓄达到 5 万元，解决职工的当务之急。是年底，县总工会对人均月收入在 10 元以下的 2501 名困难职工给予困难补助，补助金额达到 46935 元。从 1996 年起，县总工会对贫困职工相继开展“送温暖”“金秋助学”“爱心超市”等活动，对困难职工实施帮扶救助。县总工会积极承担县“双联”（党政机关联系困难企业，党政干部联系困难职工）工作办公室的日常工作，依托“双联”的工作平台，形成对困难职工的一体化帮扶。2003 年，澧县启动省级以上劳模生活困难救助活动，确保生活困难劳模老有所养，老有所依。2005 年，对低收入市级劳模实施补助，从 2007 年起，各级劳模补助资金全部实现打卡发放。2006 年，县总工会争取县委、县政府和上级工会支持，建立困难职工帮扶中心，使职工帮扶工作系统化、常态化。

历届工会委员会主席（主任）、副主席（副主任）一览表

表 3-7

机构名称	届别	职务	姓名	任期
澧县总工会筹委会（1949.9—1953.5）	—	主任	孙林木	1949.9—1953.5
		副主任	王光明	1949.9—1953.5
澧县总工会（工会联合会）（1953.5—1956.6）	第一届委员会	主席	王树桥	1953.5—1954.3
		副主席	张茂文	1953.5—1954.3
			田丕忠	1953.5—1954.3
			田梦秋	1954.4—1956.6
			王光明	1954.1—1956.6

续表 3-7

机构名称	届　别	职　务	姓　名	任　期
澧县工会联合会（1956.6—1957.8）	第二届委员会	主　席	尹霞光	1956.6—1957.8
		副主席	王光明	1956.6—1957.8
			田梦秋	1956.6—1957.8
澧县工会联合会（1957.8—1958.12）	第三届委员会	主　席	尹霞光	1957.8—1958.12
		副主席	王光明	1957.8—1958.12
			杜方荣	1957.8—1958.1
澧县工会联合会（1958.12—1961.9）	第四届委员会	主　席	尹霞光	1958.12—1961.9
		副主席	王光明	1958.12—1961.9
			罗后圣	1958.12—1961.9
澧县总工会（1961.9—1963.10）	第五届委员会	主　席	尹霞光	1961.9—1962.12
			王宝楠	1962.12—1963.10
		副主席	王光明	1961.9—1963.10
			罗后圣	1962.1—1963.10
澧县总工会（1963.10—1968.9）	第六届委员会	主　席	王宝楠	1963.10 —1964.8
			李宗金	1964.10—1968.9
		副主席	赵绍燮	1964.4—1964.11
澧县工代会（1968.9—1973.6）		不详	不详	不详
澧县总工会（1973.6—1978.11）	第七届委员会	主　任	陈章英（女）	1973.6—1975.2
		副主任	游文肪	1973.6—1974.12
			林苏庆	1973.6—1974.12
			陈克松	1973.6—1974.12
			任家喜	1974.8—1974.10
			邓尚金	1975.2—1978.7
			黄朝贵	1976.7—1978.11
			张运梅	1977.10—1978.11
澧县总工会（1978.11—1982.3）	第八届委员会	主　席	卜功平	1978.11—1982.3
		副主席	黄朝贵	1978.11—1982.2
			张运梅	1978.11—1979.11
			王学科	1980.3—1982.3
			田锡高	1980.12—1982.3

续表 3-7

机构名称	届别	职务	姓名	任期
澧县总工会（1982.3—1986.9）	第九届委员会	主席	卜功平	1982.3—1983.3
			陈章华	1984.12—1985.12
		副主席	田锡高	1982.3—1984.1
			曾立忠	1982.12—1985.12
			王学科	1982.3—1984.1
			马　俊	1984.1—1984.11
			解　峰	1984.11—1985.10
			胡宗明	1985.12—1986.9
			向绪涛	1985.12—1986.9
澧县总工会（1986.9—1992.3）	第十届委员会	主席	陈章华	1986.9—1991.4
			胡宗明	1991.5—1992.3
		副主席	胡宗明	1986.9—1991.5
			向绪涛	1986.9—1991.12
澧县总工会（1992.3—1996.12）	第十一届委员会	主席	胡宗明	1992.3—1996.12
		副主席	李后元	1992.3—1996.12
			张自和	1992.3—1996.12
			杨家阶	1993.8—1996.12
澧县总工会（1996.12—2006.9）	第十二届委员会	主席	胡宗明	1996.12—2001.12
			荀兴举	2002.1—2002.7
			张　阳	2002.7—2004.5
			傅临南	2004.6—2005.7
			张晓莲	2005.7—2006.9
		副主席	杨家阶	1996.12—2002.5
			荀兴举	2002.10—2005.1
			黄志泉	2005.1—2006.9
			李后元	1998.—2005.1
			张自和	1998.—2005.1
			向绪栋	2004.3—2006.9
			戴　玲	2005.1—2006.9

续表 3–7

机构名称	届　别	职　务	姓　名	任　期
澧县总工会（2006.9—2011.10）	第十三届委员会	主　席	张晓莲	2006.9—2010.9
			周乃泉	2010.9—2011.10
		副主席	黄志泉	2006.09—2011.1
			徐泽荣	2011.1—2011.10
			向绪栋	2006.9—2011.10
			戴　玲	2006.9—2006.10
			李祖林	2006.10—2011.10
澧县总工会（2011.10—　）	第十四届委员会	主　席	周乃泉	2011.10—2013.2
			段光兴	2013.2—
		副主席	徐泽荣	2011.10—
			向绪栋	2011.10—
			李祖林	2011.10—

第八节　安乡县总工会

一　组织沿革

1949年7月，安乡县和平解放。8月，中共安乡县委、县人民政府成立，接管了旧政权包括工会在内的所属组织机构，并于1950年1月16日召开全县职工代表大会，组建安乡县总工会筹备委员会，会址设在安乡县城长郡小学。县总工会筹备委员会成立后，将39个旧行业工会合并为20个新工会组织，同时成立职工业余学校和工人俱乐部管理委员会。

1956年6月3日，安乡县总工会筹备委员会召开安乡县工会第一次代表大会，正式成立安乡县工会联合会。1961年8月，安乡县工会联合会更名为安乡县总工会。1966年“文化大革命”开始后，安乡县总工会停止了活动。

1973年6月，根据中共中央关于整顿健全工会组织的指示，恢复安乡县总工会。其后，县总工会内设机构不断健全。2002年，根据中央和县委机构改革精神，县总工会内设机构为组织宣传教育部、经济工作部和办公室。2008年后，县总工会内设机构为办公室、组宣部、财务部、民主管理部（加挂生产保护部和法律保障部牌子）、女工委、经审办、职工帮扶中心、职工退休补充养老保险站。

二　工作概要

(一)工会组织建设

1950年1月16日,安乡县总工会筹备委员会成立后,着手发展工会组织,首先成立安乡县教师联合会,有会员131人。随后,建立5个店员工会筹委会、15个手工业工会筹委会、3个行业工会筹委会和1个商业工会筹委会。到1951年初,全县公私营企业建立31个工会,会员2457人。1954年,根据上级工会"纯洁组织"的精神,将个体手工业者拒之门外,会员人数降至1253人。1958年后,刮起工会"消亡风",工会组织建设进一步削弱,在大多数单位已名存实亡。1963年,县总工会根据省总工会"三整顿"的精神,加大工会组织建设力度。1966年年底,全县有基层工会90个,工会会员4476人。此后,"文化大革命"使工会组织瘫痪。1973年6月开始恢复工会活动,到年底,全县有基层工会组织85个,会员4000多人。2000年后,县总工会拓宽工会组织建设领域,向非公有制经济组织延伸,在全县组建外资企业工会5家,乡镇企业工会80家,私营企业工会48家。至2010年,全县有工会基层组织275个,会员28756人。非公经济组织工会78个,会员6800人,其中农民工会员5692人。

(二)职工权益维护

1950年年底,县总工会筹委会带领有关基层工会与资方协商并达成协议,改变资方逢年过节解雇工人的不合理制度,同时安排了30多名失业工人的生活。1954年,安乡遭遇特大水灾。县总工会筹委会组织对受灾的工人进行帮助,安排失业工人参加合作社、粮食店等30人,到食品公司、建筑业搞副工、临时工的108人。1987年,针对企业实行厂长负责制后权利不受约束的现象,县总工会健全各级劳动仲裁委员会,维护职工的劳动权益。2000年后,县属国有、集体工商企业相继破产、改制,县总工会与县劳动部门携手,帮助下岗职工再就业,2002—2006年,与县劳动部门开办电脑、缝纫、焊工、修理等13门课程,每年培训城乡就业人员350多名,帮助2932名下岗职工实现再就业。县总工会加强企业安全生产监督,敦促企业改善劳动环境和条件,定期进行尘毒作业工人身体检查。2009年3月,县总工会在全县企业工会开展"共同约定行动",全县有118家企、事业单位签订了"共同约定书",承诺金融危机期间不降低职工工资,不辞退解雇职工,较好地维护了职工权益。

(三)劳动竞赛

1952年,县总工会筹委会组织全县职工开展增产节约劳动竞赛,搬运社200名工人定下半年节约1.5万公斤粮食的指标,在搬运粮食过程中努力减少浪费。1956年,根据省总工会《关于加强公私合营企业中社会主义劳动竞赛领导的指示》,在公私合营企业组织多种形式的劳动竞赛。县大米总厂工人改进设备和操作技术，提高稻谷的出米率，年增产大米307240公斤。1964年,县总工会将工业学大庆与劳动竞赛结合起来,广泛开展车间、班组对抗赛和攻关赛。1980年,中共安乡县委批转县总工会关于在全县职工中广泛开展“为四化立功”活动的报告,将劳动生产竞赛推向新的高潮。1986年,县总工会与县经委联合发出《关于开展献计出力、上水平、上台阶劳动大竞赛》的通知,动员职工推动企业提高质量、降低消耗。2000年后,县总工会将劳动生产竞赛的重点转向技术比武、技术创新和技能大赛,提升职工队伍的整体素质。2008年开始,在全县开展创建“工人先锋号”活动,激发职工的劳动热情。

(四)困难职工帮扶

1955年,县总工会筹委会推动基层工会建立职工互助储金会,帮助解决困难职工生活,到1961年,建立互助储金会的基层工会73个,会员3962人,储金27535元,帮助困难职工1179人,补助金额21774元。到1980年,建立互助储金会的基层工会144个,会员12350人,储金总额267374元,帮助困难职工2292人,补助金额66276元。1994年开始,县总工会实施“送温暖工程”,将对困难职工的帮扶向经常化、制度化和社会化方向发展。2004年至2009年,全县各级工会发放慰问金和物资总计金额455万元,慰问困难职工3800人次。从2005年开始,县总工会启动“金秋助学”活动,到2012年,全县各级工会共筹措资金近50万元,资助贫困学生近200人。2005年,县总工会在县委、县政府和上级工会支持下,成立了困难职工帮扶中心,对困难职工实施政策、法律、就业和资金上的全方位帮扶。

(五)职工民主管理

20世纪50年代,职工民主管理主要是在职工生活困难补助、奖励评比、生产竞赛中实行群众路线,工会组织职工参与。1973—1978年,贯彻“两参一改三结合”,干部参加劳动,工人参加管理,职工民主管理受到重视。1981年,根据中共中央关于推行职工代表大会制度的精神,县总工会举办培训班,学习中央有关文件,培训建立职代会的程序和步骤。1982年5月,中共安乡县委批转县委组织部、县经委、县总工会《关于进一步推行和完善职工代表大会制度的报告》,全县企事业单位普遍建立职代会,到1983年年底,全县90%的国有、集体企业都建立了职代会。1984年,县委组织部与县总工会下发《关于普遍实行职代会民主评议干部的意见》,职代会作为职工民主管理、民主参与的根本载体的职能充分显现。1999年开始,厂务公开民主监督在全县国有企事业单位迅速推开,2005年又向非公有制企业拓展,到2012年,全县国有企事业单位和85%的民营企业,都建立健全了厂务公开制度。

历届工会委员会主席(主任)、副主席(副主任)一览表

表 3-8

机构名称	届别	职务	姓名	任期
安乡县总工会筹备委员会（1950.1—1955.6）	—	主任	刘秉珍	1950.1—1950.3
			孙振明	1950.3—1951.3
			郭念峨	1951.3—1953.3
		副主任	孟国均	1950.1—1951.10
			钦功贤	1951.10—1955.6
安乡县工会联合会（1955.6—1957.4）	第一届委员会	主席	钦恭贤	1955.6—1955.10
		名誉主席	万凤兰	1955.10—1957.3
		副主席	刘兰山	1955.10—1957.4
安乡县工会联合会（1957.4—1959.2）	第二届委员会	主席	张广发	1957.4—1959.2
		副主席	刘兰山	1957.4—1959.2
安乡县工会联合会（1959.2—1960.2）	第三届委员会	主席	张广发	1959.2—1960.2
		副主席	彭德智	1959.2—1960.2
安乡县工会联合会（1960.2—1961.7）	第四届委员会	主席	金可观	1960.2—1961.7
		副主席	彭德智	1960.2—1961.7
安乡县总工会（1961.7—1964.3）	第五届委员会	副主席	刘君	1961.7—1964.3
安乡县总工会（1964.3—1973.6）	第六届委员会	主席	李顺	1964.3—1968.2
		名誉主席	刘行悌	1964.3—1968.2
		副主席	刘君	1964.3—1966.
安乡县总工会（1973.6—1978.11）	第七届委员会	主任	张金川	1973.6—1975.
			臧凤桐	1975.—1978.11
		副主任	钦恭贤	1973.6—1975.12
			徐友成	1973.6—1976.
			刘庆华	1973.6—1976.
			卢长安	1976.6—1976.

续表 3-8

机构名称	届　别	职　务	姓　名	任　期
安乡县总工会（1978.11—1982.3）	第八届委员会	主　席	陈连喜	1978.11—1982.3
		副主席	刘定理	1978.11—1982.3
			刘清汉	1978.11—1982.3
			陈海炳	1981.1—1982.3
安乡县总工会（1982.3—1986.4）	第九届委员会	主　席	陈连喜	1982.3—1984.1
			王泽槐	1984.1—1986.4
		副主席	刘清汉	1982.3—1983.3
			陈海炳	1982.3—1986.4
			汤海元	1982.7—1984.1
安乡县总工会（1986.4—1990.4）	第十届委员会	主　席	王泽槐	1986.4—1990.4
		副主席	陈海炳	1986.4—1990.1
			张一华	1988.1—1989.12
			夏天萍	1988.12—1989.12
安乡县总工会（1990.4—2003.12）	第十一届委员会	主　席	王泽槐	1990.4—1992.3
			张承志	1992.3—1993.7
			赵德武	1993.8—1997.10
			陈谷生	1997.10—2002.12
		副主席	郭才华	1990.4—1993.3
			曹森林	1991.1—1994.12
			黄菊华	1993.3—2003.12
			陈谷生	1995.11—1997.8
			周　燕	1996.5—2003.12
			邹　静	2001.1—2003.12
			吕崇岳	2001.1—2003.12
安乡县总工会（2003.12—2008.11）	第十二届委员会	主　席	彭志宏	2002.12—2007.9
			田祖明	2007.11—2008.11
		副主席	黄菊华	2003.12—2004.8
			周　燕	2003.12—2006.10
			严凤珍	2007.4—2008.11
			陈学贵	2008.4—2008.11

续表 3-8

机构名称	届　　别	职　务	姓　名	任　　期
安乡县总工会（2008.11—2013.3）	第十三届委员会	主　席	田祖明	2008.11—2012.12
			胡盛勇	2012.12—2013.3
		副主席	陈学贵	2008.11—2010.12
			严凤珍	2008.11—2013.3
			蹇在斌	2010.12—2013.3
			张　健	2012.9—2013.3
			彭　波	2012.9—2013.3
安乡县总工会（2013.3—　　）	第十四届委员会	主　席	胡盛勇	2013.3—
		副主席	蹇在斌	2013.3—
			张　健	2013.3—
			严凤珍	2013.3—
			彭　波	2013.3—

第九节　津市市总工会

一　组织沿革

1949 年 7 月 23 日，津市市和平解放，9 月，成立津市市职工会筹备委员会，筹委会下设有办公室、劳保部、文教部、生产部。1950 年 12 月 26 日，津市市职工会筹备委员会召开津市市第一届工会会员代表大会，成立津市市总工会。1951 年又成立职工业余学校。

1952 年 9 月，津市市撤市改镇隶属澧县，津市市总工会改称为津市镇总工会，1953 年 12 月，改称为津市镇工会联合会。1954 年 3 月，津市恢复市制，津市镇工会联合会改称为津市市工会联合会，1961 年更名为津市市总工会，1963 年 8 月，津市市再次撤市改镇，改称为澧县津市镇工会，1966 年更名为澧县津市镇总工会。1966 年“文化大革命”开始后，津市镇总工会停止了活动。1968 年 2 月 26 日，津市镇首届工人阶级代表大会召开，成立津市镇工代会取代津市镇总工会。

1973 年 6 月，根据中共中央关于整顿健全工会组织的指示，恢复澧县津市镇总工会。

1979年12月19日，津市恢复市制，津市镇总工会又改称为津市市总工会，内设办公室、组织宣传科、劳动保护科、女工科，1990年增设民主管理部，所属有职工学校和工人文化宫。2000年11月，津市市工人文化宫停办，职工学校转体，市总工会内设机构为组宣部、财务部、民管部、生产保护部、法保部、办公室、技协办、职工维权帮扶中心。

二　工作概要

（一）组织建设

1949年9月，津市总工会筹备委员会成立后，迅速发展基层工会组织和工会会员。至1950年9月底，全市职工约7000人，工会会员5489人，会员占职工总数的80%左右。1953年，会员队伍扩大到5673人。1960年，津市工业发展较快，职工队伍迅速扩大，工会会员达1万多人。1979年，津市基层工会组织达115个，会员1.4万余人。1982年，全市有系统联合工会5个，基层工会143个，会员2万多人。1989年，常德市首个私营企业工会津市通用机械厂工会建立。2004年，工会组建“津市模式”的经验在《湖南工人报》和《时代潮》杂志介绍。2011年“党建带工建”工作被省委组织部、省总工会评为先进，经验在全省推介。2012年，工会组织发展到283家，涵盖法人单位578家，职工人数为32152人，工会会员30957人。有全

1950年，津市女职工组织的秧歌队

国职工之家(小家)1 家;全省职工之家大家 8 家,小家 6 家;常德市职工之家 19 家,小家 2 家。

(二)职工教育

1950 年,市总工会筹委会设文教部,是年 3 月开始试办文化扫盲班,报到入学 383 人。1953 年 2 月,市总工会职校举办群众教师学习班培训师资 63 人,正式任职 38 人。1983 年 7 月,市职工学校出席全总职工教育会议并作大会发言,校长章南高获全国优秀工会工作者称号。1985 年,章南高以其在职工文化教育中的成绩获湖南省劳动模范称号、被全总授予全国五一劳动奖章,市职工学校同年被全总评为全国 20 个职校先进单位之一。1985 年,市职工学校设立"职工自学成才奖励基金",基金由各级工会资助、捐赠筹集。1987 年,总面积达 1000 多平方米的职教大楼落成,市职工学校形成具有大专、中专学历教育,以及初、高中文化课补习、初中级技术培训等非学历教育的多层次办学体系。至 1990 年,共开设汉语言文学、财务会计、工业企业管理和电气工程等专业的电大班 12 个,学员 416 人。还相继办起打字、机电、制盐等培训班 11 个,培训待业青年 1000 余人。1992 年受到省总工会和省劳动厅表彰,其经验在《湖南劳动》杂志上推介。1994 年,津市市职工学校获"全国职工教育先进单位"称号。

(三)劳动竞赛与技术革新

1951 年,以"马恒昌小组"的形式开展爱国增产节约竞赛在津市兴起,先进生产者运动、红旗竞赛运动、技术革新与技术革命运动,在全市广泛开展,到 1956 年,全市涌现红旗单位 57 个,红旗能手 52 人,革新能手 1437 人。1978 年,津市镇总工会、镇妇联联合开展"妇女五十组"竞赛活动,制造的单道自动炀头机、单道自动加油机、双道自动收口机和加黄油机、塑料切粒机,在全省轻工系统科学大会上受到表扬和奖励。1983 年后,市总工会成立职工技术协作办公室,在企业积极开展技术创新活动,先后有 4 项技术成果被推荐参加湖南省技协成果表彰会,其中,市蚊香厂无烟蚊香技术成果被湖南省推荐参加第 14 届国际发明展览会。1985 年,在全省群众生产、保护"双杯"赛中,津市获得金杯奖。1991 年,津市研制的"双面涂塑原纸",被国家五部委联合认定为国家级新产品。同年,全市开展"万名职工技术大比武活动",3500 多名选手参加了车工、钳工、珠算、点钞、商品包扎、封闭式静脉输液、砌墙、织机故障排除等 17 个项目的比武活动。2008 年起,津市市总工会在全市企业和职工中广泛开展"创建学习型组织,争做知识型职工"活动,举办全市职工职业技能大赛和评选"十佳革新标兵"活动,形成万名职工踊跃参加技能竞赛的热潮。

(四)职工维权与帮扶

1949 年,市总工会筹委会成立失业工人救济委员会,先后救济失业和贫困工人 1278 人。1956 年,市人民委员会与市工会联合会发出《关于解决因病与遭受意外灾害职工欠款问题的联合指示》，根据文件精神，共发放因病负债困难补助 5454.92 元，其他困难补助 468.43 元。1959—1961 年，职工互助储金会作为解决职工突出困难的有效方法在津市市推广，全市 78 个工厂企业中参加互储会的达 6678 人，临时周转人数 5232 人，互储金额 50046 元。有 2507 人享受到困难补助，补助金额达 31340 元。1985 年 10 月，市总工会成立职工义务物价监督总站，维护市场秩序和消费者利益。从 1997 年开始，在全市开展"双联"活动，有 82 家机关单位和 39 家困难企业结成帮扶对子，3205 名机关干部与 390 户困难职工结成对子，帮助困难企业解困和困难职工脱贫。2004 年 3 月，成立市困难职工帮扶中心，2008 年，困难职工帮扶中心被评为全国先进县级困难帮扶中心。2011 年，市困难职工帮扶中心更名为市职工维权帮扶中心并扩建，帮扶中心面积由原来的 70 平方米扩大到 500 多平方米，形成了"六位一体"的帮扶中心体系，相继被评为湖南省困难职工帮扶中心示范点和全国示范点单位。帮扶中心自成立以来，慰问困难职工 4120 人，发放物资和慰问金折合人民币 327 万元。

（五）民主管理

1951 年，津市市总工会在国营企业推行民主管理委员会和职工代表会议制度，1956 年 9 月，改职工代表会议为职工代表大会，并实行代表常任制，扩大职工参加企业管理的权限。1978 年 12 月中共十一届三中全会以后，恢复因"文化大革命"中断 10 余年的职工代表大会制度。1981 年，市总工会会同市委组织部、市经委制订出台《津市市推行和完善职工代表大会制度的规划》，到 1982 年年底，全市 102 个企事业单位全部建立职代会或职工大会制度，成为全省首批实现满堂红的县市。1999 年，在全市 51 家改制企业、90 多家行政事业单位开展厂务公开活动。2002 年，进一步调整加强市厂务公开领导小组，市纪委等 8 家成员单位修订印发《厂务公开工作指导方案》《厂务公开评议暂行办法》等文件，全市 12 家国有企业、41 家事业单位和 70 家建立工会组织的非公有制企业，逐步建立和完善了厂务公开制度。1996 年，全市国有企事业单位开始推行和建立集体合同制度，2006 年开始，全市企业推行工资集体协商，逐步建立和完善企业工资共决机制。2012 年，津市市被评为全国厂务公开民主管理先进单位。

历届工会委员会主席（主任）、副主席（副主任）一览表

表 3-9

机构名称	届　别	职　务	姓　名	任　期
津市市总工会筹备委员会（1949.9—1950.12）	—	主　任	王树桥	1949.9—1950.12
		副主任	李保亨	1949.9—1950.11
			仇甬夫	1949.9—1951.9
			高培勋	1950.11—1950.12

续表 3-9

机构名称	届别	职务	姓名	任期
津市市(镇)总工会(工会联合会)(1950.12—1955.6)	第一届委员会	主任	王树桥	1950.12—1954.4
			聂铁岭	1954.4—1954.10
			温桂成	1954.10—1955.6
		副主任	仇甬夫	1950.12—1951.9
			张茂文	1952.9—1953.1
			陈洪洲	1954.4—1955.6
津市市工会联合会(1955.6—1957.3)	第二届委员会	主席	温桂成	1955.6—1955.9
			田丕中	1956.5—1957.3
		副主席	陈洪洲	1955.6—1957.3
津市市工会联合会(总工会)(1957.3—1962.2)	第三届委员会	主席	田丕中	1957.3—1959.3
			王雪峰	1960.2—1962.2
		副主席	王一廉	1959.4—1962.2
			胡光炎	1960.9—1962.2
津市市(镇)总工会(1962.2—1964.8)	第四届委员会	主席	王雪峰	1962.2—1963.2
			陈洪洲	1963.3—1964.8
		副主席	王一廉	1962.2—1962.6
			胡光炎	1962.2—1964.8
津市镇工会(总工会)(1964.8—1968.2)	第五届委员会	主席	陈洪洲	1964.8—1968.2
津市镇工代会(1968.2—1973.6)	第六届委员会	主任	陈利华	1968.2—1968.11
			余润生	1968.11—1973.6
		副主任	余润生	1968.2—1968.11
			林泽树	1968.11—1973.6
			刘青云	1968.11—1973.6
			陈玉珍(女)	1968.11—1973.6
			何柞宏	1968.11—1973.6
津市镇总工会(1973.6—1978.11)	第七届委员会	主任	聂铁岭	1973.6—1977.11
			王麟昌	1977.11—1978.11
		副主任	李德常	1973.6—1973.12
			印承福	1973.6—1974.11
			余润生	1973.6—1973.12
			李代早	1974.7—1975.1
			梁梅生	1978.10—1978.11

续表 3-9

机构名称	届　　别	职　务	姓　名	任　　期
津市镇(市)总工会（1978.11—1982.4）	第八届委员会	主　席	王麟昌	1978.11—1982.4
		副主席	梁梅生	1978.11—1982.4
			张玉英(女)	1980.6—1982.4
津市市总工会（1982.4—1986.10）	第九届委员会	主　席	程禹耕	1982.4—1984.1
			周用炎	1984.1—1986.10
		副主席	梁梅生	1982.4—1984.1
			张玉英(女)	1982.4—1984.1
			周用兰(女)	1984.1—1986.10
			罗才恒	1984.1—1986.10
			吕孝满	1985.4—1986.4
津市市总工会（1986.10—1990.6）	第十届委员会	主　席	周用炎	1986.10—1990.4
		副主席	张宏明	1986.10—1990.6
			周用兰(女)	1986.10—1990.6
津市市总工会（1990.6—1998.2）	第十一届委员会	主　席	张瑞祥	1990.6—1992.9
			邹碧华(女)	1992.9—1993.1
			屈晶华(女)	1993.1—1993.9
			辛业荣	1993.9—1995.2
			罗才恒	1995.2—1998.2
		副主席	周用兰(女)	1990.6—1997.10
			王克林	1990.6—1994.3
			钟　月	1994.4—1997.10
			贾津忠	1997.10—1998.2
			肖　艺	1993.2—1997.10
			蔡兴波	1997.5—1998.2
津市市总工会（1998.2—2003.3）	第十二届委员会	主　席	罗才恒	1998.2—2001.1
			田　静	2001.1—2002.3
			王文军	2002.3—2002.11
			唐超虎	2002.11—2003.3
		副主席	贾津忠	1998.2—2002.11
			蔡兴波	1998.2—2003.3
			王文军	2002.11—2003.3

续表 3-9

机构名称	届别	职务	姓名	任期
津市市总工会（2003.3—2008.2）	第十三届委员会	主席	唐超虎	2003.3—2008.2
		副主席	王文军	2003.3—2007.12
			蔡兴波	2003.3—2006.10
			张红梅	2004.2—2006.3
			郑学华	2006.6—2008.2
			田远斌	2006.3—2006.11
			张浩瀚	2006.11—2008.2
津市市总工会（2008.2—2013.4）	第十四届委员会	主席	唐超虎	2008.3—2013.4
		副主席	蒋勇林	2007.12—2010.11
			雷志华	2010.11—2012.10
			孔生彪	2012.10—2013.4
			张浩瀚	2008.2—2010.11
			郑学华(女)	2008.2—2013.4
			曾　艳(女)	2008.2—2010.7
			郭玉璟(女)	2010.11—2013.4
			向　巍	2010.11—2013.4
津市市总工会（2013.4—　　）	第十五届委员会	主席	李亚林	2013.4—
		副主席	孔生彪	2013.4—
			郭玉璟(女)	2013.4—
			向　巍	2013.4—

第四章　常德市总工会派出机构

第一节　西湖管理区工会工作委员会

一　组织沿革

1979 年 2 月，西湖农场成立工会筹备委员会，开始筹建农场工会组织。是年 11 月，召开西湖农场第一次工会会员代表大会，选举产生西湖农场工会第一届委员会。1984 年，根据中央关于企业必须建立健全党委领导下的职工代表大会制度，保障职工群众当家做主的民主权利的精神，农场于是年 12 月 26 日成立职工代表大会筹备领导小组，为协调工会和职代会关系，实行两会合一。此后，工会委员会为农场职工代表大会常设机构，内设宣传文化组、组织人事组、生产经营组、劳动竞赛组 4 个办事机构，并下辖俱乐部、图书阅览室、文娱活动室、游艺室、影剧院。

1998 年 12 月，西湖农场改制为西湖管理区，西湖农场工会改为常德市总工会西湖管理区工会工作委员会，为常德市总工会派出机构，接受常德市总工会和西湖管理区党委的双重领导。管理区工会人员编制为 5 人。办公地点在西湖农场职工活动中心。

二　工作概要

(一)组织建设

1979 年 11 月，西湖农场工会成立后，加强对农场基层单位工会的组建工作。1980 年年末，农场 7 个分场及农科所、渔场等 9 个农业单位，总场机关及场直 16 个企事业单位，相继建立基层工会组织，其中农科所和渔场为 1 个联合工会，全场基层工会共计 25 个，入会会员 2305 人，占职工总数 96%。到 1991 年，全场共有 36 个基层工会委员会、223 个工会小组、6 个女职工委员会，工会会员达 2652 人，占职工总人数 90%。1998 年 12 月，撤销西湖农场设立西湖管理区后，相应成立西湖管理区工会工作委员会，作为常德市总工会的派出机构。1999—2010 年，管理区工会在全区行政、事业单位和非公有制规模以上企业建立健全了工会组织。到 2010 年，全区共组建基层工会组织 25 个，会员 1250 人。1989—1990 年，西湖农场党委对分场和场直正科级单位的工会主席进行 2 次调整，其他单位的工会主席也进行改选，按同级副职配备，参加同级党委班子，工会干部的年龄、文化结构得到改善。1989 年 4 月，西湖农场工会召开会员代表会议，会议通过《在我场基层工会开展争创“职工之家”活动的决定》。1991 年后，西湖造纸厂、电力科、水利局、棉麻公司、粮油贸易公司、贸易公司、甜菊糖厂等 7 家单位达标。2002 年 8 月，管理区工会制定“职工之家”创建规划，2004 年，常德市总工会授予西管理区工会“模范职工之家”称号。

（二）职工教育

1995 年，西湖农场工会以实施《中华人民共和国劳动法》为契机，组织全场职工认真学习《劳动法》，积极投身经济建设。2001 年，西湖管理区工会工委印发《关于深入开展与“法轮功”邪教组织做斗争的通知》，号召职工群众拒绝邪教的侵蚀。是年，管理区工会制定了《西湖管理区工会“三个代表”重要思想学习教育活动实施方案》，根据区委、区管委的安排部署，开展为期 3 个月的学习教育活动。2006 年，西湖管理区工会成立保持共产党员先进性教育活动领导小组，制订活动方案，开展保持共产党员先进性教育活动。围绕管理区党委、管委会制定的经济发展目标，管理区工会积极引导职工以主人翁的姿态，投入发展区域经济的主战场，发动全区职工积极开展献计献策活动。累计收到合理化建议 150 多条，被采纳实施 30 多条，创经济效益 100 多万元。

（三）民主管理

1991—1992 年是西湖农场所属企事业单位民主管理起步阶段，西湖农场工会加大对民主管理的业务知识培训，相继举办不同形式的民主管理培训班。参加培训学习的有各基层工会主席和没有成立工会组织的单位负责人。1991 年 11 月至 1992 年 6 月，农场工会先后组织 400 多名职工代表和工会干部学习全国总工会编印的《民主管理实施教材》，民主管理工作逐步在农场企事业单位开展起来。1993 年开始，农场工会加强对所属企事业单位职工代表大会制度建设，农场 20 人以上的企事业单位都建立了职工代表大会制度，在此基础上，农场工会加强职工代表大会规范化建设，敦促单位的工会组织积极履行职代会工作机构的职责，发动和组织职工参政议政，落实职代会各项职权。1993 年，农场工会培训职工代表 208 人，提交职代会审议提案 132 件（实施 97 件），民主评议干部 55 人次。1995 年，各分场、相关企事业单位成立了由工会主席、职工代表及有关人员参加的民主理财小组，参与本单位的财务管理监督工作。2000 年起，西湖管理区工会以维护职工合法权益，深化企业民主管理为工作重点，着力推进全区非公有制企业厂务公开民主管理，依法维护职工的民主政治权利。

（四）维护职工权益

西湖工会重视维护和保障女职工特殊权益，1995 年 6 月，西湖农场工会组织开展女职工子宫癌和乳腺癌普查，区域内 754 名女职工中，查出一种以上疾病患者 555 人，患病率为 73.6%，查出癌患者 2 名，均逐一建立了患者病历档案，给予医疗指导和药物治疗。2002 年 12

月前，西湖所属企事业单位女职工的卫生费只有4元/月，西湖管理区工会根据相关文件落实政策，从2003年1月起，女职工卫生费增加到15元/月，并按月发放。工会加大劳动仲裁力度，有效维护职工的合法权益。2006年11月7日，区工会与区劳动部门对职工曾数安工伤致残后有关经济补偿问题进行仲裁维权，裁决两栖建筑工程有限公司赔付曾数安各项经济补偿36108元。2010年起，区工会联合区劳动、交通、城建、政法等部门，组成联合检查组，对全区范围内的农民工工资支付情况进行专项检查，对拖欠农民工工资的问题及时进行处理。

（五）帮扶困难职工

1993年4月，工会成立"西湖农场合作基金会"，帮助困难职工。1996年后，西湖农场工会对特困职工进行调查，建立完善困难职工档案。1999年，管理区工会拿出3万多元对25个基层工会困难职工给予补助。从2001年开始，区工会通过"双联"活动，积极组织开展"献爱心""送温暖"活动。在财力紧张的情况下，管区工会拿出2万多元，对李秋云等10多名特困职工给予扶贫帮困。2002年，区工会开展送温暖活动，共支付8000多元现金、2000公斤大米。2003年，区工会联系困难企业5家，并配合民政部门，对1341户"低保"户进行动态管理，及时做好困难职工的来信来访，信访回复率达91%。2004年，区工会慰问困难职工289人，共送大米10吨、现金8980元、食用油1250公斤。2005年，区工会成立"西湖管理区困难职工帮扶中心"，重点对下岗失业人员、困难职工群体和困难劳模进行帮扶慰问。2008年，区工会筹措帮扶资金5万多元和大米、食用油等物资，走访慰问部分特困职工和失业人员。

（六）文化体育活动

20世纪80年代中期，农场工会牵头成立了西湖农场职工体育协会，制定了《发展农场体育事业的意见》，指导开展经常性职工文化体育活动，每逢"五一""十一"等重大节日，由工会组织举办体育赛事。1990年4月，农场工会举办迎亚运"腾飞杯"排球赛。1991年8月，举办农场首届书画比赛。1991年9月，举办有15支代表队参赛的"商业杯"篮球赛。1995年3月，组织女职工参加全国总工会迎'95世界妇女大会"迪康杯"知识大奖赛。1997年6月，农场工会在西湖影剧院举办迎香港回归祖国知识竞赛。2010年，区工会为贯彻落实《全民健身条例》，开展"职工健身活动月"。至2010年，区工会成立有篮球协会、乒乓球协会、太极拳活动队，老年秧歌队、健身舞活动队、象棋队等多种社团组织。工人俱乐部内设职工文娱活动室、图书室、乒乓球室、棋牌室等，丰富了职工群众的健身运动与日常的文娱生活。

附：2012年西湖管理区基层工会名录

裕民办事处工会、西湖办事处工会、下窑办事处工会、新港办事处工会、鼎港办事处工会、东洲办事处工会、西湖镇工会、西湖人民医院工会、西湖疾控中心工会、计生服务站工会、农技推广中心工会、城管办工会、中心小学工会、一中工会、三中工会、区交通局工会、教育联合工会、食品公司工会、房产公司工会、水利局工会、畜医站工会、广电中心工会、汽车运输公司工会、自来水公司工会、建筑公司工会、电力公司工会、先云超市工会、管理区机关工会。

历届工会委员会主席(主任)、副主席(副主任)一览表

表 3-10

机构名称	届　别	职　务	姓　名	任　期
西湖农场工会（1979.11—1986.3）	第一届委员会	主　席	王荣凯	1979.11—1986.3
西湖农场工会（1986.4—1990.4）	第二届委员会	主　席	车昭范	1986.4—1990.4
西湖农场工会（1990.5—1995.6）	第三届委员会	主　席	车昭范	1990.5—1995.6
		副主席	吴向芝	1990.5 —1994.1
西湖农场工会（1995.6—1998.12）	第四届委员会	主　席	戴跃华	1995.7—1998.12
		副主席	孟广芳	1994.1—1998.12
常德市总工会西湖管理区工会工作委员会（1998.12—　）	—	主　任	戴跃华	1998.12—2001.12
			孙功明	2001.12—2007.7
			谌贵诚	2009.9 —2011.10
			熊永忠	2011.10 —
		副主任	孟广芳	1998.12—2001.12
			伍建华	2000.12—2002.4
			李宗宏	2002.4—2007.3
			龚旦生	2007.3—2010.12
			王铁生	2010.12—

第二节　西洞庭管理区工会工作委员会

一　组织沿革

1955 年 11 月，经湖南省工会联合会批准，成立了西洞庭农场工会筹备委员会，又称之为中国农林水利工会西洞庭农场筹备委员会，属湖南省工会联合会常德专区办事处领导，袁立春任筹委会主任。1956—1964 年，相继召开了西洞庭农场工会第一至第四次会员代表大会选举产生了西洞庭农场工会第一至第四届委员会。1966 年，受“文化大革命”冲击，农场工会组织瘫痪。1979 年 2 月，再次成立西洞庭农场工会筹备委员会，杨文廉任筹备委员会主任。1979 年 4 月，农场召开第五次工会会员代表大会，选举产生西洞庭农场工会委员会。

2000 年 8 月，西洞庭农场改制为西洞庭管理区，农场工会改为常德市总工会西洞庭管理区工会工作委员会，为常德市总工会派出机构，接受常德市总工会和西洞庭管理区党委的双重领导。管理区工会工作委员会人员编制为 4 人，内设综合办公室、财务室、职工维权帮扶中心等工作机构，办公地点在西洞庭管理区管委会办公大楼。

二　工作概要

(一)工会组织建设

1955 年 11 月，西洞庭农场建立工会筹备委员会后，机关、学校、公交企业和农业分场及生产队都相应建立了工会组织，1966 年受“文化大革命”的冲击，农场工会组织瘫痪。1979 年，重新恢复工会组织，至 1989 年，农场所属的 7 个分场建立了联合工会，74 个农业管理站都恢复了工会组织。到 1990 年，农场共有 8 个联合工会、134 个基层工会、30 个车间分会，共有 663 个工会小组。2000 年 8 月，西洞庭农场改为管理区后，管理区工会工作委员会理顺工会组织机构，在 3 个办事处和 1 个镇，以及 26 个村和 4 个居委会，都建立健全了基层工会组织。同时，根据新形势下非公有制经济快速发展的需要，管理区工会在全区非公有制企业中，以农民工为主要对象发展工会会员，并帮助企业建立工会组织。至 2011 年 12 月，区域内的 20 家规模以上的非公有制企业都建立了工会组织，管理区的行政事业单位也重新建立了工会组织。至 2012 年，全区共建基层工会 41 个。1989 年开始，西洞庭农场工会开展争创“职工之家”活动，增强基层工会的活力。1997 年，西洞庭农场工会被常德市总工会授予“模范职工之家”的称号。

(二)职工素质教育

1955 年，西洞庭农场工会筹备委员会成立后，加强对农场职工的文化知识补习，开办职工业余学校，进行以扫除文盲为重点的职工教育。农场工会还建立图书室，并在各分会和生产队工会小组设立了图书箱，提高农场职工补习文化知识的兴趣。20 世纪 80 年代，农场工会将职工业余学校融入农场教育部门，进行职工的系统文化补课，鼓励职工自学成才。20 世纪 90 年代，开展高等教育，鼓励职工参加函授、农广校、电大学习和高等教育自学考试。1990 年，有 370 多人参加了高等教育自学考试并获得文凭。2000 年后，西洞庭管理区工会将职工教育提升为素质技能教育，在基层工会建立了职工书屋，开展“职工读书自学有奖活动”和“爱国、爱场、爱岗”教育，提升职工思想文化素质。工会与有关部门举办各种实用技术培训班、开现场经验交流会，组织岗位练兵、技术比武活动，会同劳动部门对“4050”（指劳动年龄段中女40岁以上，男50岁以上的下岗人员）下岗人员开展再就业培训，不定期地举办“农村劳动力就业转移与企业职工技术技能培训”，进行职能考试和职业技能的鉴定，提高职工在不断发展的市场经济条件下的应对能力。

（三）劳动生产竞赛

20世纪50—70年代，西洞庭农场工会以评选“生产能手和评先立功”为主题组织劳动竞赛。80—90年代以“热爱祖国、热爱农场、当好主人、争做贡献”为主题组织劳动竞赛，参赛职工达90%以上，人数达到7594人。农业职工运用科学技术夺高产，1990年粮食亩产量比1979年增长18%，棉花总产增长4倍，甘蔗总产超历史，达到了11万多吨。工业职工大搞挖潜革新，开发新产品10个、优质产品19个，有4家企业被评为省优企业。

2000年以后，主要开展以“建功‘十一五’‘十二五’，争当主人翁”为主题的劳动竞赛。2000年，广益粮油棉公司油脂车间预榨工段被评为省级优胜班组；2012年，广益粮油棉公司油脂车间预榨工段被全总评为“全国工人先锋号”。工会加强劳模管理，弘扬劳模精神，自1955年以来，西洞庭管理区共评选出全国劳模和省、市级劳模69人。工会落实劳模的政治待遇和经济待遇，把他们的事迹编成系列专题节目进行播映，激发广大职工投身于推动管理区经济建设的主战场。

（四）职工民主管理

实行农场体制的年代，民主管理主要是以职工代表大会和会员代表大会的形式来实现，听取和审议农场场长工作报告和财务预决算报告，讨论和审议农场经营管理办法，财务预决算及其他重大事项。从1988年起，农场职工代表大会与工会会员代表大会合并召开，工会担负了职代会工作机构的职责。1990年，全场百名以上职工的基层单位都建立了职工代表大会制度。1990—2000年，农场召开了9次职工代表大会。

2000年以后，农场改制为管理区，管理区工会工作委员会加强民主管理工作，主要是督促基层企业建立和完善职工代表大会制度、推动区域内企事业单位建立厂务公开民主管理制度。2012年，管理区所属企事业单位建立职工代表大会42个，应建制率达95%，推行厂务公开民主管理的企事业单位42个，应建制率达93%。

（五）职工维权工作

1986年10月，按照全国总工会的要求，西洞庭农场建立了工会系统的劳动保护监督检查委员会18个、领取资格证书的劳动保护检查员156名。组织职工参加“安康杯”竞赛活动，利用网络、板报等形式宣传安全生产知识，开展安全生产大检查，切实维护劳动者的合法收益权。2010年以后，贯彻落实《湖南省企业工资集体协商条例》，西洞庭管理区工会积极组织基层工会干部参加工资集体协商培训，敦促企业开展工资集体协商。到2012年年底，全区

20家规模以上企业有18家签订了工资集体协商合同，签订率达90%。

（六）职工帮扶工作

20世纪50—70年代，西洞庭农场工会帮扶工作主要是对人口多、家庭收入低、生活困难的家庭年底给予困难救济。80—90年代末，西洞庭农场工会主要针对下岗职工开展帮扶救助工作。通过成立“职工消费合作社”“合作基金会”等途径对职工开展帮扶救助。1989年，西洞庭有10多家企业停产、半停产，涉及职工近2000人。工会积极与各单位协商，对停产企业的职工进行安置。对因公致残、晚期血吸虫病丧失了劳动力的职工，场工会牵头建立了劳动鉴定委员会，为他们进行鉴定后办理了病退。2000年起，工会主要通过“金秋助学”“大病救助”“两癌保险”等活动对职工进行帮扶。2010年，西洞庭管理区工会成立“困难职工维权帮扶中心”，担负困难职工的救助工作。至2012年，累计发放各类救助资金50多万元，救助困难职工2000多人次。

（七）文化体育活动

1955年，西洞庭农场工会在4个中心生产队建有篮球场和乒乓球台。1956年3月，农场工会成立了电影放映队和篮球队。1981年10月，修建了一座有2000个座位的影剧院，配置了35毫米座机放映设备，并在4个分场建立16毫米放映机组。1989年，影剧院改为“工人俱乐部”。1996年，电影放映移交农场宣传部。20世纪80年代起，农场工会先后成立了摄影、书法、美术、舞蹈、音乐、文学创作爱好者协会，会员达200多人。1986年5月，农场工会举办了首届职工田径运动会。1986年、1987年两次承办常德地区农垦系统“青年杯”男子篮球赛。1988年10月，西洞庭工会主席曹继洵被中国农民体育协会评为“全国农村体育工作积极分子”。11月，西洞庭农场被湖南省体委评为“群众性体育先进单位”。90年代，职工体育活动更加活跃。全场业余球队发展到60个，球场增加到37个。1997年，西洞庭农场被评为“全国全民健身周先进单位”，工会主席曾庆友被国家体委评为“全国群众体育先进工作者”。1998年，西洞庭农场工会副主席车昭范被湖南省体委评为“群众体育工作先进工作者”。

附：2012年西洞庭管理区基层工会名录

下辖祝丰镇工会、望洲办事处工会、金凤办事处工会、科教文卫局工会、城市规划建设局工会、供销社工会、水利局工会、公路管理局工会、交通局工会、畜牧水产中心工会、农技推广中心工会、工商局工会、广电中心工会、人民医院工会、电力公司工会、天宏纸业公司工会、隆鑫纸业公司工会、新湘糖业公司工会、广益粮油公司工会、砖瓦有限公司工会、金丰砖瓦公司工会、金顺砖瓦公司工会、金山砖瓦公司工会、金龙砖瓦公司工会、杰豪包装公司工会、方正包装公司工会、常德汇美食品有限公司工会、常德西洞庭泓利供水有限公司工会、管理区机关工会。

历届工会委员会主席(主任)、副主席(副主任)一览表

表 3-11

机构名称	届别	职务	姓名	任期
西洞庭农场工会筹备委员会(1955.11—1956.11)	—	主任	袁立春	1955.1—1956.11
西洞庭农场工会(1956.11—1958.8)	第一届委员会	主席	孙鸣久	1956.11—1958.8
西洞庭农场工会(1958.8—1961.6)	第二届委员会	主席	张同刚	1958.8—1961.6
西洞庭农场工会(1961.8—1964)	第三届委员会	主席	赵连登	1961.8—1964.(月份不详)
西洞庭农场职工委员会(1964—1967)	第四届委员会	主席	霍凤莲	1964—1967(具体时间不详)
西洞庭农场工会筹备委员会(1979.2—1979.4)	—	主任	杨文廉	1979.2—1979.4
西洞庭农场工会(1979.4—1985.5)	第五届委员会	主席	白宏贵	1979.4—1982.5
			曹继洵	1983.12—1985.5
西洞庭农场工会(1985.5—1988.5)	第六届委员会	主席	曹继洵	1985.5—1988.5
西洞庭农场工会(1988.5—1993.1)	第七届委员会	主席	曹继洵	1988.5—1993.1
西洞庭农场工会(1993.1—1994.1)	第八届委员会	主席	曹继洵	1993.1—1993.9
			陈迪秋	1993.9—1994.1
西洞庭农场工会(1994.1—1997.2)	第九届委员会	主席	陈迪秋	1994.1—1994.8
			曾庆友	1994.8—1997.2
西洞庭农场工会(1997.2—2000.2)	第十届委员会	主席	曾庆友	1997.2—2000.2
西洞庭农场工会(2000.2—2000.8)	第十一届委员会	主席	曾庆友	2000.2—2000.8
常德市总工会西洞庭管理区工会工作委员会(2000.8—)	—	主任	刘建强	2012.10—
		副主任	聂小玲	2000.8—

第三节　常德经济技术开发区工会工作委员会

一　组织沿革

1998年7月,常德市德山经济科技开发区管委会设立工会筹备领导小组,并于7月20日向常德市总工会提交《关于成立德山经济科技开发区管委会机关工会的请示》。7月23日,经常德市总工会批准,常德市德山经济科技开发区机关工会正式成立,并召开工会会员代表大会,选举产生出第一届机关工会委员会组成人员。2000年6月,常德市总工会提请常德市机构编制委员会和中共常德市委组织部同意,成立常德市德山经济科技开发区工会工作委员会,为常德市总工会派出机构,接受常德市总工会和中共常德市德山经济科技开发区工作委员会双重领导。同年12月,中共常德市委任命黄德泉为常德市德山经济科技开发区工会工作委员会主任。2010年6月,德山经济科技开发区经国务院批准升级为国家级开发区,并更名为常德经济技术开发区(以下简称常德经开区)。同年,常德市总工会发出常工组字〔2010〕38号文件,明确梁石萍为常德经济技术开发区工会工作委员会副主任。

二　工作概要

常德经济技术开发区工会依照《中华人民共和国工会法》和《中国工会章程》,围绕党工委中心工作,研究、制定开发区工会工作计划并组织实施。根据开发区实际,抓好新建企业的建会工作,调整劳动关系,维护员工的合法权益。开展困难职工帮扶工作。把全区改制企业员工尤其是下岗职工排忧解难作为工会工作的重点。根据全区改制企业职工现状,积极寻找对策,对特困职工进行摸底、调研,并建立特困职工档案。

做好新增工作人员加入工会组织工作,将新考入公务员、事业单位人员、公益性岗位工作人员及企业员工及时纳入各级工会会员组织。

调查了解职工生活和有关劳动、工资生活福利等政策法规、改革方案措施的贯彻执行情况,提出相应建议,发挥工会组织职工参与社会监督的作用,维护职工的合法权益。通过多种形式和途径协助经开区管委会解决职工群众的实际问题;依照法律法规,做好劳动争议处理工作,指导职工和基层工会组织进行劳动争议仲裁、诉讼活动,为工会组织和职工提供法律服务。

做好经开区工会基层组织建设,依法加强非公有制企业工会组建和工会工作。

开展各类丰富工会组织生活的活动。围绕经开区工委、管委会中心工作，开展创建各级“模范职工之家”活动；组织全区各基层工会开展读书月活动；组织争创学习型工会组织活动；组织企业举行“颂劳动风采、咏企业魅力”歌咏比赛；组织开展机关干部生日送花，生病慰问，节日慰问；组织参加市总工会开展的各类活动。

开展服务经济社会发展的工作。围绕企业发展面临的用工难问题，配合劳动部门开展帮企业招工的“春风行动”；围绕文明城市创建活动，积极发挥工会会员作用，参与文明创建；积极收集劳模资料，开展劳模评选，在全社会弘扬劳模精神。

第四节　柳叶湖旅游度假区工会工作委员会

一　组织沿革

2004 年 9 月，常德市总工会提请常德市机构编制委员会和中共常德市委组织部同意，成立常德市柳叶湖旅游度假区工会工作委员会，为常德市总工会派出机构，接受常德市总工会和中共常德市柳叶湖旅游度假区工作委员会的双重领导。同年 9 月，中共常德市委任命汪业华为常德市柳叶湖旅游度假区工会工作委员会主任。2005 年 8 月，王陵书任区工会主任。2009 年 7 月，游澜波任区工会主任。柳叶湖旅游度假区工会工作委员会没有内设工作机构。2009 年 3 月，市总工会同意成立由胡伟凡、方敏、何朝霞、郭子熙、韩先仿 5 人组成的柳叶湖旅游度假区机关工会委员会，同时，作为区工会工作委员会办事机构，承担相应的工会工作。

二　工作概要

根据柳叶湖旅游度假区的前身为鼎城区农业和渔业养殖区域，工业企业和产业工人较少的状况，区工会工作委员会围绕农民工主体开展工会工作。自 2004 年开始，组织开展“双联”活动，通过区管委会所属机关和干部联系困难企业和困难职工，推动管理区区域内企业和职工脱困脱贫。针对农民工较多、文化技能素质偏低的现状，区工会工作委员会举办“农民工书屋”，以提高区域内农民工素质。为活跃全区文化生活，区工会工作委员会于 2000 年 8 月，举办了柳叶湖旅游度假区首届体育运动会。2009 年 10 月，组团参加常德市第一届职工运动会，其参与的运动员以农民工为主体，获常德市第一届职工运动会组委会颁发的组织奖。

第五节　常德市直属机关工会工作委员会

一　组织沿革

1995年9月，经中共常德市委编制委员会办公室同意，中共常德市直属机关工作委员会设立工会工作委员会(以下简称常德市直机关工会工委)，作为常德市总工会的派出机构，由市总工会和市直机关工委双重领导。2001年4月19日，正式组建常德市市直机关工委工会工作委员会班子。2009年3月，市委编委办核定，市直机关工委增加工会工委主任领导职数，作为市直机关工委领导班子成员。9月，童成立任中共常德市直属机关工作委员会委员、工会工委主任。

二　工作概况

2010年起，市直机关工会工委指导各归口联系单位工会组织结合实际扎实抓好工会工作，切实开展工会活动，在服务会员职工群众、创建和谐单位上取得新进展。

健全工会组织。归口管理的50多家工会中，经批准正式成立单位基层工会委员会的49家，绝大部分单位的工会组织建设比较规范，做到有班子、有牌子、有章子，有独立的办公场所、经费账目，有工作制度、会员档案、宣传阵地、活动场所和活动记录。成立基层工会的单位同时成立女职工委员会和经审委员会。

加强制度建设。文理学院重新修订教职工代表大会实施细则、教职工代表大会提案工作实施办法、民主管理制度、工会活动制度、教职工文体协会管理条例、吊慰工作暂行办法、女教职工婚假、产假暂行规定等13项规章制度。市国税局等单位工会建立健全工会各项规章制度，推动工会工作管理规范化、标准化、制度化，做到规章制度完善，岗位职责明确，各项记录翔实。在财务管理上，建立严格的财务制度，加强资金管理。按照会计制度要求，做到会计、出纳和印鉴管理人员分离，健全财务账目，让各项支出手续更加完备，做到开支有明细，有记录。市委组织部等单位工会修订完善工会慰问、工会经费使用管理、工会活动等制度，依法独立建账、独立开户、独立核算，坚持工会主席“一支笔审批”，对人员、经费、活动开展等情况进行规范，由经审委员会对本单位工会经费使用情况进行审计，并向会员大会公布使用情况。

开展工会活动。市广播电视台组织全台女职工桃源夷望溪踏青之旅，亲近大自然；组织干部职工参加全市的“体彩杯”春季万人行活动。市环保局组织“爱心超市”捐款活动，开展

“金秋助学”活动，给考上大学的困难职工家庭子女送去助学金。市委组织部工会积极开展部机关工会内部活动，以“健康、快乐、团结、和谐”为宗旨，开展部机关迎新春系列文体活动，进行羽毛球比赛、乒乓球比赛、象棋比赛。市政协机关工会成立6个兴趣小组，组织广播体操比赛，市药监局开展系列工会活动，组织志愿者开展文明交通劝导等志愿服务活动等。

第五章　常德市(地区)工会直属基层工会

第一节　常德地区工会直属基层工会(1988年)

一　企业工会

常德卷烟厂工会、常德电光机械厂工会、常德滨湖印刷厂工会、常德棉纺厂工会、桃源纺织印染厂工会、常德纺织机械厂工会、石门玻璃厂工会、湘澧盐矿工会、常德地区塑料制品厂工会、常德烟叶复烤厂工会、常德七一机械厂工会、常德通用机械厂工会、常德有线电厂工会、武陵液压件厂工会、湖南车桥厂工会、常德印铁制罐厂工会、常德电影机械厂工会、浦沅机械总厂工会、常德化工机械厂工会、湖南雄黄矿工会、石门磷肥厂工会、常德地区中药厂工会、石门磷矿工会、湖南地质413队工会、湖南地质403队工会、青峰煤矿工会、羊耳山煤矿工会、广福桥煤矿工会、石门煤机厂工会、常德汽车修配厂工会、常德汽车运输公司工会、常德轮船运输公司工会、常德汽车配件公司工会、常德造船厂工会、津市轮船公司工会、常德公路总段工会、滨湖航道段工会、常德航道区工会、常德地区工程公司工会、湖南六〇一矿工会、常德地区邮电局工会、常德邮电三厂工会、常德电业局工会、华南光学仪器厂工会、常德线务段工会、常德地区木材公司工会、常德木材加工厂工会、常德林业运输公司工会、常德水电工程队工会、常德地区药材公司工会、常德地区医药经营公司工会、常德地区煤炭公司工会、常德冶金煤炭公司工会、常德地区基建物资公司工会、常德地区化工公司工会、常德地区轻工业公司工会、常德盐业公司工会、常德烟草公司工会、常德地区建委设计室工会、常德地区机电公司工会、常德地区农科所工会、常德农机管理站工会、常德地区农具研究所工会、常德新华书店工会、常德地区农机公司工会、常德林科所工会、常德医疗器械修理部工会、常德地区电影公司工会、滨湖影剧院工会、常德沅水局工会、常德地区保险公司工会、常德地区建设银行工会、常德地区农业银行工会、常德地区人民银行工会、常德地区工商银行工会、常德中国银行工会、西洞庭农场工会、西湖农场工会、东山峰农场工会。

二　事业单位和机关工会

常德电视台工会、常德 6909 转播台工会、常德广播电台工会、常德广播电视唱片公司工会、常德地区计量处工会、常德地区标准处工会、湖南电大常德分校工会、湖南农学院常德分院工会、常德农校工会、常德农业机械化学校工会、常德师范专科学校工会、常德师范学校工会、桃源师范学校工会、常德卫生学校工会、常德技工学校工会、常德地区银行中专学校工会、常德地区教学仪器站工会、常德戏曲学校工会、常德地区教委工会、中共常德地委党校工会、常德地区人民医院工会、德山医院工会、常德精神病院工会、常德地区卫生防疫站工会、常德地区血防院工会、常德职业病防治所工会、常德药政药检所工会、常德地区计划生育处工会、常德地区林业局工会、常德地区卫生局工会、常德地区农业局工会、常德地区文化局工会、中共常德地委机关工会、常德行署机关工会、常德地区乡镇企业局工会、常德地区环保局工会、常德地区劳动人事局工会、常德中级人民法院工会、中共常德地委接待处工会、常德地区财政局工会、常德地区审计局工会、常德地区国土局工会、常德地区气象局工会、常德地区司法局工会、常德地区体委工会、桃林宾馆工会。

三　工会联合会所属基层工会

常德地区商业局工会联合会　下辖岩码头石油站工会、常德纺织公司工会、常德五交化公司工会、常德副食公司工会、常德肉食公司工会、湘北工贸公司工会、常德石油公司工会、商业车队工会、常德肉联厂工会、金罗肉联厂工会、常德地区商业干校工会。

常德地区供销合作社工会联合会　下辖常德供销学校工会、常德生产资料公司工会、常德棉麻公司工会、常德土产公司工会、常德食杂果品公司工会、常德日杂公司工会、常德供销车队工会、常德茶叶公司工会、常德废旧物资回收公司工会。

常德地区物资局工会联合会　下辖常德金属材料公司工会、常德机电设备公司工会、常德轻化建材公司工会、常德生产服务公司工会、常德金属回收公司工会、常德金刚石公司工会、常德地区物资局机关工会。

常德地区对外经济贸易局工会联合会　下辖常德外经贸畜产公司工会、常德粮油食品进出口公司工会、常德工矿产品进出口公司工会、省外运公司常德汽车队工会、地区外贸茶叶公司工会、常德地区外贸局机关工会。

常德地区粮食局工会联合会　下辖常德地区粮油加工厂工会、常德地区锅炉厂工会、常德粮运车队工会、常德地区粮食学校工会、常德粮食机械厂工会、常德地区粮食局机关工会。

第二节 常德市总工会直属基层工会(2012年)

一 中央、省驻常德单位工会和市直国有(国有控股)企业工会

湖南地质矿产勘查开发局403队工会、湖南地质矿产勘查开发局413队工会、国家电网湖南省电力公司常德供电分公司工会、常德烟草专卖局工会、湖南省轻工盐业集团有限责任公司常德分公司工会、常德市邮政局工会、中国电信股份有限公司常德分公司工会、中国移动通信集团湖南有限公司常德分公司工会、常德市无线通信局工会、常德长途电信线路局工会、中国网络联合通信有限公司常德分公司工会、中国铁通常德分公司工会、中国人民银行常德市中心支行工会、中国银行常德分行工会、中国工商银行常德市分行工会、中国农业银行常德市分行工会、中国农业发展银行常德市分行工会、常德交通银行工会、中国人民财产保险股份有限公司常德分公司工会、中国人寿保险股份有限公司常德分公司工会、中国银行监督管理委员会常德监督分局工会、中央储备粮常德直属库工会、中央储备粮临澧直属库工会、湖南省棉花科学研究所工会、中国石油化工股份有限公司湖南常德石油分公司工会、德山监狱工会、湖南中烟工业有限责任公司常德卷烟厂工会(下辖常德金鹏凹版印刷有限公司工会、常德德港金芙蓉纸品有限公司工会、常德金芙蓉铝箔包装有限公司工会、常德金芙蓉管件配件有限公司工会)、常德烟草机械有限责任公司工会（下辖烟机旺达工贸公司工会、烟机配件销售有限责任公司工会)、常德纺织机械有限公司工会(下辖常德纺机山鹰实业总公司工会、山鹰配件公司工会、山鹰宏龙日用器械厂工会、山鹰飞达公司工会)、湖南华南光电(集团)有限责任公司工会、湖南湘澧盐矿工会、湖南中联重科车桥有限公司工会、湖南新华书店有限责任公司常德分公司工会、常德青峰煤矿工会、常德羊耳山煤矿工会、常德欣运集团股份有限公司工会、湖南金健米业股份有限公司工会(下辖金健米业股份有限公司本部工会、金健药业有限公司工会、湖南阳光乳业股份有限公司工会、金健米业精米有限公司工会、金健米业股份有限公司常德植物油分公司工会、金健米业股份有限公司进出口有限责任公司工会、金健米业面粉有限公司工会、金健米业股份有限公司种业有限责任公司工会、湖南金恒房地产有限公司工会、金健建筑有限公司工会、金健物业有限公司工会、金健园林建设有限公司工会)、大湖水殖股份有限公司工会、湖南海利常德农药化工有限公司工会、大唐石门发电有限责任公司工会、湖南华电石门发电有限公司工会、常德中石油昆仑燃气有限公司工会、中国平安保险股份有限公司常德支公司工会、天安保险股份有限公司长沙分公司常德营销服务部工会工作委员会、新华人寿保险公司常德中心支公司工会、中国平安人寿保险股份有限公司常德支公司工会、中国太平洋人寿保

险有限公司常德中心支公司工会、泰康人寿保险有限公司常德中心支公司工会、太平保险有限公司常德中心支公司工会、阳光人寿保险股份有限公司常德中心支公司工会、华安财产保险股份有限公司常德中心支公司工会、生命人寿保险公司工会、长安责任保险常德支公司工会、人民健康保险股份有限公司工会、泰阳证券有限公司常德青年路证券营业部工会、国泰君安证券股份有限公司常德育才路证券营业部工会、常德市金盾保安服务有限责任公司工会、常德申湘实业股份有限公司工会、常德华都大酒店工会、常德八百里酒店有限责任公司工会、湘邮科技常德邮政通信设备分公司工会、民族证券朗州路营业所工会、中信通信有限公司常德分公司工会、中达汇金投资咨询有限公司工会。

二　市直非公有制企业(非公有制新经济组织)工会

湖南三江电力有限责任公司工会、湖南洞庭药业股份有限公司工会、湖南大汉集团有限公司工会、湖南云锦集团股份有限公司工会、湖南东信棉业常德有限公司工会、桂林三金集团湖南三金制药有限责任公司工会、常德楚天轴承有限公司工会、常德九芝堂医药有限公司工会、常德德山立新纺织机械厂工会、常德滨湖印刷股份有限公司工会、常德中联重科液压有限公司工会、湖南湖大远程网络股份有限公司工会、常德国力变压器有限公司工会、湖南常德牌水表制造有限公司工会、鸿鑫控股有限公司工会、常德天源燃气建设工程有限公司工会、湖南金龙电机有限公司工会、湖南金帛化纤有限公司工会、常德力元新材料有限责任公司工会、富玺登集团有限责任公司工会、常德通用压缩机有限公司工会、湖南华耀浆纸股份有限公司工会、常德七星泰塑业有限公司工会、通威股份有限公司常德分公司工会、常德天城规划设计有限公司工会、湖南天鹰建设有限公司工会、湖南建银建筑工程有限公司工会、常德怀德建设监理有限公司工会、湖南天顺建设有限公司工会、朝晖建设有限公司工会、湘诚建设有限公司工会、中房建设有限公司工会、天恒建设有限公司工会、湖南振华建设工程有限公司工会、长沙洞井建筑工程公司常德分公司工会、金诚房地产公司工会、创普房地产开发有限公司工会、北京桑德环境工程有限公司常德德山项目部工会、常德市灯景建安有限公司工会、德山园林建设有限公司工会、市教育建筑工程公司工会、常德中国旅行社工会、华天国际旅行社工会、常德中国青年旅行社工会、常德风光旅行社工会、常德康辉国旅工会、海外旅游旅行社工会、常德市吉春堂药业有限责任公司工会、湖南老吉春堂药行连锁有限公司工会、湖南益丰大药房医药连锁有限公司工会、民康药号有限公司工会、吉康制药有限公司工会、常德市常龙加油站工会、常德科星电脑有限责任公司工会、武陵酒业有限公司工会、湖南海大生物饲料有限公司工会、常德步步高商业连锁有限责任公司工会、桃花园高尔夫俱乐部有限责任公司工会、常德市华星电器有限公司工会、湖南三升光电有限公司工会、常德鸿基机械科技有限责任公司工会、湖南金天钛业科技有限公司工会、湖南飞桥汽车板簧有限公司工会、湖南宏力德成纺织有限公司工会、常德力源医学检测中心工会、常德市生活湾置业有限责任公司工会、常德市堂皇置业有限公司工会、常德市深科物业有限公司工会、常德市阳光物业服务有限公司工会、常德市福吉物业服务有限责任公司工会、常德市顺源物业服务有限公司工会、常德市万通物业服务有限公司工会、常德市安居物业服务有限公司工会、常德市新兴物业服务有限公司工会、常德市绘兰物业服务有限公司工会、常德市芙蓉物业管理有限责任公司工会、柳都置业有限公司工会、常德宾馆有限责任公司工会、金悦大酒店工会、常德国际大酒店工会、常德市清真第一春餐饮有限公司工会、紫东大酒店有限责任公司工会、雅康大酒店工会、德馨大酒店工会、顶贯天逸大酒店工会、托斯卡纳大酒店工会、凯悦大酒店工会、汤臣万豪大酒店工会、德园大酒店工会、九重天大酒店工会、热土地大酒店工会、广源家常菜餐馆工会、紫云天商务酒店工会、壹德壹食品有限公司工会、龙弟酒店管理有限公司工会、九子龙酒店管理有限公司工会、老樵夫餐饮有限公司工会、柳叶情酒店工会、柳庄渔家餐馆工会、维一酒店工会、新洞仙酒店工会、鼎喜万和大酒店工会、益阳新雅餐馆工会、紫光宾馆工会、新华宾馆工会、凤翔宾馆工会、东方希腊神话娱乐有限公司工会、巴蜀鑫源保健服务中心工会、良田科技有限公司工会、湖南金晟安智能设备制造有限公司工会、德山纺城福利厂工会、德山机械厂工会、靖通机械有限公司工会、金来机械有限公司工会、德山民惠康医院工会、常德男科医院工会、湖南恒至凿岩科技有限公司工会、常德翔宇设备制造有限公司工会、常德七七七运输有限公司工会、常德市湘北汽车运输有限公司工会、常德美的制冷产品销售有限公司工会、常德金达博强商品混凝土有限公司工会、常德德馨经编有限公司工会、湖南武陵酒销售有限公司工会、常德市德强通信设备有限公司工会、湖南万胜铁路电力工程公司工会、嘉达摩擦材料有限公司工会、晟辉玻璃纤维有限公司工会、金达商品砼有限责任公司工会、易德半导体有限公司工会、常德市半导体有限公司工会、金钥匙教育培训有限公司工会、纳森商贸有限公司工会、佳登鞋业公司工会、恒力调压器有限公司工会、德兴印刷厂工会、鸿泰电信安装公司工会、诚德轮胎经营部工会、三次方广告有限公司工会、常德千禧龙影视广告传播有限公司工会、常德市芒果文化传播有限责任公司工会、传传广告公司工会、馨家装饰设计有限公司工会、轻舟装饰工程有限公司工会、华达装饰有限公司工会、创美装饰有限公司工会、宏胜装饰有限公司工会、居众装饰有限公司工会、简杰装饰有限公司工会、雅居装饰有限公司工会、佳美装饰有限公司工会、嘉禾装饰有限公司工会、恒源装饰有限公司工会、左岸装饰工程有限公司工会、一帆装饰工程有限公司工会、三星装饰有限公司工会、佳诚装饰有限公司工会、八零装饰设计服务中心工会、大江装饰工程有限公司工会、万路达物流有限公司工会、信源物资贸易有限公司工会、福达平常德服务中心工会、湖南瑞冠生物化工科技有限公司工会、常德捷安特自行车生活馆工会、水晶宫水疗商务会所工会、圣地温泉会所工会、德山兴旺福利厂工会、嘉莉诗服装有限公司工会、三一机械有限公司工会、雅星印刷有限公司工会、新民税务师事务所有限公司工会、湖南大北互感器有限公司工会、常德中联环保电力有限公司工会、铭泉汽车美容中心工会、新国安汽车美容服务部工会、常德市芙蓉汽车服务中心工会、山立汽车用品有限责任公司工会、帝王洁具常德形象店工会、恒洁卫浴常德旗舰店工会、中山市小榄日用制品厂常德分厂工会、湖南中德机械科技有限公司工会、常德市耀弘纳米科技有限责任公司工会、常德开关制造有限公司工会、常德市训陆机械有限公司工会、常德市正邦电子有限公司工会、常德市鼎城博大化工有限公司工会、常德市佳林木业制品厂工会、新希望饲料有限公司工会

三　市直外资企业工会

常德达门船舶有限公司工会、常德向都实业有限公司工会、特季(常德)轻纺有限公司工会、常德德嘉益民食品饮料有限责任公司工会、常德百江能源实业有限公司工会、湖南鸿升置业有限公司工会、常德家具产业园发展有限公司工会、湖南常新纤维有限公司工会、常德湘大骆驼饲料有限公司工会、常德大润发商业有限公司工会、湖南家润多超市有限公司常德店工会、湖南家润多超市有限公司宏鑫店工会、常德金太阳科技林业有限公司工会、湖南恒安纸业有限公司工会、湖南东汉房产开发有限公司工会、湖南德佳娱乐有限公司工会、湖南爱而发合金材料有限公司工会、常德市海伦休闲有限公司工会、常德聚天置业有限公司工会、常德新世纪汽车商贸城开发有限公司工会、常德红太阳滨湖大剧院有限责任公司工会、湖南德惠纸业有限公司工会、常德市东安娱乐实业有限公司工会、沃尔玛(湖南)百货有限公司常德店工会、常德天利置业有限公司工会、湖南华油天然气输配有限责任公司工会。

四　市直工会联合会所属基层工会

市政府办公室工会联合会　下辖市政府办、市科技局、市城市工作办、市信访局、市统计局、市外侨办、市电子政务办、市旅游局、市科协、市政务中心、市法制办、市知识产权局、市金融办、市地震局、市无线电管理处、市食品安全办、市民族宗教局、市红十字会、市公路局工会。

市水利局工会联合会　下辖市水利局机关、市江北城区防洪工程建管处、市华伟水电公司、市南碚电排站、市水利疏浚公司、市水利勘测设计院等工会。

市教育局工会联合会　下辖市教育局、常德师范学校、桃源师范学校、常德广播电视大学、常德工业学校、市第一中学、市第二中学、市第三中学、市第四中学、市第五中学、

市第六中学、市第七中学、市第十一中学、市第十三中学、常德汽车机电学校、市教育科学研究所、市教学仪器站、市第一幼儿园、常德芷兰学校、常德职业技术学院、常德应用科技职业学校、常德交通旅游学校、常德女子职业技术学校、常德育才会计职业学校、常德经济管理职业技术学校、常德大雅音乐学校、常德同德职业技术学院、常德朗州科技学校、常德汇文中学、常德工艺美术学校、常德外事专修学院、常德电子职业技术学校、常德高等职业技术学院、常德英才中学、常德中山外语学院、英杰职业技术学校等工会。

市民政局工会联合会　下辖市民政局、市社会福利院、市社会救助管理局、市救助管理站、市殡葬管理处、市军干所、市康复医院、市阳光孤儿院等工会。

市财政局工会联合会　下辖市财政局机关、市农业综合开发办、市住房公积金管理中心、市非税收入征收管理局、市国库集中支付局、市财经学校、市财经投资公司、市财鑫担保资有限公司等工会。

市国土资源局工会联合会　下辖市国土资源局、市国土执法支队、市国土资源储备中心、市征地拆迁管理处、市土地开发整理中心、武陵区国土资源分局、德山国土资源分局、柳叶湖国土资源分局、市土地登记服务中心、市国土资源规划测绘院、市民源土地开发公司、市国茂商务服务中心等工会。

市交通局工会联合会　下辖市交通运输局、市交通运输管理处、市交通运输服务中心、市城区公共客车管理处、柳叶湖收费站、市临岗公路建设开发有限公司、市交通应急中心、市交通规费征收管理处、常德公路工程总公司、1851 线汉寿五里桥收费站等工会。

市商务局工会联合会　下辖市商务局、市场服务中心、市商务综合执法支队、老干服务中心、再就业广场办、商务出租汽车公司、湘拓实业公司、市酒类产销售管理办公室等工会。

市卫生局工会联合会　下辖市卫生局、市第一人民医院、市第一人民医院德山分院、市第一中医院、市卫生防疫站、市妇幼保健院、市第五人民医院、市劳动卫生职业病防治所、市皮肤病性病防治站、市医管站、市卫生局执法大人、市中心血站、市康复医院、市卫生监督局等工会。

市城市管理行政执法局工会联合会　下辖市城管局、市环境卫生管理处、火车站广场管理处、武陵公局、德山分局、柳叶湖分局等工会。

市粮食局工会联合会　下辖市粮食局、武陵区粮食分局、市广积米业有限公司、武陵粮油总公司、市科雄饲料有限责任公司、市粮食交易服务公司、德山粮油公司、金海大酒店、市源安粮油综合贸易商场等工会。

市政府国有资产监督管理委员会工会联合会　下辖市国资委、市城市建设投资集团有限公司、市经济建设投资集团有限公司、市天源住房建设有限公司、市天润土地开发经营有限公司、市经泽建设开发有限公司、市致远土地整理开发有限公司、市公共交通有限责任公司等工会。

市委农村工作部工会联合会 下辖市委农村工作部、市移民局、市经管局、市乡企局、市农教办、贺家山原种场、市棉科所、市农科所、市农业局、市畜牧水产局、市农机化局等工会。

市经济和信息化委员会工会联合会 下辖市经信委、市煤炭生产管理局、市退管处、市散装水泥办、市墙体材料革新管理办、市矿山救护队、市能源监查中心、市节能办、市工业园区管理办等工会。

市人力资源和社会保障局工会联合会 下辖市人社局、市就业处、市劳动社保处、市医保处、市机关社保处、市工伤保险处、市人力资源考试院、市人力资源开发交流服务中心、市劳动人事争议仲裁院等工会。

市住房和城乡建设局工会联合会 下辖市住建局、市诗墙管理处、市建筑勘测设计院、德山住建分局、市招标办、市质安站、市城建档案馆、市建设工程造价站、市建设培训中心、市建设执法大队、市城市管网办、市建设工程交易中心、市公用事业局、市政建设总公司、市自来水公司、市路灯管理处、市排水管理处、市桥梁管理处、市商品混凝土管理办公室、市污水处理中心、市燃气办、市道路管理办、市公用事业局执法大队、市园林局、滨湖公园、屈原公园、孤峰公园、市园林绿化科研中心、城东绿化处、城西绿化处、德山绿化处、常德湘源建筑工程公司、湖南创新建设有限公司、常德市房屋租赁管理所等工会。

市文化广播新闻出版(版权)局工会联合会 下辖市文化广播新闻出版局、市群众艺术馆、市电影公司、市图书馆、市汉剧院、市艺术研究所、市演出管理站、市文物局、市文化市场综合执法局等工会。

市林业局工会联合会 下辖市林业局、常德林业学校、常德林场、市林科所等工会。

市司法局工会联合会 下辖市司法局、市劳教所、武陵监狱等工会。

市纪委、市监察局工会联合会 下辖市纪委、市监察局、第一纪工委、第二纪工委、第三纪工委、第四纪工委、第五纪工委、第六纪工委、市纪检监察培训中心等工会。

市房管局工会联合会 下辖市房管局、市房产处、市白蚁防治所、市房产执法大队、市房屋维修资金中心、市房管局德山分局等工会。

市发改委工会联合会 下辖市发改委、市重点建设项目办、市投资评审中心等工会。

第六章　工会党组织

1973年,常德地区总工会成立后,始设置工会党组。1979年8月,常德地区总工会改为省总工会常德地区工作委员会,工会党组随之取消。1980年,中共常德地直机关委员会在地区工会设立机关支部。1981年3月,又恢复地区工会党组。1984年,地区纪委在地区工会设立党的纪检机构。1988年,常德市总工会成立后,同时设有工会党组、党的纪检机构和机关党组织。

第一节　常德地区总工会党组

1973年6月—1979年8月

书　记:林　丛

成　员:胡松甫　伍远思

第二节　湖南省总工会常德地区工作委员会党组

1981年3月—1983年12月

书　记:林　丛

成　员:胡松甫　张富顺

1984年1月—1985年6月

书　记:何贵铭

成　员:孙保卿　彭淑华(女)　张富顺

1985年6月—1988年11月

书　记:吴本立

成　员:鲁代珍(女)　刘书林

第三节 常德市总工会党组

一 市总工会第一届委员会党组

(一)组织成员

书　记:吴本立　1988 年 12 月—1993 年 3 月
　　　　张春仙(女) 1993 年 3 月—1994 年 1 月
副书记:朱沅生　1988 年 12 月—1992 年 2 月
成　员:刘书林　1988 年 12 月—1992 年 2 月
　　　　张春仙(女) 1988 年 12 月—1993 年 3 月
　　　　叶诗林　1992 年 2 月—1994 年 1 月
　　　　曹丰平　1992 年 2 月—不详
　　　　裴万里　1993 年 3 月—1994 年 1 月
　　　　张耀良　1993 年 3 月—1994 年 1 月

(二)工作概要

1.对 1989 年春夏之交北京政治风波进行总结反思。按照市委的统一部署和市直工委工作安排,1989 年 11 月中旬,市总工会党组召开民主生活会,认真反思和总结年内春夏之交政治动乱的深刻教训。此次党组民主生活会是在市直工委巡视组的具体督办和市委常委彭孟芝的直接参与下召开的。此前一个多月,在反复学习中共十三届四中全会精神和江泽民总书记国庆重要讲话的基础上,党组成员深刻剖析、一丝不苟地准备好书面发言材料,为开好高标准的民主生活会做好准备。在党组民主生活会上,党组成员从清理思想入手,突出解决好对动乱和暴乱的思想认识问题,进一步辨明大是大非,将思想认识统一到中共十三届四中全会和江泽民国庆重要讲话精神上来。通过民主生活会的相互交流沟通和学习,一致认为党组成员必须始终不渝地坚定中国共产党的执政地位,必须始终不渝地围绕党的全局开展工会工作,必须始终不渝地团结和依靠广大工人阶级。

2.组织开展整顿机关作风活动。1993 年,根据市委要求和市总工会机关的实际情况,市总工会党组决定在机关开展一次思想作风整顿工作。活动自 6 月 28 日召开市总工会整顿机关作风动员会议开始至 7 月 10 日结束。市总工会党组精心部署此次机关作风整顿,成立整顿机关作风领导小组,由党组书记张春仙任组长,党组成员、机关党总支书记张耀良任副组长。活动分为四步进行:第一步是学习动员阶段,结合学习文件、上党课和参加市直机关党委统一安排的活动,进行作风整顿的动员。第二步是结合岗位目标责任制进行部室及个人的工作回顾。第三步是进行思想作风整顿,采取个别交流和会议讲评相结合的方式,从思想、作风、纪律等方面找准存在的重要问题及其危害,然后,党组、党小组和常委会分别召开交心通气会,开展批评与自我批评,明确努力方向。第四步是整改小结,进一步统一认识,完善制度,严格纪律。通过整顿机关作风,重点解决了思想松懈、作风懒散、纪律涣散的状况,机关干部作风明显好转。

二　市总工会第二届委员会党组

(一)组织成员

书　记:张春仙(女)　1994年1月—1997年11月
　　　　张元英(女)　1997年11月—1998年11月
副书记:窦长清　　　1997年11月—1998年11月
成　员:叶诗林　　　1994年1月—1998年3月
　　　　裴万里　　　1994年1月—1998年11月
　　　　张会苏(女)　1994年2月—1998年11月
　　　　王用喜　　　1995年10月—1998年11月

(二)工作概要

1.组织开展整顿机关作风活动。1995年,根据市委的统一安排,市总工会党组领导并组织开展机关作风整顿工作,活动自1995年3月20日至6月20日,历时3个月。市总工会党组书记张春仙任作风整顿领导小组组长,党组成员、纪检组长、党总支书记张会苏任副组长。活动分为学习动员、自查自纠、组织处理和整章建制四个阶段。作风整顿的指导思想是:以解决作风建设方面的突出问题为主,做到整顿与建设相结合;以正面教育为主,树立典型与查处问题相结合;以自我批评为主,自查自纠与外界帮助相结合。经过宣传发动,机关全体党员干部进一步明确了机关作风整顿的重要意义,认真进行自我总结、自我检查,找问题、找差距,坚持党内民主,积极开展批评与自我批评,积极为机关建设提出意见和建议。在组织处理阶段,针对党员干部反映的在机关资产管理上不严,导致资产流失等问题,进行落实处理。为推动机关作风建设,在整章建制阶段,市总工会党组还向全市9个区县(市)和市直100多家大中型企业发出作风建设意见征求书,从各方面收集意见和建议120多条,然后讨论制定落实整改措施,修改完善机关有关作风建设的规章制度。

2.稳步推进机关参照国家公务员管理过渡工作。按照市委的统一部署,依据《常德市参照〈国家公务员暂行条例〉管理工作实施意见》和《常德市各级工会、共青团、妇联机关参照〈国家公务员暂行条例〉管理的实施办法》等有关规定,从1996年6月23日至8月20日,市总工会机关开展以“三定”为主要内容的参照国家公务员管理过渡工作。整个机构改革的全程由市总工会党组统一领导和部署,成立机构改革领导小组,由党组书记、主席张春仙任组长,党组成员、副主席王用喜任副组长,下设领导小组办公室。按照市编委《关于印发常德市总工会机关机构改革方案的通知》确定的职能、内设机构和编制数额,从部门内设机构直至每个职位,合理分解职能,设置职位,将人员配置到位。

三　市总工会第三届委员会党组

(一)组织成员

书　记:张元英(女)　1998 年 11 月—2001 年 8 月
窦长清　2001 年 8 月—2002 年 8 月
覃清香(女)　2002 年 8 月—2003 年 3 月
刘克云　2003 年 3 月—2003 年 9 月

副书记:窦长清　1998 年 11 月—2001 年 8 月
雷志汉　2002 年 8 月—2003 年 9 月

成　员:裴万里　1998 年 11 月—2001 年 3 月
苏国才　1998 年 11 月—2001 年 3 月
张会苏(女)　1998 年 11 月—2002 年 3 月
刘志成　2001 年 3 月—2003 年 9 月
陈寿林　2002 年 3 月—2003 年 9 月
戴正玉(女)　2002 年 3 月—2003 年 9 月
张禹华(女)　2001 年 9 月—2003 年 9 月
谢春玲(女)　2003 年 7 月—2003 年 9 月

(二)工作概要

1.组织开展整顿机关作风活动。按照市委统一部署,市总工会党组从 2001 年 5 月 17 日至 7 月 8 日组织开展整顿机关作风活动。市总工会党组通过党组扩大会、中层以上骨干会、办公例会和党员干部大会,通报市总工会党组关于机关作风整顿的方案和部署,宣传市总工会作风建设的必要性和紧迫性。以暴露问题、弘扬正气为目的,认真组织召开高标准党组成员生活会和各党小组民主生活会,要求机关全体干部严于剖析自己,勇于批评不良倾向。以查找问题,消除误会,沟通关系,加强团结为宗旨,在机关开展征求意见活动。党组主要领导征求分管副职意见,分管领导征求部室负责人意见,部室负责人征求部室干部意见,在活动中,认真查找了机关思想作风建设上全局意识和组织观念不强、政治思想淡薄不思进取、漠视机关纪律和制度、工作方法简单不负责任、业余文化生活要求不严品位不高等五个方面的问题。针对这些问题，制定落实了整改措施。

2.组织实施市总工会机关机构改革。按照市委部署，2002 年 4 月，市总工会党组组织实施市总工会机关机构改革。此次机构改革涉及两个方面，一是确定市总工会内设机构人员编制。二是实施部室负责人竞争上岗。即除组织部部长由市委组织部考核任命以外，其余 7 个部室负责人职位由具有相应身份的干部进行演说竞职。报名参与演说竞职的有 10 名干部，经过民主评议和党组审核，确定了 7 个部室负责人。

3. 组织开展“三讲”教育活动。2000 年，按照市委统一部署和市委组织部的安排，作为全市第二批“三讲”教育活动单位之一，市总工会党组组织开展以“三讲”（讲学习、讲政治、讲正气）为主要内容的党性党风教育活动。活动从 2000 年 4 月 24 日开始研究确定实施方案到同年 6 月 20 日召开总结通报会，历时 57 天。依次经历了思想发动、学习提高；自我剖析、听取意见；交流思想、开展批评；认真整改、巩固成果 4 个阶段。在整个活动开展中，市总工会党组在市委巡视组的指导下切实加强组织领导，做到四个坚持：一是坚持以市委和战线“三讲”办的精神为准绳，搞好机关干部思想发动。二是坚持以必读篇目为纲，抓好理论政治学习。市总工会 5 个党组成员集中封闭学习 7 天，按照“专心、用心、安心、静心”的要求，读完必读篇目并联系市总工会领导班子和个人的实际，开展专题讨论，查找存在的问题。三是坚持把开展批评与自我批评作为搞好“三讲”教育的武器。在机关广泛征求意见、设立征求意见箱和到市直大中型企业和区县（市）总工会上门征求意见的基础上，党组主要负责人和市委巡视组逐个找党组成员谈心，反馈民主评议、民主测评的情况和意见，组织党组成员之间的互相谈心，交流思想，相互沟通。在此基础上，党组召开民主生活会，党组成员之间开展批评与自我批评，并将民主生活会和整改意见在市总工会机关全体干部，以及副处级离退休干部和工人文化宫职工学校党支部委员参加的大会上通报。四是坚持把边整边改贯穿于“三讲”教育活动的全过程。通过“三讲”教育，有效增强了市总工会领导集体和个人的政治素质和工作作风。

四　市总工会第四届委员会党组

（一）组织成员

书　记：刘克云　　2003 年 9 月—2007 年 7 月
　　　　雷志汉　　2007 年 7 月—2008 年 10 月
副书记：雷志汉　　2003 年 9 月—2007 年 7 月
成　员：刘志成　　2003 年 9 月—2008 年 10 月
　　　　陈寿林　　2003 年 9 月—2008 年 10 月

戴正玉(女)　2003 年 9 月—2008 年 10 月
张禹华(女)　2003 年 9 月—2007 年 12 月
谢春玲(女)　2003 年 9 月—2008 年 10 月
熊夏明　　　2007 年 5 月—2008 年 10 月
程灵敏　　　2008 年 2 月—2008 年 10 月
夏小雯(女)　2008 年 3 月—2008 年 10 月

(二)工作概要

1.制定党组集体决策重大问题议事规则。根据《常德市市管单位领导班子集体决策重大问题议事规则(试行)》,市总工会党组制定了《党组集体决策重大问题议事规则》(以下简称《规则》)。《规则》明确党组集体决策的重大问题为:事关本单位全局性、政策性的问题;本单位的权利配置,包括领导班子成员及部门的分工与调整等问题;干部人事管理权限内有关人员的录用、推荐、任免、调整、奖惩、返聘等问题;规模较大的投资、工程、土地等开支项目,金额较大的财、物等问题;本单位工作制度和程序的制定与修改;上级有关重要指示且需研究议定贯彻方法的问题;事关本地区本单位改革发展稳定问题及有关重大事件的处理。《规则》同时确定了党组议事程序及要求:会前协调,除重大突发性事件和紧急情况外,研究决定重大问题的会议不搞临时动议;准备材料,由分管领导组织有关部门广泛征求意见,准备好规范化的上会材料,包括议案本身和科学论证材料;提前通知,会议通知一般提前两个工作日书面送达应到会人员,并履行签收手续;充分讨论,会议由主要负责人主持,组织对议题进行充分讨论,主要负责人不应首先表明自己的观点,须听取其他党组成员的意见后再表明自己的观点;逐项表决,一般采用口头和记名形式表决,以示负责,人事敏感问题也可以无记名表决;作出决策,按照少数服从多数的原则进行会议表决形成决定;形成纪要,会议须形成"常德市总工会重大问题会议纪要",按独立序列号实行年度编号,重大问题会议纪要还须上报上级分管领导和主管部门。

2.开展"树立正确的群众观、政绩观、权力观"主题教育活动。根据市纪委、市委组织部、市委宣传部的通知要求,2004 年 5 月下旬至 9 月下旬,市总工会党组在机关开展"树立正确的群众观、政绩观、权力观"主题教育活动。这次活动以"三个代表"重要思想和中共十六届三中全会精神为指导,通过开展多种形式的教育活动,引导广大党员干部特别是领导干部进一步树立正确的群众观、政绩观、权力观,重点解决好思想作风建设和党风廉政建设方面存在的问题。教育活动分阶段进行,宣传发动,集中教育阶段:通过召开教育动员大会,学习《江泽民论党风廉政建设和反腐败斗争》、胡锦涛总书记在中央纪委第三次全会上的重要讲话、《中国共产党党内监督条例(试行)》和《中国共产党纪律处分条例》,以及"四大纪律八项要求"和"八个坚持八个反对",使党员干部认识开展教育活动的重大意义,自觉投身到活动中去。查找问题，分析讨论阶段：分别召开高标准的党组、党总支、党支部、党小组民主生活会，结合原市纪委书记彭晋镛案展开专题讨论。同时，结合工作实际查摆存在的问题。整改提高，整章建制阶段：针对查摆出来的问题，建立健全各项规章制度。同时，对整改措施的到位情况进行一次全面督查。通过近 4 个月的主题活动，收到了较好的成效，正确的群众观、政绩观、权力观在党员干部中有所增强。

3. 开展保持共产党员先进性教育活动。按照市委保持党员先进性教育办公室的统一安排，从 2005 年 2—6 月，市总工会党组组织开展保持共产党员先进性教育活动。活动分为学习动员、分析评议、整改提高等 3 个阶段 13 个环节。在学习动员阶段，通过大会动员和部署，发放征求意见表，召开座谈会，设立意见箱，征求到各方面的意见共 68 条，其中对党组集体的意见 33 条，对党组成员意见 35 条。在分析评议阶段，由市总工会党员先进性教育领导小组分层次对征求到的意见进行梳理综合，由市督导组在党组会议上通报对党组及党组成员和党员干部的意见和建议。在此基础上，党组按照市先教办的“四个必谈”的要求，通过党组书记与党组成员、部室负责人以及部分党员谈心；7 名党组成员之间的相互谈心；党组成员与分管的部室负责人谈心；同一党支部党员之间的谈心，达到了沟通思想、互相帮助、增进了解、消除误会。同时，党组成员认真撰写党性分析材料，做到查摆问题准确、全面，剖析问题客观、深刻，整改措施实际具体。随后，党组召开高标准民主生活会，在党组成员自我剖析的基础上，党组成员之间开展批评。在整改提高阶段，党组、机关党总支、党支部和党员根据查摆出来的突出问题分别制定整改方案。

4.开展“三为三争”主题实践活动。为了认真贯彻落实《中共中央关于在全党开展以实践“三个代表”重要思想为主要内容的保持共产党员先进性教育活动的意见》精神，根据市委《关于在机关保持共产党员先进性教育活动中开展“三为三争”主题实践活动的通知》要求，市总工会党组从 2005 年 2 月至 12 月，在市总工会机关组织开展“三为三争”主题实践活动。为将活动落到实处，成立了以市人大常委会副主任，市总工会主席、党组书记刘克云为组长的领导小组。在实践活动的内容上，紧扣工会工作的实际开展“三为”，即通过组织开展机关党员干部“联系一家民营企业、一名特困职工、一家农村困难户”活动，密切与职工的联系，更好地为企业、为基层、为职工服务；组织企业工会开展“创建学习型组织，争当知识型职工”和“技能大赛”以及“芙蓉杯”岗位竞赛等活动，为促进企业发展服务；组织实施慰问困难职工劳模和特困职工，帮助“4050”下岗职工实现再就业等，切实为职工排忧解难，为职工群众服务。认真落实“三争”目标，通过组织身边优秀党员作报告，观看牛玉儒、郑培民等一批优秀共产党员事迹电教片，教育和激励机关党员干部坚持理想信念，坚持勤奋学习，坚持党的根本宗旨，坚持清正廉洁，坚持党的纪律，推动机关党员干部争做优秀共产党员，推动班子成员争做“四型”领导干部，推动领导班子争做先进集体。

五 市总工会第五届委员会党组

（一）组织成员

书　记：石成林　　2008 年 10 月—2009 年 10 月

赵克蓉（女）　2009 年 10 月—2013 年 4 月

成　员：陈寿林　　2008 年 10 月—2009 年 10 月

戴正玉（女）　2008 年 10 月—2009 年 10 月

谢春玲（女）　2008 年 10 月—2013 年 4 月

程灵敏　　2008 年 10 月—2012 年 2 月

施才明　　2008 年 11 月—2013 年 3 月

刘孟春　　2009 年 10 月—2013 年 3 月

施祖杰　　2010 年 3 月—2013 年 4 月

彭春生　　2012 年 2 月—2013 年 3 月

（二）工作概要

1.制定市总工会学习实践科学发展观活动整改落实方案。按照市委关于将学习实践科学发展观活动转化为积极工作成效的要求，2009 年 7 月，市总工会党组制订了《常德市总工会学习实践科学发展观活动整改落实方案》（以下简称《方案》）。《方案》提出了整改落实目标，即着力转变工会工作不适应、不符合科学发展观的思想观念，切实解决影响和制约工会工作科学发展的突出问题，进一步转变工作作风，完善体制机制，提高服务全局、服务基层、服务职工的整体工作水平。确立了整改落实原则：一是结合实际，突出重点，着力解决影响和制约工会工作科学发展的突出问题。二是多措并举，务求实效，对存在的问题和整改措施限时办结。对受客观条件限制，一时不能解决的问题，向群众做好解释工作。对需要一段时间努力解决的问题，要跟踪问效抓紧落实。三是量力而行，尽力而为，既要防止畏难情绪、无所作为，又要避免形式主义和短期行为。明确了整改落实措施：一是以科学发展观为指导，全面加强自身建设。努力建设学习型、创新型班子，转变机关作风提高服务水平，加强干部队伍建设，提高科学发展能力。二是实施“五大工程”，全面提升全市工会工作水平。即实施“强基工程”，强化基层工会组织建设；实施“和谐工程”，建立发展和谐劳动关系；实施“争创工程”，争创工会各项荣誉称号；实施“先锋工程”，争创先进党组织和优秀党员；实施“素质工程”，提升工会干部整体素质水平。三是积极开展走访慰问送温暖、促进就业送岗位、维护权益送法律、组织培训送技能、提升素质送知识、丰富活动送健康的“六送”活动，为企业和职工提供优质高效服务。

2.组织开展“创先争优活动”。根据市委统一部署和市直工委的安排，市总工会党组从2010年5月至2012年7月，组织开展了“创建先进基层党组织，争当优秀共产党员活动”（以下简称“创先争优活动”）。党组明确活动的指导思想是：以邓小平理论和“三个代表”重要思想为指导，全面贯彻落实科学发展观，围绕“贴近中心促发展，贴近职工办实事，贴近基层搞服务”的工作思路，充分发挥党组织的战斗堡垒作用和共产党员先锋模范作用，为全市工运事业更好更快发展提供坚强的组织保证。整个活动分为3个阶段。第一阶段为动员部署：通过抓宣传发动，召开动员大会，制定活动方案，迅速组织党员干部积极投入到创先争优活动。第二阶段为组织实施阶段：一是推行“双争”公开承诺，党总支和各党支部制订“五个好”的“创先争优活动”方案和工作目标，做到领导班子好、党员队伍好、工作机制好、工作业绩好、群众反映好。党员干部制定“五个带头”的目标和承诺，做到带头学习提高、带头争创佳绩、带头服务群众、带头遵纪守法、带头弘扬正气。二是活动进程点评，通过领导和群众的点评与评议，听取活动开展的意见建议，推动“创先争优活动”取得真正的实效。第三阶段为评选表彰阶段：对党员干部参与“创先争优活动”进行考核，并把开展“创先争优活动”与党员干部岗位考核相结合，与加强和谐机关建设相结合，与服务职工群众相结合，与机关党组织建设相结合，不断丰富活动内容，创新活动方式。

3.组织开展“面对面、心贴心、实打实服务职工在基层”活动。为响应全国总工会和省总工会号召，切实转变工会干部的工作作风，市总工会党组结合市委经济工作会议和市委创先争优活动的要求，从2012年3—12月，在市总工会机关干部中部署开展“面对面、心贴心、实打实服务职工在基层”活动。又称“机关干部服务企业”活动。活动分为3个阶段：3月份为准备阶段，4—11月为组织实施阶段，12月为考核验收阶段。党组要求全体机关干部职工下基层，深入企业、深入职工调查研究，全年下基层不少于60天，每个机关干部联系10个帮扶对象，努力做到“三给一问”，即对企业发展给力，对困难职工给爱，对权益受到伤害的会员给法，对不称职的工会主席问责。同时，确定“机关干部服务企业”活动年主题活动：组织好1场“五一”国际劳动节工人大联欢活动；组织好1场企业法人关爱员工，促进共同致富研讨会；组织全市职工技能大赛，为参加全省、全国技能大赛选拔选手，召开全市首届“十大金牌工人”表彰和劳动竞赛表彰大会。

六　市总工会第六届委员会党组

书　记：赵克蓉（女）　2013年4月—
副书记：谢春玲（女）　2013年4月—
成　员：施祖杰　2013年4月—

万后铭　　2013 年 4 月—
赵　鑫(女)　2013 年 4 月—
黄　河　　2013 年 4 月—
周　凯　　2013 年 4 月—

第四节　纪检机构

1984 年 11 月,中共常德地委设立常德地区工会纪检组,任命张富顺为组长。

1986 年 2 月,中共常德地委任命刘书林为常德地区工会纪检组组长。

1988 年 11 月,中共常德市委设立常德市总工会纪检组,任命刘书林为组长。

1992 年 2 月,中共常德市委任命曹丰平为市总工会党组成员、纪检组组长。

1994 年 2 月,中共常德市委任命张会苏为市总工会党组成员、纪检组组长。

2003 年 7 月,中共常德市委任命谢春玲为市总工会党组成员、纪检组组长。

2008 年 2 月,中共常德市委任命程灵敏为市总工会党组成员、纪检组组长。

2009 年 10 月,中共常德市委任命刘孟春为市总工会党组成员、纪检组组长。

2013 年 3 月,中共常德市委任命黄河为市总工会党组成员、纪检组组长。

第五节　机关组织

1980 年 6 月，中共常德地直机关委员会下发《关于成立中共常德地区工会机关支部委员会》的批复，同意由林丛、刘发清、杨松仙、谭春煌等 4 人组成中共常德地区工会机关支部委员会，林丛任书记，刘发清任副书记。

1984 年 9 月，中共常德地直机关委员会下发《关于同意改选中共常德地区工会机关支部委员会》的批复，同意由孙保卿、胡佑卿、曹丰平等 3 人组成中共常德地区工会机关支部委员会，孙保卿任书记。

1987 年 5 月，中共常德地直机关委员会同意常德地区工会改选机关支部委员会，由刘书林、曹丰平、肖英蔚、朱茂章等 4 人组成中共常德地区工会机关支部委员会，刘书林任书记。

1990 年 1 月，中共常德市直机关工作委员会同意成立中共常德市总工会机关支部委员会，并下发《关于中共常德市总工会机关支部委员会选举结果的批复》，同意中共常德市总工会机关支部委员会由张春仙、曹丰平、谭春煌、叶诗林、谢春玲 5 人组成，张春仙任书记，曹丰平任副书记。是时，市总工会下属事业单位工人文化宫党支部由傅泽群、王森星、王冬秀 3 人组成，傅泽群任书记。

1994 年 1 月，根据市总工会党员人数增多，中共常德市委机关委员会同意成立中共常德市总工会机关总支委员会，同意机关总支委员会由张跃良、谭春煌、张会苏、芦少华、王森星 5 等人组成，张跃良任书记，谭春煌任副书记。市总工会机关党总支下设市总工会机关支部和工人文化宫支部。市总工会机关支部由张跃良、谭春煌、张会苏、芦少华、谢春玲 5 人组成，张跃良兼任支部书记。工人文化宫支部由王森星、王冬秀、罗长征等 3 人组成，王森星任书记。

1998 年 12 月，中共常德市委机关委员会同意中共常德市总工会机关总支委员会进行换届选举，同意由张会苏、张禹华、芦少华、王森星、史韬 5 人组成中共常德市总工会机关总支委员会，张会苏任书记。

2001 年 7 月，中共常德市委机关委员会同意中共常德市总工会机关总支委员会进行换届选举，同意由刘志成、谢春玲、史韬、夏小雯、王森星 5 人组成中共常德市总工会机关总支委员会，刘志成任书记。是时，市总工会机关党总支下设两个支部：机关支部由刘志成、谢春玲、史韬、夏小雯组成，刘志成兼任支部书记。工人文化宫支部由王森星、罗长征、刘立平 3 人组成，王森星任书记。

2004 年 3 月，中共常德市委机关委员会同意由谢春玲、袁龙恩、熊夏明、夏小雯、王森星、戴可、吴本立 7 人组成中共常德市总工会机关总支委员会，由谢春玲任书记、袁龙恩任副书记。同时，机关总支对所属的机关支部、离岗干部支部、退休干部支部进行换届选举。由谢春玲、熊夏明、龚海波、孙秀卫、夏小雯等 5 人组成市总工会机关支部，谢春玲兼任支部书记。由戴可、卓尚沅、戴坤安 3 人组成市总工会离岗干部支部，戴可任书记。由吴本立、谭春煌、肖英蔚等 3 人组成退休干部支部，吴本立任书记。工人文化宫支部由王森星、刘立平、刘勇华 3 人组成，王森星任书记。

2006 年 8 月，中共常德市委机关委员会同意中共常德市总工会机关总支委员会进行换届选举，同意由谢春玲、李建平、戴可、周嘉琳、贺计算、夏小雯、熊夏明等 7 人组成市总工会机关总支委员会，由谢春玲任书记，李建平任副书记。同时，市总工会机关总支组织了市总工会机关支部和退休离岗干部支部的换届选举。市总工会机关支部由谢春玲、李建平、龚海波、孙秀卫、赵鑫 5 人组成，谢春玲兼任支部书记，李建平兼任副书记。退休离岗干部支部由戴可、谭春煌、熊梅香、戴坤安、卓尚沅等 5 人组成，戴可任书记。

2011 年 6 月，中共常德市委机关委员会同意中共常德市总工会机关总支委员会进行换届选举，同意由赵克蓉、曾波、曾艳、张艳明、袁三德、周嘉琳、戴可 7 人组成市总工会机关总支委员会，由赵克蓉任书记，曾波任副书记。同时，市总工会机关总支组织了市总工会机关支部、退休干部支部和工人文化宫支部的换届选举。市总工会机关支部由曾波、曾艳、张艳明等3人组成，曾波任书记。退休干部支部由戴可、谭春煌、戴坤安、卓尚沅、熊梅香5人组成，戴可任书记，谭春煌任副书记。工人文化宫支部由周嘉琳、龙英、刘磊3人组成，周嘉琳任书记。

第四篇
主要会议

2010年11月,市委工会工作会议会场

2013年4月9日，常德市总工会六届一次全会

第一章　代表大会

第一节　常德地区工会代表大会

根据中共湖南省委转发的湖南省总工会关于整顿健全工会组织的通知精神，中共常德地委于1973年4月12日下发《关于召开常德地区工会第二次代表大会的决定》(1969年常德地区工人阶级代表大会视为常德地区工会第一次代表大会)，并要求在召开常德地区工会第二次代表大会之前，建立健全各县市总工会。

1973年6月19—23日，常德地区工会第二次代表大会在地区会堂召开，出席代表大会的正式代表1133人、列席和特邀代表72人。大会的主要议程：中共常德地委组织部部长郭春荣作代表资格审查报告；常德地区工会第二次代表大会筹备小组副组长、原湖南省总工会常德地区办事处主任林丛作大会工作报告；选举常德地区总工会第二届委员会和出席湖南省工会第七次代表大会代表。中共常德地委副书记陈书谏在大会开幕式上致辞：希望将大会开成革命的大会、团结的大会、胜利的大会。要求通过这次大会，认真总结全区工会工作中的两条路线斗争的历史经验，深入批判"阶级斗争熄灭论""经济主义""工团主义"，深入进行思想和政治路线教育，加强工人阶级团结，巩固和发展革命的大好形势，在抓革命，促生产中发挥工会组织的积极作用。

林丛在题为《以批林整风为纲，增强革命团结，为巩固无产阶级专政而奋斗》的工作报告中指出，全区各级工会要把握大好形势，发动工人群众深入开展批林整风运动；组织工人群众学习马列主义、毛泽东思想；发动工人群众贯彻执行"抓革命、促生产、促工作、促战备"的方针，多快好省地建设社会主义；不断加强工会建设，提高工会组织的战斗力。与会全体代表为落实报告精神，向全区职工发出倡议书：认真看书学习，深入开展批林整风运动；坚决执行党的"九大"路线，进一步增强革命团结；进一步加快社会主义建设步伐。

大会选举产生了林丛等62人为常德地区总工会第二届委员会委员。选举以陈书谏为团长、林丛为副团长的常德地区出席湖南省工会第七次代表大会的125名正式代表、9名列席代表和1名特邀职工家属代表。大会还推荐湖南省总工会第七届委员会委员常德地区候选人，他们是：常德地区总工会主任林丛，常德地区总工会副主任、常德地区工程公司党支部书记王海云，常德地区总工会副主任、地质403队钻探工人罗绍兰，常德地区总工会副主任、常德卷烟厂机关党支部副书记段远来，常德地区总工会副主任、常德汽车大修厂工人佘凤仙，常德市总工会主任齐国志，津市市百货公司门市部营业员王署梅。

6月23日上午，大会举行闭幕式，中共常德地委副书记詹顺初在大会闭幕式上讲话，指明工会工作的发展方向是：深入开展批林整风运动，把粉碎林彪反党集团的斗争进行到底；认真贯彻“抓革命、促生产、促工作、促战备”的方针，全面完成和超额完成全年国民经济计划；在党的一元化领导下，充分发挥工会的战斗作用。

第二节　常德市工会代表大会

一　常德市工会第一次代表大会

常德撤区建市后，1988年7月28日，中共常德市委下发《关于召开常德市工会第一次代表大会的通知》，同时，决定成立由中共常德市委常委、市妇联主任彭孟芝任组长的筹备工作领导小组，全面负责代表大会各项筹备工作。

1988年11月25—27日，常德市工会第一次代表大会在常德桃林宾馆召开。此次代表大会原定正式代表300人，特邀代表10人，因行政区划变动，原隶属常德市的慈利县划归张家界市，慈利县的14位代表不再参加会议，代表大会的正式代表实为286人，慈利县总工会负责人作为特邀代表出席大会。

11月25日，常德市工会第一次代表大会开幕。中共常德市委书记陈彰嘉、副书记庞道沐、市政府副市长卜启圣出席大会。陈彰嘉代表市委、市政府向大会的致辞中指出：工会工作是党的工作的重要组成部分，各级党委要切实加强对工会工作的领导，支持工会依法独立自主地开展工作，切实发挥好工会组织参与国家政治生活、经济生活和社会生活管理的重要作用；工会作为党和政府联系职工群众的桥梁和纽带，要认真贯彻落实党的十三大精神，团结全市职工围绕经济建设这个中心，始终坚持四项基本原则和改革开放的方针，努力致力于建设有理想、有道德、有文化、有纪律的职工队伍，转变工作方式，扩大工会影响，增强工会组织的吸引力；全市广大职工要坚定政治信念，树立远大理想，自觉抵制资产阶级自由化思潮的侵袭，在推进全市经济社会发展中，肩负起时代赋予的重任。省总工会组织部部长刘正德代表省总工会向大会表示祝贺。会上，出席中国工会第十一次全国代表大会代表、原常德地区工会主任吴本立传达中国工会第十一次全国代表大会精神。大会选举产生吴本立等39人组成的常德市总工会第一届委员会和张耀良等11人组成的常德市总工会第一届经费审查委员会。

大会通过关于《吸引和团结全市职工，在改革和建设中充分发挥主力军作用》的决议。在完成三天大会议程后，11月27日上午，常德市工会第一次代表大会闭幕。

二　常德市工会第二次代表大会

1994年1月12—14日，常德市工会第二次代表大会在常德芷园宾馆举行，出席大会的正式代表290人，特邀代表6人。1月13日大会开幕，中共常德市委副书记彭孟芝、省总工会副主席龚先觉分别代表市委、市政府和省总工会向大会致祝词。

市总工会第一届委员会主席张春仙代表市总工会第一届委员会作题为《肩负时代重任，再创光辉业绩，为加快全市改革开放和经济建设步伐做出新贡献》的工作报告，报告明确全市工会工作的指导思想和发展方向是：以党的十四大精神为指针，坚持党的基本路线，坚持全心全意依靠工人阶级指导思想，坚持突出经济建设中心，全面履行四项社会职能，加快工会自身改革步伐，探索和形成市场经济条件下工会工作新格局，团结动员全市职工积极投入改革开放和经济建设主战场，为建设常德、发展常德、振兴常德而努力奋斗。会上，市总工会第一届委员会以书面形式向大会报告财务工作和经费审查工作。会议期间，中共常德市委副书记、市长吴定宪向大会作当前经济形势及常德经济发展概况报告。

大会选举产生张春仙等35人组成的常德市总工会第二届委员会委员和裴万里等12人组成的常德市总工会第二届经费审查委员会委员。

1月14日上午，大会举行闭幕式。中共常德市委书记庞道沐到会讲话，他强调指出：一直以来，常德市工人阶级为全市改革开放和社会主义现代化建设做出了重大贡献，对此必须充分肯定；在新形势下，要坚定不移地贯彻执行全心全意依靠工人阶级的基本方针，进一步加强和改善党对工会工作领导的指导方针；要充分调动广大职工的积极性，为全市改革发展和稳定而努力奋斗。

三　常德市工会第三次代表大会

1998年11月3—6日，常德市工会第三次代表大会在常德芷园宾馆召开，出席此次代表大会代表300人，其中正式代表296名、特邀代表4名。此前，中共常德市委为加强市工会第三次代表大会筹备工作的领导，成立以市委副书记李少甫为组长，市委常委、市总工会主席张元英为副组长，市委组织部、宣传部和市总工会领导为成员的市工会第三次代表大会筹备工作领导小组。

11月4日，常德市工会第三次代表大会开幕。中共常德市委书记吴定宪，市委副书记、代市长程海波，省总工会副主席吴天保出席了开幕式。程海波在致辞中指出：工人阶级是执政党的阶级基础，是推动改革和发展的最基本力量，是社会主义建设的主力军，是维护社会稳定的中流砥柱。市委、市政府殷切希望全市各级工会组织作为党和政府联系职工群众的桥梁和纽带，在促进党和政府的各项方针、政策的落实中，发挥特有的重要作用；殷切希望全市广大职工以主人翁的姿态，始终站在推进改革、发展、稳定的最前列，在实现常德市国民经济和社会发展远景目标中发挥主力军作用。吴天保在祝词中代表省总工会真切感谢中共常德市委、市政府在加强和改善党对工会工作的领导上所采取的积极有效的举措；高度肯定了常德市总工会在过去五年中开拓进取、勇于创新，为全省工会工作和工运事业发展，提供了许多有借鉴意义的工作思路和宝贵经验；希望常德的工会工作在新形势下谱写新的篇章。

大会上，张元英代表市总工会第二届委员会作题为《肩负时代重任，再创光辉业绩，为加快全市改革开放和经济建设步伐做出新贡献》的工作报告，大会确定今后五年工会工作的目标任务是：建立健全与多种所有制经济共同发展相适应的工会组织体系，建立健全以职工代表大会制度为核心的职工民主管理体系，建立健全以平等协商集体合同制度为核心的劳动关系协调体系，建立健全以群众性生产技术活动为主要内容的职工建功立业激励体系，建立健全以职工生活救助、促进再就业、职工互助合作事业、职工生活福利为主要内容的职工互助互济体系。会上市总工会第二届委员会、第二届经费审查委员会以书面形式向大会作了财务工作和经费审查工作。

大会选举产生张元英等37人组成的常德市总工会第三届委员会和张禹华等9人组成的常德市总工会第三届经费审查委员会。

四　常德市工会第四次代表大会

2003年9月14—16日，常德市工会第四次代表大会在常德芷园宾馆召开，此次代表大会正式代表300人。中共常德市委为加强市工会第四次代表大会筹备工作领导，成立市委副书记戴军勇为组长，市委常委、组织部部长欧运崇，市人大常委会副主任、市总工会主席刘克云，副市长宋冬春为副组长的市工会第四次代表大会筹备工作领导小组。

9月15日，常德市工会第四次代表大会开幕。市委副书记戴军勇，省总工会党组成员、纪检组长刘德明到会并向大会致辞。戴军勇在《牢记工人阶级使命，站在时代发展前列》的致辞中寄语全市广大职工：要坚定理想信念，始终艰苦创业；要坚持与时俱进，不断探索创新；要恪守道德准则，弘扬文明新风；要倍加顾全大局，维护社会稳定，为推进常德改革开放和经济社会发展做出新贡献。刘德明在致辞中指出：当前，中国已经进入全面建设小康社会，加快推进社会主义现代化建设的新时期，各级工会组织要认清形势，把握大局，进一步增强做好新时期新阶段工会工作的时代责任感和历史使命感。

刘克云代表市总工会第三届委员会作题为《认真实践“三个代表”重要思想，团结动员广大职工为建设富裕文明开放的新常德而努力奋斗》的工作报告，明确新形势下全市工会工作的指导方针是：以邓小平理论和“三个代表”重要思想为指导，认真贯彻党的十六大和市第四次党代会精神，紧紧围绕建设小康社会这一宏伟目标，坚定不移地推动党的全心全意依靠工人阶级根本指导方针的落实，切实履行维护企业和职工合法权益的基本职能，努力造就一支高素质的职工队伍，团结动员广大职工为建设富裕文明开放的新常德建功立业。会上，市总工会第三届委员会和第三届经费审查委员会，以书面形式向大会报告了财务工作和经费审查工作。

大会选举产生了刘克云等 47 人组成的常德市总工会第四届委员会和张禹华等 9 人组成的常德市总工会第四届经费审查委员会。9 月 16 日上午，常德市工会第四次代表大会闭幕。

五　常德市工会第五次代表大会

2008 年 11 月 3—5 日，常德市工会第五次代表大会在常德芷园宾馆召开，此次代表大会正式代表 320 人，各区县(市)委专职副书记作为特邀代表出席代表大会。

11 月 4 日，常德市工会第五次代表大会开幕，省总工会党组书记、副主席肖刚强，中共常德市委副书记曹儒国，到会致辞。曹儒国在致辞中指出：要深刻认识和把握新形势下工会工作的重要地位，要充分发挥全市职工在建设和谐常德中的重要作用，要切实加强和改进新时期党对工会工作的领导，充分发挥全市各级工会组织在推进常德经济社会发展中不可替代的重要作用。肖刚强在致辞中指出：过去五年，常德市各级工会不断研究新情况，探索新做法，总结新经验，很多工作走在全省前列；在新形势下，希望常德市各级工会要以这次大会为新起点，不断开创工会工作新局面。要进一步增强做好工会工作的责任感和使命感，充分激发广大职工的创造活力，切实履行维护职工合法权益基本职责，以改革创新精神加强工会自身建设。

市总工会第四届委员会主席刘克云代表市总工会第四届委员会向大会作题为《高举中国特色社会主义伟大旗帜，团结动员全市职工为建设工业强市文化名城和谐常德而努力奋斗》的工作报告，明确今后一个时期全市工会工作的发展方向和目标任务是：推动科学发展，广泛开展职工建功立业活动；促进社会和谐，大力发展和谐劳动关系；推动共建共享，健全完善维权机制；加强基层民主政治建设，维护职工民主政治权利；服务基层和职工，不断增强工会组织凝聚力。大会向全体代表印发了市总工会第四届委员会、第四届经费审查委员会关于财务工作和经费审查工作的书面报告。

大会选举产生石成林等 51 人组成的常德市总工会第五届委员会和施才明等 11 人组成的常德市总工会第五届经费审查委员会。11 月 5 日上午，大会举行闭幕式，市委常委、组织部长李平致闭幕词，对做好新形势下的工会工作提出四点希望：全面落实科学发展观，牢牢把握工会工作发展方向；团结带领广大职工，推动全市经济又好又快发展；大力发展和谐劳动关系，切实维护职工队伍稳定；切实加强工会自身建设，不断提高工会工作水平。

随后，新当选的市总工会第五届委员会主席石成林讲话，强调今后一个时期全市工会工作的指导思想和发展方向，即“坚持四个基本理念，突出三个方面重点”。坚持四个基本理念：始终坚持党对工会工作的绝对领导不动摇；始终坚持维护职工群众利益不动摇；始终坚持提高工会整体素质不动摇；始终坚持工会工作的和谐发展不动摇。突出三个方面的重点：深入学习贯彻科学发展观和中国工会十五大精神；团结动员全市广大职工为又好又快发展全市经济建功立业；深入履行工会基本职责，切实做好困难职工的生活救助工作。

六 常德市工会第六次代表大会

2013 年 4 月 8—9 日，常德市工会第六次代表大会在常德芷园宾馆召开，此次代表大会正式代表 350 人，中共常德市委副书记宋冬春、常德市人民政府副市长匡加才出席大会。

4 月 8 日，常德市工会第六次代表大会开幕，宋冬春代表中共常德市委、市人大、市政府、市政协向大会致辞。他强调，要把党的十八大精神作为工会工作的指南，要深刻理解中国特色社会主义发展道路的主要内涵，深刻理解中国特色社会主义工会性质的本质特征，深刻理解科学发展观的最新定位，要把推进科学发展作为工会工作的主题，要大力弘扬劳模精神，致力推进转型升级，着力优化创业环境；要把服务职工群众作为工会工作的主线，要切实维护职工的合法权益，切实做好帮困助贫工作，切实加强思想引导；要把加强自身建设作为工会工作的保证，要进一步夯实基层基础，提升能力水平，转变工作作风。

石成林代表市总工会第五届委员会向大会作题为《坚持特色道路，凝聚职工力量，为建设现代常德、幸福家园而努力奋斗》的工作报告。他指出，今后五年，全市工会工作要在六个方面彰显作为：要以建功“十二五”为主题，在推动经济社会发展中彰显作为；要以构建和谐劳动关系为前提，在维护和发展职工合法权益上彰显作为；要以文化建设为抓手，在提高职工队伍综合素质上彰显作为；要以职工维权帮扶网络为载体，在服务职工上彰显作为；要以基层组织建设为重点，在增强工会组织活力上彰显作为；要以改革创新为动力，在打造学习型服务型创新型工会上彰显作为。

会上，市总工会第五届委员会和第五届经费审查委员会，分别以书面形式向大会报告财务工作和经费审查工作。

大会选举产生了石成林等 61 人组成的常德市总工会第六届委员会和周凯等 13 人组成的常德市总工会第六届经费审查委员会。

第二章　全体委员会议

第一节　常德地区总工会全体委员会议

一　一届一次全体会议

1973 年 6 月 19 日，常德地区总工会第一届委员会举行第一次全体会议，选举常德地区总工会第一届委员会常务委员会，选举常德地区总工会第一届委员会主任、副主任。

二　一届二次全体会议

1973 年 9 月 25—27 日，常德地区总工会第一届委员会举行第二次全体会议。按照中共常德地委指示精神，全会的主题是学习中共十大文件精神，讨论安排工作。会上，地区总工会副主任胡松甫作题为《深入学习、坚决贯彻十大精神，进一步发挥工人阶级主力军作用》的工作报告，要求全区各级工会组织要以十大精神为动力，继续搞好批林整风；要用十大精神，推动上层建筑包括意识形态领域的社会主义革命；要用十大精神，推动抓革命、促生产、促工作、促战备。会上，津市镇总工会、常德市副食品公司工会、常德七一机械厂工会、汉寿县岩嘴供销社工会作了大会发言。地区总工会主任林丛作了总结讲话，要求全区各级工会认真学习、领会、贯彻中共十大精神，组织职工群众积极投入批林整风运动，以抓革命、促生产、促工作、促战备实际行动，体现工人阶级的重要作为。会议期间，全体与会人员到常德纺织机械厂参观学习。

三　一届三次全体会议

1974 年 2 月 27—29 日，常德地区总工会第一届委员会举行第三次全体会议，会议的主题是学习中央领导讲话和中共中央中发〔1974〕8 号文件，以及人民日报社论，地区总工会主任林丛传达省总工会常委扩大会议誓把批林批孔斗争进行到底的精神。会上，地区总工会副主任胡松甫作题为《紧跟毛主席的伟大战略部署，誓把批林批孔的斗争进行到底》的动员报告，要求全区各级工会进一步认识批林批孔的重大意义；要在党的一元化领导下，放手发动群众，联系实际，深入开展革命大批判；要组织职工群众认真看书学习，掌握批林批孔的思想武器；要牢牢把握斗争大方向，团结一致，批林批孔；要在批林批孔的斗争中加强各级工会的思想、组织建设，不断提高工会战斗力。市县和区直企业工会10名工会主席作表态发言。中共常德地委书记张文光、常德军分区政委卞兆干、地委副书记詹顺初、地委秘书长张宜林等到会讲话。

四　一届四次全体会议

1976年12月17—20日，常德地区总工会第一届委员会举行第四次全体会议。会议的主题是深入开展对江青反革命集团的大揭发、大批判。在与会人员揭发、声讨了江青反革命集团反党、反社会主义、反毛泽东思想的罪行后，地区工会主任林丛作了总结发言，对后段的工会工作提出具体要求：紧密结合斗争实际，掀起学习马列著作和毛主席著作新高潮；突出宣传和大力颂扬党的英明领袖华主席；放手发动职工群众，深入开展对江青反革命集团的大揭发、大批判；发动职工群众鼓足干劲，大干社会主义；增强党的观念，在党的一元化领导下，切实发挥工会组织积极作用。

五　一届五次全体会议

1977年4月25—29日，常德地区总工会第一届委员会举行第五次全体会议。会议的主题是：深入批判江青反革命集团罪行，认真抓好工会工作。会议前阶段是批判江青反革命集团和常德原工代会主任刘传禹。地区总工会主任林丛、副主任丁应南、常德市总工会副主任张金凤、常德运输公司工会主任余秀英、红光仪器厂工会副主任唐正球、桃源县工会副主任黄维国等6人作批判发言。会议后半段探讨研究工会工作。常德纺织机械厂工会主任马贵富、石门县工会秘书揭小铭、237队工会主任唐宗美作了发言。会议结束时，地区总工会主任林丛部署了后段工作，主要是：积极发动职工群众，深揭狠批江青反革命集团；认真抓好职工群众的学习；深入开展“工业学大庆”群众运动，积极组织社会主义劳动竞赛；坚决服从党的集中统一领导，积极当好党的助手。

六　一届六次全体会议

1978年6月7日，常德地区总工会第一届委员会举行第六次全体会议，选举通过常德地区工会出席湖南省工会第八次代表大会和中国工会第九次全国代表大会代表，以及湖南省总工会第八届委员会委员候选人。会议选举常德地区总工会主任林丛等132人为常德地区出席湖南省工会第八次代表大会代表；选举常德地区总工会主任林丛、石门县总工会主任周祖文、常德纺织机械厂工会任马贵富等3人为出席中国工会第九次全国代表大会的代表；推荐常德地区总工会主任林丛、常德市总工会主任齐国志、石门县总工会主任周祖文、常德纺织机械厂工会主任马贵富、湖南省地质403队工会干部罗绍兰、常德青峰煤矿党委副书记霍风莲、津市市人民路商店副主任王署梅等7人为湖南省总工会第八届委员会委员候选人。

第二节　常德市总工会全体委员会议

一　常德市总工会第一届委员会全体会议

（一）一届一次全体会议

1988年11月26日，常德市总工会第一届委员会举行第一次全体会议，选举常德市总工会第一届委员会常务委员和正、副主席。

（二）一届二次全体会议

1989年1月13日，常德市总工会第一届委员会举行第二次全体会议。会上，市总工会主席吴本立作题为《围绕中心，立足基层，突出重点，在改革中开创全市工会工作新局面》的工作报告。报告要求全市各级工会要大力协助党政开展形势教育，维护职工队伍稳定；要进一步完善民主参与、民主管理制度，更好地代表和维护职工的合法权益；要大力开展劳动竞赛和双增双节活动，以优异成绩迎接全国、全省劳模大会召开；要切实转变工作作风，积极稳妥地推进工会改革。中共常德市委副书记、市长蔡长松到会并就工会在改革发展稳定中发挥积极作用作了讲话，要求全市各级工会紧密结合当前形势做好工会工作，指出：要紧密联系职工思想实际，广泛深入地开展形势教育；要组织和团结广大职工，积极参与深化改革；要积极推进社会主义民主政治建设，巩固和发展社会安定团结；要进一步理顺工会与党和政府的关系，依法独立自主地开展工作。

（三）一届三次全体会议

1990年2月7日，常德市总工会第一届委员会举行第三次全体会议，在审议通过市总工会主席吴本立和市总工会经费审查委员主任张耀良所作的工作报告和经费审查工作报告后，中共常德市委书记陈彰嘉、副书记庞道沐、市政府副市长陈德铨等领导到会与来自区县（市）和基层的工会主席就学习贯彻《中共中央关于加强和改善党对工会、共青团、妇联工作领导的通知》进行座谈。座谈会上，基层工会主席提出了关于进一步改善工会工作环境以及提高职工主人翁地位等建议。陈德铨通报全市经济发展状况。庞道沐就加强新形势下的工会工作谈三方面意见：各级党委、政府在加强和改善党对工会工作的领导问题上要多办实事、少说空话；各级工会在落实全心全意依靠工人阶级指导方针上要主动作为；广大职工在推动全市发展稳定上要展示工人阶级主人翁风貌。陈彰嘉勉励和希望全市各级工会组织充分发挥工会大学校作用，通过工会组织的职能优势，不断增强工会工作的吸引力，使工会组织真正成为党联系职工群众的桥梁和纽带。

（四）一届四次全体会议

1991 年 2 月 1—2 日，常德市总工会第一届委员会举行第四次全体会议暨全市工会工作表彰大会。会上，市总工会主席吴本立作题为《动员全市职工，团结奋进苦干实干，为实现八五计划第一年我市的总体目标而努力》的工作报告，报告明确工会工作的重点是：深化对中央 12 号文件的理解和贯彻，始终坚持工会工作的正确方向；围绕全市经济建设的总体目标，继续深入开展以“优质、新品、稳产、适销、增效、安全”为主要内容的社会主义劳动竞赛；突出工会参与和维护的社会职能，加强民主管理和民主监督，推进治理整顿的深化；致力于培养、造就“四有”职工队伍，努力提高工会思想政治工作水平。全会审议通过市总工会经审会主任张耀良所作的经费审查工作报告。全会还增补常德市总工会第一届委员会委员和常德市总工会第一届经费审查委员会委员。随后，1990 年度全市工会工作总结表彰大会召开。中共常德市委副书记彭孟芝到会讲话。

（五）一届五次全体会议

1992 年 2 月 13—14 日，常德市总工会第一届委员会举行第五次全体会议。会议履行市总工会第一届委员会副主席、常务委员和经审委员的增补和免去程序。会上，市总工会主席吴本立作题为《坚定信心，务实创新，搞活基层，为实现兴工强农富市的战略目标做出新贡献》的工作报告，报告明确工会工作的重点是：坚持以经济建设为中心，认真落实兴工强农富市的战略目标，在搞活企业、振兴常德经济中充分发挥工会的积极作用；拓宽参与渠道，维护职工合法权益，教育引导职工参与、支持和推动各项改革的顺利实施；加强职工队伍建设，提高劳动者素质，努力培养造就“四有”职工队伍；继续贯彻中央 12 号文件，进一步加强自身改革和建设，不断增强基层工会的活力。全会审议通过市总工会副主席张春仙所作的财务工作报告和经审会主任张耀良所作的经费审查工作报告。中共常德市委副书记彭孟芝到会讲话，要求全市各级工会要紧紧围绕市委、市政府兴工强农富市的战略目标，引导全市职工站在推动各项改革的最前列，站在振兴常德经济的最前列，各级党委、政府要认真贯彻中央 12 号文件精神，切实加强和改善对工会工作的领导。

（六）一届六次全体会议

1993年3月12—13日，常德市总工会第一届委员会举行第六次全体会议。会议履行了市总工会第一届委员会主席、副主席的选举和免去程序。中共常德市委副书记彭孟芝到会并讲话，就工会工作如何适应改革开放和社会主义市场经济发展的新要求强调了三点意见：必须进一步明确新时期工会工作的发展方向；必须将全心全意依靠工人阶级的方针落到实处；必须加强和改善党对工会工作的领导。同时，希望认真总结过去五年全市工会工作经验，充分做好市工会第二次代表大会的各项筹备工作。

（七）一届七次全体会议

1993年7月14日，常德市总工会第一届委员会举行第七次全体会议，选举出席湖南省工会第十一次代表大会代表和出席全国工会第十二次代表大会代表，推选省总工会十一届委员会、经费审查委员会委员候选人。全会按照《湖南省工会民主选举暂行办法》规定，对省总工会直接推荐的10名代表和分配给常德市总工会的47名代表名额进行投票选举。常德市总工会主席张春仙等57人当选为湖南省工会第十一次代表大会代表。全会推选市总工会主席张春仙、澧县总工会主席胡宗明、石门磷肥厂一线职工鄢美红为出席全国工会第十二次代表大会代表，常德轴承厂厂长王顺生作为特邀代表出席全国工会第十二次代表大会。全会通过市总工会主席张春仙、武陵区总工会主席李志浩、市一人民医院工会主席蒋争鸣、常德棉纺厂工会主席张升豪为省总第十一届委员会委员候选人，推选市总工会经审主任张耀良为省总工会第十一届经费审查委员会委员候选人。

（八）一届八次全体会议

1994年1月10—11日，常德市总工会第一届委员会举行第八次全体会议，审议通过常德市工会第二次代表大会代表资格审查报告，审议通过市总工会第一届委员会向常德市工会第二次代表大会所作的工作报告、财务工作报告和经费审查工作报告，以及女职工委员会工作报告。全会上，市总工会副主席叶诗林就常德市工会第二次代表大会的筹备工作作了汇报。

二　常德市总工会第二届委员会全体会议

（一）二届一次全体会议

1994年1月13日，常德市总工会第二届委员会举行第一次全体会议，选举常德市总工会第二届委员会的常务委员和正、副主席。

（二）二届二次全体会议

1995年2月16—17日，常德市总工会第二届委员会举行第二次全体会议。市总工会主席张春仙作题为《抓机遇,创特色,求实效,上水平,充分发挥工会在改革发展稳定中的作用》的工作报告。报告分析工会工作所面临的新形势,认为在新的发展形势下,工会团结和动员职工投身改革、促进发展、维护稳定的任务更加突出,依法代表维护职工合法权益尤其是劳动权利和经济利益,保护和调动广大职工积极性的任务更加繁重,通过立法参与、决策参与、代表职工调整劳动关系和协调社会矛盾、组织职工实行民主管理和民主监督的任务更加艰巨,密切联系职工、宣传教育职工和团结组织职工、充分发挥党联系职工群众的桥梁纽带作用的任务更加紧迫。面对新的形势,全市各级工会要坚持以党的基本路线和十四届三中、四中全会精神为指导,以贯彻《中华人民共和国劳动法》为契机和突破口,紧扣经济建设这个中心,把握"改革发展稳定"这个大局,实施送温暖工程、主人翁工程和网络化组织建设工程,全面履行工会社会职能,更好地发挥工会在常德"开发开放兴市"中的积极作用。

会议推选了全国、全省优秀工会工作者和工会积极分子候选人。中共常德市委副书记彭孟芝到会讲话,要求各级工会要始终把握全党工作大局,团结和动员广大职工,为推进全市的改革发展稳定做贡献,要切实加强自身的改革与建设,不断研究新情况、解决新问题,努力探索和形成新时期工会工作的新路子。

(三)二届三次全体会议

1995 年 11 月 6—7 日,常德市总工会第二届委员会举行第三次全体会议,重点部署推行平等协商签订集体合同工作。市总工会主席张春仙在动员报告中强调:推行平等协商和签订集体合同制度要强化认识,全会动员,全力推进;推行平等协商和签订集体合同制度要加强领导,搞好协调。副市长陈君文到会讲话,强调要统一思想,深刻认识推行平等协商和签订集体合同制度的重要意义;抓住重点,全面推行平等协商和签订集体合同制度工作;加强领导,为推行平等协商签订集体合同制度创造良好的条件。中共常德市委副书记彭孟芝就加强推行平等协商和签订集体合同工作的组织领导提出了具体要求。全会还履行了市总工会第二届委员会委员、常委、副主席的增补程序。

(四)二届四次全体会议

1996 年 2 月 5—6 日,常德市总工会第二届委员会举行第四次全体会议。全会的主题是传达中共中央政治局常委、全国总工会主席尉健行的讲话精神,部署工会工作,履行任免事项。市总工会主席张春仙向全会作题为《强化基本职能,提高整体水平,为建设新常德做出新贡献》的工作报告。报告明确工会工作的重点是:抓维权机制建设,深化企业民主管理,切实代表和维护职工合法权益;抓职工队伍建设,加强职工教育的深度,引导职工为建设新常德建功立业;抓工会自身建设,加快工会改革步伐,增强为职工服务的实力和活力。中共常德市委副书记彭孟芝到会讲话,要求全市各级工会深刻学习领会中央"两个根本性转变"的精神实质,转变传统的工会工作思维定式,更好地发挥工会服务全局工作的积极作用。要引导广大职工自觉地站在改革前列，为推进全市的改革做出不懈努力；要引导广大职工积极投身于经济建设，为推进常德的经济发展做贡献；要引导广大职工进一步增强主人翁意识，在维护全市社会稳定、推进两个文明建设中发挥积极作用。

（五）二届五次全体会议

1997年2月20日，常德市总工会第二届委员会举行第五次全体会议。市总工会主席张春仙向全会作题为《突出重点，创造特色，搞活基层，引导职工为全市的两个文明建设建功立业》的工作报告。报告提出全市工会工作总体思路是：抓住根本，坚持用党的六中全会精神武装职工，努力建设“四有”职工队伍；发挥优势，坚持深入开展劳动竞赛和合理化建议活动，努力为全市经济发展做贡献；夯实基础，坚持用新时期工会工作总思路统一思想，努力推动工会工作整体上水平。市政府副秘书长张友德作了《认清当前形势，发挥工会作用，努力推动我市经济快速健康发展》的讲话，强调要适应“两个转变”，充分发挥工会组织的作用；要加强各方配合，为工会工作创造良好的社会环境。中共常德市委副书记彭孟芝到会并讲话，对加强新形势下的工会工作提出三点要求：认真学习贯彻党的十四届六中全会精神，以工人阶级崭新风貌推进全市的精神文明建设；动员和组织全市职工以主人翁的姿态为发展常德经济做贡献；适应形势的要求，切实转变工作作风，不断加强工会自身建设。

（六）二届六次全体会议

1997年11月7日，常德市总工会第二届委员会举行第六次全体会议，履行选举和免去程序。

（七）二届七次全体会议

1998年1月19日，常德市总工会第二届委员会举行第七次全体会议。中共常德市委常委、市总工会主席张元英向全会作了题为《围绕主题抓重点，履行职责办实事，在深化改革中不断提高工会工作整体水平》的工作报告，要求全市各级工会积极组织动员全市职工为推动企业扭亏增盈，促进全市经济发展做贡献；要继续拓宽下岗再就业和送温暖工程领域，切实维护全市职工队伍的稳定；要进一步加大推行厂务公开工作力度，推进全市企业民主管理、民主监督机制的不断完善；要进一步加快新经济组织工会组建步伐，全面推进工会组织建设；要深入开展“三讲”教育，全面提高工会干部素质，推进工会自身改革和建设。中共常德市委副书记李少甫到会，就切实推动工会自身改革和切实加强和改善党对工会工作的领导作了讲话，他强调指出：加强工会自身改革，必须坚持以改革的精神研究新情况、解决新问题、创造新经验、探索新路子，必须以增强基层活力为中心环节，重点抓好基层干部队伍建设；加强和改善党对工会工作的领导，就要支持工会依法独立自主地开展工作。

（八）二届八次全体会议

1998年3月3日，常德市总工会第二届委员会举行第八次全体会议，选举出席省工会十二大的代表和全国工会十三大代表，推选省总工会第十二届委员会委员和经费审查委员会委员候选人。中共常德市委常委、市总工会主席张元英等30人当选为省工会十二大的代表;市委常委、市总工会主席张元英,常德卷烟厂工会主席车德莲,常德纺织机械厂技术干部李鸣威当选为中国工会第十三次全国代表大会代表;市委常委、市总工会主席张元英,常德棉纺厂工会主席张升豪,临澧县总工会主席蒋丙福被推选为省总工会第十二届委员会委员候选人,市总工会经费审查委员会主任谭春煌推选为省总工会第十二届经费审查委员会委员候选人。

(九)二届九次全体会议

1998年10月8日,常德市总工会第二届委员会举行第九次全体会议,审议通过市总工会第二届委员会在常德市工会第三次代表大会上的工作报告、财务工作报告、经费审查工作报告。全会由市总工会党组书记、副主席窦长清主持,并向全会通报关于召开常德市工会第三次代表大会的各项筹备工作情况。市委常委、市总工会主席张元英就做好召开常德市工会第三次代表大会的各项筹备工作,进行再调度、再部署。

三　常德市总工会第三届委员会全体会议

(一)三届一次全体会议

1998年11月5日,常德市总工会第三届委员会举行第一次全体会议,选举产生常德市总工会第三届委员会常委,正、副主席;通过常德市总工会第三届女职工委员会组成人员。

(二)三届二次全体会议

1999年1月25日,常德市总工会第三届委员会举行第二次全体会议。中共常德市委常委、市总工会主席张元英作工作报告,报告从六个方面部署了工会工作:正确处理改革发展稳定三者关系,进一步动员和组织全市广大职工在两个文明建设中发挥主力军作用;以推行厂务公开为契机,进一步健全和完善企业民主管理民主监督约束机制;以逐步完善平等协商和集体合同制度为依托,进一步推进企业建立稳定协调的劳动关系;以突出下岗职工稳定和再就业为重点,进一步拓展"送温暖工程"领域和加大职工社会保障力度;以实施跨世纪职工素质工程为主线,进一步推进"四有"职工队伍建设;以巩固、发展和壮大工会基层组织为基础,进一步推进新形势下工会自身改革和建设。中共常德市委副书记李少甫到会作进一步加强新形势下工会工作的讲话:要发挥工会组织优势,积极引导职工群众正确处理改革发展稳定的关系,支持和推动全市各项改革的稳步推进;要认真履行工会职能,依法维护职工合法权益,努力把党的全心全意依靠工人阶级根本指导方针落实到基层;要加强和改善党对工会工作的领导,帮助工会解决具体困难和问题,支持工会依法独立自主地开展工作。

(三)三届三次全体会议

2000年2月29日,常德市总工会第三届委员会举行第三次全体会议。中共常德市委常委、市总工会主席张元英作《面向新世纪，迎接新挑战，为努力把我市工会工作提高到一个新的水平而奋斗》的工作报告，报告要求全市各级工会紧密围绕党的中心，努力突出工会职能，充分发挥工会在服务全局工作中的积极作用；坚持以发展促进巩固、以巩固推动发展的工会组建工作思路，下大力气推进全市基层工会组织建设；进一步加强以厂务公开为主要内容、职工代表大会为基本形式的职工民主管理，坚定不移地推动贯彻落实党的依靠方针；加大平等协商签订集体合同工作力度，依法参与调整劳动关系，维护职工的劳动权利和经济利益；深入开展送温暖工程和再就业工程，切实做好下岗职工和困难职工基本生活保障，有效地维护职工队伍和社会的稳定；以改革的精神加强工会自身建设，切实提高工会干部素质，全面推进全市工会工作整体上水平。副市长杨光宏通报了全市经济形势。中共常德市委副书记李少甫到会讲话，要求全市各级工会认清形势、明确任务，始终把工会工作放到全市改革发展稳定的大局中去把握；统一思想、坚定信心，团结带领全市职工积极推进全市国有企业改革和发展；切实维护企业和职工队伍的稳定，为推进全市经济发展营造一个稳定的社会环境；适应新形势，加大工会工作的创新力度，推进工会自身改革和建设。

（四）三届四次全体会议

2001 年 3 月 8 日，常德市总工会第三届委员会举行第四次全体会议，履行选举和免去程序。会上，市总工会副主席窦长清作题为《围绕中心，服务大局，团结动员全市职工为推进常德的发展做出新贡献》的工作报告，报告明确工会工作主要任务：学习贯彻党的五中全会和省委、市委经济工作会议精神，充分调动全市职工投入改革和建设的积极性；进一步理清基层工会组织建设工作思路，构筑基层工会组织建设新格局；推动工会保障工作体系的建立健全，把依法维护职工合法权益的工作落到实处；加大协调劳动关系力度，切实维护职工经济利益和民主权利；适应改革发展的要求，努力推进工会的自身改革和建设。中共常德市委副书记李少甫到会讲话，强调指出：要深入学习党的五中全会和省委、市委经济工作会议精神，切实把工会工作放到全市工作大局中去把握；要坚定不移地落实党的依靠方针，充分发挥全市职工在推进国有企业改革和发展中的重要作用；全面履行工会维护职工合法权益的基本职能，切实维护职工队伍和社会的稳定；要以“三个代表”重要思想为指导，坚持不懈地推进工会改革和建设。

（五）三届五次全体会议

2002 年 3 月 2 日，常德市总工会第三届委员会举行第五次全体会议，履行选举和免去程序。全会审议通过了市总工会党组书记、常务副主席窦长清代表市总工会在 3 月 3 日召开的市委工会工作会议上要作的《始终紧扣发展主题，自觉接受党的领导，努力把我市工会工作提高到一个新水平》的工作汇报。

（六）三届六次全体会议

2002年8月15日，常德市总工会第三届委员会举行第六次全体会议，履行选举和免去程序。

（七）三届七次全体会议

2003年4月1日，常德市总工会第三届委员会举行第七次全体会议，履行市总工会委员、常委、副主席、主席的免去和替补程序；选举出席湖南省工会第十三次代表大会和中国工会十四次代表大会的代表，通过省总工会第十三届委员会委员和省总工会第十三届经费审查委员会委员候选人。市总工会主席刘克云等35人当选为湖南省工会第十三次代表大会的代表；市总工会主席刘克云、津市总工会副主席王文军、常德卷烟厂工会主席车德莲、市文化艺术研究所一级编剧汪荡平等4人当选为中国工会第十四次代表大会的代表。会议通过市人大常委会副主任、市总工会主席刘克云，市总工会副主席雷志汉，中共澧县县委常委、县总工会主席张阳，常德卷烟厂党委副书记、工会主席车德莲等4人为省总工会第十三届委员会委员候选人；市总工会经审主任张禹华为省总工会第十三届经费审查委员会委员候选人。

四　常德市总工会第四届委员会全体会议

（一）四届一次全体会议

2003年11月5日，常德市总工会第三届委员会举行第一次全体会议，选举产生常德市总工会第三届委员会常委，正、副主席；通过常德市总工会第三届女职工委员会组成人员。

（二）四届二次全体会议

2004年2月19日，常德市总工会第四届委员会举行第二次全体会议。会议的主题是：学习贯彻党的十六届三中全会、省总工会十三届二次全会的精神，认真总结2003年的工作，研究部署2004年的工作任务。会上，市人大常委会副主任、市总工会主席刘克云作题为《紧紧围绕发展大局，充分发挥工会作用，为“实施千亿工程、建设工业常德”做出新贡献》的工作报告，提交给全体委员讨论通过，待2月20日中共常德市委召开的全市工会工作会议上作正式工作报告。报告从五个方面总结市工会第四次代表大会以来的工作。报告明确2004年工会工作的重点：紧紧围绕全市发展大局开展工作，团结动员广大职工为“实施千亿工程、建设工业常德”贡献力量；突出抓好新经济组织的工会组建工作，进一步增强基层工会活力；突出抓好维权工作，更好地表达和维护职工群众的合法权益；突出抓好基础工作，促进工会各项工作上台阶、创一流。

（三）四届三次全体会议

2006年2月27日，常德市总工会第四届委员会举行第三次全体会议，履行选举免去市总工会委员程序。会上，市总工会党组书记、副主席雷志汉作题为《创新规范，务实进取，全面提升全市工会工作水平》的工作报告，报告从四个方面总结2005年的全市工会工作：组建攻坚成效显著，非公有制企业工会建设迈出实质性步伐；服务全市发展大局，工会活动有实质性创新；认真履行基本职能，维权工作有实质性突破；扎实推进“双联”工作，送温暖工程有实质性发展；自身建设力度加大，工会实力有实质性增强。报告从五个方面明确2006年工会工作任务：创新理念，在组织动员广大职工投身经济建设主战场上有新作为；创新重点，在推动非公经济组织工会组建与规范上有新成效；创新机制，在不断构建和谐稳定的劳动关系上有新发展；创新方式，在帮助解决职工群众生产生活中的突出问题上有新举措；创新基础，在规范工会自身建设上有新加强。

常德市总工会第四届委员会第三次全体会议

（四）四届四次全体会议

2007年2月1日，常德市总工会第四届委员会举行第四次全体会议，履行增补和免去市总工会委员和市总工会经费审查委员会委员程序。会上，市总工会党组书记、副主席雷志汉作题为《明确工作任务，加强全会建设，团结动员广大职工为推进工业强市贡献力量》的工作报告。报告总结了过去一年工会工作：突出创新理念，工会工作的影响力进一步扩大；着力全面规范，工会工作的基础进一步夯实；强化维权机制，职工权益得到进一步维护；狠抓活动开展，工会工作的活力进一步增强；坚持争先创优，工会工作的发展进一步强劲。报告明确2007年工会工作重点：充分发挥工人阶级的主力军作用，组织动员广大职工围绕工业强市目标建功立业；继续抓好以非公有制企业为重点的工会组建与规范，不断夯实工会组织基础；围绕构建和谐劳动关系，牢固树立中国特色社会主义工会维权观；广泛开展和切实创新送温暖活动，进一步强化帮扶困难职工力度；加强工会自身建设，提高工会干部整体素质。市总工会经费审查委员会主任张禹华向全会报告经费审查工作。全会通过了市总工会女职工委员会调整方案。

（五）四届五次全体会议

2007年5月15日，常德市总工会第四届委员会举行第五次全体会议，增选市总工会委员、常委、副主席。在全会上，市总工会党组书记、副主席雷志汉传达胡锦涛总书记在参加全国政协十届五次会议工会、共青团、青联、妇联界委员联组讨论时讲话精神。市人大常委会副主任、市总工会主席刘克云就学习贯彻胡锦涛的讲话精神，部署下一阶段全市工会重点工作，强调三点意见：认真学习胡锦涛总书记重要讲话和重要批示精神，切实增强做好工会工作的责任感和使命感；切实做好组织、引导、服务职工和维护职工合法权益的工作，充分发挥工会组织在构建和谐社会中的重要作用；紧密结合工会实际，切实抓好工会组建、工会经费地税代征、维护职工队伍稳定等重点工作。

（六）四届六次全体会议

2008年2月29日，常德市总工会第四届委员会举行第六次全体会议。会上，市总工会党组书记、副主席雷志汉作题为《认真学习贯彻党的十七大精神，团结动员广大职工为加快工业强市步伐做出新贡献》的工作报告。报告总结过去一年全市工会工作所形成的特色和亮点：细于谋划，在服务大局中充分发挥工会组织作用的空间不断拓展；突出重点，在推动工会工作整体前进中不断创新；强化自身，在加强工会干部作风建设中的成效不断显现。报告提出2008年要着重抓好的几方面工作：认真学习贯彻党的十七大精神，以科学发展观为指导统领工会工作全局；服务工业强市目标，充分发挥工人阶级的主力军作用；致力于巩固党的阶级基础，着重推进非公有制企业工会组建与规范；贯彻落实《中华人民共和国劳动合同法》和《湖南省职工代表大会条例》，大力发展和谐劳动关系；加大扶贫帮困力度，努力维护职工各项社会经济权益；切实强化自身建设，不断提高工作水平。全会还履行选举和免去市总工会第四届委员会委员、常委，市总工会第四届经费审查委员会委员、主任，市总工会第四届女职工委员会委员的程序。

（七）四届七次全体会议

2008年4月2日，常德市总工会第四届委员会举行第七次全体会议，履行选举和免去市总工会第四届委员会委员、常委和第四届经费审查委员会委员、主任的程序。

（八）四届八次全体会议

2008年4月2日，常德市总工会第四届委员会举行第八次全体会议，选举出席湖南省工会第十四次代表大会代表和中国工会第十五次代表大会的代表。市总工会主席刘克云等 38 人当选湖南省工会第十四次代表大会代表。全会选举市总工会主席刘克云、澧县总工会主席张晓莲、常德卷烟厂工会主席向晓芳、湖南凯斯机械股份有限公司车间主任王伟等 4 人为中国工会第十五次代表大会代表。

（九）四届九次全体会议

2008 年 10 月 29 日，常德市总工会第四届委员会举行第九次全体会议，审议通过常德市总工会第四届委员会在常德市工会第五次代表大会上的工作报告、财务工作报告、经费审查工作报告。全会认为，过去五年，是全市工会与时俱进、锐意进取、在服务大局、促进发展中做出积极贡献的五年；是突出维护、唱响品牌，在保障职工合法权益中发挥重要作用的五年；是壮大组织、健全机制、开拓创新，自身改革和建设取得显著成效的五年；是引领全市广大职工奋力拼搏、勇挑重担，推动经济社会不断发展和工运事业创造辉煌的五年。回顾五年工作所积累的成功经验和启示是：必须始终坚持党对工会工作的领导；必须始终服从服务于党和政府的全局工作；必须始终坚持“两个维护”的有机统一，旗帜鲜明地履行基本职责；必须始终坚持与时俱进、开拓创新，不断探索市场经济条件下工会工作的新路子。全会上，市人大常委会副主任、市总工会主席刘克云传达了全国工会第十五次代表大会精神。

五　常德市总工会第五届委员会全体会议

（一）五届一次全体会议

2008 年 11 月 5 日，常德市总工会第五届委员会举行第一次全体会议，选举产生常德市总工会第五届委员会常务委员和正、副主席；通过常德市总工会第五届经费审查委员会正、副主任人选；通过常德市总工会第五届女职工委员会组成人员和常德市总工会第五届女职工委员会主任、副主任人选。

（二）五届二次全体会议

2009 年 10 月12 日，常德市总工会第五届委员会举行第二次全体委员会议。会议主要议程是：替补、免去市总工会第五届委员会委员、常委、副主席，表决通过常德市总工会女职工委员会主任任免。市人大常委会副主任、市总工会主席石成林就如何履行工会委员会委员职责作专题讲话。他指出，工会委员尽职尽责的标准：一是要看自己所在的单位工会委员的工会意识是不是有了明显的提高；二是要看自己所在的单位工会委员是不是在关心和关注单位的生存与发展；三是要看本单位会员有困难的时候，是不是在第一时间想到工会组织，向工会诉求；四是要看单位工会组织对本单位党委和行政的影响力有多大。他强调，工会委员要尽职尽责：一是要热爱工会工作；二是要熟悉工会工作方法，较快进入角色；三是要务实肯干，真正办几件党委、行政称道，职工群众满意的事情；四是要在工作实践中勤于思考，善于钻研，不断创新工作方法和手段。石成林寄语与会人员，珍惜工会工作面临的难得发展前景和机遇，珍惜从事工会工作的机会，不断提高从事工会工作的能力，努力做一名合格的工会工作者。

（三）五届三次全体会议

2010年3月10日，常德市总工会第五届委员会举行第三次全体会议，增补和免去市总工会第五届委员会委员、常委、副主席；审议通过2010年度全市工会工作报告和2010年经费审查工作意见的报告。市总工会党组书记、副主席赵克蓉代表市总工会常委会做工作报告，传达省总全会和研讨会两个会议精神，总结2009年全市工会工作。她指出，过去一年全市工会工作成效突出：一是在服务党政大局中发挥积极作用，特别是各级工会见事早、行动快，开展“千家企业共同约定行动”，号召全市职工以主人翁姿态应对金融危机；二是争取资源和手段取得明显成效，市委、市政府在加强工会组织建设、完善工会经费收缴机制、市职工活动中心资金支持、建立完善政府与工会联席会议制度等方面，为工会工作创新发展提供环境和条件；三是扩大社会影响，受到上级领导的高度关注。全年，全国总工会副主席乔传秀、王炯，省人大常委会副主任、省总工会主席刘莲玉，省政协副主席龚建明等4位副部级领导到常德考察工作。

（四）五届四次全体会议

2011年3月18日，常德市总工会第五届委员会举行第四次全体会议。全会履行了增补、免去市总工会第五届委员会、第五届经费审查委员会、第五届女职工委员会有关人员程序。全会审议通过2011年全市工会工作的方向和重点：抓主线，服务“四化两型”建设；抓根本，做好职工维权维稳工作；抓重点，依法推进“两个普遍”建设；抓基础，切实加强工会自身建设。

（五）五届五次全体会议

2012年2月21日，常德市总工会第五届委员会举行第五次全体会议。全会履行免去和增补市总工会第五届委员会委员、第五届经费审查委员会委员的程序；审议通过市人大常委会副主任、市总工会主席石成林所作的2012年全市工会工作报告和市总工会经审会主任施才明所作的2012年经费审查工作意见的报告。石成林在报告中对2011年的工作进地总结：一是围绕加速经济社会发展，弘扬劳模精神，工人阶级主力军作用得到较好发挥；二是围绕协助党政民生工程，加大帮扶力度，困难职工生活有所改善；三是围绕保障职工合法权益，创建和谐劳动关系，工会维权维稳工作势头良好；四是围绕提升职工队伍素质，深化“争创”活动，工会学校作用日益凸显；五是围绕自身建设科学发展，强化执行力，工会工作面貌发生可喜变化。关于2012年工作重点，石成林在报告中指出：一是坚持特色道路，即认真学习、宣传、实践中国特色社会主义工会发展道路；二是服务党政工作大局，在发展和谐劳动关系中推进经济社会发展；三是维护职工合法权益，重点推进和建立法律维权机制；四是救助困难职工，建立完善困难职工帮扶救助长效机制；五是抓紧工会组建工作，通过党建带动工建，扩大工会组织覆盖面。

（六）五届六次全体会议

2012 年 4 月 18 日，常德市总工会第五届委员会举行第六次全体会议。全会履行增补和免去市总工会第五届委员会委员、常委、副主席的程序。全会上，市总工会党组书记、副主席赵克蓉传达全国总工会学习实践“中国特色社会主义工会发展道路”专题学习班精神；市总工会副主席罗亚海安排全市职工医疗互助有关工作。

（七）五届七次全体会议

2013 年 3 月 22 日，常德市总工会第五届委员会举行第七次全体会议。全会主要议程是：市总工会党组书记、副主席赵克蓉向全会作工作报告；市总工会经审会主任施才明向全会作经费审查工作报告（书面）；市总工会副主席彭春生宣读 2012 年度工会工作表彰通报；市总工会建筑物业工会主任熊礼友作市工会第六次代表大会工作报告起草说明；市总工会常委、财务部长李友德作市工会第六次代表大会财务工作报告起草说明；市总工会常委、组宣部长曾波作市工会第六次代表大会代表资格审查委员会组成方案说明；通过市工会第六次代表大会工作报告、财务工作报告的决议，通过关于市工会第六次代表大会代表资格审查委员会组成方案的决议，通过关于召开常德市工会第六次代表大会的决议。

赵克蓉在工作报告中对 2012 年工作进行回顾：一是凝心聚力，推动发展更加有力；二是倾情服务，帮扶体系更加完善；三是科学维权，和谐建设更显作为；四是夯实基础，工会组织更富活力；五是不断创新，工会工作更上台阶。关于 2013 年的主要任务，赵克蓉指出：一是围绕第一要务，着力推进职工建功立业；二是围绕职工民生，着力推进维权帮扶工作；三是围绕核心价值，着力推进先进文化建设；四是围绕基层基础，着力推进工会自身建设。

熊礼友在关于市工会第六次代表大会工作报告起草说明中，汇报工作报告形成过程和主要内容和特点。报告第一部分是对过去 5 年的工作回顾，提炼出 11 件最有影响、最有代表性的大事，总结出四条值得铭记的基本经验，即始终坚持党的领导是搞好工会工作的根本保障，保持满腔的激情是搞好工会工作的精神保障，不敢懈怠的责任是搞好工会工作的品格保障，踏石留印的行为是搞好工会工作的作风保障。报告第二部分提出后 5 年全市工会工作主要目标：一要以建功“十二五”为主题，在推动经济社会发展中彰显作为。二要以发展和谐劳动关系为主线，在维护职工合法权益上彰显作为。三要以文化建设为抓手，在提高职工综合素质上彰显作为。四要以职工维权帮扶为平台，在服务职工上彰显作为。五要以基层组织建设为重点，在增强工会组织活力上彰显作为。六要以改革创新为动力，在全面加强自身建设上彰显作为。

第三章　常德地区工会工作会议

第一节　1979 年全区工会工作会议

1979 年 11 月 17—19 日，湖南省总工会常德地区工作委员会召开全区工会工作会议，全区县、市(镇)总工会和地区直属工矿企业工会主席共 150 人参加了会议。会上，全国总工会九届执委、常德纺织机械厂工会主席马贵富传达了全总九届二次执委(扩大)会议精神。浦沅工程机械厂、湖南拖拉机厂、常德七一机械厂、常德卷烟厂、常德青峰煤矿、常德市塑料二厂、桃源县氮肥厂、津市镇绢纺织厂等 12 个工矿企业的工会作了开展以增产节约为主要内容的劳动竞赛经验发言。常德地区工会主任林丛就常德地区总工会改为省总工会常德地区工作委员会后的工作思路和重点工作进行了部署。中共常德地委书记郭连贵到会讲话，强调要更好地发挥工会在四化建设中的作用；要组织发动职工广泛、深入、扎实地开展以增产节约为主要内容的社会主义劳动竞赛；要加强思想政治工作，把职工群众的思想进一步引导到实现四个现代化政治路线上来。

第二节　1980 年全区工会工作会议

1980 年 1 月 19—22 日，湖南省总工会常德地区工作委员会召开全区工会工作先进集体和积极分子代表大会暨工会工作会议，出席会议代表 592 人，地区工会副主任胡松甫致开幕词，大会表彰了全区工会工作先进基层单位 28 个、先进分工会 31 个、先进工会小组 39 个、优秀工会积极分子 408 名、先进工会工作者 78 名。地区工会主任林丛作了题为《总结经验，发扬成绩，充分发挥工会组织在四化建设中的作用》的工作报告。报告明确工会工作的主要任务是：广泛深入开展为四化立功活动；把增产节约劳动竞赛提高到一个新的水平；关心职工生活，维护职工切身利益；大力加强职工政治思想教育和文化技术教育；积极推行职工代表大会制度，维护职工当家做主权利；切实加强工会自身建设。中共常德地委副书记、行署专员刘佳时出席大会并讲话，对做好工会工作提出四点希望和要求：一是充分发挥工会在四化建设中的作用；二是进一步加强对职工的政治思想教育；三是广泛开展以增产节约为主要内容的社会主义劳动竞赛；四是切实加强党对工会工作的领导。

第三节　1981 年全区工会工作会议

1981 年 1 月 9 日,湖南省总工会常德地区工作委员会召开全区工会工作会议,传达省总工会八届二次全体(扩大)会议精神,总结过去一年全区工会工作发展概况,部署 1981 年度工会工作。地区工会主任林丛在所作的工作报告中明确工会工作重点是:组织广大职工深入持久地开展为四化立功竞赛活动,把增产节约运动推向新的高潮;大力推行职工代表大会制,维护职工的民主权利和物质利益;认真做好职工政治思想工作,办好职工业余教育,建设一支又红又专的职工队伍;切实关心群众生活,解除职工后顾之忧;加强基层工会工作,培养训练工会积极分子。地区工会副主任胡松甫就召开为四化立功竞赛活动表彰会议的筹备工作作了有关说明。

第四节　1982 年全区工会工作会议

1982 年 2 月 26 日,湖南省总工会常德地区工作委员会召开全区工会工作会议。地区工会主任林丛对抓好年度工会工作提出具体的要求。会议选举通过了常德地区出席湖南省工会第九次代表大会代表和中国工会第十次全国代表大会代表，以及湖南省总工会第九届委员会委员候选人。林丛等 88 人当选为湖南省工会第九次代表大会代表。浦沅工程机械厂工会主席汪正东、桃源纺织印染厂工会主席郭建堂、桃源农业银行漆家河营业所会计王立君、常德航运办事处船修站技术员张家栋、常德市第一建筑工程公司工会主席席佑林等 5 人当选为中国工会第十次全国代表大会代表，林丛作为特邀代表参加中国工会第十次全国代表大会。林丛、常德市总工会主席熊宝麟、石门县总工会主席周祖文、常德纺织机械厂党委副书记马贵富、湖南省地质 403 队工会主席罗绍兰、湘西金矿工会主席文畏安、西洞庭农场农科所助理农艺师朱振业、津市市食杂果品公司中华街商店经理于海燕等 8 人被推选为湖南省总工会第九届委员会委员的候选人。

第五节　1983 年全区工会工作会议

1983 年 2 月 4 日,湖南省总工会常德地区工作委员会召开全区县市和区直企业工会主席工作会议。地区工会主任林丛作工作报告,报告明确了 1983 年全区工会工作目标任务:以中共十二大精神为指针,提高广大工会干部对开创工会工作新局面的自觉性;切实把推行和完善职工代表大会制度作为工会工作的重点;加强和改进职工思想政治工作,发挥工人阶级在政治生活中的领导作用;把群众性的学先进、赶先进立功竞赛活动不断引向深入;关心群众生活,维护职工切身利益。

第六节 1984年全区工会工作会议

1984年3月10—13日,湖南省总工会常德地区工作委员会召开全区工会工作会议。参加会议的有县市总工会、地直基层工会主席,以及受到全国总工会、省总工会表彰的先进集体和先进个人代表。地区工会主任何贵铭对做好工会工作提出四点意见:把巩固提高职工代表大会制度作为工会工作重点;把提高职工素质当作工会的首要职责;更大规模地开展先进生产者和先进集体活动;进一步深化工会自身改革。

第七节 1985年全区工会工作会议

1985年3月31日,湖南省总工会常德地区工作委员会召开全区工会工作先进集体和先进个人代表暨工会工作会议。大会对全区87个先进工会集体、117名优秀工会工作者和226名工会积极分子予以表彰奖励。地区工会主任何贵铭在会上作题为《围绕中心,立足基层,突出重点,在改革中开创我区工会工作新局面》的工作报告,明确了工会工作目标任务是:学习宣传贯彻党的十二届三中全会的《决定》,坚定不移地站在改革前列;以充分发挥职代会作用为重点,把民主管理提高到一个新水平;广泛深入开展新型的社会主义劳动竞赛和技术协作活动;提高职工队伍素质,积极支持和鼓励职工走自学成才的道路;搞好工会自身改革,加强自身建设。中共常德地委副书记、行署专员汪啸风出席大会并讲话,从三个方面谈加强工会工作:各级党政要深刻认识工会在经济体制改革中的地位和作用;工会发挥作用必须得到党政领导的重视和支持;加强工会组织建设和自身改革是形势的要求和需要。

第八节 1986年全区工会工作会议

1986年1月21日,湖南省总工会常德地区工作委员会召开全区工会工作会议。地区工会主任吴本立在会上作了题为《团结奋斗,全面开创工会工作新局面》的工作报告,报告提出了全年工会工作重点:进一步加强和改善职代会工作,把企业民主管理引向新阶段;围绕提高经济效益,把“当改革主力、为四化立功”的社会主义劳动竞赛深入开展起来;加强精神文明建设,造就一支有理想、有道德、有文化、有纪律的职工队伍;认真研究解决改革中生活保险方面的新情况新问题，维护职工合法权益；推进和加强工会自身建设，深入开展“整顿建家”活动。地区工会副主任鲁代珍就加强全年工会的重点工作作了具体部署。中共常德地委组织部长蔡长松到会讲话，对工会干部和工会工作寄予希望：从事工会工作的同志要正确认识工会工作的地位和作用；从事工会工作的领导和骨干要热爱自己的工作；要加强工会领导班子和干部队伍建设。

第九节　1987 年全区工会工作会议

1987 年 11 月 19—21 日，湖南省总工会常德地区工作委员会召开全区工会工作会议。地区工会主任吴本立在会上作了题为《认真落实省总九届七次委员（扩大）会议精神，为全面提高全区工会工作水平而奋斗》的工作报告，报告明确工会工作的主要任务是：认真贯彻中央 1 号、2 号文件精神，发动全区职工旗帜鲜明地站在反对资产阶级自由化的前列；发挥工会组织在社会主义精神文明建设中的重要作用；贯彻“三个条例”，把企业民主管理推向新阶段；围绕增强企业活力，突出抓好企业和班组两个升级竞赛活动，把社会主义劳动竞赛提高到一个新的水平；坚持为职工说话办事，维护职工合法权益；加强工会自身改革和建设。中共常德地委副书记庞道沐到会讲话，要求全区各级工会在服务全局中把握工会工作发展方向；在促进地方经济发展中发挥工会组织作用；在增强企业的活力中强化民主管理；在加强自身建设中扩大工会组织吸引力。中共常德地委委员、地区妇联主任刘淑元出席了会议。

第十节　1988 年全区工会工作会议

1988 年 3 月 24 日，湖南省总工会常德地区工作委员会召开全区工会工作暨表彰会议。地区工会主任吴本立在会上作工作报告，明确全年工会工作目标任务是：认真贯彻党的十三大精神，在提高职工队伍素质方面创造新成绩；切实加强民主政治建设，在代表和维护职工具体利益方面创造新经验；围绕提高生产力水平，在群众生产工作方面做出新贡献；适应新形势，在工会自身改革和建设方面迈出新步伐。大会表彰了 1987 年度全区工会工作 39 个先进单位、43 个工会单项工作先进单位和 163 名优秀工会工作者。中共常德地委副书记庞道沐到会讲话，希望各级工会一如既往地在推动全区经济发展和社会稳定中发挥工会组织重要作用。

会议通过了常德地区出席湖南省工会第十次代表大会代表和中国工会第十一次全国代表大会代表、湖南省总工会第十届委员会委员（候补委员）候选人名单。地区工会主任吴本立、澧县总工会主席陈章华、西洞庭农场工会主席曹继洵等 3 人被推选为中国工会第十一次全国代表大会代表。常德地区工会主任吴本立、常德市总工会主席张春仙、桃源纺织印染厂工会主席刘坤明、津市市食杂果品公司工会主席于海燕、常德师专英语科副主任万正方、常德电业局工会主席钟建秋、常德地区人民医院外科医师蒋争鸣等7人被推选为湖南省总工会第十届委员会委员和候补委员的候选人。

第四章　市委工会工作会议

第一节　2002年市委工会工作会议

2002年3月3日，中共常德市委召开全市工会工作会议。市委副书记莫道宏，市委常委、组织部部长欧运崇，市人大常委会副主任余习忠，市政府副市长、市总工会主席张元英，市政协副主席戴平安，常德军分区政治部主任谢朝武，市委组织部副部长彭明建出席会议。各区县(市)委分管副书记，区县(市)总工会主席、党组书记、经费审查委员会和女工委主任，德山开发区、柳叶湖旅游度假区、西湖和西洞庭管理区党(工)委分管副书记、工会主任，市直和中央、省驻常德企事业、市直机关工会主席共300人参加会议。会上，市总工会党组书记、常务副主席窦长清代表市总工会作了题为《始终紧扣发展主题，自觉接受党的领导，努力把我市工会工作提高到一个新的水平》的工作汇报，彭明建作了《以"三个代表"重要思想为指导，切实加强新时期工会组织建设》的讲话。莫道宏代表市委就切实加强新形势下的工会工作发表讲话，他强调指出：要从贯彻落实"三个代表"重要思想的高度，进一步提高新时期工会工作重要性的认识；要始终扣紧发展的主题，切实发挥工会组织在政治、经济和社会工作中的重要作用；要全面加强工会自身建设；要加强和改善党对工会工作的领导，不断开创工会工作的新局面。

第二节　2003年市委工会工作会议

2003年3月5日，中共常德市委召开全市工会工作会议。市委副书记戴军勇，市委常委、市委宣传部长、市总工会党组书记覃清香，市人大常委会副主任刘克云，市政府副市长宋冬春，副市长、市总工会主席张元英，市政协副主席曹同生，常德军分区副政委朱良才，市委组织部副部长彭明建出席会议。各区县(市)委分管副书记，区县(市)总工会主席、党组书记、经费审查委员会和女职工委员会主任，德山开发区、柳叶湖旅游度假区、西湖和西洞庭管理区党(工)委分管副书记、工会主任，市直和中央、省驻常企事业、市直机关工会主席共220人参加了会议。大会由张元英主持，覃清香作了题为《与时俱进，务实创新，不断开创我市工会工作新局面》的工作汇报，宋冬春宣读工会工作表彰决定，戴军勇代表市委就加强工会工作讲话，强调指出：要始终不渝地贯彻党的全心全意依靠工人阶级的指导方针，充分发挥广大职工在改革发展稳定中的重要作用；要适应不断发展的新形势，不断提升工会工作服务全市大局的整体水平；要站在巩固党的执政基础的高度，进一步加强和改善党对工会工作的领导。

第三节　2004年市委工会工作会议

2004年2月20日，中共常德市委召开全市工会工作会议。各区县(市)委分管副书记，区县(市)总工会主席、党组书记、经费审查委员会和女工委主任，德山开发区、柳叶湖旅游度假区、西湖和西洞庭管理区党(工)委分管副书记、工会主任，市直和中央、省驻常德企事业、市直机关工会主席共200人参加了会议。会上，市人大常委会副主任、市总工会主席刘克云作了题为《紧紧围绕发展大局，充分发挥工会作用，为“实施千亿工程、建设工业常德”做出新贡献》的工作汇报，总结了市工会第四次代表大会以来的工作，提出工会工作的重点是：紧紧围绕全市发展大局开展工作，团结动员广大职工为“实施千亿工程、建设工业常德”贡献力量；突出抓好新经济组织的工会组建工作，进一步增强基层工会活力；突出抓好维权工作，更好地表达和维护职工群众的合法权益；突出抓好基础工作，促进工会各项工作上台阶、创一流。市委副书记戴军勇出席会议前讲话，他指出：要站在全局和战略的高度，进一步增强做好工会工作的政治责任感；要坚定不移地贯彻党的“依靠”方针，团结动员广大职工为“实施千亿工程，建设工业常德”贡献力量；要以改革的精神加强自身建设，不断开创工会工作新局面；要加强和改善党对工会工作的领导，为工会工作创造更好的环境。

第四节　2010年市委工会工作会议

2010年11月24日，中共常德市委召开全市工会工作会议。市委书记卿渐伟，市委副书记、市长陈文浩，市委副书记曹儒国，市人大常委会主任刘本之，市政协主席刘春林，市委常委、秘书长刘明，市委常委欧运崇，市委常委、宣传部长覃清香，市委常委、市纪委书记刘剑英，市委常委、常务副市长刘小明，市委常委、副市长宋冬春，市委常委、常德军分区司令员董正武，市委常委、统战部长李爱国，市委常委、组织部长石谋军，市人大常委会副主任、市总工会主席石成林，市政府副市长徐超文，市政协副主席敖建斌出席大会。各区县(市)委书记、组织部长，常德经济技术开发区、柳叶湖旅游度假区、西湖和西洞庭管理区党(工)委书记、组织人事部门主要负责人、工会主任，区县(市)总工会主席、党组书记，市直和中央、省驻常企业法人代表和工会主席， 市直联合工会主席，2010年受表彰的全国、省级劳动模范和先进工作者近400人参加了大会。大会由曹儒国主持，石成林作工作汇报，陈文浩宣读《中共常德市委、常德市人民政府关于表彰全市工会工作红旗单位和优秀工会工作者的决定》。中共汉寿县委书记刘定青和临澧县委书记黄清宇分别作了加强和改进新时期党对工会工作领导的发言。

市委书记卿渐伟在会上作重要讲话，他指出：工会工作要有更高位置，因为转变发展方式，建设现代常德，需要工会组织来推动；保障职工权益，促进民生改善，需要工会组织来协调；巩固执政基础，维护社会稳定，需要工会组织来聚力。工会工作要有创新发展，要努力在推动科学发展上做出新贡献；要努力在维护职工权益上推出新举措；要努力在促进社会和谐上创出新局面。工会工作要有坚强保证，要在政治领导上强化保证；要在组织建设上全面覆盖；要在干部队伍上选优配强；要在工作推进上形成合力。卿渐伟强调，工会工作事关民心、事关发展、事关党的执政地位，各级党委一定要高度重视工会工作，充分发挥工会作用，团结带领广大职工群众，广泛凝聚全市上下力量，共同把建设现代常德的宏伟事业不断推向前进。

大会还印发了《中共常德市委关于加强和改进新形势下工会工作的意见》。

第五章　市委常委会研究工会工作

第一节　市委常委会议研究工会工作

2007 年 2 月 7 日，中共常德市委召开常委会议，专题听取和研究工会工作。会上，市人大常委会副主任、市总工会主席刘克云汇报了全市工会工作情况。市委书记武吉海就工会工作如何参加经济社会发展作了讲话。

2009 年 12 月 16 日，中共常德市委书记卿渐伟主持召开市委常委会议，专题听取研究工会工作。会议充分肯定全市工会组织为常德经济发展所做的贡献，原则同意市总工会提出的 2010 年全市工会工作总体思路。会议强调，各级党委要高度重视工会工作，充分发挥工会组织贴近职工的优势，团结带领广大职工积极投身工业强市、文化名城、和谐常德建设。会议决定了 3 个具体事项：同意按照适用、节俭的原则修建常德市职工文化活动中心；同意设置直属、外企、经贸、建筑物业四个驻会的工会工作委员会，并按副处级实职配备工会主任，不增加人员编制，同意按副处级实职设立女职工委员会主任；同意 2010 年下半年召开一次市委工会工作会议。市委副书记、市长陈文浩，市委副书记曹儒国，市委常委、政法委书记胡宗清，市委常委、秘书长刘明，市委常委、组织部长李平，市委常委欧运崇，市委常委、宣传部长覃清香，市委常委、市纪委书记刘剑英，市委常委、常务副市长刘小明出席会议，市人大常委会主任刘本之、市政协主席刘春林列席会议。

2010 年 10 月 16 日，中共常德市委书记卿渐伟主持市委常委会议，会议听取市总工会关于提请召开市委工会工作会议和提请解决的几个问题后，形成了 3 点决议：会议同意市委工会工作会议和劳模座谈会会议方案，原则同意市总工会提出的工会工作红旗单位和优秀工会工作者表彰方案；会议原则同意《中共常德市委关于加强和改进新形势下工会工作的意见》稿，由市总工会进一步修改完善，市委办公室加强文件的审核把关；产业工会主任职数由市编委办按程序落实。市职工文化活动中心建设按照市委常委会议已研究的意见抓紧实施，市财政予以支持。会议强调，各级党委要充分认识加强和改进新形势下工会工作的重要意义，进一步发挥工会组织的作用，定期研究解决工会工作的困难和问题，加大工会干部的选拔和交流力度。市委副书记、市长陈文浩，市委副书记曹儒国，市委常委、秘书长刘明，市委常委、宣传部长覃清香，市委常委、市纪委书记刘剑英，市委常委、常务副市长刘小明，市委常委、常德军分区司令员董正武，市委常委、统战部部长李爱国，市委常委、组织部部长石谋军出席会议。市人大常委会主任刘本之、市政协主席刘春林列席会议。

第二节　市委常委办公会议研究工会工作

1999年3月26日，中共常德市委召开党务工作例会，专题研究工会、共青团、妇联工作，市委副书记李少甫主持了市委党务工作例会。会上，市总工会党组书记、副主席窦长清就加强新形势下常德工会工作的几个问题作了汇报。在听取汇报后，李少甫表态同意以市委、市政府文件下发《常德市全心全意依靠职工办企业的意见》；支持在工会干部的管理问题上加大工会组织的协管力度；同时，同意对1998年市委下发的《关于加强工会、共青团、妇联工作的意见》在执行过程中存在的问题进行督办。

1999年6月25日，市委召开党务工作例会，专题研究工会工作。市委书记吴定宪就市总工会组建职工互助互济会、职工就业介绍所、工人文化宫基建资金缺口等问题作出明确的指示。

2000年3月20日，中共常德市委副书记李少甫主持召开市委常委办公会议，专题研究新建企业工会组建工作。市委常委、市总工会主席张元英及市新建企业工会建设工作协调领导小组全体成员单位的主要负责人参加了市委常委办公会议。会议首先学习了中央、省委和全国总工会的有关文件，并对《关于进一步加强新建企业工会工作的意见（征求意见稿）》和《常德市新建企业工会建设工作协调领导小组成员单位工作职责（送审稿）》，以及如何推进全市新建企业工会建设工作进行了讨论，并形成《新建企业工会建设工作专题会议纪要》。会议认为，加强新建企业工会建设工作是一项严肃的政治任务，各级党委要从提高新建企业职工的组织程度和社会政治地位，维护党对群众工作的领导权，维护工人阶级的团结和统一，维护社会政治稳定，维护职工的合法权益，协调企业劳动关系，促进全市非公有制经济快速发展的高度来认识和做好新建企业工会建设工作，真正从政策上、制度上为新建企业组建工会营造良好的环境。会议指出，全市新建企业工会建设工作的总体目标是：按照“哪里有职工哪里就必须建立工会组织”和“企业改制到哪里工会就应重建到哪里”的原则，力争到2001年基本完成全国总工会提出的实现“两个大多数”，即在大多数新建企业建立工会，使大多数职工加入工会，最大限度地把职工组织到工会中来。会议要求，市总工会要抓紧修改和完善各成员单位工作职责，尽快以市委办公室和市政府办公室名义下发《关于进一步加强新建企业工会工作的意见》，今后各部门在新建企业中评选先进企业、先进经营者以及在相关企业推选人大代表、政协委员时，要把企业是否组建工会作为重要条件。会议强调，加强新建企业工会建设工作不是工会系统一家的事情，各成员单位要各司其职、各负其责，认真落实新建企业工会组建工作目标。会议确定，新建企业工会建设工作协调领导小组在2000年下半年再召开一次会议，通报工会组建工作的阶段性进度，检查交流各成员单位履行职责情况，研究部署2001年的目标任务，协调和解决好全市新建企业工会建设工作中的新问题。

第五篇
工会工作

2013 年 5 月 23 日,“聚力小康 建功三湘”湖南省劳模专家技术援助服务活动启动仪式在常德经济技术开发区举行

2006 年 8 月 4 日，湖南省税务代收工会经费工作经验交流会议在常德市召开

第一章　工会组织建设

第一节　企事业工会组织建设

一　公有制企业、事业单位工会建设

1950年6月颁布的《中华人民共和国工会法》，对建立发展工会组织作出明确的规定，同年8月，省总工会筹委会扩大会议进一步提出，要大胆发展工会组织，克服关门主义和形式主义偏向。此后，常德各县市工会筹委会加大发展基层工会组织力度，到1951年年底，全区建立基层工会组织496个，会员发展到35640人。1953—1954年，在对资本主义工商业和手工业的社会主义改造中，随着工商企业机构的变化，工会组织有的撤销或合并，同时，对工会会员进行纯洁和对半工半农劳动者进行劝退，由于过于强调纯洁性，导致"关门主义"倾向再次抬头，基层工会组织和工会会员呈下降趋势。1958年，这种"关门主义倾向"得到纠正，是年年底，全区基层工会发展到893个，会员达68120人。1959年，受"工会消亡风"的影响，基层工会建设再度受到阻碍。1961年5月，省工会第四次代表大会作出关于恢复和加强工会组织建设的决定，纠正在工会组织建设中"左"的倾向，很快刹住"消亡风"，基层工会组织建设得到发展。是年底，全区建立基层工会1131个，会员达到161598人。

1966年，受"文化大革命"冲击，基层工会组织遭到严重破坏，处于瘫痪。1973年，根据中共中央17号文件和中共湖南省委关于整顿健全工会组织的指示精神，地区总工会筹委会和各县市总工会积极推进基层工会的恢复整顿，仅1个多月时间，全区应恢复建立的729个基层工会，有724个得到恢复整顿。1979年后，基层工会建设快速发展。1982年底，全区基层工会发展到2103个，会员247746人。1984年后，基层工会组织建设由企事业单位发展到科研机构和党政机关，工会组织的覆盖面进一步扩大。到1988年常德撤区建市时，全区有基层工会2491个，会员达29万多人。

1990年后，步入计划经济向市场经济过渡时期，随着企业体制改革步伐加快，一大批国有、集体企业关停并转，基层工会组织大幅减少。2000年，常德市实施"国退民进"的企业体制改革，到2002年，全市除在常德中央、省属国有企业和4家因为条件不具备的国有煤矿外，市直及区县(市)所属的国有、集体企业全部实施破产卖断和改制，这些国有、集体企业工会组织也随之不复存在。

二　非公有制企业工会建设

1996年开始，在全市国有、集体企业体制改革的同时，一大批非公有制企业产生，到1998年，全市民营企业达1672家，外商投资企业50家。1997年7月，市总工会、市劳动局、市工商局联合下发《关于在全市私营企业中组建工会和开展工会工作的通知》，9个区县(市)均以区县市委、市政府“两办”或组织部下发加强非公有制企业工会组建工作的文件。非公有制企业组建工会开始起步。1998年9月，中共常德市委召开“全市工会组建工作会议”，市委副书记李少甫在动员讲话中强调，各级党组织要高度重视工会组建工作，切实加大对非公有制企业组建工会领导力度，同时明确将组建私营企业工会工作纳入全市双文明建设目标管理内容之中，按职责范围，分战线、分行业，把组建工作列入工作目标和年度考核。会议后，9个区县(市)委都召开了工会组建工作会议，下发了加强工会组建工作的意见，成立了以分管党群副书记为组长的工会组建工作领导小组。2000年1月，中共常德市委成立“常德市新建企业工会建设工作协调领导小组”，市委副书记李少甫任组长，副市长、市总工会主席张元英为副组长，成员单位有市委组织部、市总工会、市经委、市财委、市体改委、市外经委、市工商局、市劳动局。协调小组明确成员单位的工作职责，建立联席会议制度，按季度通报新建企业工会建设情况。同年6月，中共常德市委办公室、市人民政府办公室下发《关于进一步加强新建企业工会工作的意见》，市总工会发出《关于加强破产、改制企业工会资产处置和工会重建工作的意见》。在各级党委、政府的重视下，全市非公有制企业工会建设工作得到快速发展。到2002年，全市在新经济组织中组建工会达到6542家，发展工会会员171652人。

2004年3月，市总工会发出《关于新经济组织组建工会的实施意见》，规定年内10人以上的新经济组织工会建会率达80%以上；25人以上新经济组织建会率达100%；职工入会率达90%。随后，市总工会又发出《关于加强组织进城务工人员入会工作的通知》，要求最大限度地把进城务工人员吸纳到工会组织中来。2005年6月，市总工会发出《关于进一步加强我市建筑、出租车、商贸行业工会组建工作的意见》，进一步扩大新经济组织组建工会的覆盖面。2006年2月，省总工会下发《湖南省非公有制企业规范化建设三年实施计划》后，市总工会于同年5月下发《常德市非公有制企业规范化建设两年实施计划》、《关于加强我市非公有制企业工会组织规范化建设的实施方案》(以下简称《方案》)，明确非公有制企业工会规范化建设的基本要求是：建会之初达到“十个一”，即有领导班子、工会牌子、工会印章、工会办公室、工作方案和活动记录、规章制度、活动场地、工会经费和独立账户、宣传阵地、会员档案；建会1年以上的要求达到“五个一”和“三个基本”，即开好一次职代会、签订一份集体合同、员工人手一份劳动合同、开展一次劳动竞赛、组织一次职工技能培训，做到工会组织基本健全、工作制度基本完善、工会作用基本发挥。《方案》下发后，各区县(市)工会通过培植示范点、召开现场推进会，推动非公有制企业工会规范化建设，使非公有制企业工会“建起来、转起来、活起来”。

2004—2007 年，市总工会先后组织开展非公有制企业工会组建年、工会组建攻坚年、工会组建规范年、工会组建发挥效益年等年度目标活动，推进工会组织的广覆盖。2008 年，市总工会发出《关于进一步抓紧做好工会组建和规范工作的通知》，把农民工吸纳到工会组织中来，作为全市非公有制企业工会组织建设发展目标。到 2012 年年底，全市有企事业工会 2876 家，会员 45.9 万人，其中非公有制企业工会 2373 家，会员 39.9 万人，外资企业 109 家，会员 9416 人。

三　乡镇企业工会建设

1987 年，省总工会发出《关于在乡镇企业中建立工会组织的意见》，常德地区工会组织开展全区乡镇企业基本情况调查，并要求各县市在条件具备的乡镇企业中组建工会，但因为规模都相对较小，职工人员不稳定，组建工会成效不大。1994 年 4 月，市总工会与市乡镇企业经济委员会联合下发《关于加强乡镇企业工会工作的意见》，从乡镇企业组建工会的条件、程序、职工入会条件和管理、工会组织体制、基本任务、活动保障以及加强对乡镇企业工会的领导等 8 个方面，作出明确具体的规定，具有较强的操作性和实用性，对加快全市乡镇企业组建工会的步伐起到积极的推动作用。1994 年 6 月，澧县首家乡镇企业工会——澧县春兰席梦思软体家私公司工会成立。到 1998 年，全市有 154 个乡镇企业组建工会，到 2000 年，乡镇企业工会发展到 841 家，工会会员 20797 人。2001 年后，乡镇企业工会建设归属到新经济组织工会建设范畴。

第二节　市以下行政区域和产业工会建设

一　区县(市)工会建设

1949 年 7 月常德解放后，各县市相继筹建总工会，最早的是桃源县，在中共桃源县委领导下，是年 8 月开始筹建并于 12 月召开全县职工代表大会，正式成立桃源县总工会筹委会。随后，在各县市委和省总工会筹委会常德专区办事处的领导下，各县市相继召开职工代表会议，建立县市总工会筹委会，然后召开会员代表大会，正式成立县市总工会。到 1953 年年底，全区成立的县市总工会共有常德市、益阳市、津市、常德县、桃源县、澧县、临澧县、华容县、南县、安乡县、桃江县、安化县、汉寿县、沅江县、石门县、慈利县、益阳县等17个县市总工会。1954年10月，根据省总工会常委扩大会议精神，石门、慈利两县职工不足1000人，将石门、慈利两县总工会撤销，后于1956年4月恢复。1962年12月，常德、益阳两地区分设，省总工会常德专区办事处辖下有常德县、桃源县、安乡县、澧县、石门县、汉寿县、临澧县、慈利县、常德市、津市市总工会。1988年，常德地区撤区建市，之后，慈利县划归张家界市，是时，常德市总工会所属有汉寿县、桃源县、临澧县、石门县、澧县、安乡县、武陵区、鼎城区和津市市共6县 2 区1市9个县级总工会。

新中国成立初期至1963年，地区工会按照中共常德地委和省总工会的工作部署，在推动县市工会建设上重点放在发展会员，纯洁组织，加强工会基层组织建设上面。1950年，湖南省总工会筹委会常德专区办事处指导县市工会，响亮地提出“工人阶级组织起来，消灭封建势力，发展工商业生产”的口号，吸引广大职工加入到工会组织中来。但是，一些县市工会干部在发展组织中抱着“多多益善”的态度，导致许多工会组织的阶级成分严重不纯。1952年，按照省总工会确定的“纯洁成分，提高质量，适当紧缩，巩固加强”的工会组织整建方针和要求，对基层工会组织进行清理整顿，此后基层工会组织建设进入稳步推进时期。1963年3月，津市市总工会参加了在湘阴县召开的全省县镇、财贸工会工作现场会，被授予全省先进县工会。1966年“文化大革命”开始后，县市总工会处于瘫痪状态。

1973年4月，中共常德地委召开县市委书记会议，贯彻中央和省委关于整顿健全工会的指示，部署恢复工会组织工作。同年，常德地区工会代表大会召开并成立常德地区总工会，随后，在各县市委和常德地区总工会的领导下，全区10个县市相继召开工会代表大会，县市总工会进入全面恢复和发展阶段。1979年7月，常德地区编制委员会和常德地区总工会下发《关于各县、市(镇)总工会机构设置和人员编制的通知》，规定各县市(镇)总工会机关人员编制为8~11人不等，全区县市(镇)总工会事业编制共计101名。1981年11月，省总工会召开全省县市工会工作会议，就县级工会机构和工作重点作出决定。按照决定要求，1982年，全区10个县市都召开了代表大会进行换届选举，改组和设置了机关科室，一般设置组织宣传科、生产生活科、办公室。在1986年10月全省县市工会工作会议上，安乡县总工会被授予全省先进县工会。

1988年11月，地级常德市总工会成立后，认真落实省总工会制定的县级工会工作竞赛方案，进一步明确区县(市)总工会工作重点：围绕建设“四有”职工队伍，进一步加强职工思想政治教育；建立与政府联席会议制度，更有效地代表职工群众参政议政；围绕搞活小企业探索并逐步建立小企业基层工会工作的新路子。各区县(市)总工会围绕工作重点，加大工作领导，形成工作特色。1989年11月，省总工会在华容县召开了全省县市工会工作会议，澧县、汉寿两县被授予全省先进县工会。2004 年后，市总工会为加强区县（市）总工会工作，开展区县（市）总工会目标管理达标竞赛，并制定《区县（市）总工会目标管理考核细则》，从工会班子建设、工会组建工作、工会宣教工作、劳动竞赛和劳模管理、厂务公开民主管理、女工工作、“双联”和困难职工帮扶、工会财务和经审工作等方面实行百分制考核，评选县级工会红旗单位，有力地激发了区县（市）总工会创先争优的积极性，推动了全市县级工会工作整体上水平。

1998 年开始，常德市总工会围绕区县（市）总工会建设，加大三方面的工作力度。一是加大工会领导班子建设工作力度。在深入对 9 个区县（市）总工会领导班子情况调查研究基础上，向中共常德市委上报《关于加强区县(市)总工会领导班子建设的请示》。2002 年根据《中共湖南省委关于进一步加强新时期工会工作的意见》，常德市总工会向市委提交《关于切实加强新形势下全市工会工作有关问题向市委的汇报和请示》，就加强工会领导班子建设，实行县级总工会主席的高配提出具体实施意见和建议。到 2003 年年底，全市 9 个区县（市）总工会主席全部实行由地方同级副职担任。二是加大工会经费收缴力度。针对区县（市）工会经费收缴难的状况，率先在全省实行市县一体化工会经费税务代收模式，从根本上解决制约县级工会工作经费困难的“瓶颈”。三是加大改善工会工作的社会环境力度。2002—2012 年，中共常德市委 8 次召开全市工会工作会议，各区县（市）委分管副书记参加会议，各区县（市）委亦相断召开工会工作会议，进一步加强对工会工作的领导，不断改善县级工会工作环境。2010 年，临澧、桃源两县被省总工会授予全省先进县工会。2012 年，津市市总工会获全省先进县级工会称号。

二　产业（系统、行业）工会建设

1963—1987 年，常德地直商业、供销、粮食、物资、外贸等系统建立了联合工会。1988 年常德撤区建市后，常德市总工会在巩固健全原来的 5 个联合工会的基础上，向中共常德市委组织部和市编委提请设立了常德市教育工会、常德市财贸工会、常德市经委联合工会、常德市建委联合工会、常德市农经委联合工会和市直工会工作委员会等 6 个产业联合工会。1991 年又建立石油、卫生、酿酒、林业四个联合工会。到 1992 年，全市共建立 15 个产业联合工会，所属有 206 个基层工会，为加强基层工会组织建设发挥了承上启下的重要作用。1996 年 3 月，市总工会与市编委下发《关于解决我市产业（行业）联合工会组织在机构改革中编制问题的函》，较好地解决了产业联合工会有组织无编制的问题。到 2010 年，市总工会所属联合工会共计 23 个。2010 年 9 月，根据省总工会“各级工会组织必须规范组织名称”的通知精神，常德市总工会向市委组织部提交《关于市直联合工会更名为工会联合会的说明》，提出更名理由：工会联合会是指由若干个企业、事业单位，在各自成立基层工会组织并民主选举产生本单位工会委员会的基础上，在一定的区域或行业范围内，按联合制、代表制原则，建立的区域或行业性基层工会组织；而联合工会一般是指两个以上单位由于各自会员人数少，不能单独建立基层工会委员会，而联合建立起来的基层工会委员会。在市委组织部下发同意批复后，市总工会下发了《关于市直联合工会更名的通知》，将市直23个联合工会更名为工会联合会，各区县(市)也按照通知执行。为适应经济体制改革的深化和所有制结构的调整，以及非公有制经济快速发展趋势，市总工会于2009年12月向中共常德市委组织部和市编制委员会，提交了关于组建常德市直属基层工会工作委员会、常德市建筑物业工会工作委员会、常德市经贸工会工作委员会、常德市外资企业工会工作委员会4个产业工会的报告。常德市编制委员会于2010年3月和2012年2月，分别下发同意组建常德市总工会经贸工会工作委员会、常德市总工会建筑物业工会工作委员会两个产业工会的机构和职数的批复。2010年10月，中共常德市委任命赵建祥为常德市总工会经贸工会工作委员会主任。2012年3月，中共常德市委任命熊礼友为常德市总工会建筑物业工会工作委员会主任。

三　乡镇(街道)工会建设

1995年开始，为推进乡镇企业和新建企业组建工会，市总工会研究部署建立健全乡镇、街道一级工会联合会，再由乡镇、街道工会联合会实行辖区责任包干制，形成以区县（市）总工会为龙头，以乡镇、街道工会联合会为依托，以基层工会为基础的工会组织建设发展网络。经过3年的努力到1998年，各区县（市）所属的乡镇、街道都建立健全了工会联合会组织体系。2006年，省总工会转发《中华全国总工会关于加强乡镇（街道）工会规范化建设的意见》，市总工会召开加强乡镇、街道工会规范化建设工作会议，明确了乡镇、街道工会规范化建设的考核标准：党委、政府支持好；组织网络建设好；履行基本职责好；指导帮助基层好；服务职工群众好；围绕中心开展工作好。与此同时，市总工会组织开展"六好乡镇（街道）工会达标竞赛活动"，将乡镇（街道）工会的规范化建设，作为对区县（市）总工会目标管理考核的重要指标。2006—2012年，全市有45个乡镇（街道）工会获全市和全省"六好乡镇（街道）工会"称号。

第三节　积极分子队伍建设

新中国成立初期，常德各县市和地区直属基层工会组织，发动和依靠不脱产的、热心工会活动的会员群众开展工会工作，逐步形成了一支以老工人和先进工人为骨干的工会积极分子队伍。1952年，全区涌现出工会活动积极分子4105人，1957年增加到9127人，1962年

2010 年 7 月，市总工会召开全市工会系统创先争优活动动员大会

有积极分子 12340 人，1979 年有积极分子 25230 人，1985 年有积极分子 49122 人。到 1989 年后，工会积极分子发展到近 6 万人，其中有 15000 多人被各级工会评为优秀工会积极分子。这些积极分子活跃在职工群众中，成为工会工作的有力支柱。

一　发现选拔工会积极分子

各基层工会发现选拔工会积极分子主要途径：一是职工群众推荐，采用这种方法较为普遍。由于工会工作和工会活动涉及职工群众在生产生活、劳动保护、工资分配、宣传教育、文化体育以及家庭问题等多个领域，关心和热心这方面工作的职工大有人在，因此，许多基层工会在选拔积极分子上通过职工群众推荐。湘航常德办事处有职工 2000 多人，工会在职工群众推荐的 200 多名职工中，选拔出 50 人作为工会业余电影放映员、售票员、治安员、文艺演出队、篮球队等职工文化活动积极分子，还组织 100 多人的职工生活、民主管理积极分子队伍。在这支积极分子队伍的带领和影响下，职工业余文化生活搞得有声有色，涉及职工利益的事项也得到保证。职工群众赞扬说："这些工会积极分子是不占编制的工会干部。"二是按条件择优选拔，这主要体现在文体专长上。各基层工会注意选拔政治思想好、有活动能力，有一定专长的职工作为工会活动积极分子，活跃基层单位的职工业余文化生活。三是有针对性地发展工会积极分子。1990 年，常德市职工技术协作委员会成立后，在企业开展技术协作、技术创新活动。常德纺织机械厂、华南光学仪器厂等一批企业在技术熟练的老职工和肯钻研的青年职工中，挑选出技术创新活动积极分子，充分发挥工会推动企业发展的积极作用。2003年，围绕全省“创建学习型组织、争做知识型职工”活动的开展，常德卷烟厂、常德烟草机械有限责任公司、常德电力局、常德青峰煤矿等基层工会在职工中发现和发展一批自学成才的读书积极分子。

二 教育培养工会积极分子

1955年，各级工会认真贯彻全国总工会《关于加强积极分子工作的决定》，对积极分子工作进行总结，提出改进和加强积极分子工作的意见，特别是对工会积极分子的教育培训加大了力度。1955年至1962年，全区县市总工会和基层工会共举办工会积极分子培训班152期，培训积极分子7630人。1973年恢复整顿工会组织后，特别是1979年后，培训积极分子人数大增，1980年，各基层工会培训15120人次，1985年培训30888人次，1986—1989年，共培训118234人次。一些基层工会还选派工会活动积极分子到相关文化部门和团体观摩学习，组织美术积极分子去外地写生实习，请有关体育运动教练员、裁判员进行竞技项目的知识培训。1996年，在市场经济体制下，全市国有、集体企业进行体制改革，工会积极分子队伍建设和培训一度中断。2000年后，在对积极分子的教育培训上发生两个变化：一是教育培训以非公有制企业为重点，市总工会及区县(市)总工会多次举办非公有制企事业单位工会主席和工作人员培训班，围绕建立工会积极分子队伍，推进非公有制企事业单位工会工作和工会活动进行专题培训。二是教育培训更加规范系统。市总工会通过各工作部门举办专题培训班提升积极分子队伍整体素质。2002年，市总工会女职工工作部，邀请全国总工会推荐的专家，向女职工工作积极分子进行专题讲座。2004年，市总工会组织宣传部结合评选100名职工读书积极分子活动，举办自学成才演讲。自2006年开始，市总工会民管部每年举办由企业工会积极分子组成的工资集体协商员专题培训。2007年后，全市各级工会注意在农民工中发展培养工会积极分子。2012年，常德云锦纺织集团公司农民工苏玲作为工会积极分子，当选中国工会第十六次代表大会代表。

三 评选表彰工会积极分子

1961年12月17—21日，常德地区工会召开首届工会积极分子代表会议，中共常德地委书记苑洪武、省总工会副主席王庆山到会讲话，此次代表会议共表彰奖励来自全区基层工会的114名工会积极分子。1980年1月，地区工会召开全区第二次工会积极分子代表会议，此次代表会议表彰奖励先进基层工会28个，先进车间(科室)分会31个，先进工会小组39

个,优秀工会积极分子和先进工会工作者486人。1985年,地区工会召开第三次工会积极分子代表大会,此次代表大会共表彰奖励优秀工会积极分子200人。常德撤区建市后,常德市总工会于1992年召开第一次工会积极分子代表会议,共表彰优秀工会工作者78人,优秀工会积极分子136人。1957—2012年,常德全境有42名干部职工获全国总工会授予的优秀工会积极分子称号;1956—2012年,有276名干部职工获湖南省总工会授予的优秀工会积极分子称号。

第四节　职业化工会工作者

2008年,按照全国总工会和湖南省总工会的工作部署,市总工会开始进行基层职业化工会工作者试点。这主要是针对在非公有制企业组建工会过程中,一些企业工会主席受雇于所在企业,在开展工会活动和维护职工权益上心存顾虑,同时,全市还有大批非公有制企业尚未组建工会,组建基层工会仍是当务之急。因此,通过选派一批有一定政治素质,有一定工会工作经验的职工以职业化工会主席身份,到非公有制企业帮助组建工会和开展工会工作。试点首先选择在鼎城区和汉寿县,两个区县总工会选派6名职业化工会工作者,到非公有制企业担任工会主席,其一切待遇和费用均由上级工会承担。这批职业化工会主席到企业后,因为无所顾忌而努力推进工会工作,并积极帮助企业化解劳资矛盾,主动维护职工合法权益,得到企业与职工的共同认可和好评。2009年,市总工会在总结试点经验的基础上,将职业化工会主席工作在市直和9个区县(市)全面推开。

2010年,市总工会为扩大职业化工会工作者工作的影响,推进职业化工会工作者工作的社会化,建立职业化工会工作者管理的长效机制,在常德市第二次政府工会联席会议上,市总工会将建立职业化工会工作者作为提请市政府支持解决的议题提出,得到了市政府的支持。市政府明确由市人社局安排公益性岗位,由市财政支持解决专项资金用于扩大工会主席职业化试点。在此后的连续两次市政府与市总工会联席会议上,市政府都充分肯定了选派职业化工会工作者到企业,对协调劳动关系,化解劳资矛盾,加强基层工会组织建设,起到了重要的作用。为此,市政府将社会化(职业化)工会工作者的20个公益性岗位增加到50个,专项资金由10万元增加到30万元,支持市总工会在职业化工会工作者建设上建立起长效机制。为加强职业化工会工作者的管理,市总工会从跟踪指导、干部培训、工作联系、定期考评和表彰奖励等5个方面建立和完善对职业化工会工作者工作管理机制。市总工会将职业化工会工作者指标(公益性岗位)和工作经费分解到区县(市),区县(市)总工会在此基础上再进行扩展,形成一支有素质、有能力、有热情的职业化工会工作者队伍。他们活跃在基层,重点在社区,在很大程度上强化了一些基础薄弱的基层工会工作。

第五节　工会干部队伍建设

一　工会干部管理

常德工会系统的干部队伍，是随着工会组织的不断发展逐步扩大的。1950年，全区只有工会专职干部76人，各级工会领导干部均由同级党委委派，多数是解放战争时期随军南下的干部或解放前从事地下工作的中共党员和进步人士兼任。1952年工会组织整顿后，县市工会和部分厂矿企业工会主席由会员群众选举，专职工会干部的人数也相应增加，县市工会的专职干部为5~10名，1958年，全区工会专职干部增加到158人。1959年，在“工会消亡论”的影响下，各级工会压缩干部编制，全区工会专职干部132人，而且抽调半数以上的工会干部支援工农业大跃进，只留少数干部应付日常工作。1962年5月，中共湖南省委批转省总工会党组《关于调整充实工会干部的报告》后，全区工会干部队伍有所加强，县市总工会干部一般达到5~7人，10个县市总工会都配齐了专职工会主席，被抽调搞中心的工会干部也调回工会机关，地直厂矿工会专职主席开始由同级党委（行政）副职担任。到1962年底，全区有专职工会干部234人。自1963年开始，地区工会和县市总工会在商业、供销、粮食、教育等系统建立联合基层工会。到1965年，全区有专职工会干部198人，其中地区工会12人，10个县市工会53人，地县（市）18个联合基层工会有专干28人，企业专职工会干部105人。1966年“文化大革命”开始后，工会组织瘫痪，工会干部随之调离。1973年，各级工会组织相继恢复建立，全区地县（市）工会配专职干部68人，大部分企业配备半脱产的兼职工会干部。到1979年，全区地县（市）工会有专职干部97人，全区200人以上的基层工会配备了专职工会干部，是时，全区共有专职工会干部399人。1989年撤区建市后，全市1060个基层工会组织有专职工会干部2284人。2000年后，随着非公有制经济占主导地位，基层工会干部多为兼职，到2012年，全市有专职工会干部732人，其中地方总工会专职干部210人，基层工会专职干部522人。

常德地区工会加强工会干部队伍建设，建立完善工会干部管理制度，真正产生成效是在1979年之后。1980年3月，中共湖南省委批转省总工会党组《关于1980年工作任务的报告》，1981年11月，省委组织部下发《关于进一步选配好各级工会领导干部的通知》，都明确规定企业配备专职工会主席，并由同级党政副职干部担任，参加党委领导班子。根据上述精神，地区工会着手对基层企事业工会普遍进行改选。1982年年底，全区有62%的基层工会配备了专职工会主席，有289个200人以上的企业工会主席由党政副职担任。1983年，为了落实中央关于干部“四化”的要求，中共常德地委组织部与常德地区工会联合下发文件，要求各级工会结合企业整顿和机构改革，进一步改善提高各级工会领导班子年龄结构和文化素质，这之后，一大批具有高中文化程度以上、年富力强的干部加入了各级工会领导班子，全区94%的企事业单位工会主席由同级党政干部担任，并参加党委领导班子。1988年3月，省总工会转发中共澧县县委组织部、澧县总工会《关于在全县基层工会直接选举工会主席的通知》，要求各级工会参照办理，由此推动了基层工会主席民主选举的进程。

1991年9月，根据中共中央〔1989〕12号文件精神，中共常德市委加强工会干部队伍建设，中共常德市委组织部下发《关于加强工会干部管理工作的通知》（以下简称《通知》），明确规定：区县（市）总工会主席、副主席和经审会主任人选，在区县（市）委与总工会协商后提名推荐，民主选举产生；民主选举的工会领导班子要保持相对稳定，确因工作需要调动任期未满的工会领导干部，应事先征得所在单位工会和上一级工会的同意；要重视和改善工会干部队伍的年龄结构和文化层次，加大工会干部的交流力度。《通知》下发后，工会干部的管理和干部队伍建设得到明显加强。1997年，为落实中共中央〔1989〕12号文件精神，省总工会积极推动地方工会主席按同级党政副职级干部配备工作。经省总工会与市委的协商，提名市委常委张元英任市总工会主席，并在当年11月召开的市总工会二届六次全体会议上，正式当选为常德市总工会主席。此后，市总工会进一步加强工会协管干部工作的力度，积极推动区县（市）总工会主席按同级党政副职级干部配备工作，在组织对全市9个区县（市）工会领导班子考察的基础上，1999年，市总工会相继下发《关于建立县级地方工会领导班子成员变动情况上报备案制度的通知》和《关于工会协管干部的意见》。

2002年1月，为落实《中共湖南省委关于进一步加强新时期工会工作的意见》中“要进一步加强工会领导班子建设和工会干部队伍建设，市州和县市区总工会主席人选可从同级党委常委或人大常委会党员副主任中提名，按照法定程序兼任”的精神，市总工会向市委提交《关于切实加强新形势下全市工会工作有关问题向市委的汇报和请示》，就切实加强工会领导班子建设，实现区县（市）一级总工会主席的高配提出具体实施意见和建议。2002年3月，汉寿县总工会主席由县委常委兼任，随后，澧县总工会主席也由县委常委兼任，武陵、鼎城、桃源、临澧、石门、津市等区县（市）总工会主席均由县级人大常委会副主任兼任，实现了全市地方总工会主席全部按同级党政副职级干部配备。2003年后，市县两级总工会建立了后备干部培养制度，并纳入同级地方党委组织部门的统一考核、选拔与交流。2008年后，市总工会在加大对区县（市）工会和国有（控股）企事业单位工会主席协管力度的同时，加强对新经济组织工会主席直接由职工代表选举工作，杜绝民营企业工会主席由近亲担任的现象，切实发挥民营企业工会在维护职工合法权益中的积极作用。

二　工会干部培训

1979 年后，各级工会加强了干部培训力度，采取了两手抓的办法：一是抓工会干部学历教育和岗位培训。各级工会组织干部参加电大、函大学习和成人高考，选派一些干部到中国工运学院专业班和其他大专院校深造学习，取得大专毕业文凭提高文化层次。1989 年，省总工会发出《关于做好我省工会干部岗位培训工作的通知》，由省工会干部学校编写了《中国工会学概论》《经济管理概论》《当代工运》《劳动法学》等岗位培训教材。随即，市总工会下发《关于认真做好专职工会干部岗位培训的通知》，成立工会干部岗位培训工作领导小组，组织全市 1073 名专职工会干部参加岗位学习，其中参加全省统考的 1002 人，人均成绩 82.96 分，及格率达 99%。二是抓干部的短期轮训和业务培训。选派区县（市）总工会和大中型企业工会主席参加全国总工会和省总工会及市委党校的短期培训班，提升工会领导干部整体理论水平和业务素质。各级工会采取举办专业培训班和以会代训的形式，加强工会干部培训力度，1980—1989 年，全境举办各项业务培训班 1350 期，培训工会专职干部 24851 人次。

2012 年 8 月，市总工会举办工会主席培训班

1990 年,市总工会成立工运理论研究会,在全市工会系统开展工运理论研究,对社会主义条件下工会的性质、地位、职能,企业工会与党政关系,以及各项工会业务知识和工会自身建设等问题,发动工会干部撰写论文,从理论与实践的结合上进行探讨,提高工会干部的理论水平。常德卷烟厂、华南光学仪器厂、常德电业局等大中型企业成立工会工作研究会,组织工会干部和工会积极分子对工会工作成果的总结和工会理论的研讨活动。由于华南光学仪器厂在工会工作理论研讨上的成效显著,全省军工系统工会工作成果及论文发布会在该厂举行,并有 23 篇工作论文被行业工会采用和发布。

2004 年后,各级工会对工会干部的培训从形式到内容都发生变化:一是在培训形式上由过去的分散办班到集中办班,市县两级工会都将工会干部培训纳入市委党校和区县(市)委党校的培训计划和系列。2008—2012 年,市总工会每年都在市委党校举办人数在 300 人以上的工会干部培训班;二是培训内容在突出工会职能的基础上增加经济社会学知识面。2012 年 8 月,市总工会在市委党校举办"中国特色社会主义工会发展道路工会主席培训班",市委副书记宋冬春亲自授课,同时,聘请市委党校和市委讲师团的教授、学者和省总工会专家进行专题讲座,扩大工会干部政治、经济和科学发展的知识面,提升工会干部的整体素质和工作能力。各区县市总工会围绕"中国特色社会主义工会发展道路"主题,举办不同形式的培训和讲座,强化工会工作和工会干部服务全局工作的能力和水平。

第六节 职工之家建设

1984 年 5 月,全国总工会部署在基层工会组织开展建设"职工之家"(又称"整顿建家")活动。按照省总工会工作安排,是年 7 月,地区工会召开组织工作会议,研究安排整顿工会基层组织,并确定通过 3 年时间,基本完成整顿建家工作。会议之后,地县(市)工会明确 12 个企事业单位工会为"建家"活动点,进行思想、组织、作风、业务等方面整顿,总结经验,以点带面铺开。1986 年,全区整顿验收合格的"职工之家"达 1924 个,占全区应整顿建家的 1968 个基层工会的 95%,全区整顿建家工作基本完成。

1987 年,为适应改革的要求,发展整顿建家的成果,地区工会在全区基层工会开展建设先进"职工之家"活动,制定创建先进"职工之家"的 6 条标准,以考核计分的办法,对创建单位进行考核验收,1988 年,全区共评选出 523 个先进"职工之家"。在创建先进"职工之家"活动中,县市工会还开展评选"职工之友"活动,推动工会干部作风转变,并以此为契机加强基层工会活动阵地建设,被验收合格的先进"职工之家",都建立了阅览室、活动室、电视室、健身室等活动阵地。

1990年,省总工会下发《贯彻全国总工会〈关于继续深入开展建设职工之家活动的决定〉的意见》,将基层工会建设合格职工之家、先进职工之家引向建设模范职工之家方向发展。1990年5月,常德市总工会下发《关于建设"模范职工之家"的标准及评选办法》,就创建全国、省级、市级模范职工之家的标准、申报和考察进行规范。1991年4月,中共常德市委办公室转发常德市总工会《关于继续深入开展建设职工之家活动的意见》,要求全市各级党组织切实重视和支持工会建家活动,充分发挥工会组织和广大职工在推动改革发展稳定中的重要作用。

1996年,按照省总工会关于进一步规范模范职工之家申报和考核的要求,市总工会结合当时的重点工作,赋予"建家"工作新的内涵,将平等协商、签订集体合同、足额上解工会经费列为申报模范职工之家的先决条件,实行一票否决。1999年,根据非公有制新经济组织快速发展的新形势,市总工会下发《关于在新经济组织工会普遍开展以"双爱双评"为主要内容的建设职工之家活动的意见》(以下简称《意见》),首次将非公有制企业工会纳入职工之家建设活动的范畴。《意见》强调新经济组织要立足于"职工热爱企业、企业关爱职工"主题,开展建设职工之家活动,从建立创建职工之家领导小组、健全工会组织机构、建立职工代表大会制度、工会主席列席企业董事会、企业经营管理正常、签订集体合同等6个方面,规范新经济组织创建和申报模范职工之家的标准和条件。随后,各区县(市)都制定出具体的实施意见。

2003年,省总工会制定《关于在新形势下深入开展建设职工之家活动的实施意见》,并规定考核验收细则。按照省总工会制定的具体细则和要求,市总工会一方面抓已获得模范职工之家称号单位的复查验收,巩固创建成果。另一方面加大非公有制新经济组织建家创建力度,在抓非公有制企业工会规范化建设的基础上,推动建设职工之家活动深入开展,湖南安福气门有限公司、桃源杰新纺织有限公司、湖南娄星纺织有限公司等民营企业,获全国、湖南省和常德市模范职工之家称号。

2010年5月,市总工会制定《建设职工之家管理办法》,具体分为总则、确认与命名、评选标准、评选程序、考核验收、奖励等6个部分,使职工之家建设制度化,规范化。1995—2013年,全市有18个企事业工会获全国模范职工之家称号,有23个企事业工会基层分会获全国模范职工小家称号;有72个企事业工会获湖南省模范职工之家称号,有42个企事业工会基层分会获湖南省模范职工小家称号;有167个企事业工会获常德市模范职工之家称号,有59个企事业工会基层分会获常德市模范职工小家称号。

第二章 民主参与 民主管理

第一节 参与民主改革

常德解放后，人民政府对城市和工矿企事业人员实行“三原”(原职、原薪、原制度)政策，这对接管城市和工矿企事业、恢复与发展生产起到了积极作用。但封建残余势力基本上原封未动地保留下来并还有很大的势力。1949 年 12 月，湖南省总工会筹委会常德专区办事处成立后，逐步建立各县市基层工会组织，进行发展工会会员等工作。但由于工作不细和急于求成，造成工会组织严重不纯，混入不少封建把头，有的甚至窃取了领导要职。常德市船业工会筹委会 13 个委员中，就有封建把头 8 人，下南门码头的封建把头林行政还担任了常德市总工会筹委会的委员。桃源陬市运木业工会筹委会成立时，被封建把头刘云桂窃取筹委会主任的席位。这些封建残余分子篡夺工会领导权后，把大批特务、旧军官、土匪、资本家、帮会头子、国民党员、三青团员收容入会，继续统治压制工人。窃取常德市上南门码头工会主任的封建把头林志刚为扩充势力，招收其亲友为他谋私利，一次就借故开除工人 40 名。而受封建行帮的严重影响，工会会员的历史情况复杂，工会组织严重不纯。常德德山码头工会 193 名会员中，就有 70 多个有历史问题，其中有 25 个参加过国民党。

为彻底打击和清除反动势力及封建残余制度，纯洁工人阶级队伍，整顿各级工会组织，从政治上彻底改革企业，为经营企业化和管理民主化打下坚实基础，根据省总工会筹委会和中共常德地委的统一部署，1950 年年初至 1951 年 6 月，湖南省总工会筹委会常德专区办事处从各县抽调 20 多名政治素质较强的干部组成工作组，到各县市行业工会进行民主改革试点，然后以点带面，分民主斗争、民主团结、民主建设 3 个阶段，逐步在全区各县市展开。

一 民主斗争

这一阶段的主要任务是放手发动群众，打倒封建反动势力。各民主改革试点单位和随后新开展民主改革运动的厂矿和行业，都将深入发动群众作为推进民主改革的工作重点，通过召开大、小会，反复宣传民主改革的意义、政策，解除工人群众的思想顾虑，号召大家积极投入运动。同时，工作组干部深入到工人当中，通过交朋友和个别访问，发现政治纯洁、较有觉悟、有一定群众威信的工人,特别是老工人,将他们扎为根子进行培养,通过他们串联扩大积极分子队伍。常德市总工会筹委会主任李振齐带领工作组，在下南门码头进行民主改革试点,通过宣传发动和调查访问,扎了苦大仇深的宁加志、李先前、木仁、张上元、周长林等为根子,通过他们串联发展其他积极分子,经过扎根串联共培养积极分子 67 名。在此基础上,举办了两期租箩、自箩积极分子训练班,参加学习的工人 262 名。训练班上,组织学习讨论、进行回忆对比,开展大会诉苦,提高工人群众阶级觉悟,从思想上进行全面发动。

在有了组织依靠和一定的群众基础之后,各厂矿、行业建立民主改革小组,讨论和确定斗争对象,研究斗争策略。在充分准备的基础上,召开控诉、斗争大会,面对面地揭发控诉恶霸、把头、特务、反革命分子压迫剥削工人的罪行。常德县总工会筹委会配合地区工作组,以河洑码头和运木业为重点,组织召开有各行业工人 2000 多人参加的群众大会,斗争运木业封建把头龙大海等人。到会的运木业和码头业工人争着上台控诉龙大海、龙冬婆等残酷剥削工人的罪恶事实。河洑镇人民政府当即宣布将残害两名工人的封建把头、红帮分子龙大海处以死刑,执行枪决。其他把头见状纷纷表示痛改前非。河洑运木业对封建把头斗争的胜利,在全县各行业工人中引起极大反响，掀起大声势反封建把头的斗争。安乡县搬运工会组织 1000 多名工人,连续控诉封建把头陈登科、丁久未、肖登第、刘美庭等 11 人压迫剥削工人的罪行。津市建筑业包工头周正左、甘正兴在旧社会残酷剥削工人,解放后窃取工会领导职务,实行封建把头制,谋取大量私利。但由于周正左、甘正兴两人是工会负责人,工人敢怒不敢言。经过工作组的深入发动,解除了工人的顾虑,由不敢反映情况到直接提供材料,由不敢斗争到要求斗争。根据收到工人的 26 份书面检举材料,将周、甘二人实施关押,随即召开控诉大会,除木工业近 300 工人参加外,还有运木业、码头业等 150 名工人参加。地区工会工作组到桃源陬市运木业工会开展打击封建把头斗争,经过思想发动,提高了工人群众的觉悟,废除了封建把头的剥削制度,清除行业内包头 50 人,清洗帮会头子及流氓坏分子 73 人。还清算剥削账计旧币 1 亿元分发给贫苦工人。民主斗争本着“斗争从严、处理从宽、打击首恶”的原则,对民愤较大的封建把头予以严惩,对一般把头只要认罪态度好,或退还贪款或交工人监督劳动。常德市下南门码头工人召开大会批斗封建把头杨大德、刘少友、俞德成,会后,把罪恶大而不认罪的杨大德交法院判刑,刘少友、俞德成认罪态度好,在工人监督下劳动。

二　民主团结

常德解放之初，旧社会遗留下来的一些旧思想、旧观念给工人群众的不良影响尚未消除,职工队伍中不团结的现象还比较普遍。尤其是一些混进工会组织的封建残余分子暗中挑拨、威胁,甚至制造矛盾和事端,造成工人队伍不团结,影响工会组织的号召力。常德市三官殿码头帮会头子田云甫煽动少数有问题和思想顾虑的工人在市总工会请愿闹事，大西门码头的把头杨本发威胁接近工会的工人说:“过去的事你们不能说，谁说了我就要他活不成”，等等,造成工人之间互不接近,不敢讲真话。因此,各民主改革单位都将民主团结列为民主改革运动的重要内容和必要步骤。民主团结一般采取以下措施:

思想发动。在开展民主团结之初,有的工人怕提意见后遭打击报复,有的误认为这是整工人,特别是其中有历史污点的人还有些惶惶不安。针对这些思想顾虑,各单位采取学文件、开大会等方式,反复宣传民主团结的意义、方针和方法,强调开展民主团结目的是纯洁工人阶级组织,整顿工会组织,开展民主团结的原则是“教育改造、治病救人”,开展民主团结的基本方法是个人检查与群众批评相结合，抓住典型与推动全面相结合。通过反复的宣传和发动,工人们的思想包袱放下了。常德市水巷口码头工人黄祖协说:“这下我弄清了民主团结是回什么事了,我敢讲心里话了。”

民主检查。常德市总工会筹委会派出工作组到工人较集中的码头工会,帮助开展民主检查。首先组织问题少的工会干部带头在小型会上检查,然后逐步扩大到一般工人群众,使他们放下包袱,形成基本力量。其后,对问题较多的召开大会促其检查。在民主检查过程中注意把握尺度,对问题严重、态度顽抗、群众意见大的当场处理。对问题不严重而态度诚恳、主动检查认错的,培养教育成为典型,扩大教育面。水巷口工会主任彭顺友、副主任黄金堂检查时,态度不老实,接受群众意见不诚恳,工人群众一致要求将其撤销职务开除会籍,工作组当即宣布撤销彭顺友、黄金堂二人工会正副主任职务,并且清洗出工会。与此同时,工作组培养了斋长宁秋清、黄金贵两个在民主检查中态度诚恳的典型,带动了一批有一般问题的主动检查认识错误。

帮助教育。经过民主检查,对工人群众中存在的行帮思想和雇员观念有很大的触动,对过去存在一些问题的人也促其痛改前非。民主改革工作组抓住时机帮助民主改革单位开展帮助教育。一些单位召开工人群众大会,批判旧社会遗留下来的拉帮结派的恶习,宣传相互平等、相互帮助的新风尚。一些单位将有问题的人集中起来,组织职工代表帮助挖根源、找危害,促使改过自新。常德市水巷口码头的蒯向玉、下南门码头的姚承前通过集中学习,检查认识了自己的错误,同时,向在旧社会受到自己欺侮的工人群众诚恳道歉。通过民主检查,争取团结了大多数,孤立打击了少数首恶分子。

三　民主建设

民主建设是总结和巩固民主改革运动成果的重要步骤,处在民主改革运动的后期,一般与“三反”(反贪污、反浪费、反官僚主义)运动结合起来进行。

纯洁工会队伍。桃源县陬市镇工会对运木行业工会下属的 25 个基层工会进行清理整顿，清理出大小包头63名、阶级异己分子91名，动员回乡生产的76名。在此基础上，发展了历史清白有一定觉悟的360名新会员。津市结合“三反”运动，对工会队伍进行全面的清理整顿，普遍开展查思想、查立场、查历史出身的“三查”运动，坚决彻底地将封建残余分子、反革命分子从工会队伍中清洗出去。通过整顿清理，共清出地主分子8人、流氓打手2人、国民党高级军官1人、封建把头9人、大老板16人、少老板9人、蜕化分子11人。此外，尚有28名不够工人成分的独立劳动者被说服退出工会组织，与此同时，发展新会员902人。

发展工会组织。在纯洁工会队伍的基础上，常德市总工会筹委会对分散在全市的19个码头、搬运工会进行整合，组建成为4个搬运站工会委员会，每个工会委员会设5~7名委员，由工人选出的历史清楚、工作积极、大公无私、联系群众、代表工人利益的人担任。湖南省总工会筹委会常德专区办事处将分散在桃源陬市、尧河，常德市德山，常德县河洑的运木业组成陬德河尧运木联合会，之后又改为常德专区运木工会工作委员会，直属专区办事处领导。拥有1000多名运木工人的常德专区运木工会工作委员会，成为当时在常德极具影响的工会组织，也开辟了常德工会组织发展的新模式。运木业工会工作委员会的建立，极大地激发了工人生产积极性，他们提出“搞好四保（保安、保时、保质、保量），发展生产运输”的口号，还订立“四防”（防匪、防火、防盗、防特）公约，把激发出来的生产积极性具体落实到生产工作中。

建立民主制度。常德市总工会筹委会民主改革工作组在产业工人相对较集中的码头搬运行业，推行建立民主管理委员会，民主管理委员会由5人组成：工会1人、行政1人、工人代表3人，为各搬运站最高权力机构。同时，市总工会还要求成立了工会组织的单位，从工人的总收入中提出10%作为工人福利事业与行政费用开支，并建立生活、学习、工作同工同酬制度。1951年年初，常德市总工会筹委会又按照国务院和中南局关于调整财政收支米价和调整工资计算方法的精神，在全市43个行业推行签订以工薪分付工人工资协议。津市总工会在市委、市政府的支持下，从1951年初开始废除封建割据，实行打工制度，统一分配劳力，统一分账结算，实行民主管理。工人们说：现在政治上不受压迫，经济上没有剥削，钱比过去挣得多，这才叫真正翻身做主人。

第二节　参与对资本主义工商业的社会主义改造

从解放到1956年，常德各级工会按照省总工会和各级党委的要求，组织教育广大私营企业的工人、店员，切实贯彻执行中共中央关于“发展生产、繁荣经济、公私兼顾、劳资两利”的方针和对资本主义工商业的利用、限制、改造政策，积极参与私营企业复业、发展、改造。常德地区工会于1954年9月和1955年6月，两次召开私营企业工会工作会议，传达贯彻全国总工会和省总工会私营企业工会工作会议精神，加强私营企业职工对前途和使命等方面的教育。各级工会组织和广大职工在对资本主义工商业的社会主义改造中，发挥了重要的推动作用。

一 促进私营企业复工复业

常德解放后，部分私营工商业者还不了解共产党和人民政府的政策，对企业发展心存疑虑。有些老板抱着消极应付和观望态度，不愿投资；有的老板抽走资金停工歇业，有的缩小生产和营业规模，这都影响到工人的就业。为此，常德各县市工会筹委会发动基层工会向资方和工人宣传革命发展形势，宣传党和政府对私营工商业扶持发展政策，进行劳资两利的政策教育，稳定了资方的思想情绪，促进了私营企业复工复业。常德县解放初期有私营企业1000多户，除昌明锅厂、伞厂、顺成染织厂等100多家仍在开工外，分散在县城和各乡镇的小商业主或是歇业，或是裁员，造成许多店员失业。县工会筹委会组织宣传小组上门宣传，仅5个月时间，复工复业的商店达600余户。协昌绸布店工会积极分子王福喜耐心宣传党的政策，使老板挖出埋藏的14两黄金扩充营业资金。石门县解放之前，因受反动欺骗宣传，少数私方老板逃跑，部分工人离散。经过县工会筹委会和基层工会反复宣传做工作，石门电厂和一些商店、饮食店开始营业，随后，炼铁厂和新生锅厂复工。逃跑在外的一些老板也陆续返回石门复工复业。

1951年，常德工人积极参与和推动公私合营、发展国营工业。图为国营大昌碾米厂挂牌成立场景

在促进私营企业复工复业中，各县市工会筹委会和基层工会注意协调劳资矛盾，建立新的劳资关系。澧县一些私营企业在复工复业过程中，少数老板随意解雇工人，隐瞒经营收入以削减工人工资；而一些工人店员在旧社会吃过资本家的苦头，认为解放了不该再受其约束，因而不遵守厂规店规，造成劳资关系紧张。为此，县工会筹委会于1951年4月，在县城、新洲、垱市、槐市、梦溪等5个集镇建立劳资协商委员会。委员会由当地党委成员、工会负责人、

资方代表、劳方代表和私营企业中的公方代表组成。主要职责是进行劳资协商，签订劳动合同，处理劳资关系等。面对出现的劳资关系紧张，劳资协商委员会经过协商规定：资方不准随意解雇工人，经工会同意解雇的工人须发3个月的解雇金；盈利较大企业工人的医药费由资方负责；调整不合理的工资，按照人民政府规定，统一实行工资工分制；严格遵守厂规店规。

在团结资方复工复业中，一些地方和基层工会注意调动工人们的积极性，帮助私营企业减轻压力。桃源县城关镇染织厂工会为搞好复工复业，召开工会积极分子会议商讨如何扭转厂方资金周转困难、恢复生产等问题。工人们提出减少工资、节省原材料、降低成本等措施。工人一般减少月薪三至四成，技师余家治、赵森甫、江元发等减少月薪80%，工厂迅速复工生产并取得好的效益。澧县垱市、槐市的私营商店的店员主动实行半农半商，淡季出店，旺季回店，有的还在淡季里主动降低工资50%。临澧县工会筹委会在抓复工复业中协助政府妥善安置和救济失业工人，减少一些私营企业压力，采取的方法：一是组织工人福利社。另工互助组进行生产自救。二是调剂行业工人，做好季节性工作安排。三是向国营商业、供销社推荐就业。四是动员家住农村的回乡生产。

二　参与“五反”斗争

到1951年，由于土地改革的完成，农村市场的扩大，抗美援朝的加工订货的增加，私营企业的生产和营业日益繁荣、利润剧增。在这种形势下，私营工商业者中的一部分人，不是坚持合法经营，而是见利忘义，采取行贿、偷税漏税、盗骗国家财产、偷工减料、盗窃国家经济情报等非法手段（通称“五毒”），来破坏“公私兼顾、劳资两利”的政策。1952年1月，中共中央发出关于打退资产阶级猖狂进攻的号召后，常德各县市工会积极组织广大工人迅速投入“五反”斗争。1952年3月，常德市总工会筹委会召开地方产业、手工业、商业、财政金融业、交通运输业共计6000多名工人的检举不法商人动员大会，号召全市工人积极投入检举运动，揭露不法商人的“五毒”罪行，反击资产阶级的猖狂进攻。津市、澧县、桃源、汉寿、常德县都相继召开动员大会，要求广大工人、店员积极投入“五反”运动。

根据常德私营工商业者“五毒”行为的表现，各县市着重组织工人开展护税助税斗争。常德县工会筹委会在各镇工会成立工人护税委员会或护税小组，协助政府税务部门收回偷漏的税款。陈家嘴一家经营杂粮和蛋品水产商店，偷漏税款800万元（旧币，下同），当地税务部门请工会协助，工会护税小组长、工会主席王福喜和工人们一起清查账目后，限期让业主补交了所偷漏的税款。临澧县合口镇工会成立税收工作委员会后，先后组织工人查出镇刨烟业隐瞒货物税20万元，榨油业隐瞒货物税800万元，铸锅厂隐瞒营业额1亿多元，私商易华丰、恒和、大新等做假账偷漏税款900多万元，对其都限期补缴了税款。桃源县总工会筹委会推选出 17 名工会积极分子组成资产护税工作组，协助县税务部门清查出 20 余起偷漏税收的行为，为国家挽回经济损失。县城码头工人规定凡货物起运要见税务部门登记账单，以堵塞不法商人偷税漏税。汉寿县工会筹委会协调税务部门组织工人代表对县城不法商人抽走资金、偷漏税款等不法行为进行清查，共查出资方隐藏黄金 300 多两、白银 1000 多两、银元 2000 余元。

在组织工人开展护税助税斗争中，各级工会切实维护工人的权益。常德县十美堂基层工会主席刘南山是一家广货店店员，兼管账目，对店里的经营和家底一清二楚，使该店不得不按规定如实交纳税款，老板认为吃了他的亏，想方设法要解雇他。县工会筹委会得知情况后，协助基层工会召开职工大会，揭穿老板企图偷漏税而解雇工人的阴谋，并由政府罚他挑土 50 立方米修筑堤坝，在全县引起极大影响。

三　推进全行业公私合营

1955 年 11 月，中共中央作出《关于资本主义工商业改造问题的决议(草案)》，1956 年年初开始，全国出现社会主义改造高潮，重点是实行全行业公私合营。在这种形势下，常德各县市工会组织职工迅速投入到推进全行业公私合营运动之中。

一是迅速进行宣传动员。常德市工会联合会相继组织召开全市行业工会主席、私营工商业和手工业职工代表会议，宣传党和政府关于行业公私合营的政策，澄清模糊认识，扭转在部分职工中存在的对私营工商业财产要没收、老板要斗争的错误观念，使党的和平过渡赎买政策得以贯彻执行。常德县工会联合会挑选有影响的工会主席和职工代表组成宣传小组，上门对私营工商业者进行宣传动员。毛家

1956 年，津市公私合营企业职工上街游行报喜

滩镇糕点坊老板开始对公私合营存在抵触情绪，扬言关门走人。镇行业工会主任邹利生诚恳耐心地作团结工作，组织全店职工积极搞好经营，把糕点坊的生意搞得红红火火，老板在全镇率先申请公私合营。

二是监督维持正常经营。经过宣传发动和做思想工作，大部分私营工商业者表示拥护社会主义改造，但是少数业主和资本家表面接受改造，暗地里却抽走资金、停工歇业。对此，各县市工会联合会要求行业工会，加强对私营工商业在全行业公私合营过程中的守法经营。常德县周家店镇杂货店老板借口资金困难，准备关门歇业并解雇店员。镇工会主席邹天佑与杂货店店员沈自新等人对其进行揭发，促使老板将藏在糠窝里的500块光洋和藏在地板下的1万多斤毛铁拿了出来，作为运转资金进行正常营业。澧县工会联合会组织职工代表对私营工商户进行监督检查，以防止不法私营工商户抽走资金，隐藏货物，监督其从事正常的经营，平稳地向公私合营过渡。

三是参与私改清产核资。在清产核资中，虽然大多数资方态度比较认真，但斗争还是尖锐的，隐瞒财产、以次充好、明压暗抬的现象显得普遍。各县市工会联合会要求行业工会，积极组织职工代表参与私营工商业的清产核资。临澧县工会联合会明确150名工会干部和职工代表为清产核资监督员。合口镇工会干部在参与南货业清产核资时，对资方有意压低公产标价、恣意抬高私产标价的做法，及时予以制止和纠正。店员工会主席黄泰坤到旅筵业领导清产核资时，发现工人王云林有过"左"倾向，当即按政策扭转了偏激情绪，保证了清产核资的公平合理。

第三节　参与地方和社会事务管理与监督

一　参与地方党委和其他领导机构

（一）参与地方党委领导班子

常德各级地方党委高度重视工会工作。安乡县1957年至1973年，先后由县委书记张广发、县委副书记刘行悌、县委组织部部长李顺、县委常委张金川兼任安乡县总工会主席。汉寿县1964年至1978年，也先后由县委书记王自力、县委常委、副县长朱堂、李干忠，县委组织部部长周立民兼任汉寿县总工会主席。到1988年年底，全市有5个区县（市）总工会主席参加同级地方党委，担任区县（市）委委员。1989年，中共中央下发《关于加强和改善党对工会、共青团、妇联工作领导工作的通知》（以下简称《通知》）后，省委为贯彻中央《通知》提出具体意见。按照省委的《意见》精神，中共常德市委采取了许多有力措施，其中就包括地方总工会主席参与同级地方党委领导班子。

（二）参与地方人大、政协领导机构

2001年11月，中共湖南省委召开省委工会工作会议，2002年3月，中共常德市委召开市委工会工作会议。省、市委工会工作会议都下发文件，对加强各级工会领导班子建设作出明确规定，要求市、县两级地方总工会主席实行高配。2002年12月，中共常德市委组织部下发《关于区县（市）总工会主席由县级领导兼任的函》，明确澧县、汉寿两县总工会主席仍由县委常委担任外，其他7个区县（市）总工会主席都由人大常委会副主任担任。从2003年开始，常德市总工会主席由常德市人大常委会副主任担任，市人大常委会副主任刘克云、石成林分别担任常德市总工会第三届、第四届、第五届、第六届委员会主席。到2012年年底，市县两级总工会主席，除石门县由县委常委担任外，均由市县两级人大常委会副主任担任。与此同时，市人大、市政协常委会都有市总工会班子成员参与。市总工会党组书记（副主席）张春仙、叶诗林、窦长清、雷志汉、赵克蓉分别担任常德市人大一至五届常委会常务委员。市总工会副主席朱沅生、裴万里、王用喜、苏国才、陈寿林、戴正玉、谢春玲分别担任常德市政协一至五届常委会常务委员。

二　建立政府与工会联席会议制度

1956年，常德地区部分县市建立了地方工会与政府联席会议制度，研究和解决工会参政议政及提请同级政府支持解决的问题。1956年3月，为解决常德市工人文化宫的归属问题，常德地区工会和常德市总工会提请召开工会与政府工作联席会议。联席会议由常德行署副专员杨子实主持，政府有关部委局负责人参加会议。联席会议决定：取消关于工人文化宫由专区文教科接待外来剧团的合约，将工人文化宫归属为常德市总工会，专区歌舞剧团另择址修建剧场。1987年5月，桃源县就贯彻中央颁发的3个《暂行条例》，召开政府与工会联席会议。2009年11月22日，常德市人民政府办公室印发《常德市人民政府常德市总工会联席会议制度》，明确了以后每年召开一次市政府与市总工会联席会议，共同研究、协商解决涉及经济社会发展以及职工合法权益和工会组织自身建设等方面的重大问题。

2009年11月24日，常德市政府常德市总工会举行第一次联席会议。市委副书记、市长陈文浩，市委常委、常务副市长刘小明，市人大常委会副主任、市总工会主席石成林，市政府副市长徐超文，市长助理、市政府秘书长沈习淼出席了会议。市总工会党组书记、副主席赵克蓉，副主席谢春玲、施祖杰、罗亚海，纪检组长刘孟春，经审会主任施才明参加会议。市政府办、市发改委、市财政局、市城市办、市规划局、市建设局、市国土资源局、市编办、市人社局、市环保局、市园林局、市司法局、市民政局、市地税局、市统计局等单位的主要负责人参加会议。会议就建

2009 年 11 月，市长陈文浩(中)，常务副市长刘小明(右)，副市长徐超文(左)出席市政府市总工会联席会议

立健全市县两级政府工会联席会议制度、建设市职工文化活动中心、成立市职工维权帮扶中心、市财政增加给市总工会用于困难职工帮扶资金和逐年增加财政承担的工会经费等问题进行了议定。

2010 年 12 月 30 日，常德市政府常德市总工会举行第二次联席会议。中共常德市委副书记、市长陈文浩，市委常委、常务副市长刘小明，市人大常委会副主任、市总工会主席石成林，市政府副市长徐超文，市政府秘书长周代惠出席会议。市总工会党组书记、副主席赵克蓉，副主席谢春玲、施祖杰，纪检组组长刘孟春，经审会主任施才明，女工委主任赵鑫，经贸工会主任赵建祥参加会议。市政府办、市经信委、市财政局、市人社局、市体育局、市工商联、常德经济技术开发区管委会等单位主要负责人参加会议。会议认为，随着经济社会的发展，工会在维护职工队伍稳定，建设和谐社会中发挥着重要作用，市政府及其组成部门要高度重视和大力支持工会工作。会议议定：由人社局牵头起草《常德市企业工资集体协商办法》；将劳动竞赛(职工技能大赛)工作和表彰经费列入财政预算；从 2011 年起，市财政每年安排困难职工帮扶资金 70 万元；提高低收入市级劳模生活补助标准；由市人社局安排公益性岗位支持开展职业化工会工作者试点工作； 规范市本级财政全额拨款行政事业单位工会经费划拨比例并列入财政预算；加强常德经济技术开发区文化体育基础设施建设。

2011 年 12 月 22 日，常德市政府常德市总工会举行第三次联席会议。中共常德市委副书记、市长陈文浩，市委常委、常务副市长刘小明，市人大常委会副主任、市总工会主席石成林，市政府副市长徐超文，市政府秘书长周代惠出席会议；市总工会党组书记、副主席赵克蓉及领导班子全体成员参加会议；市人社局、市财政局等有关部门负责人参加了会议。会议认为，市总工会近年来围绕改善民生、维护劳动者合法权益、建设人民满意政府和促进工业产业发展等方面做了大量卓有成效的工作，为促进经济社会发展做出了应有贡献。会议要求各级各相关部门要为工会组织开展工作营造好的环境，切实增强工会组织在广大企业职工中的凝聚力和公信力。会议议定：按照财政支持、工会自筹、向上争取的方式，解决、落实好市职工文化活动中心建设资金；进一步扩大职业化工会工作者试点工作，市人社局提供的公益性岗位由上年的 20 个增加到 50 个，并由市财政局安排专项资金 30 万元。

2012 年 12 月 20 日，常德市政府常德市总工会举行第四次联席会议。市委常委、常务副市长刘小明，市人大常委会副主任、市总工会主席石成林，市政府副市长徐超文，市政府副秘书长杨俊出席会议；市总工会副主席赵克蓉及领导班子全体成员参加会议；市政府办、市财政局、市人社局、市住建局、市就业处、市住保办等有关部门负责人参加了会议。会议研究了关于解决市级劳模慰问金和困难救助资金问题、关于延续职业化工会工作者公益性岗位问题、关于农民工住房问题。会议议定：市政府将困难职工帮扶资金在 2012 年 70 万元的基础上增加 10 万元，并从 2013 年开始，每年安排 10 万元资金，专门用于春节期间对生活特别困难的劳模进行走访慰问；同意延续职业化工会工作者 50 个公益性岗位和 30 万元的工作经费；市住建局、市住保办等单位要加强调查研究，不断完善政策措施，着力解决住房保障体系建设中存在的问题。

三　开展职工义务物价监督

1981 年 11 月，省总工会与省物价委员会根据市场上出现的任意涨价、变相涨价等情况，联合发出《关于建立职工义务物价检查监督制度的通知》，并印发长春市总工会开展职工义务物价检查活动的经验，要求各地工会开展职工物价监督活动。1982 年 6 月，常德市总工会会同市物价部门，在工业企业集中的德山建立湖南省第一个职工物价监督站，挑选 18 名职工担任义务物价监督检查员（其中退休工人 1 名），发给政府统一制定的物价检查证，由市阀门厂工会主席任站长，分成 3 个检查组分片包干进行检查。仅一年时间即开展检查活动 400 多次，收缴失准衡器 18 件，清退多收款 960 余元，深受职工和各界群众欢迎。1983 年 6 月，省总工会向全省推广常德市的经验。同年 12 月，省总工会和省物价局又在常德市召开物价监督工作会议。随后，常德市总工会于 1984 年 5 月，率先在全省成立职工物价监督总站，并作为市总工会事业机构，组织和指导基层职工物价监督站，按照国家政策法规，进行依法有序的职工义务物价监督工作活动。

职工物价监督活动开展初期，主要宣传国家的物价政策，监督检查农贸市场的价格和短斤少两、掺杂使假、欺行霸市的违法行为。职工物价监督活动主要分为集中检查和分散检查两种形式。集中检查即由职工物价检查站组织统一监督检查活动，在宣传国家物价政策法令的同时，查处侵犯消费者利益的典型案例。常德市德山临源商店，趁国家调整部分香烟价格之际，将商店库存的60条香烟转移出店，采取赊销办法分到人，再按调高价格出卖，使国家损失560元，同时，该店还经常短斤少两，以次充好，坑骗群众。该店女职工义务物价监督员张梓爱向德山物价监督站揭发了这些问题，该店负责人以经营承包和劳动组合为由，停发张的工资并要将张排挤出店。常德市职工义务物价监督站获悉后，立即组织对该店进行突击检查，查处15种商品短斤少两，14种商品擅自提价。经政府有关部门商定，撤销该店经理的职务，补发张梓爱的全部工资，收回店里工作。市政府将这一事件通报全市，引起极大的反响。职工物价监督活动更多的是职工义务物价监督检查员的日常分散检查。众多的职工物价监督员，经常活跃在群众反映多的农贸市场和商业门店，进行大量监督检查活动。常德市毛巾厂职工物价监督员彭天德担任市城区三岔路职工物价监督站站长的三年中，利用早中晚和星期天休息时间，进行物价监督检查457次，检查商店2638家(次)，报工商部门万元违价案件1次，处理千元以上违价案件6起，查处违价行为4570项，罚款25100元，清退给消费者5078元。

1985—1988年是职工义务物价监督活动的发展期。在常德市职工物价监督站带动下，1985年，常德地区先后成立了28个职工义务物价监督站，聘任了285名职工物价监督员。同年10月，常德地区工会与市物价部门联合举办物价监督学习班，提高职工物价监督员的政策水平。到1988年年底，全区10个县市均建立了职工物价监督站，县镇和较大厂矿区还建立了63个职工物价监督分站，有物价监督员495人，物价信息员112人，形成了职工物价监督体系和网络。期间，全区各职工物价监督站共出动监督检查52183人次，对所在地的国营、集体商店，农贸市场和个体经营者的物价情况进行了各种形式检查达18190次，发现违价问题28906个，收缴罚没款188388元，退还消费者132072元，收缴不准衡器937件。同时，涌现出一批优秀职工义务物价监督员。临澧县供销社退休职工张昌春，不管天晴下雨和严寒酷暑，坚持不懈地进行物价监督工作，被评为全国先进职工物价监督员。安乡县城关镇职工物价监督员李伯乾，在监督检查中发现少数商户违规和提价销售进口烟，商户带着两条芙蓉烟登门向李说情，被李拒绝并上报县职工物价监督站。随后，在县物价局的支持配合下，对出售进口烟的一律没收交烟草专卖局处理，维护了市场经济秩序，受到消费者交口称赞。

1990年6月，常德市总工会成立常德市职工物价监督管理站，加强对区县(市)职工物价监督站的指导。1992年7月，常德市政府批复，同意成立常德市职工物价监督总站，接受市总工会和市物价局的领导，市总工会职工物价监督管理站承担具体工作。1994年后，随着市场经济体制的建立和发展，职工义务物价监督活动逐渐淡出，到1996年，基本停止活动。2000年9月，市机构编制委员会批复，同意撤销常德市职工物价监督管理站。

四　参与企业改革改制和调处劳动关系及利益矛盾

（一）开展调研为党委政府提供决策建议

1.围绕企业工资和分配问题开展调查。1984 年以后，市、县两级总工会对企业 3%的职工奖励晋级问题，一些企业实行浮动工资、岗位工资问题，企业内部分配问题做了多次调查，并及时将情况反馈给党政领导和有关部门。1985 年 9 月，澧县总工会通过调查，将一些企业干部严重侵占工人晋级指标的情况报送县委、县政府，县政府当即分别召开企业整顿小组会议和县经委、县劳动人事局等部门负责人会议，决定各企业 3%的职工晋级，要按干部、工人互不侵占指标的原则重新评定，并按管理权限分别报县委组织部、县劳动人事局审批，纠正了干部侵占工人晋级指标的现象。

2.围绕企业发展开展调查。1989 年 10 月，常德市总工会与市经委、市劳动局联合对停产企业进行调查，形成专题报告上报市委、市政府。12 月 30 日，市政府召开专门会议，决定成立以一名副市长为组长的协调小组，筹措帮扶资金，帮助停产企业走出困境。1990 年，市总工会根据职工群众反映强烈的招标承包企业不规范的问题进行调查研究，写出《招标承包企业必须引起重视的几个问题》调研报告，反映招标承包的组织程序欠规范、企业承包经营后党政工关系不理顺、职工安置不到位等三个突出问题，得到中共常德市委、市政府及有关部门的重视。

3.围绕企业用工制度改革开展调查。1992 年，企业劳动人事制度改革实施后，市总工会相继进行了“企业职工从事二、三行业工作中的几个问题”“企业富余人员安置情况”的调查，并提出改革统分统配制度、发展和建立劳务市场、完善社会保障制度、制定富余人员自主择业优惠政策、加大再就业技能培训等建议。

4.围绕职工队伍稳定开展调查。1995—1997 年，通过调查研究，市总工会相继形成《影响我市企业和职工队伍稳定的突出矛盾》《当前职工突发性事件的分析及对策》《关于我市职工队伍精神文明建设的调查》等调查报告，全面系统地分析了影响企业改革发展和稳定的矛盾和原因，引起党委、政府的高度重视。2000 年，全市“两个置换”（置换企业国有性质，置换职工全民身份）的企业体制改革开始后，常德市总工会派出多个调研组深入到企业，了解企业体制改革动态，掌握职工思想动向，相继编发 50 期“工运信息”，传达职工呼声，为市委、市政府稳步推进企业体制改革提供决策依据。2006 年后，市总工会相继围绕帮扶困难企业和困难职工，农民工权益的维护，以及困难劳模生活状况，开展多项调研，为各级党委、政府推动改善民生提供决策依据。

（二）参与企业劳动关系矛盾调处

1987 年，常德县为适应经济和政治体制改革要求，拟将对企业用工和分配制度进行大力度的改革,因为涉及一批老弱职工切身利益,一度在职工中存在抵触情绪。常德县总工会在县昌明锅厂参与企业用工和分配制度改革试点,认真总结其经验并上报县委、县政府。根据县总工会的报告和建议，县政府对全县 816 名老弱病职工采取妥善安置的保护措施:一是将 213 名老工人调离劳动强度较大的生产岗位,从事辅助性劳动,不影响正常收入。二是对 185 名技术水平高的老工人,安排带徒弟传技术,使其得到理想收入。三是对 418 名体弱多病工人发基本生活费补贴,使其得到合理收入。全国总工会《工会工作通讯》以常德县各级工会组织职工参与企业内部分配制度改革为题，充分肯定常德县总工会在参与企业劳动关系矛盾调处中发挥积极作用。1988 年 2 月和 3 月,常德市五一制革厂连续发生两起职工抵制厂方单方面提高工时定额和降低消耗指标的罢工事件,停工时间分别为 2 天和 6 天。常德市总工会闻讯后,立即前往该厂进行调查,在厂工会的积极配合下,了解到企业原制定的工时定额和消耗指标的确有提高的空间,但是,这次提高的幅度过高。在市政府工作组的协调会议上,市总工会提出组织召开厂方与职工代表对话会,从而,较好地解决了企业劳动关系上的矛盾。2000 年 7 月,常德德山工业区一些实施“两个置换”企业在改制中,少数职工因不理解而情绪失控,酝酿堵路堵桥造成社会影响。这些企业工会在得知情况后的第一时间迅速上报市总工会,市总工会立即组成 4 个工作组下到德山工业区企业,连夜到有关职工家做思想工作,并召开职工代表座谈会,仔细听取职工代表的合理诉求,及时传达给市企业改制工作办公室,稳妥地化解了不稳定因素和矛盾。鉴于工会组织在企业改革中调处劳动关系矛盾的积极作用,市委、市政府抽调一批工会干部,增派到各企业改制工作组参与企业体制改革。

(三)参与政府设立的有关专门工作机构

1979 年起,常德各级工会正、副主席作为正式成员参加的政府或政府部门设立的专门机构有:安全生产委员会、社会治安综合治理委员会、劳动仲裁委员会、爱国卫生运动委员会、企业管理协会、全民健身委员会、企业改制工作领导小组、普法工作领导小组、工资改革领导小组、工人技师考评领导小组、职工物价监督总站、住房制度改革领导小组、医疗改革领导小组等多个专门机构。工会通过这些机构和渠道,反映职工的呼声,提出意见、建议并参与决策,有效地代表和维护职工群众的切身利益。2000 年,在全市国有企业“两个置换”的改革过程中,涉及一大批职工群众的切身利益,市总工会在多次的市企业改制工作领导小组会议上,传递职工群众的意愿和呼声,提请市政府作出年满 45 岁女职工和年满 55 岁男职工根据本人意愿可提请办理退休;对老弱病残职工,重、绝症、精神病职工,哺乳期女职工实行补贴,以及落实有关劳模待遇等一系列人性化的企业改制的具体操作意见。

第四节　民主管理

1950年2月，政务院财经委员会发出《关于国营、公营工厂建立工厂管理委员会的指示》。其后，常德冷家溪金矿、常德七一机械厂等8家国营企业建立了工厂管理委员会和职工代表会议，实行民主管理。1954年，学习苏联工业企业管理方法，在企业推行"一长制"，用生产会议取代工厂管理委员会和职工代表会议，职工民主管理受到削弱。1957年起实行党领导下的职工代表大会制。1999年起在国有、集体企业全面推行厂务制度，2002年在国有公司制企业建立职工董事、职工监事制度，以职工代表大会，厂务公开，公司制企业职工董事、职工监事制度为体系的职工民主管理机制日臻健全和完善。同时，企业民主管理制度逐步在非公有制企业和非公有制新经济组织建立健全，教科文卫等事业单位和机关的职工民主管理机制也逐步规范。

一　职工代表大会

（一）职工代表大会发展过程

1957—1988年，在国营、集体企业全面推行职工代表大会制度。1952年2月，根据政务院的指示和省总工会的工作部署，湖南省总工会常德办事处在全区12个国营工厂建立工厂管理委员会和职工代表会议，而此时正推行工厂管理"一长制"，工厂管理委员会和职工代表会议制度形同虚设。1957年4月，中共中央发出《关于研究有关工人阶级的几个问题的通知》，提出了"必须扩大企业管理中的民主，扩大职工群众参加企业管理的权利"。按照省总工会的要求，常德专区132家区属和县市属工业企业普遍实行了党领导下的职工代表大会制。1958年4月，中共中央又批转黑龙江省委《关于工业企业干部参加劳动、工人参加管理及实行业务改革的报告》，常德一些工业企业普遍推行"两参一改"的民主管理制度，巩固职工代表大会制度建设。1961年9月，中共中央颁发《国营工业企业工作条例》（即工业70条），对职工代表大会的性质、职权、组织制度、工会地位、作用等作了具体规定，全区工业企业推行职代会的面进一步扩大。到1961年年底，全区有382家区属和县市属工业企业推行职工代表大会制度。1981年7月，中共中央、国务院转发了全国总工会、国家经委、中央组织部制定的《国营企业职工代表大会暂行条例》（以下简称《条例》）之后，湖南省总工会常德地区工作委员会会同中共常德地委组织部、地区经委，召开全区企业民主管理会议，传达贯彻《条例》规定和全国、全省企业民主管理会议精神，研究制定全区推进完善职工代表大会制度规划。并组织19个区属工业企业赴衡阳、株洲学习参观，还运用通报形式，定期公布各县市工业企业推行职代会的进度，推动了全区工业企业职代会建设的快速发展。到 1982 年年底，全区应建立职工代表大会制度的 1634 家企业，已经建立的有 1565 家，建制率达 96.5%。到 1988 年年底，全区 1924 家国营、集体工交财贸企业全部建立职工代表大会制度。

2000—2012 年，在巩固国有企事业单位职工代表大会制度的同时，重点在非公有制企业和新经济组织推动建立职工代表大会制度。1994 年，随着计划经济体制向市场经济的转型，一批国营、集体企业相继出现停产、倒闭。为搞活企业，中共常德市委、市政府对企业实施兼并重组，一批非公有制企业和非公新经济组织产生。从 2000 年开始，常德又率先在全省实施"两个置换"的"国退民进"的企业体制改革。此后，除中央、省属在常的国有企业外，区域内企业基本上为民营企业。为加快非公有制企业和新经济组织建立职工代表大会制度步伐，市、县两级总工会积极争取地方党委、政府的支持，成立以市和各区县(市)委书记为组长的新建企业工会组织建设领导小组，将职工代表大会制度建设纳入其中。2003 年，全市有 30% 的非公有制企业在建立工会组织的同时，建立职工代表大会制度。2007 年 1 月，省人大颁发《湖南省职工代表大会条例》(以下简称《条例》)后，市县两级总工会采取组织召开非公有制企业法人代表座谈会，举办非公有制企业工会主席培训班，培植试点和典型，提请地方人大贯彻实施《条例》的执法检查等一系列举措，推进非公有制企业和新经济组织建立职工代表大会制度。到 2012 年年底，全市有 1987 家非公有制企业和非公新经济组织建立了职工代表大会制度，建制率达 72%。同时，根据民营学校和民营医疗机构单位快速发展的状况，市县两级总工会加大非公学校、医疗单位的职工代表大会制度建设，截至 2012 年，其职工代表大会制度建制率达 100%。

(二)职工代表大会的规范化建设

1.理顺职代会与行政和工会关系。在国营、集体企业建立职工代表大会制度的初期，重建制轻实效的现象较为普遍，相当多的单位还停留在"党委发号召、行政作报告、代表提保证、工会跑龙套"的做法上。1965 年 5 月，中共中央颁布《国营工业企业工作条例》后，中共常德地委批转湖南省总工会常德专区办事处《关于常德棉纺厂召开职工代表大会，组织生产新高潮的报告》，报告从职工代表大会要自觉接受党委的领导，行政领导要增强职工参与民主管理意识，工厂工会要认真做好召开职工代表大会各项筹备工作，职工代表大会要围绕生产发展等方面进行总结。中共湖南省委刊物《湖南通讯》、全国总工会《中国工运》予以推介。省总工会常德专区办事处召开全区工会工作会议，推广常德棉纺厂规范职工代表大会的经验。此后，在企业党委的领导下，常德卷烟厂、常德纺织机械厂、常德棉纺厂、常德七一机械厂等一批骨干企业的职工代表大会制度建设得到规范发展，职工代表大会的作用得到充分显现。1981 年，中共中央、国务院颁发《国营工业企业职工代表大会暂行条例》之后，省总工会、省委组织部和省经委制定发布《湖南省推行和完善职工代表大会制定的规划》，规定了完善职工代表大会制度的“六条标准”。根据“六条标准”的规定要求，常德地区工会和县市总工会都制定了加大企事业单位职工代表大会制度规范化建设的实施意见。1986年，中共中央、国务院颁布的《全民所有制工业企业职工代表大会条例》中明确规定了企业工会在企业职代会和民主管理中的地位和职责。其后，常德地县两级工会在工业企业普遍推行工会与职代会“两会结合”，即同时进行换届和同时召开代表大会，并明确工会在职代会闭会期间，承担起职代会的权利与职责，处理职代会日常工作，改变了工会与职代会“两张皮”现象。

2.履行职工代表大会的各项职权。

审议重大决策。面对市场经济下的企业经营发展，审议企业重大经营决策，已成为企业职工代表大会中心议题。2003年，常德卷烟厂为加快企业发展，建立现代企业制度，决定实施主辅分流和人员精简（职工提前内退），厂职工代表大会的参会代表一致认为，决策有益于企业持续快速发展，一致审议通过了改革方案。常德纺织机械有限公司、湖南华南光电（集团）有限责任公司等企业在发展的最困难时期，都将每一项经营决策提交职工代表大会审议通过。

讨论通过涉及职工权益的规章制度。1996年，市总工会在全市企业大力度推行集体合同制度，此后，讨论通过集体合同，成为职工代表大会维护职工合法权益重要议题和事项。2000年开始的全市国有企业“两个置换”的改革过程中，市县两级总工会在地方党委、政府的支持下，自始至终坚持将企业的体制改革方案，尤其是涉及职工切身利益的事项，交由职代会审议通过，从而确保了全市国有企业“两个置换”的改革平稳运行。

民主评议和民主监督。1957年，中央发出《关于研究有关工人阶级的几个问题的通知》，扩大职工群众参加企业管理的权利，民主监督干部活动在常德地区部分厂矿开展。1983年，中共中央办公厅、国务院办公厅转发《全国健全企业领导制度经验交流会纪要》规定：企业领导干部每年由职工代表大会评议一次，实行民主监督。此后，民主评议监督干部活动在全区企事业单位逐步开展。到1988年年底，全区有1218个企业进行了职代会评议领导干部活动，被评议的领导干部7029人，经过民主评议，受到奖励的538人，被免职的102人。1997年，市总工会根据省总工会的工作部署，下发《关于进一步加强职工代表大会民主评议企业领导干部的实施意见》，职代会民主评议民主监督的职能明显得到加强。

开展民主选举。1984年7月，湖南省委、省政府召开企业领导体制改革试点工作会议，明确选配厂长要采取职工民主推荐与上级考察相结合的办法，职代会的民主选举上升到民主选举厂长。浦沅工程机械总厂作为全省42家实行厂长负责制的试点单位之一，率先在常德进行企业领导体制改革和民主选举厂长的尝试，厂长候选人在职代会上经过“演说、测验、答辩”三关之后，全厂300名职工代表以无记名投票方式进行民主选举，厂党委书记兼厂长陈励青以全票当选，省机械厅负责人代表厅党组当即宣布任命书。到1988年年底，全区有168个企业进行了职代会民主选举企业领导人。与此同时，一些企业职代会还罢免不称职的厂长。临澧合口铸造厂厂长独断专行，企业长期亏损，职工联名提请召开职代会罢免了不称职的厂长。企业实行承包经营责任制后，职代会民主选举开始“滑坡”，2000年后，民营企业占主导地位，民主选举几乎不存在。但是，在常德的中央、省属国有企业都将职代会的民主选举融入现代企业制度建设之中，并扩大到车间主任和班组长的任职选举和重要岗位负责人的任命上。

3.推动非公有制企业职代会规范建设。2002年11月，常德市总工会转发《湖南省总工会关于加强非公有制企业职工民主管理工作的意见》，并制定了《关于在非公有制企业全面推行职工代表大会和厂务公开制度的实施意见》（以下简称《实施意见》），提出通过5年时间，在全市非公有制企业建立民主管理制度的工作目标。《实施意见》明确了非公有制企业职工代表大会行使知情、参与、监督等三项民主管理权利；明确100人以下的非公有制企业建立职工大会，100人以上的建立职工代表大会的组织制度；明确非公企业以职代会为载体的民主管理形式和内容。各区县（市）通过培育典型加强非公企业职代会规范建设，先后有石门县第二化工有限公司、汉寿县煤矿机械有限公司、临澧县安福气门有限公司获全省非公企业民主管理规范化建设先进单位。2005年6月，全省工会民主管理工作会议在常德召开。2007年，省人大颁布《湖南省职工代表大会条例》（以下简称《条例》）后，市县两级总工会抓住契机，提请市县两级人大常委会进行《条例》贯彻执行的执法检查，并发出检查结果的通报，宣传执行《条例》行动快的典型企业，敦促行动缓慢的企业，有力地推动了非公有制企业职工代表大会制度规范化建设。

4.提升职工代表的整体素质。1986年，省总工会编写出版《职工代表培训手册》，并举办县以上工会民主管理干部培训班。随后，湖南省总工会常德地区工作委员会部署各县市进行提升职工代表素质的培训。常德市总工会采取分级指导、层层培训、统一考核、定期验收等措施，通过一年时间共培训2089名职工代表。津市市总工会举办培训职工代表教师学习班，通过培训基层单位工会主席扩大职工代表的培训面。常德地区邮政局、常德电业局、湖南拖拉机制造厂、常德七一机械厂请“三总师”和管理干部给职工代表讲授企业生产经营、计划管理、劳动工资、供应、销售、财务、会计等方面的专业知识，提高职工代表审议能力。各县市在基层单位培训职工代表的基础上组成县市代表队，参加常德地区工会举办的职代会知识抢答赛，巩固培训成果扩大社会影响。此后，根据1996年省教委、省高校工委、省教育工会制定的《教职工代表大会工作程序》、1997年省卫生厅、省卫生工会出台的《湖南省医疗卫生单位职工代表大会管理办法》，常德市、县两级总工会加强学校、医院等事业单位职工代表的培训。2003年，省委组织部、省经贸委、省总工会制定《湖南省职工代表大会暂行规范》，2007年省人大颁布《湖南省职工代表大会条例》，对职代会职权、职工代表、组织制度等作出具体规定，市县两级总工会加强了企业尤其是非公有制企业职工代表权利、责任与义务的培训。2012年2月，中央纪委、中央组织部、国务院国资委、监察部、全国总工会、全国工商联六部委联合下发《企业民主管理规定》后，各级工会按照规定，通过各种形式的培训，全面提升职工代表整体素质。

二 厂务公开民主管理

1999 年 2 月，按照中央部署，省纪委、省委组织部、省总工会等六部门联合下发了《关于建立和推行厂务公开、民主监督制度的意见》，对厂务公开的指导思想、主要内容和形式、组织领导等作出了具体的规范和要求。为了加强厂务公开工作的组织领导，市委成立以市委常委、市纪委书记彭晋镛为组长的厂务公开工作协调小组，协调小组成员由市纪委、市委组织部、市企廉领导小组、市总工会、市经委、市劳动局相关负责人组成，协调小组办公室设在市总工会。1999 年 8 月 11 日，中共常德市委、市政府召开全市厂务公开工作大会。会后，常德纺织机械厂等 34 家中央、省属和市直企业，成立了厂务公开工作领导小组，并制定了《厂务公开实施细则》。与此同时，区县（市）所属国有、集体企业厂务公开也全面推行。是年年底，全市应实行厂务公开的 2271 家国有、集体及其控股企业和事业单位，建立厂务公开制度的 1857 家，推行面达 96%。在 2000 年 10 月全省厂务公开工作经验交流暨表彰会上，桃源县厂务公开工作协调小组、常德纺织机械厂、湘澧盐矿获全省厂务公开工作先进单位称号，常德纺织机械厂还作大会典型经验发言。

2009 年 7 月，常德市召开纪念推行厂务公开 10 周年经验交流会，市委常委、市纪委书记、市厂务公开工作领导小组组长刘剑英（右三），市人大常委会副主任、市总工会主席、市厂务公开工作任务小组副组长石成林（右二），市政府副市长、市厂务公开工作领导小组副组长徐超文（右四）出席会议

实施厂务公开之时，正值全市推行“两个置换”企业体制改革。市厂务公开工作协调小组提请市企业改制工作领导小组，在审批企业改制方案时，将是否实施厂务公开，是否经过职代会审议通过，作为审批的前置条件。全市各改制单位将企业的经营状况、资产盈利和亏损状况、改制方案以及涉及职工切身利益的事项全方位实施公开，保障了广大职工在企业改制过程中的知情权、审议权、决定权和监督权。

2002年，中共中央办公厅、国务院办公厅下发《关于在国有企业集体企业及其控股企业深入实行厂务公开制度的通知》，中共常德市委办公室、市政府办公室下发《关于在国有企业集体企业及其控股企业深入实行厂务公开制度的实施意见》，对实行厂务公开的重要意义、公开的重点、公开的内容与形式，以及组织领导进行了明确。2004年，中共常德市委将常德市厂务公开工作协调小组更名为常德市厂务公开工作领导小组，由市委常委、市纪委书记曹儒国任组长，市人大常委会副主任、市总工会主席刘克云，市政府副市长宋冬春任副组长。领导小组成员单位在原来六部门基础上，增加市财政局、市国资委、市教育局、市卫生局、市工商局，形成“纪委牵头、部门联动、工会运作、企业参与”的组织领导格局。各区县(市)亦按照省市模式，对县一级厂务公开工作领导小组进行了调整充实。市县两级政府将厂务公开工作领导小组办公室工作经费列入财政专项资金。市县两级厂务公开工作领导小组每年组织由纪委牵头进行督导检查，相继到全市近500家企事业单位进行厂务公开民主管理工作检查，并将督导检查情况通过市厂务公开工作领导小组办公室《厂务公开简报》通报，推动了全市厂务公开民主管理平衡发展。

2005年1月，中共常德市委、市人民政府召开全市厂务公开民主管理工作会议，会议的主题是“两个进一步”，即进一步规范国有企事业单位厂务公开民主管理；进一步拓展非公有制企业推行厂务公开民主管理覆盖面。会后，经过2年的努力，到2006年年底，全市国有企业及其控股企业厂务公开推行面达100%，国有事业单位推行面达96%，规模以上非公有制企业推行面达51%。

2007年6月7日，中共常德市委召开全市厂务公开民主管理工作会议，会议的重点是：进一步加大非公有制企业和非公新经济组织厂务公开民主管理工作推进的力度；进一步完善厂务公开民主管理责任制度；进一步创新厂务公开民主管理的推行手段。市委常委、市纪委书记、市厂务公开工作领导小组组长刘剑英作了切实加强非公企业厂务公开民主管理的专题讲话，强调要从促进全市民营企业健康发展、调动职工群众积极性创造性、推进基层民主政治建设的高度，加强民营企业厂务公开民主管理制度建设，并提出了依靠领导来推动、依靠健全组织来保障、依靠培育典型来引导、依靠指导督促来促进的工作思路。市人大常委会副主任、市总工会主席、市厂务公开工作领导小组副组长刘克云作了大会工作报告。会后，市县两级都将推进非公有制企业厂务公开民主管理作为工作重点，加大推进力度，到2008年年底，全市72%的非公有制企业建立了厂务公开民主管理制度。市县两级厂务公开工作领导小组办公室加强制度建设，相继制定了《厂务公开工作规范》《厂务公开责任制度》《厂务公

2012 年 12 月，常德市深化创新厂务公开民主管理工作现场推进会在澧县召开

开责任考核制度》《厂务公开责任追究制度》和《非公有制企业厂务公开民主管理实施意见》等五项制度。为推动厂务公开民主管理手段创新，市厂务公开工作领导小组办公室按照全省衡阳会议精神，在大唐石门发电有限责任公司，召开在常的中央、省属国有企业及其控股企业"借鉴 ISO9000 标准建立厂务公开民主管理工作质量管理体系"现场推进会，在国有企业普遍建立了厂务公开民主管理工作质量管理体系。

2009 年 7 月 17 日，市厂务公开工作领导小组在常德电业局召开"常德市纪念推行厂务公开十周年暨经验交流大会"，市委常委、市纪委书记、市厂务公开工作领导小组组长刘剑英主持大会，市人大常委会副主任、市总工会主席、市厂务公开工作领导小组副组长石成林作工作报告。这次大会之后，全市厂务公开民主管理向深度发展。2010 年，市政务公开领导小组将全市窗口单位的政务公开委托市厂务公开领导小组，结合厂务公开实行"两公开相结合"一并推行，取得显著成效。是年底，省政务公开工作督查组到常德检查时，对常德"两公开相结合"的推进模式给予充分肯定。2011 年 12 月，常德市深化创新厂务公开民主管理工作现场推进会在澧县召开，会议明确厂务公开民主管理进入深化创新阶段，按照会议部署，市县两级厂务公开工作领导小组办公室将工作重点放到创新领导体制、工作机制和监督体系上。

1999—2012 年，在全市厂务公开民主管理不断深入发展过程中，涌现出一大批先进单位，中共常德市委、市一人民医院、常德烟草机械有限责任公司、湖南安福气门有限公司被中央纪委、中央组织部、监察部、国资委、全国总工会授予全国厂务公开工作先进单位。桃源县厂务公开协调小组、石门县厂务公开工作领导小组、常德纺织机械有限公司、常德卷烟厂、常德烟草机械有限责任公司、常德电业局、常德市邮政局、常德电信分公司、大唐石门发电有限公司、湘澧盐矿、湖南省地质矿产局403队、常德市第七中学、武陵区东升小学、汉寿煤矿机械有限公司、桃源胜利化工有限公司、桃源杰新纺织印染有限公司、湖南安福气门有限公司、石门县玉叶化肥有限公司、津市市人民医院、澧县艳洲水利水电工程管理局、常德安乡电力局等20个企事业单位获全省厂务公开民主管理先进单位。常德市自来水公司、常德市邮政局被授予全省厂务公开示范单位。

三　职工董事与职工监事制度

1994年7月湖南省总工会《关于在建立社会主义市场经济中加强民主管理的意见》、1995年5月省政府《关于试点企业董事会、监事会成员和经理的管理意见》、1998年4月省委办公厅、省政府办公厅《关于在企业改革中加强工会工作的意见》、2000年8月省经贸委、省总工会《关于在国有独资、国有控股公司中建立职工董事、职工监事制度的意见》等文件，对国有大中型企业改制后建立职工董事、职工监事制度提出具体要求，对职工董事、职工监事选举产生、权利和义务、罢免和更换等作出了明确规定。根据省总工会部署和要求，市总工会制定了建立职工董事、职工监事制度的具体意见，并会同企业的主管部门督促贯彻落实。建立职工董事、职工监事制度的企业相对集中在在常德的中央、省属企业，以及部分市直国有企业改制的股份制公司。一般由工会主席代表职工进入监事会，并担任监事会主席，只有少数公司制企业由工会主席代表职工当选职工董事，如常德纺织机械有限公司、常德金健米业股份有限公司、湖南华南光电（集团）责任有限公司、常德武陵酒业公司、湖南洞庭药业股份有限公司等由工会主席代表职工当选职工董事。大多数职工董事能参与公司的重大决策，反映职工的意愿和呼声；职工监事能履行自己的职责，切实做好监督工作。常德武陵酒业公司欠缴职工养老保险金100多万元，经职工董事在董事会上提出后予以补交。湖南雄黄股份有限公司的减员方案，常德欣运集团股份有限公司经营方案都听取并尊重职工董事的意见。湖南华南光电（集团）责任有限公司职工董事在董事会上提出职工在住房上的困难和诉求，希望公司考虑企业地处城郊且公司职工工资偏低的困难，积极争取有关方面支持，建设经济适用房，公司随即作出建设方案，较好地解决了职工住房困难。常德洞庭药业股份有限公司职工董事、工会主席杨贵元在公司董事会上代表职工意愿，提出提高劳动保护待遇，设立职工上下班交通费补贴的建议，均被公司董事会采纳。常德国力变压器有限公司职工监事履行监督职能，监督公司股本分红的分配方案，监督公司的经营，公司原来采购变压器油每吨5600元，职工监事在监事会上提出实行采购招投标，使每吨油降至3800元，公司每年节约资金近20万元。但是，全市职工董事、职工监事工作仍存在一些问题，主要表现在职工董事产生程序不规范、部分公司制企业没有职工董事，以及职工董事、职工监事的责权利不到位。

第三章　服务经济建设

第一节　劳动竞赛

劳动竞赛是工人阶级成为领导阶级之后，以主人翁责任感在生产劳动中发挥高度积极性和创造性，建设社会主义的实践活动。中华人民共和国成立以来，常德各级工会在工业、交通、基建、财贸等系统，经常持久地组织职工开展社会主义劳动竞赛。

一　竞赛的发展过程

常德解放初期，全区职工群众以当家做主的姿态，积极参加护厂保厂、接管企业、恢复生产、支援前线的斗争。1950年，抗美援朝运动开展后，职工群众的爱国热情和政治觉悟高涨，许多厂矿企业在“工厂就是战场，工具就是武器”的口号鼓舞下，开展爱国主义劳动竞赛，给国家创造大量财富，为医治战争创伤，积累了生产资金。常德市邮电局长线组减少障碍的任务超额完成79.2%，长途电话接通率提高28%；市话机线小组复活死线7600米；工人张万明等改进和创造各种器材10余种，提高工效1~2倍。常德电厂完成248天安全运转的任务；发电车间工人用锯屑代煤发电，降低成本60%；工人朱家源控制冷却水温，每班节约用电30千瓦时。私营七二九厂负债

20世纪50年代，常德昌明锅厂职工劳动场景

8000多万元(人民币旧币,1万元合新币1元),工人们通过竞赛提高产量3倍以上,半年时间,还清负债,工人的收入和生活也有所改善。但这一时期,领导精力集中抓政治改革,缺乏组织竞赛的经验,只有30%的企业参与劳动竞赛。

1953年10月,省工会联合会召开全省第一次工矿企业工会主席会议后,常德工会组织发动职工群众开展以贯彻作业计划为中心的增产节约劳动竞赛。到1954年,竞赛出现停滞不前的现象。1955年,省工会常德专区办事处着力研究如何帮助职工实现竞赛保证条件,推动竞赛的发展。

1956年2月,根据全国总工会关于开展先进生产者运动的决议,常德各级工会发动职工掀起争做先进生产者的热潮,显著提高劳动生产率,加快了经济建设的速度。在工矿企业中,有7230名职工创生产新纪录,涌现出1264个先进集体和23756名先进个人,全区提前一年完成第一个五年计划。常德航运办事处党委根据工人杨林祥的倡议,提出向装卸工效人均日产10吨、载船每吨日产100吨公里、拖轮每马力日产1000吨公里进军的口号。常德港工会响应党委号召,组织职工制订小组和个人竞赛保证条件,开展同类型、同工种和个人之间的竞赛。1956年8月,湖光轮首创拖轮每马力日产1080吨公里记录。随后,湖通轮每马力日产提升到1444吨公里。全港有15艘拖轮每马力日产达到600吨公里以上,占拖轮总数70%。老船员杨祥福,为开辟新航道,徒步考察沅水河床,绘制沅水上游航线图,驾驶湖光轮由常德首航辰溪成功。他在航行中不断摸索经验,使常德至辰溪297公里的航程,由15天缩短到5天。常德地区邮电局在全系统开展"一条龙"大协作赛,提高通讯质量和工作效率,加快邮件报刊的传递速度。常德、澧县、汉寿、安乡的县报实现当天到乡。石门、慈利、桃源的报刊传递加快一天。津市港扁山轮,在船上创办旅客之家和航行文化宫,建立旅客代表制,深受旅客好评。

1958年,中共八大二次会议制定的社会主义建设总路线宣传贯彻后,工会组织广大职工开展以"三高"(高质量、高产量、高效率)、"两低"(成本低、原材料消耗低)、"两好"(服务工作好、安全工作好)为内容的对口赛、对手赛、关键赛、技术表演赛等,全区职工掀起比先进、学先进、赶先进、帮后进的竞赛热潮。在竞赛中,职工群众钻研技术,改进技术,你追我赶,争做贡献,"见先进就学,见后进就帮,见困难就上,见荣誉就让"蔚然成风,推动常德经济建设的发展。在此期间,由于"左"的影响,竞赛中搞了一些不切实际的东西,如放卫星、打擂台,组织高产日、高产周、高产旬等,片面追求高速度,造成一些不良后果。

1959年以后,国民经济遇到暂时困难,根据中共常德地委指示,工会突出抓职工生活工作,全区大多数单位的劳动竞赛进入低谷。1962年下半年,随着经济形势的好转,劳动竞赛又逐步活跃起来。是年,即开展以增产节约支援农业为主要内容的竞赛。全区工交系统抽出5000名职工,组成1200个轻骑队下乡服务,修理农机农械510台次,培训技术骨干2600

1959 年,津市汽车站装卸组 6 人作业队用 46 秒时间卸粮 3 吨,提高工效 14 倍

名。财贸系统组织办支农基点的职工达 2500 人,办基点 1400 个,确定生产培植员 1300 名,建立商品基地 990 处,面积 113 万亩。1963 年,结合工业学大庆、学人民解放军,全区各级工会发动职工开展创五好企业(政治思想好、计划完成好、企业管理好、生活管理好、干部作风好),当“五好”(政治思想好、完成任务好、遵守纪律好、经常学习好、团结互助好)职工的比学赶帮活动,促进国民经济的全面好转。

“文化大革命”中,劳动竞赛停顿下来,但广大职工,特别是先进模范人物和老工人仍坚守岗位,为维持和发展生产做贡献。桃源县陬市镇职工精心制造犁、耙、风车等农机具 2000 多件,支援塞内加尔、几内亚、坦桑尼亚等非洲国家。1973 年,常德工会组织恢复后,先后组织职工开展“工业学大庆”,“财贸学大庆、学大寨”的群众运动。常德纺织机械厂在学大庆运动中,组织职工重点学“铁人”精神,激发职工劳动热情,全厂连续 5 年超额完成生产任务,被授予全国“大庆式企业”称号。该厂动力管道班 12 名工人,担负全厂管道安装维修、供水供气、供暖供冷和 70 多台动力设备维修保养及 2 个空压站值班任务,长年干着 30 个人的工作量,被纺织部授予工业学大庆先进集体,班长孙长发被命名为铁人式生产标兵。桃源县中医院眼科医生袁彩云,改革针刺囊术,配合内服中药,先后治愈 70 多名白内障患者,在省内外有较大影响。

1980 年,根据中共中央、全国人大提出的新时期的总任务和全国总工会《关于动员职工为四化立功，深入开展增产节约运动，迎接党的十二大召开的决议》，以及省总工会八届二次委员(扩大)会议精神，省总工会常德地区工作委员会向中共常德地委提交《关于深入开展为四化立功活动的报告》，地委批转下发后，在全区开展为“四个现代化”(工业、农业、国防、科技现代化)立功的竞赛活动，促进生产的发展。据统计，年内全区完成工业总产值 132700 万元，比上年增长 6.4%；完成利润 5200 万元，比上年增长 65%。40 种主要产品质量，比上年上升的有 32 种，有 16 种被评为省优质产品。浦沅工程机械厂工会为使立功计划落到实处，组织全厂 2000 多名职工开展小指标百分赛和生产运动会，效果明显。该厂生产的 8 吨汽车吊，在全国质量互检中定为一等品，获国家银质奖。

1984 年以后，随着经济体制改革的深化，劳动竞赛由生产过程发展到生产、经营的全过程，由注重产值产量转向注重经济效益，改善经营管理，推进技术进步，提高劳动生产率。1986 年，围绕改善管理提高效益，省总工会常德地区工作委员会和地区经委联合，组织全区 10 个县市、13 个行业、89 家骨干企业开展全区大赛，各县市和地区各主管局组织所属企业开展县域竞赛和行业竞赛。参赛的企业达 1874 个，占企业总数的87%。1987 年，根据改革和生产发展需要，全区开展以增产节约、增收节支为中心内容的立功竞赛。

常德撤区建市后，1989 年 1 月，针对市场疲软、资金紧缺、燃料和原材料短缺的情况以及全市经济建设的主要任务，常德市总工会与市经委联合组织，开展创先、创新、创优、创汇、创最佳经济效益立功竞赛。一年中，全市开发新产品 185 个。常德市水表厂开发的大口径旋

2003 年，常德市总工会举办全市职工技能大赛，湖南车桥厂职工吴家剑获得钳工第一名

翼式水表，填补中南六省的空白。常德武陵酒厂生产的武陵酒获国家金牌。桃源纺织印染厂组织职工开展“开发新产品，设计新花样”立功竞赛，推行涤代棉、粗改细、厚改薄新技术新工艺，开发新产品10个，印染新花型34个，生产的漂白涤细布和售纱被评为省优产品，宽中平布被评为部优产品。

1990年，由常德市人民政府领导和组织，在全市工业、交通、基建、流通和农林水系统的企业单位中，开展以优质、低耗、稳产、适销、安全为主要内容的社会主义劳动竞赛。全市参赛单位2496个，参赛职工33.7万人，占全市职工总数89%。职工提合理化建议203208条，实施45866条；开展群众性技术革新、攻关、推先5121项，对外开展技术服务、技术咨询、技术扶贫136项，创造经济效益4716万元。群众性的节约活动为企业节油131吨、节电87万千瓦时、节约钢材205吨，总节约价值148万余元。湖南省政府、省总工会对此次劳动竞赛给予充分肯定。

1991年“八五”计划实施，全市开展“八五”立功竞赛，各级工会动员职工“争创一流产品、一流质量、一流效率、一流服务、一流工作”。竞赛活动与经济责任制相结合，各参赛单位有针对性地确定自己的主攻目标和工作重点。商业、供销、粮食、外经委、建委等系统开展效益杯赛、满意杯赛、创四优赛。常德卷烟厂、华南光学仪器厂、常德棉纺厂、七一机械厂、石门磷肥厂、常德电业局等单位，开展最佳管理赛、双达标赛、上等级赛等竞赛活动。全市参赛单位1287个，参赛职工19万人。1992年，市总工会和市经委、团市委联合组织，在全市工业、基建、财贸系统的青工中，开展车工、钳工、织布挡车、细纱挡车、服装制作、营业珠算、瓦工、抹灰工等8个工种的技术比武。全市有986个单位、13万多名职工参赛，评选出技术能手25人。

1993—1998年，根据全国总工会和省总工会指示精神，全市开展以扭亏增盈为主要内容的劳动竞赛。1994年，市总工会组织开展群众性的“双增双节”竞赛活动，并选择10个大中型企业作为扭亏增盈劳动竞赛联系点。1996年，全市开展“为实现九五计划建功立业”的竞赛活动，把搞好双增双节、扭亏增盈作为竞赛的重要内容。1998年，全市遭受特大洪灾，劳动竞赛以弘扬抗洪救灾精神为主旋律，开展“保目标、增效益、做贡献”的劳动竞赛。重灾区以“攻关解难、生产自救”为主要内容，轻灾区以“提质降耗、增收节支”为主要内容，非灾区以“增产增收、创新创优”为主要内容。

1999年以后，全市大规模主题竞赛活动主要在重点行业、重点企业进行。湘澧盐矿为提高产品质量、降低消耗，开展迎国庆50周年百日竞赛活动，大赛中套小赛，细分为产品质量赛、节支降耗赛、安全生产赛、回收货款赛等。常德纺织机械厂开展决战90天，创最佳成绩向新世纪献礼的劳动竞赛活动。广福桥煤矿开展安全样板面竞赛活动。从2007年起，在全市持续开展以创建“工人先锋号”活动为载体的劳动竞赛，引导职工立足本职、爱岗敬业，刻苦学习、忘我工作，不断进取、甘于奉献。同年，还在全市重点建设工程中开展以“争创一流业绩、

2006年，常德市举办第二届机械行业职工技能赛，湖南车桥厂职工程秋获得铣工第一名

建设精品工程”为主题的劳动竞赛活动。

2000年以后，社会主义劳动竞赛进入以创新和技能竞赛为主题的新时期。通过劳动竞赛，推动企业发展模式由速度型向效益型转变，职工素质结构由体力型向智力型转变。2000年，市总工会选派计算机能手参加全省计算机技能大赛。从2001年起，常德市各级工会持续开展经济技术创新劳动竞赛活动。2003年6月，举办常德市第一届机械行业职工职业技能大赛，987名选手参加车工、钳工、铣工、电焊工4个工种的竞赛54场。产生的13名优胜者代表常德市参加全省技能竞赛，取得团体总分第四名。湖南汽车车桥厂职工吴家剑夺得全省钳工第三名、全国钳工第五名。2004年9月，举办“云锦杯”全市纺织女工技能大赛。此次大赛采取市场化运作，由民营企业云锦纺织有限公司担当大赛总冠名，常德纺织机械有限公司、常德电信分公司提供赞助。全市有纺织企业的7个区县(市)和3家市直企业参赛。各参赛单位择优确定51名选手参加纺织细纱挡车工、纺织织布挡车工两个工种的决赛，决出20名优胜选手。2006年5月，举办全国建筑业技能大赛常德市选拔赛，全市有2600名职工参加钢筋工、砌筑工、精细木工、镶贴工4个工种的比赛。2006年8月，举办常德市第二届机械行业职工职业技能大赛。156名选手参加选拔及决赛，有12名选手获得“常德市技术能手”称号并参加全省职工职业技能赛。湖南汽车车桥厂铣工程秋夺得全省单项第一，获“湖南省

技术能手”称号。在2007年度全市职业技能大赛中，分职工组和学生组进行竞赛，有15人获得技师职业资格，5人获得“常德市技术能手”称号，3人获得“常德市职业技能竞赛标兵”称号。2009年8月，举办常德市职工职业技能竞赛暨全省第三届职工职业技能大赛选拔赛。竞赛项目包括数控车工、数控加工中心、模具钳工、速录师、维修电工5个项目，共产生25名优胜选手，他们代表常德市参加全省第三届职工职业技能大赛。2011年，举办常德市职工职业技能竞赛暨湖南省职工职业技能大赛选拔赛，决出51名选手参加省职工技能大赛工具钳工、焊工、维修电工、秘书、营销、餐厅服务员、中式烹调师7个项目的竞赛。获得一等奖3名、二等奖3名、三等奖2名、优胜选手奖19名。陈杜娟、杨传被授予“湖南省技术能手”称号。常德代表团获团体总分第四名。2012年5月，举办常德市2012年度职工职业技能竞赛，共有来自各区县（市）和全市大中型企业的18支代表团、81名选手参加，涉及计算机程序设计员、车工、数控机床装调维修工、铣工4个工种。决出13名选手代表常德市参加湖南省第四届职工职业技能大赛，获得团体总分第四名。

除全市性的职业技能大赛外，一些大中型企业工会还常年开展各工种项目技能竞赛，并在全国行业职业技能大赛中取得优秀成绩。常德烟机厂操作工符旺强，在2011年中烟机械集团公司第二届职业技能大赛中获得数控组第一名。2011年，常德卷烟厂在全国行业职业技能5个工种大赛中，取得4个工种第一名。

二　评比奖励

在竞赛的起始阶段，评比奖励一般是一赛一评，对优胜者记功发奖。爱国主义劳动竞赛开展后，许多单位采取“百分计算”、定期评比的方法。常德电厂在开始组织竞赛时，即规定合理化建议、创造发明、完成生产任务、遵守劳动纪律等项竞赛内容的具体分值，总分100分。评比时，根据数据和事实逐项打分，以综合得分的多少来评定功劳大小和物质奖励的多少。

1953年以后，大多数单位建立了月评季奖、半年初评、年终总评的制度。评比步骤与方法，一般是先由各小组检查总结执行竞赛保证条件的情况，然后从工段到车间（工区）、厂（矿）部，逐级根据上报和收集的资料，召开总结评比会议，提出优胜单位和个人的初步名单，再分别召开小组、工段、车间工人代表会议进行复评，最后分别报各级领导审定，召开总结表彰大会，宣布评比结果。奖励以精神奖励为主，辅之以物质奖励。对每月评比出的优胜单位，奖给流动红旗一面；对季度评出的优胜单位，除奖给红旗外，还发给一定数额的奖金；对半年或年终评出的优胜单位，授予先进单位称号，颁发奖状（或锦旗）和奖金。对连续3个月完成竞赛保证条件、达到先进定额的个人，授予先进生产者称号；对6个月保持这一称号的个人，登光荣榜或光荣册；对于1年之内保持这一称号的个人，评为劳动模范。凡获上述光荣称号者，都发给一定的奖品或奖金。

厂(矿)际同工种竞赛的评比奖励，有的是在一个赛程结束后举行，有的是每季或半年举行一次。评比地点一般放在参赛的基层单位，评比时，着重总结交流先进经验，开展批评与自我批评。对于厂(矿)际竞赛中的优胜单位，都由有关行政主管部门和产业工会颁发奖状、锦旗和奖金。

在1956年开展的先进生产者运动中，评比奖励除坚持精神奖励和物质奖励相结合的原则外，还规定：后进努力赶上先进的，有奖；先进帮助后进赶上自己的，有奖；在先进水平上更加先进的，有奖。

在1958年开始的“大跃进”中，评比奖励工作一般抓得很紧，很有声势。但在“破除迷信”的思想指导下，不少单位把1953年以后逐步建立的评比制度打乱了。在奖励方面，从省到地、县和基层，各种表彰会如先代会、群英会等开得很多，荣誉奖励的形式也多种多样，但物质奖励一般只发一点纪念品。在1961年起开展的“五好”运动中，评比工作有所改进。评比方法一般是由个人和单位对照“五好”条件进行自我总结，然后发动群众按条件进行评选，“五好”单位和个人有多少评多少，不划框框，不规定指标，并坚持“三上三下”“三榜定案”。在奖励方面，对“五好”集体和“五好”个人，一般只授予荣誉称号。

1977年以后，开展小指标百分赛的单位普遍将评奖改成算奖，即对各项小指标进行考核计分，根据得分多少来评定成绩，计算奖金，较好地克服了平均主义倾向，贯彻了多劳多得的原则。

1978年恢复奖金制度后，奖励方面的业务工作由行政劳动工资部门负责，一些单位出现了“工会管竞赛，劳资管发奖”奖、赛脱节的局面，竞赛成了“干赛”，发奖变成了发“第二附加工资”。经过总结经验教训，许多单位改变奖、赛脱节的做法，把竞赛的评比奖励和计时工资加奖励结合起来。

在1980年开始的为“四化”立功竞赛中，各单位的评比奖励一般比较规范。评功记功的时间，除攻关立功、战役立功放在赛事结束时评比外，大都是每月或每季进行检查，半年小评，年终总评，召开庆功表彰大会。评功，坚持立功标准，坚持凭数据和事实说话，坚持群众评议。奖励形式一般有上光荣册、登光荣榜、发立功喜报、授予立功证书等。物质奖励一般是同非竞赛类常规奖励办法相结合，在增产节约方面的立功者，相应地享受节约奖、生产奖；在技术革新方面的立功者，相应地享受合理化建议、技术改进和发明创造奖。对在常规奖励办法中未设而竞赛中设有的奖项，则在企业基金或留存利润中提取部分奖金，由竞赛委员会或立功竞赛领导小组按规定掌握使用。

1981年，国务院发出的10号文件规定：劳动竞赛对先进集体、先进个人发放的奖金，按职工标准工资总额的1%，从企业奖励基金或企业基金中提取。此后，全区除少数亏损企业外，大多数单位按照国务院文件规定，及时提拨了劳动竞赛奖金，归工会掌握使用。

1984年以后，评比奖励工作逐步进行改革，除少数单位和少数竞赛项目是定期评比外，多数单位和多数竞赛项目的评比，由定期、长期改为不定期和短期。如与落实经济责任制同步的竞赛，以及夺魁赛、攻关赛、上台阶赛等，都是在完成任务、达到目标后，即进行评奖。评比奖励的办法，主要是对竞赛合同或协议书确定的目标、条件进行考核，依据目标、条件的实现程度评定成绩，按规定的奖金额计算和发放奖金，同时给予适当的精神鼓励。在物质奖励上，有些单位实行了重奖政策，有些单位突破了单纯发奖金的办法，把竞赛奖励与职工晋级、休养、分房挂钩。

1989年以后，由市里统一组织的大中型企业的竞赛，为一年一评。评比方法，是先由各区县（市）和市直各系统对所属参赛企业，对照竞赛条件进行初评，提出先进单位推荐名单；市劳动竞赛办公室接到名单后，到市有关主管局征求意见，取得共识后，提请市劳动竞赛委员会评定，并确定奖励的标准、形式；然后，召开大会，进行表彰奖励，同时把劳动竞赛与劳动模范、五一劳动奖章、五一劳动奖状、五一先锋等评选相结合。

2000年以后，全市劳动竞赛的重心放在技术创新和职工技能提升方面，经常性的竞赛活动多为各行业、各工种的技能竞赛。竞赛方式一般是各区县（市）和大中型企业组织初赛，全市统一组织决赛。奖励办法一般是授予荣誉称号、颁发奖金，并与晋升职业技能资格挂钩。

2003年，常德市职工职业技能大赛规定：经初赛入选全市选拔赛的选手，颁发“常德市职工职业技能赛优秀选手”荣誉证书，并晋升相应的技能职业资格；代表常德市参加全省技能大赛决赛的选手，授予“常德市技术能手”称号，获高级技能职业资格；在全省决赛中获得前三名的选手，获晋升技师职业资格。在2004年“云锦杯”全市纺织职工职业技能大赛中，对获得名次的代表队和选手颁发奖牌（第一名颁发奖杯）、荣誉证书和奖金；对优秀选手奖获得者颁发奖牌和荣誉证书；对获得各工种第一名的选手，授予“常德市技术能手”称号；对第二至十名选手，授予“常德市纺织行业技术标兵”称号；对理论和操作成绩均合格者，晋升一级相应工种职业技能等级。在2006年全国建筑业职业技能大赛常德市选拔赛中，每个工种设一、二、三等奖，对获奖选手颁发荣誉证书和奖金。对一等奖获得者授予“常德市技术能手”、“常德市技术状元”、“常德市建筑行业技术能手”称号；对二、三等奖获得者授予“常德市技术标兵”、“常德市建筑行业技术能手”称号。一等奖获得者获晋升技师职业资格，二、三等奖获得者获晋升高级工职业资格，其他参赛选手获晋升中级工职业资格。从2007年起，常德市职工职业技能竞赛分职工组和学生组进行。竞赛获奖选手除获得获奖证书和奖金外，职工组理论和操作成绩合格的，一等奖选手并获“常德市技术能手”称号和申报技师职业资格；二、三等奖选手并获高级工职业资格；其他参赛选手，在原职业资格等级上晋升一级。学生组理论和操作成绩合格的，一等奖选手并获“常德市职业技能竞赛标兵”和申报技师职业资格；二、三等奖选手并获申报高级工职业资格;其他选手获中级工职业资格。

三　组织领导

20 世纪 50 年代初,劳动竞赛是由工会发动和领导的。1950 年 8 月,省总工会筹委扩大会议指出:“搞好生产是工会的中心任务,工会生产工作的基本方法,是领导工人开展竞赛。”同年 11 月,省总工会筹委会发出《关于开展爱国主义生产竞赛的指示》,对竞赛的目标、方法、领导等问题,提出了指导意见。

1954 年 3 月,中共湖南省委书记周小舟在全省第二次工矿企业工会主席会议上的讲话

2012 年,常德市卫生系统护理技能竞赛颁奖现场

中指出:组织竞赛不只是工会的任务,也是企业行政的任务,是全党的事业。此后,劳动竞赛的组织领导,由以工会为主逐步转到在党的领导下,由党、政、工、团共同负责。一些企业的具体做法是:

党组织从政治思想上领导竞赛,及时指明竞赛的方向,教育职工明确竞赛的意义,动员共产党员在竞赛中起骨干作用,协调工会与行政的关系,解决竞赛中出现的重大问题,引导竞赛正确发展。

工会负责竞赛的日常工作,包括组织职工讨论计划,制订竞赛保证条件,发现和支持群众的创举,协同行政总结推广先进经验,开展群众性的技术互助活动,进行宣传鼓动,帮助群众实现竞赛保证条件,会同行政做好评比奖励工作。

行政的主要责任是及时制订好生产财务计划和技术组织措施计划, 协调工会制订和修

订竞赛条件，提出竞赛的奋斗目标，分析各项经济技术指标完成情况，找出生产上的关键问题与薄弱环节，会同工会总结、鉴定和推广先进经验，及时做好生产技术资料的统计工作，定期公布竞赛成绩，和工会一道做好竞赛的总结评比奖励工作。

青年团主要是发动青工积极参加竞赛，在竞赛中发挥突击作用。

1956年，全省先进生产者运动开展以后，省委批转省总工会党组《关于如何深入领导当前先进生产者运动的意见的报告》，常德地区各级党、政和工会组织，采取措施，加强具体领导，使先进生产者运动得到蓬勃开展。

1958年以后，工会工作遭受严重挫折，劳动竞赛一般由党委出面领导，工会做具体工作。1960年3月，成立中共常德地委工交领导小组技术革新、技术革命和社会主义劳动竞赛办公室。1961年，工会工作逐步得到恢复和加强，其后开展的五好运动，在地方，是以党委工交政治部和工会为主会同经委、共青团等部门负责领导；在企业，是由党委（党支部）领导，政治部主管，行政、工会、共青团分工负责抓。

1977年后，全区各级工会以主要精力抓竞赛的发动与组织工作，许多企业在党委领导下，恢复或成立劳动竞赛委员会或竞赛领导小组，下设办公室，以工会为主，负责竞赛的日常工作，使劳动竞赛逐步得到恢复和发展。

1980年开展的为四化立功竞赛，得到全区各级党、政的重视和支持。中共常德地委批转了省总工会常德地区工作委员会《关于深入开展为四化立功活动》的文件，地、县（市）成立了党委、政府负责人为组长的四化立功活动领导小组。在各级党、政和工会的共同努力下，采取分类抓点、分类布置、分类检查、加强督促、及时指导的方法，在全区各行各业掀起了为四化

2006年8月，参加常德市第二届机械行业职工职业技能大赛的部分代表合影

立功的竞赛热潮。

1984年以后,劳动竞赛出现了党、政、工齐抓共管的局面。1984—1988年的4次全区性的竞赛活动,都是由地区工会、地经委、地财办、地建委等部门共同组织领导的。常德撤区建市后,1989年,成立常德市劳动竞赛委员会,由市委常委、常务副市长卜启圣任主任,副市长陈德铨任副主任;市政府秘书长徐田葆,市经委主任王逸时、副主任王家铨,市总工会主席吴本立、副主席朱沅生,以及市财办、市建委等部门负责人任委员。委员会下设办公室,负责竞赛日常工作,办公室设在市总工会。各区县(市)也成立了劳动竞赛委员会或领导小组,由副区县(市)长任主任或组长,工会、经委等部门负责人任副主任或副组长,办公室均设在工会。部、省和市属大中型企业以及70%以上的区县(市)属企业,均建立了劳动竞赛领导机构,一般由厂长或副厂长任竞赛委员会主任,党委书记或副书记、工会主席、副厂长等决策人员都进入竞赛领导班子,全市从上到下形成竞赛的组织网络。至1990年,全市建立各级劳动竞赛委员会或领导小组1894个,占全市企事业单位总数的80%以上。桃源县12名县级领导每人办一个劳动竞赛工作联系点,组织一条战线的竞赛工作。武陵区将劳动竞赛划分为工交、财贸、农业三大赛区,区政府领导分工负责,实施指挥。

自1991年起,市劳动竞赛委员会主任由联系工会工作的副市长担任,副主任由市政府副秘书长和市总工会副主席担任,委员由相关部门负责人担任。

2001年开始,常德市持续开展全市职业技能竞赛,由市总工会、市经贸委、市科技局、市劳动和社会保障局组成常德市职业技能竞赛组委会,领导和主办竞赛活动。组委会办公室设在市总工会,负责竞赛的日常工作。2007年,全市职业技能竞赛活动由市委组织部、市劳动和社会保障局、市财政局、市总工会、市教育局、市科技局联合主办,有关协作单位承办。上述单位负责人为竞赛组委会成员。组委会办公室设在市劳动和社会保障局。各区县(市)和各企业、职业院校成立相关竞赛机构,负责竞赛的组织开展。

第二节　合理化建议与技术革新

一　发展概况

1951年,常德地区部分厂矿企业学习东北地区的经验,向工人发出找窍门、提建议的号召,合理化建议活动逐步开展起来。1953年,在贯彻作业计划的过程中,各单位开始注意根据生产关键提出课题，动员组织群众学习鞍山钢铁公司机械总厂先进生产者王崇伦的首创精神和鞍山钢铁公司开展技术革新运动的经验，加强了合理化建议和技术革新活动的组织工作。许多单位组织干部和技术人员进行调查研究,确定课题后,采取召开群众大会、座谈

1958 年 11 月，澧南粉厂工人用 10 度的尾水酒制成 92 度的酒精

会，组织课题小组，把课题纳入竞赛计划等方式，发动群众投入提建议、搞革新的活动。澧县大米厂引导职工围绕课题动脑筋、搞革新，工人们将旧设备进行改造和重新组装，实行碾、筛、吹半机械化生产，日产大米由 3 吨提高到 4 吨。常德滨湖印刷厂工人张盛美、姚席福改革号码机和暗线工艺，提高工效 1~2 倍。601 矿在技术革新活动中，实现 95 项重大革新，突破了采矿、淘洗、运输、质量四大难关，机械化程度由 35%上升到 68.6%。该矿工程师贺霞云、技术员杨芳业与采矿淘洗工人共同研制成功水泥洗矿机，比人工淘洗矿砂提高工效 3~4 倍，工人劳动强度也大幅减轻。沅水木材水运局工人文德初，积多年编扎经验和众人之谋，创造沉水编排法，将上游来的原排，不经拆散，利用水的浮力，一版版直接组装，改变了多年来靠肩扛手抬、拆散重新编排的工作流程，提高工效 15 倍，一年还可节省编扎费 65000 余元。这一沉水编排法，经由省木材公司向全省各林业局推广，并于 1959 年 11 月在全国林业系统群英大会上作先进经验介绍。

从 1958 年起，其后三年间，由于指导方针上的失误，中国的经济建设出现曲折，合理化建议和技术革新活动出现不切实际、大轰大嗡的“跃进”现象。但广大职工群众表现出了迫切要求改变经济文化落后状况的强烈愿望和积极的创造性劳动热情。1959 年，常德地区工业、交通、基建、财贸系统职工共提出合理化建议 1645200 条，推出重大革新项目 83329 个，解决了 650 个关键问题，共节省劳动力 247 万个，创造经济价值 2200 万元。常德市伞厂通过技术革新，创制油伞机、糊伞机、伞骨机、压胎机等土机械 40 多台，原来由手工操作的 35 道工序，有 32 道实现土机械化，提高工效 30 倍。

1961—1963 年，国民经济处于调整时期，全区合理化建议和技术革新活动落入低潮。1963 年下半年，随着劳动竞赛和五好运动的开展，合理化建议和技术革新活动又逐步活跃起来。常德市酒厂针对原材料缺乏、劳动强度大、出酒率低等问题，发动职工提合理化建议、开展技术革新。全年职工提合理化建议 930 条，革新改造粉碎机、蒸气锅炉等 25 个项目，出酒率提高 15.4%，成本降低 17%。

“文化大革命”中,职工群众性的合理化建议和技术革新活动被中断。中国共产党十一届三中全会召开,全党工作重点向社会主义现代化建设转移,“文化大革命”期间中断的合理化建议活动开始得到恢复与发展。1978年召开的中国工会第九次全国代表大会,重新提出在全国范围内广泛开展合理化建议和技术革新活动。常德地区各企业抓住生产经营管理上的薄弱环节,发动群众提建议、搞革新,取得较好成绩。1981年,桃源船厂技术员方承勇等试制60吨钢质甲板驳成功,在1983年省交通局召开的船舶造型、定型经验交流会上获得第一名,1984年获中华人民共和国内河优秀船型设计二等奖。1985年,省总工会在株洲召开全省合理化建议和技术革新现场会之后,常德地区合理化建议和技术革新活动发展很快。1986—1989年四年中,全区职工提合理化建议49万余条,其中采纳实施的23万余条,实现技术革新153548项,创造经济价值1.6亿余元。浦沅工程机械厂从1985年开始,组织开展了3次大规模的“集个人智慧,建浦沅大业”的合理化建议活动,每次都达到人均提一条合理化建议。工人李余庆提出的“改进铸铜件机加工工艺,提高铜屑回收利用率”的建议,经实施,每年铜屑回收利用可节约13.5万元。工人、厂劳动模范曹世来的“高压开关屏技术改造”建议,为厂里节约资金16万元。湘澧盐矿职工李茂震自行设计加工制造与安装的750平方米真空制盐首效加热室,年综合经济效益增加71万余元。湖南汽车车桥厂为促进生产发展,组建合理化建议和技术革新领导小组,由一名副厂长担任组长。1986年,全厂有683名职工对生产关键提出合理化建议491条,采纳93条,创造经济价值25万元;有567名职工参加技术革新活动,涌现革新成果99项,新增产值53万元。1989年,全市有1420个单位开展“千项建议,百项革新”活动,职工提合理化建议11.5万条,实现革新项目540项,创造年经济价值4000万元。

进入20世纪90年代以后,随着改革开放的深入和建立社会主义市场经济体制方向的确立,以及撤区建市成立常德市总工会后工会工作得到加强,全市职工合理化建议活动有了显著提高。合理化建议工作趋向科学化和规范化,普遍运用了现代化管理手段,更加注重实效,以市场为导向,发动职工立足岗位、有的放矢地提合理化建议、搞技术革新,并抓好重点建议项目的专题攻关,提高合理化建议的实施率;不断完善激励制度,调动和保护职工的积极性、创造性;加速合理化建议成果的推广应用和进入市场,使其更快地在更大范围内转化为现实生产力。1990年起,常德酿酒工业集团公司围绕武陵酒、德山大曲酒进行名品提升和延伸开发,组织技术攻关、工艺革新,先后开发出国魂酒、康泰玉液、滴水洞等11个新产品,改进设计了340种新包装。同时,发动职工开展“我为酿酒献一计”的合理化建议活动。一年时间,公司收到各类建议2740条,采纳实施700条。1991年,全公司完成工业总产值5562万元,实现利税512.8万元。在纽约国际白酒、葡萄酒饮料博览会上,武陵酒和德山大曲,分别获得博览会金奖和银奖。1994—1999年,全市合理化建议活动以“扭亏增盈”为主要内容,组织职工围绕市场、质量、品种、成本、安全、效益中的薄弱环节开展合理化建议活动。1999年，职工提合理化建议12万条，实施近1万条。

进入21世纪后，中国迈上了全面建设小康社会的新的历史阶段。常德市各级工会动员和组织职工，不断推进劳动竞赛、合理化建议和技术创新活动，为实现“十五”“十一五”“十二五”计划建功立业。从2001年起，常德市各级工会和广大职工，连续多年参加湖南省“百万职工创新兴湘”活动，活动主要围绕科技创新、技能提升、技能竞赛三大主题内容展开。在活动中，坚持把增强企业科技创新与开发能力、市场竞争能力、抗御风险能力作为主攻方向，把解决企业发展的难点、实现扭亏增盈等问题作为重点，紧紧围绕创新技术、加强管理、增加品种、改善质量、降低成本、增进效益、搞好服务等，鼓励职工立足本职、学赶先进、争创一流、多做贡献。坚持以创新为灵魂，在合理化建议活动的目标、领域、内容和形式等方面进行大胆探索。在目标上，以企业职工为主体，以推进企业技术、提高企业经济效益为中心；在领域上，与企业的科技、经营、流通、信息等方面的工作紧密结合；在内容上，突出技术与管理创新，注重合理化建议的实施和向现实生产力转化；在形式上，以发动广大职工参与并为职工群众所欢迎为标准。坚持从行业和企业的实际出发，在工业企业中，重点围绕产品、质量、成本、效益来开展，实现技术、工艺、设备、材料的创新；在商业、服务性行业中，重点围绕质量效益来开展，实现服务规范、服务知识、服务项目、服务功能的创新。坚持把组织职工开展合理化建议的过程作为提高职工素质的过程，通过开展各种职业技能、新技术新知识的培训，提高职工的科学文化技术素质和创造能力。常德卷烟厂从2001年起，以科技人员为龙头，不断增加群众性技术创新攻关的技术含量。由厂工会、技术中心、设备、工艺检验等部门组成联合领导小组，动员技术员、职工针对生产关键问题制订攻关课题，组织攻关小组，开发推广新技术、新工艺、新材料。至2005年，有830种国外零备件找到国内产品替代。尤其是丙纤加胶滤嘴棒代替醋酸纤维滤嘴棒的课题研究，通过近300名技术人员的协作，被圆满攻关。该成果投入使用后，每年为厂里节约3000万元以上的成本。

二　组织与引导

合理化建议在其萌芽阶段，主要是职工群众的自发行动。1951年，常德地区部分厂矿企业成立群众发明和合理化建议工作委员会或小组，采取发号召、举办窍门展览会、召开窍门奖励会等方式，动员职工找窍门、提建议，推动了合理化建议活动的开展。

1953年以后，在贯彻作业计划的过程中，全区大多数厂矿企业对合理化建议的组织机构作了调整，已成立专门机构的进一步健全了组织制度；没有设立机构的由工会和行政联合组成了合理化建议委员会，并开始注意根据生产关键，提出课题，动员群众找窍门、提建议。

1954年，全区通过宣传学习王崇伦的首创革新精神和鞍山钢铁公司开展技术革新运动的经验，进一步调动了职工的积极性和创造性，加强了合理化建议和技术革新活动的组织工作。许多单位组织干部和技术人员深入车间调查研究，针对生产关键确定课题，然后采取召开群众大会、座谈会、组织课题小组、把课题纳入竞赛计划等方式，广泛发动群众投入提建议、搞革新的活动。在革新活动中，各单位贯彻劳动经验与科学技术知识相结合的方针，注重发挥老工人和技术人员的作用。

1958年以后，从地委到各县市和大多数基层党委，都成立技术革新办公室，加强对技术革新和技术革命运动的领导。从上到下，反复宣讲“劳动出智慧，实践出真知”的道理，启迪职工破除迷信，解放思想，发扬敢想、敢说、敢做的风格。同时，把技术革新和技术革命的范围，拓宽到各生产部门和非生产部门，以及改进工具设备、工艺规程、操作方法、企业管理，改革产品设计和开发新产品，采用新的原材料，大搞综合利用等。并实行“两条腿走路”的方针，既抓大的，又抓小的，既解决当前生产上的关键问题，又注重长远发展的需要，土洋结合，能洋则洋，不能洋则土，从而使广大职工都有用武之地。

1959年，针对技术革新和技术革命运动中出现的问题，地委根据省委指示精神，强调实行“三结合”的方针，即把破除迷信、解放思想与尊重科学结合起来，把敢想敢说敢做与实事求是结合起来，把放手发动群众和一切经过试验结合起来。同时强调技术革新和技术革命要围绕生产关键进行。1962年以后，各单位沿用20世纪50年代中期的成功做法，采取出课题、交关键、交要求、交措施、一人提建议大家来研究等方式，引导群众针对生产关键，有目的地提建议，搞革新。

从20世纪70年代末到80年代，全区各级工会与经委、科委、团委等部门紧密配合，加强了对合理化建议和技术革新活动的领导与协调。企业由工会、行政牵头，吸收有关部门参加，组成合理化建议和技术革新评审委员会或评审小组。

常德撤区建市以后，全市大多数企事业单位陆续成立了合理化建议评审机构，建立健全了处理程序和管理制度。合理化建议活动由各级合理化建议评审机构统一组织领导，各级企业在人力、物力、财力、工作安排等方面给予支持和保障。

三　实施与奖励

1950年8月，政务院颁布《关于奖励有关生产发明、技术改进及合理化建议的决定》后，全区厂矿企业开始注重建议的处理与实施工作，并对合理化建议者进行表彰和物质奖励。

1954年5月，政务院颁布《关于生产发明、技术改进及合理化建议的奖励暂行条例》，各单位对合理化建议的实施与奖励工作进一步重视。为及时处理职工提出的建议，许多单位采取发动和依靠群众、逐级负责、分级处理的办法:组织小组将本组提出的建议,逐条进行审议,能自行处理的即排定时间进行处理,不能处理的报请工段或车间处理;工段、车间研究审查后,一般建议自行处理,重大建议报车间或厂(矿)部处理。对小组、工段处理的建议,一般不填写合理化建议申请书,只进行登记备案。对于有推广价值的建议,即把它纳入工艺规程,加以推广。建议和革新项目实施后,按照政务院“奖励暂行条例”的规定,对合理化建议者和技术革新、创造发明者,给予物质和荣誉奖励。

1958 年,在“政治挂帅”的思想指导下,许多单位破除审批、鉴定、试验等制度,实行权力下放,采取“谁提建议,谁想办法实施”的做法,并取消了奖金制度,对实现的合理化建议和技术革新项目,只给予精神奖励。

1962 年以后,各单位对合理化建议的处理与实施,采取了慎重的态度,对重大建议和革新项目的处理,一般坚持以下步骤:首先由工人、技术人员、领导干部组成的“三结合”小组进行分析鉴定,认为可行,再进行试验;试验成功后再用于生产;经过生产实践证明确有实效,再根据它的适用范围进行推广。这样推出的革新项目,质量比较高,效果比较好。但有少数单位手续繁杂,关卡过多。常德棉纺厂处理合理化建议要过 8 道关,工人反映“过了一关又一关,一关更比一关难”。1964 年该厂职工提出建议 104 项,实现的只有 4 项。对此,工人在职代会上提出批评,厂领导接受批评,简化审批手续。职代会后半个月,即实现大小技术革新 15 项。

1977 年以后,大多数厂矿企业吸取过去的成功经验,建立了合理化建议的登记、审批、试制等制度。1978 年恢复奖金制度,一些厂矿企业从奖励基金中提取一部分作为合理化建议和技术革新奖,并自行规定奖励形式和奖金额度。1982 年 3 月,国务院颁布《合理化建议和技术改进奖励条例》后,许多厂矿企业结合实际,通过职工代表大会,制订了具体的奖励办法。

到 20 世纪 80 年代中期,一些合理化建议和技术革新搞得好的单位,对合理化建议的处理实施采取统一标准、分级评审、逐级推荐的办法,具体处理程序为:对职工的建议进行登记、整理、分类后,即由评审委员会或评审小组进行审查。评审结果按采纳、需进一步完善和不采纳等三类予以归纳,分别情况加以处理。对于采纳的属于小改小革的建议,组织群众分级实施;较重大的建议,纳入行政计划组织实施;重大的革新项目,组织“三结合”队伍进行科研攻关。对于需进一步完善的建议,交付本人或组织有关人员补充完善,再付诸实施。对于不予采纳的建议,给建议者讲清原因,鼓励他们继续努力。有些单位还印制“职工合理化建议回复单”,对于采纳的建议,在回复单上把采纳实施方案告诉建议者;对于需进一步完善的建议,在回复单上把要完善的理由、要求告诉建议者;对于不采纳的建议,在回复单上把不采纳的原因告诉建议者,使职工提出的建议条条有着落、件件有答复。

20 世纪 80 年代后期,一些单位对职工的合理化建议和技术革新成果,除给予物质奖励外,还采取一些新颖的精神鼓励形式。常德轴承厂从 1988 年起,对技术革新、创造发明成果,采取以职工名字命名的办法给予鼓励。助理工程师周庚生设计制造的复合模套裁模，可节约设备 1 台、钢板 20 吨，在中南地区行业协会上进行了推广，厂部把它命名为“周庚生复合模套裁模”，周倍感兴奋，又先后实现硬质合金挤抓模等 11 项技术革新，并获得一项专利，1989 年被破格晋升为工程师。1990 年 5 月，该厂召开以职工名字命名革新成果表彰大会，有 12 项成果被命名，108 项成果载人企业光荣簿。

1992 年以后，根据国务院修订的《合理化建议和技术改进奖励条例》，国家经委和全国总工会制订的《合理化建议和技术改进奖励条例实施细则》，省总工会和省经委制订的《湖南省合理化建议和技术改进奖励实施细则》，常德各区县（市）、各产业普遍加强了合理化建议和技术革新活动的实施与奖励工作。一方面设立成果奖、鼓励奖、组织奖，安排专项奖励经费，按实施细则及时进行奖励。有些企业还实行贡献大小与福利待遇相挂钩的办法，成绩显著的有功人员享受分房、旅游、疗养等优惠待遇，并在晋升、晋级、评定职称等方面优先考虑。另一方面，强调精神荣誉的激励作用，各地各单位把合理化建议表彰奖励工作同评先、评模结合起来，对有功人员记功和颁发荣誉证书。

第三节　职工技术协作

一　组织与管理

20 世纪 60 年代初期，我国由于外受技术封锁，内遭自然灾害，造成国民经济暂时困难。1961 年 10 月，辽宁沈阳市的劳动模范串联能工巧匠自发兴起技术协作活动，使一些半截子工程得以顺利投产，并创造出不少“争气”设备和产品。常德地区机械行业职工学习沈阳经验，在以往交流推广先进操作技术的基础上，自发串联起来开展技术攻关协作活动。为组织引导好职工的技术协作，省总工会常德地区办事处行文确定，职工技术协作以“革新、攻关、取经、提高”为中心内容，开展技术革新、技术攻关、技术交流、技术培训等群众性的协作活动。到 1964 年年底，全区建立技术协作组织 52 个，专职工作人员 41 人；专业推广队 2 个，队员 21 人；技术表演 5 次，参加人数 102 人。

“文化大革命”中，职工技术协作工作受到冲击，技协组织和队伍被解散，活动基本停顿。1978 年中共十一届三中全会以后，职工技协逐渐恢复发展起来。1982 年，中共常德市委批转了常德市总工会关于开展群众技协活动的报告，成立了常德市职工技术协作委员会。常德市职工技术协作委员会负责领导和组织市属企业和中央、省、地区驻市企业的技术协作工作。1984 年，成立常德市职工技术协作交流站，其职能主要是组织职工围绕新产品的开发应用、新技术设备的引进推广和技术转让，进行协作服务。交流站下设锅炉、铸造等 6 个专业队，有队员77人。1985年,常德市属局、工业公司建立了9个技协委员会,驻市的131个中央、省、地、市属企业建立了厂级技协组织。1986年,常德县职工技术协作委员会成立。到1988年,常德地区建立包括技协委、交流站、专业队在内的各类职工技协组织773个,有职工技协专职工作人员705人。

常德撤区建市后,1989年5月,召开常德市职工技术协会第一次会员代表大会,产生常德市职工技术协会第一届委员会。委员会由41名委员组成,副市长陈德铨、市科委主任张自强、市经委副主任苏以明任名誉会长,市总工会副主席朱沅生任会长,市总工会生产生活部部长朱茂章任副会长。聘请市税务局、市工商局、市技术市场管理办公室、市标准处、市计量处的负责人为协会顾问。同年5月,设立常德市总工会职工技术协作办公室,配备专职干部。技协办是职工技协的工作机构,也是工会管理技协工作的职能部门,承担着指导、服务和管理的职责。到1989年年底,全市建立各级技术协会142个,有技协委员和专干980人,会员1.1万余人。

1990年,市职工技术协会与税务部门协商确定,对技协有偿服务收入只收营业税,不收所得税;对技协新办实体视为新办企业对待,二年内免征增值税和所得税。是年,全市各级技协组织共完成技术革新、技术攻关、技术改造196项,组织技术培训148场,对外开展有偿技术服务、技术咨询和技术扶贫136项,共创社会经济效益1200多万元。

1991年,全国总工会《关于加强工会基层职工技协工作的通知》下发后,市总工会进一步建立健全全市的基层技协组织,从工业企业逐步扩展到基建、交通、财贸等行业和科研院所、医疗、环保等单位。基层技协的主要职责是组织职工开展技协活动,维护职工的技术权益,支持群众的革新创造,开展横向技术服务。大中型企业的技协组织,都配备了专干,多数设立了办事机构。市农业银行工会技协,共建立了11个分会、75个小组,设置技协专干8人,兼职工作人员72人。

1993年,市总工会要求全市各级技协组织在贯彻执行《全民所有制企业转换经营机制条例》中起促进作用,适应企业走向市场、参与竞争的新形势,积极围绕企业的技术改造、产品开发、提高质量、降低消耗、改进经营销售等环节,开展多种形式的技术活动。

1994年,根据市委、市政府决定,在市博物馆开设"常德市常设技术市场",作为全市技术商品的集散地,场内交易范围不受学科、行业、品种的限制,侧重于新技术、新工艺、新产品、新材料的交易和科技性服务。

2002年,常德市市直党政群机关实行机构改革,将常德市总工会职工技术协作办公室定为具有行政职能的事业单位,正科级,由市总工会管理。负责对全市职工科技工作进行规划、指导、协调、检查、监督。核定全额拨款事业编制5名,工作人员参照公务员管理。

从2004年起,全市职工技协工作侧重于区县(市)工会职工技协和县以下基层职工技协组织的恢复和发展,特别是民营和改制企业技协组织的发展。到 2013 年,全市规模以上企业职工技协组织恢复和发展到 600 家。

二　主要活动

(一)技术改造和技术攻关

常德职工技协是从组织技术攻关起步的。1965 年,常德棉纺厂因设计不周,厂房建起后不合生产要求,有关人员提出要推倒重建。长沙建筑系统职工技协小组,在省总工会、省经委和长沙市总工会的指导下,接受这一难题攻关任务,经过勘测论证,提出改造加固厂房的方案,经同意后,仅用 6 个月时间就完成了厂房改造加固工程,比推倒重建节约 300 多万元。

1982 年,常德市新建化工厂与天津化工研究院进行技术协作,组织 17 人的技协攻关队伍,引进消化水溶性硅酸锂生产成套技术,1983 年试生产成功,1984 年投入批量生产,年产硅酸锂 19 吨,获利润 7.6 万余元。产品质量达到美国杜邦公司同类产品的标准,获国家经委授予的优质产品证书和金龙奖牌。

1983 年,常德市大曲酒厂技协组织针对大曲酒“窖香不突出,味有苦涩感,风格不典型”等问题,发动群众献计献策,从原料、制曲、窖池、操作、储存、勾兑 6 大环节开展质量攻关,成功实现 12 项技术改造,产品质量稳步提高,在 1984 年全国第四届评酒会上,被评为国家优质酒。

1985 年,常德市粮油加工厂技协小组为保证大米纯度,减少大米成品中的糠粉含量,自己设计、制作、安装吸式空气流化槽,成功解决了该厂多年来成品米中存在的糠片、糠粉多,大米温度高的问题,获得常德地区粮食局授予的三等奖。同年,常德市无线电三厂技协小组帮助企业开发出三相电压调节自控仪、频敏变阻器等 8 种新产品,当年新增产值 60 万元以上。常德市塑料二厂技协组长佘丽新组织技协成员,试制成功仿制喷花注塑鞋,填补省内产品空白。常德七一机械厂车间技协组长张永湘,带领全组成员完成大型冲压模具 10 多套,缩短新产品搅拌机的试制周期近 3 个月。常德市酒精厂技协成功回收酒精生产过程中产生的液体二氧化碳,变废为宝开发出一项新产品,当年新增产值 39 万元。

1989 年 4 月,浦沅工程机械总厂职工技协,利用本厂先进设备,为江西德兴铜矿从美国进口的 170 型自卸车,配上长 8 米、宽 6 米、高 2 米、自重 32 吨、载重 154 吨的新车斗,节约外汇数十万元。

1991 年,汉寿县棉纺厂职工技协针对开松车间的设备、技术问题,提出对梳针滚筒、除尘系统实施技术改造的方案,经过 3 个多月努力,改造成功,纤维损伤严重、料耗高等问题得到解决,车间粉尘和火警得到控制,工人劳动强度降低,设备效率提高近 2 倍。以 2.5 万元的技改投资，节省出105万元的设备更新资金，每年还可节约配件和原材料消耗30万元以上。

2001年，华南光电仪器厂职工技协研制出楼道对讲可视门铃，在市消防支队、常德移动公司安装80多户，受到用户好评。

2002年，常德卷烟厂职工技协组织95个攻关小组，对112个课题项目进行攻关，至2012年，已有110个被攻克，每年可实现直接经济效益2000万元以上。

（二）技术培训和技术比武

职工技协建立后，注重技术培训和技术推广工作。1984年，常德市职工技术协作委员会举办车、钳、织布挡车、锅炉等十大工种技术比赛，获胜选手由市政府颁发优胜证书和表彰奖励。是年，常德地区各级各类技协组织举办技术表演1985场，参加人数47696人；技术讲座2853场，听讲人数98582人。

1985年，常德市职工技术交流站先后举办实用电工、科技英语、彩电原理及维修等6期专业技术培训班，为企业培训各种人才200多人。是年，常德市明胶厂技协组织职工培训，全厂职工技术培训面达到90%以上。浦沅工程机械厂技协经常开展全厂性的技术练兵比赛活动，先后组织了技术基础知识竞赛、机夹刀具表演推广赛和十大工种比武。

1999年，湖南金健米业公司与武汉大学、郑州粮食学院挂钩为企业培养专业人才，先后分5批选送70名骨干脱产学习，使班组长均达到大专以上学历。该公司还与常德市委党校、常德师范学院联系，组织职工参加函授大专班、本科班的学习。

常德卷烟厂工会将学知识、学技能与烟草行业技工技能鉴定结合起来，加强职工在岗培训，实行课题制难点攻关、岗位练兵和技术比武，使职工技能得到显著提高。2001年，全厂有1850名技术工人顺利通过国家烟草专卖局职业技能鉴定指导中心和湖南省烟草专卖局职业技能鉴定站的中、初级技能鉴定，鉴定通过率达98%。

2006年，市总工会要求全市上下积极组织岗位技术练兵活动和职工技能竞赛活动。是年，全市有30多万名职工参与岗位技术练兵活动，举办各类技能竞赛活动375场次。汉寿县政府确定，从2006年起，每年开展10个工种的技能竞赛，对各工种的第一名，授予县技术能手的称号。

从2011年7月至2012年4月，市总工会、市人社局、市科技局、市经信委、市企业家协会联合组织在全市开展首届“十大金牌工人”评选活动，评选出庞志敏等10人为常德市首届十大金牌工人。

（三）横向协作和技术扶贫

常德技协建立后，发挥技协的技术优势和组织优势，积极开展厂际、县市际的横向技术协作，扶助亏损企业、乡镇企业和贫困地区企业。1985年，市职工技术交流站组织市铸造技术专业队，到乡镇企业东风铸造厂实行技术扶贫。该厂由于技术落后、产品质量差，曾被用户罚过款。专业队进厂后,帮助开展职工技术培训,完善工艺管理,改造熔炼设备。通过半年的努力,该厂铸件正品率由77%上升到88%,机加正品率由60%上升到96%,扭转了亏损局面。常德市湘陵洗涤机械厂,是一家小型街道企业,1988年引进G×16型全自动干洗机,由于图纸资料不完整和缺少技术人员,产品质量不过关,销路不畅,投产当年产值只有25万元,利润仅6600元。1990年,市技协对该厂进行技术扶贫,帮助完善成套技术图纸,制定产品企业标准,准备产品鉴定的技术资料,使之顺利通过省厅的技术鉴定和标准审定,当年即完成产值70万元,利润8万元。市技协办还组织技术人员,为该厂设计了电加热上衣精整机和万用整烫机,完善洗涤机械系列配套。

1991年,石门县三板桥乡创办人造金刚石厂,需要2台特种大电流干式整流变压器。市技协和市变压器厂技协组织会员精心设计,日夜赶制了2台新型变压器,使金刚石厂提前投产。

1992年7月,石门、津市等地遭受特大洪灾,电力设施受到损坏。常德市变压器厂职工技协积极开展技术救灾,帮助遭灾地区抢修各种容量的变压器21台,获得"省技术扶贫先进集体"称号。

1991—1993年,市技协将武陵区护城乡高车村作为扶贫点,派专人驻村发展乡镇企业,并聘请退休的机械专业队队员作顾问,建起了建筑预制构件、机械修配、汽车修理、小型金属加工等4个企业,每年实现产值50万元以上,利润5万元以上。

(四)有偿技术服务

职工技协开展的有偿服务活动,是一种不以盈利为目的的群众性活动,实行以有偿补无偿、以事业发展事业的原则和以业余为主的原则,不与行政争生产时间、设备和人员。1985年,常德市职工技术协作委员会确定,基层技协组织开展活动可采取承包方式,与受益方签订合同,实行有偿服务;对技协活动参与者,给予合理报酬。尔后,职工技协有偿技术服务逐步发展,职工技协活动进入了以开发新产品、新技术、新工艺和技术咨询、转让、入股、承包、联营为主要内容的技术市场。1989年,全市各级职工技协对外开展有偿技术服务2000余项(次),签订技术贸易合同70多份,完成技术贸易额260万元。1993年,全市各级职工技协完成技术服务项目2113项,完成产值429万元,实现利润749830元。2004年,全市各级职工技协完成技术合同40个,完成产值875万元,实现利润215万元。2006年,全市各级职工技协完成技术合同34个,完成产值725万元,实现利润181万元。2008年,全市各级职工技协完成技术合同25个,完成产值570万元,实现利润203万元。2012年,全市各级职工技协完成技术合同37个,实现利润285万元。

第四节　劳动保护和安全生产

一　组织机构

中华人民共和国成立初期，常德各级工会即把关心职工的安全与健康作为一项重要任务,积极开展群众劳动保护工作。1952 年 10 月,省总工会筹委会发出《关于加强劳保工作的指示》,要求全省各级工会建立劳保机构,加强劳动保险、职工生活福利和劳动保护工作。此后,省总工会常德专区办事处设立了劳保科,常德市、津市市总工会配备了专职劳保干部,部分较大厂矿基层工会成立了劳动保护工作委员会或设置劳保委员，全区群众劳动保护工作逐步开展起来。1955 年 3 月,全国总工会召开第一次全国工会劳动保护工作会议,颁发《工会基层劳动保护工作委员会组织条例》《工会小组劳动保护检查员工作条例》后,群众劳动保护工作进一步引起各级工会的重视。常德的大型厂矿基层工会普遍建立了劳动保护工作委员会,工会小组普遍配置了劳动保护检查员。各级工会配合政府劳动、卫生等部门,开展安全卫生大检查,协助和监督企业行政,贯彻执行党和政府颁布的劳动保护的政策、法规,加强对职工的安全教育,促进安全生产。

1958 年,全国总工会党组第三次扩大会议批判“工会保护论”后,常德工会劳动保护工作受到削弱,专区办事处劳保科被撤销,劳保专职干部被兼并或调作别的工作,基层工会的劳动保护工作委员会大都名存实亡。这种情况一直延续到“文化大革命”结束。

1978 年后,群众劳动保护工作逐步得到恢复。1978 年 10 月,中共中央发出《中共中央关于认真做好劳动保护工作的通知》,要求“各级工会,要加强群众劳动保护工作,加强安全生产教育,协助行政贯彻劳动保护的各项规定”。1980 年 9 月,省总工会发出《关于认真做好工会群众劳动保护工作的通知》,要求各级工会恢复劳动保护组织机构。为此,省总工会常德地区工作委员会把劳动保护划归生产生活科管理,市、县工会有人专管或兼管劳动保护工作,全区厂矿基层工会和 300 人以上的车间工会恢复和建立了劳动保护工作委员会，工会小组配置了劳动保护检查员。至 1982 年,初步形成了群众劳动保护监督检查网络。

1988 年撤销地区建立地级常德市后,成立了常德市总工会,劳动保护工作由市总工会生产生活部(1994 年更名为经济工作部)负责。2000 年前后,山西、贵州等地矿难事故频发,职工劳动保护进一步引起各级工会组织的重视。从 2002 年起,常德市总工会经济工作部更名为生产保护部,更加明确了劳动保护的工作职责。各区县(市)总工会的劳动保护工作,也由有人兼管发展到有专门部室分管。

2008 年,常德市安全生产委员会发出《关于进一步明确市安委会成员单位安全生产责任的通知》,明确市总工会的安全生产责任为:代表职工依法实行群众安全生产监督,建立健全工会系统劳动保护监督检查组织网络;参加劳动安全卫生规范性文件的制定、伤亡事故的调查处理和建设工程的劳动安全卫生"三同时"工作;监督和协助有关部门宣传执行劳动安全卫生法律法规,开展群众性的安全检查和安全教育工作;维护职工合法权益,指导企业工会参与本单位集体合同、劳动合同中劳动安全卫生条款的协商与制定,并对执行情况进行监督检查,切实保障职工在生产劳动中的安全与健康。

二 主要工作

(一)监督检查

工会在国家安全生产工作格局中履行"群众监督参与"的职责。20 世纪 50 年代初期,常德的工矿企业生产安全设施简陋,工伤事故时有发生。1954 年,省工会联合会常德专区办事处贯彻湖南省第二次劳动保护工作会议精神,会同常德专署劳动科、工业科、建设科对全区厂矿企业进行安全卫生大检查,督促各单位建立安全组织,配备劳保专职干部,订立安全制度,加强对职工的安全教育,改善企业的安全设施,取得一定成效。此后,安全卫生检查工作即在全区广泛开展起来,并逐步形成制度。检查时间,地、县(市)和产业一般每年或每两年一次,企业每季或半年一次,车间(工区)每月或每季一次,班组则在班前、班中、班后随时进行。安全卫生检查,在政府和企业行政统一领导下,以劳动安全技术部门为主,卫生、企业主管部门和工会、青年团等有关部门参加。这种安全卫生检查制度,除"文化大革命"期间中断外,一直坚持下来。

常德各级工会,除参加各级政府(企业行政)统一组织的安全卫生大检查外,从工会群众工作的特点出发,着重抓了发动和组织工会劳动保护积极分子对生产安全进行日常的现场监督检查。工会劳动保护积极分子人数众多,且大多是生产能手和安全模范,责任心较强,分布在生产的各个角落,对生产中不安全的问题发现快,解决及时,有效地防止和避免了许多事故。湘西钨矿沃溪坑口工会,1954 年设立劳动保护检查员,并建立每周 1 小时的劳动保护检查员分班办公制度。坑口劳动保护主任委员根据办公会反映的问题整理成建议书,分送矿和坑口党政工团领导,坑长答复后,通知各班监督执行,有效防止了事故发生。1957 年夏天,新湘卷烟厂劳保检查员反映,车间温度高达 36 摄氏度以上,职工宿舍温度也过高,影响工人的正常工作和睡眠。厂工会协助企业行政在车间旁边架设降温台,用消防水龙每日打水喷湿屋顶数次,使车间温度降低 2~3 摄氏度,并改大 18 个职工宿舍窗户,改善了通风降温条件。

20 世纪 50—60 年代,工会劳动保护检查员在现场检查中发现有需要行政采取措施解决的问题,即采取"劳动保护建议簿""劳动保护建议书""劳动保护检查员手册"等形式,提出建议,督促行政解决。

从1979年起，常德各级工会根据国务院国发〔1979〕100号文件中关于“新建、扩建、改建企业和挖潜、革新、改造工程项目中的劳动保护设施与主体工程同时设计、同时施工、同时投产”（简称“三同时”）的规定，配合劳动、卫生等部门，参与了上述基建项目的设计审查与竣工验收工作。

进入20世纪80年代，随着工会劳动保护工作的加强，监督检查活动更加活跃。特别是1985年贯彻全国总工会颁发的“三个条例”（《工会劳动保护监督检查员暂行条例》《基层（车间）工会劳动保护监督检查委员会工作条例》《工会小组劳动保护检查员工作条例》）后，常德工会各级监督检查人员经过培训、发证，按照工会劳动保护监督检查条例规定的职权，开展多种形式的监督检查活动，在发现隐患、报告险情、制止违章、督促企业行政消除不安全、不卫生因素等方面发挥了重要作用。1986年，常德县化工厂锅炉工周显枯在上煤时，发现煤里夹着9个雷管，及时排除，避免一起大事故。经常德地区劳动局批准，给周记大功一次，晋升一级工资。1987年，常德工程公司工会对危害职工安全健康的突出问题，采取发“整改通知书”的形式，督促企业行政限期整改。至1989年，该公司工会劳动保护监督站检查员查出各种隐患623起，就检查中发现的较大安全问题向企业行政发出98份整改书，督促行政方面及时进行整改。1987年4月，检查员易文斌发现一工地氧气管道阀门出现事故隐患，当即向公司劳动保护监督检查委员会报告下达整改通知书，给直接负责人罚款50元的处分。由于发动和依靠群众做好劳动保护工作，该公司连续三年杜绝死亡和重大事故发生，1989年被省总工会评为全省劳动保护先进单位。

1990年起，常德各级工会全面加强安全隐患监管工作。全国总工会颁发《关于开展重大事故隐患和严重职业危害作业点建档和跟踪监督整改工作的意见》后，1994年，全市各级工会大力推行重大事故隐患跟踪监督整改工作。1995年，国家劳动部颁发《重大事故隐患管理规定》，市总工会积极组织指导各区县（市）总工会和基层工会认真学习。1996年，全总下发《关于落实煤矿工人行使安全生产权利的通知》后，市总工会严格监督境内煤矿企业落实煤炭职工安全生产十项权利：带班人员不下井，工人有权不下井；带班人员早出井，工人有权早出井；安全隐患不排查，工人有权不作业；管理人员违章指挥，工人有权不执行；没有安全措施，工人有权不开工；不组织班前安全学习，工人有权不下井；未进行三位一体安全检查，工人有权不开工；检测监控系统安装不到位，运行不正常，工人有权不开工；不配全合格的劳动保护、防护用品，工人有权不下井；避灾路线不标示，工人有权不下井。1997年，省政府办公厅印发《湖南省“九五”期间安全生产工作规划》，将常德桥南市场列为全省重点消防隐患单位，在省总工会指导下，市总工会和鼎城区总工会组织进行监督整改。2001年，市总工会参与全市危旧房屋安全隐患检查工作，各区县（市）总工会和基层工会也开展了相应的房屋安全隐患排查活动。随着安全隐患监控整改措施的强化落实，2002—2012年，因事故隐患的不安全状态造成的生产安全事故指数逐年降低,企业安全生产状况逐步好转。

(二)安全教育

1951年2月,省总工会筹委会、省工业厅、省文教厅联合发出《关于大力开展职工保安教育的通知》,要求各公、私企业的行政、资方与工会进行安全检查,加强对职工的安全教育,顺利完成生产任务。常德各大厂矿基层工会,与行政部门密切配合,针对职工中普遍存在的听天由命思想,采取保安检查、事故回忆、事故演习等方法,向职工群众进行安全教育。

1954年8月,劳动部发出《关于进一步加强安全教育的决定》后,全区各级工会积极协助行政,逐步建立健全安全技术劳动保护法规教育、新工人教育、工人换岗位安全教育、特殊工种专业法规教育,使安全教育经常化、制度化。同时,运用文化宫、俱乐部、电影、广播、黑板报、墙报等宣传阵地,采取安全问答、图片展览、安全标兵台、安全喜报、安全点将台、安全小演唱等群众喜闻乐见的形式,宣传安全法规,表扬安全生产的好人好事,批评违章作业行为,促进安全生产。

20世纪80年代,全区工会恢复劳动保护工作后,进一步加强了安全生产的宣传教育工作,宣传教育形式更加多样化。如组织编印劳动保护教学、宣传资料,组织到基层巡回放映劳动保护科教片,组织报告团巡回演讲。常德工程公司组织劳动保护先进典型报告团,到该公司各工地巡回演讲,1986—1988年三年内,讲了16场,听众3000多人。全区厂矿尤其是矿山基层工会,在加强职工安全教育的同时,还注意发动职工家属协管安全。青峰煤矿、赤峰煤矿、羊耳山煤矿、石门雄黄矿、湘西金矿等基层工会,通过办学习班、座谈会、组织下井参观等形式,向职工家属进行劳动保护知识教育,使他们了解矿山工作的艰巨性,从而更好地关心体贴自己的丈夫,督促丈夫每天下井前做好安全准备工作。

常德电力工人在进行农村电网改造

1991年6月17—23日,全国安委会首次开展“安全就是效益和提高职工安全意识”为主要内容的安全生产周活动。全市各级工会积极跟进，会同有关部门开展了形式多样的安全生产宣传教育活动。1992—2001年，全国安委会每年都开展适应经济发展特点和安全生产工作需要的安全生产周活动。从2002年起，全国安委会将安全生产周改为安全生产月，工会成为活动主办单位之一。全市通过多种行之有效的安全生产活动的开展，进一步强化各种岗位职工的安全生产意识，营造了良好的安全劳动生产氛围。

（三）安全竞赛

1951年，湖南省总工会提出，开展社会主义劳动竞赛，必须注意劳动保护。此后，常德各级工会组织劳动竞赛时，都把安全生产、劳动保护当作一项重要内容。1953年，湘西钨矿工会发动职工开展"消灭小事故竞赛"。1954年后，全区煤矿企业在省煤炭工会统一组织下，持续开展安全生产流动红旗竞赛，都取得明显成效。到20世纪80年代，专门的安全生产竞赛活动逐步增多。至1985年，全区有10个县市和60%的基层单位开展各种形式的安全竞赛。1988年，全区各级工会贯彻落实全国总工会、国家经委下发的《工业企业班组安全建设纲要》，并学习推广湘潭钢铁公司创建安全合格班组的经验，推动了创建安全合格班组活动的开展。常德撤区建市后，安全竞赛进入快速发展时期，全市各行业和企业意识到安全文化对企业生产的推动作用，通过各类行之有效的安全竞赛活动来促进企业安全工作的开展。

从1999年起，为贯彻落实中共中央、国务院关于安全生产工作的一系列重要指示，坚持"以人为本"，全面落实科学发展观，推动企业建立和完善安全生产规章制度，增强广大职工的安全生产意识，有效防止重特大事故的发生，促进国民经济的健康发展，市总工会积极响应全国总工会和国家安全生产监督管理局的号召，在全市各类企业中组织开展了"安康杯"竞赛活动。全市各级"安康杯"竞赛领导机构按照全国、省安康杯竞赛组委会的通知精神，统一部署，稳步推进，参赛企业和职工逐年增加。至2012年，参赛职工累计达260万余人次，有8家企业获得全国总工会和国家安全生产监督管理局联合表彰的"安康杯"竞赛优胜企业荣誉称号，有12家企业获得湖南省总工会和省安全生产监督管理局联合表彰的"安康杯"竞赛优胜企业荣誉称号。

（四）工伤事故调查处理

1950年起，常德各级工会就积极配合劳动、监察等部门参加企业工伤事故的调查处理工作。1956年国家颁布劳动保护"三大规程"后，根据《工伤事故报告规程》，工会系统逐步建立起工伤事故报告制度，进一步加强了对事故的调查处理工作。工会参与事故的调查处理，主要是深入职工群众，查清事故的真实情况，反映职工的意见要求，协助有关部门对事故作出正确的结论和处理，促进安全生产，维护职工群众利益。

1958年1月18日，湘航芷江号客轮在澧县大围乡王家港沉没，客轮上有海员工人和旅客89人，淹死、冻死52人。事故发生后，澧县总工会和中共澧县县委、县政府及航管部门进行现场调查和善后处理工作。

1985 年 10 月 22 日，常德市洞庭橡胶厂一电焊女工，在作业时被电焊火花引起的大火当场烧死。常德市总工会派人赴现场调查分析，发现事故不属工人违章作业，而是厂领导忽视安全、违反易燃易爆物品管理储存的规定造成的。市政府有关部门根据市总工会的报告，纠正有关单位原来的错误决定，对该厂有关领导和人员给予纪律处分，受到职工的好评。

2004 年 12 月 21 日，常德市鼎城区桥南市场发生特大火灾，市场内 5 栋建筑全部烧毁，受灾经营户达 5600 多户，造成直接经济损失达 1.87 亿元。火灾发生后，常德市总工会、鼎城区总工会和有关部门一道，积极参与事故的调查处理和善后工作，稳定受灾职工情绪。2005 年 3 月，桥南市场开始重建，常德市和鼎城区总工会自始至终参与重建工程的“三同时”审查验收工作。审查验收坚持以人为本的原则，确保了重建工程的建筑密度控制在 53.1%，容积率为 1.83，净商业面积利用率控制在 65%，布局合理、设施配套、功能明确，符合消防、环保、卫生等规定。

（五）职业病防治

中华人民共和国的成立宣告全国工业化建设高潮的开始。随着矿山开采业和机械制造业的发展，干式作业和机械化生产使作业场所粉尘浓度急剧升高，尘肺发病严重。据湘西钨矿 1955 年体检统计，全矿受检人数 3100 名，共检查出尘肺病人 479 名，其中可疑矽肺 166 名、一期矽肺 117 名、二期矽肺 56 名、三期矽肺 36 名、矽肺兼结核 51 名、肺结核 53 名。粉尘危害的严重性引起党和国家的高度重视，1956 年 5 月国务院颁布了《关于防止厂矿企业中矽尘危害的决定》。1956 年 9 月，中共湖南省委批转省工会联合会党组《关于我省矿山矽肺病的情况和几项改进意见的报告》。根据国务院和省委文件精神，常德地区各级工会积极配合行政有关部门做好职业病的预防、检查、治疗和疗养工作。一是在矿山企业推行湿式作业、通风防尘、个人防护等预防措施；二是组织风钻工、炮爆手、支柱工、搬运工以及受矽尘威胁或患有矽肺的其他工种工人，轮流进行休养，每期 1~1.5 个月，休养期间工资照发，伙食费由行政补贴或由工会劳动保险基金补助；三是对风钻工等接触粉尘严重的特殊工种，实行 6 小时工作制；四是对长期停工休养的矽肺病人，实行集中疗养，病情好转的调作轻便的工作；五是积极帮助工人增进营养，发放保健津贴。湘西钨矿根据病人病情分别实行业余疗养和脱产疗养。1957 年，该矿按矿区分布设立 3 个疗养所，有床位 80 张，将可疑和一期矽肺病人分期收入所内实行业余疗养，每期 30~60 天。对二期以上的矽肺病人调离粉尘作业，实行脱产疗养，疗养期间工资照发。经过疗养，80%的病人增加了体重。

为适应职工职业病防治需要，1958 年，由省总工会拨款，在德山兴建常德职工疗养院，有病床 200 张，于 1960 年 9 月 15 日正式开院，主要收治常德、黔阳、邵阳、岳阳、自治州等地的肝炎病职工。考虑到德山是一个新兴工业基地，有 30 多家新建企业和 3 万多名工人，这些

20世纪50年代的常德钢厂工人劳动场景

企业没有医疗机构，在疗养院又设立门诊部，方便德山工人就诊。“文化大革命”后，该疗养院停办，改为综合性医院，交地区卫生局管理。

1979年3月，常德地区总工会和地区卫生局、劳动局联合发出在全区开展职业病普查的通知，一年后，普查结束。普查结果表明：1980年，全区526个工矿企业的143249名职工中，接触粉尘、矽尘的职工29300人，接触汞、铅、苯、有机磷、三硝基甲苯等有毒物质的职工1.6万人。接触者中，有各类职业病患者3458例。为加强职业病防治，1980年，成立常德地区劳动卫生职业病防治所，防治所设有病床70张，医护人员70人，主要负责收治厂矿职业病员和开展劳动能力鉴定工作。

2004年，常德市总工会配合全国性的“大爱清尘”公益组织湖南区工作站，在尘肺病重灾区石门县新铺镇开展尘肺病个案救助。将该乡尘肺患者集中到省职业病防治院免费洗肺，对二、三期患者给予每人每月50~80元生活救助和每人每年200~400元医疗救助。

2008年，常德市政府办公室发出《关于进一步加强职业病防治工作的通知》，要求全市各级政府将职业病防治工作纳入当地国民经济和社会发展规划，加强职业卫生技术服务体系和监督体系建设，保障基本的职业卫生技术服务和职业卫生监督所需费用。这一年，成立了由分管副市长为组长，卫生、工会、发改、安监、劳动社保、财政、公安、建设、环保、规划等部门负责人为成员的常德市职业病防治工作领导小组。各区县(市)政府也比照市职业病防治工作领导小组，成立了相应的工作机构。

2010年，按省总工会要求，常德市总工会在全市推广“工会参与职业病防治工作模式”，与政府相关部门建立职业病防治工作联席会议制度，加强工会在职业病防治工作方面的源头参与；在基层，推动企业使用《大型企业职业卫生检查表》，组建联合职业安全卫生委员会，建立职业卫生专项集体合同。

第五节 劳动模范工作

一 劳动模范评选表彰

(一)劳动模范评选

1.评选的主要条件。从1951年起,常德一些厂矿结合爱国主义劳动竞赛的总结评比,在职工中评选出一批先进模范人物。评选的条件是:把对推动生产力发展是否起了显著作用,对社会主义建设事业是否做出较大贡献作为基本条件。但在不同时期,评选先进模范人物又都规定了一些具体条件。如1951年评选出席全省第一次劳动模范代表会议的劳动模范,除规定在生产工作上确有重大贡献为评选条件外,还规定了在护厂斗争、恢复生产、支援前线、改造企业、促进劳资关系正常化方面有显著成绩者方能评为劳模。1956年评选出席全省第二次先进生产者代表会议的先进生产者时规定:必须思想进步,政治可靠,历史清楚,连续6个月以上产品数量和质量达到先进指标,或者在试制新产品、保证安全生产、提合理化建议、掌握新技术、提高劳动生产率等方面有优良成绩;或在对私营企业实行社会主义改造工作中有突出贡献。1959年,常德地区对出席全区第一次社会主义建设先进集体和积极分子代表大会的先进模范人物评选,规定4项条件:政治挂帅思想领先、干劲足,热爱本职工作,密切联系群众,正确执行国家政策;多、快、好、省又安全完成和超额完成国家计划或工作任务;在发明创造、提合理化建议、推广先进经验、学习和掌握新技术、提高劳动生产率和工作效率方面有突出成绩;加强团结协作、相互支援方面有突出成绩。

"文化大革命"中,劳模选树工作中断。1983年1月,中共常德地委、常德行署筹备召开常德地区劳动模范、先进集体代表会议,规定劳模的评选条件是:拥护和执行中共十一届三中全会以来的路线、方针、政策,坚持"四项基本原则";完成本职工作有突出贡献,或在某一方面取得重大成就;密切联系群众的先进事迹为群众所公认。评选工作采取自下而上、上下结合、酝酿协商、民主选举产生的方式进行。1985年全国总工会开始评选"五一劳动奖章"获得者(省级劳动模范),其评选条件是由全国总工会统一规定,主要是:在改革中取得显著实效,在物质文明和精神文明建设中成绩显著,在科研、发明创造、技术革新等方面取得显著成果,在全国同行业各种比赛中获得最佳名次或创全国最高纪录,在防止重大事故、抵制不正之风、抢救和保护国家、集体财产、维护社会治安等方面有突出贡献,在"四化"建设和工会建设中做出突出成绩。省总工会每年分配给地、市、州3~5个名额,评选工作采取地方和产业相结合的方法,主要由地方总工会统一进行评选推荐。评选出的全国"五一劳动奖章"获得者,由省政府授予劳动模范称号。

2010 年 10 月，常德市总工会启动全市劳模和先进工作者健康体检工作

1989 年，常德市人民政府筹备召开全市第一次职工劳动模范、模范集体表彰大会，规定劳动模范的评选条件是：在坚持“四项基本原则”、坚持改革开放、遵守纪律的前提下，在深化改革、提高经济效益、发明创造、保护和抢救国家财产、维护社会安定团结、反腐倡廉或同坏人做斗争等方面有一项突出成绩或突出贡献。1990 年后，按照湘政发〔1990〕35 号文件明确的劳模评选条件，市级以上劳模评选坚持“时代性、先进性、代表性”的原则，主要评选在改革开放和社会主义现代化建设中品德高尚、贡献突出、事迹优秀的先进模范人物。同时，还必须坚持“两个面向”“两个从严”的原则。“两个面向”即面向一线、面向基层；“两个从严”即对企业负责人和党政机关领导的评选从严。为此，对劳模人选结构作出严格规定：一线职工不得低于职工劳模的 50%；企业负责人不得超过 10%，企业负责人人选必须经工商、税务、审计、纪检、监察等部门审核；特别优秀的县级以下党政机关领导人选，按照干部管理权限经上级主管部门审核同意，名额控制在 2%以内。凡违反国家政策、法规、计划外超生、造成重大安全事故或严重职业危害的责任者实行一票否决。

2.评选机构和程序。1989 年以前，常德地区共召开两次劳模表彰大会。1989 年后，市以上劳模评选表彰原则上每 5 年一次。从 1989 年常德市第一次职工劳模、模范集体表彰大会起，即成立了常德市劳模推荐评选领导小组和劳模表彰大会筹委会，办公室设在市总工会，市政府的主要领导任领导小组组长和筹委会主任，市政府办公室、市总工会、市人事局等相关部门负责人为成员。

1950年起，劳模评选程序基本上采取逐级推荐评选审核的方式进行。1990年后，根据湘政发〔1990〕35号文件，常德市对劳模评选程序进行了规范：评选市级以上职工劳模须经所在单位工会召开职工代表大会或职工大会讨论通过，由单位党组织、行政和工会签署意见。市劳模的推荐人选由市劳模推荐评选领导小组办公室审查后报市政府审定批准。全国劳模和省劳模推荐与评选，在市劳模推荐评选领导小组办公室统一组织协调下进行，其推荐人选和评选工作由市有关主管部门负责组织办理，经市劳模推荐评选领导小组办公室审查后上报市政府审核，然后上报到省总工会统一审核后，分别由全国劳模表彰大会和省劳模表彰大会筹委会审定。1995年，根据人事部要求，分设劳动模范、先进工作者两种荣誉称号，即工矿企业职工授予劳动模范称号，机关事业单位人员授予先进工作者称号。

为加强劳模的推荐、评选和规范管理，从1990年开始，常德市政府将农民劳模评选表彰，纳入市劳模推荐评选领导小组办公室统一组织，原则上规定，市总工会负责职工劳模和先进工作者的推荐评选，市农办负责农业劳模推荐评选，然后报市劳模推荐评选领导小组办公室统一审核。

(二)劳动模范表彰

1959年12月，中共常德地委、常德行署召开全区第一次社会主义建设先进集体和积极分子代表大会，表彰授予1315名职工、农民"社会主义建设积极分子"称号。

1983年1月，中共常德地委、常德行署召开全区劳动模范、先进生产（工作）者代表大会，表彰授予戴述楚等299人"劳动模范和先进生产（工作）者"称号。

1989年9月，中共常德市委、市政府召开常德市第一次职工劳模、模范集体表彰大会，

2009年7月，湖南最具影响力劳模评选投票场景

授予张凤梅等100人“常德市劳动模范”称号。

1995年9月,中共常德市委、市政府召开常德市第二次劳动模范和先进工作者表彰大会,授予谢海泉等202人“常德市劳动模范”称号,授予彭经民等95人“常德市先进工作者”称号。

2003年9月,中共常德市委、市政府召开常德市第三次劳动模范和先进工作者表彰大会,授予常旭等80人“常德市劳动模范”称号,授予姚登科等20人“常德市先进工作者”称号。

2008年4月,中共常德市委、市政府召开常德市第四次劳动模范和先进工作者表彰大会,授予戴卫良等81人“常德市劳动模范”称号,授予刘中华等19人“常德市先进工作者”称号。

1951—2012年,全市还评选推荐省级劳动模范、先进生产(工作)者475人(包括国务院各部委授予称号的劳动模范和先进生产、工作者,以及全国总工会授予的“五一劳动奖章”获得者);评选推荐由国务院授予的全国劳动模范和先进生产(工作)者44人。在历次评出的市级以上的劳模中,因种种原因被取消荣誉称号的有3人。

二 劳动模范的管理与待遇

(一)劳模管理

一直以来,各级工会承担着劳动模范管理工作。1963年4月,常德地区工会召开省级以上著名劳动模范和先进生产者座谈会,征求对劳模管理工作的意见,将劳模所反映的对劳模培养关心不够,生产工作上支持较差,劳模和先进生产者兼职多、开会多、社会活动多等问题,上报给地委、行署和省总工会。1964年5月,省总工会在全省工业交通工作会议上提出《关于加强对劳模、先进生产者培养管理的意见》后,加强劳模管理引起中共常德地委、行署的进一步重视,要求各级党委、政府支持工会加强劳模工作管理。1982年1月,常德地区工会下发《关于做好劳模的评选、表彰和加强劳模管理工作的通知》以后,地县市都采取积极措施加强劳模管理。在每年的春节、“五一”节、国庆节和重大的政治活动,从地县市到基层,一般都举行劳模和先进生产(工作)者座谈会,听取他们的意见与要求。当劳模在生产工作中因坚持原则、秉公办事而遭到讽刺打击时,各级党政和工会都旗帜鲜明地支持劳模,伸张正义。同时,认真做好历届劳模的认定,退休待遇的呈报,逢年过节的慰问和特殊困难的帮助等一系列的管理工作。为切实加强劳模的规范管理,从1983年开始,通过近3年的时间,地区工会完成了新中国成立以来全区省以上劳动模范的摸底调查,在1985年“五一”劳动节庆祝大会上,地区工会代表省人民政府给“文化大革命”前授予称号的省以上职工劳模颁发“劳动模范荣誉纪念证”。

1990年,省政府、省总工会《关于做好职工劳动模范工作几个问题的通知》(湘政发〔1990〕35号)进一步规范了劳动模范管理体制后,劳模管理工作步入规范化。一是对劳模信息实行数字化管理。按照劳模分级管理的原则,从 1992 年开始,市总工会在对由常德行署和常德市人民政府授予称号的劳动模范清理登记的同时,组织进行了认定市级劳模工作,落实享受有关待遇,通过审核,有 3679 人被认定为市级劳模。1997 年,市总工会组织区县(市)和市直工会,对新中国成立以来,常德市由国务院、国家各部委和省人民政府授予称号的劳动模范,以及中国人民解放军复员转业到常德工作的军级以上战斗英雄,从外省(市)调入常德工作的省级以上劳动模范全面进行清理登记,逐步建立健全劳模资料管理数据库。二是建立劳模扶贫帮困机制。1990 年后,部分企业经济效益低下,或濒于破产、倒闭,导致部分年龄较大、退休较早、退休金偏低的劳模家庭生活困难,加之大部分劳模长期在艰苦岗位超负荷工作,较多地接触到有毒有害物质,患病和因病致贫的情况比较突出。由此,引起各级党委、政府的高度关注。国务院每年由财政下拨专项资金用于救助全国劳模。省政府建立省级劳模帮扶专项资金,并下发了《关于转发省总工会等系统〈关于改善和提高职工劳动模范、先进工作者待遇的意见的报告〉的通知》(湘办发〔1996〕32 号),就劳模退休金、荣誉津贴、困难救助、医疗保障等问题作出明确规定。市总工会建立了劳模扶贫帮困机制,采取“两节”走访慰问、大病救助等方式,加大对困难劳模的帮扶救助。至 2012 年,全市共向 5090 名市以上困难劳模发放救济金共计 1993.64 万元。三是宣传劳模事迹弘扬劳模精神。市总工会和市劳动模范协会组织专门班子,撰写劳动模范的优秀事迹,1994 年 3 月,编辑《常德工会人物志》,2011 年,编辑《劳模人物谱》《劳动者之歌》和《劳模风采》相册,对已经去世的全国劳模写出传略,对在世的全国劳模和省部级劳模写出事迹简介,宣传先进模范人物的思想事迹。为推动全社会形成劳动光荣、劳模光荣的氛围,市和各区县(市)在每年“五一”前后和劳模表彰大会的前后,利用报刊、电视、座谈会和报告会等多种形式,全面宣传劳模事迹、弘扬劳模精神。

(二)劳模待遇

1986 年,在经过反复调查和广泛听取劳模及其他先进人物意见的基础上,地区工会与地区劳动局联合向常德行署递交了《关于提高地级劳模 5%工资和落实有关劳模待遇的报告》,常德行署批转了这个报告,并要求各级政府、单位行政认真执行,同时落实有关劳模待遇规定,使他们在医疗、疗养、旅游、住房、因公死伤方面享受到应有待遇。1991 年,常德市人民政府下发《关于认定市级职工劳动模范和落实有关待遇的通知》,从 5 个方面作出劳模待遇规定:凡认定为市级劳模的职工,退休时可享受一定的特殊贡献待遇;凡在市内工作的市级劳模,确属夫妻两地分居、生活困难的,可优先将其配偶调到附近单位工作(企事业单位的劳模配偶可调到本人所在单位工作);凡在市内工作的市级劳模,其子女属城镇户口的,在全民、集体单位招工时,可在同等条件下优先招收 1 名就业;各单位在调整分配住房时,应优先照顾劳模。各单位每两年对市级劳模进行一次身体检查,发现疾病及时治疗。1993 年,常德市人民政府办公室转发市总工会、市劳动局、市人事局《关于进一步明确市级职工劳动模范的认定条件和待遇的意见》,对市级劳模的待遇又作出了 2 条规定:一是市级职工劳模退休时仍保持荣誉的,增发本人基本工资 5%的退休费。但提高标准后的退休费,不得超过本人原标准工资。增发退休费所需经费,国家机关、事业单位列入离退休人员经费开支,企业单位在营业外经费中开支。已退休劳模增发退休费,从认定之日起执行。二是对市级职工劳模的录干、升学、入伍,在同等条件下应予优先,符合条件者,可推荐到劳模大专、中专班学习。1995 年,常德市人事局、劳动局下发了《关于解决专家、劳动模范子女安置问题的实施意见》。

2009 年,中共常德市委、常德市人民政府下发《关于激励先进模范人物的意见》(以下简称《意见》)。《意见》在明确劳模和先进人物一系列政治待遇的同时,就劳模和先进人物具体的生活待遇作出规定。《意见》第六条明确:建立劳动模范定期疗(休)养制度。省部级以上劳动模范,在国家规定的公休假和带薪年休假之外,每年休养 10~15 天,由所在单位根据生产工作情况安排。疗(休)养期间,工资照发,福利待遇不变。市级劳动模范疗(休)养,由所在单位酌情安排,其费用由所在单位负责。《意见》第七条明确:建立劳动模范身体检查和病期待遇优惠制度。对省部级以上劳动模范每年进行一次身体检查,市级劳动模范每两年进行一次身体检查。体检费用控制在每人次 500 元以内。劳动模范是在职职工和离退休人员的,由所在工作或管理单位组织。劳动模范是农民和个体劳动者的,或所在单位破产、倒闭,确无能力支付体检费用的,由劳动模范所在区县(市)负担。劳动模范因病或者非因公(工)负伤在停止工作期间,六个月以内工资照发,六个月以上的工资按照国家有关优惠政策的上限发放。《意见》第八条明确:对已退休但其退休金低于国家、省、市标准的各类职工劳动模范按当年标准在春节前一次性给予生活补助。其中,省级以上劳动模范的生活补助金,从国家、省级财政下拨经费中解决;市级劳动模范属市直单位的,生活补助金由市财政解决,属区县(市)的由区县(市)财政解决。《意见》第十一条明确:提升在职公务员先进模范人物"改非"和退休时的职级层次。获得省级以上先进模范称号,保持荣誉称号且在退休或"改非"前 5 年没有受到党纪政纪处分的, 任正处级领导职务的按省里的政策执行; 任副处级领导职务满 6 年且工龄在 30 周年以上,"改非"时可明确正处级干部待遇;任正科级领导职务满 10 周年或任正科级非领导职务 15 周年且工龄在 30 周年以上的,退休时可以解决副处级干部待遇;任副科级职务的,"改非"时解决正科级生活待遇的任职年限,可比各地各单位的任职年限少 2 年;一般公务员工龄满 30 周年的,退休时可以明确副科级生活待遇。

各级党委、政府和工会在落实市委、市政府有关劳模待遇的同时,认真执行和落实省委、省政府有关劳模待遇的规定。按照省总工会、省卫生厅《关于为省级以上职工劳动模范办理医疗优待证的通知》(湘工字〔1990〕第 42 号)规定,落实好全国职工劳模享受二级、省部级劳模享受三级医疗保健待遇。按照 1996 年省委办公厅、省政府办公厅《关于转发省总工会等〈关于改善和提高职工劳动模范、先进工作者待遇的意见的报告〉的通知》规定,认真做好省级以上劳动模范的慰问救济:家庭生活特别困难的省部级劳动模范、先进工作者,每年春节、元旦或"五一"节期间进行一次性慰问救济,全国劳模每人每年600元,省部级劳模每人每年500元。对1995年6月以前获得省部级以上劳模、先进工作者称号的离退休职工实行荣誉津贴:全国劳模、先进工作者每人每年800元,省部级劳模、先进工作者每人每年600元。其家庭特别困难的全国劳模及先进工作者每人每年再增加600元,省部级劳模及先进工作者每人每年增加360元。

2000年以后,根据相关文件精神,对新评选的全国劳模、先进工作者一次性发放奖金5000元,省劳模、先进工作者3000元。2012年以后,省以上劳模和先进工作者的奖励标准提高到10000元。

三　常德市劳动模范协会

1996年10月22日,常德市民政局批复,同意成立常德市职工劳动模范协会。同年的12月26日,召开"常德市职工劳动模范协会成立暨首届会员大会"。大会选举产生市职工劳模协会理事会理事77人,其中全国劳模10人、占12%,省部级劳模14人、占18%,市级劳模32人、占42%。大会选举何秋舫为常德市首届职工劳动模范协会会长,选举张春仙、叶诗林、戴笃伯、唐纯银、叶培民、刘明、罗毅、郭福生、何惠清、应康蓬、罗桂林、何寿喜、罗先桂、谌有荣、黄晓时、陈东海、吴志泉、张燕洁等18人为副会长。大会明确市职工劳动模范协会的主要任务是:学习宣传贯彻十四届六中全会《决议》精神,把全体劳动模范的思想统一到十四届六中全会精神上来;通过开展经济技术合作、合理化建议活动和比学赶帮超劳动竞赛,引导劳模立足岗位并带动全市职工为加快全市经济建设步伐做贡献;大力宣传劳动模范的先进思想和优秀事迹,弘扬劳模精神,在全社会掀起学习劳动模范,争当劳动模范的热潮;组织各种经验交流会、报告会、专题研讨会、参观学习等活动,开拓劳模视野,密切劳模之间的联系,努力把市职工劳动模范协会办成劳动模范之家。大会闭幕后即召开常德市职工劳动模范协会第一届理事会,经全体理事一致同意,成立常德市职工劳模互助互济管理委员会。

1999年12月25日,常德市职工劳动模范协会召开第二届会员暨理事会议,选举市政府原常务副市长钦时中为常德市职工劳动模范协会会长。钦时中代表市职工劳模协会作了题为《团结广大职工劳动模范,再接再厉,乘胜前进,在新的世纪为常德经济发展再立新功》的工作报告。中共常德市委副书记、市职工劳动模范协会顾问李少甫到会并讲话,对市职工劳模协会工作提出了三点希望:一是当好市委、市政府的参谋和助手,二是当好劳动模范的贴心人,三是全体理事要多关心支持协会工作。会议一致通过了市职工劳动模范协会起草的

《常德市劳动模范管理办法》。

2010年1月5日，常德市职工劳动模范协会更名为常德市劳动模范协会，并召开常德市劳动模范协会第三届会员大会。全市各级劳动模范代表，全国“五一”劳动奖状单位、全国“工人先锋号”班组和省、市“五一”先锋集体，各区县（市）总工会分管劳模工作的副主席和市直单位工会主席120余人参加了大会。中共常德市委副书记曹儒国，省总工会党组副书记、副主席刘革安，市委常委、宣传部部长覃清香，市人大常委会副主任杨先平，市人大常委会副主任、市总工会主席石成林，市政府副市长徐超文，市政协副主席敖建斌等出席大会。大会选举产生了由钟华山等68人组成的常德市劳动模范协会第三届理事会，选举钟华山、黄朝晖、华建忠、张俊、尹仁辉、奚献良、陈明君、钟广英等29人为常务理事。理事会选举钟华山为常德市劳动模范协会第三届理事会会长，选举张运华、李娥皇、曾再农、赵克蓉、杨绍军、刘凡荣、肖汉族、夏崇仁、黄健、毛新云、谢春玲等11人为副会长，选举谢春玲为秘书长（兼）、赵建祥为副秘书长。会上，市劳模协会第三届理事会副会长谢春玲代表协会作了题为《全心全意为劳模服好务，为我市经济平稳较快发展再立新功》的工作报告。大会审议通过了《常德市劳动模范协会章程》、《常德市劳动模范协会会费管理办法》。大会决定成立常德市劳动模范技术服务团，下设专家智囊服务队、专家技术协作服务队、职工心理咨询服务队、创优服务队、职工文化辅导服务队，发挥劳动模范优势，扩大劳动模范影响。

四　劳动模范主要活动

（一）为常德经济社会发展建言献策

从1990年开始，市总工会结合庆祝“五一”国际劳动节、送迎“五一劳动奖章”获得者，举办劳动模范代表座谈会。历次劳模座谈会都受到市委、市政府的高度重视，市委书记、市长以及市人大、市政协和有关部门主要领导参加座谈会，了解劳模的思想和生活，倾听劳模的呼声与建议。各级劳模代表围绕常德的经济社会发展，积极建言献策，提出了许多有价值的建议。如全国先进工作者、市交警支队路面交警沈国初建言，加强市民法治和道德规范教育，创建全国交通模范城市。全国劳动模范、常德棉纺厂挡车工章春香建言，改善青年职工的生产生活条件，稳定企业一线职工队伍。全国先进工作者、武陵区育英小学校长贺大国建言，加大学校周边环境整治力度，还学校一个和谐稳定的环境。全国劳动模范、常德赤峰煤矿掘进队长戴作均建言，杜绝非法小煤窑的乱开采，提高国有煤矿的安全保障。全国先进工作者、石门县九渡乡党委副书记陈建教建言，关注农村留守儿童的学习生活，让失学的儿童重返校园。劳动模范和先进工作者的建言献策，得到了市委、市政府的重视，并将这些建言献策付诸实施，为推动常德经济社会发展产生了积极效应。

(二)开展职工技术协作

1982年,常德地区一些县市就成立了以劳模为骨干的职工技术交流站。1989年3月,常德市职工技术协作委员会成立,所选出的41名委员中,各级劳动模范占到20%以上。以劳动模范领衔的各企业技协积组织极开展活动,为解决企业生产中的技术难题、推动企业发展发挥了积极作用。1997年,常德纺织机械厂因为纺织行业的疲软,经济效益下滑影响职工收入。在企业面临暂时困难之际,厂技术协作委员会组成由各级劳动模范组成的技术攻关队,采取走出去、带进来的方式,为市直和周边的一些企业进行技术攻关。在帮助解决技术难题的同时,为厂技术协作委员会创造经济效益100多万元,厂工会用这些资金帮助企业落实职工相关福利,在企业稳步走出困境过程中发挥了重要作用。由市劳动模范、市轴承厂工会主席曾悌清领导的厂技术协作委员会,在企业实行车间、班组承包过程中,将被组合掉的职工组织起来,在劳模技术骨干的带领下,积极开展技术协作活动,保证了这部分职工的正常收入,较好的为企业化解了矛盾,推动了企业改革发展。

(三)进行巡回宣讲

2005年4月1—30日,市总工会和市劳动模范协会为配合全市先进性教育活动,在全市开展"劳模事迹宣传月活动",成功策划举办"劳动者之歌"大型综艺晚会,让广大职工感知劳动模范的风采。同时,从全国、省、市三级劳模中挑选出11名各具特色、事迹突出的党员劳模,组织劳模巡回报告团,赴全市9个区县(市)和部分大中型企业,举行了18场(次)巡回报告会。2009年5—9月,按照省总工会的部署,为庆祝中华人民共和国成立60周年,在全省开展"新中国60年湖南最具影响劳模评选活动",市总工会和市劳动模范协会结合活动的开

2010年5月,湖南省全国劳模和先进工作者先进事迹报告会常德会场

展，组织各种形式的劳模事迹巡回宣讲会、报告会。9 月 25 日评选活动揭晓，常德市公安局副局长王汉桃入选“新中国 60 年湖南最具影响的劳动模范”。2010 年 5 月 27 日，湖南省全国劳动模范和先进工作者先进事迹报告会在市工人文化宫举行，来自区县(市)和市直单位的近 800 名各级劳动模范、先进工作者和职工代表参加报告会。

(四)接待来访职工群众

市总工会和市劳动模范协会在市职工维权帮扶中心，设置劳动模范接待室，在每周星期三组织部分全国、省部级和市级劳动模范，轮流负责对职工群众的接访。其接待方式采取随机接待、预约接待与现场研究信访问题相结合的方式，认真负责地落实处理职工群众所反映的具体问题。参与接访的劳动模范耐心倾听职工群众所反映的问题及呼声，细心疏导职工群众心理困惑，热情解答职工群众的提问。其真诚的态度和朴实的作风，使得劳模接待日制度的影响不断扩大，一些存在着思想困惑和实际困难的职工，或上门或预约与劳模交谈解惑。同时，通过劳模接待日，参与接访的劳动模范将职工群众所反映的思想问题进行梳理，或向市总工会和市劳模协会反映，或形成专题报告，为各级党委、政府及时掌握职工的思想动态和正确决策，提供翔实的第一手资料和依据。

第四章 职工保障工作

第一节 社会保障

一 劳动保险

劳动保险是国家通过设立法律法规，保护劳动者的身体健康，减轻其生活中的特殊困难，使职工在年老、患病或者丧失劳动力时，能够得到物质上的帮助。中华人民共和国成立初期，常德厂矿企业一般是参照《东北公营企业战时暂行劳动保险条例》解决职工的伤、病医疗等问题。1951 年 2 月 26 日，政务院颁布《中华人民共和国劳动保险条例》，对职工的生、老、病、死、伤、残待遇作出系统的规定：凡实行劳动保险的企业，职工有病，企业负责治疗，并可领取病假工资和疾病救济费；职工因工负伤，全部治疗费、药费、住院费和住院膳费由企业支付，医疗期间工资照发；职工因工负伤致残，发给残废补助费；职工退休后，发给退休养老金；职工死亡后，有丧葬费和直系亲属救济费，等等。同年 4 月，中共湖南省委发出《关于实行劳动保险条例的指示》，对百人以上的公私营厂矿分别不同情况，提出实行劳保条例的步骤与要求。随后，常德地区工会举办劳动保险培训班，培训骨干 36 名，开始在 10 个百人以上的公私营企业建立劳动保险登记委员会，实行劳保条例。通过对 3150 名职工家庭情况进行摸底，有 1408 人被批准享受劳动保险待遇，占职工总数 44%。

实行劳保条例的单位，均按条例规定，劳动保险费用，全部由企业负担。其中，职工的医疗费、伤、病、产假工资及因公负伤等费用，由企业直接支付；职工生、老、病、死、伤残等各项抚恤费、补助费和救济费，在工会掌握的劳动保险金中支付。劳动保险金由企业按职工工资总额的 3%分月向工会提拨，其中 70%作为劳动保险基金，留在基层工会，用于支付职工各项劳动保险待遇；30%作为劳动保险总基金，上解省总工会用于基层劳保基金不足的调剂和举办集体劳动保险事业。暂未实行劳动保险的单位，采取签订劳保合同的办法，解决职工生、老、病、死、伤、残的待遇问题。实行劳保条例与签订劳保合同的主要区别在于：前者提拨劳动保险基金，有剩余时上缴省总工会，不足时由省总工会调剂，而后者不提劳动保险基金，劳保费用由单位自行解决。国家机关、人民团体和事业单位的职工，则执行国家统一规定的类似劳保条例的公费医疗、丧葬抚恤等福利制度。

1953年，根据政务院修正颁布的劳保条例，扩大劳动保险范围，全区公路运输、内河航运和国营建筑公司等系统的职工，逐步实行了劳动保险。1956年，根据国务院关于再次扩大实行劳动保险范围的指示精神，全区商业、粮食、金融等部门的职工，逐步实行劳动保险。这一年，新批准14家工商企业2866名职工享受劳动保险待遇。1958年，根据全国总工会指示精神，省总工会暂停劳动保险审批工作，以后数年，常德地区实行劳动保险的单位未有增加。

1962年11月7日，常德地区工会召开全区劳动保险工作会议，启动扩大实行劳动保险范围的工作，将地属国营工厂、矿山和县属煤矿和有色矿纳入劳动保险，当年新增享受劳动保险职工9000余名。到1965年底，全区实行劳动保险的基层单位达到153个，享受劳动保险待遇的职工46396人，领取退休养老金的15070人。未批准实行劳保的单位，大多参照劳保条例处理职工的保险待遇问题。全区有72个企业由基层工会与企业行政或资方签订了劳动保险集体合同。

自公布劳保条例时起，工会即承担了劳动保险的管理工作。1969年，湖南省实行劳动保险的单位，按照财政部的规定，停止向工会提拨劳保金，劳动保险方面的经费开支改在企业“营业外支出”项下列支，各项劳保业务归企业劳资部门或财务部门办理。各企业单位新实行劳动保险，不再报省总工会审批，全区全民所有制和县以上集体所有制企业，基本上都实行了劳动保险条例。

1979年年初，常德各级工会逐步恢复劳保业务工作，但劳动保险金未恢复缴纳。到1980年，全区实行劳动保险条例的单位发展到721个，享受劳动保险待遇的职工达109917人；参照劳动保险条例或其他劳保办法的单位424个，职工53634人。

在贯彻劳动保险条例过程中，因受“文化大革命”中无政府主义影响，一些企业任意提高或降低规定的待遇标准，增加了企业或职工的负担。1981年3月，根据国家劳动总局、全国总工会《关于整顿和加强劳动保险工作》的通知精神，常德地区工会和地区劳动局拟定了具体整顿意见，对应当享受劳动保险待遇的职工实行重新登记，发放新的劳保待遇证。经过整顿，到1982年底，全区实行劳动保险的841个单位，恢复和建立了劳动保险委员会，企业行政和工会分别明确了执行劳保条例的职责，建立了审批制度，扭转了有章不循、错支乱支的现象。对降低职工医疗待遇、退休待遇的问题，常德地、县(市)工会组织力量进行调查摸底，提出解决办法，争取党政领导的支持。中共石门县委在对县总工会调查报告的批复中指出：国家规定的劳保待遇，凡擅自变更的，必须予以纠正。临澧县政府转发了县总工会的调查报告并批示：“要保障劳保条例规定的有关职工的福利待遇，除国家明文修改者外，不得自行变动。”到1984年，全区降低职工劳保福利待遇的429个单位，均恢复了条例规定的职工待遇。

1985年，常德各级工会着力抓了劳动保险制度改革和劳保业务建设。地区工会总结推广了601矿的经验，促进劳动保险日常工作制度化、规范化。

从20世纪90年代起，国家逐步改企业保险为社会保险，建立以城镇职工为保障对象的社会保险制度体系，主要项目有社会统筹与个人账户制度相结合的养老社会保险，社会统筹与个人账户制度相结合的医疗社会保险、失业保险、工伤保险、生育保险以及住房公积金，简称“五险一金”。社会保险由政府劳动和社会保障部门承办。1991年6月26日，国务院发出《关于企业职工养老保险制度改革的决定》，要求逐步建立起基本养老保险与企业补充养老保险和职工个人储蓄性养老保险相结合的制度，并明确由各级劳动部门负责管理职工的养老保险工作。是年，常德开始实行职工养老保险由国家、企业、个人三方共同负担。企业按照职工工资总额的20%、职工按照个人工资收入的8%来缴纳养老保险费。企业缴纳的基本养老保险费，按本企业职工工资总额和政府规定的比例在税前提取，由企业开户银行按月代为扣缴；职工个人缴纳的基本养老保险费，由企业发放工资时代为收缴。企业补充养老保险则由企业根据自身经济能力，为本企业职工建立，所需费用从企业自有资金中的奖励、福利基金内提取。个人储蓄性养老保险由职工根据收入情况自愿参加。

二　补充保险

1994年，省总工会发动各级工会抓好补充保险工作。职工补充保险是企业在国家统一制订的社会保险之外，根据自身的经济实力，在履行了缴纳“五险一金”义务之后，专门为本企业职工建立的附加保险。是年，桃源县总工会率先在全市建立“职工补充养老保险互助会”。尔后，常德许多企业相继建立了职工养老、医疗、工伤死亡补充保险。至1996年，全市建立各种互助补充保险组织970个，筹措资金843万元，享受补充保险待遇的职工8万人。

2007年11月，市总工会发出《关于开展职工补充保险工作的通知》，部署在全市职工中开展补充医疗、补充养老、补充工伤保险工作，对参保对象、参保方式、保险项目选择、保费筹集渠道等作出了明确规定。要求全市所有机关、企事业单位和社会团体，凡年满16到60周岁的在职职工及与用人单位签订了劳动合同的外来务工人员，由其所在单位工会统一组织参加补充保险。单位职工三个补充保险均为团体保险，由单位工会牵头统一办理参保手续，保险费由单位工会收缴。单位行政和职工个人共同出资，分担比例由各单位自行确定。至2012年，全市1089家企业建立了职工补充保险，参保人数达11万人，累计享受补充保险待遇的达14万人次。

三　“低保”工作

1997年10月，国务院决定在全国建立城市居民最低生活保障制度，保障对象有三类：

无生活来源、无劳动能力、无法定赡养人或抚养人的居民；领取失业救济金期满未能重新就业，家庭人均收入低于最低生活保障标准的居民；在职人员和下岗人员在领取工资或最低工资、基本生活费后以及退休人员领取退休金后，其家庭人均收入低于最低生活保障标准的居民。

2000 年 1 月，省总工会在省政协八届三次会议上，要求加大中央和省属企业实施最低生活保障制度的工作力度。常德各级工会积极参与和推进“低保”制度的落实。据常德市总工会 2007 年调查统计，全市全年城市低保累计发放城市低保资金 1.42 亿元，累计保障城市低保对象 131 万人次，月均保障城市低保对象 12.1 万人，其中职工 13120 人，贫困职工纳保率达到 87%，月人均救助水平 92 元。从 2010 年起，对全市最低生活保障线下的贫困职工，做到了应保尽保。

第二节　职工困难救济

一　失业救济

常德解放初期，常德城镇工人失业严重，经济来源困难。1949 年年底，全区登记在册的失业工人有 7560 名。1950 年，常德地、县（市）工会根据政务院《关于救济失业工人暂行办法》和省总工会筹委会《关于救济失业工人的通知》，采取以工代赈，介绍就业，组织生产自救，发放钱粮，动员还乡生产等方式，协助政府开展救济工作。当年共救济 4250 人，安排就业 653 人。到 1951 年底，工人失业问题基本得到解决。1952 年“三反”“五反”运动后，失业工人又有所增加。省总工会筹委会和省劳动局于 7 月联合发出《关于“三反”、“五反”后失业工人救济工作的紧急通知》，常德全区以政府为主，工会配合，采取发救济粮款，临时借薪，安排转业就业，以工代赈等办法，保障失业工人的基本生活，并使他们逐步得到安置。

二　困难补助

从 1950 年冬起，常德各基层工会，按照全国总工会《关于会员困难补助暂行办法》的规定，从工会会费收入中提取 20%，作为困难补助费，对生活有困难的会员进行补助。1954 年，常德地区遭受特大水灾，各级工会组织对 26715 名生活困难的职工进行救助，救助总额达 114764 元。以上多属于临时补助，即职工及其家属遇到疾病及意外灾害时，随时进行的一次性补助。1956 年 7 月，根据省总工会文件精神，全区对月人均生活费不足 8 元的严重困难职工，进行定期补助。1957 年 1 月，国务院发出《关于职工生活方面若干问题的指示》，规定奖励基金中的 10%作为职工救济费拨交工会，与会员困难补助费合并使用，并明确职工补助工作由工会办理,全区各基层工会进一步加强对职工困难补助工作的领导,困难补助工作逐步经常化、制度化。工作流程一般为:调查摸底;宣传教育;自报公议;群众讨论;基层工会或评委会审查;报厂矿企业党委(支部)批准;"三榜"定案后组织发放。

20世纪60年代初,困难职工面有所扩大。1962年9月,常德地区工会对七一机械厂、常德县昌明锅厂、湘西钨矿等4家厂矿4509名职工生活状况进行调查,发现职工家庭人均月收入在10元以下的1399名,占31%,职工生活困难的主要原因是:企业紧缩福利开支,职工负担加重,生活指数上升,家里有人被精简,实际收入减少,家居灾区或家属有病等。针对这些情况,10月,地区工会专门召开会议,要求各单位采取有效措施,解决职工困难,扩大就业门路,增加职工收入。会议决定,对全区困难大的职工进行救济,其中对职工及城市直系亲属人均月收入10元以下、农村直系亲属人均月收入6元以下,无力买回计划供应的口粮、主要副食品和其他必需品,不能维持最低生活者,按月给予适当补助。经费来源:先由企业单位提取职工福利基金的60%、企业奖励基金的20%、工会会费的40%用于困难补助,不足部分,从中央下拨的款项及解冻工会和行政积存的经费中解决。是年第四季度,全区共支出困难补助费88.05万元,补助困难职工43693人,占职工总数27.77%,其中定期补助12571人,占职工总数的7.99%。

随着形势好转和生产的发展,职工生活条件不断得到改善,困难面逐渐减少。1965年,全区接受困难补助的职工23034人,占职工总数22%,补助总金额68.55万元。1980年,全区被补助的职工34587人,占职工总数13%。1988年,全区进行困难补助的基层工会1438个,被补助的职工3万余人,占职工总数的10.4%,补助金额140万余元。

三　互助互济活动

1952年8月,省总工会在全省劳保生活会议上,号召各级工会开展互助互济活动,由职工合筹基金,以应付生活急需的借贷。从此,互助会在常德地区各基层工会逐步发展起来。但是,这个时期的互助会,没有建立专门的组织机构,由基层劳保生活委员会或劳保委员管理,制度不健全,借款无标准,还款无期限,又不及时公布账目,加之基金少,周转不灵,职工有困难借不到钱,影响参加互助会的积极性。1952年,常德市有12个基层单位建立了互助会,因放任自流,办了一年多,到1953年年底就都垮了。

1956年9月,常德地区工会根据全国总工会1955年7月发出的《关于整顿互助储金会与改进困难补助工作的指示》和《互助储金会组织通则修正草案》,结合常德的实际,对互助会进行整顿,建立健全了管理制度。此后,各县市基层工会互助储金活动逐步走上正轨,到年底,全区建立互助会123个,参加互助会的职工31500人,积累储金156850

元。互助储金会的基金，主要来自两个方面：一是会员缴纳的储金。根据1954年全国总工会《储金会组织通则》规定，储金标准，以参加会员本人工资的1%比例按月缴纳，其总额为缴满本人一个月的工资数为止。1956年经修订缴满期限为24个月。大部分基层为了便于计算和管理，都是规定一定的储金数额，在规定期限内缴满为止。二是行政和工会拨给的周转金。国营企业由行政拨款；私营企业经劳资协商从集体福利中拨出部分基金；工会在积余经费中拨付。

随着工会组织不断扩大和工人日益增多，互助储金发展很快。1962年，全区建立互助储金会的单位895个、储金会1113个，参加互助会的职工53260人，储金总额39.2万元。到1980年年底，全区建立互助会的单位1645个，参加的职工20.42万人，储金总额460.29万元。

1984年，全区互助储金会增加到4132个，参加互助储金会的职工24.07万人，储金总额1039.53万元。互助会为减少行政借支，解决职工燃眉之急，发扬团结互助精神，起到了很好的作用，但因物价上涨，职工生活费用增加，致使互助会存的少，取的多，常年储蓄额下降，有的互助会因发生赤字而解散。

1985年，全区职工生活互助有了新变化，由经济互助发展到生活互助、劳动互助。津市市总工会有127个单位开展劳动互助，占全市基层工会总数的89%。这些互助队，开展了修理房屋、搬家、缝纫等互助活动。到1988年，全区建立互助储金会4753个，参加互助会的职工25.27万人，互助储金总额2015.05万元。

建立在职工群众之中的经济互助组织，在为党、政分忧，为职工解决暂时困难方面，发挥了重要作用。随着改革开放的深入，国民经济的发展加快，全市广大职工的生活水平逐年提高，收入逐年增长，大多数职工有了储蓄、有了积累，人们对互助储金会的依赖性逐年下降。到2000年后，互助会的帮扶职能逐步为职工维权帮扶中心和送温暖工程所取代。

四　送温暖工程

“送温暖工程”是由全国总工会发起实施的为困境中的职工排忧解难的工程。1991年，全国总工会在党中央和国务院的支持下作出决定：元旦、春节期间，工会开展“进万家门、知万家情、解万家难、暖万家心”的送温暖活动，给困难企业的职工送去党的温暖。自1992年起，全国总工会组织各级工会在全国开展了送温暖活动，为各地困难企业职工办实事、办好事。1994年4月，根据形势的发展和职工的需要，全国总工会决定把一年一度的送温暖活动拓展为“送温暖工程”，以实现送温暖活动的经常化、制度化、社会化。

1988年后，随着产业结构的调整，常德出现了一批亏损企业，造成职工收入下降；在企

困难职工领取救助物资　（2011年　摄）

业转换机制过程中，也有不少职工下岗、待业，生活发生困难；1990年后，物价上涨较快，一部分退休早、工资低的职工和身患严重疾病的职工，生活更艰难。据常德市总工会1993年12月调查，全市有特困企业654家，在职职工240612人，退休职工11214人。其中，一年以上未发工资的4462人，占特困企业职工总数的11.11%；3个月以上未发工资的3392人，占8.45%；发50%工资的14988人，占37.32%；发40元生活费的10729人，占21.71%；只有6591人发基本工资，占16.41%。武陵区32家停产、半停产企业的5309名职工，每月人均工资仅75元。另据常德市总工会统计，1994年，全市因企业停产、破产倒闭等原因，有41791名职工停发工资，占职工总数的14%。

1992年年底，市总工会发出《切实做好关心职工生活困难工作的通知》，要求各级工会在1993年元旦、春节期间，实实在在地做好送温暖工作。重点对象是停产或半停产企业的职工，以及因待业、待工在家，生活确有困难的职工。是年市总工会拨款15万元，连同全总下拨的5万元专项经费，资助给区县（市）工会和困难行业的工会，用于帮助生活困难的职工。1994年春节前夕，全市9个区县（市）工会和8个市直联合工会共筹集106万余元，对所属困难企业和困难职工走访慰问。“五一”节前夕，常德电业局、石门特种水泥厂等10多家效益较好企业，筹资20万元，对市直12家停产、半停产企业进行“献爱心”活动。“六一”节前夕，市总工会女职工委员会在全市开展“伸出一双手，六一献爱心”活动，将10多万元捐款、4万册图书和1万多件玩具、衣物，送到困难企业幼儿园和儿童手中。

1995年起，常德市各级工会加速推动“送温暖工程”制度化、经常化、社会化，建立困难职工档案，发展职工互助互济组织，实施困难企业联系点和困难职工联系户制度，参与社会保障制度的改革。1996年，常德市明确贫困职工的界定标准，家庭人均月收入不足120元的为贫困职工，不足45元的为特困职工。并明确受助程序：困难职工向所在单位工会提出申请，并填写困难职工档案表；单位工会对困难职工家庭情况进行审核公示后报市或区县（市）总工会；市或区县（市）总工会核实确认后向困难职工发放困难补助。是年统计，全市有贫困职工13991人，占职工总数的4.95%，特困职工3477人，占贫困职工的24.57%。常德二纺机厂1996年只发2个月基本工资，有职工全家8口人在厂工作，节衣缩食也难以糊口，有时用酱油拌饭，有时一天一餐，生活十分艰难。市沅水木材公司停产3年未发工资，不少职工除了买点米外，吃的菜大部分是自己种的或在菜市场捡的。公司一名负责人家有7个月未吃肉鱼荤菜，平时生活靠亲友接济，他想借钱给妻弟36岁生日送点礼，东奔西跑一整天凑不到100元钱。为加大扶贫帮困力度，1996年，市委、市政府成立全市企业帮困领导小组，并首次在全市开展为困难企业职工献爱心活动。

1997年4月，市总工会参与市政府制定的《常德市困难企业困难职工生产生活解困救助办法》出台实施。该办法规定，对国有特困企业，实行地方财政贴息、企业主管部门调剂部分资金、银行提供部分工资性贷款的“三家抬”的办法，解决特困职工的基本生活费和职工最低工资。困难企业为安置职工、开展生产经营自救兴办第三产业、开发新产品、组织技术转让，给予税收减免；生产性建设用地可按行政划拨。对困难职工进行基本生活救助，实行困难职工证和特困职工证制度，困难职工和特困职工在办理营业执照、从事生产经营、子女入学等方面，凭证享受政策救助待遇，减免相关税费。特困职工还可凭证每月领取100元的基本生活救济金。1998年2月，市委书记吴定宪到市总工会考察工作时指示，工会要关心困难职工的生活，倾听他们的呼声，发现问题及时解决，把工会办成“企业的民政局”。是年，常德市对家庭人均月收入在100元以下的困难职工，发放解困资金2200万元；全市工会955个经济实体，吸收特困职工5450人就业，筹措送温暖资金325万元，走访慰问困难职工29976户。

2006年，市总工会发起“爱心超市”活动，探索一条向社会募集生活用品，发给困难职工的路子。通过政府投入、工会补贴和社会捐助，为困难职工无偿提供生活必需品。是年1月14日和9月24日，市总工会在武陵区北正街小学和德山莲花池小学举办两次“爱心超市”活动。市区71个机关和企事业单位参加爱心超市捐赠活动，每个单位组织职工捐款1500元，交市总工会统一购置棉被、食用油、大米、床单、洗衣粉、面条等物资；6800多名机关干部和企事业职工还捐赠各类物品13100件，折合现金65万多元。是年，接受爱心超市救助的困难职工共1977名。凡接受爱心超市救助的困难职工，先统一建立档案，填写申请卡，经社区工会审议、公示后发放爱心票，凭票可领取300元左右的物资。

2007年2月12日和9月28日、2008年1月9日和11月9日，市总工会又分别在北正街小学和莲花池小学举行了4次“爱心超市”活动。每年有1800名市直企业的困难职工接受救助。从2009年起，爱心超市活动从市区扩展到各县（市），活动地点固定在市和区县（市）职工维权帮扶中心，全市每年救助困难职工5000名。2011年起，市总工会开展市城区特困职工长期生活救助活动，实行持证领物的救助方式，凭市总工会发放的“常德市职工维权帮扶中心救助证”，于每月25—30日到市职工维权帮扶中心的“爱心货场”领取200元救助物资，直至受助对象基本脱贫。

五　常德市职工维权帮扶中心

2003年12月31日，市总工会成立困难职工帮扶中心，为困难职工提供生活救助。2009年，根据全国总工会关于进一步推进工会帮扶工作常态化长效化的指导意见和省人民政府与省总工会联席会议关于“加大困难职工帮扶专项资金财政配套力度和支持帮扶中心机构建设”的要求，中共常德市委常委会议研究解决了帮扶中心机构编制问题，明确帮扶中心为全额拨款正科级事业单位，核定正式编制4人。2010年1月，常德市总工会困难职工帮扶中心更名为常德市职工维权帮扶中心，帮扶中心的工作对象从困难职工向全体职工拓展，工作内容从单一救助向救助、维权、服务“三位一体”延伸。同年，市政府、市总工会联系会议确定，把困难职工帮扶专项配套资金纳入市财政预算，并按每年20万元的速度递增。

市职工维权帮扶中心“爱心货场”　（2011年　摄）

市帮扶中心成立后，按照帮扶组织规范化、帮扶体系网络化、帮扶资金常态化、帮扶渠道一体化、帮扶内容实效化、帮扶工作社会化的总要求，从硬件设施、基础工作、运行机制、职能发挥、服务水平等方面不断完善提高。

帮扶平台建设。2005 年，市帮扶中心在市总工会办公大楼一楼设立帮扶大厅，开辟服务窗口。2009 年，市总工会斥资 80 万元，对帮扶大厅进行升级改造，并把市总工会办公大楼二楼配套给帮扶中心，作为中心办公服务场所。帮扶中心面积达到 1280 平方米。至 2012 年，市帮扶中心有工作人员 9 名，全部按专业化要求及窗口工作需要配备，并实行统一着装，统一进行上岗培训。中心设立了信访接待、生活救助、医疗互助、法律援助、助学援助、职工培训、职业介绍、婚姻介绍、职工维权等服务窗口；全市统一开通了“12351”维权热线；开办了爱心货场、职工书屋；建立了劳动争议调解室、劳动争议仲裁院工会派出庭等职工维权帮扶服务阵地。

帮扶制度建设。为了把有限的帮扶资金真正用在最需要帮助的职工身上，市帮扶中心建立和完善了《常德市职工维权帮扶中心帮扶资金使用管理办法》《常德市职工维权帮扶中心资金审批制度》《常德市职工维权帮扶中心物资管理制度》等工作制度、管理办法、实施细则、工作流程。按照公开、公平、公正的原则，规范了申报程序，明确了申报对象及条件，严格核实审批，全面公示公告，并加大了入户调查的比例，杜绝暗箱操作，增强了帮扶工作的透明度。对帮扶资金的使用、管理，严格按照制度执行，接受同级及上级工会组织、同级财政及审计部门的审查和社会监督，做到了专款专用，不挪用、不留存。根据工作需要，市帮扶中心还确立了主席接待日、律师接待日、劳模接待日等常态化工作制度；建立了特困职工电子档案和困难职工帮扶纸质和电子台账。

帮扶网络建设。市帮扶中心在全市 9 个区县（市）总工会建立了二级困难职工帮扶中心，在乡镇（街道）建立了帮扶站，在社区、企业建立了帮扶点。至 2012 年，全市 191 个乡镇、街道建立了帮扶站，180 个企业、社区建立了帮扶点，基本形成了以帮扶中心为龙头，乡镇（街道）帮扶站为纽带，企业（社区）帮扶点为基础的维权帮扶网络，实现了资源共享，信息互通，上下联动，反应快捷的良性互动。

常德市职工维权帮扶中心的工作得到了上级工会的肯定和鼓励。2010 年，被省总工会命名为“湖南省困难职工帮扶中心示范点”。2011 年，被全国总工会命名为“全国工会职工法律援助维权服务示范单位”。2012 年，市帮扶中心筹集资金 1100 多万元,实施生活救助 5800 多人次,医疗帮扶、救助 6000 多人次,助学 200 人次；免费和补贴性培训 8000 多人次，就业援助 2899 人次；接待来信来访职工 1000 多人次，为近 3000 人次提供来电政策咨询，完成法律援助案件 60 多件。被省总工会授予“湖南省星级职工维权帮扶中心”称号。

2009 年常德市总工会“金秋助学”启动仪式现场

六　工会助学

2003 年 9 月，市总工会在全市开展旨在解决困难职工子女就学难问题的“金秋助学”活动。资助范围为常德市享受最低生活保障的困难职工家庭；因下岗失业、大病、残疾、突发灾害等造成经济困难的家庭。资助对象为当年考上大专院校的贫困职工子弟，也可以是在校中小学生。资金来源为政府资助、社会捐助和工会投入。是年，市本级共资助 35 名贫困大专学子。以后每年的“金秋助学”活动，均在 8 月、9 月间举行。2006 年起，将困难农民工家庭纳入资助范围。2010 年起，除资助新生外，还对一些在校就读贫困大学生实行长期跟踪帮扶。至 2012 年，全市各级工会共发放助学款 6000 多万元，资助学生近 3 万名；其中市本级发放助学款 800 多万元，资助学生 1200 多名。

七　职工医疗互助

2012 年年初，常德市总工会为破解职工群众“看病难、看病贵”的难题，在市直及武陵、鼎城、常德经济开发区等地开展职工医疗互助活动，经费来源为会员交费和工会拨款。参加首期互助活动的会员每人每年交纳 50 元的互助金，互助期内按照基本医疗保险指定医院住院发生的医疗费用，在基本医疗保险可报销费用支付后的自付费用，在 501~5000 元的部分补助 30%；5001~10000 元的部分补助 35%；10001~20000 元的部分补助 40%；20001~30000

元的部分补助45%;3万元以上的部分补助50%;超出医保最高支付限额的部分,除去完全按政策自付和部分政策自付后按50%补助。经医保部门同意转外就医的分别下调5%。互助活动补助最高限额为5万元。一个互助期内,可一次或多次申请医疗互助补助。参加互助活动的会员,互助期内,本人未产生医疗补助的,其配偶、子女患病住院,自付部分在5000~10000元的,从帮扶资金中给予800元的医疗帮扶;自付部分在10000元以上的,从帮扶资金中给予1000元的医疗帮扶。一个互助期内,一个家庭可享受一次医疗帮扶。到是年6月,共有644个企事业单位的54452人缴纳医疗互助金。9月,市总工会把职工医疗互助活动推向全市,并调整住院医疗费补助标准,加大对患病入院会员的补助力度:取消扣除500元的基数的起付限制;补助金不足50元的一律按50元补助。至2012年年底,全市补助职工1081名,金额404385元。

2012年5月,常德市职工医疗互助活动动员大会暨“双联”帮扶工作督导会现场

第三节 “双联”工作

1999年12月,根据湖南省在株洲召开的推行“双联”工作现场经验交流会精神,常德在全市推行党政机关联系困难企业、机关干部联系困难职工工作(以下简称“双联”工作)。市本级成立了由市委、市人大、市政府、市政协和工会负责人组成的“双联”工作领导小组,实行“党政领导挂帅,工会联络协调,部门积极参与,困难企业主动配合”的工作机制。领导小组办公室设在市总工会,由市总工会分管副主席兼任办公室主任。各区县(市)也设立了相应的工作机构。“双联”工作的主要任务是:支持困难企业改革改制,帮助企业扭亏脱困,促进企业稳

定与发展，为困难职工送温暖、献爱心。“双联”的主体是党政机关和机关干部，联系的对象是困难企业及其困难职工，分别称为参联单位和被联企业。根据“对口帮扶、优势互补”的原则，由一个或一个以上参联单位与一个被联企业实行结对帮扶，向被联企业派驻工作组，参联单位的干部职工亦与所联企业的困难职工结对帮扶。联系对子中，参联单位在2个以上的，明确一个单位为牵头单位。每年“双联”工作的结对联系由“双联”办公室在年初进行安排。至2001年，全市483个参联单位联系困难企业417个，10287名机关干部联系困难职工7224名，帮助1987名下岗职工再就业，解决了83名困难职工子女就学资金，为困难职工捐款147多万元，使2730名困难职工生活得到改善。同时，参联单位为困难企业解决问题615个，追回债款301万元，注入资金792万元。

2002年起，市委将“双联”工作纳入全市物质、精神、政治三个文明建设量化目标管理，实行年度工作考核，基分3分。

随着常德企业改制工作的推进和非公经济的发展，从2004年起，全市“双联”工作的触角开始从国有企业向非公有制企业和社区延伸，从国有企业职工向非公有制企业困难职工和农民工延伸。至2006年，全市共有842个机关单位联系困难企业500家，其中非公有制企业337家，联系社区160个；15128名机关干部联系困难职工15858名，其中非公有制企业和社区下岗失业人员13053名。

2009年，常德市“双联”工作领导小组更名为常德市“双联”和困难职工帮扶工作领导小组，加大“双联”工作和困难职工帮扶工作的统筹协调力度，联系范围扩展到改制后企业、中小微型企业和工业园区，把困难企业、未改制企业全部纳入“双联”帮扶范围，实现“双联”结对、帮扶项目和维权帮扶站点“三个全覆盖”。

2011年，常德市开始实施“双联”项目化运作，将分散在各职能部门的帮扶资源统一整合到“双联”帮扶项目中去。如助学帮扶，先后整合了教育、工会、民政、计生、妇联、团委等部门的各种助学活动，使帮扶资源用得更加准确，更加实在。2012年又针对各地企业、职工群众反映的热点、难点问题，进一步对帮扶项目进行优化组合，市本级增加了职工医疗互助、保障性安居房建设项目，开展帮助被联企业转型发展、职业技能培训、低保和低保边缘户救助帮扶、法律援助帮扶、企业文化建设帮扶、保障性安居房建设、助学帮扶、“送清凉”慰问帮扶、“两节”送温暖及“爱心超市”帮扶等十大项目化帮扶活动。各区县（市）也根据各地实际，确定了8~12个不同的帮扶项目。实施项目帮扶以后，全市共落实涉企优惠政策120多条，60%以上的企业享受到各级政府及部门政策扶持；落实涉及职工的优惠政策157条，近10万多人受惠。全市各级参联单位利用自身优势，帮助157家企业解困，帮助188家企业减亏增效，帮助12家企业实现改制，帮助138家企业新上项目157个，帮助87家企业引进资金17亿元。常德市开展“双联”工作的做法，得到湖南省委、省政府的肯定。

2013 年 1 月 11 日，全省“双联”和困难职工帮扶工作现场经验交流会在常德市召开，市委副书记宋冬春代表常德市做经验介绍发言。

2013 年 1 月 11 日，市委副书记宋冬春代表常德市在全省“双联”和困难职工帮扶工作现场经验交流会上做经验介绍

第四节　集体福利

一　职工食堂

常德解放以后，全区各级工会把协助行政有关部门办好职工食堂，提高饭菜质量，增加花色品种，降低伙食费用作为一项重要工作。

常德解放初期，大多数企业没有食堂。一些私营企业仅有小食堂，供老板和职员就餐，与普通工人无缘。随着生产的发展，百人以上单位相继办起食堂，提供价廉物美的饭菜，方便职工用餐。至 1952 年，全区工矿企业食堂有 120 家。

1953 年，国家实行粮食、食油统购统销政策，粮油供应数量和品种发生变化，给职工食堂工作带来困难。各级工会组织炊事管理人员动脑筋，找窍门，粗粮细做，使职工吃得满意。有些工厂还办了营养食堂、孕妇食堂、传染病隔离食堂和职工宿舍食堂。1958 年以后，职工食堂在设施上逐步改进。1959 年食堂搞技术革新，有的搞了淘米机、切菜机、拌面粉机等设备，减轻劳动强度，提高卫生条件；有的搞成了煤气发生炉、蒸气烧饭等革新，节约了燃料，提高了出饭率。

1960—1963年，国民经济处于暂时困难，主、副食品供应紧张。根据中共常德地委"一手抓生产一手抓生活"、"抓好生活促进生产"的指示，全区各级工会把办好食堂作为关心职工生活的中心工作来抓，要求食堂职工克服一切困难，千方百计做到主食品供应足量、提高饭菜质量、按质论价、便利吃饭人，并以此作为食堂竞赛的目标。这一时期，"领导下厨房，政治进食堂"蔚成风气，调整了"做饭人"与"吃饭人"的关系，炊事人员更好地为职工服务，职工尊重炊事人员的劳动，体谅他们的困难。各基层单位在加强成本核算、提高食堂管理水平的同时，采取了职工业余种菜、专业队种养和家属自种自养"三结合"的形式，开展以种菜养猪为主的群众性的副食品生产活动。据全区17个县(市)和16个厂矿的统计，1961年设立农场专业队263个，从事副食品生产的专业队员3298人，种植蔬菜1310公顷，收获蔬菜3038575公斤，比1960年增加2倍；养猪19198头，平均9个职工一头猪，比1960年增长40%；种植杂粮1044公顷，收获杂粮627800公斤。副食品生产的发展，保障了职工的吃菜供应，又降低了伙食费用，减轻了职工的生活负担。常德地区工程公司，1962年种菜6.1公顷，平均每2人养了一头猪，还收获了一些蚕豆、绿豆和油料，职工伙食费用由1960年的每月17元，降到不足10元。常德县昌明锅厂工会组织干部、工人、炊事员参加食堂民主管理委员会，帮助食堂建立粮食账、餐票账、实物账、现金账，设置保管员、核算员、安全卫生员，伙食账目日清月结，按月公布。同时帮助炊事员研究改进烹调技术，改大锅炒菜为分锅炒菜，菜品新鲜可口，伙食费用降低，人均一月不超过12元。

随着经济形势的好转，加上领导主要精力转入城乡社会主义教育运动，从1963年起，食

20世纪60年代，津市星星幼儿园教职工在菜地劳动

堂竞赛有所放松。“文化大革命”期间，职工生活问题成堆。一些单位的职工形容食堂伙食是“走进食堂就摇头，端起饭碗就发愁”。

1978 年，常德地区各级工会恢复群众生活工作，从抓食堂入手，帮助职工排忧解难。1981 年 2 月，地区工会与地经委、地建委、地财办等部门组织一次以食堂为主的职工生活后勤工作检查。3 月召开全区职工生活后勤工作表彰会，共表彰先进单位 70 个，先进个人 210 名。1982 年 10 月，地区工会召开全区职工生活后勤工作现场经验交流会，推动生活后勤工作的开展。据全区 10 个县(市)1818 个单位统计，有 1410 个单位开展了以食堂工作为中心的后勤工作竞赛，职工食堂饭菜质量普遍有所提高，服务态度和卫生条件有明显改善。湖南雄黄矿等单位，为照顾年老体弱多病的劳动模范、先进生产(工作)者，开办了营养食堂。浦沅工程机械总厂食堂对单身职工照顾实行“包餐制”，每餐两菜一汤，一荤一素。职工每餐交 5 角钱，发工资时扣除，不买餐票、不排队、不洗碗，吃了就走，很受职工欢迎。

从 20 世纪 90 年代后期起，随着国有企业改革工作的不断推进，常德市一些国有企业的食堂连同厂办医院、学校一起被剥离。留存下来的国企食堂、机关单位食堂以及私有企业兴办的食堂，大多采取承包经营的方式，外包给个体餐馆或餐饮公司等第三方承包人进行经营，职工餐费是第三方承包人的主要收入。企业或单位按照相关的约束来管理第三方承包人，除提供经营场所和必要的设施条件外，不再对职工食堂的盈亏负责。食堂承包之后，企业或单位对职工用餐，给予一定数额的补贴，一般是实行单位补贴加职工自费的模式，也有单位为职工提供免费午餐。

1987 年，参加常德地区炊事员训练班的职工合影

二 职工住房

20世纪50年代初期,常德职工住房比较缓和,职工住房建设实行由政府统建统分的模式。从50年代中期起,职工家属宿舍开始紧张。1965年6月,省总工会根据全国总工会关于提取一半工会结余经费修建工人宿舍的指示精神,从省和地市工会结余经费中,提取245万元修建简易职工宿舍。常德地区分配到50万元,用于解决地县(市)属全民所有制的工交、农林和财贸系统的职工宿舍问题。是年8月5日,地区工会向各县市总工会发出《关于修建职工宿舍的基建投资指标分配问题的通知》,根据适当集中、不搞平均主义的原则,按保重点,照顾一般进行分配。其中分配给常德市15万元,津市8万元,澧县3万元,桃源、石门、汉寿各2.5万元,慈利、安乡各2万元,临澧、常德县各1.5万元,常德专署水利局2万元,常德专署农修厂1.5万元,常德专署煤矿系统1.2万元,常德专署财贸系统3.8万元。地区工会留存1万元作机动调剂使用。经费下达后,各县市和部分地直基层工会自筹一些资金,兴建了一批简易职工宿舍,解决了1000多户职工的住房困难。

随着职工队伍的扩大,加上多年来重生产、轻生活的思想影响,各企业单位很少建房,职工住房问题日趋严重。1979年,全区职工人均住房面积为4.06平方米,人均住房面积在3平方米以下的职工家庭有2.5万余户。部分职工两户同室、三代同堂,有的甚至住牛棚。是年,省总工会、省经委召开全省职工生活工作现场经验交流会议,提出要逐步偿还职工生活方面欠债的口号,要求各企业单位把能够动用的资金集中起来修建职工住房,采取公建民助、民建公助等办法解决职工住房困难。会后,常德各级工会和各企事业单位通过召开职工代表大会,积极督促企业行政,除申请上级拨款兴建宿舍外,还自筹资金,把企业的大修理费、更新改造资金、福利基金和奖励基金的大部分用于建房,使职工住房条件有了较大改善。据常德市总工会对20个单位的抽样调查,1988年,全市职工人均住房达到6.87平方米。桃源纺织印染厂等单位集体职工宿舍实现了旅馆化,形成了春有花、夏有荫、秋有果、冬有青的花园式住地。

1988年,国务院召开了全国住房制度改革工作会议,提出住房制度改革的目标是:逐步实现住房商品化。同年,市房改领导小组建立。市总工会一名副主席参加市房改领导小组,并派出干部参加市住房问题研究小组和住房改革办公室,直接参与房改方案研究制订工作。各级工会的负责人也都分别参加了本系统、本地区、本单位的房改领导小组,并选派工会干部参加房改工作机构。

1992年,市政府提出了住房改革实施方案讨论稿,要求建立国家、集体、个人三结合筹资建造住宅的机制,逐步实现住房商品化。经市人大审议,交付全市职工讨论。在组织职工讨论房改方案的过程中,各级工会一面分层次分批地培训骨干,帮助他们弄清房改的精神实质；一面利用厂报、黑板报、墙报、广播、班组学习等各种形式，宣传房改的目的、意义和房改方案讨论稿的主要内容。各级工会还结合职工的思想实际，做好职工的工作。据统计，全市80%的职工参加了讨论。根据常德市的房改方案，市总工会进行调查和测算，连同职工的意见，向市政府提出房改的力度要适度，要考虑职工的承受能力。不仅要考虑房改所增加的个人负担，还要兼顾其他改革所增加的个人负担；既要考虑大多数职工承受能力，还要考虑对少数有特殊困难的职工实行照顾政策；房改起步宜先立足于机制转换，步子要稳妥。这些意见得到政府的采纳。

1994年，国务院颁发《关于深化城镇住房制度改革的决定》，确定房改的根本目的：建立与社会主义市场经济体制相适应的新的城镇住房制度，实现住房商品化、社会化；加快住房建设，改善居住条件，满足城镇居民不断增长的住房需求。根据国务院文件精神，常德市着力推行以“三改四建”为基本内容的城镇住房制度改革。即改变住房建设投资由国家、单位统包的体制为国家、单位、个人三者合理负担的体制；改变各单位建房、分房和维修、管理住房的体制为社会化、专业化运行的体制；改变住房实物福利分配的方式为以按劳分配的货币工资分配为主的方式。建立以中低收入家庭为对象、具有社会保障性质的经济适用住房供应体系和以高收入家庭为对象的商品房供应体系；建立住房公积金制度；发展住房金融和住房保险，建立政策性和商业性并存的住房信贷体系；建立规范化的房地产交易市场和房屋维修、管理市场。

1998年，根据《国务院关于进一步深化城镇住房制度改革加快住房建设的通知》，全市城镇停止住房实物分配，实行住房分配货币化。停止住房实物分配后，职工购房资金来源主要有：职工工资，住房公积金，个人住房贷款，以及由财政、单位原有住房建设资金转化的住房补贴等。

从2005年起，常德市把解决低收入家庭住房困难工作纳入政府公共服务职能。“十一五”期间，通过实物配租、租赁补贴、租金核减等方式，加大解决城市最低收入家庭住房困难的力度。截至2009年年底，全市累计解决了19561户低保家庭的住房困难，其中通过廉租住房解决了5650户，住房保障率达到了46%。“十二五”期间，通过城市棚户区改造和新建、改建、政府购置、租赁等方式增加廉租住房和经济适用住房房源，加大租赁住房补贴力度，着力解决城市低收入家庭的住房困难。至2012年年末，全市解决了3.5万户低收入住房困难家庭的住房问题。

第五章 维护职工合法权益

第一节 职工劳动权益维护

一 平等协商与集体合同

1949年8月，全国工会工作会议通过了《私营工商企业中劳资双方订立集体合同暂行办法》。1950年2月，按照湖南省总工会筹委会的部署，湖南省总工会筹委会常德专区办事处召开县市总工会筹委会负责人会议，部署推动在私营工商企业中开展劳资协商，订立集体合同工作。津市市总工会筹委会抓住在农历年关各厂、店最易辞退职工之时，号召各行业工会和基层工会组织劳资双方签订集体合同，以防止资方任意解雇工人。首先从南货业开始，相继有百货、绸布、针织、香烟、瓷器、杂货等7个行业订立书面合同。随后又有国药、书纸、铁作等行业达成口头协议。其后，油业、盐业等5个行业订立了劳资集体合同。1951年1月，汉寿县总工会筹委会为处理好劳资关系，成立县劳资协会，敦促指导各行业签订劳资集体合同，解决好职工工资和福利待遇，重点处理好资方随意解雇员工问题。临澧县总工会筹委会带领行业和基层工会与资方协商并达成协议，改变资方逢年过节解雇工人的不合理制度，同时通过协商安排了30多名失业工人的就业。1951年4月，澧县总工会筹委会在县城、新洲、坮市、梎市、梦溪等五个集镇建立劳资协商委员会，主要职责是进行劳资协商，签订劳资合同，处理劳资关系，维护职工权益。这一时期，工会组织劳资协商的重点，主要集中在行业，突出体现在维护工人的劳动工作权益上。

1953—1956年，是对工商业进行社会主义改造时期。为实现工人参与管理，一些大的行业、私营工厂和商业通过劳资协商，先后成立工厂增产节约委员会或商店改善经营管理小组。成员是资方、工会、团组织负责人和工人代表，共同协商决定企业的重大问题。1953年4月，湖南省工会第二次代表大会提出："凡有固定的生产任务，一定的生产计划与生产定额的单位，应有步骤地订立集体合同。"常德市工会联合会组织和推动码头、装卸、驳划等行业的劳资协商，就工人的力资协商统一标准；同时在织袜、织布和漂染等工人较集中的工厂，由工会代表工人与资方进行协商，就各工种和工序的生产定额制定统一标准，并订立协议。1956年2月，省工会三届二次会议要求全省国营厂矿、基本建设、交通运输、农场、商业等行业的企业,以及各专、市、县所属地方工业企业普遍推行集体合同制度。湖南省总工会常德办事处加大推进力度,是年年底,全区75%的企业单位建立了集体合同制度。这一期间,工会代表职工与行政进行协商的重点问题集中在安全生产和工作时间等方面。常德县大龙站林场的职工无例假休息,职工对此反应强烈,县工会联合会指导林场工会与行政进行协商,在省林业厅的敦促下,规定星期日为职工休息日。津市市财贸系统各基层工会针对营业员、服务员、理发员等职业一班到底,工作时间长,影响职工健康的问题,同行政协商解决办法。为保证职工劳逸结合,采取"三定一算"的办法,(定营业收入、定个人任务、定休息时间、算细账),根据业务规律,忙时不休,淡时少休,闲时多休,进行循环上班,轮流换班,并订立具体协议,维护了职工利益。1957年后,由于各级干部思想认识不够统一,加上整风"反右"和社会主义教育等政治运动的开展,平等协商集体合同工作被长期搁置下来。

1978年以后,在企业开始试行经济合同制。按照省总工会的工作部署,常德地区一些大中型企业工会主动投入此项工作。1979年年初,国家下达给常德纺织机械厂的生产计划比上年大幅度增加,其中摇架增加42%,经编机增加55%,均超过企业的实际生产能力。为了保证完成计划,厂里召开职工代表大会,发动群众献计献策。会上,厂工会主席代表职工,一位副厂长代表行政,签订了《完成车加工2152万工分任务集体合同书》和《完成3329台摇架生产任务集体合同书》。合同规定各项经济指标外,还规定了行政和工会的责任以及奖励办法等。会后,经过抓落实、抓竞赛、抓整顿、抓检查,促进合同的实现,全面超额地完成了国家下达的生产任务,职工的劳动、生活条件也得到较大的改善。常德地区总工会在全区推广常德纺织机械厂的经验,强调集体合同要充分体现企业行政、工会和职工的责任、权利、义务。

1984年,开始在企业推行厂长(经理)负责制。省总工会常德地区工作委员会召开县市总工会和大中型企业工会工作会议,部署进一步推动平等协商集体合同工作。会后,平等协商集体合同工作在企业得到推动。常德七一机械厂从1985年开始,围绕企业的发展,召开职工代表大会,由厂长代表行政、工会主席代表职工,签订"双保合同"(即保证企业发展,保证职工福利)。津市市工程公司通过签订"双保合同",顺利完成合同规定的各项经济指标,行政与工会联合召开1988年度"双合保同"兑现大会兑现职工福利。一线职工工资比上年增长80%,退休职工工资增长10%,行管人员工资增长18%。兑现大会还当场发给每个职工200元奖金。1989年后,在计划经济向市场经济的过渡转换过程中,一些企业出现停工停产,部分企业破产倒闭,平等协商集体合同制度在相当一批企业中断。

1995年开始,平等协商集体合同工作再次得到推进。7月,省总工会相继召开全省地州市、产业工会主席会议和全省大中型企业工会贯彻《中华人民共和国劳动法》经验交流会,部署大力度推行平等协商集体合同工作。随即,常德市总工会相继召开区县(市)、产业工会主席会议和全市大中型企业工会主席会议,进行思想发动和工作部署。11月6日,市总工会第二届委员会举行第三次全体(扩大)会议,重点部署推行平等协商签订集体合同工作。随后,市总工会与市劳动局联合发出《关于企业推行平等协商签订集体合同工作的通知》,成立以市总工会主席为组长的推行平等协商签订集体合同工作领导小组。1996年2月,市总工会按照省总工会的要求,制定《关于对建立平等协商和集体合同制度实行目标责任制的考核办法》,明确要通过两年半的时间,在全市80%以上的企业基本建立平等协商集体合同制度。此后,通过下发《集体合同参考文本》,进行调研指导,建立进度通报制度,平等协商集体合同制度在全市国有、集体企业广泛推行。根据1997年年底统计,全市有576家国有、集体企业签订了集体合同,签订率达96%。

从2000年开始,常德市总工会采取"两手抓"的方式,推动企业平等协商集体合同制度建设。即一手抓改制重组企业平等协商集体合同制度建设的延续和完善,做好集体合同续签和集体合同内容上的规范,进一步突出职工权益的重点和促进企业发展的热点,使集体合同成为企业与职工共同关注的规范性操作文本,避免过去一个合同管多年,内容泛泛而谈的空虚现象。据对267家改制重组企业调查,凡涉及劳动关系问题,都通过平等协商程序解决,使平等协商成为调处企业劳动关系矛盾的一项重要制度。另一手抓新建企业平等协商集体合同制度建设。2000年6月,中共常德市委办公室、市人民政府办公室下发《关于进一步加强新建企业工会工作的意见》,将依据《中华人民共和国劳动法》规定建立完善平等协商集体合同制度,作为新建企业工会工作的一项重要制度建设。是年年底,全市有379家新建企业建立平等协商集体合同制度。

2005年4月,常德市劳动和社会保障局、常德市总工会联合下发《关于建立非公有制企业集体合同制度,规范劳动用工行为,推动劳动合同制度实施的通知》,要求员工50人以上已建立工会组织的非公有制企业年底以前建立集体合同制度;员工50人以上尚未建立工会的非公有制企业在年内成立工会组织,并于2006年6月底以前建立集体合同制度;2006年底以前,全市范围内的非公有制企业都建立集体合同制度。市总工会及各区县(市)总工会加大非公有制企业建立平等协商集体合同制度的推进力度和程序规范工作。津市市选择10家非公有制企业进行规范试点,按照平等协商、双方签字、报送签证、公开公示等程序签订集体合同。在实际操作中坚持把职工关注的热点难点问题如工资问题作为平等协商签订集体合同的重点,把推行集体合同制度作为化解企业矛盾,调动企业与职工积极性的重要手段。市总工会在津市市召开推进企业平等协商集体合同经验交流会,加大非公有制企业建制力度。到2007年年底,全市国有及国有控股企业平等协商集体合同制度建制率达100%,非公有制企业建制率达62%。

2008年,企业平等协商集体合同制度建设趋于深度发展。是年末引发的金融危机对相当多的企业带来冲击。面对企业发展中的极大压力,各类不同所有制企业都倚重于平等协商集体合同这个链接企业与职工共同利益的"纽带",发展和谐劳动关系,力挺企业走出困境。一批国有及国有控股企业的集体合同进一步明确企业与职工的权利与责任,更加重视集体合同的实效和履约。常德市邮政局在签订3年集体合同的基础上，又签订本年度的补充集体合同，重点涉及经营管理和奖金福利方案，增强集体合同的实效性。湖南华南光电仪器（集团）有限责任公司召开职工代表对集体合同履行听证会，增强了集体合同的公信力。一大批非公有制企业针对形势发展，将签订总的集体合同向签订专项集体合同转化。签订了工资专项集体合同、安全生产专项集体合同、女职工特殊权益专项集体合同等。这期间，平等协商集体合同制度开始在国有和民营事业单位得到发展。武陵区、石门县、津市市总工会通过培植试点，在部分国有和民营医院、学校推行平等协商集体合同制度，重点协商本单位奖金和福利的二次分配并签订集体合同。

2010年，常德市劳动关系三方协调机制转发省劳动关系三方协调机制下发的《关于开展区域性行业性集体协商工作的意见》，加大推进工作力度。到2012年年底，全市144个区域、32个行业建立集体协商制度。

二　工资集体协商

2000年11月，劳动和社会保障部《工资集体协商试行办法》发布之后，常德市总工会，选择在先前已进行工资集体协商尝试的汉寿县，作为全面推进企业工资集体协商试点，在总结其经验的基础上在全市全面推开。2003年4月开始，汉寿县总工会与县劳动和社会保障局在汉寿煤矿机械有限公司、汉寿天基纺织公司等16家民营企业开展工资集体协商。通过探索，总结出民营企业工资集体协商把握的6条基本原则：工资内容不少，即职工工资由固

2010年8月，常德市推进工资集体协商构建和谐劳动关系工作大会会场

定工资(或计件工资)及奖金和津贴组成;劳动报酬不降,即最低工资不低于全市工资指导线;工作时间不延,即每天工作8小时,每月8天休假;工资发放时间不拖,即坚持按月发放;工时定额不变,即工时定额按同行业平均值并保持相对时间内不变;协商程序不减,即凡涉及劳资矛盾均通过集体协商。汉寿县的成功经验成为全市各区县(市)开展企业工资集体协商的借鉴。此后,全市企业工资集体协商经历了三个发展阶段。

(一)2005年至2007年,企业工资集体协商整体启动推进阶段

2005年5月,劳动和社会保障部、中华全国总工会、中国企业联合会/中国企业家协会发出《关于进一步推进工资集体协商工作的通知》。7月,省劳动和社会保障厅、省总工会、省企业家协会召开"全省推进工资集体协商工作暨现场经验交流会",部署进一步推动全省工资集体协商工作,明确"争取用三年左右的时间,在全省具备条件的企业,普遍推行工资集体协商制度,逐步构建企业工资集体协商机制的框架,使工资集体协商步入规范有序健康发展的轨道"。会议后,常德市协调劳动关系三方会议正式召开并研究推进工作方案:提请市政府召开全市推行工资集体协商工作会议;成立常德市及各区县(市)工资集体协商领导小组;建立和规范协调劳动关系三方联席会议制度,定期研究企业工资集体协商推进工作;敦促和指导各区县(市)建立完善劳动关系三方协调机制;制订三年行动计划和工作方案,明确推进工作目标,力争到2007年年底,在全市60%的企业建立工资集体协商制度。这之后,开始形成以劳动关系三方协调机制为依托的共同推进格局。

2006年4月,市政府在汉寿县召开全市推行工资集体协商工作暨现场经验交流会。会上,副市长宋冬春作了题为《明确目标,落实责任,全力推进我市企业工资集体协商工作》的报告,提出年底要在全市60%的企业推行工资集体协商制度,到2007年年底力争所有企业建立工资集体协商制度。之后,市县两级采取有力措施,全力实现全市工资集体协商整体推进。到2007年年底,全市有1972家不同所有制企业,建立了工资集体协商制度,占具备建制条件企业的79%。

(二)2008年开始,企业工资集体协商进入由形式到实质的发展阶段

在推进企业建立工资集体协商制度的初期,重建制、轻实效的现象较为普遍。2008年2月,省劳动和社会保障厅、省总工会联合制定了《关于进一步规范全省用人单位工资集体协商基本程序的指导意见》(以下简称《意见》)。按照《意见》要求,市劳动和社会保障局、市总工会制定《企业工资集体协商规范标准》,明确规定企业工资集体协商应遵守产生代表、实施要约、协商准备、正式协商、审议签字、送审公布6个必备程序。2008年6月,湖南省总工会办公室转发《中华全国总工会关于开展集体协商要约行动的意见》的通知,要求帮助指导基层工会主动行使要约权,推动平等协商和集体合同有效开展。市总工会统一印发"工资集体协商要约书范本",举办基层工会主席培训班,增强基层工会主席代表职工向企业提出工资集

2011 年，市总工会举办全市工资集体协商指导员培训班

体协商要约的主动性。随后，市劳动和社会保障局、市总工会又印制"工会工资集体协商特别提示函"，下发到开展工资集体协商有阻力的企业单位，为基层工会代表职工向企业提出工资集体协商要约，建立工资集体协商的制度，营造一个较好的推动环境。

2009 年金融危机爆发，全国总工会发出应对金融危机，开展"共同约定行动"号召。市总工会率先在全省开展"千家企业共同约定行动"。共同约定的核心是在企业凝心聚力，营造在困难时期企业和谐发展环境，重点是切实维护在金融危机期间职工工资的核心权益。经过全面发动，全市近 2000 家规模以上的非公有制企业投入"共同约定行动"之中。通过"共同约定"，企业承诺不减员不降薪，工会承诺团结调动职工应对金融危机的积极性，职工承诺立足岗位力挺企业走出困境。"共同约定行动"，让一大批面对冲击下的企业走出困境，让企业感受到和谐劳动关系的重要，进一步规范了工资集体协商程序，完善工资集体合同条款。湖南气门有限公司在金融危机冲击中深刻体会到技术工人对企业发展的重要性，为保持技术工人不流失，在工资集体合同的条款中增加职工工龄工资。临澧县恒璋瓷业有限公司为保证员工队伍稳定，建立了员工工资随企业发展同步增长机制。澧县金龙玉凤餐饮有限公司、汉寿县春华轩餐饮有限公司针对行业特点，在工资集体协商中进一步细化了岗位工资和加班工资标准。据市总工会对全市 2678 家已经建立工资集体协商制度的企业调查，有 1978 家企业通过"共同约定"和集体协商，职工工资都有一定幅度的增长，其余企业也基本上做到了不裁员、不降薪。

（三）2010年至2012年，企业工资集体协商步入规范发展阶段

2010年5月，国家协调劳动关系三方会议联合下发《关于深入推进集体合同实施“彩虹计划”的通知》，提出用三年时间，推动平等协商集体合同在企业全面覆盖和规范发展。市协调劳动关系三方会议结合本市的实际，制订“三年行动计划”。市总工会印发《关于推进工资集体协商工作三年行动计划实施方案》，确定2010年为工资集体协商攻坚年，着力在工资集体协商重点难点领域取得突破性的进展；2011年为工资集体协商全面推进年，努力实现已建立工会组织企业集体合同和工资集体协商建制率达100%；2012年为工资集体协商规范、完善年，按照“抓规范、提质量、树典型、出经验”的要求，切实规范企业工资集体协商的内容和程序。围绕落实“三年行动计划”，市劳动关系三方协调机制和全市各级工会在此期间，重点抓了以下工作：

开展“工资集体协商要约行动”。2010年4月，市协调劳动关系三方会议研究并报请市政府同意，在汉寿县召开全市推进工资集体协商“百日要约行动”启动大会。市县两级和四个管理区劳动关系三方协调机制的负责人、部分企业法人代表和工会主席参加了启动大会。市人大常委会副主任、市总工会主席石成林主持启动大会。市总工会党组书记、副主席赵克蓉代表市劳动关系三方协调机制作开展企业工资集体协商“百日要约行动”的工作部署。副市长徐超文、省总工会副主席李挚对开展好工资集体协商“百日要约行动”发表讲话。汉寿县的10家企业工会主席和法人代表进行现场工资集体协商的“要约”和“应约”。会后全市各区县（市）和管理区相继组织不同形式的工资集体协商“百日要约行动”启动仪式。2011年3月，在全市工会工作会议上，同时启动全市工资集体协商“春季要约行动”。2012年4月，在全市学习宣传《湖南省企业工资集体协商条例》动员大会上，同时启动全市工资集体协商“春季要约行动”。这之后，各企事业工会抓住春季这个时间节点，主动代表职工向企业方发出工资集体协商要约，逐步形成了工资集体协商要约的常态化。

营造工资集体协商的社会氛围。一是提升工资集体协商领导小组规格。2010年11月，中共常德市委办公室下发《关于成立常德市推进企业工资集体协商工作领导小组的通知》，由市委副书记曹儒国任组长，市人大常委会副主任、市总工会主席石成林，市政府副市长徐超文，市政协副主席陈伟俊任副组长。领导小组成员单位有市人社局、市总工会、市经信委、市国资委、市地税局、市工商局、市企业家协会。领导小组办公室设在市人社局。之后，各区县(市)相继成立了相应的推进企业工资集体协商领导小组。二是不断加大企业工资集体协商社会宣传力度。市协调劳动关系三方会议提请市委、市政府将建立职工工资增长与企业经济发展同步机制、构建企业和谐劳动关系，写入政府工作报告，纳入“法治常德建设”，切实扩大企业工资集体协商的社会影响力。2010年8月5日，市政府召开全市推进企业工资集体协商工作大会。此次大会从会议规格、参会人员、会议内容、新闻宣传上实现了突破。即由市政府主持召开推进大

会；企业法人首次参加工资集体协商会议；分管副市长作动员报告；省市 8 家新闻媒体作专题报道，从而，营造起了工资集体协商的强烈氛围。2012 年 5 月，《湖南省企业工资集体协商条例》（以下简称《条例》）颁布实施后，市总工会部署在全市开展学习宣传贯彻《条例》宣传月活动。全市各级工会采取各种形式，开展宣传活动。鼎城区总工会组织流动宣传车，到区域内几个工业园区进行现场宣传。武陵区总工会、汉寿县总工会、桃源县总工会、津市市总工会等在人流较集中的广场和步行街，举办"学习宣传《条例》板报一条街"活动。临澧县总工会、澧县总工会、石门县总工会、安乡县总工会通过电视台进行学习宣传，扩大社会影响。

建立工资集体协商指导员队伍。市总工会从 2010 年起，采取送出去、请进来的方式加大工资集体协商培训力度，分期分批地将区县(市)总工会负责民主管理工作的专职干部，送到全总劳动关系学院进行短期学习培训；有针对性地选送重点企业的工会主席参加省总工会举办的短期培训班；聘请省总工会和市委讲师团的专家进行专业知识授课。在此基础上，挑选出一批热心于工资集体协商，掌握一定协商技巧的工会干部和职工代表，组建全市工资集体协商指导员队伍。2010 年 11 月，常德市工资集体协商工作领导小组制定了《常德市工资集体协商指导员队伍管理规定》，12 月，又下发《关于进一步明确市、县、乡三级工资集体协商指导员的通知》。随即，市工资集体协商工作领导小组下发聘任通知，聘请汉寿县总工会副主席邹远涛、湖南安福气门有限公司工会主席刘力斌等 111 人为市直和区县(市)工资集体协商指导员。为进一步提高工会代表职工进行集体协商的能力，提高集体合同质量，2011 年 10 月，常德市工资集体协商工作领导小组办公室会议研究决定，在原来聘任的工资集体协商指导员中选出 29 人，同时聘请市职工法律援助志愿团陈建教等 22 名法律工作者，组建常德市工资集体协商指导团。2012 年 3 月，市人社局、市总工会、市企业联合会、市工商联下发《关

2010 年 4 月，常德市企业工资集体协商"百日要约行动"启动仪式会场

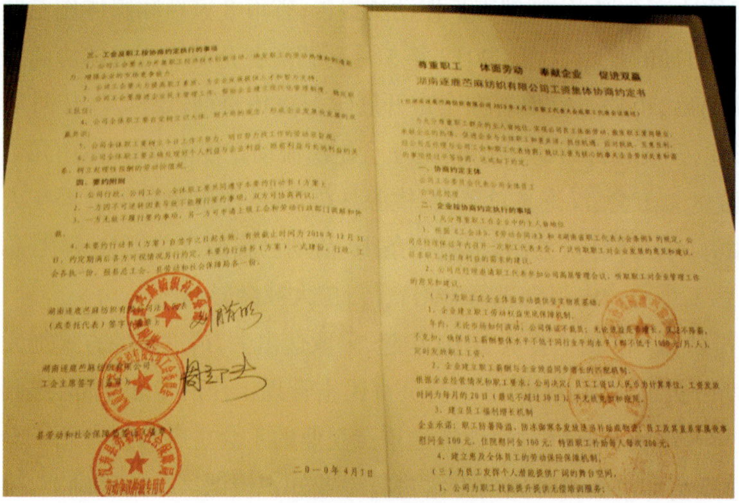

工资集体协商约定书

于成立常德市工资集体协商专家委员会的通知》。工资集体协商专家委员会由市协调劳动关系三方机制成员、9个区县(市)总工会和4个管理区工会负责工资集体协商工作的专职干部组成，市人社局副局长刘政华任主任，市总工会副主席施祖杰任副主任。同时，各区县(市)总工会成立工资集体协商指导组。到2012年年底，全市选聘的工资集体协商指导员有220人，形成了市、县、乡三级企业集体协商指导覆盖网络。

实施“333”工程和推动世界500强在常企业机制建设。按照省总工会培育示范区县、示范单位和试点行业的“333”工程的要求，市总工会从2011年3月起，在全市实施“333”工程建设。即培育桃源县、临澧县、西洞庭管理区3个示范县、区，培育常德达门船舶有限公司等30个示范企业，培育鼎城区餐饮行业等30个区域(行业)性工资集体协商试点。市工资集体协商工作领导小组办公室建立“领导(干部)联系指导工资集体协商示范企业和行业(区域)性工资集体协商制度”，编制工资集体协商流程图，规范示范试点单位的工资集体协商机制建设；成立试点工作小组到鼎城区餐饮行业、武陵区幼儿园行业、临澧县陶瓷行业蹲点，指导推动建立区域(行业)性工资集体协商制度。根据全国总工会统一要求和省总工会工作部署，2012年5月，市总工会集中力量推进世界500强在常企业工资集体协商。这些企业集中在能源、银行、保险、通信、电业等大型国有行业，以及肯德基、沃尔玛和麦当劳等外资企业。在召开现场推进会和业务培训的基础上，市总工会将推进工作重点放在有一定阻力的肯德基等外资企业，通过上门宣传和与企业负责人约谈，达到沟通和理解。此后，具备建制条件的22家世界500强在常德企业，普遍建立了工资集体协商制度。

建立督导检查和考核考评通报制度。2010年3月，市协调劳动关系三方会议研究决定，建立工资集体协商督查考核及考评通报制度，并提请市人大常委会将企业工资集体协商纳入市县两级人大的执法检查。2010年10月，市总工会制定《工资集体协商工作专项考核奖励办法》，设立专项奖励资金，并将工资集体协商工作作为工会重中之重的工作，纳入区县(市)总工会工作目标考核。2011年9月，市人社局、市总工会印发《2011年度全市工资集体协商工作考核办法》和《常德市工资集体协商工作绩效管理指标》，分别对区县（市）人社局、总工会目标任务、考核内容、奖励标准予以明确。其后，市劳动关系三方协调机制连续3年开展了全市企业工资集体协商督查，并将督查情况通报到区县(市)委、政府。2011年9月，市人大常委会开展"中华人民共和国劳动合同法执法检查"，将工资集体协商纳入其中，并明确在各检查组安排1名市总工会领导参与。通过大力度推进的措施，到2012年年底，全市建立工资集体协商企业达4521家，144个区域和32个行业签订区域（行业）性工资集体协议。是年，市城区最低工资标准由2011年的每月950元，调整到每月1050元；县（市）由每月850元调整到950元。

第二节　劳动关系三方协调机制

一　市协调劳动关系三方会议组织机构

2002年4月，湖南省劳动关系三方协调机制召开工作会议，部署全省市州建立和完善劳动关系三方协调机制工作。是年9月，由市劳动和社会保障局牵头，筹备建立常德市协调劳动关系三方会议机构。11月，市协调劳动关系三方会议机构正式成立，市协调劳动关系三方会议机构由市劳动和社会保障局、市总工会、市企业联合会/市企业家协会组成。市劳动和社会保障局局长担任主席，市劳动和社会保障局分管副局长、市总工会分管副主席、市企业家协会会长任副主席。成员有市劳动和社会保障局、市总工会、市经济委员会的相关工作部门负责人。

2006年4月，常德市协调劳动关系三方会议以常劳社函〔2006〕31号文件下发《关于调整常德市协调劳动关系三方会议机构的通知》。调整后的市协调劳动关系三方会议机构由市劳动和社会保障局、市总工会、市企业联合会/市企业家协会组成。市劳动和社会保障局局长任主席。市劳动和社会保障局2名副局长，市总工会2名班子成员，市经委1名副主任、市企业家协会1名副会长任副主席。成员有市劳动和社会保障局、市总工会、市经济委员会相关工作部门负责人。

2012年3月，常德市协调劳动关系三方会议以常人社通〔2012〕8号文件，下发《关于调整常德市协调劳动关系三方会议机构的通知》。调整后的市协调劳动关系三方会议机构由市人力资源和社会保障局、市总工会、市企业联合会/市企业家协会、市工商联组成。市人社局局长任主席。市人社局分管副局长，市总工会分管副主席，市经信委分管副主任，市企业联合会、市企业家协会常务副会长，市工商联分管负责人任副主席。成员有市人社局、市总工会、市经信委、市工商联相关工作部门负责人。

二　市劳动关系三方协调机制联席会议

2005年3月27日，市劳动关系三方协调机制在市劳动和社会保障局召开联席会议，会议的主要议题是：研究落实省劳动关系三方协调机制召开的“全省推进工资集体协商工作暨现场经验交流会”上的精神和要求，全力推进全市企业工资集体协商工作。会议形成4项决议：提请市人民政府4月在汉寿县召开全市推进工资集体协商工作暨现场经验交流会，要求各区县（市）分管工业的副区县(市)长，劳动和社会保障局、总工会、工业发展局分管负责人参加会议，加大推进工作力度；总结汉寿县开展企业工资集体协商的经验，力争在2007年年底前将企业工资集体协商工作在全市区县（市）整体推开；敦促并指导各区县(市)建立完善劳动关系三方协调机制，重点是加快建立企业联合会或企业家协会；以市协调劳动关系三方会议文件，转发省劳动和社会保障厅、省总工会、省企业家协会《关于贯彻落实进一步推进我省工资集体协商工作的实施意见》。

2009年2月21日，市劳动关系三方协调机制在市总工会召开联席会议。会议的主要议题是研究制定“常德市千家企业共同约定行动”启动仪式方案。会议确定，启动仪式现场定在临澧县。会议议程是：中共临澧县委书记黄清宇代表县委、县政府号召全县的企业和职工同心协力，抵御金融危机冲击，确保全县经济持续稳步发展；临澧县恒璋瓷业有限公司董事长章祖贵向全县企业发出倡议，面对金融危机，做到不裁员、不减薪、不把矛盾甩给政府；湖南安福气门有限责任公司工会主席刘力斌向全县的企业工会发出倡议，为抗击金融危机的冲击，企业工会要最大限度地调动全体职工的积极性，众人拾柴，凝心聚力；湖南安福气门有限责任公司职工代表胡平向全县职工发出倡议，要以主人翁的姿态，立足岗位多做贡献，共渡企业发展难关；市人大常委会副主任、市总工会主席石成林宣布“常德市千家企业共同约定行动”正式启动。

2010年3月26日，市劳动关系三方协调机制在市总工会召开联席会议。会议主要议题是：专题研究市劳动关系三方协调机制召开“全市推进工资集体协商‘百日要约行动’启动仪式”的筹备方案。

2010年8月2日，市劳动关系三方协调机制在市人社局召开联席会议。会议确定：为贯彻落实国家协调劳动关系三方会议下发的《关于深入推进集体合同制度实施彩虹计划的通知》和7月召开的全省工会推进工资集体协商工作会议精神，召开“常德市推进工资集体协商，发展和谐劳动关系工作大会”。

2011年1月17日，市劳动关系三方协调机制在市总工会召开联席会议。会议主题是总结2010年工作，研究商定2011年工作。会议由市总工会副主席施祖杰回顾总结2010年工作，对 2011 年工作提出意见：切实加强劳动关系三方协调机制和制度建设，重点推动区县(市)建立健全三方机制；按照省里的要求和外地的经验，提请市政府出台《常德市企业工资集体协商办法》；加大对和谐劳动关系宣传力度，加强以工资集体协商为重点的业务培训和指导员队伍建设；建立市协调劳动关系三方会议《简报》制度，加强信息交流，扩大工作宣传，同时，积极争取市财政对市劳动关系三方协调机制的财政经费支持。

2011 年 3 月 7 日，市劳动关系三方协调机制在市人社局召开联席会议。经与会人员的讨论形成 5 点意见：2011 年"春季要约行动"启动仪式在 3 月 18 日的全市工会工作会议上举行，明确 2011 年全市企业工资集体协商建制率力争达到 80%；继续开展和谐企业和工业园区评选活动，进一步完善其评选标准；发挥企业家协会和工商联的优势，加大对企业法人及相关负责人的宣传培训；加大对企业开展工资集体协商的督导检查，市劳动关系三方协调机制分别于 5 月和 10 月，组织两次督导检查。会上，根据劳动关系三方协调机制增加了工商业联合会，发展为三方四家，建议调整市协调劳动关系三方会议机构。

2012 年 2 月 28 日，市劳动关系三方协调机制在市人社局召开联席会议。与会的三方四家负责人达成如下共识：加快《常德市企业工资集体协商实施办法》出台进程，一季度召开 20 家企业法人、工会主席、职工代表座谈会，经过修改后争取二季度报送市政府审批；大力宣传《湖南省企业工资集体协商条例》(以下简称《条例》)，通过约请有关部门领导在报刊上发表署名文章，组织宣传盾牌一条街活动，利用各种宣传媒体广泛宣传《条例》；组织好创建和谐劳动关系模范企业、示范工业园区评审工作；组织一次由市劳动关系三方协调机制牵头的全市性企业工资集体协商工作的督查；加大对企业工资集体协商指导员的业务培训，三方四家在本系统组织培训工作时要将工资集体协商指导员的培训纳入其中。

2012 年 3 月 28 日，市劳动关系三方协调机制在市总工会召开联席(扩大)会议。会议分为两个阶段，第一阶段主要征求《常德市企业工资集体协商实施办法》的修改意见，会议第二阶段研究 2012 年全市企业工资集体协商"春季要约行动"启动仪式方案，研究并商定 2011 年度全市工资集体协商先进单位和先进个人名额分配方案。

2012 年 7 月 25 日，市劳动关系三方协调机制在市总工会召开联席会议。会议主要议题是：研究对区县(市)开展工资集体协商工作情况调研督查方案。会议确定调研督查分为沅水和澧水片两个调研督查组，时间定在 8 月底完成，调研督查情况由市总工会负责综合。

2012 年 9 月 18 日，市劳动关系三方协调机制在市工商联召开联席会议。会议主要议题是：对前段在区县(市)的工资集体协商督查情况进行碰头，制定今后 3 个月的强化措施；研究在常德经济技术开发区召开区域内企业工资集体协商现场推进会的方案，确定国庆节前，在常德经济技术开发区召开现场推进会。

三　市劳动关系三方协调机制主要工作和活动

推动企业建立健全集体合同和劳动合同制度，规范企业劳动用工行为。2006年5月，市人大内务司法委员会、市劳动和社会保障局、市总工会下发《关于贯彻落实〈劳动法〉、〈工会法〉，对规范劳动用工、维护劳动权益情况督查的通知》，并成立督查领导小组。督查的重点是：企业劳动合同签订率和履约情况；集体合同签订率和履约兑现情况；工资集体协商推行情况；劳动关系三方协调机制建设情况。督查采取"一听、二看、三座谈走访、四交换意见"的方式进行。

推动建立和完善以工资集体协商为核心的企业分配制度。一是制定相关的制度、办法和文件。市协调劳动关系三方会议机构相继印发《常德市企业工资集体协商实施办法》《常德市工资集体协商工作考核办法》《常德市工资集体协商工作绩效管理指标》《常德市工资集体协商指导员队伍管理规定》《领导小组成员联系指导工资集体协商示范企业和行业（区域）性工资集体协商试点单位方案》等制度、办法和文件，对全市推进工资集体协商的工作目标、思路、重点和措施等进行具体部署。二是发挥三方四家的职能作用。市人力资源和社会保障局加强对劳动者平均工资、企业人工成本、消费价格指数等指标的研究分析，定期发布劳动力市场工资指导价位、工资指导性意见等相关的数据信息，为企业开展工资集体协商提供依据。市企业联合会／企业家协会和市工商业联合会将企业是否建立工资集体协商，是否履行工资集体合同，

2012年6月，常德市劳动关系三方召开在常世界500强企业工资集体协商工作现场推进会

纳入每年的十佳民营企业和十佳民营企业家评选的条件。市总工会加大新经济组织和行业(区域)性工会和职代会建设,建立健全工资集体协商主体。三是加强工资集体协商的宣传培训。市劳动关系三方协调机制通过接受新闻媒体采访、在报刊开辟专栏、设立宣传标语盾牌一条街等多种形式和途径,将工资集体协商的重要性、基本操作程序向社会进行广泛宣传。三方四家通过本系统所举办的劳动工资、民营企业家论坛、工会主席培训班等,将工资集体协商的内容融入其中。四是联合进行督导检查。从 2010 年开始,为迎接省"三方四家"开展的工资集体协商工作调研督查,市"三方四家"每年坚持 6 月和 11 月的两次督导检查,并建立督查通报制度和考核评比及奖励制度,推动了全市企业工资集体协商工作的稳步开展。

推动创建劳动关系和谐企业(园区)活动深入开展。2008 年开始,市总工会在全市部署开展"创建和谐劳动关系企业活动",要求各级工会组织制定有效的实施方案,并结合实际稳步推进。2011 年 8 月,市人社局、市总工会、市企业联合会 / 企业家协会、市工商联发出《关于创建和谐劳动关系模范企业和示范工业园推荐评选工作的通知》(以下简称《通知》),要求全市企业和工业园区依据是否贯彻执行党的路线方针政策和国家法律法规,积极开展工资集体协商,建立完善平等协商集体合同制度,强化职工安全生产措施,保障职工合法权益使企业发展成果更多地惠及全体职工,激发职工爱厂敬业的主人翁精神,创建和发展和谐劳动关系等条件,积极创建申报和谐劳动关系和谐企业和示范工业园区。《通知》发出后,广大企业和工业园区加大创建活动的领导,积极创建和申报和谐劳动关系模范企业和示范工业园区。市劳动关系三方协调机制经过实地考察考核,于 2012 年 4 月 17 日,在全市学习宣传《湖南省企业工资集体协商条例》动员暨 2012 年企业工资集体协商"春季要约行动"启动大会上,联合发出《关于表彰和谐劳动关系模范企业和示范工业园的通报》,授予汉寿县经济开发区太子庙工业园、临澧县经济开发区太平工业园、津市市经济开发区嘉山工业新区等 3 个工业园区为创建和谐劳动关系示范工业园;授予常德市自来水公司等 48 家企业为和谐劳动关系模范企业,予以通报表彰。

第三节　劳动争议调处

一　劳动争议调解

1986 年 7 月,国营企业开始改革劳动制度,劳动争议日渐增多。1987 年下半年,根据国务院颁发的《国营企业劳动争议处理暂行规定》,常德一部分企业逐步建立劳动争议调解委员会。调解委员会由职工代表、企业行政代表和工会代表组成。调解委员会办事机构设在工会,依法受理劳动合同和开除、除名、辞退职工这两类劳动争议。到 1989 年,企业调解委员会调解的争议有几十起。1990年,随着全员劳动合同制的推行,使签订劳动合同的职工,从临时工、新工人扩大到原有的全部固定制工人;合同内容涉及合同期限、劳动岗位、工资福利、劳动保险等方面。劳动关系的变化,带来劳动争议的急剧增加,而基层建立劳动争议调解委员会的不过10%。1991年11月,市总工会和市劳动局制定《关于进一步建立健全企事业劳动争议调解委员会,开展劳动争议调解工作的意见》,按照"预防为主、调解为主、基层为主"的方针,推动全市企业、事业单位建立健全劳动争议调解组织。到1995年,全市约有300家企事业建立劳动争议调解委员会,并对2000多名企事业调解员进行业务培训。自1990—1997年,调解机构处理2000余起劳动争议,其中有涉及企业事业单位克扣、无故拖欠职工劳动报酬的集体争议案,对法定节假日加班加点争议及违纪处分案等。2002年,贯彻落实省总工会与省劳动和社会保障厅《关于进一步加强企业劳动争议处理工作的意见》,全市有900余家企业建立了劳动争议调解组织,有调解员4000余人。

2005年起,常德各级工会组织加大在民营企业建立劳动争议调解组织的力度。至2009年,全市在民营企业成立劳动争议调解组织823家;通过工会组织共立案处理各类劳动争议案件928件,涉及劳动者当事人数2330人;工会还以非立案方式调解处理劳动争议案件540余件。这些案件大多为劳动合同争议、经济补偿争议、工资报酬争议、社会保险争议。2008年7月,汉寿县鑫源纺织厂由于产品销售款一时难以回笼,员工工资不能全部按时支付,一线部分技术工人因此要求与老板解除劳动合同。该公司工会主席、劳动争议调解委员会主任李福楚进行调解斡旋,他一方面找这些技术工人谈心,请工人们宽限老板几日,担保一线工人工资决不拖欠一个月;一方面找老板协商,建议压缩一切非生产性开支,顺延非生产一线员工工资,保一线工人工资。老板采纳了工会意见,这起纠纷妥善解决。

到2012年年底,全市有1200多家企事业建立了劳动争议调解组织,形成了比较完善的劳动争议调解组织网络。

二　参与劳动争议的仲裁

1989年,常德建立市和区县(市)两级劳动争议仲裁委员会。劳动争议仲裁委员会由劳动行政部门代表、同级工会代表、用人单位方面的代表组成。市总工会副主席担任市劳动仲裁委员会副主任;市总工会民主管理社会保障部的成员任市劳动仲裁委员会委员。1996年市总工会法律维权工作部成立后,由法律维权部工作成员任市劳动仲裁委员会委员。2008年,市劳动争议仲裁院在市总工会机关设立派驻庭。工会在参与劳动仲裁工作中,加强与同级劳动行政部门和经济综合管理部门的合作,共同办案。一方面,在企业主管部门和企业行政的支持下,做好劳动争议仲裁立案前的调解工作;另一方面,参与劳动争议仲裁委员会受

市劳动争议仲裁院工会派驻庭

理案件的处理。

1989 年，澧县肉食公司中心食品站职工邹纯平，被单位以违反劳动纪律无故旷工 380 天、拖欠承包款为由除名。邹认为与事实不符，要求县总工会帮助解决。县总工会经调查证实邹与单位签有离站承包合同并按规定缴纳了承包款，后因原站长调离，新任站长口头宣布解除该合同。根据劳动争议仲裁的规定，支持邹向县劳动争议仲裁委员会申诉。仲裁会上，县总工会副主席引用《中华人民共和国经济合同法》第 31 条和 38 条的规定："经济合同订立后，不得因承包人或法定代表人的变动而变更解除"，"变更或解除经济合同的通知或协议，应当采用书面形式，协议未达成之前，原经济合同仍然有效"，指出以旷工为由将邹开除是违法的。经县仲裁委员会裁定，县肉食公司将邹纯平收回单位工作，邹按承包合同交清承包款。石门县二都乡陈市建筑公司工人马进训，1998 年 8 月在施工时坠落摔伤，因工伤补偿问题与公司发生争执。1999 年 4 月，马向石门县劳动争议仲裁委员会申请仲裁，经县劳动争议仲裁委员会调处，由陈市建筑公司一次性付给马进训工伤补偿费 6 万元。澧县运达包装有限公司女工胡以秀，1999 年在岗位操作中因发生机械事故，造成左手截肢终身残疾。公司老板拒付后期医疗费，胡以秀向澧县劳动争议仲裁委员会申诉。经县劳动争议仲裁委员会裁定，由公司向胡以秀一次性支付工伤赔偿费 49856 元，并按国内普及型标准报销胡的假肢安装费用。

2008 年 5 月，《中华人民共和国劳动争议调解仲裁法》实施后，常德市各级劳动争议仲裁委员会将确认劳动关系争议、社会保险等争议等纳入劳动争议处理，扩大劳动争议案件的受理范围。

2010年，德海制药有限公司发公告声明与龚静等11名职工终止合同。12月31日，龚静等11人向常德市劳动争议仲裁委员会申请仲裁。2011年4月7日，常德市劳动争议仲裁委员会作出常劳仲案字〔2010〕07号仲裁判决书，裁决德海制药作出的终止与龚静等11人的劳动合同无效。德海制药不服，向武陵区法院提出诉讼，武陵区法院判决被申请人作出的终止与申请人的劳动合同决定无效。申请人不服，再次向常德市中级人民法院上诉，常德市中级人民法院判定：驳回上诉，维持原判。但德海制药一直不予执行。于是，龚静、许湘静、钟明姬3名职工向市职工维权帮扶中心申请维权。市职工维权帮扶中心在多次与企业沟通、协调不成的情况下，于2012年5月18日，指派志愿律师张进千负责代理此案，向市劳动争议仲裁委员会申请仲裁，并请求依法裁决。2012年7月5日，市劳动争议仲裁委员会裁定：支持对申请人月工资标准1580元及补发年终奖的主张；支持申请人要求被申请人支付2011年1月1日至2012年5月15日期间工资26070元、2010年年终奖300元、2011年年终奖900元的请求。年内，该判决执行到位。

至2012年年底，全市共受理劳动仲裁申诉915件，结案889件，结案率为97%；其中，庭内调解的631件，占68%；开庭裁决的137件，占15%；不服裁决并向人民法院起诉的147起，占17%。

第四节　法律服务

一　工会法律组织与队伍

1989年7月，省总工会发出《关于加强工会法律顾问工作的几点意见》，要求各地、州、市、县工会，逐步把法律顾问组织建立健全起来。月内，常德市总工会建立了法律顾问室，主要职责是为保障职工和工会组织的合法权益提供法律服务，为职工解答法律咨询，参与调解、仲裁和诉讼活动。1990年，常德市总工会成立常德市职工普法领导小组，负责对全市职工普法教育的领导和组织协调工作。到1991年年底，全市各区县(市)总工会先后建立法律工作职能机构。武陵区还建立法律顾问委员会，聘请区人民代表大会和政法战线的领导干部、行家、律师以及基层工会法律工作积极分子参加。1996年3月，常德市总工会设立法律维权工作部，行使工会法律工作职能，并指导市总工会法律顾问室的工作。

1997年，市总工会成立了常德市工会劳动法律监督委员会，委员会下设办公室，与市总工会法律维权工作部合署办公。全市9个区县（市）总工会亦相继成立劳动法律监督委员会，312家企业工会成立劳动法律监督委员会或劳动法律监督小组，有工会劳动法律监督员1072人，兼职劳动监督员1031人。企业工会劳动法律法规监督组织的主要职责是：对本单位遵守劳动法律、法规的情况实行监督、对劳动过程中发生的违反劳动法律法规的问题及时

2012 年 11 月，市职工法律援助志愿者指导企业工会干部依法维权

向企业有关人员提出改进意见；对于严重损害劳动者合法权益的行为，在向企业有关人员提出意见的同时，向上级工会和当地劳动监督部门报告；对本单位执行劳动法律、法规的情况，定期向职工代表大会报告，提出意见或议案，经职工代表大会作出决议，督促企业执行。至 2012 年，全市 1080 个企事业单位建立工会劳动法律法规监督检查组织，有监督检查员 6780 人。

1998 年 7 月，市总工会成立常德市职工法律服务中心，聘请 3 名持证律师，对外挂牌受理因劳动纠纷引起的经济、行政、民事诉讼和民事调解，实行优惠服务。

2001 年，根据《湖南省总工会援助章程》，经市司法局批准，常德市总工会设立"常德市法律援助中心市总工会工作站"。工会法律援助中心与市总工会法律维权工作部合署办公，法律工作人员专兼结合，免费为职工提供法律服务。年内，全市各区县（市）总工会相继设立工会法律援助中心。2002 年，撤销常德市总工会法律维权工作部，设立常德市总工会法律保障工作办公室。2011 年，根据湖南省总工会湘工发〔2011〕15 号文件精神，市总工会成立"常德市职工法律援助志愿团"，志愿团首批成员 22 名，其中专职律师 14 名，专兼职法律工作者 8 名。各区县（市）总工会相继成立志愿分团，有成员 88 名。常德市职工法律援助志愿服务团受常德市总工会的领导和常德市法律援助中心的业务指导，经指派，承担全市工会系统法律援助、法律咨询及宣传、诉讼和仲裁代理、窗口法律服务；接受委派，出任基层工会法律顾问、工资集体协商指导员等工作任务。2012 年，志愿团开展百名律师服务千家企业活动。为 2 万多名职工进行了普法知识教育，为 3000 多名职工提供了咨询服务；指导 13800 名职工与企业签订劳动合同，指导205家企业工会代替职工与企业签订集体合同、工资集体协议；调处了407起劳资矛盾纠纷，其中，帮助合法权益受到侵害的职工免费实施法律援助80多件。

二　法律法规的宣传贯彻与监督检查

常德市各级工会以《中华人民共和国工会法》《中华人民共和国劳动法》《中华人民共和国劳动合同法》为重点，开展法制宣传贯彻与监督检查活动。

（一）《工会法》的宣传贯彻与检查

1992年4月3日，修改后的《中华人民共和国工会法》（以下简称《工会法》）经七届全国人民代表大会第五次会议审议通过，并颁布实施。4月21日，市总工会下发《常德市总工会关于学习宣传〈工会法〉的意见》，对《工会法》的学习、宣传、贯彻作了全年安排。5月1日，市总工会与市委宣传部、市司法局联合下发《关于认真学习、大力宣传〈工会法〉的通知》。4月30日，由中共常德市委办公室以市委名义下发通知，召开常德市学习贯彻《工会法》动员大会，市直单位和区县（市）领导等1000余人参加，市委副书记周阳生、市人大常委会分管副主任吴愈俊分别作动员报告。各级工会组织，根据市总工会的要求，在全市范围内掀起学习、宣传《工会法》的热潮。据统计，全市各级工会组织成立领导小组1119个，召开动员报告大会1540次，参加人数3.5万余人，订购全国总工会编印的《工会法》袖珍单行本1.3万本。市总工会还印制张贴式《工会法》1万份，单行本《工会法》4.1万本。全市共举办《工会法》培训班1425期，培训工会干部、工会积极分子、职工代表4.3万人。在推进学习宣传活动的同时，各级工会还对照《工会法》逐条抓落实，使工会工作逐步走上法制化的轨道。对随意撤并工会组织和变换工会领导、无视工会法人地位等违法现象，依法予以纠正。较长一段时间，部分基层工会干部工资由工会经费开支，制约了工会活动的开展。《工会法》实施后，这些单位工会干部的工资，按规定一律由行政经费解决。

从1993年起，常德市总工会把学习贯彻《工会法》作为长期任务，持之以恒地抓下去。1996年3月，市总工会组织检查组，对9个区县（市）、11个行业、53个企业进行《工会法》执行情况检查。检查表明，《工会法》颁布4年来，各级党委政府和企业对贯彻《工会法》力度不减，对工会工作更加重视。各区县（市）委批转下发贯彻实施《工会法》文件13份，全市1045名工会主席中，按同级党政副职配备的838人，占80.28%；是同级党委组织委员的539人，占51.58%。工会参加同级政府涉及职工利益工作机构42个，商议和解决职工劳动工资、社会保障、安全保护、住房等方面的问题137件。各级工会的财产受到了保护，工会离退休干部的工资补助问题得到较好解决。各级政府和有关部门制定适合本地实际的措施支持收缴工会经费。澧县、临澧等县工会和财政局联合行文，规定凡财政预算拨款的行政、事业单位，其工会经费的缴纳，一律由财政局代扣或代缴。

（二）《劳动法》的宣传贯彻与监督

1994年7月5日，第八届全国人民代表大会第八次会议审议通过《中华人民共和国劳动法》（以下简称《劳动法》）。年内，为配合1995年5月1日《劳动法》的正式实施，成立常德市贯彻实施《劳动法》领导小组，由常务副市长任组长，市总工会主席任副组长；各区县（市）也成立相应的领导机构，具体指导学习、宣传、贯彻和实施《劳动法》。按照领导小组统一部署，全市各级工会广泛开展了《劳动法》学习、宣传活动。市总工会先后举办3期工会干部《劳动法》培训班，参加学员330名；为基层工会印发《劳动法》单行本5万余册。各级工会组织采取层层宣传发动、专题学习讨论、开展法律咨询、培训骨干队伍、组织知识竞赛等形式，宣传贯彻《劳动法》。

1995年，市总工会把贯彻《劳动法》作为全年的首要任务，多次召开会议，要求全市各级工会认真学习、宣传、贯彻《劳动法》。全市国有企业工会协助企业根据《劳动法》的规定，对企业内部历年形成的规章制度进行清理和整改，使企业的工作时间、劳动报酬、劳动安全卫生、保险福利、休息休假等方面达到或接近《劳动法》规定的标准。9月，市总工会组织调查研究，撰写《必须加大贯彻实施〈劳动法〉的力度》等调查报告。10月，市总工会与市劳动局召开专题联席会议，对深入贯彻《劳动法》的一些问题进行研究和协调，达成共识。年内，市总工会多次参与市人大、市政协实施《劳动法》的情况视察、检查。同时，还参与市政府有关《劳动法》配套政策的制定。先后参与《常德市最低工资规定》《常德市企业养老实施办法》《常德市养老金计发办法》《常德市民办职业介绍机构管理暂行办法》《常德市关于全面推行劳动合同制的实施意见》等政策文件的讨论、修改，提出修改意见100多条，被采纳38条。

1996年起，常德市各级工会组织，把宣传贯彻《劳动法》的重点，放在非公有制企业、商业服务业、小型企业和亏损企业。每年进行监督检查，对贯彻《劳动法》好的单位和个人，大力宣传表彰；对违反《劳动法》的典型案例，进行通报并在媒体曝光。同时，抓住签订集体合同这一关键点，推动《劳动法》的全面贯彻落实。1997年，全市7.2万名合同制工人有6.8万人与企业签订了劳动合同，并到劳动部门办理了劳动合同鉴证手续。

（三）《劳动合同法》的宣传贯彻与监督

《中华人民共和国劳动合同法》（以下简称《劳动合同法》）于2007年6月29日由第十届全国人民代表大会常务委员会第二十八次会议通过后，常德市人民政府成立常德市宣传贯彻《劳动合同法》工作领导小组，由分管劳动保障工作和联系工会工作的副市长任组长，市劳动局局长、市总工会党组书记任副组长，有关部门分管领导为成员。根据领导小组的安排部署，全市在2007年12月1—30日开展《劳动合同法》宣传月活动，按照“报刊上有文字，电视上有图像，广播上有声音，路段上有标语，单位门前有盾牌，宣传栏内有内容”的要求，掀起学习宣传《劳动合同法》的热潮。12 月 18 日，市、县两级联动，在各地繁华路段、工业园区举办《劳动合同法》宣传咨询一条街活动，营造宣传《劳动合同法》的声势。2008 年 1 月 1 日《劳动合同法》实施后，市总工会为提高全市工会主席维权工作水平，于是年 5 月对全市各基层工会主席进行培训。年内，市总工会和市人社局、市工商联、市委组织部组成联合工作组，进驻到 30 多个企业，指导依法修订和完善企业的规章制度，清理无效合同，建立合理、合法、合规的用工制度，从招聘环节着手规范企业用工，帮助企业与员工之间签订劳动合同，监督合同的合法性。

2008 年 7 月，市总工会发动各级工会在全市范围内开展了一次大调查。调查表明，《劳动合同法》实施以后，职工权益保护得到加强，用工行为得到规范。很多单位主动要求与员工签订《劳动合同》，并根据《劳动合同法》的要求，主动为职工购买了各种法定的保险。比如常德汉风集团有限公司的劳动合同，明显增加员工工作时间、休假、劳动报酬、加班补贴、劳动保护等《劳动合同法》规定的内容，该公司还将公司内部规章制度、员工养老保险处理办法等相关资料印制成《员工手册》分发到员工手中，接受监督。全市企业签订合同的时间基本能在用工之日一个月内完成，职工本人都持有一份合同，改变过去合同由单位保存的做法。合同范本以市人社局提供的蓝本为依据，内容更加完善，充实。解除合同能做到提前 30 天通知本人。职工在解除劳动合同时，87%的单位都支付经济补偿金，少数单位还支付赔偿金。职工工资得到有序增长，拖欠职工工资的现象明显减少。为推动《劳动合同法》的贯彻实施，从 2008 年起，常德市总工会与市人社局、市企业家协会每年组织开展一次有关劳动合同的专项活动。2008 年组织开展“劳动合同法实施年”活动，2009 年、2010 年组织开展了“劳动合同两年行动计划”，2011 年组织开展“全面推进小企业劳动合同制度实施专项行动”。2011 年 10 月，市总工会、市人大内司委、市人社局联合开展《劳动合同法》贯彻实施情况的调研检查。据调研统计，全市 2678 家企业的 32 万名职工中，有 70%的企业与 22.5 万名职工签订劳动合同。其中，按产业统计，农产品企业签订率约为 70%，工业企业签订率达 85%，建筑服务业企业签订率为 30%；按企业规模统计，规模以上企业签订率达 95%，规模以下企业签订率约为 50%；按企业性质统计，国有及国有改制企业签订率达 99.5%，新兴民营企业签订率为 59%。

三　工会社团法人登记

从 1996 年起，常德市总工会依据《中华人民共和国工会法》《湖南省实施〈中华人民共和国工会法〉办法》《湖南省基层工会社团法人资格核准登记试行办法》等有关规定，在全市开展工会社团法人登记工作，依法确认和维护工会组织的民事主体地位。

1996—1997 年，市总工会在临澧、桃源两县进行工会社团法人登记试点工作，积累了一定的经验。

2001年，常德市国有、集体企业开始进行“两个置换”改革，到2003年年底基本结束，在国退民进的过程中，原国有、集体企业的工会组织不复存在，工会会员大量流失，工会工作阵地萎缩。2003年9月，市总工会常委会研究决定，把改制企业和规模以上民营企业的工会组建作为工作重点，把工会社团法人资格登记工作列入基层工会组织规范化建设的重要内容，本着“边组建边规范”的原则，一手抓工会组建，一手抓工会社团法人资格登记工作。市和各区县（市）总工会都明确专人负责登记工作，建立统一的登记管理台账，对辖区内的办理情况摸清底子，杜绝重复登记。并将社团法人登记工作与基层工会年终考核评先评优挂钩。

2004年，常德市总工会结合工作实际，制定《常德市总工会关于办理基层工会法人资格（换届期间变更）登记须知》（以下简称《须知》），明确9个区县（市）总工会和4个市总工会派出机构经市总工会授权，均可以受理基层工会社团法人登记申请并负责进行初审，资料齐全且符合登记条件的统一报市总工会，市总工会有关部门按规定联合审核通过后，予以登记办证，并在“常德市总工会门户网站”上公示，接受社会监督。《须知》还要求法人登记的基层工会建会或换届批复上的工会主席姓名，与其身份证上的姓名完全一致，以便于基层工会到质监、银行等部门办事和开设工会经费专户；要求登记的基层工会公章必须符合《中华全国总工会关于各级工会组织印章的规定》。对于已经办理社团法人登记的基层工会，在换届期间遇有登记项目变更的，市总工会还设计换届期间的社团法人变更登记专用表，使工会社团法人变更登记表格更加完善。

至2012年，全市有867家基层工会进行社团法人资格核准登记。

第五节　信访工作

一　工作机构

新中国成立后，职工群众把工会看作是自己的家，通过写信、访问等形式，向工会反映政治、经济、文化、生活等方面的问题，要求工会为他们说话、办事。1949年12月，省总工会筹委会常德办事处在办公室安排1名兼职人员，负责处理职工来信来访，初步建立了登记、接待、批办、归档等制度。此后直至1988年，地区工会的职工信访工作，均由其办公室管理。境内各县、市总工会的信访工作均由办公室或秘书兼管。常德撤区建市后，1989年7月，常德市总工会将信访工作并入市总工会法律顾问室。此后，常德市及各区县（市）总工会的职工信访工作，一直由工会法律工作部门管理。

1990年，市总工会成立信访工作领导小组，加强对工会信访工作的领导，研究解决信访工作中的问题，检查指导信访工作。领导小组由市总工会主席任组长，市总工会分管副主席任副组长，市总工会各职能部室主要负责人任成员。下设信访工作办公室，先后由法律顾问室主任、法律维权部部长、法律保障办主任任主任；生产保护部部长任副主任。信访办承担的工作主要有：接待来信来访，协调处理信访事项；向市总工会各职能部门和下级工会移交、督办信访事项；受理、办理市总工会其他职能部室职责范围以外的各类信访事项；承办上级机关交办的信访事项；向市总工会信访工作领导小组及时报告重大、紧急信访事项办理情况；调查、分析、研究信访事项，向领导小组汇报信访情况和提出解决信访问题的建议；向市信访局和省总工会报送信访统计报表。市总工会法律工作部门负责信访办的日常工作以及工会信访工作的协调及情况综合工作。其他部室按职能各负其责，具体受理和办理各项信访事项。

1990年起，常德市各区县(市)总工会也相应建立信访工作领导小组和信访工作办公室。

2008年，根据常德市信访局常信联发〔2008〕1号文件要求，市总工会对信访工作领导小组和办公室职能进行调整和充实，设立了常德市总工会矛盾纠纷排查化解工作领导小组及其办公室，与信访工作领导小组及信访办合署办公，把信访和矛盾纠纷排查化解工作列入市总工会全面工作一并研究部署。日常工作由各部室按职能各负其责，具体受理和办理各项信访和矛盾纠纷排查化解工作。

二　信访概况

20世纪50年代初期，职工来信来访件(次)数不多，1950—1953年，地区工会受理职工信访124件(次)，年均31件(次)；其中来信98件，来访26人次。这段时间，职工反映的问题，主要是揭发私营企业资方的不法行为，要求加强工会组织建设，改善职工劳动条件和关心职工疾苦等问题。50年代后半期，在职工群众来信来访中，较多的是要求改善生活福利和给予困难补助两个方面。1956年，要求给予困难补助的群众来信21件、来访22次。1957年，职工要求给予困难补助的来信来访52件(次)。此外，还有临时工要求转正；有关退职、退休和工龄计算等享受劳动保险待遇方面的问题；对开除出厂不服的申诉；以及揭发基层工会干部的官僚主义等。从1961年起，压缩城镇、工矿人口，精简职工，加之国民经济遇到暂时困难，生活水平下降，职工意见较多，信访数量增加。1961—1965年，地区工会受理的347件(次)信访中，被精简职工的来信来访达169件(次)，反映生活问题方面的信访146件(次)，揭发多占私分、压制民主方面的信访有32件(次)。

“文化大革命”期间，工会职工信访活动被迫中断。

中共十一届三中全会后，群众来信来访工作得到恢复，职工来信来访增多。1980年，地区工会受理职工来信来访78件(次)，其中对企业处分不服提出申诉的24件(次)，有关住房分配方面的21件(次),工作和福利待遇问题27件(次),因违反计划生育政策受到处理提出申诉的4件(次),因个人历史遗留问题要求平反纠正的2件(次)。1989年,市总工会和各区县(市)总工会接待和处理职工来信来访2100件(次),反映的问题集中在要求平反冤假错案和落实政策、揭露企业领导人的不正之风以及劳动争议等方面。

1990—1999年,全市工会系统共接待和处理职工来信来访25048件(次),其中集体上访208批5439人。信访件(次)比20世纪80年代增多。这段时期,职工来信来访较为集中的是生活困难以及工作就业困难。这几年,由于在企业转换机制过程中困难和矛盾突出,一些困难企业拖欠和减发职工工资;一些破产企业职工的养老费、独生子女费、医疗费缺乏保障;一些企业的内部集资到期无力偿还;一些企业的退休工资不能按时足额发放;加之这几年物价大幅度上涨,一些退休职工和下岗待业职工的基本生活受到影响,导致职工集体上访次数逐年增加,且呈现出规模大、情绪激烈等特点。

2000—2012年,全市工会系统共接待和处理职工来信来访8932件(次),信访件(次)呈逐年下降趋势。如市总工会2006年共受理职工来信来访177件(次),2007年156件(次),2008年128件(次),2009年45件(次)。职工信访数量下降的主要原因是,企业改制的阵痛期已过,职工维权的形式更加多元化。这一时期,职工信访反映较多的是非公有制企业的劳动合同纠纷、工伤赔偿、合同工的社会保障、农民工异地维权、破产买断补偿等问题。

三　信访处理

工会对于职工来信来访的处理工作，在撤区建市之前，采取“统一领导、分别管理”的原则，即由地区工会分管负责人统一领导信访工作，属于工会业务的由各业务部门分别负责，不属业务部门的由办公室处理。在撤区建市之后，处理群众来信来访的原则改为“分级负责、归口处理”，即信访所反映的问题，属哪级主管，就由哪级负责；属哪类业务，就由哪个业务部门处理。

(一)工会直接处理

职工信访所询问的问题，提出的要求和意见，是工会能够答复和解决的，就及时作出答复，认真加以解决。对于情况比较简单，所提问题要求比较清楚，政策上又有明文规定的，就当面答复，或用电话、书面答复；对于如入会手续、工龄计算、享受劳保等共同性问题，拟定统一复函邮复；对于情况和问题比较复杂的，信访工作人员就登门拜访，出门处理；对因病因伤住院或休养的职工和死亡职工的家属，信访工作人员边处理问题，边进行慰问。

1966年8月，省总工会常德专区办事处接到湖南雄黄矿职工谷志岸的来信，反映他在衡阳东洲工人疗养院疗养期间，矿上未给他发井下津贴。办事处根据 1964 年 11 月 18 日湖南省劳动局、省总工会《关于编发“处理硅肺病职工问题解答”的联合通知》的有关规定：“计算矽肺病人长期生活补助费所依据本人工资，应包括井下津贴”，以常专劳财字〔1966〕第 061 号函给雄黄矿工会去信，要求查明执行，并由矿工会回复谷本人，使其安心休养。

鼎城区中心机械厂职工何某某，2001 年因单位破产下岗失业，妻子无业，孩子读中学，属于享受城市居民低保困难户。2008 年，何被市疾病预防控制中心检测出感染上艾滋病毒，向常德市总工会上访求助。市总工会领导接访后登门看望慰问，向其发放 1000 元生活救助款。

（二）会同有关部门处理

职工来信来访要求解决的问题，涉及政府部门有关政策规定和单位行政有关业务工作的，工会信访部门、业务部门主动同有关单位协商，或是综合研究、提出意见，会同有关部门拟订相关办法，进行处理。

1980 年，津市新洲机砖厂职工万传寿的家属到常德地区工会上访，诉说万因工伤截肢花去医疗费 5500 元，厂方以万不遵守操作规程为由只同意报销一半。地区工会与津市市总工会调查核实后，邀请津市市劳动局，新洲镇政府、镇工会会同工厂代表座谈讨论，达成解决方案。万的医疗费全报，万出院后由厂方再发给 200 元伤口感染治疗费，并安排力所能及的事情；对其有劳动能力的子女，优先由厂方安排工作。

1986 年，澧县林科所职工游继激与单位签订提前退休协议，每月领取 20 多元生活费。后游因生活困难，要求按工资额的 70%领取退休费。但单位不同意，游向澧县总工会申诉。澧县总工会认为私下协议不能代替国家法规政策，上门与县林科所及县林业局协商，请其按《国务院关于工人退休退职的暂行办法》的有关规定，发给游退休费。经数次交涉，问题得以圆满解决。

2011 年 1 月 15 日，桃源县陬市再生资源公司职工詹永安、周兴华等 10 人因破产买断、补偿等问题到桃源县总工会上访。县总工会帮扶中心与县供销联社、县产权办进行衔接，并与县供销联社一道做好上访者的思想工作。县总工会法保部同时对诉求处理提出建议。在听取多方意见后，县供销联社拿出具体的处置方案，并报政府同意后对方案进行公示。该公司 90%的职工对处置方案认可签字。公司安置工作得以较好完成，职工也较为稳定。

2012 年 4 月 14 日，常德市滨湖印刷股份有限公司整件、抽检车间全体员工到市总工会职工维权帮扶中心上访，反映该企业在未经职代会讨论通过的情况下，以业务发展需要，整件车间从常德搬迁至湖北恩施为由，单方面要求所有员工去恩施上班或解除劳动合同。上访职工请求市总工会督促该企业做好职工解除劳动合同后的经济补偿金、违约金赔偿。市总工会分管法律保障工作的副主席接访，并当即部署由市职工维权帮扶中心与常德滨湖印刷股份有限公司取得联系，以求协商解决。后经与企业方沟通、协商，未能达成一致意见，市职工维权帮扶中心建议申请劳动争议仲裁，并指派工会法律援助志愿者作代理人。6 月 10 日在市劳动争议仲裁一厅开庭审理，双方分歧较大。职工于 6 月 13 日再次到市工会、市信访局复访，并声称要到市政府静坐。市总工会一方面作职工的思想稳定工作，阻止过激行为的发生；另一方面召集法律援助志愿者和负责该案的首席仲裁员协商，研究解决的办法，决定以协商处理为主。经过反复协商，最终达成一致，职工对处理结果满意。

（三）向上汇报反映

对于职工来信来访中反映的群众呼声和重要动向，以及执行政策中的问题，信访部门整理后编写信访简报、信访综合报告或工会内刊，向领导和有关部门汇报反映。

1993—1999 年，市总工会根据职工来信来访的材料，在《工运信息》上多次综合下岗职工和退休职工生活困难情况，以及各级工会救助困难职工情况，并向市政府提出解决职工特困户的建议，成为市政府决策的重要依据。

第六章 宣传教育 文体活动

第一节 职工思想政治教育

常德解放初期,湖南省总工会筹委会常德专区办事处和各县市工会筹委会,结合巩固政权、抗美援朝、民主改革、镇压反革命、“三反”、“五反”、公私合营等党的中心工作,开展阶级教育、爱国主义和国际主义教育,启发广大职工的阶级觉悟,积极投入到各类政治斗争和运动之中。1950 年,安乡县总工会筹委会结合学习宣传中央人民政府颁布的《中华人民共和国工会法》,在职工中开展“劳动创造世界”“工人阶级与共产党”的教育活动,使广大职工明确工人阶级的地位与责任发生的根本变化,懂得了工人阶级和共产党的血肉关系。1951 年 4 月,常德市总工会筹委会组织 800 多名职工参加“反对美帝国主义单独与日讲和”的投票与“拥护和平宣言签名”专题报告会;汉寿县总工会筹委会组织干部、职工 1000 多人,参加中国人民志愿军归国英模代表张露苹宣讲抗美援朝形势和志愿军的英勇事迹报告会,加强对职工爱国主义教育,激发职工爱国主义热情。津市市工会筹委会在 1950 年,就通过工会会员集股创办工人电影院,在宣传思想教育中发挥了重要作用。如在宣传婚姻法时放映《儿女亲事》,在镇反肃特运动中放映《党证》《上饶集中营》,在“三反”“五反”运动中放映《“三反”“五反”特辑》,在 1952 年年初,连续 7 天放映抗美援朝专题片,观众达 2.4 万人次,使广大职工受到一次生动的爱国主义与国际主义思想教育。澧县总工会筹委会发动基层工会组织文艺宣传队。通过街头演出,宣传党的中心工作。常德县总工会筹委会与县教育局联合,结合“三反”斗争,开展以教师为主的思想改造运动,全县教师集中到县城,系统学习马列主义和毛主席著作,联系实际分清和扫除封建、买办、法西斯主义的思想,批判小资产阶级思想,集中解决好教师为谁服务的问题。

1953 年,国家进入社会主义经济建设和对资本主义工商业改造时期。这个时期工会的思想政治教育,以学习、宣传、贯彻党在过渡时期的总路线、对职工进行增产节约劳动纪律教育为主。1953 年 7 月,中共湖南省委和省总工会分别下发加强劳动纪律的指示和通知后,地区工会要求各县市总工会,组织加强劳动纪律的大讨论,重点解决少数职工思想中“个人与国家、生产与生活、自由与纪律”等关系不够明确,以及“为谁劳动”的问题。常德专区直属厂矿工会组织职工批判贪图享受、自私自利、不爱劳动、不求上进、极端民主、自由散漫等不良风气，在职工中形成遵守劳动纪律的浓厚氛围。经过学习讨论，职工的思想和生产面貌发生较大的变化，在生产上出现了你追我赶争先进的新局面。1955年，对资本主义工商业进行社会主义改造开始后，各县市工会通过组织报告会、座谈会，以及发动基层工会通过广播、标语、墙报等方式向职工进行宣传，组织职工迅速投入对资本主义工商业的社会主义改造运动。

1974年，浦沅机械厂工人交流工业学大庆经验

1958—1962年，是贯彻党的“鼓足干劲、力争上游、多快好省地建设社会主义”的总路线和遭受三年自然灾害时期，其间，职工思想相继经历了热情奔放和困惑消沉两个阶段。各级工会围绕不同阶段的职工思想加大教育力度。1958年11月，根据中共常德地委关于在全区开展以共产主义教育为纲的工农业生产大宣传和全民理论跃进月的指示精神，常德地区工会下发《关于加强向职工群众进行系统的社会主义教育的意见》，要求各县市和基层工会组织职工学习和讨论党的建设社会主义总路线，采取多种形式，利用一切阵地，对职工进行社会主义建设总路线的宣传教育，把职工群众焕发出来的热情和干劲引导到生产建设中去，取得思想和生产的双丰收。1960年后，连续3年的自然灾害，使部分职工思想混乱，对形势认识不清，对克服困难缺乏信心，出现弃工务农、弃工经商的现象。为此，地区工会举办5期工会小组长以上骨干学习班，参加学习的职工代表300余人；召开全区55个先进班组经验交流会，推广专区汽车运输公司汽车保修厂木漆缝小组做职工思想政治工作经验；组织近3万名职工听取参加过安源罢工斗争的老工人袁品高的报告，坚定了广大职工跟着共产党走社会主义道路的信念。

1963—1965年，各级工会在加强职工思想政治教育过程中，积极响应毛泽东等中央领导发出的“向雷锋同志学习”的号召，迅速组织职工掀起学习雷锋的热潮。各县(市)和基层工会将学习雷锋与学习株洲电力机车厂忘我劳动、助人为乐的雷锋式老工人刘昆的活动结合起来，激励争做雷锋和刘昆式的好职工。常德邮电局市话组全心全意为用户服务，先后走访628个用户(占用户总数94%)，为用户回叫电话36万多次，为群众办好事1200多件，协助有关部门挽救14个职工的生命，被授予全省优质服务的先进班组。全区各级工会认真组织职工学习毛主席著作，地区工会先后2次召开学习毛主席著作现场经验交流会，举办了1次学习毛主席著作标兵报告团，参加经验交流会和报告会的职工达2万多人。1965年11月，地区工会与地委工交政治部，联合召开“常德专区工交系统五好职工、学习毛主席著作积极分子代表会议”，大会树立学习毛主席著作积极分子标兵5人，学习毛主席著作积极分子148名。1966年“文化大革命”期间，形式主义的“天天读”“红海洋”“早请示”“晚汇报”取代了职工思想政治教育。1973年工会恢复整顿后，抓了工人阶级理论队伍的建设和工人的理论学习，1975年1月，地区工会在石门县召开学习无产阶级专政理论经验交流会，中共石门县委书记罗寅阶作了题为《为巩固无产阶级专政办好业余政治夜校》的经验介绍，省总工会《工会工作通讯》刊登题为“工人政治夜校好”的专题报道，在全省进行推介。

中共十一届三中全会后，中国进入改革开放新时期。针对这一时期职工队伍的特点和思想状况，各级工会对职工进行了系统的党的路线、方针、政策以及世界观教育。1979—1980年，针对一些单位忽视和放松思想政治工作的情况，地区工会下发通知，要求全区各级工会在职工中开展坚持四项基本原则的教育。1981年3月，地区工会转发湖南省总工会等9个单位《关于开展“五讲”、“四美”文明礼貌活动的通知》，在全区职工中进行以讲文明、讲礼貌、讲卫生、讲秩序、讲道德和心灵美、语言美、行为美、环境美为内容的文明礼貌活动。各县市、厂矿工会纷纷举办讲座、报告会、座谈会，组织和开展文明礼貌活动月、活动周、活动日，加强职工行为规范。

1983年，地区工会转发省总工会《关于在全省职工中进行以爱国主义为中心内容的中国近代史教育的通知》(以下简称《通知》)，要求各县市组织开展爱国主义宣传教育系列活动。按照《通知》的要求，各县市总工会和厂矿工会将活动开展得有声有色。安乡县总工会举办爱国教育电影活动月。临澧县总工会举办“三热爱”(热爱党、热爱祖国、热爱社会主义)书法联展、中国近代史演讲、《祖国》征文活动。鼎城区总工会组织《祖国颂》爱国主义歌曲演唱会。常德市总工会建立爱国主义教育示范点，通过参观“常德会战纪念馆”等激发职工爱国热情。澧县总工会培训30名爱国主义教育辅导员，下到60个企事业单位，进行爱国主义教育辅导。桃源县总工会挑选优秀教师，在基层工会进行近代史宣讲活动。

1977年，桃源机械厂工人交流学习《毛泽东选集》第五卷的体会

1984—1989年，围绕“改革、发展、稳定”的主题，常德各级工会加大职工思想教育力度，在职工中组织开展学习《中共中央关于经济体制

改革的决定》，以及1985年召开的中共全国代表会议文件。全区各级工会共购买、印发各种学习文件资料25万多份，举办学习辅导班2800多期，参加听辅导课的职工达11万多人。这一时期，全区各级工会还结合培养“四有”（有理想、有道德、有文化、有纪律）职工队伍，创新和运用了许多新颖活泼的职工思想政治教育形式。1989年的“政治风波”中，各级工会在职工中进行“坚持一个中心、两个基本点”为主要内容的思想教育，开展以“治理经济环境、整顿经济秩序、全面深化改革”为中心内容的形势教育。是年，市总工会举办“形势大家谈”活动，共评选优秀文章44篇，并为基层工会复制袁木、齐怀远等专家、学者关于国际、国内形势报告的录音磁带30余套。澧县、石门等县总工会举办“10年改革成果一条街展览”。津市总工会开展“讲形势、树正气、鼓干劲、渡难关”宣传教育。汉寿、安乡县总工会开展“青年职工形势辩论会”。桃源师范学校、青峰煤矿等单位举办以改革形势为主题的报告会，使职工进一步认清形势，正确对待改革开放，坚定对社会主义建设和改革开放的信心。

1990年，按照全国总工会建设“四有”职工队伍的部署和要求，市总工会在全市职工中开展“学焦裕禄、学雷锋、学铁人、学本市先进典型”的“四学”活动，使广大职工学有典型，赶有样板。1992年10月，为纪念毛泽东100周年诞辰，讴歌改革开放，颂扬建设有中国特色社会主义理论，市总工会举办全市职工学习毛泽东思想演讲比赛。1993年11月，《邓小平文选》第三卷出版发行，市总工会转发省总工会《关于组织全省工会干部和广大职工认真学习〈邓小平文选〉第三卷的意见》，要求各级工会组织职工精心研读原著，抓住建设有中国特色社会主义理论这个主题，努力开创工会工作新局面。在这次学习活动中，市县两级工会举行专题讲座、读书会、培训班48场次，受训工会干部和职工近万人。1994年后，面对部分中小企业效益低下，面临破产重组，出现困难职工群体和部分职工的思想困惑现状，市总工会要求全市各级工会认真组织职工参加“全国企业班组社会主义市场经济知识竞赛”。全市

1985年，常德市公交公司乘务员婉言规劝乘客不要在车厢吸烟

5680个企业班组,8万多名职工参加了知识竞赛活动,深化了对改革紧迫性认识。市总工会、团市委、市妇联在市工人文化宫联合举行“常德市下岗职工再就业先进典型命名表彰暨事迹报告会”,报告会上周启金等10名“再就业明星”和舒仁伟等10名“下岗青工兴业带头人”,张生志等6位下岗职工所介绍的下岗不失志,自强创新业的感人事迹,坚定了广大职工推动企业体制改革的信心与决心。1996年5—7月,市总工会组织“迎香港回归爱国主义教育系列活动”,各区县(市)总工会及企事业单位工会共举行形势报告会32场,组织演讲会682场,知识竞赛160场次。1999年4月,市总工会组织全市职工愤怒声讨以美国为首的北约轰炸中国驻南斯拉夫使馆行径,进行爱国主义思想教育。1999年,邪教“法轮功”被揭批之后,各级工会组织广大职工学习中央有关文件精神,使广大职工清醒认识邪教“法轮功”的严重性和危害性,自觉投入到与“法轮功”邪教组织的斗争之中。市县两级工会组织万名职工“崇尚科学、反对邪教”签名活动,表明与“法轮功“邪教组织斗争到底的决心。

2000年2月,“三个代表”重要思想提出后,全市各级工会及时组织广大职工进行学习讨论。市总工会举办工会干部学习“三个代表”重要思想理论培训班,请中共常德市委讲师团教授进行专题讲座辅导,认真学习领会“三个代表”重要思想的精髓,加强新时期的职工思想政治教育。在2000年开始的全市“两个置换”的国企改革中,市总工会组成4个改制企业职工思想状况调查组,下到常德棉纺厂等20多个大中型企业,了解掌握职工思想动态,为市委、市政府决策提供参考;并召开职工代表座谈会加强宣传引导,帮助职工认清企业所面临的

2011年4月,常德市总工会班子成员参与常德广播电台新闻频道行风热线,与职工交流

严峻形势，树立改革的紧迫感和责任感。同时，市总工会在全市选树推介 10 位“下岗再就业明星”，通过电视台、电台和《常德日报》进行宣传报道，引导职工改变就业观念，走自主创业道路。2002 年 9 月，在中共十六次代表大会召开前后，各级工会通过开展“党在我心中”的知识竞赛和读书演讲活动，组织中共十六大精神报告会等形式，凝聚和统一职工的思想和行动。2004—2005 年，市总工会围绕党员先进性教育，全面落实科学发展观，在全市部署开展了“创建学习型企业，培养知识型职工”活动，组织劳模报告团在各区县（市）和大中型企业巡回演讲，引导鼓励职工勤学知识、增强本领、应对挑战。

2006—2009 年，市总工会把加强职工职业道德教育与三个文明建设、构建和谐社会和传统文化教育结合起来，进一步深化和拓展了新形势下的职工思想政治教育，开展一系列宣传、学习《公民道德建设实施纲要》活动；组织企业参加湖南省第六届全省职工职业道德“双十佳”和第三届“创学习型组织，争当知识型职工”评选表彰活动；并将农民工思想素质教育纳入职工思想政治教育体系。

2010 年 10 月，市委宣传部、市文广新局、市教育局、市总工会联合下发《关于组织观看〈复兴之路〉电影版的通知》。各级工会将此作为对职工进行爱国主义教育的生动教材积极组织职工观看。常德电业局、常德烟草机械有限责任公司、常德纺织机械有限公司等企业，建立“职工道德讲堂”和“企业文化长廊”，对职工进行“我与企业共发展”团队精神教育。

2012 年，各级工会把学习宣传中共十八大精神，作为一项重要政治任务，引导广大职工坚定永远跟党走的信念，增强在党的领导下坚定不移地走中国特色社会主义道路的自觉性和坚定性。市总工会组织开展中国特色社会主义工会发展道路学习主题活动，深入学习党中央关于工人阶级和工会工作的一系列精辟论断和重要指示精神，帮助广大职工准确把握中国特色社会主义工会发展道路的科学内涵和精神实质。按照省文明委和市委的要求，加强对职工的社会主义核心价值观教育，策划组织全市工会“争做雷锋传人、弘扬伟大品格”系列职工志愿服务活动，在全市职工中掀起了“讲雷锋、写雷锋、唱雷锋”活动。2012 年 4 月，市总工会组织开展全市“十大金牌工人”评选活动，彰显先锋示范作用，经过层层推荐评选，谭德安等 10 名职工获“常德市十大金牌工人”称号。

2000—2012 年，在省委宣传部、省廉政办、省经贸委、省总工会组织开展的职工职业道德建设“十佳单位”“十佳标兵”创建评选活动中，桃源县一中、常德移动通信分公司、常德电信分公司、常德市邮政局、常德市一中、常德德山经济开发区地税局、常德市七中、常德市地税局直属分局、石门县人民医院等获全省职工职业道德建设“十佳单位”称号；市第一人民医院外科主任医师文尚武、工商银行澧县城关储蓄所主任刘彩霞、武陵区北正街小学校长诸丽华、澧县地税局五分局局长田联科、市一人民医院副主任检验师夏先考、常德市二中校长唐洪波、常德联通分公司营业厅主任王新霞、桃源县基隆中学校长卓金华、常德市公交总公司

1 路线驾驶员熊莲英、常德市二人民医院团委书记罗婷、津市市移动分公司客户督查经理张谦等获全省职工职业道德建设“十佳标兵”称号。

第二节　职工文化技术教育

从 20 世纪 50 年代初期开始，常德各级工会就将职工文化技术教育作为工会一项重要职责。在各个历史时期，职工文化技术教育目标各有侧重：1950—1960 年，重点是扫除职工中的文盲；1960 年后重点是普及高小和初中文化；1980 年后主要是普及初中以上文化和进行职工技术教育；1990 年后侧重于职工技能培训和素质提升教育。工会在进行职工文化技术教育中，主要是通过办职工文化补习班、职工夜校、厂校和职工学校等方式。经过各级工会的不懈努力，全市职工队伍整体文化和技术素质得到不断提升。

2012 年 5 月，参与技能提升培训的职工在现场操作实践

一　职工业余学校

常德解放初期，职工中的文盲、半文盲占到 75%左右。1950 年 6 月，政务院发出《关于开展职工教育的指示》后，全区各县市总工会筹委会都设立文教部(科)，加强职工文化教育。常

德市、津市市总工会与市文教局联合成立职工业余教育委员会，由文教局负责师资，总工会负责办班和动员职工入学。到 1951 年年初，全区各县市总工会都相继开办了职工文化补习班和职工业余学校。常德县总工会筹委会于 1951 年年初，在工人较集中的河洑镇开办了 5 所职工业余学校，聘请专职教师 6 人、兼职教师 4 人，共吸收学员 196 人，到 1952 年年底，入学职工达 470 人。安乡县总工会筹委会在职工夜校开办“速成识字班”和“夜课班”，1952 年年底就有 542 人参加学习并脱盲。津市市总工会筹委会与市文教局在 5 所小学内开办职工夜校，原预计第一期学员 240 人，经过动员，实际报到的职工达 399 人。参加职工夜校学习的职工热情很高、效果明显。常德县昌明锅厂 50 岁的老工人刘圣保原来一字不识，经过一年多的业余学习，认识近 2000 个字，由于文化水平提高，他和工友一起改手拉风箱为简易鼓风机，提高工效 4 倍。

1959年6月，中共常德地委召开职工教育工作会议，制定了职工教育发展规划，成立了地委职工教育领导小组，由地委副书记苑洪武任组长，地区工会主任崔廷俊任办公室主任，办公室设在地区工会内。根据“党委领导、分工负责、行政撑腰、工会办理”的办学原则，各级工会基本上担负起职工教育工作任务。是年年底，全区有90926名职工参加了各种形式的政治、文化、技术三结合的“红专学校”。到1960年，参加职工夜校学习的职工有16425人。1961—1962年，由于三年自然灾害和企业大量精简职工，参加各级职工夜校学习的人数下降，全年共有12430名职工参加学习。但这一阶段职工夜校办班层次逐步提高，其中扫盲班1520人、高小班4780人、初中班5195人、高中班682人、大专班（包括函授）253人。

“文化大革命”期间，职工业余教育处于瘫痪状态。1979 年，全国总工会、国家劳动总局、教育部关于“大力恢复和发展职工业余教育”的指示下发后，职工业教育再掀热潮，各县市职工业余学校相继恢复并扩大办学规模。是年底，10 个县市职工业余学校参加学习人数达到 11400 人，其中扫盲班 838 人、小学班 3386 人、初中班 4069 人、高中班 1110 人、中专班 943 人、大专班 120 人，各种外语补习班 1014 人。1980 年，全区职工业余学校还举办各级各类短期学习班、培训班 290 个，参加的学员达 28318 人。

二　工会职工学校

1981 年 5 月，为贯彻中共中央、国务院《关于加强职工教育工作的决定》，省政府召开全省职工教育工作会议，要求工会发挥监督作用，维护职工的学习权利，并办好工会系统的职工学校。之后，各县市总工会职工夜校相继改为职工学校。同时，各县市职工学校对教学进行调整，重点放在初中以上文化和中等专业技术补习。到 1983 年年底，常德市、津市市、澧县、临澧、桃源、安乡等县市工会职工学校，共开设初高中常年学制班 42 个，开设中等专业班 59

2000 年，常德市总工会举办下岗职工培训班

个，学员 2718 人。在工会职工学校不断形成规模的基础上，各县市工会职工学校向多层次、多规格、多学科的教育体系和办学方向发展。津市市职工学校在开办文化专业班的同时，开办业余电大汉语文化专业，同时总结出“四结合四为主”办学经验，即长短结合、以短为主；业余与脱产结合，业余为主；自办与联办结合，自办为主；课堂教学与课外辅导、实习结合，课堂教学为主。在全省交流并出席全总职工教育会议作大会发言，1984 年被全国总工会评为全国 20 个工会职工学校先进单位之一。

1986 年后，全区各县（市）工会职工学校适应形势发展，开阔思路，改变传统的只重视在职职工教育的情况，兼及就业前培训，扩大工会职工学校影响。常德市、澧县、桃源县工会职工学校从 1983 年开始，就开办了机械、电工、数学、中文、英语、幼托、烹调、经济等专业技术班，为厂矿企事业单位培养了急需技术人才，1986 年后，将生源面向社会待业青年。津市市总工会 1985 年就相继开办打字、机电、制盐等培训班 11 个，培训待业青年 1000 余人，在缓解就业矛盾的同时，充实了工会职工学校生源，其办学经验在《湖南劳动》杂志上推介。1988 年，长沙职工大学在澧县、桃源、安乡、常德市等县市工会职工学校设立分校。安乡县工会职工学校相继开办了行政管理、经济管理、计算机、财会、中英文秘等专业 16 期，有 768 人获得长沙职工大学颁发的大专文凭。

1991 年后，在市场经济运行体制下，工会职工学校面临资金紧张和生源不足的双重困难。是年 4 月，市总工会在澧县工会职工学校召开了区县（市）工会职工学校校长会议，讨论研究应对的办法和举措，提出了以长班补短班、长短结合的办学思路。在办学相对困难的情况下，全市职工学校全年仍有10505名学员在工会职工学校学习，其中高中班948人、大专班738人、专业技术培训班904人，参加岗位培训和其他短期班的学员达8915人。各县市工会职工学校在困境中探索办学和发展思路，坚持社会化办学的发展方向。1996年，澧县工会职工学校将提升职工再就业技能作为办学的发展方向。临澧县工会职工学校改为武陵源外国语学校后，其毕业的学员在广东沿海颇受欢迎。津市市工会职工学校与大专院校联合开办多媒体网上教学，探索工会职工学校发展新路。澧县工会职工学校、临澧县工会职工学校和津市市工会职工学校，被批准为全国工会系统示范性试点学校。常德市总工会在全国城市工会职工教育工作会议上，作了“适应市场发展，服务经济建设”的经验介绍。

2000年后，随着国家职业技术教育的快速发展，国有集体企业改革的加速推进，以及社会办学的大批涌入，职工学校生源急剧减少，发展空间不断缩小，部分县市工会职工学校或是停办或是转变学校隶属关系。2000年，津市市工会职工学校转体为民营股份制事业单位，在运行4年后，于2004年8月停办。临澧县工会武陵源外国语学校在坚持到2005年后停办。其时，常德市工会所属职工学校仅存市总工会职工学校和澧县工会职工学校。面对市场经济的压力，常德市职工学校和澧县职工学校将职工培训重点扩大到农民工技能培训。

三　职工读书自学活动

按照全总和省总的部署，1983年9月，地区工会下发《关于在职工中广泛开展“振兴中华”读书自学活动的通知》，到1986年年底，全区各厂矿企事业单位，以车间、班组为单位，按照“自愿参加、自由组合、自学为主”的原则，共建立职工读书小组、兴趣爱好小组1860个，参加读书活动的职工达92172人。其中一线职工58063人，科技管理人员30945人，科级以上干部3164人。各县市总工会还组织开展演讲、征文、座谈、专题讨论、知识竞赛等读书辅导活动，使职工读书自学活动不断扩大影响。通过读书自学活动，一批优秀人才从职工中脱颖而出，常德县昌明锅厂职工梁赵成自学高等数学、机械制图等20多门课程，自行设计单箱压铸机，侧转前炉铁锅冲天炉，获省市科学成果一等奖，被晋升为工程师。常德市工商银行李照熙只有初中文化，经过勤奋自学，专业理论水平有了很大提高，在省以上刊物和会议上发表论文72篇，其《无限度集资挫伤资金效益》一文受到国务院有关部门的重视，被国务院《行政法规》摘选，1987年获中华全国总工会职工自学成才奖，调任中国工商银行总行调研部经济师。

1991年，职工读书自学活动进入深化阶段，其特点：一是各级各单位进一步加强了职工读书自学活动的组织领导，制定奖励办法，落实政策待遇。桃源纺织印染厂为鼓励职工自学成才，给职工参加自学考试提供所需的条件，在职工晋级和重要岗位的选拔上，将自学成才作为重要考核依据，提高了职工读书自学的积极性，仅1991年，全厂就有188名职工报名参加高等教育自学考试，有9人大专自学毕业，有20人被选拔担任科级以上职务，在经营管理上发挥重要作用。二是职工读书自学更趋向学习专业技术，到1991年年底，全市企事业单位共有读书自学小组3624个，读书指导委员会（小组）508个，参加读书自学的职工60390人，虽然参加读书自学的职工较1983年有所减少，但职工读书自学的层次不断提高。1991年5月，市总工会召开职工自学成才表彰大会，共表彰读书积极分子30人、自学成才者6人、岗位培训先进个人30人。1993年7月，由省教委、省科委、省总工会等单位组成的职工自学成才奖评审委员会成立，在是年“湖南省自学成才奖”表彰授予大会上，常德市邮电局高级工程师杨建成等10人受到表彰奖励。

2003年后，全省职工读书自学活动改称为“创建学习型组织，争做知识型职工”活动，职工读书自学活动向深层次发展。2003—2005年，市总工会连续3年开展“评选100名读书积极分子”活动，引导和激励职工不断提升自身文化素质，努力实现岗位成才。2003年，由省文明办、省总工会成立湖南省“创建学习型组织，争做知识型职工”活动领导小组，并开展湖南省“十佳学习型组织、十佳知识型职工”评选活动。2003—2012年，常德市地方税务局、常德烟草机械有限责任公司信息中心、常德市青峰煤矿、常德电业局500千伏岗市变电站、常德纺织机械有限公司、常德市公共交通总公司被评为全省“十佳学习型组织（班组）”；常德烟草机械有限责任公司青工符国强、常德卷烟厂技师史利民被评为“十佳知识型职工”。2007年，根据农民工在企业比例不断扩大的状况，按照省总工会的部署，市总工会在全市开展了建立“职工书屋”活动，要求每个区县（市）总工会建立5个示范“职工书屋”，并逐步在企业推开，以丰富职工尤其是农民工业余文化生活。2008年，常德烟草机械有限责任公司、常德云锦纺织集团公司、常德市工人文化宫3个“职工书屋”，被省总工会命名为全省示范性“职工书屋”。2010年，在全省“三湘读书月”活动中，市总工会组织开展为农民工送文化活动，各区县（市）总工会向农民工较集中的建筑工地和企业赠送图书1.7万册，送电影55场次，为农民工开办业余学校5所，培训农民工3200多人。是年，常德天鹰建筑集团公司被评为全国“职工书屋”建设示范单位，常德烟草机械有限责任公司被评为全省“十佳书屋”示范企业，常德金健米业被授予全省“十佳书香”企业。

第三节　职工文化体育活动

组织开展职工文化体育活动，是充分显现工会组织特色和活力的传统型工作。一直以来，各级工会采用方便职工群众和有利于生产发展的各种方式，开展群众性的、健康向上的文化体育活动，更好地服务于经济社会的发展。

一　职工文化活动

新中国成立初期，常德各县市职工为欢庆解放，表达对共产党、新中国的热爱，普遍开展了自编自演的业余文艺活动，许多职工业余时间唱《解放区的天》《没有共产党就没有新中国》等歌曲，打腰鼓、扭秧歌、排演小型节目，搞得十分活跃。根据形势发展和职工群众的要求，到 1956 年年底，各县市总工会和地区直属企业都相继建立起文化馆、俱乐部、活动室等职工文化娱乐场所，成立职工业余剧团和业余宣传队，组织职工在业余时间进行文艺演出活动，与此同时，还培训业余文艺骨干并选送到省总工会举办的文艺训练班。

1959 年，受工会"消亡论"影响，常德各县市总工会工人文化宫、俱乐部划归所属县市文化馆，职工文化活动一度受到削弱。1962 年，部分县市文化宫、俱乐部归还地方工会后，职工文化活动再度兴起。是年 12 月，地区工会在津市工人文化宫举办全区职工业余文艺会演，全区 10 个县市工会的职工业余文艺宣传队的 223 名文艺积极分子，演出 39 个反映企事业单位职工现实生活的节目，评选出 7 个创作奖、18 个演出奖、3 个音乐伴奏奖和 88 名优秀演员。"文化大革命"期间，受林彪、江青反革命集团抛出的"文艺黑线专政论"的影响，在砸烂所谓旧工会的同时，对工会的文化事业和活动阵地也进行大肆摧残，职工文化活动处于低谷。

1980 年，地区工会召开全区工会系统文化馆、俱乐部工作会议，传达全总和省总召开的文化馆、俱乐部工作座谈会精神，明确工人文化宫、俱乐部的性质及发展方向和工作任务，强调文化馆、俱乐部是各级工会组织执行新时期总任务而开展各项群众活动的重要场所，要全力以赴为社会主义现代文化服务。这次会议后，各级工会采取措施，逐步把被别的部门占用的工人文化宫、俱乐部收回，进行修整充实并开展活动。为加强文化宫、俱乐部的工作，地区工会制定文化宫、俱乐部工作细则，开展文化宫、俱乐部达标竞赛活动，职工文化活动进入繁荣时期。在 1980 年全省 6 市职工业余文艺调演中，常德市代表队演出的常德丝弦《一枝花》评为优秀节目，被选进中南海向中央领导人汇报演出。

1982 年开始，地区工会连续 3 年开展"三热爱"歌咏比赛。各县市总工会和企事业单位工会组织职工齐唱《没有共产党就没有新中国》《社会主义好》《咱们工人有力量》等 17 首革命歌曲，许多领导干部和职工同台参加大合唱，有的书记、厂长、工会主席亲自担任大合唱的指挥，参加歌咏比赛的职工满怀激情，抒发对党、对祖国和社会主义的热爱。1983 年，常德地区工会组织"两水之春"（澧水、沅水）文艺活动，全区直接参加活动的职工达 197000 人。活动中开展文艺调演、会演 1854 场，歌咏会和诗歌朗诵会 309 场，灯谜会和花灯赛会 349 场，游艺会、联欢会等其他文艺活动 233 场。

1989年9月,为庆祝中华人民共和国成立40周年,市总工会和市经委、团市委、市文化局、常德电视台联合举办全市国庆文艺调演,9个区县(市)和35个在常德的中央、省属企事业单位的2000多名演职人员,共演出自行创作编导、贴近职工生活的节目87个,其中30个单位的39个节目参加了7场巡回调演,观看演出的职工近万余人,实现了市委提出的"内容要好、形式要多、质量要高、组织要严"的要求。各区县(市)工人文化宫、俱乐部,经过不断改革和完善管理体制,有效地发挥了工会宣传阵地的作用。到1989年年底,全市有文化宫、俱乐部124个,专职工作人员134人,图书馆(室)1472个,藏书200多万册,电影放映单位91个,业余文艺团队295个,业余文艺创作组157个,兴趣爱好小组1474个。

1991年9月28日至10月3日,市总工会举办"常德市职工'三热爱'艺术周"活动,整个活动分为展览、演出两大系列八项活动,包括职工技术革新成果展览,女职工手工艺品展览,职工美术、摄影、书法、集邮展览,宣传画廊,文艺会演,"党在我心中"演讲比赛,爱国电影展映。参加展出、演(映)出的各种展品和节目1200多件(个),参加和参观的职工3万多人次。1992年8月,为进一步推动职工文化活动,市总工会成立了常德市职工文化协会,各区县(市)总工会和市直企事业单位加入市职工文化协会,会员单位达109个,形成了市、县、基层三级职工文化组织网络,为开展职工文化活动健全了组织基础和工作基础。这期间,职工文艺活动十分活跃。桃源县工人俱乐部代表常德市参加全省职工话剧小品比赛,其编导的话剧

2008年,常德市庆"五一"文艺晚会

《月缺月圆》获一等奖，并代表湖南省参加全国比赛获优秀节目奖。在全省职工“三热爱”文艺调演活动中，常德市精神病院演出的舞蹈《挚爱》获演出一等奖。在全省“中华大家唱卡拉OK大奖赛”中，石门县一中青年女教师蔡利获民歌组第一和总分第一的好成绩并与其他3名歌手代表湖南参加全国比赛。常德市建委编导的常德丝弦《三八车组怪事多》，代表湖南省参加国家建设部举办的“建设之光”全国会演。

2001年6月21日，市总工会在常德电视台演播大厅举办《工人颂歌》大型文艺晚会，庆祝中国共产党成立80周年，全市18个大中型企事业单位的工会代表队参加了文艺演出。18个基层工会的职工方阵和市总工会机关干部方阵进行了现场拉歌，整台晚会气氛热烈。各区县（市）总工会也在“七一”前夕，围绕歌颂党、歌颂祖国、歌颂社会主义的主题，举办大型文艺演出活动。常德电业局、常德纺织机械有限公司、湖南华南光电（集团）有限责任公司等企事业单位均组织了专场文艺晚会。

2005年4月30日，市总工会在常德电视台演播大厅举办《劳动者之歌》大型综艺晚会，庆祝中华全国总工会成立80周年。来自全市基层工会代表队以职工喜闻乐见的小品歌舞、老歌联唱、常德丝弦等表演形式，讴歌劳动模范和一线职工的风采，颂扬工会工作者热忱服务职工的事迹。2009年，按照省总工会的部署要求，围绕庆祝中华人民共和国成立60周年，全市各级工会组织开展了多种形式的文化宣传活动。9月22日，由市总工会、市文化局联合工会、市群众艺术馆承办的“《脊梁颂》——常德市职工庆祝中华人民共和国成立60周年文艺汇演”在市工人文化宫举行，全市9个区县（市）和在常德的中央、省属企业代表队共演出讴歌伟大祖国和职工主人翁风采的歌舞节目29个。是年，省总工会授予常德市总工会“庆祝中华人民共和国成立60周年活动优秀组织奖”，和“新中国成立60周年湖南职工文化事业发展贡献奖”。

2011年4月28日，市总工会、市劳动模范协会在常德电视台演播大厅举办“《劳模颂》——2011年常德市庆祝‘五一’国际劳动节文艺晚会”。围绕颂扬劳动模范的时代风貌的主题，各区县（市）和市直基层工会24个代表队，创作演出了讴歌劳动模范改革创新，爱岗敬业，无私奉献的节目。是年9月，市总工会在全市基层工会组织开展“红歌献给党”歌咏大赛，庆祝中国共产党成立90周年，全市各级工会组织各种形式的“红歌大赛”1200多场次，参加职工2万多人次。

二　职工体育活动

新中国成立初期，职工群众利用业余时间开展一些小型、简易的篮球、排球、乒乓球和象棋扑克之类的体育活动，以活跃职工文化生活，改善职工健康状况。1954年2月，地区工会贯彻全国总工会《关于开展厂矿企业中职工群众体育运动的指示》精神，全区职工群众体育活动逐步在职工中开展起来。1955 年，各县市工会和企业工会都积极组建职工体育协会，加强对职工体育运动的组织领导，使职工群众体育活动得到广泛开展。1956 年，全区开展以“劳卫制”（即为劳动生产、保卫国家服务的一种体育锻炼活动及其标准）为主要内容的职工体育活动。1958 年，为迎接全省首届工人运动会召开，地区工会组织参赛项目运动员资格选拔赛，组成常德地区工人代表队，参加湖南省首届工人运动会。之前，各县市和地直厂矿企业工会都纷纷举办运动会，选拔运动员，争取进入常德工人代表队，为本县市和单位争光。

20 世纪 60 年代，受 3 年自然灾害影响，以及 1966 年“文化大革命”的冲击，职工体育处于停顿状态。70 年代，各级工会组织恢复后，职工体育有所回升。1979 年 5 月，地区工会召开全区工会体育工作会议，传达贯彻全国总工会和省总工会职工体育工作座谈会精神，即“贯穿普及与提高相结合、以普及为主的方针，坚持业余、自愿、小型、多样的原则，适当组织竞赛，抓好经常性的职工体育活动”。这次会议之后，以基层企事业单位为基础的职工体育活动蓬勃兴起，各厂矿之间，各车间、工段之间的体育竞赛活动经常性开展。1980 年，地区工会在全区厂矿企业组织开展以健身强体为目的的“三操”（广播操、生产操、医疗体操）、“一拳”（太极拳）、“一跑步”的体育运动。1981 年 5 月，省总工会在常德市举办气功与健身训练班，推广全国气功学习班的功理功法，为全省地市州培训人员 90 多人。此后，全区厂矿企业的“操、拳、跑、功”体育健身活动蓬勃发展，有 8 万多名职工参加了这一系列体育活动。

1970 年 7 月，常德纺织机械厂举办第一届职工体育运动会

1983年5—6月，常德地区工会在全区开展“两水之夏”综合体育活动，要求各县市和地直厂矿企业组织开展各种形式的职工体育活动。在两个月的时间里，全区共举办各种体育活动11184场，直接参加体育活动的职工达21万多人。与此同时，地区工会举办了3期有160人参加的“鹤翔庄”气功训练班，参加气功锻炼的有3.2万多人。各基层单位都积极承办各种体育比赛，1983年9月，湘西金矿承办全区职工篮球邀请赛，常德西洞庭农场于1986年和1987年，两次承办常德地区农垦系统“青年杯篮球邀请赛”。1984年3月，地区工会组织篮球、排球、乒乓球、足球、举重、田径、自行车等运动项目选拔赛，组队参加了湖南省第二届工人运动会，并于是年10月承办了省辖五地市职工足球赛。1987年，为响应全国总工会和国家体委“全国百万职工冬季长跑活动”的号召，各县市组织职工环城长跑。津市市总工会与市体委联合组织职工“大桥杯”环城赛跑活动，全市168个企事业单位的11200多名职工参加，受到全国总工会和国家体委表彰。到1988年年底，全区各级工会建立体育组织319个，有体育专干44人，有体育馆1个、田径场兼足球场78个、篮排球场地888个、游泳池6个，各类球队2103支。

1989年10月，市总工会承办了全省职工健美锦标赛，是年12月，市总工会继续组织职工冬季长跑活动，津市市以该市90%的基层单位和49%的职工参加冬季长跑活动，被全国总工会评为连续3年组织开展冬季长跑活动的先进城市。1990年5月，市总工会下发《关于建设“模范职工之家”的标准及评选办法》，将完善职工体育运动场地和设施作为重要考核条件。各基层工会加强职工体育场地建设及体育设施添置，常德卷烟厂等一大批大中型企业建立和完善篮、排球场、门球场、健身房、桌球和乒乓球室、棋牌室、游艺室等，并经常组织厂与厂和车间之间的体育竞赛。是年9月，市总工会与市体育局联合举办常德市首届职工篮球赛。1992年开始，市总工会、市体委、团市委联合举办“芙蓉杯”“鼎城杯”职工足球邀请赛。1994年3月，市总工会与市体委联合下发《关于在全市职工中开展“五一”体育活动周的通知》，决定从1994年起，在每年5月1日的前一周，开展全市职工体育周活动。1995年3月，市总工会组织篮球、排球、乒乓球、象棋、田径等运动项目选拔赛，并组队参加于6月举行的湖南省第三届工人运动会。

1996年以后，全市部分国有、集体企业因改革、改制以及金融危机，职工文体活动受到冲击和削弱。而其间，全市职工自发的健身体育活动兴起，健身广播操、体育舞蹈、健身操、太极拳、太极扇、太极剑等健身体育活动，成为职工业余体育活动的主流。各级工会坚持以职工群众性的健身体育活动为主，加强组织和引导，推动群众性的健身体育活动普遍开展。各区县(市)工会发挥文化宫、俱乐部阵地优势，成立交谊舞、健身操、太极拳等协会，举办相关的体育健身培训班进行组织指导，推动了全市职工健身体育活动。2005年10月，国家体育总局授予常德市总工会“2001—2004年全国群众体育先进单位”称号。2008年，全市各级工会以迎“奥运”为主题,组织职工参加“湖南省‘百万职工迎奥运’健身活动月”体育健身活动,全市各级工会通过组织职工群众喜闻乐见的球类、棋牌、跑步、健身操等竞赛活动,激发广大职工关注奥运的热情,进一步推动了职工全面健身运动开展。2009 年,市总工会围绕全省“庆祝中华人民共和国成立 60 周年百万职工健身活动月”活动,组织系列群众性的职工体育活动,获省总工会颁发的先进单位和优秀组织奖。

2010 年 10 月 20—28 日,常德市举办首届职工运动会。常德市企业首届职工运动会由市政府主办,市总工会、市体育局承办,湖南文理学院、市经信委、市国资委协办。运动会组委会由市委副书记、市长陈文浩和市委副书记曹儒国任名誉主任,市委常委、常务副市长刘小明任主任,市人大常委会副主任、市总工会主席石成林任常务副主任。全市 9 个区县(市)总工会和市直 4 区(德山开发区、柳叶湖旅游度假区、西湖和西洞庭管理区)工会工作委员会的 13 个代表团、市直工会联合会和行业系统工会的 12 个代表团、市直企业工会的 17 个代表团的 1020 名运动员,参加了男子篮球、男女乒乓球、男女羽毛球和田径比赛。常德市首届职工运动会得到了社会各界的关注和支持,为推动职工体育运动产生了较大影响。之后,各企事业单位都进一步加大职工体育设施和体育队伍建设。

第四节　宣传报道工作

常德解放初期,工会组织开展的生产、生活、教育、自身建设等方面的各项重大活动,以及职工群众在生产建设上的重大成就和革新创造、先进模范人物的思想事迹等,地区和各县市工会都及时写出稿件,请新闻单位进行宣传报道,或约请新闻单位的记者进行采访报道。这个时期,常德地区《滨湖日报》,对工人运动和工会工作的宣传报道,是比较充分的。如常德市总工会组织职工响应全国总工会号召,积极投入抗美援朝运动,踊跃交纳三亿二千万(旧币)捐献款,并加班加点努力生产,超额完成 6 个月的生产捐献计划的专题报道,《滨湖日报》以半个版面的篇幅予以刊载。常德市制革厂工人大胆革新,试用猪皮制革获得成功的事迹,市总工会约请《滨湖日报》记者进行采访报道,并在《新湖南报》、湖南人民广播电台进行了宣传报道。但是,自 1959 年“工会消亡风”的影响到 1976 年,工会工作屡遭挫折,工会的宣传报道工作受到很大程度上的削弱。1977 年后,随着工会组织和工会工作的恢复、发展,工会宣传报道工作逐步活跃起来,呈现出新的发展局面。

1979 年 4 月,省总工会和《工人日报》驻湖南记者站联合召开全省工会宣传工作会议,同时,举办通讯员培训班,培训了一批通讯报道骨干。1980 年 2 月,省总工会发出通知,提出建立全省工会宣传通讯网,各地州市工会要有一支通讯队伍,各厂矿要有一个通讯组。为此,1981 年年初,常德地区工会召开全区工会宣传工作会议,就建立工会通讯报道队伍,加强工会工作的宣传报道进行部署。到1981年下半年，全区发展《工人日报》通讯员15人，被省总工会聘请的工人通讯员18人，市总工会办公室副主任肖英蔚热心于工会通讯报道工作，被《工人日报》聘为特约通讯员。各县市总工会都确定了负责通讯报道的干部，全区大部分厂矿企业工会成立了通讯报道组。是年年底，常德地区工会召开全区工会宣传报道现场经验交流和表彰会议，汉寿县总工会、桃源县总工会、石门县总工会、常德纺织机械厂、浦沅工程机械厂、常德棉纺厂6个单位在会上介绍经验，会议评选出优秀通讯组10个，优秀通讯员30人。会后，全区工会通讯报道工作发展很快，1982—1985年，全区工会通讯员每年在省级以上报刊发表的稿件平均在50篇以上，《工人日报》采用常德地区工会工作的稿件逐年增加。在报道内容上，1982—1983年，配合纠正不正之风，突出宣传报道了一些一心为群众，敢斗歪风邪气的优秀干部和职工。1984年，配合"振兴中华"职工读书活动，突出宣传报道了在知识化道路上勇于拼搏奋进，获全国职工"振兴中华"读书知识竞赛自学成才奖的先进典型。1985年，常德市工会通讯报道组配合《湖南工人报》和《工人日报》，宣传报道了与抢劫银行罪犯搏斗而英勇献身的优秀工会会员、常德市塑料五厂职工丁为禄的英雄事迹。这些先进典型人物的宣传报道，在全区、全省乃至全国都产生了影响。

1986年，省总工会宣教部组织全省工会通讯员参加中共中央宣传部新闻局、中国人民大学新闻系和《工人日报》社联合举办的中华新闻函授学院学习，常德地区有15名工会通讯员参加了函授学习，在一年半的时间里，系统地学习了新闻理论、新闻写作、采访和新闻史等课程，提高了专业素质，成为全区工会系统宣传报道的骨干。这期间，根据形势的发展和工会

2011年4月，工人阶级宣传月场景

工作面临的新情况新问题，常德地区工会在宣传报道上进行了一些改革的尝试：一是在常德电视台和常德广播电台开辟《工会与改革》专栏，做到了工会在报刊上有文章，在电视上有形象，在广播中有声音，受到广大职工的好评。二是在内容上突出改革与发展和职工主人翁风采的主题，如常德市总工会通讯报道组报道的“常德市职工积极参与工人阶级要做反对资产阶级自由化的主力军签名活动”，常德县总工会通讯报道组报道的“常德县昌明锅厂开展‘厂长与职工对话、工人帮厂长决策’活动，促进企业发展”，临澧县总工会通讯报道组报道的临澧县氮肥厂出纳肖继贵勇斗歹徒，护卫公家钱款的事迹，相继在《湖南工人报》上刊登。

1988 年 11 月，常德撤区建市后，进一步加大了工会宣传报道工作力度。从 1989 年 9 月常德市第一次劳动模范表彰大会，到 2008 年常德市第四次劳动模范表彰大会，在每届劳动模范评选表彰期间，市总工会都开展了“劳模风采”宣传月活动。市总工会还在市电视台、市广播电台开办“工会之声”专栏，采用消息、特写、通讯等形式，集中反映工会工作、工会基层活动和工运人物、劳动模范的事迹等职工群众喜闻乐见的内容。特别是通过电台广播播放后产生了较大的社会影响，一些的士司机在营运中经常收听“工会之声”播放的有关工会工作和工会活动的内容，不少乘客听到后也很感兴趣。

1992 年 5 月，开展《中华人民共和国工会法》(以下简称《工会法》)宣传月活动，市县两级工会与新闻单位开辟专栏，宣讲《工会法》。1997—2000 年，在企业面临着发展困难阶段，市总工会在市电视台和广播电台开辟“主人翁风采”专栏，举办“弘扬主人翁精神，展示主人翁风采——五年来工会工作成果展出”一条街宣传活动，宣传工人阶级主人翁地位，引导广大职工以主人翁姿态投入到企业体制改革。2006—2012 年，市总工会连续 7 年组织“工人阶级宣传月”活动，展示全市工人阶级的时代风貌。为适应信息化社会的发展，加强工会工作的信息发布和宣传报道，2011 年 3 月，市总工会在全省率先设立信息中心，有编制 2 人，专门负责工会网站和内刊的采编以及全市工会信息的管理工作。

第五节　工会刊物　网站

一　《常德工运》

1989 年 1 月，常德市总工会为加强工会宣传报道工作，将常德地区工会创办的不定期刊物《常德工运简报》改为《常德工运》。该刊物为 16 开本，年度出版 4 期，由市总工会办公室主编。主要内容是宣传党的工运路线和工会工作方针，交流工会工作经验，反映职工群众的愿望要求，维护职工的合法权益，介绍工会业务和企业管理知识，报道工会工作动态等。2003 年后，刊物开辟了决策指南、人物专访、综合与信息、党政干部谈工会、为职工说话办事、基层班组工作、工会工作研究等栏目，对全市工会工作起到较大指导作用。2008 年，《常德工运》停刊。

二　《工运信息》

市总工会《工运信息》的前身是常德地区创办的《情况快报》和《工会信息》。主要是向省总工会及市委、市政府反映工人运动和工会工作情况，职工群众的思想动态、意见和要求，工矿企业发生的突发性事件，为领导机关决策提供信息；向区县（市）工会通报各种重要情况，指导基层工作。《工运信息》由市总工会办公室主编，通过建立起纵横交错的信息网络，不定期地发布信息提要，召开专题信息研究会，建立信息稿酬奖励制度，使工运信息的质量不断提升。市总工会《工运信息》稿件多条次被市委、市政府，省总工会和全国总工会，省委、省政府办公厅、中共中央和国务院办公厅采用，其中被中央、省、市领导批示的有 16 条次。1988—1998 年，市总工会信息工作连续 10 年被评为全省工会信息第一名。1999 年 4 月，全省工会信息工作经验交流暨总结表彰会议在常德召开。

三　《劳动论坛》

2012 年 9 月，常德市总工会创办《劳动论坛》。为加强对刊物的领导，成立《劳动论坛》编委会，市总工会领导班子成员均为编委会成员，市人大常委会副主任、市总工会主席石成林任主任，市总工会建筑物业工会主任熊礼友任主编。刊物版面为 A4 幅面 16 开全彩印，季刊。在栏目设置上紧扣新时期的工会工作，其设置的“会议传真”“主席论坛”“经验交流”“调查报告”栏目，对指导基层工会工作发挥重要作用；设置的“劳模风采”“时代先锋”栏目，展示了全市劳动模范和优秀职工群体时代风范；设置的“维权帮扶”“岗位培训”，为帮扶困难职工和推动再就业工程发挥了积极作用。

常德市总工会创办的刊物《劳动论坛》

四　工会网站

常德市总工会网站，域名为 www.cdzgh.gov.cn，是常德市总工会在国际互联网上建立的信息发布平台，同时也是常德市政府门户网站的一个子网站。网站于 2006 年 12 月建立开通，由市总工会办公室（2011 年后由信息中心）负责管理，有专职人员从事采编和更新维护工作。网站的宗旨是：宣传常德工会，推进依法维权，服务职工群众，接受社会监督。网站开辟有工会业务、新闻速递、事务公开、企业风貌、视频展播、资料中心等 10 大栏目和 42 个子栏目。主要内容是宣传党的工会工作的方针政策和国家法律法规，交流工会工作经验，反映职工群众的愿望、要求，维护职工的合法权益，介绍工会业务和企业管理知识，报道工会工作动态等。2010 年设立了网上办事窗口，2011 年开通了“常德市总工会官方微博”。网站自 2006 年开通至 2012 年，共发布文章 1.1 万余篇，图片 800 余幅，累计点击率 190 多万次。2010 年 4 月，常德市政府办公室授予常德市总工会网站“常德市政府网站优秀子网站”称号。

常德市总工会网站首页

第六节　常德市工人文化宫

1953 年，由常德市建筑工会会员集资，苏联专家设计，在常德市高山街兴建了一座占地 1600 平方米，苏式风格的多功能剧场，是年，常德市工人俱乐部迁入后，取名为常德市工人文化宫。此后，又修建了相应配套活动场地，建筑面积达 2000 余平方米。常德市工人文化宫建成后，成为全市职工会员文娱活动的重要场所，同时也是地、市召开大型会议的场地。1960 年 11 月，根据省总工会“工会所办的文化事业一律移交当地政府管理”的指示精神，市工人文化宫移交常德专署文教科管理。1962 年 8 月，根据湖南省工会第四次代表大会精神，工人文化宫又归属常德市总工会管理，但明确文化宫所有权归属工会，活动仍由专署文教科安排。1965 年 3 月，再次明确工人文化宫完全归属市总工会管理，各种活动均由工会自行安排。受“文化大革命”冲击，1969 年 1 月，常德市总工会被撤销，工人文化宫划归常德市文化局管理。1973 年，工会组织恢复，1975 年 2 月，工人文化宫由文化局交还常德市总工会管理，属全额拨款事业单位。

1976 年后，随着一大批影片和戏剧被解禁，市工人文化宫再次成为职工群众最重要的文化活动场地，这期间，市工人文化宫每天放映到深夜，仍然满足不了职工群众的需求。1980 年，省总工会召开全省工人文化宫、俱乐部工作会议，强调工人文化宫、俱乐部必须坚持为社会主义现代化建设服务、为广大职工日益增长的文化需要服务的发展方向。此后，市工人文化宫设立两个工作组：电影放映组负责放映电影和各类会议、演出的接待，文艺宣传组负责指导职工群众的文艺活动和教学活动。1984 年，市工人文化宫改为差额拨款事业单位，1986 年 9 月，中共常德市委、市政府召开联席会议，再次明确工人文化宫由市总工会统一规划、建设、管理。

1990 年，市工人文化宫隶属撤区建市后的常德市总工会，内设机构有宣传教育科、阵地活动科、影视服务科、计划财务科和办公室。1993 年，经市机构编制委员会核定为自收自支的正科级事业单位。1996 年，为提升工人文化宫的综合性功能，常德市政府拨款 960 万元，对工人文化宫进行改造。此后，面临市场经济的冲击，市工人文化宫经历了一个发展转型期，即由固守活动阵地到面向社会开展活动。市工人文化宫相继成立常德市职工围棋协会、常德市职工汉剧围鼓协会、常德市职工书法协会、常德市职工京剧俱乐部、常德市职工老年大学、常德市职工合唱团、常德市职工舞蹈队等，在推动城市精神文明建设中发挥了重要作用。与

1953 年修建的常德市工人文化宫

此同时，开办了健美操、迪斯科舞蹈、声乐、电子琴、小型电声乐配器、少儿艺术舞蹈、武术和健美等多个不同形式的培训班。2005年，经武陵区教育局审核，同意成立常德市工人文化宫培训学校，2006年更名为常德市工人文化宫艺术学校，在形成规模培训的基础上，扩大文化宫的经济收入，同时进一步强化和巩固工会活动阵地的功能。2010年3月，市编委发出"关于调整市工人文化宫经费形式的批复"，将常德市工人文化宫改为差额拨款事业单位，编制20名，机构性质、隶属关系等维持不变。

第七节　常德市职工学校

常德市职工学校原名为常德市职工业余联校，于1951年1月正式挂牌，由常德市总工会与市文教局、宣传部、青联、妇联、教联、教育工会、文化馆等单位联合筹建，隶属常德市总工会。1951年4月开始，常德市职工业余联校按照省总工会筹委会与省文教厅下发的《关于加强职工业余教育的联合通知》精神，对全市1.1万多名产业工人进行扫盲教育。其时，学校有专任教师15人，兼任教师121人，共开设55个班，其中中级班6个，普通班49个，每期学员有2000多人，结业时一般都识字在1000字以上。1953年，根据全国扫盲工作会议精神，为使脱盲学员进一步提高文化层次，市职工业余联校又建立建民织布厂和七一机械厂两所厂校(分校)，对工人进行识字在2000个左右相当于完全小学程度的初级文化教育。1956年，市职工业余联校贯彻"整顿巩固、重点发展、保证质量、稳步前进"的职工教育方针，开办了初中班。1958年，学校推行"分段制"教育，即在扫盲班结业后，学员直接升入业余中学，并在教学课程中增加20%的技术课，加强职工的技术教育。1960年年底，学校在校学员达到1200多人。

1966年"文化大革命"开始后，职工学校被解散。1973年10月，常德市总工会恢复职工学校，初恢复时学校名为常德市职工业余学校，1980年改名为常德市总工会中等专业学校，1982年7月改名为常德市职工学校，到1982年年底，学校教职员工21人。从恢复至1986年，学校相继开办初中语文、数学和高中语文、数学、物理、化学单科班，成人高中文理科班，英语、日语初、中级班，电子、机械中等专业班，厨师、电工和工会干部业务知识培训班等162个，培训学员7920人次。

1990年9月，常德市职工学校隶属撤区建市后的常德市总工会。其时，在市场经济运行体制下，学校面临资金紧张和生源不足的双重矛盾。在省、市总工会的指导下，学校与长沙职工大学联合开办3期学制1年的工会"专业证书"政文班，共培训工会干部152人。此后，继续与长沙职工大学联合成立成人高等教育函授站，开办学制为2年的大专计算机财会专业班，招收学员38人。1994年，学校举办2期共4个班的工会干部培训班，共培训工会干部178人。由于，办学资金短缺、教学设施差、师资力量不足、生源短缺，1995年，市总工会将职工学校并入市工人文化宫,对外沿用常德市职工学校名称,对内是市工人文化宫一个科室。至 1998 年,学校在职人员 4 人,退休人员 7 人。2000 年 9 月,根据加大下岗职工再就业技能培训的需求,市总工会决定将职工学校与工人文化宫脱离,直接隶属市总工会。是年,学校相继开办计算机财会大专班、法律大专班、经济管理大专班,到 2002 年,在校学员 99 人。同时,举办多个下岗职工再就业短期培训班。

2003 年 8 月,市机构编制委员会在《关于常德市工人文化宫、常德市职工学校机构编制方案的批复》中明确:常德市职工学校是市总工会管理的正科级事业单位。为巩固职工学校办学基础,2003 年 12 月,市职工学校经与长沙工业职工大学协商,建立长沙工业职工大学常德函授站,此后,以函授教育为基础,以下岗职工再就业技能培训为补充的办学模式基本形成。2003 年,招收经济管理大专班 45 人,到 2005 年,又开办法律大专班,在校学生有 120 多人。2009 年,根据全总、省总关于加强农民工技能培训工作的精神,市职工学校与常德职业技术学院签订了联合建立常德市总工会农民工培训基地的协议,将农民工的技能培训作为学校办学发展方向,相继开办了家用电子产品维修、电工、钳工、电焊工、物业管理等专业培训班。2009—2012 年,共培训农民工近 600 人次,均获得劳动部门颁发的职业资格证书。与此同时,学校根据商贸部、财政部、全国总工会关于实施“家政服务”的通知精神,开展家政服务人员的培训,2009 年培训家政服务人员 200 人,到 2011 年,学校共培训家政服务人员 500 人次。2012 年 11 月,常德市职工学校被全国总工会授予“全国职工教育培训示范点”。

第七章　女职工工作

第一节　女职工队伍、组织

常德解放前，妇女参加工作的极少。新中国成立后，随着社会主义改造和建设事业的发展，招收女职工的企事业单位增多，常德女职工队伍逐渐壮大。1952 年，全区参加各项工作的女职工有 1000 余人。1953 年，省总工会常德办事处和各县市总工会配备了女工工作专、兼职干部；各基层工会，有女职工 50 人以上的建立了女工工作委员会，50 人以下的设了女工委员。1954 年起，在女工较多的车间、班组，设立了女工干事。到 1957 年，全区女职工达 9140 人。1958 年，"大跃进"开始后，妇女成批参加工作，女职工队伍迅速发展，至 1959 年年底，全区有女职工 30134 人。后因精简职工和益阳从常德析出，女职工人数有所减少。到 1965 年，全区有女职工 23436 人，建立女工委员会 312 个，女工家属委员会 546 个，全区女工组织建立面达 85%，从事女工工作的干部和积极分子 2415 人。

20 世纪 50 年代，常德县新湘卷烟厂女工劳动场景

"文化大革命"期间，女工组织瘫痪。中共十一届三中全会后，经济建设和文教卫生事业迅速发展，更多的妇女走出家门，踏上工作岗位。到 1980 年，全区已有女职工 90582 人，占职工总数的 29.2%。全区建立女工

委员会的单位1054个，共有女工专、兼职干部和积极分子2134人。1982年3月1日，召开了全区女工工作表彰大会。从1982年开始，地区工会连续6年开展先进女工委员会和先进女工工作者的评先创优活动。

1986年，常德各县市总工会陆续增设女工部，或在生产生活部增设女工专职干部。地属各农林场等企事业单位相继成立女工委员会。到1988年，全区女职工达133147人，占职工总数的38.7%。全区共建立女工委员会688个，把一大批思想敏锐、有较高文化水平、热爱女工工作的人员，选拔充实到女工部门，专、兼职女工干部达6888名。

1988年常德撤区建市，成立常德市总工会，在市总机关设立女工部。1989年，省总工会指示，各级女工委员会更名为女职工委员会。1989年6月30日，常德市总工会女职工委员会成立。是年底，9个区县（市）总工会和160个市属基层工会均成立了女职工委员会。区县（市）直属基层工会有844个单位成立了女职工委员会。1989年，市总工会与市委组织部联合发文，规定各级女职工委员会主任享受同级工会副主席待遇，纳入同级干部管理。到1991年底，全市有女职工25人以上的1211个基层工会，全部建立了女职工委员会，女职工组织组建率达100%。

1995年以后，常德抓工业企业资产经营形式改革，产权制度改革，公司制改造，实行企业破产、兼并、联合、租赁等多种形式的改革，到1998年，全市原138户预算内国有工交企业，有111户实行资产经营形式改革，其中57户实施破产。企业在岗职工队伍压缩，下岗职工增多，1998年年末，全市职工总数为265570人，其中女职工112894人，占职工总数42.5%；下岗职工105021人，其中下岗女职工53171人，占下岗职工总数的50.6%。到1999年末，全市建立女职工委员会的基层工会994个，共有专、兼职女职工干部2999人。

2000年3月，省总工会下发《关于进一步加强新时期女职工工作的意见》，常德市推行在改制企业中女职工组织与工会组织同步调整、同步巩固、同步发展，在新经济组织中女职工组织与工会组织同步筹备、同步建立、同步换届，女职工组织得到巩固和发展。到2007年，全市有基层工会女职工组织2318个，专、兼职女职工干部3476人；女职工总数132078人，占职工总数的40%。到2012年，全市女职工人数为201504人，建立女职工组织的基层工会6177个，有专、兼职女职工干部8231人。

第二节　教　育

新中国成立初期，常德各级工会贯彻男女齐发动的方针，动员女职工和男职工一道，积极参加镇压反革命、抗美援朝、民主改革、“三反”、“五反”等政治运动，增强了女职工的阶级觉悟和主人翁思想。

2011 年 5 月，市总工会女职工委员会举办关爱女性健康爱心讲座

1958—1959 年，全区各级工会组织在女职工中开展长志气、壮胆量的教育，破除“女不如男”的自卑依赖思想，激发了广大女职工参与技术革新、技术革命的勇气和积极性。常德红旗染织厂织布女工龙占梅，认真钻研木机性能、苦练技术，织布合格率达 100%，工效超过铁木混合机。常德机床厂女工任凤仙，是 1958 年下半年进厂的乡村妇女，通过一年的勤学苦练，达到三级工的技术水平，1959 年出席了省和地区的徒工积极分子大会。常德棉纺厂是 1959 年 10 月开工投产的新建企业，全厂 1068 名女工中，80%是青年学徒，通过教育培训，绝大多数徒工很快掌握了相应的技术技能，确保了全厂生产任务的完成。该厂女徒工丁克玲，苦练技术，一个月后即能单独掌握机台操作，三个月后能看 615 根纱头。1958—1959 年，全区涌现出女先进生产(工作)者 4300 余人。

1960—1962 年，常德女工工作部门在女职工中开展增产节约、勤俭持家的宣传教育和竞赛活动。女职工队伍中，关心生产、关心集体、勤俭节约的风气增强。常德汽车保修厂拼修组 10 多名女工，在 1961 年 3 月，利用休息时间，收集边角废料，拼修了 4 部汽车的零件，为厂里节约资金 800 余元。常德地区公路局工会女职工委员会组织女职工开展“三八”爱国储蓄工作，有 145 名女职工参加储蓄。1962 年，常德野生纤维厂女工组织在进行增产教育活动中，组织班组开展“姐妹对手赛”，全厂提前 80 天完成全年生产任务。

1963—1966 年，常德地区女工组织在社会主义教育运动中，对女职工侧重进行阶级教育和革命传统教育，组织老职工讲“三史”(厂史、家史、阶级斗争史)，组织青年女工访老问苦。通过教育,广大青年女工了解了旧社会工人的苦楚,懂得了幸福生活来之不易。她们说:老工人不讲古,新工人会忘了谱。同时,各级女工组织还积极动员女职工参加创"五好企业、五好职工"运动,涌现出一大批"五好"女职工。1963年,全区评选出"五好"女职工2338人,占女职工总数的11.7%。

1980—1989年,常德各级女工工作部门,适应改革开放和现代化建设的要求,在女职工中开展"自尊、自爱、自重、自强"(1983年后改为自尊、自信、自立、自强)教育,组织女职工读书自学、岗位练兵、提高文化技术素质,参加立功竞赛,争当优秀女职工。到1989年年底,全市参加电大、函大、夜大学习的女职工近万人;有3000多名女职工参加了高等教育自学考试;768人获得中等技术职称,3076人获得初等技术职称。涌现了2名全国劳模、16名省级劳模、28名市级劳模;有112人被评为市"三八"红旗手。

1991年,市总工会和市妇联联合,在城镇开展"做四有四自女性,为'八五'计划建功活动"。先后有90余人获市级以上科技成果奖,52人被授予省"巾帼建功"标兵。津市市新华书店女职工雷晏在全国新华书店技能绝活比赛中夺得第一,成为全国妇女岗位练兵、自学成才的一面红旗。1995年,开展争创"巾帼文明示范岗"活动,全市卫生、金融、饮食、商贸等窗口行业设立示范岗100个。

1996年,市总工会女职工委员会向全市推介七一机械厂女职工杀赌风的经验。该厂女职工委员会动员组织全厂449名女职工,"管好自己的门,不让人家来赌;管好自己的人,不让家人外出参赌"。全厂70多名职工在妻子的规劝下,戒掉了赌瘾。

2000年起,常德市总工会女职工委员会在全市开展了旨在提高女职工综合素质的系列教育和达标竞赛活动。2001年,动员全市女职工参加"超越自我,迎接挑战——21世纪全省职业女性大论坛"活动,全市有5万多名女职工观看演讲光碟,4000多名女职工参加征文或演讲。为促进女职工素质达标,为女职工素质教育提供载体,2002年11月创办了"常德市总工会女职工学校",各区县(市)总工会和女职工较多的单位也相继建立了女职工学校,组织学文化、学技术、学管理、学特长。到2003年,全市共创办女职工学校31所,参训人员达1.7万多人次。2004年,组织女职工参加"创建学习型组织,争做知识型职工"的活动,引领女职工为"实现千亿工程、建设工业常德"建功立业。2006年,在全市女职工中开展"创学习型组织,做知识型女性"读书征文活动,要求参赛女职工读一本好书、写一篇读后感、开展一次读书交流。2008年起,实施女农民工教育培训工程。全市各级工会女工组织针对企业女职工中农民工较多的特点,利用女职工业余学校、农民工培训学校及企业培训基地等,开设各类文化知识、业务技能方面的培训课程。通过培训,女农民工基本上掌握了一门以上技术或技能;一至两年内,整体素质基本达到企业要求。

第三节　权益维护

新中国成立初期，常德各级工会组织即注意维护女职工的合法权益，与种种歧视女性的偏见做斗争，保障女职工与男职工同工同酬、经济政治社会地位的平等。1954 年 3 月至 1955 年 4 月，常德县新湘卷烟厂违反劳动政策，开除了 13 名工人，其中 12 名是女工人。开除的女工中，大多数是请过病、伤、产假和给厂领导提过意见的人。女工顾某云，参加义务劳动抬河沙导致小产堕胎，请假 40 天后被厂里除名。省总工会常德办事处为此派出工作组，进行专项检查，督促厂方将开除的职工全部复工。中共常德地委批转了省总工会常德办事处的检查报告，要求全区厂矿企业自查自纠，坚决贯彻落实党和国家的劳动政策和女职工政策。

2012 年 11 月，市总工会为大龄青年组织联谊活动

1977 年和 1979 年，常德地区两次调整职工工资时，少数企业单位把女工的产假、哺乳时间算作缺勤，影响了相关女工的调资升级和评奖。常德地区工会发现这类问题，及时向有关部门反映，使应该评奖的女工评上了奖，符合调资条件的女工升了级。

20 世纪 80 年代，一些企事业单位，在住房分配中存在以“男方为主”的倾向，女职工反映强烈。全区各级工会女工组织通过提议案、写调查报告，向人民代表大会、人民政府反映，引起各方重视。常德地区轻纺系统的女工组织，建议从本系统实际情况出发，实行以女工为主分配住房，得到轻纺系统多数企业的采纳。1983 年 10 月，省总工会、省建设委员会联合发出《职工民主分房试行办法》，确定了企事业单位的住房分配“应坚持男女一视同仁的原则”，常德地区工会会同有关部门积极贯彻实施。此后，全区企事业单位分配职工住房基本上做到了男女一视同仁。

1983 年 6 月，根据全国总工会《关于坚决维护女职工合法权益，反对歧视迫害妇女的通知》精神，常德地、县（市）工会对侵犯女职工合法权益的情况，进行调查，解决了一些侵犯女职工权益的问题。津市市总工会在调查中发现，有的企业在推行经济责任制中，对休产假的女工只发 35 元生活费、女工的哺乳时间不折扣生产定额等问题，即向津市市委、市政府反映，使问题得到解决。是年 9 月，地区工会在全区开展维护妇女和儿童合法权益宣传月活动，针对在招工、提干、晋级等方面重男轻女、歧视妇女的现象，向社会和广大职工进行维护女职工合法权益的宣传教育。

1984 年后，企业实行优化劳动组合，未被组合的女职工较多。全区各级女工部门，加强女职工教育，提高女职工素质，使女职工适应生产工作要求，并积极配合有关部门，采取业务培训、开辟新的生产门路等办法，安置下岗的女职工。1985 年，全区下岗女职工 925 人，其中再安排工作的 874 人，占下岗女职工总数的 95%。同时，各级女工组织，对本单位、本地区存在的歧视女工、侵害女职工合法权益的问题，进行调查，向有关部门提出处理意见和建议。1985 年 2 月，常德市肉食水产公司实行经济体制改革后，315 名女职工工作无安排，生活无保障，市总工会派人调研，向市政府提交调研报告，市政府拨款 27 万元，作为公司发展第三产业的转产费用，妥善安置了这批女职工。1988 年，津市市棉麻茶茧公司批发部将一名正在休产假的女工组合掉，工会女工工作委员认为这是违背国家《女职工劳动保护条例》的，遂向批发部和公司领导提出意见，公司决定：女职工产假期间一切法定待遇，由公司支付，产假期满，回原单位工作。

1989 年，常德市总工会女职工委员会成立后，指导全市各大、中型企业女工组织，运用职代会形式，将《女职工劳动保护条例》具体化，制定实施细则，并通过民主管理、监督，使女职工劳动保护工作落到实处。常德棉纺厂、常德七一机械厂、常德纺织机械厂等企业职代会作出决定：女职工产前检查，按出勤对待，不能按病假、事假、旷工处理；对在生产第一线的怀孕女工，相应减少生产定额；对实行劳动合同制的女职工，不得以怀孕、生育和哺乳为由，解除劳动合同。

1991 年起，市总工会女职工委员会指导各级女工组织，通过实施源头参与，推动女职工维权工作。1991—1994 年，市总女职工部先后组织各级工会女工组织，参与了《中华人民共和国工会法》《中华人民共和国妇女权益保障法》《中华人民共和国未成年人保护法》《女职工劳动保护规定》《湖南省〈女职工劳动保护规定〉实施办法》等法律法规的调查、论证和修改；参与了常德市劳动人事、工资分配和社会保障制度改革政策的调研和制定。1997 年，市总工会与市计生委、市劳动局联合发文，对下岗、待岗女职工计划内生育的有关待遇问题作出规定：下岗、待岗女职工计划内生育、医药费用的报销，与在岗职工享受同等待遇；在产假期内，其工资、福利、奖金，与在岗职工享受同等待遇；下岗职工的独生子女待遇、独生子女父母待遇，与在岗职工相同。在企业“两个置换”工作中，市总工会女职工委员会到破产、置换企业实地调查，所提关于破产企业“女职工在孕、产、哺三期给予一定的经济补偿”、“年满25年工龄的女职工在一定条件下可提前办理退休手续”等建议，被《常德市人民政府办公室关于印发常德市市直工交企业置换职工身份实施细则（试行）的通知》采纳。

2000年起，常德市各级工会女职工组织，积极参与企业平等协商和集体合同的签订，参与企业改制工作，将女职工的合法权益和特殊利益以法定的形式在劳动合同、集体合同中明确和保护。2007年5月，针对集体合同中女职工权益保护内容过于笼统、缺乏可操作性的问题，常德市总工会颁发《关于大力推行女职工权益保护专项集体合同的意见》，并下发合同参照范本，指导全市各级女职工组织开展女职工权益保护专项集体合同的签订工作。在女职工权益保护专项集体合同中，女职工的劳动就业、同工同酬、休息休假、保险福利待遇等劳动权利，禁忌劳动保护、“四期”保护、妇科疾病普查、生育待遇等特殊利益，职业教育、技术培训、晋职晋级、参与企业民主管理等政治、文化、教育、发展权利，得到深化、细化和量化，女职工权益保护的各项措施更加详尽、具体，便于操作。为提高女职工专项集体合同的签订率和履约率，常德市各级工会推行和集体合同同步签订的工作机制，即女职工专项集体合同与集体合同同步进行平等协商、同步提交职代会或全体职工审议、同步签约、同步报送劳动部门审查、同步开展履约检查、同步向职代会报告履约情况。

第四节　特殊保护

1952年，政务院颁发《保护女工暂行条例（草案）》后，常德各级工会组织和各企事业单位，开始重视对女职工“四期”（经期、孕期、生育期、哺乳期）的特殊劳动保护。国营企业规定女职工生育假期56天，工资照发；地方国营及公私合营企业，一般也规定女职工生育假期45天，不扣发工资，或视企业情况给予补助。其后，随着《中华人民共和国劳动保险条例》（1955年）和国务院《工厂安全卫生规程》（1956年）等法规的颁布实施，常德的女职工特殊劳动保护工作逐步加强。女职工较多的企业，一般都因陋就简、因地制宜，办起了婴儿间、哺乳室、托儿所、幼儿园。各单位还普遍对女职工进行妇幼卫生常识教育，改盆浴为淋浴，推行月经纸消毒和月经登记卡片等制度。部分单位设立了女工卫生室，在照顾孕期、哺乳期女职工及妇科病普查普治方面采取了一些保护措施。

1958年，在工农业生产“大跃进”运动中，女职工保护工作有所忽视。在“妇女赛过男子汉，什么都能干”的口号影响下，有些单位为完成生产任务，不顾妇女的生理特点，安排女职工

2012年6月，市总工会举办《女职工劳动保护特别规定》宣传咨询活动

从事高温、高空、井下、笨重体力劳动和有毒有害的工种；安排孕期、哺乳期女职工加班加点；托幼园所等女职工劳动保护设施被挤占。为此，省总工会常德办事处，于1959年6月，专门召开全区女工保护工作会议，要求各基层工会重视女职工的卫生保健，加强对女职工“四期”的特殊保护。会后，全区各厂矿企业，对从事野外或井下作业、湿式作业的经期、孕期、哺乳期女职工，按调近不调远、调干不调湿、调轻不调重的原则，进行了工作调整；对哺乳期女职工，安排工间哺乳时间。在女工较多的企业，恢复和发展了托幼组织。至1961年，全区建有托儿所149个，受托儿童3658人；哺乳室36个，受托婴儿543人。全区女职工保护工作有了起色。

1966—1976年的“文化大革命”期间，女职工劳动保护工作受到冲击。常德一些地方和单位，不顾女职工的生理特点，组织“三八”车队、船队、突击队等女子班组，让女职工干力不胜任的事。1980年，根据省总工会八届二次委员扩大会议精神，常德地区工会着手解决“三八”女子班组问题。全区共撤销“三八”建筑队、“三八”钻井队、“三八”井下运输队、“三八”掘进队、“三八”板车运输队、“三八”汽车运输队等不适应女性生理特点的生产班组27个，为339名从事有毒有害和繁重体力劳动工种的女职工调换了工作。

1980年3月，常德贯彻落实全国托幼工作会议精神，推进工矿企业托幼事业的发展。到1982年，全区有托幼园所388个，保教人员1600多人，入托率达89.5%。

从1981年起，常德各级工会女工部门，在女职工中开展妇科病普查普治。到20世纪80年代中期，各企事业单位对女职工妇科病的普查普治已形成制度，多数单位每年进行一次，少数单位每两年进行一次。1986年，全区参加妇科病普查的女职工55459人，妇科病治愈率达98%。

1988 年 7 月，国务院颁发《女职工劳动保护规定》，提出了将女职工产假由 56 天增加到 90 天等“五期”(经期、孕期、产期、哺乳期、更年期)特殊保护措施。常德市总工会会同有关部门，制定了女职工劳动保护实施细则。1990 年 5 月，与市劳动局、市财政局联合下发常劳护〔1990〕54 号文件，将女职工卫生费由每人每月 0.5 元提高到 1.5~2 元。1990 年 7 月，与市劳动局、市人事局、市财政局联合下发常劳护〔1990〕59 号文件《关于解决女职工劳动保护有关问题的通知》。该通知规定：女职工在 100 人以上的单位，建立女职工卫生室，并配备具有专业知识管理员；女职工在 40~100 人的单位，设简易温水箱冲洗器；对流动、分散工作的单位的女职工，发放单人自用冲洗器。从事搬运、装卸、高处、低温、冷水、野外作业的女职工，月经期间，由所在单位临时调整工作，并安排 1~2 天休假。1993 年，全市建立女职工卫生室 280 个，发放单人自用冲洗器 1 万个。1994 年，将女职工卫生费提高至每人每月 5 元。

1997 年起，常德市总工会女职工委员会组织开展全市女职工“两癌”(乳腺癌、宫颈癌)普查工作。至 1999 年，对全市 80%的女职工进行了“两癌”普查，有 9000 余名女职工办理了“两癌”保险。2001 年，常德市总工会女职工委员会在全市开展以“关爱女性、关注健康”为主题的“平安团体女性防癌保险”活动。2002 年 8 月，市总工会与市劳动社保局、市财政局联合行文，将女职工卫生费由每人每月 5 元提高至 15 元。2008 年起，常德市各级女工组织着力于特困女职工和女农民工的特殊劳动保护，是年，为 16 个单位的 3000 名特困女职工赠送特殊疾病保险。至 2011 年，全市有 5.25 万名女职工参加女性特殊疾病保险，参保率达 30%；有 48 例患病女职工得到了保险赔付，理赔金额 50 多万元。

2012 年 4 月，国务院颁发《女职工劳动保护特别规定》，将女职工产假由 90 天增至 98 天。6 月，常德市总工会在市工人文化宫开展了《女职工劳动保护特别规定》的现场宣传咨询活动。

第五节　职工家属工作

常德解放初，只有少数妇女参加工作，多数待在家里管孩子，做家务。为此，各级工会把职工家属工作作为女工工作的一项重要任务。1951 年年底，地区工会对直属厂矿企业职工家属思想状况进行调查摸底，发现有的家属因小孩多，拖累重，不能料理好家务，职工下班后还得忙于做饭菜，得不到休息，影响生产和工作。针对这种情况，地区工会发出通知，要求各基层工会向职工家属宣传党的有关方针政策，讲明个人与家庭同国家的关系，使之懂得只有搞好家务，支援第一线生产，减轻职工的精神负担，才能不断发展生产，逐步提高和改善职工生活的道理。接着，以常德七一机械厂为试点，建立家属委员会，根据党的中心工作和单位实际，组织家属参加各种有益的活动，引导家属支持丈夫工作，积极承担家务。1953 年，省总工会提出“搞好家务，带好孩子，鼓励职工搞好生产”的口号，全区家属工作的方向和任务更加明确。湘西钨矿工会家属委员会组织家属订立爱国公约，向家属宣传企业生产情况，让家属了解生产，关心生产，共同努力完成生产任务。在评奖时，企业党组织、行政和工会与家属委员会一道，把喜报、奖金送到职工家中，激发家属们支持生产的热情。

1958 年，各级工会组织鼓励职工家属走出家门，走向建设战线，全区有 5000 多名有劳动能力的家属被吸纳为职工；还有大批家属在工会组织下参加各种社会劳动。

1961 年调整国民经济，大部分已参加工作的职工家属被精简回家。是年 4 月，常德地区工会召开家属工作会议，研究部署进一步健全家属组织，利用各种形式，向职工家属开展勤俭持家、勤俭过日子的思想教育。会后，各厂矿企业和基层工会加强了家属组织建设和教育工作。据 1961 年年底不完全统计，全区厂矿企业共建立家属委员会 360 个，家属组织面占应建的 80%以上。根据副食品供应不足的情况，各厂矿企业动员和组织家属大搞副业生产，有计划的安排生活。常德机床厂向职工和家属发出“空坪隙地变菜园，自己种菜自己吃，不靠市场来供应”的号召，1961 年，全厂 496 名职工及家属，种菜 71 亩，养猪 54 头。湘西钨矿提出“向荒山大进军”的口号，发动职工及家属垦荒种菜、养猪，1961 年，全矿种植蔬菜和油料作物 1000 余亩，平均每人每天能吃到自种蔬菜 2 斤，70%的职工家庭蔬菜肉食基本自给，5%的家庭自给有余。为鼓励家属种菜，该矿采取谁种谁收的优惠措施，实行产品自行支配，多余卖给职工食堂，食堂按国家牌价收购，收益归个人所有。为扶植家属养猪，矿里统一提供仔猪，猪养大后，以 7.5 公斤作偿还公家本钱，其余自行支配。

1962 年起，各基层工会开展以红、勤、俭、巧为中心的“五好家属”（政治挂帅思想好、勤劳增产工作好、勤俭持家生活安排好、学习和教育子女好、团结互助安全卫生好）的竞赛活动。1962—1965 年，全区受表彰的家属委员会 76 个，家属工作先进个人 820 人。湖南雄黄矿工会，组织全矿 280 户家属，参加矿里辅助劳动，每户每月增加收入 20 元；利用空坪隙地种菜、养猪，节省开支，每户每月生活费用由 17.5 元降到 11.6 元。澧县昌家峪煤矿组织驻矿家属长期坚持义务劳动，给单身和分居两地职工洗衣物、被子，缝缝补补，不计报酬。矿里还成立家属治安小组，以防火为中心，挨家挨户进行督促检查。

1977 年以后，各厂矿企业相继建立了居民委员会，职工家属工作交所在居委会管理。

第六节　“芙蓉杯”竞赛

1991—2012 年，常德市总工会女职工委员会组织全市女职工，参加了湖南省六轮“芙蓉杯”女职工竞赛活动。

第一轮“芙蓉杯”竞赛（1991—1995 年）

1991 年 2 月，湖南省总工会向全省发出〔1991〕湘工发 8 号文件《关于在全省女职工中开展“芙蓉杯”劳动竞赛的通知》。竞赛主题为劳动竞赛，围绕企业生产经营、质量品种效益和节能降耗等方面展开。根据省总工会的指示精神，此轮竞赛活动为期5年。常德市总工会女职工委员会提出了分年度的奋斗目标：一年打基础，二年求发展，三年争先进，四年上水平，五年创一流。根据常德的实际，在全市开展了“夺优胜金杯，创百岗女明星”的女职工劳动竞赛活动。一是将竞赛与技术比武、技术练兵相结合，提高女职工技术、业务素质，增强女职工适应市场竞争的能力。津市市女职工委员会组织该市1000余名女职工进行十大工种比武。常德纺织机械厂、常德电业局等单位组织了多项工种的女职工操作、业务技术比武。桃源纺织厂连续数年开展“奉献在岗位，争当女状元”竞赛活动，操作优级率、入库一等品率逐年上升，370名女职工被厂里授予“女状元”称号。二是将竞赛与提合理化建议相结合，增强女职工的主人翁意识和创新意识。5年中，全市女职工提合理化建议10279条，采纳5462条；技术革新192项，创价值333万元。常德市中药厂的“婴儿脐腹药物保健袋”、常德市绣品总厂

2013年7月，常德市女职工创新成果展示会现场

的“组合式电脑刺绣窗帘”、常德市制革厂的“立体印花绒面服装革”，均由女职工为主设计发明，分别获得国家和省级科技成果奖。三是将竞赛与双增双节相结合，增强女职工的市场意识，为企业增创效益。常德卷烟厂开展“创优质产品，争做优秀女工”的竞赛活动，女职工自己动手编制复烤机网袋，缝补麻袋，钉修码机，节约烟嘴、商标签等，创价值15.6万元。七一机械厂女职工利用工余时间，回收各种废金属15吨，价值3万多元。5年中，全市女职工以节

约回收、修旧利废、小改小革等形式，增收节支 1617 万元，为企业增创效益 83740 万元，参赛女职工人均创节约增收价值 5731 元。

在第一轮竞赛中，常德市总工会女职工委员会表彰了桃源纺织厂、澧县总工会女职工委员会等 20 个“芙蓉杯”竞赛优胜单位，推出了各行各业“岗位女明星”81 名。5 年中，受到全国总工会表彰的先进女职工和女职工工作者 6 名，受到省总工会表彰的先进女职工和女职工工作者 37 名。常德棉纺厂挡车工章春香被授予全国劳模称号，武陵百货大楼总经理张恩美等 16 名省级女劳模和 19 名市级女劳模受到表彰、奖励。常德市总工会女职工委员会、女职工部获得全国总工会的 2 次奖励和省总工会的 3 次表彰。

第二轮“芙蓉杯”竞赛(1996—1998 年)

第二轮“芙蓉杯”竞赛，省总工会明确以围绕提高企事业经济效益和女职工素质为重点。根据省总精神和市委“学习张家港，建设新常德”的战略部署，常德市总工会女职工委员会提出了“让芙蓉杯为‘九五’计划增光辉，创百岗女明星为建设新常德做贡献”的竞赛口号，动员和组织全市 977 个参赛单位、91000 多名参赛女职工，根据各自特点，开展竞赛活动。亏损企业开展了“企业有难我有责，我为企业献一策”的献计策赛；效益好的企业开展了“我是企业主人翁，企业兴旺我光荣”的比贡献赛；机关、服务行业开展了“敬业、文明、微笑服务，为常德形象添光彩”的树形象赛；停产待岗女职工开展了“不等不靠，自强拼搏，再创事业第二春”的争自强赛。常德卷烟厂女职工委员会围绕“爱常烟，爱岗位，讲道德，比贡献”的竞赛主题，组织了“十大赛区百分赛”。常德棉纺厂女职工委员会根据产品市场和厂情，3 年中，相继开展了操作状元擂台赛、现场操作表演赛、降消耗赛、运转操作赛、30 佳能手赛等竞赛活动。全厂优级手、一级手率达到 90%以上，级外手率降低到零。常德市邮电局女职工委员会提出“企业靠我发展，我靠企业生存”的竞赛口号，激发女职工的主人翁意识。该局 320 名女职工，提合理化建议 740 条，创经济效益 1000 多万元。常德市第一人民医院女职工委员会，围绕该院创“三甲”目标，组织女职工开展了以“三基”训练为主的岗位竞赛活动，组织各种考核 54 次，4400 人次参加，合格率 100%。女职工撰写学术论文 126 篇，其中 86 篇在国内外学术刊物上发表。

第二轮竞赛，全市举办各种技术比武 3468 场，有 58654 名女职工参与比武。举办各种岗位技术培训和转岗技能培训 3824 场，有 65400 名女职工参加培训。3 年中，全市共选树“芙蓉标兵岗”女职工先进集体和“百岗女明星”女职工先进人物 868 个。

第三轮“芙蓉杯”竞赛(1999—2001 年)

第三轮竞赛，省总工会定名为“芙蓉杯双文明竞赛”，明确竞赛围绕岗位建功、学习成才、下岗再就业、文明家庭四大主题展开。常德市总工会将此轮竞赛纳入全市工会工作目标管理体系，实施年度百分制综合考评。市总工会女职工委员会组织全市女职工，以集体创建“芙蓉标兵岗”和个人争当“芙蓉百岗明星”为重点，开展了四大竞赛活动。围绕经济建设中心，开展岗位建功赛，引导女职工在改革开放和经济建设中献计出力；围绕提高女职工文化技术素质，开展学习成才赛，促进女职工自学成才、岗位成才，增强女职工的竞争力；围绕推动下岗女职工再就业，开展再就业明星赛，激励下岗女职工奋发图强，勇创新业；围绕加强家庭文化建设，开展文明家庭赛，发挥女职工在精神文明建设中的特殊作用。全市各级女工组织，根据“芙蓉杯”竞赛的主题，积极开展各种竞赛活动。市第一人民医院女职工委员会开展了医德医风赛，常德邮政局女职工委员会开展了揽储赛，湘澧盐矿女职工委员会开展了“十次操作无事故”赛，金融行业女职工组织开展了服务达标赛，常德电信局女职工委员会开展了“忍耐、礼让、和蔼、沟通、理解”十字服务赛，教育行业女工组织开展了教师“三字二画(话)”基本功赛。

第三轮“芙蓉杯”竞赛中，全市女职工实施技术革新改造项目624个，创价值6500万元；提合理化建议1.36万多条，创价值7100多万元；实施双增双节项目3023个，创价值4900多万元。

第四轮“芙蓉杯”竞赛(2002—2004年)

第四轮竞赛，省总工会定名为“芙蓉杯百万女职工素质达标竞赛”，确立竞赛围绕提高女职工思想道德、文化技术、创新能力、身心健康四大主题进行，3年内女职工学历上台阶、文化上层次、技术上等级、工作出成果的比例达到80%以上。按照省总工会的要求，常德市总工会在全市开展了“十万女职工素质达标竞赛”活动。市总工会女职工委员会编制了分年度达标规划，在全市实施了四大主题竞赛活动。围绕提高女职工思想道德素质和“四自”精神，开展争先创优赛，鼓励女职工在社会公德、职业道德、家庭美德建设上做出成绩，实现思想道德素质达标；围绕提高女职工文化技术素质，开展学习成才赛，帮助女职工学文化、学技术、学法律、学经管、学第二技能，实现文化技术达标；围绕提高女职工的创新能力，开展创新创效赛，引导女职工进行技术、管理、服务、文化、工作创新，实现创新成果达标；围绕提高女职工身体素质和社会适应能力，开展健康达标赛，引导女职工参加多种强身健体、愉悦身心的文化体育活动，实现身体素质达标。市总工会女职工委员会围绕“芙蓉杯”竞赛的四大主题，提出了争创“一岗四星”的竞赛口号，建立竞赛联系点31个，推动基层开展创建“芙蓉标兵岗”、“芙蓉百岗明星”的双创活动。各级女工组织根据各自单位的特点，将“芙蓉杯”竞赛与其他竞赛有机结合，增进了竞赛的综合效果。卫生行业开展了医风医德赛，纺织行业开展了“干主人事，尽主人责”赛，邮电行业开展了“新春杯”“效益杯”“献礼杯”等阶段性的劳动竞赛。

据统计，全市参加第四轮“芙蓉杯”竞赛的女职工达35万人次；获得各级各类等级证书的有83865人；参加技术攻关、革新改造的有33197人，攻关改造项目1361个；提合理化建议51120件，被采纳49586件。常德纺织机械厂、常德卷烟厂、常德市第一人民医院、澧县人民医院、常德电信10000号客户中心，先后受到全国总工会的表彰。

第五轮“芙蓉杯”竞赛(2005—2009年)

第五轮竞赛，省总工会定名为“芙蓉杯百万女职工素质达标成果赛”。根据省总工会的要求，常德市总工会确定此轮竞赛以“学习新知识，创造新业绩，树立新形象”为主题，以赛素质、赛业绩、赛形象为重点，用5年时间，使全市80%以上的女职工在已有基础上，学历上台阶，文化上层次，技术上等级，工作出成果。常德市总工会女职工委员会引领全市女职工，开展三大主题竞赛。以“创建学习型组织，争做知识型职工”活动为平台，开展素质赛；以争创“芙蓉标兵岗”“芙蓉百岗明星”活动为平台，开展业绩赛；以精神文明创建活动和文化体育活动为平台，开展形象赛。并对各基层工会进行分类指导，对薄弱地区和薄弱环节重点突破，推动竞赛整体平衡发展。

第五轮竞赛中，全市有12万多名女职工参与，先后涌现出“芙蓉标兵岗”500多个、“芙蓉百岗明星”600多人。2.4万多名女职工通过学习取得大专以上学历，2.1万多名女职工成为各类岗位技术能手，全市女职工达标面为81%。

第六轮“芙蓉杯”竞赛（2010—2012年）

第六轮竞赛，省总工会定名为“芙蓉杯百万女职工提素质立新功竞赛”，竞赛主题为“强素质，创佳绩，展风采”。根据省总工会的竞赛要求，常德市总工会女职工委员会在全市开展了“学习成才”“技能提升”“岗位建功”三大主题竞赛活动。以提升女职工个人业务素质和女职工队伍整体素质为重点，以“女职工业余学校”、“女职工素质教育流动课堂”为平台，开展以“学习成就理想，知识创造未来”为主题的学习成才竞赛；以提升女职工职业技能和技术创新能力为重点，以岗位练兵、技术比武、技术创新活动为载体，在女职工集中的行业和岗位，开展以“立足岗位成才，实现岗位创新”为主要内容的技能提升竞赛；以提升女职工服务经济社会发展水平为重点，以争创“芙蓉标兵岗”和“芙蓉百岗明星”为载体，开展以“立足本职创一流，建功立业展风采”为主题的岗位建功竞赛。许多企业根据自身生产经营特点，组织各种各具特色的竞赛活动。云锦集团公司开展了以“降低消耗、节约成本、提高质量、安全生产”为主题的劳动竞赛活动；鼎城区兴隆劳务输出公司开展了“赛业绩、比效益”技能活动；石门县中医院开展了“中医护理操作技术比武及中药操作技能比武”活动。

第六轮竞赛中，全市各级女职工组织共举办各类培训班856期，开办讲座和流动课堂1500场次。云锦集团的女职工业余学校，被省总工会授予“湖南省十佳女职工培训学校”称号。2012年，在全国女职工岗位创新技能大赛湖南赛区医疗护理选拔赛中，常德市第一人民医院女职工李颖夺得全省第三名。3年中，全市选树各级“芙蓉标兵岗”300个、“芙蓉百岗明星”358人。其中，市“芙蓉标兵岗”30个，“芙蓉百岗明星”30人；省“芙蓉标兵岗”12个，“芙蓉百岗明星”12人；全国“五一巾帼岗”4个，“五一巾帼标兵”3人。

第八章　农民工工作

第一节　入会情况

农民工是中国改革开放和工业化、城镇化进程中涌现的一支新型劳动大军。他们户籍仍在农村，主要从事非农产业，有的在农闲季节外出务工、亦工亦农，流动性强，有的长期在城市就业，已成为产业工人的重要组成部分。大量农民进城务工或在乡镇企业就业，对中国现代化建设做出了重大贡献。

随着农民工的兴起，常德各级工会组织开始注意在农民工集中的乡镇企业建立工会组织，吸收农民工会员。1989 年，常德市在乡镇企业建立工会 63 个，有会员 3366 名。至 1993 年，农民工会员发展到 6010 名。从 1993 年开始，常德市总工会把组织工作的重点，放在外商投资企业、乡镇(街道)企业、私营企业等新经济组织工会的组建和农民工入会上来。1994 年，市总工会与市乡镇企业经济委员会联合发出《关于加强乡镇企业工会工作的意见》。1997 年，市总工会与市劳动局、市工商局联合发出《关于在全市私营企业中组建工会和开展工会工作的通知》。1998 年 9 月，中共常德市委召开全市工会组建工作会议，研究部署外商投资企业、私营企业、乡镇(街道)企业等新经济组织组建和改制企业工会重组工作，要求上述三类企业在开业投产半年内建立工会组织。至 2000 年，全市外商投资企业 113 家，职工 14133 人，建立工会组织的有 109 家，会员 9416 人；私营企业 4010 家，职工 19883 人，建立工会组织的 891 家，会员 12229 人；乡镇(街道)企业 5653 家，职工 260854 人，建立工会组织的 841 家，会员 20797 人。这些企业的工会会员中，绝大多数是农民工。

2004 年 10 月，中华全国总工会下发《关于组织各种所有制企业、事业单位及机关的劳务工加入工会的通知》，要求“凡在各种所有制企业、事业单位及机关从业，与用人单位建立劳动关系(含事实劳动关系)的劳务工，不论户籍关系在哪里、用工形式如何、就业时间长短，都要依法把他们组织到工会中”。该通知还明确要建立统计通报制度，各地统计职工入会率必须把农民工包括在内。根据全总通知精神，常德市总工会进一步加大基层工会组建和吸收农民工入会力度。2005 年，常德市总工会对全市农民工进行普查登记，县、乡、村分别建立健全外出农民工台账，做到基本情况、外出时间、流入地址、从事职业、联系方式“五个清楚”。据统计，2005 年常德在外地务工农民工 91 万人，在境内务工农民工 12.6 万人；外地在常德务工农民工 3.3 万人。是年，常德市总工会作出规定，25 人以上的私营企业必须成立工会；25 人以下私营企业中的农民工加入街道工会组织；政府部门下属单位的农民工加入行业工会组织。

为吸引更多农民工加入工会，从 2006 年起，常德市除加强乡镇（街道）工会、村级（社区）工会建设外，还积极创建工程项目工会、楼宇工会等新形式的工会基层组织。同时，创新入会方式，采取属地入会、外出转会的动态管理办法，动员组织外出农民工加入户籍所在地的乡、村工会组织，打工走到哪里就把工会手续带到哪里，转入当地的工会组织。至 2012 年，全市组建基层工会组织 7222 个，拥有工会会员 873623 人，其中农民工会员 307205 人。

第二节 维权帮扶

从 20 世纪 90 年代起，随着农民工队伍的逐步扩大，常德市各级工会不断加大农民工工作力度，从组织入会、权益维护、教育培训、服务管理、援助帮扶等方面保障农民工合法权益。

一 街道社区和乡镇劳动保障机构建设

从 2004 年起，常德市总工会着手抓基层劳动保障机构建设。至 2012 年，全市 208 个乡镇都建立了劳动保障服务站，每个站配备了专职工作人员，安排了专项工作经费，明确了工作职责。劳务输出大县桃源，全县 40 个乡镇的劳动保障服务站，在 2005 年全部建齐，由乡镇在编的国家公务员担任站长，还明确一名劳动保障工作联络员，该县每个乡镇劳动保障服务站都建立了《劳动力资源台账》《外出务工人员台账》，对本乡镇劳动力状况和外出务工人员情况进行动态管理。该县每年年初向全县所有外出务工人员每人送发一份《致全县外出务工人员及家属的一封信》，对维权服务作出承诺，同时劳动保障联络员到外出务工人员家中，上门签订《维权服务协议书》。县政府将这项工作纳入对各乡镇政府年度工作目标考核。2005—2006 年，该县处理各类维权案件 88 件，为务工人员追补各种赔补款 200 多万元。

二 教育培训

1994 年，常德市总工会把农民工的培训纳入到职业教育培训整体范畴，市县两级成立农村劳动力培训工作领导小组，每年下达培训任务指标，拨给培训经费，进行检查考核。2000 年起，开展农民工就业创业基地建设，至 2009 年，全市建立起 10 家农民工就业创业培训基地，其中澧县总工会职工学校被评为全国工会农民工技能培训示范基地。全市培训发证工种涵盖砌筑工、钢筋工、混凝土工、木工、水暖工、电工、起重机操作工等 11 个工种，接受培训的农民工每年达 1 万人以上。

三　劳动合同监督管理

2004 年起，市总工会和市劳动局对全市境内各类用人单位劳动合同制度的实施特别是农民工劳动合同的签订进行监督管理，明确规定各类用人单位凡用工必须依法签订劳动合同，劳动保障部门负责提供规范的劳动合同文本，并对用工单位上报的劳动合同文本进行审查，对其中不合法或违反有关规定的条款责成修正，杜绝收取押金、保证金、超过工作时间等不符合规定的内容出现，对合格劳动合同给予鉴证。同时，推行用工单位诚信守法制度。在坚持公开和民主评议的基础上，对各类用人单位的遵纪证书，通过新闻媒体向全社会公布，以此增强用工单位的遵纪守法意识，规范用工行为。2005—2006 年，市政府连续两年召开诚信守法单位表彰大会。

四　保障农民工工资支付

2005 年，常德市总工会与市劳动、建设、银行、法院等部门协调配合，共同制订出台了建筑行业农民工工资支付保障金制度，要求建筑企业在办理施工许可证之前，必须按工程造价的 15%预先在指定银行存入资金，开设农民工工资支付专户，为农民工办理个人工资卡，每月按时将农民工工资从该专户直接划转到工资卡上。这一年，全市存储农民工工资保障金 4350 万元。从 2006 年起，市总工会与市劳动局、市公安局、市住建局、市工商局等部门联合，每年开展一次农民工工资支付情况专项检查，对检查中发现严重拖欠、克扣农民工工资的案件，依法及时查处。

五　劳动保护

2005 年 3 月，常德市总工会、市安监局转发全国总工会和国家安监局《关于加强非公有制企业工会劳动保护工作意见》，要求全市各级工会加强劳动保护工作源头参与和企业民主管理与监督。企业有关劳动安全卫生的重大措施、方案，须经职工代表大会讨论通过后方能实施。在非公有制企业工会的要求下，上级工会可以代行其难以承担的部分维权职责。2006 年，市总工会、市安监局、省煤炭安监局常德分局在全市采掘、建筑、加工制造等行业，开展为期半年的“关爱农民工生命安全与健康特别行动”，在事故多发和职业危害严重的作业场所开展“查隐患、堵漏洞、保安全”活动，促进企业安全生产，保障农民工的安全与健康。

六 爱心援助

2006年1月，常德市总工会发出关于切实维护农民工合法权益的紧急通知，要求全市各级工会把农民工作为工会工作重点对象，把困难农民工作为困难职工帮护中心帮护对象，积极开展为农民工送温暖活动，开展“工会干部与农民工共过春节”活动。2007年元旦、春节期间，常德市总工会走访慰问困难职工281人，其中农民工60人。从2008年起，市、县两级工会每年均从财政拨付帮护中心专项资金划出一块，用于资助困难农民工。

七 异地维权

常德是劳务输出大市，1995—2012年，每年出市出省务工的农民工在90万人左右。从20世纪90年代中期起，常德市各级工会把农民工异地维权作为工会工作的一项重要内容，通过组织社会援助、法律援助、争取劳务输入地工会和党政部门支持等形式，成功地维护了一批农民工的合法权益。2010年10月，全国总工会在常德召开进一步加强和规范农民工维权联动机制研讨会，肯定了常德的经验。

1998年5月1日，石门县太平镇副镇长陈建教接到自生堰村村民林进佩从山西省榆次市东阳镇打来的求救电话，诉说他和5位石门老乡进了那里的一个黑厂——开白砖厂，进厂后钱被搜光，日夜干苦工，不准出厂转厂，不准写信，不准打电话，并有8名打手日夜看守，完全剥夺了人身自由。他们6人个个挨了打，处境十分危险。陈建教将情况核实后，于5月12日北上山西榆次解救这批民工。5月14日，陈建教一行面见榆次市人大常委会主任庞廷清反映情况。庞随即向市政府通报情况，并指派市人大常委会秘书长、市劳动局副局长及市劳动监察大队长、东阳镇党委副书记、人大主席和镇派出所所长等前往开白砖厂察看实情。经查该厂为一个私营小厂，有150多名工人，均系从湖南、四川和甘肃等地骗来的农民工。民工们被骗进厂，厂方将他们的钱财全部搜走扣下，再编班到组。有监工、打手日夜值班监视民工，就连上厕所也不放松，工作时间每天超过14个小时。在当地党政部门的交涉下，石门6位民工终于逃出了虎口。当陈建教一行离开砖厂时，外省民工纷纷奔到车边，请求将他们带出去。返回石门后，陈建教很快整理出一份长达5000余字并配有照片的《关于整治黑厂的建议》材料，用特快专递寄给山西省人大常委会主任卢功勋。在山西省的重视下，6月10日，当地公安机关提请逮捕3人，依法刑事拘留7人。6省150多名被困民工得到解救。

2002年4月，石门县维新镇和澧县洞市乡的100多名农民工，被地下非法劳务市场诱骗到北京昌平区太平庄顺天通建筑公司七处822项目建筑工地，卖了3个多月苦力未得到分文工资，想离开工地另谋去处又无路费。无奈之下，他们向省人大代表、石门县太平镇副镇长陈建教写信求救。7月21日，陈建教乔装成民工到顺天通建筑公司工地卧底暗访，收集证据。4天后被监工发现，在民工掩护下逃离工地，在旅店住下后赶写出《皇城脚下建筑工地的黑幕》的调查报告，用特快专递分别寄给北京市委书记、市长、市人大常委会主任，劳动和社会保障部部长，国务院总理。几天之后，国务院副总理温家宝在陈建教的信上作出重要批示：尽快严肃查处此事。北京市委、市政府信访办公室第361期《信访信息》全文转发陈建教的报告，北京市以此为契机开展了对建筑市场违规发包和私招滥雇劳务人员的行为进行重点整治。顺天通建筑公司被罚款3万元。北京还集中开展了"首都建设者慰问活动"，全市共兑付劳务费1.4亿多元。顺天通建筑公司拖欠石门、澧县100多名农民工的工资全部支付到位。2003年春节前夕，一场全国性的整治用工市场，兑付农民工工资的行动由此展开。

2011年1月，津市渡口镇农民工雷辉在浙江宁波向阳坦科斯特电子有限公司上班时，右手无名指被机器压断，由当地劳动部门鉴定为10级伤残。事故发生后，雷辉没有得到相关补偿，他一时心理失衡，先后两次藏匿价值2980元的3块模具，被控盗窃罪而获刑6个月。刑满后，雷辉向厂方提起工伤赔偿，厂方不予理睬。雷辉遂向常德市总工会请求援助。常德市总工会派出市职工法律援助志愿者、湖南告成律师事务所主任雷志锋进行免费维权援助，并向当地市、区两级总工会致函请求支持。雷志锋与厂方交涉无果后，向当地劳动争议仲裁委员会提起仲裁申请。2011年12月12日，这起劳动争议案在宁波市鄞州区劳动争议仲裁委员会开庭，鄞州区总工会派出2名工作人员，全程参加仲裁活动。12月23日，鄞州区劳动争议仲裁委员会裁定厂方向雷辉支付伤残补助金、一次性工伤医疗补助金、就业补助金共计3万余元。宁波向阳坦科斯特电子有限公司不服裁决，向鄞州区法院起诉。2012年2月21日，法院开庭审理，湖南告成律师事务所律师接力援助，法院判定维持仲裁裁决，厂方未上诉，雷辉最终拿到这笔赔偿款。

汉寿县坡头镇官护村村民在福建省泉州市联纵公司工作的电工周政，2011年4月，被公司分到福建省南安市石井镇成功国际城工作。2011年7月28日，周政在该国际城检查电路时，从2楼摔至地下室，当即昏迷不醒。经医院抢救，保住了生命，但成了植物人。联纵公司以周政不属于工伤为由，承担前期医疗费17万余元后停止支付治疗费用。周政妻子请求联纵公司无望，向南安市人社部门申请工伤认定无果，于2011年11月下旬委托亲友向常德市总工会请求法律援助。接到请求后，常德市总工会随即展开异地维权活动。省人大代表、市职工法律援助志愿团团长陈建教第一时间赶往福建，走访福建省人社厅、泉州市总工会、南安市总工会等部门，送达《呼吁函》，引起有关部门重视。12月，常德市总工会法保办主任张艳明和市职工法律援助志愿团律师张进千前往福建，参加石井镇总工会主持的劳动调解，未达成协议。随后，两人开展调查取证，准备法律诉讼。调查表明，联纵公司没有为员工周政买工伤保险，成功房地产公司提供的工作环境有安全隐患，两者均负有不可推卸的责任。据此，张进千于 2012 年 1 月向南安市法院发出起诉函，向南安市人社局申请工伤认定。南安市人社局根据张进千提供的代理意见和证据，多次给联纵公司做工作，建议增加赔偿金额。南安市法院则及时立案并确定了开庭时间。至此，联纵公司和成功房地产公司同意协商解决。2012 年 3 月 9 日，在石井镇人民调解委员会主持下，双方达成调解协议。联纵公司和成功房地产公司共同赔偿周政伤残补助金、残疾赔偿金共近 70 万元。赔偿金到位后，周政撤回诉讼，南安市法院裁定准许，全额退回周政预交的诉讼费。

2013 年 6 月 6 日晚，常德市总工会官方微博收到网友转来的求助信息：湖南常德有多名农民工被浙江一包工头骗至蒙古国采金被困，急切希望回国，请求国内相关部门或团体援助。市总工会核实此求助信息后，6 月 7 日，常德市正厅级干部、市总工会主席石成林委派专人专程赶赴省总工会汇报。省、市两级总工会立即启动了紧急救援机制，积极和外侨、公安、国安等多部门紧急联动，通过外交部、全国总工会和国际刑警组织等多种途径开展救援。经过十多天的努力，6 月 16 日，被骗到蒙古国务工的 10 名常德、张家界农民工艾宏海、王兵、杨子雄、彭文佰、唐新建、向新军、吴立国、张文兵、朱佩、田复丛，在省总工会和市总工会的积极救援下，终于平安回家。

2013 年 6 月 16 日，被困蒙古国一个半月之久的桃源县民工终于平安回到常德

第九章　财务经审 资产管理 经济实业

第一节　工会财务

一　经费收入管理

1949年12月，湖南省总工会筹备委员会常德专区办事处成立后，开展工会工作的经费由常德专员公署供给，机关设行政会计，管理收支。所属各县市的工会经费由同级政府财政供给。由于地方财政紧张，导致工会经费有限，津市市总工会筹委会办公租房的租金，由工会会员捐赠给付。常德市、常德县总工会筹委会开展大型工会活动经费也是由企业和会员捐赠。1950年6月，《中华人民共和国工会法》颁布实施，规定企事业行政或资方，按月向工会拨交经费，从此，工会经费有了固定来源和法律保障。随着工会组织体制的不断完善和各级政府的支持力度加大，工会经费收缴逐步形成独立体系。工会经费来源于5个方面：会费、企业行政拨交经费、上级工会补助、政府补助及其他收入。1966年"文化大革命"开始后，工会经费收入逐步中断和冻结。1979年，原来建立和形成的工会经费收入管理体制得到恢复。1992年4月颁布的新《中华人民共和国工会法》明确了工会经费的5个来源：工会会员缴纳的会费；建立工会组织的企业、事业、机关按每月全部职工工资总额2%向工会拨缴的经费；工会所属的企事业单位上缴的收入；人民政府的补助；其他收入。此后，一直沿袭这种工会经费收入体系。

（一）会员会费

新中国成立初期，各基层工会收缴会员的会费，执行全国总工会的统一规定，即"会员须按月缴纳所得工资百分之一为会费"。1952年，全国总工会在规定会费收缴标准为所得工资1%的同时，明确新加入工会的会员，须交上月工资1%的入会费。其时，企事业单位职工自觉缴纳会费，常德专区及各县市所属企事业会费收入达95%。1959年后，因"工会消亡风"影响，会费收缴工作有所放松，是年，全区会费收入下降30%。1962年，全国总工会修改了会费交纳标准，规定会员仍按月工资1%交纳会费，但会员所得超时工资、奖金、津贴、稿费等不在会费交纳范畴之内，同时取消了入会费。1978年年底开始，全区各县市总工会执行全国总工会《关于收缴工会会费的通知》（以下简称《通知》）和湖南省总工会《关于工会会费收缴办法》(以下简称《办法》)文件的精神,会员按本人每月工资收入的0.5%向工会组织缴纳会费,会员所得各种奖金、津贴、稿费、补助费、退休退职金等均不计入会费缴纳基数,保留会籍的会员在保留会籍期间免交会费。此后,工会会费的收缴办法和标准一直沿用全国总工会的《通知》和省总工会的《办法》。

1954年以后,会员会费的上解、留存比例几经变动。是年1—9月,基层工会收缴的会费自留30%,上解上级工会70%。10月后,基层工会收缴的会费全部上解,由全国总工会和省总工会统一管理。1956年,基层工会收缴的会费又改为自留30%,上解上级工会70%。1957年1月至1959年3月,改为基层工会自留80%,上解上级工会20%。从1959年4月起,改为全部由基层工会留用,不再上解上级工会。1964年1月起,省总工会规定将会费收入的5%上缴上一级工会作为调剂金。1966年1月,省总工会撤销上述规定,会费收入全部仍留基层工会,此后,会员会费的管理一直沿用此管理体制。由于会员会费全由基层工会留存,增强了企事业单位在会费管理上的积极性。1987年5月,常德地区工会对常德七一机械厂、常德卷烟厂、常德纺织机械厂、湖南拖拉机厂、浦沅工程机械厂、常德棉纺厂、常德肉联厂、常德滨湖印刷厂、常德邮政局、湘澧盐矿等10家地区直属企业工会经费收缴情况调查,会费收缴率都达100%。

1990年后,国家进行了多次工资改革,职工工资收入有了较大幅度增加,促进了企业工会会费收缴额的增加。1994年7月,机关和事业单位工资制度改革后,省总工会对机关事业单位工会会费的缴纳基数进行了统一规定:机关的工会会费缴纳基数为职务工资、级别工资、基础工资、工龄工资;事业单位的工会会费缴纳基数为职务工资、等级工资。机关和事业单位的工会会费的收缴进一步规范。

1997年后,随着企业经营体制改革逐步深入,特别是2000年全市国有企业"两个置换"体制改革后,全市企业的构成以非公有制企业为主体。在其工会组建的过程中,工会会费收缴受到一定的冲击,主要是企业和职工队伍不稳定,尤其是农民工职工群体的流动性大,使一些民营企业工会会费收缴上出现随意性。2006年5月,市总工会发出《关于加强我市非公有制企业工会组织规范化建设的实施方案》,明确非公有制企业工会规范化建设要达到"十个一",其中工会经费缴纳和独立账户(包括工会会费)就是其一。此后,非公有制企业工会会费的收缴由无序到逐步规范。

(二)拨缴经费

各级工会收缴企业行政拨交的工会经费,经历了由自流到依法拨交的发展过程。解放初期,各县市总工会筹委会在建立和整顿基层工会组织中,开始建立了工会经费收缴制度。其时,工会经费收入主要包括有工会会费、失业工人救济金、职工文化教育费、劳动保险金,以及各项捐款。1950年6月,《中华人民共和国工会法》(以下简称《工会法》)颁布实施,规定企事业行政或资方按实际工资总额的 2%，按月拨交工会组织作为工会经费(其中实际工资总额的 1.5%为职工文化教育费)。开始执行《工会法》时，因无明确的制度规定，厂矿企事业单位拨交经费处于自流状态，各级工会上解拨交经费的比例也不一致。全区各县市工会拨交经费收缴率不足 60%。此后，全国总工会规定，基层拨交经费中 1.5%的文化教育费，其总额的 70%由基层工会自留，在一定程度上提高了基层的积极性，但拨交经费仍未走上正轨，不交、少交、漏交现象普遍存在，全区县市拨交经费的收缴率仍未达到 80%。

1954 年后，基层工会拨交经费由省总工会统一管理，其拨交经费的 50%上解县、市、专区工会，50%上解省总工会(其中 40%上解全国总工会)，这种管理体制挫伤了基层工会的积极性。1956 年 7 月，省总工会按照全国总工会制定的统一领导、分级管理的工会财务工作方针，调整拨交经费的分配比例、基层工会留 60%，县、市工会留 10%，省工会留 25%，上解全国总工会 5%，并同时执行政务院经济委员会关于拨交经费滞纳加罚制度，增强了基层工会的积极性和纪律性。从 1958 年 1 月起，国家机关行政按职工工资总额的 1%拨交工会经费。由此，工会经费拨交率有了大幅提高，县、市工会工作经费状况有了明显好转。1958—1961 年津市市总工会经费总收入达到 200261.18 元，在组织开展各项工会活动和正常工作经费开支后，还结余 44167.40 元。此后，经历 1959 年“工会消亡风”，工会经费拨交一度处于混乱状况，全区基层工会拨交工会经费大幅下降。1966 年“文化大革命”之后，工会经费拨交停顿。1969 年 9 月，湖南省革命委员会生产指挥组发出《关于国营工业企业几项财务制度改革的试行办法》规定:“从 1969 年三季度起，国营企业停止提取工会经费。”从此时至 1978 年 12 月，常德地区及各县市建立工会的单位均停拨工会经费。

1979 年 2 月，省财政局、省总工会转发财政部、全国总工会《关于恢复企业、事业、机关的行政方面拨交工会经费的联合通知》，规定从 1979 年 1 月起，凡已建立工会的单位均应按规定拨交经费。此后，工会拨交经费的分配比例为:基层工会留 60%，县及县级市总工会留 20%，省辖市总工会和地区工会留 5%，省总工会留 10%，上解全国总工会 5%。其后，随着经济社会的发展、职工工资的整体提高，工会财务工作制度的加强，工会经费拨交管理体系逐步完善，基层工会拨交经费逐年上升。从 1982 年开始，常德地区工会对各县市和地直厂矿企事业基层工会，实行收入预算包干定奖，调动基层工会拨交工会经费的积极性。地区工会还抽调县市总工会财务干部，组成清查督查组，抽查重点企事业单位，清查职工工资总额，督缴工会经费，保证了全区工会经费收缴任务的完成。1982 年全区拨交经费 70.63 万元，1983 年 80.46 万元，1984 年 93.10 万元，1985 年 100.45 万元，1986 年 142.89 万元，1987 年 151.20 万元，1988 年 151.49 万元。工会经费拨交一直呈稳步上升趋势。1983—1985 年，常德地区工会连续 3 年在全省工会财务工作竞赛中获优胜单位，1986 年获全省工会财务工作竞赛一等奖。

1988 年起，全市范围内推行劳动、工资、人事制度三项改革，企业经营机制、工资构成、利益分配发生深刻变化，工会经费拨交面临很大困难，主要是：企业职工人数难确定、工资总额难掌握、收缴手段难奏效、企业拨给工会经费难落实、企业工会经费难管住。面对种种压力，市总工会强化经费收缴的力度和手段：一是建立经费收缴预决算制度，核准落实市本级和县（市）工会经费收缴的目标任务；二是组织开展工会财务工作竞赛达标活动，实行经费收缴评优评先一票否决；三是运用激励机制，由市总工会与区县（市）总工会签订收缴工会经费目标责任状，责任人缴纳风险抵押金，完成任务后给予责任人一定比例奖励，未完成任务的则风险抵押金不予退还。这些措施手段促进了全市工会经费的稳步增长。1988—1992 年，市本级经费收入达到 1111.3 万元。

1993 年后，在计划经济向市场经济过渡中，相当一批企业出现了经济效益下滑，少数企业处于停产或半停产的困境，工会经费收缴出现前所未有的困难。面对压力，市、县两级总工会强化工作举措。一是加大依法收缴工会经费的宣传力度。市、县两级工会主要领导带队到企业约见行政负责人，通过《工会法》宣传，增强企业主动缴纳工会经费的法律意识；二是积极争取市委、市政府的重视与支持，提请将党政机关和教育系统的工会经费实行财政统一划拨；三是建立区县（市）以上工会机关干部收缴经费目标责任制，工会经费收缴与干部职工政绩挂钩，形成全会抓经费的合力；四是加大工会经费审计力度，督促短解的经费及时上解、足额到位。通过这些积极有效的举措，在面临较大压力下，全市工会经费仍然稳步增长。1993—1997 年，市本级拨交经费收入达到了 1952.44 万元。

1997 年后，全市国有企业相继进入改制阶段，到 2000 年，全市市属国有企业已基本不复存，工会经费收缴面临更大困难。各级工会在积极支持企业体制改革的同时，采取切实有效的措施加大经费收缴力度。一是强化企事业单位主动上缴工会经费的法律意识。1997 年 8 月，常德市中级人民法院、常德市总工会发出《关于认真贯彻省高级人民法院、省总工会湘工〔1997〕11 号文件精神，依法收缴工会经费的通知》。在市中级人民法院的支持下，对个别单位依照法定程序进行了所欠工会经费的追缴，扩大了社会影响力。通过这些举措，1998—2002 年，市本级拨交经费收入达到 2156.89 万元。二是加大工会经费收缴力度。1998 年 1 月，市总工会下发《关于调整对市教育工会等 6 个联合工会所属 35 个基层工会管理职能的函》。明确从 1 月 1 日起，副处级以上基层工会经费由市总工会直接收缴，其他单位仍委托联合工会收缴，并按目标任务的 25%和超目标任务部分的 40%比例，给予回拨奖励，从而保证了骨干单位经费的足额到位。三是加大新经济组织工会组建力度，培植工会经费新的增长点。四是争取市委、市政府和职能部门支持。2001 年，市财政局、市总工会下发《关于进一步落实行政事业单位工会经费的通知》；2002 年，中共常德市委、市人民政府下发《关于加强新时期工会工作的意见》，对工会经费的收缴做出明确规定，改变了长期以来财政拨款的行政事业单位工会经费收缴不到位的状况。

2003年后，区县(市)总工会主席全部实行了高配，地方工会的政治地位和社会影响力得到提升，加之高配主席的人脉关系，县一级总工会经费收缴的环境得到改善，但经费收缴不到位仍然是制约县级工会工作发展的“瓶颈”。从2005年开始的工会经费由地税部门代收，从根本上破解了这一难题。在借鉴兄弟市州成功经验的基础上，常德市总工会针对工会经费收缴难点集中在县一级的状况，创立“五统一分”的市县一体化税务代收经费的模式，即统一代收委托、统一宣传口径、统一征缴方式、统一代收费用比例、统一开征时间、分别商定基本目标任务。从而使全市工会经费代收工作从一开始就步入整体有序、规范运转轨道。与此同时，行政事业单位工会经费由财政统一划拨制度进一步巩固和规范，经费收缴的激励和制约机制进一步健全和完善，逐步形成了与经济社会发展同步的工会经费收缴长效机制，工会经费收缴呈现大幅上升趋势。2003—2007年，市本级拨交经费收入达到4307.73万元。

2008年后，经费收缴机制进一步完善。市县工会认真落实省总关于改变基层工会经费留成比例，实行税务代征、财政划拨、征收筹备金的指示，大胆创新工作思路，不断巩固和发展符合常德市情的工会经费收缴长效机制。一是争取行政事业单位工会经费财政划拨水平不断提高。全市行政事业单位工会经费逐步完成由财政代扣到部门预算的过渡，各级财政按照全部职工工资总额为基数，全额计提并列入年初预算。2012年市县两级财政划拨行政事业单位工会经费697.27万元，比2007年增加404.02万元，增长138%。二是继续巩固地税代收经费长效机制。市总工会连续4年开展“工会经费代收工作标准化建设竞赛活动”，积极推行“税费同管”“国库经收”“年度清算清缴”“经费联合审查”，工会经费代收工作全面提质。到2012年，全市地税代收工会经费6391.46万元，比2007年增加4626.12万元，增长262%。三是不断完善收入激励和分配机制。市总工会始终坚持经费收缴一票否决制度，制定和完善经费收缴考核奖惩制度，加强督促检查、完善分配政策，不断提高经费征收单位收缴经费的积极性。2008—2012年，市本级拨缴经费达到8710.39万元。

(三)上级工会补助

1951年1月至1956年6月，县以上地方工会的工作费(包括工会机关活动经费、干部训练事业费、办公房屋修建修缮费用等)由全国总工会拨给，省总工会统一预算，垂直管理，结余上交。从1956年开始，全国总工会按省总工会预算和申请进行补助。1960年，为帮助部分职工解决急需住房问题，常德地区工会经省总工会预算申请，由全国总工会拨入专款80万元。地区工会下拨到10个县市和5个直属厂矿企业。常德市总工会将所拨的专款，在市城区和德山工业区修建了4栋职工宿舍，全部由企业工会分配给急需住房的职工。因连续3年自然灾害，1962年省总工会给予常德88.05万元经费补助（其中省总工会直接拨款40.25万元、地区工会经费解冻34.2万元、行政经费解冻13.6万元)，其都用于补助生活特殊困难职工。

1980年后，全国总工会和省总工会给予的补助项目主要是：兴建县以上工会职工文化、教育设施和办公用房；经常费、救灾费；按“实行核定上解定额，超额回拨奖励的规定”给地区和县市工会的回拨经费。1980—1988年，全国总工会和省总工会给常德地区县以上的补助和回拨经费达330.14万元。

1988年1月至1992年12月，省总工会给予常德市总工会建设职工活动中心，以及回拨奖励经费上的补助共计190.72万元。

1993年以后，全国总工会和省总工会加大对下级工会基本建设和“送温暖活动”补助。1995年，省总工会印发《地、州、市和省管产业工会上解经费回拨奖励办法》，根据实际上解经费和经费收缴率、经费增长率、工会组织组建率回拨奖励经费，调动了市一级收缴经费的积极性。1993年1月至1997年12月，全国总工会和省总工会给予的各种专项补助达301.53万元。

1998年以后，在企业体制转型过程中，待岗和下岗职工增多，全国总工会和省总工会进一步加大“送温暖活动”补助。2000年12月，省总工会印发《市州级工会上解省总工会经费按比例回拨补助办法》，简化回拨经费补助计算办法，只按增长率计算回拨经费，使其更符合工会经费收缴的实际。1998—2002年，全国总工会和省总工会给予常德的各种专项补助和经费回拨奖励补助达491.96万元。

2003年以后，随着市县两级工会经费收缴方式的改善，回拨奖励的经费也大幅增长。同时，全国总工会和省总工会进一步加大对地方工会基本建设、送温暖工程、劳动模范奖励和慰问的经费补助。仅2009年至2012年4年间，全国总工会和省总工会给予的经费回拨奖励及各种专项补助就有5023.87万元。

（四）政府补助

常德解放初期，湖南省总工会常德专区办事处和各县市总工会的机关经费主要靠政府补贴。1950年6月后，工会经费有了固定来源和法律保障，各级政府对工会的补贴主要体现在常德地区工会和各县市总工会改造和修建办公用房，兴建工人文化宫等职工活动场地时，在土地划拨、减免城市建设规费，及在召开工会代表大会等方面给予经费补助。为支持工会职工文化活动阵地建设，1975年2月，常德市工人文化宫由文化局交回工会管理后，将其核定为全额拨款单位。此后，随着文化活动市场化，1984年，市工人文化宫改为差额拨款单位。1994年后，市总工会机关，以及市工人文化宫和市职工学校职工离退休费由市财政拨付。

1988年撤区建市以后，随着企业体制改革的不断深化，各级工会帮扶困难企业和困难职工力度加大，市县两级人民政府给予工会的各项补助也逐步加大。

1988年1月至1992年12月，市政府给予市总工会开展活动补助资金1.99万元。

1993年1月至1997年12月，市政府给予市总工会补助资金5万元，拨付市总工会机关和市工人文化宫、职工学校离退休费36.49万元。

1998年1月至2002年12月，市政府给予市总工会补助资金132.43万元，拨付市总机关和市工人文化宫、职工学校离退休费115万元。拨付960万元用于市工人文化宫的修缮改造。

2003年1月至2008年12月，市政府给予市总工会补助资金950.72万元。

2009年1月至2012年12月，市政府给予市总工会补助资金2043.95万元。

（五）其他收入

市总工会的其他收入主要是工会经费的银行利息和购买国库券等有价证券的利息收入，1988—1992年，市总工会的其他收入为14.68万元。1992—1997年，市总工会其他收入为17.07万元。1998—2002年，市总工会其他收入为31.47万元。2003—2008年，市总工会其他收入为332.14万元（其中包括市总工会机关老院子的处置收入210万元）。2008—2012年，市总工会的其他收入为790.53万元。

二　经费使用管理

（一）会费使用和管理

1950年以前，会费使用范围无明确规定，各级工会视实际情况开支。从1951年1月起，全国总工会规定：基层工会自留会费的20%作为会员困难补助费，50%用于工会人事费、办公费、设备费、特别费及事业费等项开支，每3个月编造决算1次，送地方工会审查并公布；20%上缴县、市工会，由县、市工会作为补助某些经费不足的基层工会之用，每3个月编造1次补助报告；10%上解全国总工会。

1953年9月，湖南省总工会将县市工会所掌握的20%会费结余部分集中到省统一掌管，作为调剂金，用于补助产业工会、镇工会工作经费之不足、会员困难补助费之不足及印制表格等3项开支，专款专用。

1959年，会费全部由基层工会留用后，开支范围由基层工会自行掌握。1962年1月起，基层工会执行省总工会规定：用于会员困难补助，不低于会费收入的20%；用于职工集体福利事业，不超过会费收入的20%；用于积极分子训练奖励，不低于会费收入的10%；基层工会的行政费，控制在会费收入的50%范围内。

1964年1月后，基层工会在会费的使用上发生变化，主要用于两个方面：一是适应职工文化体育的发展加大用于文艺体育、宣传鼓动的费用比例，约占会费收入的55%~75%；二是关心困难职工生活，用于会员困难补助的费用，约占会费收入的20%~40%。1966年后的“文化大革命”期间，会费的使用处于自流状态。

1979年恢复工会经费独立后，省总工会于是年6月作出规定：基层工会将其会费的

2013 年 5 月，常德市总工会召开全市工会财务工作会议

20%与企业职工福利费合并，用于补助生活困难的职工。1983 年，省总工会要求基层工会加大用于会员活动支出比例。为此，基层工会对会费的管理、使用，都依据会员日益增长的文化体育活动需求，将 90%以上的会费用于会员活动支出。浦沅工程机械厂、常德纺织机械厂、湖南拖拉机制造厂、常德七一机械厂等厂工会都将会费的 80%下拨到各分会，作为开展群众性宣传、文体活动的经费，各分会通过会员活动日、参观、电影、舞会、车间之间篮球赛等活动，增强工会组织凝聚力。

1990 年后，在计划经济向市场经济转换过程中，一些企业关、停、并、转，待岗和下岗职工增多。企事业单位在工会会费的使用方式上有变化，由过去组织开展企业文化体育活动，转向帮助困难职工和集中在节假日对企业职工的福利和慰问。1994—1998 年，常德纺织机械有限公司处于发展最困难时期，在企业行政拨交工会经费难及时到位的情况下，企业工会将所掌握的工会经费，包括会员会费，以及工会技协盈利经费，组织开展工会会员活动，坚持在节假日向职工会员发放福利，稳定了职工队伍。

（二）拨交经费使用

《中华人民共和国工会法》（以下简称《工会法》）颁布之前，行政拨交经费数量较少，经费使用上无统一规定。从 1951 年 1 月起，《工会法》规定企事业行政或资方按实际工资总额的 2%，按月拨交工会工会组织作为工会经费。在其经费的使用上，1.5%的职工文化教育费，由基层工会、县市工会、专区工会分别掌握，用于文化教育事业；0.5%的经费，统一由县市工会掌握，用作所属产业工会工作费不足及县市工会工作费之不足。从 1953 年 3 月起，0.5%经费由省总工会统一管理，作为全省县市以上各级产业工会及地方工会的工作费。这期间，全区各县市工会及基层工会，都充分用好所掌握的 1.5%职工文化教育费，相继开办了职工文化补习班和职工业余学校，加强对职工的文化知识扫盲和补习。

1954年，工会经费实行集中统一管理，是年1—9月，县、市、专区工会管理的所属基层工会上解的50%的经费，作为基层工会的工作费，省工会管理的全省基层工会上解的10%的经费，作为补助专区、市、县工会支付基层工会工作费的不足，及县市以上地方工会文教体育活动费。1954年10月至1956年6月，基层工会将全部拨交经费上解省总工会。从1956年7月起，工会经费实行分级管理，基层工会留用经费，由基层工会按预算开支；县市工会留用经费，主要用于开展职工文体活动，举办文体事业。

1962年1月起，全区各级工会的自留经费，执行省总工会规定的开支范围和开支标准：基层工会自留经费，25%~37.5%用于职工文化教育，22.5%~35%用于职工文体、宣传活动，22.5%~35%用于工会组织建设；县市工会的自留经费，用于文体事业活动的占40%，用于补助下级工会的占20%以上，用于本级工会建设的占20%~40%。是年年底，常德地区工会按照省总工会的要求，对县市总工会经费使用情况进行调查，文化及体育事业支出比例超过70%，补助下级工会支出占12%，会议费在2%左右，机关行政经费支出占18%，基本符合省总工会制定的经费使用规定。

1969年停拨工会经费后，基层工会结余的经费，用于解决企业历年的医药费超支，剩余部分上交地方财政。地区及县市工会结余经费全部冻结，收归政府财政。

1979年恢复拨交工会经费后，全区各级工会贯彻全国总工会和省总工会确定的工会财务工作方针，把经费的使用主要放在工会建设、为职工群众和生产服务方面。是年6月，常德地区总工会发出《关于转发省总工会财务部〈关于当前工会财务工作的情况和意见〉的通知》(以下简称《通知》)，加强对基层工会在使用工会经费上的指导，要求各级工会在经费使用上做到："坚持一个原则，搞清两个概念"。一个原则就是量入为出、统筹安排；两个概念：一是工会经费只限于工会开展各项活动方面的支出，二是工会基础设施及办公用房、俱乐部和职工活动阵地建设费用应该由企业行政承担。《通知》发出后，及时纠正了少数企事业单位将行政性费用开支挤占工会经费的现象。

1983年以后，各级工会大力推动群众性职工文体活动，引导职工进行文化知识补习，但在其过程中随意开支工会经费的现象在不少企业中存在，部分企事业单位工会经费入不敷出，个别企事业单位甚至发生违纪行为。为进一步规范工会经费的使用，1986年7月，常德地区工会发出《基层工会经费开支范围、标准暂行规定》，从会员活动费、业余教育费、宣传活动费、文艺活动费、体育活动费、工会建设费、事业活动费、职工集体福利补助费等八个方面明确经费开支范围和标准。此后，基层工会经费使用逐步规范。

1988—1992年，全市企业经济效益下滑，部分企业停工停产，企业工会经费开始出现短解和拖交现象，市县两级工会经费出现紧张。面对此种状况，市总工会加强经费使用管理，要求各级工会在严格预决算制度的基础上，坚持“一支笔”审批原则，不搞政出多门，不搞感情用事。在资金投向上统筹兼顾，全面安排，坚持“三保三紧”的原则，即保证正常活动经费开支，紧缩行政经费开支；保证工会干部职工工资支付，紧缩旅游考察学习活动经费开支；保证创收性项目的投资，紧缩一般性基础建设开支。

1993 年以后，随着计划经济向市场经济的过渡，一大批企事业单位关、停、并、转，随即导致工会经费收缴难度加大，与此同时，企业下岗、待岗职工增多。面对这样的困难状况，市总工会进一步加大经费使用管理，在继续坚持“三保三紧”的经费使用原则的同时，加大对困难职工的帮扶和基层工会补助，以及开展职工活动经费的投入。从 1993 年 1 月至 1997 年 12 月，总支出 2161.88 万元，其中上解省总工会经费 1063.59 万元，用于基本建设投入资金 227.54 万元，对下级工会各种补助 243.72 万元，行政经费和开展活动经费 408.97 万元，用于为下级工会服务活动经费 92.87 万元。

1998 年以后，全市各级工会在积极参与和推进企业体制改革的同时，坚持为职工群众服务的工会工作总体方针，在工会经费的使用上，围绕工会各项工作的正常开展，围绕解决下岗职工的基本生活困难和再就业，围绕服务基层服务职工。从 1998 年 1 月至 2002 年 12 月，市总工会共筹措资金 680 万元，用于“送温暖工程”和各种专项困难慰问。

2003 年以后，随着工会经费大幅提高，市和各区县（市）总工会大力调整经费支出结构，坚持贴近基层贴近职工的基本原则，将大部分经费用于基层组织和职工群众。从 2003 年 1 月至 2008 年 12 月，市总工会对下补助经费平均每年增长 30%，重点支持基层工会改善办公条件和活动阵地，加强基层工会主席和工会干部培训，劳动技能大赛奖励，举办“爱心超市”救助困难职工，开展“金秋助学”，补助低收入困难职工劳模生活和特困帮扶。

2008—2012 年，经费支出结构更加优化。市总工会秉承“服务基层，重心下移”的经费使用原则，贯彻落实党政机关厉行节约、制止奢侈浪费的有关规定，勤俭办会，杜绝浪费，严控“三公”经费，着力保障重点工作和大型活动的经费支出。五年间，市和各区县（市）总工会安排各类对下补助支出总计 5557 万元，重点支持基层工会改善办公条件和活动阵地，市县工会培训基层工会主席和工会干部，为企业添置图书、购置设备，开展劳动技能大赛活动，举行“春送岗位、夏送清凉、秋送助学、冬送温暖”救助帮扶活动等。工会经费使用发挥了很好的社会效应。

三 财务综合管理

1949 年 12 月，湖南省总工会筹委会常德专区办事处成立之初，没有设置财务科，工会工作经费由办公室设干部兼管。1950 年 12 月，省总工会筹委会召开全省工会财务工作会议，要求抓紧工会财务组织建设。1951 年初，湖南省总工会筹委会常德办事处设立财务科，并召开县市工会财务工作会议，督促抓紧财务组织建设。是年年底，常德市、常德县、澧县工会筹委会设置财务部，其他县或设置财务股，或配备专人负责财务管理。在建立健全财务组织的基础上，地区工会组织县市工会财务干部先后参加了省总工会筹委会举办的两期财务干部培训班。

1953 年 9 月，省总工会根据全国总工会指示作出决定，要求各级工会从检查总结工作入手，以贯彻中国工会“七大”制定的为工会建设、为生产、为群众服务的财务工作方针与统一集中管理经费的制度为中心，开展工会财务整顿。地区工会先后转发了省总工会下发的《湖南省基层工会开支标准》《湖南省工会文教事业单位开支标准》《湖南省各级工会预算会计制度》《湖南省基层工会会计制度》等文件，并于是年底在全区开展了工会财务整顿。在清查整顿中发现违法财务问题主要表现在侵占、挪用、甚至贪污工会经费。津市市总工会在清查整顿中，查出贪污金额 710.25 元，涉及 91 人。在对存在问题处理后，各县市建立完善财务制度，并建立经费审查委员会。区直较大的企事业工会建立财务工作委员会并配备专职或兼职财务干部，较小的基层工会设有财务委员，负责工会财务工作。

1957 年全国总工会提出“钱权下放，分级管理”，加大县级以上工会经费的自主权利，1959 年 4 月，又提出“划分比例、分成管理”的办法，进一步实行钱权下放。基层工会的活力明显增强。但在工会经费管理使用权下放基层后，出现“胆大就乱花，胆小就积压”的现象。此后，根据省总工会加强各级工会财务预算管理的通知要求，地区工会召开县市总工会及地区直属企业工会财务工作会议，明确县以上工会的行政费预算，需报省总工会批准；基层工会的收支预算，需经本级工会经费审查委员会审查，报上一级工会备查。同时，在规模较大的企事业单位，执行省总工会确定的工会经费由同级党委掌握批准使用的原则，经费收支预算和重大项目开支，都必须报党委审查批准，各级工会财务管理明显加强。

1959—1963 年，按照省总工会的工作安排，相继经历了两次工会财务整顿。1959年 6 月，中共中央和湖南省委作出开展增产节约运动的指示后，省总工会针对 1958 年以来工会财务出现的混乱现象，作出整顿工会财务的部署。按照要求，地区工会召开县市工会和直属企业工会财务工作会议。会后，各级工会检查清理了工会财务。但是，由于“工会消亡风”的冲击和影响，这次财务整顿没有达到预期的目的，大多数县市工会及基层工会的财务管理，不仅没有加强,反而削弱了。1963 年 5 月,省总工会根据中共中央开展增产节约运动和“五反”运动的指示,提出《关于在“五反”运动中对工会财产、账目进行清理的意见》,要求各级工会继续清理整顿财务。这次财务整顿以清查贪污盗窃、挪用公款、漏收、错支和铺张浪费为重点,结合“五反”运动的各个阶段,依靠群众从查账入手,查账与查物相结合,清理一项公布一项。地区工会按照省总工会的工作部署,指导县市工会和直属企业工会,结合“五反”运动开展工会财务“三整顿”,即思想、业务、组织的整顿。要求全区各级工会领导带头“洗澡、揭盖子”,采取先上后下,先内后外的方式,对工会的“五费”(经费、会费、劳保费、互助费、困难补助费)“一物”(工会财产)进行全面清理。整顿取得了一定成效,后因开展 “文化大革命”,各级工会财务管理中断。

1979 年开始,恢复行政拨交工会经费后,按照省总工会的工作部署,全区各级工会以搞好经费收缴和建立基层工会正常财务工作秩序为中心开展财务工作。地区工会总结推广常德市、津市市、安乡县总工会的经验,于 1980 年开始,每年组织全区各县市和直属企事业单位工会开展财务竞赛。竞赛的主要内容是财务工作的组织领导、经费收入和上解、管理制度、用好经费等。

1982 年初,全国总工会颁布《关于加强工会财务若干问题的决定》《关于工会财务民主管理的暂行规定》等文件。6 月,省总工会决定结合贯彻执行上述文件整顿工会财务,并选择常德市总工会和衡阳市总工会文化馆作为整顿的试点。常德市总工会在财务整顿中发现诸多的问题,主要表现在:财务管理机构不健全,规章制度不完善,经费使用不合理,民主管理走形式,尤其是在经费的使用上,少数单位把一些行政不予报销的特殊开支,如烟酒和招待费,以及年终评先评模的奖励费用都在工会经费中报销等。在总结常德市总工会财务整顿做法的基础上,地区工会参照政府财政部门的年审办法,组织基层工会的财务人员,划组进行年审,加大对基层工会财务管理督查力度。与此同时,地区工会又发出《基层工会经费开支范围、标准暂行规定》,加强基层工会财务管理。

1988 年 11 月,撤区建市后的常德市总工会,建立了常德市总工会第一届经费审查委员会,同时设置市总工会财务部,进一步加强财务管理,落实省总工会《关于健全县市以上工会财务机构的通知》精神,健全了 9 个区县(市)总工会财务部,并选配有会计资格的工会干部负责财务工作;建立了财务归口管理制度,涉及财会方面的问题,由市总工会财务部与政府财政部门对口衔接;凡属财务方面的规章制度由市总工会财务部草拟;工会事业单位的预、决算由财务部门审批;工会各事业单位的财务工作归口财务部门管理;各级工会及事业单位的经费收入,接受同级经费审查委员会监督。

1993 年以后,全市工会财务管理适应改革的新形势,加大自身改革力度。在经费收缴管理上建立目标责任制,实行责、权、利相结合,将过去“核定上解定额超收回拨奖励”,改为“目标管理，回拨奖励”；在财务考核上对目标任务完成情况和经费收缴率、经费入库进度等方面，进行综合考核；在对下补助上，将过去“撒胡椒面”的补助方式，改为根据实际情况，结合完成经费收缴任务情况，有重点的给予帮扶补助；在财务管理基础建设上立足于制度建设，修订完善《工会经费收支预、决算制度》《关于工会经费开支范围的规定》《工会会计工作达标升级考核标准及奖励办法》。在此基础上，组织开展工会财务管理达标竞赛，总结推介一批典型经验，提升工会财务管理水平。

1998—2002年，常德市总工会，重点围绕“抓基础、强规范”，强化工会财务管理。抓基础主要围绕“四抓”：一抓财务干部业务培训，二抓财务工作达标竞赛，三抓财务检查，四抓会计电算化和会计基础工作规范。强规范即主要根据《中华人民共和国会计法》《内部会计控制规范》，建立工会财务管理制度体系。市总工会先后建立了预、决算管理制度、固定资产管理制度、财产清查管理制度、现金管理制度、会计稽核制度、工会财务办事公开制度、工会经费收缴专用票据管理办法、工会经费收缴目标管理办法、工会财务竞赛评比表彰办法等。

2003年后，工会经费收缴环境明显改善，经费收入大幅提高，这期间，如何保证工会经费的合理分配、规范使用、科学管理，严格监督，成为深化工会财务管理的主要工作目标。市总工会一是继续完善财务管理规章制度。先后印发了《常德市总工会经费收缴考核奖励实行办法》、《常德市总工会专项补助经费管理办法》《常德市县级工会超收经费管理办法》等。二是加强收支预、决算管理。采取县级以上工会集中办公的方式办理年度预决算，把会议现场当作培训课堂，使县级工会预决算管理电算化水平明显提高。三是强化财务检查监督。四是规范会计基础工作。通过更新干部队伍，加强培训教育，坚持持证上岗，全市工会财务干部素质不断提高，会计信息化水平得到提升。

2008—2012年，常德市总工会重点围绕“科学、精细、严格、规范”的八字要求，不断健全和完善工会财务管理制度，夯实财务基础工作。一是建章立制构建完备体系。认真贯彻落实《工会会计制度》，修订了《常德市工会经费规范化管理暂行办法》《常德市总工会加强基本建设项目管理的通知》《常德市总工会专项补助经费管理办法》《常德市县级工会后备金管理办法》《预决算管理办法》等10余项财务管理制度，巩固完善财务审批“一支笔”制度，建立重大事项集体审议等制度，最大限度确保资金安全，尽可能避免财务风险。二是加强经费收支预算管理。率先在全省推行“二次预决算”管理，通过事前事后四次把关，严格控制预算指标执行，有效防止了经费开支的随意性。三是规范会计基础工作。各级工会深入开展财务会计管理规范化建设活动。市县两级财务工作全部实现“四化”，即银行账户集团化、会计核算网络化、财务报表无纸化、资料传送网络化。四是推行辖区工会财务改革。按照省总财务体制改革要求，为进一步理顺经费分配关系，对市辖区工会进行了财务改革。设立统一监控的资金账户、建立独立的财务核算和报账程序。

第二节　经费审查

一　组织和制度建设

1988 年 11 月，常德市工会第一次代表大会选举产生了市总工会第一届经费审查委员会。市总工会经审会成立后，将建立健全全市经费审查组织作为经审工作的重中之重。首先抓建制率，相继印发 1985 年全国总工会颁发的《工会各级经费审查委员会组织通则》和 1988 年省总工会发出的《关于加强我省各级工会经费审查组织建设的通知》，并明确要求各基层单位召开会员代表大会，在选举工会基层委员会的同时，选举经费审查委员会，从而使各级工会经费审查组织建设得到加强。到 1992 年年底，全市区县(市)总工会和基层工会经审组织的组建率达 97.2%。其次抓队伍建设，要求区县(市)总工会和基层工会都选配同级工会副主席一级的干部担任经费审查委员会主任，在经审会的人员结构上注意选配同级行政财务、审计人员和职工代表担任委员。在推动各级工会经审组织建设的基础上，市总工会第一届经费审查委员会加强了经审工作的制度建设。先后制定《常德市总工会经费审查委员会会议议事制度》《区县(市)总工会经费审查工作竞赛办法》《审查审计人员工作守则》《对市总工会直属企事业单位实行定额审计的办法》等制度。

2012 年 9 月，常德市总工会经费审查委员会会议场景

1994年1月,常德市工会第二次代表大会选举产生市总工会第二届经费审查委员会。在其后的5年间,市总经审会继续加强全市各级工会经费审查组织建设。一是推动区县(市)总工会经费审查组织人员配置专职化建设,全市9个区县(市)总工会经费审查委员会的主任,有5个是由专职主任担任,并享受同级副职级待遇。二是加强大中型企事业单位经费审查组织建设,在常德卷烟厂、常德七一机械厂等一批大中型企业,建立二级经费审查组织,设置经费审查小组,选配兼职经审员。三是将建立健全工会经费审查组织纳入到各级工会建设"职工之家"活动,明确经费审查组织没有建立完善、经费审查工作不落实的不能验收"职工之家"。5年里,市总工会第二届经审会继续修订和完善相关的规章制度,先后修订完善《常德市总工会经审工作达标竞赛评比条件和办法》《常德市总工会经费审查委员会议事规则》《常德市总工会内部审计暂行办法》《常德市总工会经费审查委员会对市总工会经费收支预决算的审计制度》《常德市总工会经费审查委员会关于基建项目审计监督暂行办法》等多项制度。

1998年11月,常德市工会第三次代表大会选举产生市总工会第三届经费审查委员会。在其后的5年里,市总工会先后发出《关于进一步加强工会经审工作的通知》和《关于认真学习贯彻全国总工会关于加强工会经费审查监督工作的通知》。同时,切实加强经费审查组织建设,9个区县(市)总工会经审会主任全部实行专职并按同级副职配备,有6个区县(市)经审会主任进入本级工会党组。市总工会在机构改革中增设经费审查办公室,配备懂业务的专职副主任。各级工会换届时,经审会与同级工会同时考察、同时报批、同时选举已形成制度。各级工会按规定,选配具有专业知识人员从事经费审查工作,全市80%以上的基层工会经审会主任由单位的财务审计人员担任,形成一支专业知识较强的经费审查干部队伍。5年里,市总工会第三届经费审查委员会进一步完善经费审查制度建设,按照《中华人民共和国工会法》和《中国工会章程》赋予的经审工作的任务和职责,修改完善经费审查委员会会议议事规则和对基层单位工会经费计提拨缴审计制度;重新制定对本级工会年度经费预算执行情况审查监督的试行办法,对下级工会经费审查监督的试行办法等9项制度。

2003年9月,常德市工会第四次代表大会选举产生市总工会第四届经费审查委员会。市总工会全会听取经费审查工作报告,下发《常德市总工会关于加强经费审查监督工作的意见》。9个区县(市)总工会经审主任全部按同级副职配备并进入党组,同时,全部建立经费审查办公室,配备专兼职经审人员。市县两级经费审查委员会的委员中,具有专业职称的经审人员数量逐年增多。到2007年年底,全市工会经审组织已达3506个,专兼职经审人员3615人。

2008年11月,常德市工会第五次代表大会选举产生市总工会第五届经费审查委员会。此届委员会期间,致力于经审组织的网络化建设,针对新经济组织快速发展的新形势,将拓展经审组织的重点放到非公有制企业,坚持做到经审组织建设与工会组建"三同时",即同时考察、同时报批、同时选举。到2012年年底,全市工会经审组织已达到4324家,有专兼职经审人员4330人，在市县两级经审委员中，具有专业职称的人员比例达到2/3。为适应新形势下经审工作需要，市总经审会重视自身建设和经审干部队伍素质的提高，不断完善经审工作制度，相继修订完善经审会议事规则、学习制度、档案管理制度、信息工作制度、经审人员廉洁自律制度等。

二　审计监督

《中华人民共和国工会法》和《中国工会章程》规定，工会应当根据经费独立的原则，建立预算、决算和经费审查监督制度。各级工会经费收支情况应当由同级工会经费审查委员会审查，并定期向会员大会或会员代表大会报告，接受监督。全国总工会下发的《工会各级经费审查委员会组织通则》规定，经审会的职责是协助同级工会组织收好、管好、用好工会各项经费，管好工会财产；监督同级工会组织认真贯彻执行党和政府的财经政策、纪律、法规，以及上级工会的各项财务工作规章制度；审查同级工会及其所属企业、事业单位的预算、决算编制执行是否符合国家规定；督促同级工会定期公布账目。依据以上法律规章，市总工会经审会认真履行对本级和下级工会以及所属事业单位经费审查监督的职责。

（一）对工会经费的计提和拨交进行审计

1988—1992年，市总工会第一届经费审查委员会对293个基层单位开展了计拨工会经费审计，共审计出少提、漏拨和短解工会经费402.7万元，实际补交入库308万元，入库率为76.98%。

1993—1997年，市总工会第二届经费审查委员会对316个基层单位开展了计拨工会经费审计，共审计出少提、漏拨和短解工会经费439.8万元，实际补交入库215万元，入库率为50.18%。

1997—2002年，市总工会第三届经费审查委员会共审计基层单位1674个次，共审计出少提、漏拨和短解工会经费1794万元，其中应该补解经费283.3万元，实际补交入库126.05万元，入库率为44%。

2003—2007年，市总工会第四届经费审查委员会对312个基层单位开展了计拨工会经费审计，共审计出少提、漏拨和短解工会经费497.08万元，实际补交入库239.82万元，入库率为48%。

2008—2012年，市总工会第五届经费审查委员会对338个基层单位开展了计拨工会经费审计，共审计出少提、漏拨和短解工会经费2949.9万元，实际补交入库率为60%。

（二）对工会基建工程决算进行专项审计

1992年，市总工会兴建的职工活动大楼主体工程竣工后，市总工会第一届经费审查委员会组织了对基建工程决算的审计。考虑到缺乏对工会基建工程项目审计的经验,特聘请省总经审办为主审,市总经审办配合进行。经过审计,共核减工程款 66.7 万元,占审计决算金额的 18.8%。

1993—1997 年,市总工会第二届经费审查委员会,相继对市总工会新建的宿舍工程、旧宿舍改造工程以及其他基建维修工程进行了审计,共核减工程经费 44.48 万元,降低工程造价 25%。

1998—2002 年,市总工会第三届经费审查委员会,加大了对市县两级工会基本建设改造工程的审计监督。共对全市县以上工会 22 个工程项目进行了审计,共核减工程项目经费支出 62.06 万元,核减率为 14.3%。

2003—2007 年,市总工会第四届经费审查委员会,加大了对市县两级经济责任审计力度,共进行经济责任审计 11 个,审计基建维修项目 7 个,审减工程项目款 63.9 万元,审减率为 16.6%。

2008—2012 年,市总工会第五届经费审查委员会,继续加强对工会基建工程和维修项目审计力度。其间,市本级基本建设和维修改造工程审计送审 12 项,送审金额 248.05 万元,经过审计核减工程款 56.41 万元,核减率为 23%。

(三)对市县两级工会所支配的专项经费审计

随着企业体制改革的不断深入,国家和地方财政加大了对工会专项资金的补助力度。为管好、用好专项补助经费,市总工会经审会加大了审计监督力度。一是进行专项经费跟踪审计。1998 年常德遭遇特大洪灾,全国总工会和省总工会下拨抗洪救灾专项补助经费,各基层工会发动职工积极参与捐款捐物。为保证救灾补助经费和社会各界的捐款捐物专用,省总工会下发了《关于对抗洪救灾款物进行专项审计和检查的通知》。按照通知要求,市总工会经费审查委员会抽调了专职工会经审干部组成审计组,认真对抗洪救灾款物进行跟踪审计检查,保证了抗洪救灾专款专用、专物专用。此后,专项经费跟踪审计成为工会实务审计的一个重要内容和有效方式。由市总工会经费审查办公室牵头,相继对困难职工劳模慰问资金、特困职工的困难补助等经费的分配使用,进行专项经费跟踪审计,保证了这些专项经费在分配使用上的公正合理和账目清楚。二是配合财务部门搞好一年一度的财务大检查,在严格财务各项管理制度的同时,重点对地方财政所拨的“双联”工作经费、厂务公开工作经费,以及基层工会发动职工所募捐的“送温暖工程”、“金秋助学”、“‘5·12’汶川抗震救灾”等专项经费专款专用情况进行审计监督。

(四)对所属单位和下级工会重大经济事项审计

市总工会经审会对市总工会下属的市职工学校、市工人文化宫两个事业单位,每年坚持财务收支管理、资产保值增值和绩效考核指标完成情况进行审查审计,促进了事业单位财务和绩效管理水平，经济效益不断提高。此外，市总工会经审会按照省总工会关于对所属经济实业负责人和法人代表进行离任审计。相继对工达实业有限公司、工人服务社、职工消费合作社、职工旅行社的法人代表进行了离任审计。对下级工会重大经济事项进行审查审计监督，一直是市总工会经审会的一项重要工作。市总工会经审会每年重点审计 1~2 个下级工会经费的使用情况，同时，坚持对下级工会重大经济事项进行审计，确保工会经费的使用不出现失误。市总工会经审会相继对安乡县总工会、桃源县总工会在新建职工活动中心暨办公大楼中，所采取借地融资、租赁融资的方式，进行可行性论证审计，并实施从“源头、过程到结果”的全过程审计监督，确保工会经费和工会资产不流失。

第三节　资产管理

新中国成立之初，按照《中华人民共和国工会法》的规定，各级工会办公、会议、教育、娱乐及举办集体福利事业的房屋与设备均由各级政府和企事业行政拨给，归工会管理使用。行政拨交工会经费后，随着工会经济实力的逐步增强，在各级政府和企事业行政财力、物力的支持下，一些县市工会陆续修建了一些办公用房，兴建了工人文化宫等职工活动场地，企事业也相继有了职工文化娱乐阵地。各级工会的资产逐步增加和增值。

就在工会资产逐步扩大和资产管理逐步规范之时，1959 年刮起的“工会消亡风”，导致工会资产大量流失。1962 年 10 月，中共湖南省委批转省总工会党组《关于省总工会第五届第四次委员扩大会议的报告》，提出工会兴建的“工人俱乐部、职工疗养院、教工之家等房屋和财产，过去被占用了的，应迅速清理退还”。按照省总工会的部署，常德地区工会召开县市工会和区直属企事业工会工作会议，布置抓紧做好工会财产清理回收工作。是年年底，被占用的工会办公用房、工人文化宫、俱乐部以及工会其他财产，基本收归了工会。

1966 年“文化大革命”开始后，工会组织瘫痪，工会财产严重损坏并大量丢失。县市以上工会的办公用房和设施，均被别的部门或单位占用；工会举办的文化馆、俱乐部、图书馆（室）、职工学校等，均由政府部门或企业行政接管。

1973 年 6 月，工会组织恢复后，地区和县市工会的办公用房大都在地委和各县市委院内，没有单独的院落和办公楼。1979 年 8 月，常德行署将专区林业局地处常德市城东百胜巷占地 2 亩多的独立院落及一栋二层楼的办公楼房，划拨给常德地区工会。此后一个时期，各县市政府都划拨独立的院落和办公用房给工会，各企事业单位行政也拨款支持工会完善俱乐部、图书室、文娱室等职工活动场地。1984—1987 年，常德地区工会在常德行署划拨的驻地先后投资 56 万元，建成一栋建筑面积 963 平方米的宿舍楼和建筑面积 92 平方米的招待所。之后，工会固定资产逐步形成并不断扩大。到 1988 年年底，全区各级工会有文化宫、俱乐部124个，图书馆（室）1472个，藏书200多万册，电影放映队91个，体育馆1个，田径场兼足球场78个，篮排球场地888个，游泳池6个。

1992年2月，省总工会发出《关于加强县及县以上工会财产清理的通知》，5月，又颁发《湖南省县以上工会财产管理制度》。常德市总工会按照省总工会的文件精神，召开区县（市）总工会主席、经费审查委员会主任、财务部长会议，就切实做好工会资产的清理以及建立健全工会资产管理制度进行布置。按照会议要求，市县两级总工会都成立了工会资产清理领导小组，组织了专门班子，对1979年以来的财务账、购物建房开支账和工会的全部财产，全面进行清查、盘点、核对。市县两级总工会的资产都历经了清查、造册、分类、汇总、编号、立卡、调账、建账、建章、建制的全部程序，基本达到了账账相符、账物相符的要求，全市工会资产管理开始步入了制度化、规范化和科学化轨道。市总工会通过盘点“家底”，账面固定资产总值为134.9万元，清理后的固定资产总值为205万元。

1993年，根据省总工会关于“财务管理工作实行统一管理”的精神，市总工会将全市工会资产管理工作归口到市总工会财务部。

1998年，市总工会成立了“工会资产管理办公室”，制定了《工会年度资产统计制度》《工会资产处置报告制度》。

1999年，市总工会按照省总工会的要求完成了市总工会本级的清产核资工作，获得省总工会颁发的工会资产产权证书。之后，受省总工会的委托组织开展了县级工会清产核资、资产发证工作，摸清了家底，明晰了产权，建立了资产档案，为区县（市）总工会颁发了工会资产产权证书。市总工会积极协调县级工会依法维护工会资产，相继参与了武陵区工会拆迁等2起县级工会资产的处置工作；针对全市企业体制改革中涉及工会资产问题，市总工会发出《关于加强破产、改制企业工会资产处置和工会重建工作的意见》，明确工会组织在改制、破产企业工会资产处置中的主体地位，相继参与了常德棉纺厂、常德轴承厂等改制、破产企业工会资产的界定、处置工作。同时，加强了工会投资所办实业的事前论证、事中控制、事后检查等监督，确保工会资产发挥最佳经济效能。2001年市总工会投资200万元购买了武陵区搬运二社面积1.96亩的院落，并改建成市总工会办公楼。到2002年年底，市总工会资产总额1356万元，净资产1253万元。

2003年以后，市总工会加大了市县两级工会不动产的清理工作，所有资产均按上级工会规定办理了产权证件，确保工会资产不流失。积极稳妥地进行了石门三江口电力公司等一批国有企业改制后工会资产的接受和移交，保证了国有企业改制过程中工会资产相对完整。其间，市总工会处置了市总老院子部分地产，在城区柳叶大道投资1700万元，兴建了占地7480平方米、建筑面积达5000平方米的办公大楼，市总工会的办公条件得到很大改善。市工会资产管理办公室加强市场经营调研，运用市场机制，修订资产租赁合同，加强完善租赁管理，事业收入显著增加，工会资产的使用效益不断增强。到2007年年底，市总工会资产总额3444.17万元，净资产达2666.15万元。

2008年以后，全市各级工会充分运用好工会经费和资产独立管理的法律和政策，不断夯实壮大实力，物质保障更为充盈，2012年9个县级工会收入全部超过300万元。共有7个县级工会兴建、改建或扩建了职工帮扶中心、职工活动中心等基建项目。市总工会投资3510万元，在市工人文化宫旁兴建职工文化活动中心，建筑面积达11116平方米。2008—2012年，全市工会累计新增土地14294平方米，房屋35388平方米，改造提质2954平方米。各级工会产权保护意识明显提升，市县两级工会资产全部办理了房屋所有权证、国有土地证和工会资产登记证，有效保证了工会资产的安全与完整。市总工会严把工会资产处置关，实行对9个县级工会国有土地证和房屋所有权证"上收一级"管理，有效防止工会不动产的流失。市总工会建立完善资产保值增值考核体系，把工会资产监督管理作为年度县级工会目标责任考核的重要内容，考核分值比例逐年递增，增强了各级工会的资产积累意识。到2012年年底，市总工会资产7944万元，净资产达7155万元。

第四节　经济实业

一　经济实业起步与发展

新中国成立初期，常德地区各级工会组织在党的领导和人民政府的支持下，为安置和救济失业工人，改善职工生活，增强工会经济实力，因地制宜地兴办了一批经济实业。1949年10月，桃源县总工会筹委会开始筹组工人消费合作社（后改名为工人合作社），动员工人入股，每股1万元（旧币），共筹集股金8000余万元，于1950年1月开始营业。在县贸易公司扶持下，采取代销形式，经营粮油、肉食、南货、百货、日杂等，社员购物实行95折至92折优待。1951年，合作社股金增至2亿多元，到1954年年初，已拥有3个门市部和机器米厂、染织厂等，职工达150余人；同时，创办了工人电影院、工人诊所。其后，又在工人较多的陬市镇兴办了工人消费合作社，都取得了较好的经济效益和社会效益。

1954年，按照中共中央和国务院的指示，各地工会兴办的经济实业，相继移交给政府有关部门。从此时至1979年，工会未再兴办经济实业。

1980年后，常德纺织机械厂、常德七一机械厂、常德棉纺厂、常德肉联厂、华南光学仪器厂等一批大中型企业，为克服企业远离市城区给职工生活带来的不便，充分发挥工会组织的优势，陆续试办了小卖部、饮食店、招待所、印刷厂等小型经济实业。而此时地方工会兴办经济实业还相对滞后。1985年10月，全国总工会、国家经济委员会、财政部、商业部、工商行政管理局、旅游局等单位联合发出《关于工会兴办为职工服务的第三产业的通知》，从政策上明确了工会可以兴办第三产业。1988 年 1 月，省总工会、省经济委员会、省劳动人事厅、商业厅、工商行政管理局、税务局、旅游局等单位联合发出《关于工会系统兴办为职工服务的第三产业若干问题的通知》，同年 7 月，省总工会和省工商行政管理局又联合发出《关于工会兴办为职工服务的第三产业的补充通知》，明确各级工会兴办为职工服务的第三产业，不属于党政机关经商，所办企业的范畴，其经济性质主要为集体所有制，经营发展方向要突出为职工服务，并从资金来源、经营贷款方式等予以明确。此后，工会兴办经济实业在一些大中型企事业单位不断拓展的同时，开始向地方工会延伸。

在创办工会经济实业过程中，有收到较好成效的，也有因为经营管理不善造成失误的。津市市总工会发挥所处闹市的地段优势，创办了舞厅、歌厅、小卖部、打印服务部，还与津市市科委共同开办招待所，年创经济效益 3 万多元。常德市总工会创办工人服务社，因经营走私电视机，导致被有关部门经济处罚，造成经济损失 3 万多元和不好的社会影响。

1992 年全国第一次工会企事业工作会议明确提出："发展工会企事业是工会适应国民经济发展和改革开放新形势，推动工会工作步入经济和社会发展广阔领域，强化工会桥梁纽带作用的一项战略性任务。"随即，省总工会在召开的全省市州和产业工会主席（主任）会议上，要求各级工会将兴办工会企事业摆到工会工作的重要位置，全面启动，迅速发展。中共常德市委、市政府下发文件，鼓励党政机关创办经济实体，鼓励机关干部"下海"经商。其后，市总工会创办了工达实业发展总公司。各县市工会也创办了一些经济实体，如澧县总工会创办的加油站，安乡县总工会创办的密封件厂等。到 1994 年年底，全市各级工会的经济实业有 143 个，安排富余职工 997 人，固定资产达 1015.5 万元，总收入 2203 万元，实现税利 223.5 万元。澧县总工会创办的加油站因为创新经营管理，取得较好的经济效益，在全省工会经济实业工作会议上作典型经验发言。

1996 年 12 月，全国总工会、劳动部和内贸部联合召开了全国职工消费合作社工作会议，要求各省、市、自治区凡有条件的都可以兴办职工消费合作社。省总工会提请省委、省政府支持，推动全省职工消费合作社的兴办。省政府在 1997 年 2 月第 147 次常务会议上，就省总工会"关于成立湖南省职工消费合作社网络有关问题的请示"，进行专门讨论、研究，并形成了会议纪要。会议纪要指出：工会组织兴办职工消费合作社是服务改革、发展、稳定大局和两个文明建设的需要，是一项社会公益性、福利性的互助互济事业，是解决职工特殊困难的一个好办法。会议纪要还就职工消费合作社的有关税务、工商登记、资金、食盐和卷烟专卖批发等问题要求政府各部门提供支持和优惠。之后，省总工会部署在全省各级工会建立职工消费合作社网络建设工作。按照省总工会的工作安排，常德市总工会于 1997 年 4 月建立了常德市职工消费合作社。

1998年，根据第五次全国工会企事业工作会议精神，“工会企事业”更名为“工会劳动福利事业”。2000年后，由于国家宏观调控力度加大，财税体制改革后一些优惠政策被取消，工会企事业参与竞争的实力不强，以及会企职责不分，投资主体、责任主体不明确等原因，造成工会经济实业发展遇到越来越多的困难和阻力。在这种大环境下，常德各级工会的经济实业逐步萎缩。到2002年，市总工会及各区县（市）总工会兴办的经济实业相继注销。

二　市总工会经济实业

（一）工达实业发展总公司

1992年10月，常德市总工会成立常德市工达实业发展总公司。公司性质为全民所有制工贸实体，实行独立核算、自主经营的企业化管理形式。由芦少华任总经理，欧阳常森任副总经理，刘德泽任办公室主任。公司固定资产核定为300万元，流动资金50万元，均由市总工会投入。是年底，工达实业发展总公司正式运营，初始经营项目主要是：临街门面出租；舞厅承包租赁；总公司自主经营云天酒楼。1993年6月，市总工会对工达实业发展总公司人员进行调整，芦少华、刘德泽调回市总工会办公室，由赵建祥任总经理，欧阳常森任副总经理。

工达实业发展总公司营运后，取得一定的成效，但经济效益不理想。1993年3月，市总工会召开常委会议进行专题研究，决定对工达实业发展总公司实行承包经营。通过公开公平竞争，赵建祥、欧阳常森获得承包经营权。实行承包经营后，承包者第一年即完成50万元的上交任务，第二年按5%的递增系数，完成53万元的上交任务。

1996年12月底，工达实业发展总公司第一轮承包到期。此时正逢党政机关事业单位兴办经济实体的政策调整，市总工会决定成立资产管理办公室，暂停工达实业发展总公司一切经营活动，赵建祥改任中国职工旅行社常德支社经理，欧阳常森仍挂工达实业发展总公司副总经理职务，同时作为市总工会资产管理办公室负责人负责所属门面和场地租金管理。到2002年，工达实业发展总公司正式注销。

（二）职工消费合作社

1997年4月，按照省总工会的部署，市总工会成立职工消费合作社，市总工会经济工作部部长戴坤安任第一任经理。1998年3月，孙湘新任第二任经理，欧阳常森任副经理。1998年10月，欧阳常森任职工技术协作管理站主任兼职工消费合作社经理。市总工会职工消费合作社成立后，在服务职工群众，减轻职工生活费用方面起到了积极作用。但是，由于在供货渠道和配送环节上没有优势，造成补贴性亏损和大量的生活性商品积压。为避免更大的经济亏损，1999年4月，市总工会注销职工消费合作社，对积压库存的商品进行一次性的处置。

（三）中国职工旅行社常德支社

1988年11月，市机构编制委员会同意设立中国职工旅行社常德支社，作为市总工会的事业机构，核定事业编制2人。但是，机构设置后人员没有到位，没有开展经营性活动。1998年3月，按照中共常德市委、市政府为创建全国旅游城市相关要求，市总工会下发芦少华任中国职工旅行社常德支社经理，赵鑫为工作人员的任职通知。是年，常德职工旅行社利用工会的组织体系优势，开始开展经营性的职工旅游活动。1998年10月，常德职工旅行社经理由欧阳常森接任。此后，随着旅游市场的兴盛，常德职工旅行社的业务不断扩大，经济效益不断提升。市总工会对常德职工旅行社实行年上缴2万元的目标管理。2002年3月，常德市实施党政机关和事业单位机构改革，市机构编制委员会在核准市总工会机构中，取消中国职工旅行社常德支社机构编制。是年5月，市总工会以2万元拍卖了中国职工旅行社常德支社。

（四）工人服务社

1990年9月，在市、区第二次机构调整中，武陵区总工会所属的工人服务社上收到市总工会，为市总工会下属二级全民所有制企业单位，实行自主经营，独立核算，实有企业编制人员2人，其主要开展以职工健身、举办相关培训班为盈利的经营活动。1993年5月，为了加强职工文体活动统一管理，市总工会将工人服务社划归市工人文化宫。1996年后，工人服务社的活动场地缩小，其人员工资福利举步维艰。1998年7月，市总工会对工人服务社的2名人员，实施一次性身份和工龄买断，并在工商部门对工人服务社予以注销。

第六篇
人物和先进集体

2003年9月17日，常德市第三次劳动模范和先进工作者表彰大会召开

中国最早牺牲的工运领袖黄爱(1897—1922)，常德市武陵区芦荻山乡小井港人

第一章　人物传记

第一节　工运人物

黄爱(1897—1922)，原名正品，号建中，男，汉族，1897年9月出生，湖南省常德县芦荻山(今常德市武陵区芦山乡)小井港人。1904年考入德山街求实小学，1913年秋考入湖南甲种工业学校机械科，1919年春考入天津直隶高等工业学校。“五四”运动爆发后，黄爱参加天津学联执行部工作，担任《天津学生联合会报》主编，并将自己的名字“正品”改为“爱”，以示爱国之志。同年9月，周恩来发起成立“觉悟社”，他被邀为第一批社员。1920年1月，黄爱参加邓中夏等人组织的工读互助团，并在劳动补习班任教，开始接触工人，后经李大钊介绍去上海，在《新青年》杂志社工作。同年9月中旬，黄爱回到长沙，和庞人铨等人探讨改造社会问题，认为劳工运动是改造社会的重要途径，决定组织一个真正代表工人利益的工人团体，定名为湖南劳工会。在毛泽东、何叔衡、林伯渠等友人的支持下，于同年11月21日在长沙教育会前坪召开湖南劳工会成立大会，黄爱被推选为大会执行主席，并担任教育部主任。其间，他创办会刊《劳工周刊》，开办工人夜校，传授文化知识，启发工人觉悟。

劳工会成立后进行的第一个重大活动，是将湖南第一纱厂收归公有运动。湖南第一纱厂是1913年从湖南银行拨款200余万元筹建的公办企业。由于南北军阀连年混战，到1920年，该厂仍然没有建成投产，而被省督军谭延闿将股权承租给湘商华实公司。1921年2月，黄爱和庞人铨领导的劳工会决议向政府交涉要求将纱厂收回公办，由工界共同管理。这时，湖南省政府已改由军阀赵恒惕任省长。3月8日，黄爱、庞人铨等发表了“反对纱厂商办”宣言，20日，劳工会组织了声势浩大的游行示威。4月13日，劳工会鉴于赵恒惕政府及华实公司对他们的要求置之不理，愤而约集长沙各工厂工人及各工校学生近3000人，到第一纱厂示威，迫令华实公司毁约。赵恒惕闻讯，即派军警数百人驱散示威群众，当场捕去劳工代表4人，并派一排士兵驻扎纱厂，通令工人上工。黄爱为保护工人利益，于28日冒着生命危险前往省署交涉，遂遭逮捕。6月8日，赵恒惕在各方面的压力下不得不将黄爱等人释放。

收回纱厂公有运动的失败，使黄爱、庞人铨认识到，经济斗争与政治斗争是不可分的。他们对无政府主义的怀疑也增长了，渴望得到马克思主义者的指导。毛泽东、何叔衡也非常重视和关心劳工会。毛泽东多次找黄爱、庞人铨谈心，送进步书刊给他们看。1921年秋，毛泽东特邀黄、庞去安源，考察安源工人的生活状况和要求。劳工会成立一周年时，毛泽东在《劳工周刊》上发表题为《所希望于劳工会》的文章，既肯定了劳工会的成绩，也针对劳工会的问题提了具体希望。在毛泽东等共产党员的耐心帮助下，黄爱的思想认识有了新的飞跃。由于他所领导的劳工会在政治经济斗争中表现出的彻底革命精神，黄爱得到国内外各方面的重视和支持。1921 年 10 月 26 日，黄爱经易礼容介绍加入中国社会主义青年团，完成了由激进民主主义者到共产主义者的转变。同时，他按照毛泽东"小组织大联合"的主张，对劳工会进行重大改组，改组后的劳工会设立执行委员会，并纳入中国劳动组合书记部的工运轨道。

1922 年春节前夕，第一纱厂工人要求按照沪、汉等地纱厂的规定，年终发给工人双薪，遭到华实资本家拒绝。工人决定于 1 月 13 日下午全体罢工，厂方不理睬工人的要求，勾结赵恒惕实行镇压，捆打工人数十名，拘捕工人数名，在厂内实行特别戒严。事件发生之后，黄爱立即前往太平街华实公司办事处，提出质问和进行警告。庞人铨则向省城的各开明绅士游说，请其忠告政府，慎重民意。他们还以劳工会名义亲临省署，当面质问赵恒惕。劳工会的坚定态度，使华实公司资本家坐卧不安。他们一面请黄爱、庞人铨出面调停，一面以 5 万元巨款贿赂赵恒惕，要求武力对付。16 日深夜，黄爱、庞人铨正在劳工会与华实公司老板谈判，赵恒惕派来武装百余人包围劳工会，逮捕了黄爱、庞人铨等人。赵恒惕怕工人闻讯后骚动，便下令于 17 日凌晨 4 时，将黄爱、庞人铨二人惨杀于长沙浏阳门外。

黄爱是中国最早牺牲的工运领袖。他和庞人铨被赵恒惕和华实公司资本家杀害的消息立即震惊了全国，正在欧洲进行共产主义活动的周恩来闻此噩耗十分悲愤，当即挥毫，写下《生离死别》一诗。1922 年 5 月 1 日，全国第一次劳动大会决定 1 月 17 日为黄爱和庞人铨殉难纪念日。

敬仲良（1904—1927），字子仪，男，汉族，1904 年 7 月出生，湖南省桃源县翠峰乡（今三望坡乡）道山头人。敬仲良出生在一个贫苦农民家庭，1911 年，他在继叔祖父敬腾发的资助下，开始在乡下私立学堂读书。1922 年考入常德河洑职业学校，从此，他在民主革命新思潮的激励下，追求革命真理，参加反帝爱国运动，逐渐成长为民主主义革命战士。1925 年冬，敬仲良加入中国共产党。

1926 年，敬仲良受党组织派遣回到桃源。在县城，他与先前到桃源的中共党员、工运特派员周维城等，深入到各行业，发动工人群众，建立工会组织，开展反帝反封建的斗争。1927 年 2 月 17 日，桃源县第一次工人代表大会召开，宣布成立桃源县总工会，敬仲良被选为县总工会副委员长。

1927 年 5 月 24 日，常德发生"敬日事变"，桃源县总工会一夜间遭到摧毁。敬仲良在转移隐蔽途中，碰上反动头目敬畔芹纠合的还乡队而被捕。敬畔芹在审讯中先是企图对敬仲良诱降,后见不成又酷刑逼供,但敬仲良始终怒目而视,严词痛斥敌人,大义凛然地说:“宁可死于刑,不可活于供”,表现出中共党员的坚强意志和崇高气节。最后,敬畔芹下令将敬仲良钉在门板上,活活剥皮抽筋而死,并将其尸首抛入杨泗庙后面的一个水洼里。是年,敬仲良 23 岁。1989 年 3 月,桃源县人民政府报请湖南省人民政府批准,追认敬仲良为革命烈士。

邓恒泰(1889—1927),男,汉族,1889 年 4 月出生于湖南省石门县一个贫民家庭。因为家境贫寒,很小就出来到县城染织行帮工。

1926 年,在外地加入中国共产党的曾庆轩、龙在前等回到石门县城,向群众宣传马列主义,建立党的组织,发展新党员。同年 2 月,经龙在前介绍,邓恒泰加入中国共产党,编入新关党支部。加入党组织后,邓恒泰深入到工人群众中,宣传革命道理,组织手工业工人反对老板打骂工人,维护工人权益,并参与县总工会的筹备工作。

1926 年 7 月,石门县总工会筹备处成立,邓恒泰作为工人代表在会上发言,同时被推选为筹备处成员,负责处理日常工作。此后,县城店员工会、缝纫工会、泥木工会、理发工会等相继成立。1927 年 2 月 5 日,县总工会筹备处组织召开工人代表大会,宣布成立石门县总工会,邓恒泰被选为副委员长。同年 3 月,委员长曾庆轩被党组织调去组织武装斗争,邓恒泰接任县总工会委员长。

县总工会成立后,邓恒泰着重抓健全组织的工作,成立组织部、宣传部、妇女部、文教部等,在县以下大的集镇皂市镇、夏家巷镇等建立工会。同时,从各行业工会挑选工人成立县工人纠察队。当时县参议长陈北平伙同县城劣绅龚星伯、贾禹范等,造谣污蔑并阻挠革命运动,邓恒泰派工人纠察队队长易忠玖率工纠队员将他们抓获,交特别法庭审理后,由县总工会召开近千人的公审大会予以处决,把反动派的嚣张气焰打了下去。

在主持县总工会工作期间,针对土豪劣绅利用封建迷信、宗法权势,对穷苦老百姓进行残酷奴役和掠夺,甚至“沉潭”“活埋”的恶行,邓恒泰领导行业工会同农民协会一道,对坏族长和寺庙道长开展批判斗争,戴高帽子游街示众。同时,还开展查禁鸦片、封烟馆、毁烟具、捉烟鬼的斗争。为将斗争进行彻底,邓恒泰派易忠玖率工人纠察队到县城附近种植鸦片的丁家坪、保尔桥等地,与当地农会一道毁烟苗百多亩。在县城开展禁嫖赌封妓院,改造流氓和妓女,打击赌徒和危害社会治安不法分子,城乡社会风气焕然一新。

1927 年 5 月的“马日事变”后,石门县反动当局向中共党组织反扑围剿,石门县总工会被捣毁,革命形势风云突变。按照中共湘西特委的指示,邓恒泰一方面组织人员撤离疏散,另一方面坚持同敌人进行机智勇敢的斗争。5 月 26 日晚上,邓恒泰与易忠玖到县城的秘密联络点天主教堂会面,商议夺取县政府武装,进行武装暴动,然后上山打游击。是夜,县城戒严,敌人处处设有岗卡,见人便搜身,邓恒泰和易忠玖两人不幸被捕,5 月 29 日,被枪杀于石门县城附近的常德桥。是年，邓恒泰 38 岁。

刘绍锋（1902—1927），原名绍蓥，字汝嚣，男，汉族，1902 年 5 月出生，湖南省安乡县安裕乡羌口村人。其父刘克鼎系晚清附生，办过私塾，刘绍锋从小随父就读，12 岁辍学。后来先后到常德、长沙、北京求学，1925 年肄业于北京郁文大学。

学生时代，刘绍锋受革命思想的熏陶，经常秘密阅读进步书刊。1923 年在长沙读书时，积极投入省城人民的反帝运动。1925 年在北京郁文大学时，被同学推选为学生运动领导人，同年加入共产主义青年团，后加入中国共产党。1926 年，他参加反对北洋军阀丧权辱国的“三一八”斗争。在段祺瑞政府的血腥镇压中，他与陶季玉等冒着生命危险，护送李大钊脱险，自己身负重伤。暑期回到湖南，受中共湘区委员会派遣，回安乡开展革命工作，与陶季玉、熊珊、陈锡周、林承恩等秘密筹建安乡党组织。

1926 年 10 月，中共安乡县委成立，刘绍锋被选为执行委员。随即，安乡县总工会成立，他被选为委员长，并兼任工人纠察队负责人。1927 年 1 月，刘绍锋主持召开纪念革命导师列宁和湖南工运领袖黄爱、庞人铨的大会。在他的组织发动下，安乡县工人运动迅速发展。到 5 月间，全县先后建立了 12 个行业工会和 6 个工会党支部，还在焦圻、官垱、三岔河等乡镇建立了总工会和工人纠察队。刘绍锋在领导工人运动的同时，注意与农民运动紧密配合，发展革命优势。1927 年 3 月，他主持召开全县工农群众大会，镇压了安乡土豪劣绅头目、县议会议长张周成及恶霸地主刘少洲。同年春，他领导箩业（搬运）工人愤怒烧毁亚细亚、德士古、美孚等炼油公司的煤油 480 多桶，计1.4 万多公斤，沉重打击了祸国殃民的洋商与买办资产阶级。

1927 年，刘绍锋调任省总工会组织部部长。6 月 19—28 日，他在武汉参加了第四次全国劳动大会。回到长沙后，在血腥风雨中继续秘密从事革命活动。同年 8 月，安乡铲共义勇队总队长王泽煜，在长沙九澧旅社盯住了刘绍锋，并密告湖南省剿共督办处将刘逮捕押至省陆军监狱。刘绍锋在狱中写信给父亲说：“儿为求真理，不能不革命斗争，儿不畏刀枪，儿之头在肩上存在一天，便要与恶环境斗争一天，或者七冲锋，八冲锋，将头颅冲掉了也是幸福；儿为真理而死，死无遗憾。”在狱中他遭受酷刑，丝毫没有动摇对共产主义忠诚信仰，没有泄露一点革命机密。1927 年 9 月 1 日，刘绍锋在长沙浏阳门外被国民党当局杀害，是年 25 岁。

文恒益（1895—1928），原名文庆，男，汉族，1895 年 6 月出生，湖南省桃源县畬田乡文家湾人。因家境贫寒，文恒益 16 岁就来到常德下南门码头从事搬运。1923 年 10 月，大河街码头工人起运洋油（煤油），因为力资费太低，文恒益组织全体箩业工人提出要涨力钱，油行老板不依，全体箩业工人即举行罢工，油行老板只得应允，罢工取得胜利，由此表现出文恒益较强的组织力和号召力。

1925年冬，中共湖南区委执行委员会派工人特派员彭唯一来常德领导工人运动。文恒益很快与彭唯一取得联系，并在其领导下开展活动。1926年2月，文恒益串联各码头的工人抵制封建把头操纵的码头公会，另组建常德箩业工会筹备处，文恒益担任筹备主任，会员约200多人，开始了有组织的工人运动。这年4月，文恒益组织码头工人与学生、农民积极配合，开展反苛捐杂税的斗争。在学生联合会的宣传呼吁下，常德县城各行业代表20多人涌向县知事公署和印花局（税务局）、漕运局、警察局、教育局等处，请愿要求取消苛捐杂税，同时，各处码头宣布罢工。文恒益因势利导，把握时机向资方提出工人们的要求，使工人的经济收入提高20%。

反苛捐杂税斗争的胜利，使文恒益受到工人们的爱戴和信任。6月初，常德县箩业工会举行成立大会，工人们推选文恒益为委员长。随即，常德县总工会筹备处成立，文恒益负责筹备处工作。1926年9月9日，在常德县第一次工人代表大会上，文恒益被选为常德县总工会副委员长。同年的12月1日，湖南省第一次工农代表大会在长沙召开，文恒益出席了会议，并被推选为大会议案审查委员。

1927年1月，贵州军阀袁祖铭窜来常德企图据常作乱，阻挠北伐军的北进，中共常德地委部署攻打袁祖铭的战斗。文恒益组织领导以箩业、泥木业为主体的工会会员战斗队，在码头等交通要道修筑工事，积极参与这一战斗，共缴获枪支30多支和一批弹药。驻城第八军政治部给常德县总工会颁发"革命先锋"的大锦旗作为鼓励。

1927年5月24日，常德发生反革命"敬日事变"。国民党当局大肆捕杀共产党员、工运骨干和进步人士，文恒益在工友的掩护下幸免被捕。在桃源老家隐藏一个多月后，文恒益根据党的指示返回常德，准备组织武装起义，因为条件不成熟，武装起义未能举行。这年11月，中共湘西特委成立，面对严峻的形势，党的活动和工人运动转入隐蔽阶段。1928年1月，中共湘西特委根据中共湖南区委指示，在工人当中发展党员，恢复和建立党的组织。根据特委的安排，文恒益担任常德码头工人党支部书记，组织码头工人继续开展斗争。同年5月，由于叛徒的出卖，文恒益在从桃源返回常德的公路上被捕。1928年5月2日，文恒益被国民党当局杀害于常德下南门码头，是年33岁。

熊梦飞（1898—1928），男，汉族，1898年3月出生，湖南省桃源县赫曦峪熊家湾人。熊梦飞从小给人放牛，15岁开始学木匠，1918年到桃源县城拜杨木匠为师，不久，又在县城北门坪拜陈梅秋学草药郎中，1919年入赘到杨道华家。

熊梦飞虽然没有上过学，但喜爱接触新事物。1919年5月31日，省二女师（今桃源师范学校）的数百名学生为声援五四运动，涌上街头示威游行。熊梦飞跟随队伍听学生演讲，回到家里琢磨思考，觉得学生宣传的内容符合劳苦大众的心愿。从此，每当省二女师学生举行反帝反封建示威活动，他都积极邀约工友们参加，并投入到抵制焚毁洋货的活动。

1926年5月，受省工运特派员、中共党员周维城、谭醒等人的教育影响，熊梦飞积极串联漆匠刘家帮、雕匠王风庭、瓦匠易光照、岩匠张克庭、裁缝黄德珍等工人群众参加学习，投入工人运动。同年10月，他率先组织本行业工人成立桃源县木业工会，担任该会委员长。同年11月，熊梦飞加入中国共产党，并参加了桃源县总工会筹备处的工作。其间，他组织工人群众将搜刮民财的省派公债专员彭旭、李茂两人捆绑游街，组织工人群众举行游行示威，声援四川万县的工人斗争。1927年1月，熊梦飞主持召开批斗工贼戴冠雄的大会，铲除了工人运动中的"暗礁"。

1927年2月，桃源县工人代表大会在县城召开，会上，熊梦飞当选为桃源县总工会委员长，同时兼任桃源县工人纠察总队队长。他遵照党的指示，依靠工会积极分子，开展打倒土豪劣绅、反对贪官污吏、反对投靠帝国主义分子以及禁烟(鸦片烟)、禁赌、禁娼等活动，全县工人运动蓬勃开展。

1927年5月，常德发生"敬日事变"，熊梦飞目睹驻常叛军熊震旅李弦营袭击桃源屠杀革命同志的惨景。面对风云突变、敌强我弱的形势，熊梦飞携带家眷连夜乔装逃出县城，走延溪口经泥窝潭，到常德丁家港姑奶奶家暂时躲避。国民党当局仍到处搜捕他，于是又转移到澧县、常德、安乡三县交界的渡口花生岗，化名陈久介，做草药郎中，摆地摊，以维持一家人的生活。因处境窘迫，贫病交加，熊梦飞于1928年5月10日病故，是年30岁。

翦去病(1898—1928)，名墩昆，又名遂如，化名陈亦愚，男，维吾尔族，1898年9月出生，湖南省桃源县人。翦去病自幼发奋求学，1913年考入长沙湖南甲种工业学校染织科，1915年留学日本，1917年回国后在湖南甲种工业学校附设乙种工业学校任国文教员。

翦去病王月贞烈士墓

1920年11月，黄爱、庞人铨发起成立湖南劳工会，翦去病辞去高薪的教书工作，担任劳工会的评议员，为《劳工周刊》撰写评论文章，翻译进步书籍。1922年1月，湖南军阀赵恒惕杀害劳工会领袖黄爱、庞人铨以后，湖南劳工会不能在长沙立足。为继承黄、庞精神，湖南劳工会在天津、北京、上海等地建立办事处，翦去病任湖南劳工会驻沪办事处宣传委员，并担任《劳动周刊》的主编。在此期间，他激情地撰写了《黄庞事略》

《亡弟寿纯行状》《黄庞底人格》等大量褒扬黄、庞精神，推动劳工运动的文章。

1926 年 9 月，蒴去病接受了中国共产党的领导，任湖南省总工会秘书，为庆祝湖南全省总工会和长沙市总工会成立，省会 1 万多工人举办提灯大会，蒴去病为招待部主任，组织群众举行游行。同年 10 月，蒴去病加入中国共产党。1926 年 12 月 1 日，蒴去病出席了湖南全省第一次工农代表大会，当选为湖南全省总工会秘书长。会议期间，蒴去病主持编印《湖南全省第一次工农代表大会日刊》，撰写了《湖南全省总工会第一次代表大会开幕宣言》。在湖南全省工农代表大会联席会议期间，蒴去病向全体与会人员报告了中国职工运动，起草了《统一工人运动决议案》，强调各地总工会应服从全省总工会代表大会一切决议事项。为此，蒴去病还发表《近数月来湖南的工人运动》一文，提到："湖南的工人组织，近来有了一个比较好的系统……工人自知应该密切的团结，打出统一工会组织的口号，使工贼反动派以及土豪劣绅等不能乘机活动，而得一直的立于全省总工会旗帜之下。"到 1926 年年底，全省总工会有基层工会 532 个，会员 32.6 万多人，实现了湖南工人阶级的团结和统一。

1927 年 3 月，省总工会召开执委扩大会议。会议决定：因组织部长辞聘照准，聘请蒴去病继任；通过劳动介绍条例案，公推谭影竹、郭亮、蒴去病等为审查委员。为了更好地组织广大工人投入革命斗争，蒴去病利用长沙市总工会兴办的工人夜校，创立工人运动讲习所，蒴亲自讲"工人运动课"，广大工人群众积极踊跃参加，连窗台上也爬满了人。他讲课深入浅出，生动活泼，讲话有起有落。他讲工人运动切中要害，讲斗争方法，通俗易懂，当讲到精彩处，群众竟欢呼起来，工人们称他是一把煽动革命烽火的铁扇子。下课后，还有人围着要他解答问题，工会干部也爱找他谈工作。

1927 年 5 月"马日事变"后，蒴去病隐蔽在汉口、上海等地，同年的下半年，蒴去病回到常德继续从事革命活动。他经常化装成牛贩子外出联络，寻找党组织。1927 年 10 月，长沙市总工会负责工人教育的姜运开到常德找到蒴去病，寻找长沙市各工会组织人员名单。蒴去病交待要把长沙市各工会组织的人员名字、地点记好，再去找可靠的人，不要大意。同时，姜运开把在汉阳看到郭亮、李立三和毛泽东的消息告诉给他，蒴去病为此非常高兴。

1928 年 5 月，国民党在全省清乡，蒴去病与夫人王月贞（又名王悦帧）在常德东门外五号被捕。6 月，蒴去病和王月贞被枪杀于常德校场坪。

1949 年，常德解放后，常德市人民政府报经省政府批准，追认蒴去病为革命烈士，并于 1957 年在德山孤峰岭烈士陵园内，为蒴去病和王月贞合修了一座夫妻烈士墓。

曹志民（1900—1928），男，汉族，1900 年 11 月出生，湖南省澧县中武乡人。曹志民幼年丧父，家境贫寒，靠母亲纺织度日。8 岁起读私塾和私立小学 4 年，因家贫辍学。先后在县城的丁宏胜、恒兴昌等南杂店和纱盐商店帮工达 13 年。在长期的学徒、帮工生活中，曹志民时遭财东掌柜的打骂虐待，生活毫无保障，他深感社会黑暗，极为不满。一个偶然机会使曹志民的人生轨迹发生转折。1924 年，他代为澧县大堰垱咸和商号老板出差武汉，结识进步学生谭德应、余中行两人，经他俩介绍加入马克思主义小组，至此走上革命道路。

“五卅”运动以后，革命风暴席卷全国。曹志民由武汉回到澧县大堰垱，与工运特派员杨鉴堂一道，深入工农群众，积极宣传马克思主义，进行串联发动，在大堰垱建立起全县第一个店员工会，并担任委员长。他率领工人群众向资方老板和土豪劣绅开展反压迫反虐待和禁赌、禁娼、禁鸦片的斗争，维护工人的权益，深受工人群众的爱戴。1926 年秋，曹志民以大堰垱工人代表的身份，参与县总工会筹备工作。11 月 12 日，澧县工人代表大会与农民代表大会同时召开，在大会上宣告澧县总工会成立，曹志民当选为执行委员，分管组织工作。其后，经中共党员杨杰卿、周荣森两人介绍，曹志民加入了中国共产党，在中共澧县支部成立时，被选为支部委员。1927 年春，在全县工人代表大会上，曹志民被公推为县总工会委员长。

曹志民就任县总工会委员长职务后，积极扩大工会组织和革命队伍，先后在全县 4 个镇 20 个区建立起镇工会和手工业联合工会，发展工会会员 2000 多人。工人纠察队员也由原来的 100 余人发展到 300 余人，编列为 7 个支队，分布在全县各集镇。他与县农民协会紧密配合，发起联合建立“澧县惩治土豪劣绅委员会”。在县城召开有近万人参加的工农群众大会，公审一批作恶多端的土豪劣绅和封建把头，先后处决了大劣绅宋之岳和土匪头目周合禄。在这次公审大会影响下，全县迅速掀起了反贪官、反豪绅的运动。1927 年 5 月，长沙“马日事变”后，澧县以国民党县党部执委唐肇勤为首的国民党右翼分子，调集大批团防武装镇压工农运动。面对严峻的形势，曹志民邀约县农民协会委员长周荣森、县妇幼部长何君励等潜赴到湖北荆州，以何记理发店为地下联络点进行革命活动，坚持地下斗争。1928 年 5 月，曹志民回到大堰垱，秘密串联组成工人暴动队，进行武装斗争。5 月的一天晚上，曹志民率领 30 余名暴动队员在镇上贴标语、发传单，响亮地提出“共产党、工农兵、下决心、杀土豪、斩劣绅、没收财产大家分”“革命成功万岁”等标语口号。当晚还枪决了群众恨之入骨的反共恶霸曾月琴，第二天凌晨又处决了土豪恶霸张国庆、陈润清。这是澧县震动最大的一次工人暴动。

大堰垱工人暴动之后，国民党当局进行大规模血腥镇压。曹志民等人被迫转移投奔工农革命军贺锦斋部队，之后，与中共湘西特委取得联系，曹志民重返澧县从事革命活动。1928 年 10 月的一天，曹志民与周玉白、王振伟等在中共党员方佰川家里开会，拟以方家为秘密据点开展地下革命活动，被叛徒周寄修告密被捕入狱。1928 年 10 月 27 日，曹志民被杀害于澧县县城小南门，是年 28 岁。

李年华(1902—1929)，又名李发清，李南华，李光，男，汉族，1902 年 10 月出生，湖南省汉寿县岩嘴乡西堡桥村人。李年华 10 岁跟随舅父在县城学木匠。1922 年 10 月，他从报纸上看到长沙泥木工人在毛泽东领导下，取得了为时 20 天的罢工斗争胜利的消息后，在工人中广泛宣传，鼓动工人们团结起来，依靠共同的力量维护自己的利益。当时汉寿县城木业工人工资很低，生活非常困难，李年华适时地组织一批工人，向资方提出增加工资的要求，表示不答应涨工资的要求就不上工。资本家对组织起来的工人无计可施，只得同意每个工价在原来 2 角的基础上增加 4~6 分。这次斗争的胜利，使城区工人认识到只有团结起来与资本家斗争，才是工人摆脱贫困、不受压迫的唯一出路。

1926 年年初，中共党员、工运特派员向贤眝回到汉寿开展革命活动，组织工人运动。在其影响下，李年华思想觉悟迅速提高，并于 1926 年 5 月加入中国共产党。1927 年 1 月7 日，汉寿县召开第一次工人代表大会，宣布汉寿县总工会成立，李年华任县工人纠察队队长。在就任工纠队长后，李年华按照中共汉寿县委的要求，进行了几次大的惩治豪绅恶霸行动。先是严惩十恶不赦，号称“汉寿王”的梅孟樵。一天深夜，李年华带领工人纠察队员奇袭杨家湖梅孟樵的团防局，在农民武装的配合下，打散了 100 多名团丁，将梅孟樵活捉。次日，由汉寿县“惩治土豪劣绅特别法庭”召开有万余名工人、农民、学生、商人参加的公审大会，将梅孟樵当即处决。接着，李年华又组织工人纠察队捉拿大土豪朱泽堂和湘西土匪周小鞭，赶走围攻县城的马绍武地主武装。1927 年 3 月，中共汉寿县委为加强和扩充工农武装力量，决定拔掉武器较多、势力雄厚的鸭子港团防局。李年华率领 83 名工纠队员，在当地的农民自卫队接应下，一举打垮了大土豪杨西川的鸭子港团防局，缴获枪支 60 多支。

1928 年 4 月，李年华由南华安特委推荐到国民革命军独立第五师第一团彭德怀身边任秘密交通员，公开身份是勤务兵。6 月，李年华随彭德怀部队到达平江，7 月，他参加了由滕代远、彭德怀领导的平江起义。独立第五师改为中国工农红军第五军后，彭德怀任军长，滕代远任党代表，李年华被选为军委委员，在红军十三师七团九连当宣传员，后任中队长。

1928 年 12 月，红军到达井冈山与红四军胜利会师。不久，国民党调集湘赣两省 2.5 万兵力对红军进行围剿。1929 年 1 月，李年华不幸被俘，惨遭杀害，是年 26 岁。

周维城（1902—1929），名立宗，又名伟臣，男，汉族，1902 年 2 月 21 日出生，湖南省桃源县二溪乡松树垭人。周维城 9 岁入私塾发蒙读书，1919 年进入桃源县乙种农业学校，1912 年考入常德省立第二师范学校。在学校里，他目睹了军阀混战，列强侵略，人民大众处于水深火热之中的情景。在民主革命新思潮的激励下，周维城与进步同学一道编撰《震西》《沅潮》等革命壁报，发起国耻纪念运动，组织反对帝国主义的游行示威活动。1924 年，周维城经许和钧介绍加入中国社会主义青年团，1925 年转为中国共产党党员，被选为常德学联负责人。

1926 年 5 月，周维城作为省工运特派员回到桃源开展工人运动。他与李灿、管于庆、徐才益等共产党员一道，于 8 月组建中共桃源支部。他深入发动群众，依靠积极分子组建各行业工会，到11月底，全县组建了木、瓦、锯、石等行业工会11个，会员达3500余人。随后，他又相继组建了桃源县总工会筹备处和陬市、漆河等地总工会，依靠各级工会，挑选觉悟高、工作积极的青壮年工人，组成桃源县工人纠察队，开展革命斗争。

1926年12月1—28日，湖南省第一次工农代表大会在长沙召开，全县各行业公推周维城代表桃源县总工会筹备处出席大会，并在大会的第三日下午，向大会报告了桃源工运情况。大会闭幕后，周维城参加了中共湖南区委举办的党员代表培训班，听取了毛泽东所作的报告。回到桃源后，及时召开各行业工会执行委员会，贯彻大会精神。1927年2月17日，桃源县第一次工人代表大会在县城西寺坪召开，选举了桃源县总工会执行委员会，周维城当选为执委，任秘书。

县总工会成立后，周维城等先后组织工农群众，严惩漆河一带号称桃北"三虎"的3个大土豪恶霸和一批贪官污吏。正当工人运动向纵深发展之际，常德发生了"敬日事变"，反动政府下令通缉周维城、李灿、管于庆、徐才益等共产党员骨干28人。1927年11月，徐才益、周维城带领农民自卫军10余人来到栖凤乡，举起武装斗争大旗，成立桃源第17游击大队，徐才益任大队长，周维城任秘书。这年冬，周维城回到桃源、石门、慈利三县交界的家乡二溪乡，他深入到工农群众之中，积极发展组织，成立了中共会同支部，他被选为书记，从此，在常桃、桃临、桃慈边界进行各种活动。

不久，他与中共老棚支部书记谢泽芝联系上，组建了100多人的游击队，还建立地下兵工厂。1928年3月，周维城、谢泽芝等以桃源"徐溶熙"苏维埃的名义在青龙寺召开群众大会，公审枪决了大劣绅李如雪，并提出了桃源"徐溶熙"苏维埃政权的建设纲领，一时声威大震，被称之为"红区"。国民党桃源县政府纠集反动武装500多人，围剿第17游击大队和"徐溶熙"苏维埃政权。因寡不敌众，游击大队30多人壮烈牺牲，周维城率部转移到临澧太浮山，编入中共湘西特委直属赤卫大队，周维城任大队政委。

为了配合湘西特委领导的石门"南乡暴动"，周维城回到二溪乡与谢泽芝、杨必忠（中共云头山支部书记）组建200多人的赤卫队。与此同时，常德、桃源、石门、慈利、临澧五县各地都组建了游击队，形成以太浮山为中心的武装割据局面。国民党当局即将太浮山区域列入全省十大"清剿"区的范围，进行重兵围剿，制造了骇人听闻的"老棚惨案"。后终因敌我力量悬殊，1929年2月，周维城返回桃源，潜伏在原"徐溶熙"苏维埃的赤足、吉祥两乡活动。

1929年3月，周维城先后到石门、常德寻找党的组织，因叛徒舒业垣的告密被捕入狱。在狱中，他受尽各种酷刑，始终坚贞不屈，并义正词严地痛斥敌人的罪恶行径。1929年6月22日，常德县县长兼清乡委员会委员长王伟彤下令，将周维城在常德北门柳堤刑场杀害，是年25岁。1989年3月，桃源县人民政府报经省政府批准，追认周维城为革命烈士。

向贤肸(1903—1929),又名汝山,字道容,男,汉族,湖南省汉寿县人。1923 年就读于湖南省立第一甲种工业学校,其间,受到苏联十月革命和马克思主义思想的影响,在长沙参加了学生运动,1924 年冬加入中国共产党。其后,他利用学校寒暑假的机会,回县创办工人夜校,吸收 30 余名工人入校学习,向工人宣传马克思主义和革命思想。同时,揭露统治阶级勾结帝国主义丧权辱国、地主豪绅残酷剥削压迫劳苦大众的罪行,宣传孙中山的联俄、联共、扶助工农,实行耕者有其田的政策,以及破除迷信、妇女解放的思想。他在汉寿县的毛家滩、岩汪湖、酉港、沧港、大小凡洲等乡镇街头,利用庙会赶集的机会,向群众宣讲革命道理,唤起民众的觉醒,这为后来的革命斗争打下了良好的思想基础。

1926 年 5 月,中共湖南区委派向贤肸以工运特派员的身份,回到汉寿县开展工人运动。他与中共党员罗承阀、李惠堂、龚维信等组成汉寿县总工会筹备委员会,在县城工人较多、基础较好的泥木业、铁业、码头、缝纫业、理发业等行业先后建立行业工会筹备委员会,发展 1300 多个工会会员。

1926 年 12 月 1 日, 向贤肸与李惠堂代表汉寿县工人出席了湖南省第一次工人代表大会。1927 年 1 月 4 日,向贤肸回到汉寿后,经中共汉寿县委决定,于 1 月 7 日召开汉寿县第一次工人代表大会,在大会上宣布汉寿县总工会成立,向贤肸被选为县总工会委员长。县总工会成立后,向贤肸主持全县的工人运动。他领导全县工人群众打击土豪劣绅,消灭土匪,安定社会;禁烟禁赌,扭转社会风气,兴办工人生产合作社和消费合作社,在改善工人生活等方面做了大量工作,推动了全县工人运动的蓬勃发展。

1927 年 5 月的“马日事变”后,革命形势风云突变,向贤肸在党组织安排下撤离汉寿县,赴湖北省公安县开展武装斗争,担任红军某部营长。1929 年 7 月,向贤肸在掩护部队突围中不幸牺牲,是年 26 岁。

颜南山(1901—1930),男,汉族,1901 年 7 月出生,江西省萍乡人。颜南山是大革命时期安源工人运动中最先发展的 16 个工人共产党员之一。其父颜顺华在大革命前后从事中共地下组织的革命活动,其母颜肖民为掩护和支持中共党员滕代远做了一些有益的工作。在安源期间,颜南山与中共党员易子梅、易子全、刘昌炎等积极从事地下活动。

1924 年 8 月,国民党驻安源警备队借故查封安源工人俱乐部,将俱乐部负责人黄静源杀害,大批工人被开除。颜南山和其父颜顺华被迫离开安源到湖南株洲,半个月后,其父亲被党组织派到广东,颜南山被派往河南省渭丰府枣庄中心煤矿。1925 年 4 月,党组织调他回安源,随后,根据湖南省工团联合会的决定,派颜南山来常德开展工人运动。

颜南山到常德后,担任中共常德地委执行委员会工运部长。他首先把队伍庞大的搬运工人组织起来,取消封建把头把持的码头公会,成立在共产党领导下的箩业工会。在箩业工会的影响带动下，烟业、染织业、理发业等相继成立了工会组织。到1926年8月，常德城内有26个行业成立了工会组织，工会会员发展到7300多人。在此期间，颜南山组织领导各行业工会的工人同国民党政府、资本家、帮会、行会的头目开展过多次斗争，取得不少胜利。1926年9月9日，常德县第一次工人代表大会召开，宣布成立常德县总工会，颜南山被选为委员长。同年12月1—28日，在长沙召开的湖南省第一次工农代表大会上，颜南山被选为湖南省总工会第一届执行委员会委员。

1927年5月24日，常德发生反革命的"敬日事变"。驻常德独立旅旅长熊震同县知事公署的警备队及警察局的稽查队围剿常德县总工会。30多名工人纠察队队员奋起抵抗，终因敌我力量悬殊，大部分工纠队员倒在血泊中，县总工会9名执行委员有6名被杀害。颜南山在两名工人的掩护下，化妆出城，从常德逃到安源。在隐藏一年多后，1928年7月，由其叔父颜文彬介绍到安源煤矿东绞处开绞车。此时，安源工人运动处于低潮时期，工人失去了党的领导，到处是一片白色恐怖。颜南山革命意志不坚定，在这个时候叛变自首，在反动驻军七师十一团团长肖都贤发起成立的"安源反共委员会"中，颜南山是9个委员之一。

1930年7月，工农红军驻扎安源工人俱乐部。安源苏维埃主席袁德喜等发觉颜南山是"反共委员会"成员，叛变革命投靠敌人，决定予以严惩。1930年8月2日，颜南山在安源路矿工人俱乐部大操坪被处决。

李立新(1898—1932)，又名李业宽、李泪心，男，汉族，1898年出生，湖南省慈利县三官寺人。李立新在桑梓小学毕业后，父母典卖微薄田产送其赴省立二师(今常德市一中)读书。在校期间，李立新读书勤奋，学业优异，并广泛接触进步书刊。1922年加入中国社会主义青年团，翌年转为中国共产党党员。省二师毕业之前，先后担任过中国社会主义青年团二师支部书记，中国共产党省二师支部书记，中国社会主义青年团常德地方执行委员会委员。1925年的一次学潮中，与省二女师派赴省城请愿的学生代表严文德相识、相恋，最后结为革命伴侣。

1925年冬，李立新受中共湘区执行委员会指派，与从法国留学回来的罗宁一道到津市、澧县从事国民党的组建工作，同时在国民党中培养先进分子，秘密发展中共党员，组建中共党组织。他们在津市首批发展刘玉舫、施见白等人入党，并于次年3月建立中共津市党小组，不久扩建为党支部。李立新先后任中共津市党小组组长、中共澧县支部书记、中共津市支部书记，成为津澧一带唯一公开身份的中共党员，是津市国共两党合作创建人之一。

1926年至1927年春，在中共党组织的领导下，津市的工农革命运动轰轰烈烈开展起来。其间，李立新推动成立津市总工会，担任津市总工会筹备处主任。推动建立农民协会、商民协会和工人纠察队、农民自卫队。

1927年5月“马日事变”后，革命形势急转直下。澧县国民党县党部机关报《民报》登出捉拿共产党员李立新、严文德等12人的通缉令。按照中共湘区执行委员会“中共党员要分散隐蔽”的指示，李立新率少数工运骨干离津赴省，其间，通过夏曦面见毛泽东，接受其指示。9月，李立新、严文德夫妇潜回老家慈利，次年又到石门，严文德以教书为掩护，为党组织筹措活动经费。李立新则与中共石门地下组织负责人袁任远一道，在南乡和白洋湖一带组织农民暴动。暴动失败后，为躲避敌人的追捕，李立新、严文德夫妇又潜回慈利老家，以教书为生，从此与党组织失去联系。

在颠沛流离和极端困苦的生活状态中，以及与党组织失去联系以后的焦急忧伤，李立新身染重疾，于1932年病逝于慈利县九溪乡，是年34岁。严文德痛失志同道合的革命伴侣，亲为丈夫立一石碑，上镌十个大字：“望夫空有石，哭杞欲崩城。”

龙在前(1903—1946)，原名龙家全，在革命斗争中相继化名龙临渊、龙在天、张树平、张再平、龙在泉、覃事齐、龙思齐、龙顺科等，男，汉族，1903年出生，湖南省石门县新关乡新关村人。龙在前于1924年考入省立二师，学生期间，多次参与常德工农声援“五卅”惨案的游行示威、抵制洋货上岸等斗争，受到党组织关注，于1926年1月发展为中国共产党党员，同年10月兼任湖南省总工会教育总干事。是年底，受中共湘区委员会的指派，以石门县旅行学生团副团长的身份，回到石门县开展革命活动，参与石门县总工会筹备处工作，于1927年2月成立石门县总工会。

1927年5月“马日事变”后，龙在前按照党组织的指示，坚持秘密从事革命活动。1927年11月，中共石门县委根据湘西特委的指示，在石门举行年关暴动，龙在前被任命为年关暴动大队长。除夕夜，龙在前带领暴动队员10多人首先直奔南圻，烧毁伪警察局长上官西的房子，返回新关途中摧毁了新关自治区村公所，杀掉了反动组织“亲民党”委员廖喻先及反共清乡大队长熊清和等，是为震惊常德的石门年关暴动。

1928年4月，龙在前到桑植找到了贺龙部队，先后被任命为政治指导员、湘鄂西特委委员。1931年5月，被任命为长阳、五峰、桑植、石门、鹤峰、慈利六县苏维埃联合政府代主席。1934年10月，龙在前被任命为红四军第一团党代表，转战湘鄂川黔边境。1935年8月，随红军长征，在强渡金沙江战斗中负伤，被安排在深山中的一个姓李的老百姓家中养伤，至此与党组织失去了联系，只得回到石门，改名龙思齐。

1940年春，受省二师校友、省立永顺第八师范学校校长邓运生聘请，龙在前任学校总务处主任，在这期间，他在师生中秘密宣传马列主义和中国共产党的抗日主张，组织师生举行敦促国民党当局共同抗战的罢教罢课。1946年2月，龙在前终于与巴东党组织取得了联系，开始在党组织领导下的革命斗争，在学校学生中发展进步学生加入共产党。

1946 年 8 月，龙在前被国民党当局逮捕，关在永顺县城外的土堡里。国民党当局对他严刑逼供，先打断他的双臂，后打断他的双腿，又挖掉他的双眼，龙在前视死如归，斩钉截铁地怒斥："身手可以刀碎，信仰决不动摇"，直到被活活折磨至死，是年 43 岁。1982 年 5 月，湖南省人民政府追认龙在前为革命烈士，永顺县人民政府民政局在龙在前殉难处铭刻石碑纪念。

苏春成（1900—1951），原姓李，男，汉族。1900 年出生，湖南省常德县（今常德市鼎城区）善卷乡苏家岗人，曾过继给舅父为养子。1925 年，常德县筹备建立工会组织，苏春成参加了饮食行业工会，当选为执行委员。同年 11 月，由邹灿兰、韩光弟两人介绍加入中国共产党，负责工运工作。1927 年大革命失败后，苏春成避住湖北沙市。

1936 年 7 月，中共党员许和钧回到常德，恢复重建中共党组织，苏春成返回常德担任中共常德中心县委组织委员，后任组织部部长。1938 年，中共常德中心县委为改造国民党组建的常德县工会，派遣有合法身份的中共党员苏春成等人筹建由中共党组织领导的常德县总工会，苏春成担任筹备处副主任。

1940 年，常德县中学教师潘任达、刘振之被捕，供出苏春成是中共党员。国民党中统特务张雨安派蔡莜庵等人将苏春成逮捕，苏随即叛变自首，并交代了大革命时期中共党组织状况和中共党员名单。由于苏春成的密供，先后有工人支部成员黄福林、娄文秀、张承忍等 6 人被捕惨遭杀害。此后，苏春成担任国民党中统常德县室主任，兼国民党县党部执行委员，多次提供情报，策划搜捕常益中心县委派来常德联络的交通员，致使中共常德地方组织和工人运动遭受严重挫折。

1942 年 9 月，国民党组建的常德县总工会进行第二届改选时，苏春成被任命为常德县总工会理事长，并担任国民党县党部直属第十区分部书记，常德县工会系统调查小组组长等职务。1944 年，常德县总工会公布了国民党行政院于 1943 年 12 月 30 日修订后的工会法，并强行予以实施，进一步控制常德工人运动。1944 年 5 月，常德县总工会第三届改选，苏继任县工会理事长。1945 年 11 月，在常德县总工会第四届改选时，因遭到工会同事和工人们的反对，苏春成退出了县总工会理事长的竞选。

1946 年，苏春成窃用常德县总工会理事长和公选的工人代表身份，出席了国民党组织的"中华全国总工会"代表大会，被选为全国总工会理事。1947 年 7 月，国民党政府加紧对国统区群众运动的镇压，发布戡乱总动员令。苏春成配合国民党当局镇压常德泥木工人的罢工，阻挠工人进行谋求解放的斗争。1949 年 6 月，常德县总工会召开各业工会理事监事会议，宣布成立常德县总工会护工大队，苏春成担任大队长，中队长由各业工会理事长和常务理事担任，企图武装阻止常德解放。新中国成立后，1951 年，常德市人民政府对苏春成叛党投敌的罪行给予清算，对苏春成执行枪决。

许之桢(1898—1964)，男，汉族，1898 年 1 月 16 日出生，湖南省汉寿县大连障丁家冲人。许之桢是中国工人运动的先驱、中华全国总工会主要领导人之一。许之桢幼年时父母相继去世，在两个哥哥的帮助和姑父的资助下读完小学，于 1913 年以优异的成绩考入长沙乙种工业学校，1915 年毕业后继续在长沙甲种工业学校半工半读。毕业时正值“五四”运动爆发，他和许多爱国青年一道投入“五四”爱国运动。毛泽东、蔡和森、何叔衡等在长沙发动赴法国勤工俭学，他和刘少奇等一批进步青年被介绍到共产党创办的上海外国语学社学习，结识了陈独秀、李森等人。1921 年由李森介绍加入中国社会主义青年团。同年 3 月，上海党组织派他去苏联，1922 年 11 月抵莫斯科，入东方共产主义劳动大学学习，经罗亦农介绍加入中国共产党。1924 年回国后，他先后担任中共湖北省委组织部部长、宣传部部长、汉口地委书记、汉冶萍总工会委员长等职，同年 7 月，任湖南省农民运动委员会秘书。1926 年年底调回武汉主办湖北工人运动讲习所任所长，培养了大批党的干部和工运骨干。1927 年大革命失败后，他就地隐蔽开展秘密活动，因积劳成疾，党组织派人护送到苏联海参崴治病。其间，许之桢参加了苏联共产党远东地区的《工人之路》报工作，1929 年 1 月，该报迁伯力，改为联共远东边疆党部机关报，他任总编辑兼秘书。1938 年 4 月许之桢回国，6 月到迪化，在新兵营教联共(布)党史。翌年 2 月抵达延安，在中共中央从事宣传出版工作，先后担任中共中央宣传部马列学校编译部长、干部教育科科长、国民教育科科长、中共中央出版局秘书长等职务。

1948 年，在第六次全国劳动大会上，许之桢当选为中华全国总工会常务委员，并担任全国总工会宣传部部长和秘书长，此后，一直从事党的工人运动和工会工作。1949 年，他参加中国人民政治协商会议第一届会议，当选为全国政协委员会委员。1954 年，当选为第一届全国人民代表大会代表，1959 年再次当选为第二届全国人民代表大会代表。1953 年的中国工会第七次全国代表大会上，许之桢当选为全国总工会主席团委员、书记处书记。1957 年中国工会第八次全国代表大会上，许之桢当选为中华全国总工会副主席、书记处书记，并任全国总工会党组副书记。1964 年 10 月 26 日，许之桢因病在北京逝世，终年 66 岁。

罗承阀(1892—1979)，男，汉族，1892 年农历十二月出生，湖南省新化县水车市花屋垛人。1911 年，年满 18 岁的罗承阀随姑父来到汉寿县城张恒顺作坊学木工，兼学漆工。在学徒和帮工 10 多年后，1925 年，罗承阀与妻子刘氏开设没有招牌的小木作坊。其间，他与中共党员陈刚、向贤肸等接触，学到了许多革命道理和新知识。他以木业行业组织为基础，在工人群众当中进行宣传“工人要摆脱贫困与压迫，只有组织起来与资本家做斗争”。

1926年7月，汉寿县总工会筹备委员会成立，罗承阀为主任委员。同年8月，由詹乐贫、向贤肸两人介绍加入中国共产党。1927年1月，汉寿县总工会成立，罗承阀被选为副委员长。他任职后，积极组织发展工农武装力量，击毁了鸭子港大土豪杨西川的团防局，打散了围攻县城的马绍武地主武装，歼灭了盘踞汉寿东北乡的土匪周小鞭。几次武装斗争的胜利，打击了反动势力的嚣张气焰，推动了工农革命运动发展。

罗承阀在积极组织武装斗争的同时，在县城领导铁业工会办起生产合作社，集中14座熔炉，组织70余名铁业工人进行集体生产。此外，还兴办了缝纫、制鞋等一批手工业生产合作社。在城区木业、泥业、篓业、柴木、运输业等工会和酉港、鸭子港、沧港、毓德铺等乡镇工会兴办“工人消费合作社”。对培养工人的集体主义思想和改善工人生活，起到了很大的作用。

1927年5月，“马日事变”后，汉寿县一片白色恐怖。罗承阀等根据中共汉寿县委的决定，率领城区工人武装500多人，从县城撤离到革命基础较好的丘陵山区云台山、金牛山等地，继续坚持武装斗争。后因情况恶化不得不化整为零，罗承阀化名刘四维，在沅江与汉寿交界地区继续进行革命活动。1929年，罗承阀为了寻找党组织，化妆夜行到宝庆(今邵阳市)，由党组织介绍到天主堂做木工。1935年，罗承阀在宝庆被捕，6月被押解回汉寿监禁，被汉寿当局以“暴徒”罪名，判处有期徒刑两年零四个月。

1937年8月，罗承阀刑满出狱后改名罗永生。其后至1949年，罗承阀坚持从事推动工人运动工作。为夺取国民党黄色工会的领导权，罗承阀联络工人罗汉荣、张云程、曾光明，通过多方努力，取得了县总工会3个常务理事、1个常务监事席位，罗承阀在中共地下党员周伯诚的帮助下，还担任国民党把持的县工会理事长，从而以合法的身份进行工人运动的公开活动。在公开活动中，责成县商会取消了篓业工会不合理的“篓捐制度”，使篓业工会摆脱了商会的直接控制。通过发动工人集资入股，创办“工人生产合作社”、开办“劳工食堂”，有效改善工人生产和生活条件。通过组织城区各行业工人举行“反内战”、“反饥饿”、“反迫害”示威游行活动，积极做好迎接解放的工作。1949年，人民政权建立后，罗承阀任县人民委员会委员兼工商业联合会主任。1979年10月23日，罗承阀病逝，终年87岁。

第二节　逝世的全国劳动模范和先进生产(工作)者

李德常(1903—1967)，男，汉族，1903年出生，原籍湖南省澧县，高小文化，青年时流落安乡，在县城五总街一家油榨房当帮工。1950年参加工作，在安乡县植物油厂当工人，不久，担任生产小组组长。他满怀翻身做主人的喜悦心情，开动脑筋，设计改造工艺流程，使棉籽出油率增长8%，被评为安乡县增产节约的模范。翌年，他带领的生产小组又创新并推广“包饼打油法”，在全厂掀起增产节约热潮，使工厂1955年的油产量较上年增长84%，李德常被评为安乡县甲等劳动模范。

1956 年 4 月，李德常出席湖南省第二次先进生产者代表大会，被授予湖南省先进生产者称号。同年 4 月，出席全国先进生产者代表会议，获全国先进生产者称号，在北京他两次见到毛泽东、周恩来等党和国家领导人，并参加盛大的游园联欢会。当他载誉归来时轰动了县城，干部、群众纷纷到轮航码头去迎接，县植物油厂的工人甚至把他抬起来在县城游行，认为这是旧社会的“打油匠”（油榨坊工人）做梦也享受不到的殊荣。1967 年，李德常因病去世，终年 64 岁。

向德原（1931—1979），男，汉族，1931 年 10 月出生，原籍湖南省澧县。1951 年进公私合营的津市澧东机制油厂参与筹建工作，次年调到该厂榨油车间担任生产班长，后任津市味精厂工会主席。

在澧东机制油厂工作期间，向德原发现机榨出油率比手榨出油率低，为弄清原因，他从首道工序克皮机和六角元筛着手，计算二机的转数，通过观察棉壳、棉仁的分离过程，找到症结。后经他改进设备，使榨油机棉壳含仁率降低到 1%，出油率由原来的11%上升到 12%，工厂当年增产食油 12000 公斤。1954 年，向德原受工厂派遣赴吉林省四平市榨油厂学习新技术，很快掌握“李川江两低以水定气”操作法。回厂后示范推广，变个人技术优势为集体技术优势，当年工厂棉籽出油率达 14%，创全国最高纪录。他不满足已经取得的成绩，与同事们一道改革炒蒸锅，改进螺旋推进器装置，出油率再度提高，棉籽出油率达 14.8%，甜菜籽出油率达 32%，胜利油菜籽出油率达 36%，一年增产食油 3 万余公斤。由此，向德原由普通工人晋升为七级技工。

1956 年 3 月，向德原出席湖南省第二次先进生产者代表会议，被授予湖南省先进生产者称号，同年 4 月，出席全国先进生产者代表会议，被授予全国先进生产者称号。1979 年 1 月，向德原因病医治无效辞世，终年 49 岁。

杨祥福（1902—1985），男，汉族，1902 年 11 月出生，湖南省辰溪县岩塘坪乡人。1950 年 2 月在常德轮船公司参加工作，1955 年 6 月加入中国共产党，历任轮船驾驶员、船长兼党支部书记、革委会委员等职。杨祥福在几十年的航运生涯中，为发展航运事业，特别是开发沅水航线做出了突出贡献。1954 年 5 月，他担负开辟从常德到辰溪航线的试航任务后，先后 3 次趁枯水季节，背着行李跋山涉水，徒步实地考察沅水河床，绘制沅水上游航线图，在“三垴九洞十八滩，处处都是鬼门关”的险恶航道，开辟了轮拖货运航线。1962 年 6 月，杨祥福带领的“湖申”号等 15 艘载船因航道水浅在泸溪、辰溪和沅陵等地受阻，他根据在航行中所掌握的河道暗礁险滩和水位变化规律，通过听水响、看浪花确定下游水位的涨落，果断决定抢装货物，为企业大幅创收，并为以后的航行提供了经验借鉴。针对沅水滩陡水急，许多险滩还靠人力拉纤，不仅费力费时，而且有危险。杨祥福根据长期观察，创造了隔滩拖带法、接着又创造隔滩串联拖带法、船排混合拖带法以及“一列式顶推法”，将常德至辰溪上水每航次由15天压缩到5天，通航时间由3个月延长到6个月，逆水运量由700吨提高到1200吨，下水运量由1300吨提高到3800吨。

由于杨祥福的突出贡献，1958年和1959年，连续两次出席湖南省先进生产者代表大会，被授予湖南省先进生产者称号。1959年10月，杨祥福出席全国群英会，被授予全国先进生产者称号。1985年12月22日，杨祥福因病逝世，终年83岁。

李光庆（1905—1989），男，维吾尔族，1905年9月27日出生，湖南省桃源县枫树乡庄家桥村人，1952年加入中国共产党。先后担任庄家桥农业生产合作社社长，庄家桥大队党支部书记，中共桃源县委常委、中共常德地委常委、中共湖南省委委员，省贫下中农协会副主席。1975年1月，当选为第四届全国人民代表大会第一次会议主席团成员。1977年8月，当选为中共十一大代表。1978年3月，当选为全国科学大会代表、中国农学会理事。

李光庆从1952年开始，在1.2亩试验田里试种双季水稻获得成功。此后在所在的庄家桥大队推广，1961年，试验田亩产稻谷635公斤，全大队平均亩产超过500公斤。1966年，在全县基本实现水稻双季化后，他又萌发进行稻—麦—稻三熟复种制试验的设想。在县农业科技人员的帮助下，开始在试验田里种植冬小麦，经过不断的实践和总结，终于较好地解决了稻—麦—稻三熟生产中的矛盾，1973年稻—麦—稻三熟亩产达1664公斤。1975年2月，《湖南日报》《人民日报》相继刊登新华社电讯《人满七十，粮过三千》，报道了他的科学试验事迹。尔后，《人民中国》《中国科学》《植物学报》分别用中、英文两种文本向世界介绍，还拍摄了纪录片《三熟夺高产》在全国放映。

李光庆因在实现粮食高产中的突出贡献，1978年4月出席在北京召开的全国科学大会，被授予先进科技工作者称号。1989年2月16日，李光庆因病逝世，终年84岁。

龚学仁（1928—1989），男，汉族，1928年出生，湖南省常德县（今常德市鼎城区）人，中共党员。1951年参加工作，在常德县牛鼻滩供销社当营业员。此后先后任县供销社分社主任、党支部书记，县商业局人事科长、办公室主任、副局长、局长、党组书记等职。

龚学仁参加工作后，长期从事商业工作，从最基层做起，踏踏实实一步一个脚印。特别是在国民经济三年困难时期，他接受县商业局的安排，白手起家领头创办石灰矿。为抢时间，加快速度，他将石灰矿命名为跃进石灰矿。他身先士卒吃睡在工地，带领全矿职工顶烈日战严寒，攻克一个个生产技术难关，在较短的时间内完成了组织所交给的任务，有力地支援了全县农业生产。因此,1958 年被湖南省商业系统评为先进生产者,1959 年 9 月,龚学仁以常德县商业局自办石灰矿矿长的身份,参加了湖南省第四次先进集体、先进生产者代表会议,被授予湖南省先进生产者称号。同年 10 月,他又出席全国群英会,被授予全国先进生产者称号。龚学仁走上商业局领导岗位后,坚持深入基层调查研究,努力为抓好商业购销工作尽心尽力。1989 年,龚学仁因病去世,终年 61 岁。

曹月初(1932—1991)男,汉族,1932 年农历十一月二日出生,湖南省双峰县溪口乡子元村人。1951 年 6 月参加中国人民解放军,1955 年 3 月加入中国共产党。历任副连长、副营长、营长、团参谋长。1978 年 9 月由广西军区独立二团转业到湖南省涔澹农场,先后担任政治处副主任、机关党总支书记、园林场教导员等职。

曹月初在部队期间,为保卫祖国安全累立战功,先后立三等功 2 次,受团部嘉奖 2 次,5 次被评为先进工作者。1960 年 6 月,他出席全国教育和文化、卫生、体育、新闻方面社会主义建设先进单位和先进工作者代表会议,被授予全国先进工作者称号。1978 年,转业到湖南省涔澹农场后,很快熟悉和掌握劳改工作业务,成为一名合格的劳改工作干部。1991 年 4 月 6 日,曹月初因病去世,终年 58 岁。

唐开火(1928—1991),男,汉族,1928 年 5 月出生,湖南省蓝山县人,中共党员。1951 年 2 月参加中国人民志愿军,1956 年加入中国共产党。转业后在湖南省地质局 413 队工作,先后任钻工、选矿工、选矿组组长、副分队长、车间主任、副科长等职。在 413 队工作期间,在生产条件十分艰苦,生产工具落后的情况下,他大胆改革工艺流程,与技术人员一道研制出运矿空中索道,改混合摇筛为分级摇筛,减轻了工人劳动的强度,降低了原材料的消耗,保证了选矿质量,提高工效近 10 倍,为我国金刚石选矿工作做出了较大的贡献。

唐开火于 1956 年 3 月出席湖南省第二次先进生产者代表会议,被授予湖南省先进生产者称号。同年 3 月,出席全国地质系统先代会,被授予先进生产者称号。同年 4 月,又出席全国先进生产者代表会议,被授予全国先进生产者称号。1991 年 7 月,唐开火因病逝世,终年 67 岁。

鲁由海(1938—1997),男,汉族,1938 年 8 月 29 日出生,湖南省常德县(今常德市鼎城区)石公桥镇冲天湖乡冲天湖村人,1971 年 7 月 1 日加入中国共产党。

鲁由海终身务农,有着娴熟的农业生产技术。1985 年 3 月,他在村里率先揭榜承包154 亩荒湖甩亩,投资 3500 元,购买了 2 台小型柴油机和 2 台耕整机,带领全家投工500 多个,疏通 5 条长达 700 米的排灌沟渠,新开两条撇水沟,加高 1500 多米的防水堤。将一块地势低洼,杂草丛生,沟渠不通,天晴易旱,下雨受涝,三年两不收的湖田甩亩,打造整理成为水稻田。随后,他运用掌握的科学知识,采用杂交稻威优 64,科学施肥,及时防治病虫害等措施,当年就获得丰收,154 亩稻田产量 7 万公斤,亩产达 455 公斤,是原来"望天收"的 3 倍。此后,他继续加大投入,在改善生产条件和提高科学种田上下功夫,相继投工 200 多个,开沟 3000 多米,降低地下水位,添置了水泵、柴油机、脱粒机等生产设备,形成规模、科学、高效的生产方式。鲁由海开发湖田甩亩后,成为村里劳动致富的带头人,成为全省闻名的产粮、售粮状元。1985—1988 年 4 年中,他们家生产粮食 28.75 万公斤,交售爱国粮 25.5 万公斤,上交集体承包款 26000 元。鉴于鲁由海在粮食生产中的突出贡献,1988 年商业部授予全国售粮模范称号。1989 年全国劳动模范和先进工作者表彰大会,授予鲁由海全国劳动模范称号。1997 年 7 月,鲁由海因病去世,终年 59 岁。

许美兰(1929—1999),女,汉族,1929 年 10 月出生,福建省海澄县人,家庭出身侨商,大学本科,中共党员。1956 年,许美兰从北京师范大学教育系学前教育专业毕业后,在教育部、高教部工作,后调至常德地区财贸幼儿园任副园长,1973 年调入湖南汽车车桥厂生活服务公司幼儿园任园长,1985 年 10 月退休。

许美兰在教育部、高教部工作期间,担任所属幼儿园副园长。她作为受过专业教育的幼儿教师,一心扑在孩子的教育上,为精心培育祖国的未来,勤勤恳恳,任劳任怨。1958 年,她被评为中央国家机关青年社会主义建设积极分子;1960 年 6 月,她出席全国教育和文化、卫生、体育、新闻方面社会主义建设先进单位和先进工作者代表会议,被授予全国先进工作者称号。

1973 年,许美兰调入湖南汽车车桥厂后,继续为幼儿教育呕心沥血,不顾体弱多病,用自己所学的专业知识,带领幼儿园一班人,将幼儿园办成规范有序、家长放心的幼儿之家。1979 年,她加入了中国共产党,同时,被评为全省华侨工作积极分子。1999 年 7 月,许美兰因病去世,终年 70 岁。

邓威特(1937—2000),男,壮族,1937 年 9 月出生,广西壮族自治区靖西县人,中共党员。1956 年 9 月,考入湖南医学院医疗系学习,1961 年 10 月,分配到汉寿县人民医院做内科医师。从 1972 年起,在县血防站历任医师、主治医师、副主任医师、主任医师。1984 年起,连续 4 届任县政协兼职副主席。

邓威特具有扎实的医学内科专业水平,尤其是精通防治血吸虫病的专业知识,在 1972 年调入县血防站后,潜心研究血吸虫病的防治。20 世纪 70 年代,他突破锑剂治疗的"禁区",使伴有单项 SGPT 增高的慢性血吸虫病患者得到及时的病原治疗。80 年代,他又创用四环素胸腔内注射，治愈晚期血吸虫病肝硬化所伴发的肝性胸水。90 年代，他将自动退热的急性血吸虫病列为特殊临床类型，适当增大抗虫药物的总剂量，使这类感染度较重的患者获得有效的治疗。自 1972 年以来，经邓威特治愈的血吸虫病患者达 1.9 万多人。同时，他还将自己的临床经验撰写了 15 篇关于血吸虫病的学术论文，在国家级和省一级的医学刊物上发表，为研究防治血吸虫病做出重要贡献。为此，省血防办以《血防赤子》为题，发出开展向邓威特学习活动的通知。

1991 年，邓威特获全国血吸虫病防治先进个人称号，1993 年起享受政府特殊津贴待遇，在 1995 年全国劳动模范和先进工作者表彰大会上，被授予全国先进工作者称号。1988 年、1992 年、1996 年，邓威特连续 3 次当选全国人大第七届、第八届、第九届代表。1996 年获全国卫生系统最高荣誉“白求恩奖章”。2000 年 7 月，邓威特因病去世，终年 62 岁。

王栋生（1927—2001），男，汉族，1927 年 10 月出生，江西省吉安县固江乡红星村人，中共党员。1952 年 12 月参加工作，曾先后担任常德市卫门口小学校长，常德市第九中学、第五中学党支部副书记，常德市第一职业中学党支部书记。

王栋生为党的教育事业兢兢业业，在工作中身先士卒模范带头，经常带病坚持工作，每天起早睡晚，深入教职员工中，调查研究，了解情况。他担任小教党支部书记期间，对所管辖的 15 所学校的 200 多名教职员工的思想状况了如指掌，有针对性地做好思想政治工作，积极帮助解决教职员工的实际困难和问题。他不顾自己身体虚弱，经常顶替有病的教师上课。他生活简朴，对待教职员工平易近人，虚心听取教职员工的意见和呼声，积极采纳教职员工的合理化建议，凝心聚力的办好学校。

1960 年 6 月，王栋生出席了全国教育和文化、卫生、体育、新闻方面社会主义建设先进单位和先进工作者代表会议，被授予全国先进工作者称号。在获得此项荣誉后，王栋生更加全身心地投入党的教育事业，学校教职员工赞扬他是“上过北京的红旗，越红越鲜艳”。2001 年 7 月，王栋生因病去世，终年 74 岁。

唐纯银（1918—2002），男，汉族，1918 年 12 月 20 日出生于湖南澧县白址岗，后迁入安乡县安福乡松湖村，中共党员，全国植棉能手。先后任互助组组长、大队党支部书记、常德地区棉科所副所长、中共常德地委委员、湖南省革委会委员，安乡县人大常委会委员。

唐纯银从 1950 年开始，对传统种棉办法进行了一系列改革，将撒播改点播，点种改移栽，劣种改良种，宽垅改窄幅，使棉花产量大幅提高。1950 年，他的棉花产量达到解放前产量的 10 倍。1958 年采用棉花移栽新法，获亩产籽棉 612 斤。1972 年种的 4 亩岱红岱棉花，亩产皮棉 262 斤，引来全国各地参观访问的络绎不绝。他还带领村民将高低不平的田土，改为 5

1973年，安乡县全国植棉能手唐纯银（中）向青年农民传授植棉经验

亩一小丘，10亩一大丘的沟沟相通，雨住地干的棉田，使棉花产量大面积提高。1969年，湖南省科协、湖南人民出版社出版了他撰写的《为革命种棉》专著，还参加湖南省科协组织的巡回报告团，在全省各地作过140多次植棉报告。唐纯银的种棉经验在全省乃至全国产生重大影响。

唐纯银1950年被湖南省政府授予甲等植棉模范称号，1951年获得农业部爱国丰产奖，1978年4月出席在北京召开的全国科学大会，被授予先进科技工作者称号。自1951年起，多次受到毛泽东、周恩来、邓小平、华国锋等党和国家领导人的接见。2002年1月30日，唐纯银因病逝世，终年84岁。

张谋祥（1935—2003），男，汉族，1935年8月18日出生，湖南省石门县二都乡南台村二组村民，初小文化，中共党员。

在20世纪50年代的农村，张谋祥是一个乡村少有的文化人。面对村里的相邻乡亲因没有文化而愚昧无知，他深感痛心。此时，恰逢县、区政府组织开展扫盲运动，他主动请缨，立志要将其所在的二都乡南台村变成无文盲村。首先，他将村里的年轻人组织起来，成立业余文娱宣传队，用农村喜闻乐见的形式，宣传党的农村政策，宣传农业科技知识，宣传掌握文化知识后的好处。在此基础上，开办起夜校，允许年轻人在夜校中合法恋爱，调动了他们上夜校的积极性，使全村 16~35 岁的青年都进夜校识字、扫盲。在村党支部的支持下，明确不上农民夜校不能评为优秀青年。几年的不懈努力，取得可喜成效，通过夜校设立扫盲班、珠算班，全村 40 多名年轻人有 26 人能当会计员，18 人当计分员，均能识 2000 字以上。粮食产量水稻 800 斤 / 亩，皮棉 150 斤 / 亩，超过全县平均水平。通过办夜校，还提高了村民的综合素质，家庭卫生全乡第一，全村无吵架现象。

1960 年 6 月，张谋祥出席全国教育和文化、卫生、体育、新闻方面社会主义建设先进单位和先进工作者代表会议，被授予全国先进工作者称号。2003 年 10 月，张谋祥因病去世，终年 68 岁。

贺大国（1937—2005），男，汉族，1939 年 9 月 29 日出生，湖南省南县人，中共党员，是享受政府专家津贴的高级教师。曾任常德市武陵区城西联校校长，育英小学、金丹试验学校校长，武陵区人大代表。贺大国长期从事小学教学工作，自 1984 年担任小学校长以后，勤于学习，潜心钻研，开展学校整体改革，提高课堂教学效率。他创办课外技艺学校，建立学生家长学校，学生的习作、奥数、书法、美术、海模等活动，多项跻身于全国先进行列，学校获得省级先进单位称号。他设计主持的“三三式”课堂教学改革试验，获得湖南省改革成果二等奖，其电教试验获得湖南省特等奖、全国一等奖。他撰写的论文、经验介绍先后在省级和国家教育刊物上发表，并出版了 2 本专著，与他人合作出版 2 本著作。

贺大国 1985 年被评为湖南省优秀教师、优秀共产党员。1987 年被评为全国德育先进工作者。在 1989 年 4 月 29 日召开的湖南省职工劳动模范、先进集体表彰大会上，被授予湖南省特等劳动模范，同年 9 月，他出席全国劳动模范和先进工作者表彰大会，被授予全国先进工作者称号。1993 年，贺大国获湖南省首届“徐特立教育奖”。2005 年4 月 19 日，贺大国因病去世，终年 67 岁。

夏明炎（1919—2005）男，土家族，1919 年 12 月 5 日出生，湖南省石门县人。1951 年 3 月参加邮电工作，1966 年加入中国共产党，先后担任乡村邮递员、石门县邮电局皂市支局副局长。

夏明炎在担任乡村邮递员的 29 个春秋里，徒步跋涉 53 万多里，相当于绕地球走了 7 个圈的路程，将投递点从 45 个增加到 186 个。在漫长而平凡的投递工作中，他不畏山区的崎岖险阻，默默无闻、准确无误地把千万份报刊和信件送到每个用户和投递点。其间，他共投递各种疑难信件 4500 多件，代办汇款、代寄信件、包裹、代拍电报等达 3000 余次，创下投递百万邮件无差错的纪录，被当地群众誉为“深山邮路上的铁人”。

1977年4月，夏明炎出席全国工业学大庆会议，被授予全国先进生产者称号。1978年7月和1979年8月，夏明炎还两次参加湖南省工业学大庆会议，两次被湖南省人民政府授予湖南省劳动模范称号。2005年，夏明炎因病去世，终年86岁。

文德初（1929—2008）男，汉族，1929年2月出生，湖南省桃源县三汊港乡人，中共党员。1950年参加工作，在桃源陬市镇当运木工人，后任常德市木材储运公司陬市集材场上洲工段工段长。

在长期从事水上木材编运工作中，文德初深感工人的劳动强度太大，决心通过技术革新减轻工人们的劳动强度。只有初小文化的他利用工作之余，虚心向技术人员请教，利用休息时间一次又一次地绘图、试验，他积多年编扎经验和众人之谋，创造了全国林业战线工人称颂的“沉水编排法”。即利用沉水压排机将上游来的原排压至水下后，不经拆散直接叠加，在大大减轻工人劳动强度的同时，大幅度提高了工效。利用“沉水编排法”较原来的肩运拨装提高工效15倍，全年节省编扎费近7万元。

“沉水编排法”先由省木材公司向全省各林业局推广，1959年在全国林业系统群英会上文德初作经验介绍。为此，文德初被聘为桃源县林业科学研究所研究员，林业部授予劳动模范称号。1959年10月，文德初出席了全国群英会，被授予全国先进工作者称号。2008年2月，文德初逝世，终年79岁。

唐华（1925—2008），男，汉族，1925年11月出生，湖南省石门县人，大学文化。1949年1月参加中国人民解放军，同年4月 在渡江战役中奋勇杀敌，火线入党。1950年12月，加入中国人民志愿军赴朝鲜战场，在严寒中冻伤脚趾回国，1951年又重返朝鲜战场。

1953年8月，唐华回国后被送到河南信阳步兵学校深造，4年后以战术、政治理论双百的优异成绩留校任教。1958年6月，武汉军区进行大比武，他勇夺第一。在1960年的全军教育工作会议上，被授予教育先进工作者称号，受到刘少奇、周恩来等党和国家领导人的接见。1983年4月，湖南省总工会认定其为全国劳动模范。1976年，唐华转业到市农科所任所长，1978年调到市林业局所属的市储木场任党支部书记，1981年12月离休。2008年3月，唐华因病去世，终年83岁。

戴笃伯（1930—2009），男，汉族，1930年12月出生，湖南省汉寿县株木山乡人。1949年9月参加中国人民解放军，1950年10月赴朝鲜参战，1951年加入中国共产党。在抗美援朝战场上，他三次身负重伤不下火线，经多方抢救医治仍左眼失明，右眼仅存0.01光感，而且身上残存13块弹片，中国人民志愿军总部授予他一级战斗功臣称号。作家魏巍在《年轻人，让你的青春更美丽吧》一文中记述了他的英雄事迹，戴笃伯被誉为“最可爱的人”。

1982 年，全国劳模、中共十二大代表、汉寿县供销社主任戴笃伯（左三）向农民作调查研究

1955 年 3 月，戴笃伯从荣誉军校志愿转业回到汉寿。他不顾身残体弱，一直从事商业供销工作，先后任县药材公司副主任、县商业局局长兼党委书记，供销社主任兼党委书记。他在任商业局长和供销社主任期间，帮助农民建立起 100 多个商品生产基地，农副产品加工企业发展到 1500 多个。同时使 112 个重点扶持的特困户脱贫致富，成为常德地区扶贫工作先进典型。《经济日报》《农民日报》《湖南日报》等多家新闻媒体相继作了宣传报道。

戴笃伯的先进事迹受到党和政府的高度肯定。1965 年，中共湖南省委作出“向戴笃伯同志学习的决定”。1958 年 7 月和 1982 年 7 月，湖南省政府两次授予他湖南省先进工作者和劳动模范称号。在 1978 年 6 月召开的全国财贸学大庆学大寨会议和 1979 年12 月国务院表彰农、财、教、卫、科研战线先进企业和劳动模范大会上，戴笃伯分别被授予全国先进工作者和全国劳动模范的称号。1982 年和 1987 年，他当选为中国共产党第十二次、第十三次全国代表大会代表。2009 年 2 月 25 日，戴笃伯因病去世，终年 79 岁。

杨建成（1939—2010），男，汉族，1939 年 11 月 23 日出生，湖南省祁东县人，中共党员。1959 年 7 月参加工作，先后在常德市机械厂、常德地区农机厂、常德市邮电局工作，从钳工、机务员直至做到高级工程师。杨建成 1975 年调入常德市邮电局市话科后，潜心研究、勇于革新，共推出22项科研成果。1978年，他研制改进的"WLII型信函自动过戳机"，填补了全省邮政科研的一项空白，获省科学大会优秀成果奖。1985年，他设计研制成功"环路载波=线接口电路"，解决了长期以来环路载波设备不能同各种话机、交换机直接接口的技术难题。1986年，他又设计成功"ZM206电源自动倒换装置"，解决了因停电而引起的电路中断无法通话的难关，被评为湖南省技术革新一等奖，并获得国家专利。同年，他设计的"环路载波多功能接口电路"，集各种话机、交换机的接口为一体，大大提高了环路载波机的适应性和可靠性，再次获得国家专利。1988年，他又研制成功"市话环路载波远供电源系统"、"ZS868转接引入测试架"、"HYS型点数过戳两用机"，在同类产品中为领先水平。杨建成因革新创造而获得多项荣誉。1988年4月27日，被授予全国五一劳动奖章，获湖南省劳动模范称号。同年的4月29日，湖南省人民政府授予他湖南省职工特等劳动模范称号。1989年9月，他出席全国劳动模范和先进工作者表彰大会，被授予全国劳动模范称号。2010年4月，杨建成因病去世，终年71岁。

陈占保（1933—2010），男，汉族，1933年3月出生，湖南省桃源县人，1951年9月参加工作，1954年3月加入中国共产党。1973年4月，调县法院工作，历任党委委员兼办公室主任，党委副书记、副院长，党委副书记、代理院长，党委书记。

从1957年起，陈占保就一直从事政法战线的工作。由于文化水平不高，在紧张繁忙的工作之余，一直坚持自学，学习法律文本，阅读报纸杂志，钻研典型案例。他经常深入基层开展实践调研，走访当事人，并撰写调研论文，有30多篇论文被国家、省级媒体采用。从走上政法战线的那天起，他就认定法律是最圣洁的，执法涉及国家的安定、人民的幸福，来不得半点虚伪。因此，工作中他一身正气，刚正不阿，秉公执法，坚定地实践自己"执法用权为人民，履行天职为国家"的誓言。作为法院院长，他所经办的案子有几千件，利用各种关系来找他说情的不下几百人。但说情人每次都是满怀希望而来，大失所望而归。对待自己，他也是严格要求。1984年，县委按政策批准他的妻子转为城镇户口，这时，他的第二个女儿刚满18岁，他坚持原则，把二女儿留在乡下，并写了"不恋城镇千般好，只愿家乡富上富"的勉词送给女儿，鼓励她扎根农村献青春。那些年，院里宿舍比较紧张，他就一直住在一间10多平方米的房里，既是宿舍又作办公室。工作40年间，他一直牢记宗旨，恪尽职守，为推动人民法院的审判事业，为维护人民群众的合法权益，为保障地方经济社会的健康发展做出了应有的贡献。1988年，被最高人民法院授予劳动模范称号，被公安部授予二级英模称号（享受全国劳模待遇）。2010年5月，陈占保因病去世，终年77岁。

罗爱珍（1930—2010），女，汉族，1930年7月出生，湖南省桃源县人，中共党员。1951年

2 月参加工作，在桃源县陬市和平路小学、常德市木材储运公司子弟学校担任教师。

罗爱珍一生从事教育事业、热爱教育事业，她始终痴迷于“三尺讲台”，坚持在教学的一线。她针对学生爱动、好奇的特点，在课堂上采取情景表演法、竞赛法等多种教学方式，增强教学效果。她扩展教学的形式，经常组织学生到工厂、农村进行参观学习，扩大学生的视野。她关爱贫困学生和“问题”学生，陬市镇帆船运输社的一名女生，家境十分困难，但学习非常刻苦，为了帮助她搞好学习，罗爱珍让该女生住进自己家中，从生活上资助、学习上辅导。一名男生受父母离异的影响，说脏话、爱打架、不学习，罗爱珍从生活上关心开始，为他缝洗衣服、在饮食上照顾，还与他谈心，辅导他学习，使该男生学习成绩名列前茅。

罗爱珍在平凡岗位上的辛勤耕耘，深受学生、家长和同事好评。1960 年 6 月，罗爱珍出席全国教育和文化、卫生、体育、新闻方面社会主义建设先进单位和先进工作者代表会议，被授予全国先进工作者称号。

2010 年 7 月，罗爱珍因病去世，终年 80 岁。

毕承松（1912—2012），男，汉族，1912 年 5 月 10 日出生，湖南省澧县澧澹乡宋家渡村人。中共党员，曾任初级农业合作社和高级农业合作社社长，大队党支部副书记，1970 年当选为全国科协委员，1978 年当选第五届全国人大代表。1979 年被国务院授予全国劳动模范称号。

毕承松 1952 年参加农村基层工作后，带领农民走社会主义道路，他潜心研究植棉技术，改传统的撒播为条播，接着又改条播为营养块育苗移栽，成功地摸索出了棉花“密、矮、早”栽培和棉花营养钵育苗移栽的经验，使棉花单产大幅度提高，棉花（皮棉）由原来的亩产 30 斤提高到 150 多斤。1962 年，毕承松参加全国棉花工作会议，受到周恩来总理等党和国家领导人接见。1974 年他的试验地创下亩产皮棉 280 公斤的纪录。他的种棉经验对中国棉花高产起到一定的推动作用，1974 年编写的植棉技术书籍《棉花育苗移栽好处多》由上海出版社出版推广后，到澧县学习参观的领导、专家、学者等遍及 20 多个省市。2012 年 3 月 7 日，毕承松因病逝世，享年 100 岁。

第三节　职工革命烈士

戴松海（1923—1951），男，汉族 1923 年 5 月出生，常德经济技术开发区德山镇民建村人。1949 年参加革命工作，系常德县毛家滩区公所的财经助理。1951 年 8 月 13 日，他下乡检查财经工作的途中，在常德县康家吉雷家河惨遭特务杀害。1953 年 4 月 11 日，中央人民政府追认为革命烈士。

刘小河(1925—1954),男,汉族,1925年4月出生,常德经济开发区德山镇苏家渡社区居委会人。1952年3月参加革命工作,系常德市驳划业苏家渡互助组船工,1953年4月加入中国新民主主义青年团。1954年6月19日,常德县三合垸洪水猛涨,邱家碚危在旦夕,他毫不犹豫地跳进3丈多深的水中,终于堵住了碚眼。可是,自己却被梅花椿上的铅丝紧紧绊住,不幸英勇献身。同年6月24日,青年团常德市委追认为"模范团员"。1956年,湖南省人民政府追认为革命烈士。

李俊杰(1921—1958),男,汉族,1921年12月出生,河北省嵩城县南屯村人。1938年春参加八路军,同年,加入中国共产党。先后参加并组织过多次战斗,曾荣立三等功。1942年后,历任故城县第三、第四区抗救会主任、区长、区委书记、县委委员等职。1949年随部队南下,先后担任中共安乡县委组织部部长,中共常德地委党校组教科科长、副校长,中共常德地委宣传部部长、地委委员等职务。1958年1月18日,在因公出差从常德到津市途中,所乘轮船遇险,他果断地指挥抢险和抢救,为抢救落水群众不幸以身殉职。同年1月23日,中央人民政府追认为革命烈士。

李云龙(1899—1958),原名李圣龙,男,汉族,1899年出生,澧县雷公塔镇三星村茨米堰人。1932年4月,在澧县山门峪参加中国工农红军,1933年加入中国共产党。历任红三军第七师政治部宣传员、队长、组织干事,红二、六军团第四师司令部直属队指导员、团政委,八路军第一方面军留守处科长、经建部商店主任、行署留守处家属队主任、晋绥第120师抚委会主任等职。参加过创建湘鄂西和湘鄂川黔革命根据地的斗争、红军长征、抗日战争和解放战争。因1936年10月,在甘肃省渭水作战中身负重伤,新中国成立后评为一等残废军人。1950年任湖南省干部疗养院副监委(正团级)。1958年12月27日,在湖南省立长沙医院因患肺癌医治无效不幸病逝。1960年3月13日,湖南省人民委员会追认为革命烈士。

薛修勇(1920—1963),男,汉族,1920年10月出生,河北省平乡县停西口村人,中共党员。1938年参加革命,1942年被日军抓捕,受尽严刑拷打致双手残废,始终坚贞不屈。他为革命奋斗20余年,不幸积劳成疾。1963年10月9日,时任常德地区农业学校党委副书记的他因病医治无效去世。同年11月19日,湖南省人民委员会追认为革命烈士。

陈书祥(1952—1971),男,汉族,1952年4月出生,常德市武陵区城南街道办事处乔家巷社区居委会人。1969年参加革命工作,系长沙红旗内燃机配件厂职工,1971年2月加入中国共产主义青年团。同年2月9日,在参加"广字二号"反空降演习时,因设置的对空手榴弹即将发生爆炸，为保护身旁其他同志的生命安全，他挺身而出，抓起正在冒烟的手榴弹向外投掷，不幸被炸，以身殉职。1983 年 8 月 22 日，中华人民共和国民政部追认为革命烈士。

徐作按（1948—1975），男，汉族，1948 年 2 月出生，汉寿县聂家桥乡茶铺村徐家湾人。1972 年 1 月参加工作，系汉寿县法院鸭子港法庭干部，1974 年 11 月加入中国共产党。1975 年 5 月 8 日，风雨交加，他从鸭子港乘船到西港公社办案，当船靠近辰护码头时，同船 11 岁女学生萧亚军跌落水中。徐作按见状，高喊“让我来！”，他推开身边乘客纵身跃入水中。由于风大浪急，萧亚军已被卷去 10 多米远。他水性不好，又没有脱衣服，才游出几米远，就精力不支，几次被激浪淹没。船工急忙向他投出一个救生圈，这时，一个恶浪朝女孩打来，眼看就要将萧亚军吞灭。他顾不得抓圈，奋力向萧亚军游去，在距离约 1 米远时，一个猛扑，把萧亚军抓住，再用肩膀顶起，双手托出水面，缓缓向客船靠近。女孩在乘客的帮助下得救了，而徐作按却献出了年轻的生命。同年 5 月 20 日，《湖南日报》介绍了他的英雄事迹。1976 年 7 月 14 日，湖南省革命委员会追认为革命烈士。

方立云（1955—1982），男，汉族，1955 年 3 月出生，常德市鼎城区双桥坪镇农夫堰村人。1971 年 4 月参加工作，历任常德市第一中学实验室管理员、学校治保委员会委员、学校教工团支部书记等职，1973 年 7 月加入中国共产党。1982 年 10 月 21 日，在协助公安机关追捕强奸杀人持枪潜逃犯姜某才时，他挺身而出和公安干警一起站在抓捕罪犯的前列，不幸被姜某才杀害。1983 年 3 月12 日，湖南省人民政府追认为革命烈士。同时，省公安厅、团市委分别授予“模范治安员”“模范共青团员”称号。1983 年 4 月 12 日，中共常德地委、常德地区行政公署发出“关于开展向方立云同志学习活动的决定”。

肖英立（1945—1982）男，汉族，1945 年 7 月出生，汉寿县周文庙乡寿南村人。1968 年 4 月参加中国人民解放军，1970 年 12 月加入中国共产党，历任中国人民解放军某工程兵 2 团 2 营 6 连战士、副班长、班长等职。1972 年 2 月退伍返乡，同年，被汉寿县建筑公司招聘为长期合同制工人。1982 年 10 月 22 日，在常德市建筑工地与犯罪分子搏斗时，不幸中弹牺牲。同年 12 月 26 日，中共汉寿县委组织部追授“模范共产党员”称号。1983 年 3 月 28 日，湖南省人民政府追认为革命烈士。

戴益国（1949—1982）男，汉族，1949 年 4 月出生，汉寿县株木山乡清水村清水塘人。1979 年 6 月，在汉寿县建筑公司当预决算员。1982 年 10 月 22 日，在常德市建筑工地与犯罪分子搏斗时，不幸中弹牺牲。同年 12 月 25 日，汉寿县总工会追授“模范工会会员”称号，12

月26日，中共汉寿县委组织部追认为中国共产党正式党员。1983年3月28日，湖南省人民政府追认为革命烈士。

丁为禄（1953—1985）男，汉族，1953年5月出生，常德市鼎城区草坪镇人。1969年初中毕业后下放到慈利县龙潭河镇潘坪村劳动锻炼。1972年返城，在常德市刀剪厂工作，1982年随厂并入常德市塑料五厂，历任班长、工会小组长、厂供销员。1985年7月19日下午，歹徒刘岁春、李顺年窜入常德市北门银行营业所，持刀抢劫钱钞。营业员奋力保护钱钞并大声呼救，惊动附近居民。歹徒见势不妙拔腿便跑，并接连砍死砍伤过往行人30多人。武陵皮鞋厂女工杨志君见状急呼，此时，丁为禄正骑自行车路过，于是调转自行车疾驰追赶，直到皮毛加工厂门口，始将歹徒截住。他一手抓住歹徒李某年的右膀，并顺势从左侧拦腰带手抱住，用力将其按倒在地。跑在前面的另一歹徒刘某春见状，回身掏出三角刮刀朝他左肋猛刺。他强忍剧痛舍又与刘某春搏斗，不料李某年趁势爬起，朝他背部连刺两刀，他当即倒在血泊之中，壮烈牺牲。1985年8月1日，湖南省总工会发出“关于表彰同抢劫杀人犯英勇搏斗的丁为禄、杨志君同志的决定”，同年8月11日，湖南省人民政府追认为革命烈士。

徐超明（1963—1989），男，汉族，1963年12月出生，石门县新关镇七松桥村人。1982年入伍，在武警衡阳支队二中队服役，1984年加入中国共产主义青年团，1985年10月退役，被安排在城关镇巡逻队工作，1987年受聘到新关彩色水泥厂当采购员，1988年4月被安排到新关实业服务公司工作。1989年12月18日凌晨4时许，正在熟睡的徐超明在一片追喊捉贼声中惊醒，他翻身下床，穿着单衣单裤冲出家门。原来是慈利县苗市镇界溪村劳改释放人员刘某召，在龙凤园艺场盗窃时被保卫干部邢某柏等人发现进行追赶，眼看就要抓到，逃犯刘某召突然转过身，挥起尖刀向邢修柏刺来。就在这万分危急的关头，徐超明敏捷地冲上去大喊：“快躲开，让我来！”他一掌把邢修柏推开，死死扭住刘某召的双臂。刘某召气急败坏地吼道：“你放不放手”?“不放，老子就杀死你”！徐超明紧紧抓住刘某召，力图将其摔倒。就在这时，刘某召反手一刀，从徐超明左腋窝下刺入，切断了肋间动、静脉血管，刺穿了心脏。徐超明忍着剧烈的疼痛牢牢地箍住歹徒的腰，任凭刘某召怎么扭也不放手，被刘某召拖了40多米远后，终因流血过多而牺牲。1990年4月5日，中华人民共和国民政部追认为革命烈士。

张宏德（1966—1990），男，汉族，1966年10月出生，桃源县马石乡（今凌津滩镇）川石门村人。1984年10月，张宏德参加中国人民解放军，1987年10月，加入中国共产党。1989年初，他服役期满退出现役，被安排到桃源纺织印染厂保卫科治安巡逻队任队员，担负工厂治安保卫工作。1990年7月10日夜间交班时，发现有歹徒行窃，他不顾自己已经下班，立即与其他巡逻队员抓捕盗窃分子，在抓捕过程中被罪犯杀成重伤。工厂旋即将其送往长沙湖南省医科大学第一附属医院抢救，终因伤势过重抢救无效，不幸逝世。1991 年 4 月 9 日，湖南省人民政府追认为革命烈士。

刘正利（1957—1991），男，汉族，1957 年 1 月出生，常德市鼎城区牛鼻滩镇人。1976 年 12 月，刘正立参加中国人民解放军，1978 年加入中国共产党。1986 年 10 月，从部队转业安置在常德县交通局监管所工作。1987 年 4 月，调入鼎城区公安局交通警察大队，后任鼎城区交通警察大队一中队中队长。

彭永光（1967—1991），男，汉族，1967 年 3 月出生，常德市鼎城区周家店镇人。1988 年 4 月，彭永光被鼎城区交通警察大队招聘为合同民警。1991 年 9 月 29 日晚 22 时许，刘正利带领一中队彭永光等 4 名干警，在鼎城区武陵镇圆盘路巡逻执勤时，新化人曾某志、王某辉驾驶一辆东风牌自卸车快速行驶，曾某志因此前交通违章，证件已经被交警暂扣，害怕被查处，两次强行冲关拒绝接受检查，并疯狂向德山方向逃窜，给沿途群众的生命财产安全造成极大威胁。为排除安全事故隐患，刘正利和彭永光立即驾驶三轮警用摩托车沿路追赶，在追至国道 319 德山樟木桥地段时，被丧心病狂的犯罪分子用车撞入公路边水塘中，不幸双双以身殉职。1992 年 9 月 1 日，湖南省人民政府追认刘正利、彭永光为革命烈士。

王茂（1971—1992），男，汉族，1971 年 8 月出生，澧县王家厂镇长乐村王家湾人。1990 年，加入中国共产主义青年团，1991 年 9 月，被招收为澧县方石坪乡（今方石坪镇）供销合作社合同工，系方石坪供销合作社五白商店营业员。1992 年 5 月 7 日，服刑保外就医案犯向多军窜至方石坪供销合作社五白商店行窃，王茂发现后，毫不畏惧的与其搏斗。为保护集体财产，被犯罪分子向多军残酷杀害。1993 年 7 月 14 日，湖南省人民政府追认为革命烈士。

万海堂（1939—1993），男，汉族，1939 年 11 月出生，汉寿县聂家桥乡顶岗铺村人。1958 年 5 月参加工作，1960 年 1 月加入中国共产主义青年团，同年 6 月加入中国共产党。同年 11 月，调入常德市(现武陵区)公安局交通队工作，历任交通队副队长、支部委员、副主任科员，1993 年在常德市公安局交警支队直属大队时被授予二级警督警衔。1993 年 4 月 21 日下午 7 时 30 分，他在常德市滨湖公园侧路段执行公务时，因阻止违章驾车驶入禁区的谭贵仁，被谭贵仁强行驱车将其撞倒在地，身负重伤，当即被送往常德市第一人民医院抢救，终因伤势过重抢救无效，不幸牺牲。1993 年 12 月 9 日，湖南省人民政府追认为革命烈士，1994 年 6 月，湖南省公安厅追记二等功。

覃正双（1967—1993），男，土家族，1967 年 11 月出生，石门县维新镇上街社区居委会人。1987 年 7 月，从湖南一师毕业后被分配到磨岗隘乡中学任教，1992 年 9 月，调入公安机关，分配到泥沙派出所工作。1993 年 3 月，经湖南省公安厅批准，授予他三级警司。9 月，泥沙派出所党支部吸收他为中共预备党员。1993 年 11 月 2 日，晚上 8 点多钟，石门县壶瓶山林业派出所 3 名干警在查处一起破坏壶瓶山国家自然保护区珍稀植物案件时受阻，请泥沙派出所支援。覃正双不顾白天的疲劳，与战友覃道平一道来到现场，耐心说服不明真相的群众。为了防止事态扩大，覃正双果断决定由覃道平继续协助林业公安的同志做疏导工作。由自己将带头闹事的刘某群带离现场。一路上，刘某群几次想挣脱逃跑，都未能如愿。当走到一拐弯处，刘某群见无路人，便趁机猛力挣脱逃跑，覃正双急步紧追。这时，刘某群突然拔出尖刀，转身向覃正双左胸猛扎下去，顿时热血喷涌。身负重伤的覃正双拼死抱住凶手，与其展开殊死搏斗，凶手又猛刺覃正双头部和右大腿。尽管覃正双扑倒在地，但仍死命抱住凶手的腿不放，直到闻声赶来的战友覃道平将凶手抓住。覃正双倒在血泊之中英勇献身。1994 年 7 月，湖南省公安厅追记一等功，同年 10 月，中华人民共和国民政部追认为革命烈士。

陈圣保（1952—1994），原名陈克荣，男，汉族，1952 年 3 月出生，澧县毛里湖乡青苗湖（今津市市保河堤镇青苗村）人。1972 年 1 月参加工作，1975 年 10 月加入中国共产党。历任乡供销社营业员、乡党委宣传委员、乡民政助理等职。1994 年 1 月 18 日，澧县余家台乡毛家岔（今属澧县官垸乡）发生大火，陈圣保不顾个人安危，立即投入灭火战斗之中。在灭火战斗中勇往直前，为抢救人民生命财产，不幸在扑灭火灾中身负重伤。同年 1 月 20 日，经澧县人民医院抢救无效，不幸以身殉职。1994 年 12 月 8 日，湖南省人民政府追认为革命烈士。

李建国（1964—1998），男，汉族，1964 年 4 月出生，安乡县安宏乡西里家村人。1980 年 7 月高中毕业，同年 8月在安乡县宏乡建筑队务工，1986 年招聘到城关环卫所工作。1996 年 3 月任环卫所副所长，1997 年 6 月 3 日加入中国共产党。1998 年 7 月、8 月、9 月，安乡暴雨成灾，400 公里大堤水位超历史。7 月 22 日，李建国奉命来到安宏乡格道湾村穿堤新剅口电排，带领 7 个农民守护新剅涵。李建国刚治完血吸虫病不久，加上肾炎发作，身体极度虚弱。但他坚持在高 1.4 米，宽 1.2 米，长 64 米的剅涵内穿进穿出，一天查看五六次。8 月 17 日，藕池河爆满。李建国发现剅涵漏水，他立即组织 200 多名群众，向闸门外投沙包，填土袋，战斗到子夜一点多，才止住漏水。其间，他 5 次进剅涵查看，累得精疲力竭。8 月 26 日晚上，他再次爬进剅涵察看，检查险情。27 日凌晨 3 点左右，李建国带着极强的责任心和病重的身体，与大堤长眠在一起，把生命献给了伟大的抗洪战斗。1998 年 9 月 14 日，湖南省人民政府追认为革命烈士。

赵清平(1964—2004),男,汉族,1964 年 2 月出生,临澧县佘市桥镇龙阳村人。1983 年 10 月参加中国人民解放军,历任福州军区航空兵独立运输大队公务员、打字员、车工员。1988 年 1 月退伍回乡务农,1997 年 12 月,在广东省广州市白云区保安服务公司工作。2004 年 6 月 6 日凌晨 4 时许,他在广州市政民路公安派驻岗执勤时,发现三元里建达公司建筑工地上,一群可疑人员正用机动三轮摩托车偷运电缆,他凭着高度的职业责任感,立即上前盘问阻拦。这些歹徒见只有他一个人时,顿时凶相毕露,手持长刀和钝器等凶猛地围打赵清平。他毫不畏惧,凭着在部队练就的本领,与歹徒展开殊死的搏斗。但终因寡不敌众身负重伤,被送往广州市第二中医院抢救。同年 6 月 12 日 19 时 30 分,终因伤势过重,失血过多,经抢救无效不幸牺牲。2008 年 9 月 10 日,广东省人民政府追认为革命烈士。

曾照文(1956—2005),男,汉族,1956 年 10 月出生,鼎城区黄土店镇桃花庵村人。1976 年 12 月参加中国人民解放军,历任广州军区第 41 军 121 师工兵营战士、排长、连长、营长、司令部工兵科长(副团职),1979 年 5 月,加入中国共产党。1998 年 11 月转业,任常德市鼎城区公安局交警大队副大队长,一级警督、副处级侦查员。曾 3 次获省级先进工作者,7 次立三等功。2005 年 2 月 25 日 20 时,他率本队 4 名民警在鼎城区临岗公路 42 公里处,正在调查处置一起重大交通事故,一辆东风牌自卸车从常德方向直接冲向事故现场,紧急时刻,他奋力推开身边的同志,不料被大货车撞倒在地,当场昏迷。经常德市第一人民医院全力抢救无效,于 2005 年 2 月 27 日不幸牺牲。2006 年 1 月,公安部追授为全国公安系统二级英雄模范,2006 年 3 月 16 日,湖南省人民政府追认为革命烈士。

鄢志刚(1978—2008),男,汉族,1978 年 5 月出生,桃源县九溪乡凉桥村向家港人。1997 年 10 月参加工作,2000 年 6 月加入中国共产党,2005 年 6 月,中共桃源县委授予“优秀共产党员”称号。2007 年 11 月,任桃源县西安镇副镇长。2008 年 1 月 12 日,桃源县普降大雪,连日冰冻,导致西安镇与外界的唯一交通要道阻塞。同年 1 月 29 日,他带领镇机关干部和部分群众,对西安镇至三渡水国道 14.8 公里公路进行破冰除雪,连续奋战 9 个多小时,终因劳累过度昏倒在地,被送往桃源县人民医院,经抢救无效不幸逝世。2008 年 4 月 21 日,湖南省人民政府追认为革命烈士。同年 5 月,全国总工会追授“五一劳动奖章”称号。

第二章 人物简介

第一节 常德市(地区)工会主要负责人

曲德成 男,汉族,1910年8月20日出生,山东省平原县五区腰站东黄庄人。1938年7月参加革命工作,担任村自卫队队长。同年8月加入中国共产党,先后任平原县五区区委书记、范县孟楼镇区区委书记、平原县武装部部长,领导武装民兵开展抗日斗争。1949年1月南下到常德,任中共常德市委组织部部长,同年12月,任湖南省总工会筹备委员会常德专区办事处主任。1953年3月任湖南省民船工会主席,同年8月调入湖南省总工会。1954年至1956年,在北京工会干部学校学习,1957年回省总工会,任办公室副主任。1960年3月任长沙市民政局局长、党委书记。1973年5月任长沙市农业机械局局长,1983年离休,1992年1月因病在长沙去世。

孙晨阳 男,汉族,1919年12月出生,山东省夏津县大张庄人。1945年3月加入中国共产党,同年5月参加革命工作,先后任夏津县委宣传干事、秘书长、夏津县四区区委副书记兼区长。1949年3月南下到常德,任中共桃源县一区区委书记。1951年11月至1952年7月,任常德市总工会筹委会主任,1952年8月,任中共常德市委宣传部部长。1953年3月至1954年7月,任湖南省总工会常德专区办事处主任。1954年8月,任中共桃源县委副书记、书记,1955年10月任常德专署农林局副局长,1956年4月调入湖南省委统战部任干部处副处长、处长、秘书长。1969年任常德县革委会副主任,1970年调任湖南省网岭"五七"干校副校长。1978年11月,因病去世。

史朝祥 男,汉族,1922年7月出生,河北省平乡县石甸区下滩村人。1938年6月参加革命工作,同年8月加入中国共产党。先后任平乡县委组织部干事、平乡县五区区委书记、县委委员、组织部副部长。1949年3月南下到常德,1951年任中共临澧县委宣传部部长,1952年任中共临澧县委第二书记兼县长,1953年10月任中共临澧县委书记,1954年10月调任湖南省工会联合会常德专区办事处主任。1956年常德地区工会被撤销后,到北京全总干校学习2年。1960—1965年任省委机关、文教卫生机关党委书记。"文化大革命"期间,下放到衡东县高塘公社，1971 年调任衡东县财税局革委会副主任，1972 年 6 月任衡阳地区物资局副局长。1978 年任衡阳地区建委副主任。1981 年任衡阳行政公署顾问。1983 年离休。

崔廷俊　男，汉族，1915 年 6 月出生，河北省南平县城关镇人。1937 年参加革命工作，1938 年 5 月加入中国共产党。先后任黎县军区司令部修建所指导员、党总支书记。1946 年转业到地方，担任县办锅厂厂长。1949 年南下到湘潭，任湖南省总工会湘潭专区办事处干部科科长。1950 年调入湖南省总工会，任秘书处科长、副处长。1958 年 4 月，湖南省工会联合会常德专区办事处恢复后任主任。1960 年 6 月任常德地区劳动局副局长。1962 年 11 月，常德和益阳地区分设时，调任湖南省总工会益阳专区办事处主任。1969 年任益阳地区制药厂厂长，1973 年益阳地区工会恢复整建时，当选为益阳地区总工会副主任，1974 年退休，1977 年补办离休手续。

魏子文　男，汉族，1927 年 10 月出生，河北省邢台地区威县杏园屯人，1944 年参加革命工作，在冀南清江县二区当通讯员，1947 年 4 月加入中国共产党。1949 年 2 月南下到常德，1949 年 8 月至 1950 年 2 月，任中共津市市委宣传干事、副科长。1952 年 8 月任中共澧县八区区委书记。1953 年 9 月任中共常德县委委员、团县委书记。1954 年 6 月任湖南雄黄矿党总支部书记。1955 年 9 月调任常德七一机械厂党支部书记、常德市委委员。1956 年 8 月任常德地委工交政治部秘书科长。1958 年 4 月任湖南省工会联合会常德专区办事处副主任，1960 年 11 月任湖南省总工会常德专区办事处主任。1961 年 3 月，任中共常德县委书记处书记、副书记。1970 年任凤滩水电站工程建设指挥部政治部副主任，1972 年 8 月任凤滩水电站党委书记。1979 年 1 月任中共华南光学仪器厂党委书记。1989 年年底离休。

林丛　男，汉族，1923 年 7 月出生，河北省巨鹿县林庄村人。1939 年年初就读巨鹿县抗日试验小学，半年后集体参加巨鹿县抗日宣传队。1944 年 8 月到巨鹿县抗高学习，1945 年 2 月在滏阳师范学习，同年 2 月加入中国共产党，同年 8 月参加革命工作。1946 年考入刚成立的北方大学，1948 年 5 月到冀南区党委秘书科工作。1949 年 1 月南下到常德，在中共常德地委办公室工作。1950 年 5 月任中共慈利县委办公室秘书、主任，1954 年 8 月任中共慈利县委副书记。1961 年 3 月任湖南省总工会常德专区办事处主任。1970 年 2 月任常德地区冶金煤炭局副局长、党委书记。1973 年调回常德地区工会任主任、党组书记至 1983 年年底离休。2002 年因病去世。

何贵铭 男，汉族，1935年7月出生，望城县人。1950年2月参加工作，1956年加入中国共产党，先后在益阳市织布厂、纽扣厂、益阳市团市委、益阳市铜铁厂工作。1960年2月调中共常德地委工交部工作，1965年2月任澧县澧南公社党委书记，1969年7月调常德地区革命委员会综合组工作，1973年9月至1980年4月任中共常德地委办公室秘书科副科长、科长、办公室副主任。1980年5月任常德地区经委副主任、党组成员，1983年9月任湖南省总工会常德地区工作委员会主任、党组书记。1985年12月任常德地区化学工业公司党委书记，1988年6月任常德市人大常委会委员、财经工委主任。1991年因病去世。

吴本立 男，汉族，1938年5月出生，桃源县人。1963年12月毕业于常德农业专科学校，1964年1月参加工作，1966年2月加入中国共产党。1965年9月任宁远县农业局副局长，1969年1月任宁远县下坠公社党委书记、革委会主任，1972年2月任宁远县桐山区区委书记。1976年3月至1980年3月任桃源县三阳区区委副书记、区长，1980年3月任桃源县陬市区区委副书记。1981年5月任常德行署农村工作办、常德地委农村工作部科长、副部长。1985年12月任湖南省总工会常德地区工作委员会主任。1988年11月当选为常德市总工会第一届委员会主席。1993年3月，任常德市人大常委会专职常委。

张春仙 女，汉族，1947年1月27日出生，武陵区护城乡廖桥村人。1965年2月参加工作，1970年9月加入中国共产党。1971年9月任常德市五中党支部副书记，1973年9月任常德市团委书记，1982年1月任常德市内衣厂党支部副书记，1982年9月任常德市染织厂党支部书记。1984年3月任常德市总工会副主席、主席，1988年常德撤区建市后任中共武陵区委常委。1988年9月，为常德市总工会筹备小组成员，同年11月，当选为常德市总工会副主席。1993年3月12日，在常德市总工会一届六次全体会议上当选为常德市总工会主席。1997年11月任中共常德市委统战部副部长。

张元英　女，汉族，1954 年 10 月出生，临澧县人，大学本科学历，中共党员，1972 年 3 月参加工作。1972 年 3 月至 1978 年 3 月，任临澧县粮食局、临澧县委办干部。1978 年 3 月至 1982 年 1 月，湘潭大学哲学系学生，毕业后任湘潭大学党委办干部。1983 年 6 月至 1985 年 1 月，任中共临澧县委干部、常委、县委办主任。1985 年 1 月至 1993 年 8 月，任常德市妇联副主任、主任、党组书记。1993 年 8 月至 1997 年 11 月，任常德市计划工委书记，1994 年 12 月兼市计委副主任。1997 年 11 月至 1999 年 12 月，任中共常德市委常委，市总工会主席、党组书记。1999 年 12 月，任常德市政府副市长、党组成员，市总工会主席、党组书记。2001 年 8 月，免市总工会党组书记，2003 年 4 月，免市总工会主席。2008 年 1 月后，任常德市人大常委会副主任、党组副书记。

刘克云　男，汉族，1950 年 10 月出生，津市市人，大专文化，1968 年 11 月参加工作，1976 年 7 月加入中国共产党。1975—1983 年在临澧县农业局、科委和津市市科委工作。1985 至 1994 年，先后任津市市政府办公室副主任，津市市建委主任、党组书记，津市市副市长，津市市委常委、常务副市长。1994 年 12 月至 1996 年 4 月任常德市建委副主任、工委副书记。1997—2002 年任常德市经济委员会副主任、主任、工委书记。2003 年 1 月任常德市人大常委会副主任。2003 年 4 月，在常德市总工会第三届委员会第七次全体会议上当选为常德市总工会主席。2003 年 9 月，在常德市总工会四届一次全体会议上，再次当选为常德市总工会主席。2008 年 9 月，任常德市人大常委会正厅级干部。

石成林　男，汉族，1955 年10 月出生，湖南省津市市人，大学文化，中共党员。1974 年 9 月至 1984 年 7 月，先后任澧县渡口新湖中学教员、李家铺公社秘书，白衣区区委秘书。1984 年 7 月至 1988 年 12 月，调中共常德地委农村部任综调科副科长、科长。1988 年 12 月至 1993 年 2 月，任中共常德市委政研室二科科长、副处级研究员。1993 年 2 月至 1996 年 4 月，任中共常德市委办公室副主任。1996 年 4 月至 1998 年 3 月，任市委政研室主任。1998 年 3 月至 1999 年 5 月，任中共常德市委副秘书长、市委政研室主任。1999 年 5 月至 2001 年 8 月，任中共常德市委副秘书长、市委办公室主任、市委政研室主任（2000 年 9 月免）。2001 年 8

月至2007年1月，任中共常德市委副秘书长、市农办主任、党组书记。2007年1月，任常德市人大常委会副主任、党组成员。2008年8月，兼任市总工会党组书记。2008年11月，在常德市总工会五届一次全体会议上，当选为常德市总工会主席。2012年9月，任常德市正厅级干部、市人大常委会党组成员、市总工会主席。2013年4月，在常德市总工会六届一次全体会议上，再次当选为常德市总工会主席。

第二节　全国劳动模范和先进生产(工作)者

一　全国劳动模范和先进生产者

王昌炽　男，汉族，1926年出生，湖南省澧县闸口乡人，中共党员。1956年8月参加工作，在常德地区羊耳山煤矿做掘进工、放炮员，后担任工段长、羊耳井坑口主任。在长期的井下工作中，他积累掌握了丰富的经验，1958年，他研制成功菜篮式平底拖篓，每人每班拖煤量由850公斤提高到1250公斤。1959年4月，山洪暴发，羊耳工区7号井穿水，井下作业的18名工人的生命受到威胁，他跳入水中竭尽全力用身体堵住穿水眼，赢得了抢险时间，避免了重大事故。1958年，王昌炽被评为湖南省煤炭工业先进生产者。1959年6月，出席湖南省第四次先进生产者代表大会，被授予湖南省先进生产者称号；同年10月，出席全国群英会，被授予全国先进生产者称号。

欧子卿　男，汉族，1918年10月出生，湖南省常德县(今常德市鼎城区)黄土店镇人。1956年1月参加工作，在常德市建民织布厂做染纱工，同年7月加入中国共产党，之后先后担任车间支部书记和行政科长，1979年12月退休。1957年年底，厂里决定将原生产的白胚布改为织色布，派他到长沙学习漂染技术。回厂后，他承担起织色布生产研发工作。他针对漂染质量不高、消耗大的问题，经过反复试验，摸索出在纱支精炼上增加矽酸钠作煮炼剂的工艺，降低了成本，提高了质量，染料由原来50公斤漂粉只能漂5件纱提高到36件，并解决了漂纱发脆问题。在此基础上，他进一步创造了“三限时”(踩碜限时、煮底限时、套漂氧化限时)和漂染前加强去氯，染后加强吐洗的操作法，保证了漂纱质量，导筒转纬的工效提高了一倍。1959年6月，厂里接受一批出国产品“新格斜”的订单任务，欧子卿领头经过50多次的试染，终于用BCS漂蓝，凡士林桃红拼出了M士林红光灰，达到质量要求。同时，改进染色工艺流程，提高工效59%，为厂里节约资金1.3万余元。由于在生产上的革新创造，1959年10月，欧子卿出席了全国群英会，被授予全国先进生产者称号。

李德良　男，汉族，1922 年 3 月出生，湖南省常宁县人。1950 年参加工作，在常德七一机械厂当工人，1956 年 5 月加入中国共产党。历任铸造班长、车间技术副主任、支部副书记、厂党委委员等职，1980 年退休。李德良富于改革创新，为了提高铸造质量，与技术人员一道，经过多次试验，运用在铁水中掺铝、食盐等物质成分的除硫清水的革新工艺，解决了长期存在的铸铁质量不高的难题。1959 年，厂里生产新产品牛头刨床，因为质量原因，浇铸的 78 个机身有 66 个断裂。为了攻克这一难关，他坚持连续多天跟班进行观察，摸索和掌握在浇铸过程中的各种变化，终于发现是铁水收缩时泥心骨大，铁质含硫量高而性能脆引起炸裂。通过反复的分析试验，在造型和浇铸时将泥心骨打掉，从而解决了炸裂现象，保证了产品质量。在 30 多年的工作期间，李德良先后提出合理化建议 300 多条，攻克 40 多个生产技术的难关，为工厂创造 20 多万元的财富，被职工群众誉为生产上的一面红旗。他在 1958 年、1959 年，相继出席了湖南省第三次、第四次先进生产者代表大会，被湖南省人民政府授予湖南省先进生产者称号。1959 年 10 月，出席全国群英会，被授予全国先进生产者称号。

何学高　男，汉族，1956 年 12 月出生，湖南省常德市鼎城区石公桥镇文家坪村人。1976 年参加中国人民解放军，历任排长、连指导员。1979 年 2 月 19 日，在对越自卫反击战中，所在连队奉命拿下 592 高地。在刚刚接近敌人阵地前沿时被敌军发现，激战中何学高被敌人包围，为及时抢占高地，避免战友牺牲，他毅然拉响手榴弹，决心与敌人同归于尽。随着一声巨响，敌人当场炸死，何学高身负重伤。这一声巨响，激励了战友奋不顾身勇往直前，一举拿下高地取得战役胜利。为表彰何学高的英勇事迹，1979 年 9 月 17 日，中央军委授予他“一级战斗英雄”称号和“一级英雄模范”奖章。1982 年 2 月，广州军区授予他“社会主义精神文明建设先进个人”称号。

薛海舟　男，汉族，1946 年 4 月出生，江苏省苏州市人，中共党员。1968 年西安交通大学毕业后分配到西安光学仪器厂当技术员，1977 年调入湖南华南光学仪器厂，历任技术员、工程师、设计所副所长、副总工程师、总工程师。20 世纪 80 年代初，他担任被列为国防科研重点的 HJ—73 项目副总设计师时，不顾浸润性肺结核病魔缠身，经过数百次的试验，终于完成模拟电路，获得湖南国防科研成果奖。接着又革新模拟电路，代之以数字电路，研制出一代具有国家水平的 HJ—73B，为国家创造数以千万元的外汇，分别被兵器部和国家科委评为科技进步奖、国家科技进步一等奖。1989 年 4 月，被省政府授予湖南省职工特等劳动模范称号。同年 9 月，出席全国劳动模范和先进工作者表彰大会，被授予全国劳动模范称号。

杨桂元 女,汉族,1939年6月出生,湖南省常德市(今武陵区)人,中共党员。1959—1969年在中国人民解放军0029部队当话务员。1970—1989年,先后在西洞庭农场、常德县河洑商店、常德县商业招待所、常德县百纺公司、鼎城区商业综合公司任营业员、经理、党支部副书记、工会主席。在长期从事商业工作期间,以“小、多、全”接待好每一名顾客,形成自己的服务特色。她不顾自己体弱多病,放弃节假日休息,常年坚持送货下乡,为农民排忧解难,深受农民群众好评。1979年和1983年,两次被全国妇联授予“三八红旗手”称号。1982年和1989年,分别被省政府授予湖南省劳动模范、湖南省特等劳动模范称号。1989年9月,出席全国劳动模范和先进工作者表彰大会,被授予全国劳动模范称号。

章春香 女,汉族,1965年2月17日出生,湖南省临澧县人,中共党员。1980年年底进常德棉纺织厂,当摇纱挡车工。她刻苦钻研技术,虚心向老师傅请教,摸索总结出一套完整的摇纱挡车操作法。1987年,在中南五省暨山东纱织操作技术经验交流会上,创造了99.775分的总成绩,获摇纱全套操作第一名。从1985年开始,她主动担任轮班业余操作辅导员,帮助解决轮班挡车工的难点,经她辅导的9名挡车工中,有7名操作技术达到优等技术水平。1989年4月,被纺织工业部评为劳动模范。同年4月,参加湖南省职工劳动模范、先进集体表彰会,被授予湖南省职工特等劳动模范称号。同年9月,出席全国劳动模范和先进工作者表彰大会,被授予全国劳动模范称号。

吴志泉 男,汉族,1949年农历十一月四日出生,湖南省临澧县修梅乡太平村人,中共党员。1968年入伍,1973年复员后回乡,先后任大队民兵营长、党支部副书记,乡党委副书记、乡长。1984年6月辞职回村创办企业,历任厂长、总经理、董事长。从1984年到1989年间,先后创办10多家企业,创立了“龙头连基地、公司加农户”新模式,彻底改变了太平村的落后面貌,全村人均收入为1624元,在全国百强村中名列第87位。富裕后,他开始推动宜居环境和生态环境建设,在村里实行免费教育、免费医疗、免费家庭财产保险、免费供水供电、免交共同提留费,还为每户农民提供1万元新建住宅费。太平村一举成为全省首富村,被评为“全国文明村庄”。1989年9月,吴志泉出席全国劳动模范和先进工作者表彰大会,被授予全国劳动模范称号。他还当选全国第七、八、九届人大代表。

雷光耀 男,汉族,1951年5月29日出生,湖南省慈利县人,中共党员。1972年12月进常德石门磷肥厂,先当搬运工人,后在水泥车间任生产班长。自参加工作后,他一直在生产一线。1980年的一次工伤事故,导致他右眼失明,但他身残志不残,多次谢绝组织的照顾,始终坚守在生产一线,并立足岗位搞革新。通过实践中的摸索,提出包装机主轴正转改反转,将包装机日产提高170吨。他进行水泥包装自然增重试验,创效益2万多元。加强现场管理,使水泥包装袋破碎率比原来降低3%,在平凡的岗位上,做出不平凡的成绩。1990年5月,获全国五一劳动奖章称号,并被授予湖南省劳动模范称号。1995年4月,在全国劳动模范和先进工作者表彰大会上,被授予全国劳动模范称号。

孙怀珍　女,汉族,1946年10月27日出生,浙江省建湖县人,中共党员。1965年12月招工进上海纺织机械专件厂,1966年随厂内迁至常德纺织机械厂当维修车工。1986年又主动申请到冲制车间任链条装配工,这是一个又脏又累的工序,她总是踏踏实实、任劳任怨,尽可能地在工作时间完成更多的生产任务。从1980年到1992年共完成生产工分540万分,相当于13年完成35年的生产任务,其间,她还义务加班2600多小时,相当于比其他职工多上班325个。她从不计较个人利益,1993年厂里有3%工人可晋级工资,却主动让给他人。1993年4月,孙怀珍获全国“五一劳动奖章”,并被授予湖南省劳动模范称号。1995年4月,在全国劳动模范和先进工作者表彰大会上,被授予全国劳动模范称号。

江从新　男,汉族,1949年3月出生,湖南省安乡县安福乡花林村人。江从新从1980年开始,潜心研究棉花种植技术,通过近20年的摸索实践,在棉花栽培方面取得重大技术突破。他从选种入手引种杂交棉良种,推广湘杂棉F1、F2代;在育苗上改条播为营养钵,改平铺育苗为高拱双膜育苗。为了促进棉花生长平衡,他改后期化调整为全程化调整。针对棉花生长规律,他又改单一施肥、常规施肥为施复合肥、专用肥。先进的科学技术取得丰厚的回报。他的大面积产量稳定在亩产皮棉200公斤以上。1991年、1993年、1996年3次获省农业厅棉花高产奖,被授予湖南省种棉能手称号。1995年4月,省政府授予他湖南省劳动模范称号。同年4月,出席全国劳动模范和先进工作者表彰大会,被授予全国劳动模范称号。

钟于华　男,汉族,1956年9月出生,常德市鼎城区石公桥镇桃树嘴村人,中共党员。1978年后从事农村基层工作,历任生产队队长、大队团支部书记、民兵营长、村长、党支部副书记。作为农村基层干部,钟于华1984年带头承包村里的132亩甩亩田种粮。他采用常规品种改杂交种、牛耕改机耕、人工除草改化学除草等先进耕作技术,在贫瘠的甩亩田里实现平均亩产超千斤,每年向国家交售商品粮近5万公斤,连续十年被省市县评为“谷大王”。1985年4月他作为售粮模范赴京,受到国务院副总理田纪云的接见。1995年4月,出席全国劳动模范和先进工作者表彰大会,被授予全国劳动模范称号。

李开喜 男，汉族，1951 年 2 月出生，湖南省澧县澧阳乡澄坪村人，中共党员，湖南国人啤酒股份有限公司董事长兼总经理。1983 年前，在澧阳乡澄坪村任党支部书记。从1984 年开始，创建澧州啤酒厂任厂长，经过 10 多年的发展壮大，澧州啤酒厂一跃成为全国同行业四强之一，成为上缴利税大户。为了将企业做大做强，1997 年成功地进行企业股份制改革，加盟国人啤酒集团，成立湖南国人啤酒股份有限公司，同时与马来西亚金狮集团合资，引进外资 1000 万美元，形成企业规模效益。1998 年，湖南省委、省政府和国家农业部分别授予他优秀共产党员和优秀乡镇企业家称号。1999 年 5 月，获全国“五一劳动奖章”和湖南省劳动模范称号。2000 年 4 月，在全国劳动模范和先进工作者表彰大会上，被授予全国劳动模范称号。

李政球 男，汉族，1946 年 1 月出生，常德市鼎城区牛鼻滩镇三星村人，中共党员，中共十六大代表，牛鼻滩镇三星村党支部副书记。从 20 世纪 60 年代末开始，李政球就潜心研究棉花栽培技术，并拜师于全国劳模唐纯银。他所带领的农科队在万余亩棉花地推广营养钵移栽技术获得成功，亩产达到常规棉花种植产量的两倍。在此基础上，他又创新双低拱棉花育苗技术，无土栽培技术，以及窄垅改宽垅，稀疏移栽技术，棉花生产大面积增产，他的 2.3 亩试验地籽棉亩产达到 488 公斤，其棉花种植技术被中国棉科所肯定和推广。省委书记毛致用称赞为“江南第一片”“全国第一丘”。 2000 年 4 月，出席全国劳动模范和先进工作者表彰大会，被授予全国劳动模范称号。

罗毅 男，汉族，1948 年 12 月出生，浙江省宁波市人，中共党员。1970 年 6 月参加工作，1970 年 7 月至 1991 年 1 月在常德烟草工业机械厂，先后任车间主任、副厂长。1991 年 1 月至 2000 年在常德卷烟厂任副厂长、厂长兼党委书记。罗毅主持常德卷烟厂全面工作的五年，是该厂建厂 48 年来发展最快的五年。他主持研发的“芙蓉王”烟已成为全国一流精品，使企业销售收入和税利从 1994 年的 17.5 亿元和 8.9 亿元，上升到 1999 年的 48.25 亿元和 26.6 亿元，常德卷烟厂由全行业的 50 位以后上升到前五名，企业跻身于全国烟草行业十强、全国 1000 家最大企业的前列，被纳入国家 520 家重点企业。企业先后获全国五一劳动奖状、全国模范职工之家称号。1995 年 5 月，罗毅获湖南省劳动模范称号，1998 年 4 月，获全国“五一劳动奖章”。2000 年 4 月，在全国劳动模范和先进工作者表彰大会上，被授予全国劳动模范称号。

何文德 男，汉族，1964 年 11 月出生，湖南省常德市（今常德市武陵区）人，中共党员，高级工程师。1987 年 7 月进入湖南华南光电仪器厂，从事产品研发工作，担任开发中心副主任、总工程师。他作为可视电话项目科技带头人，在国际电联要求的 H.324 标准发布后，带领研发组的成员，迅速抢占制高点，在北京理工大学建起临时实验室，经过无数次的查资料、编程序、做试验，终于在 1997 年 2 月，开发出可视电话原理样机，继而，成功地开发出符合国际标准的商品化样机 HN—VP8 可视电话，这是国际上第一台一体化 H.324 可视电话，被国家计委列入“九五”期间重点科研项目。何文德因此代表兵器工业部可视电话项目组，受到李岚清等中央领导的接见。2000 年 4 月，湖南省政府授予他湖南省劳动模范称号。同年 4 月，在全国劳动模范和先进工作者表彰大会上，被授予全国劳动模范称号。

高永香 女，汉族，1962 年 9 月出生，湖南省临澧县人，中共党员。1980 年 12 月招工到常德棉纺织厂一分厂细纱车间做挡车工。高永香在参加工作的 20 年里，始终耕耘在纺织园地里。她在勤学苦练的生产实践中，总结出细纱挡车“五看要领”：一看断头多少，二看粗纱大小，三看机台清洁，四看细纱成型，五看回花消耗。围绕这“五看要领”，她练出了眼快、手快、腿快、反映快的“四快功夫”，运用这套独特的操作方法，她换粗纱的速度达到 39 秒 /10 根，接头速度达到 30 秒 /10 根，分别比部颁标准快 19 秒和 12 秒，成为行业和厂里闻名的生产能手。1997 年 5 月，她获得全国“五一劳动奖章”和湖南省劳动模范称号。2000 年 4 月，在全国劳动模范和先进工作者表彰大会上，被授予全国劳动模范称号。

曾献兵 男，汉族，1965 年 10 月出生，湖南省汉寿县人，中共党员。1990 年 6 月湖南大学电气自动化专业硕士研究生毕业后，在常德卷烟厂工作，历任电气技术管理员、车间副主任、主任兼书记、厂长助理、副厂长、厂长兼党委书记，2002 年当选为第十届全国人大代表。曾献兵 2000 年 8 月就任厂长兼党委书记后，立足于将企业做大做强，围绕提升企业品牌价值，创建国家级技术中心、博士后科研工作站，创出 9 项具有知识产权的科研成果，“芙蓉王”卷烟获中国名牌等多项荣誉，出口 13 个国家和地区，企业销售收入、税利都创新高，企业增长速度连续三年在全省排名第一。2005 年 4 月，在全国劳动模范和先进工作者表彰大会上，被授予全国劳动模范称号。

陈碧云 女，汉族，1965 年 5 月出生，湖南省桃源县深水港乡白洋村人，中共党员。1983 年 12 月参加工作，在桃源县公路管理局当道班工，后任班长。陈碧云从一名普通的养路工到道班班长后，主动承包了许多男职工都不愿意干的 9.7 公里差等级砂路，一干就 10 多年。面对路况极差和维护资金缺口大的困难，她自己借款购买拖拉机，自己学会驾驶，还苦口婆心地争取到公路沿线农民的理解和支持，建立了 3 个砂石场和 2 个黄土采挖场。同时立足后勤创收，共为县公路管理局节约资金投入近 90 万元。这期间，她还义务投工达 900 余天。她先后10多次立功嘉奖。2000年4月，省政府授予她湖南省先进工作者称号。2005年4月，在全国劳动模范和先进工作者表彰大会上，被授予全国劳动模范称号。

戴作均 男，汉族，1963年8月出生，湖南省澧县闸口乡大金村人，中共党员。1984年3月参加工作，在常德赤峰煤矿当采掘工，后任采煤队副队长、队长。戴作均作为一名采煤工爱岗敬业，在井下一干就20多年，多次放弃调出井下和调换工种的机会。他勇挑重担迎难而上，矿里的方石坪井有一块按常规不可采掘的煤层，他采用少放炮，手镐回煤的方法，挖出原煤1万多吨。他关爱同志，严格安全生产，每天提前到工作面，累计处理险情1500多处，所带的采掘队连续实现7个安全年。2004年4月，被授予全国五一劳动奖章，并被省政府授予湖南省劳动模范称号。2005年4月，在全国劳动模范和先进工作者表彰大会上，被授予全国劳动模范称号。

喻自文 男，土家族，1967年8月出生，湖南省石门县二都乡天供山村人，中共党员，湖南双佳集团公司董事长，常德市农产品流通协会会长。喻自文高中毕业后，在家乡自主创业。1992—2005年，他先后创办石门富民种鸡场、长沙杨永山种鸡场、石门宝峰电杆厂、湖南双佳农牧科技有限公司，成为湖南省杰出星火带头人。他致富后不忘众乡邻，1995年以来，每年带动200多户农民开展养鸡，提供种苗、饲料、防疫、销售一条龙服务，10多年里共带动3000多户农民通过养鸡致富，受到社会各方面的赞誉。湖南省科技厅授予他湖南省2002年杰出星火带头人。2005年4月，出席全国劳动模范和先进工作者表彰大会，被授予全国劳动模范称号。

肖耀明 男，汉族，1959年3月出生，湖南省临澧县人。从1975年开始，肖耀明带动周围的养殖清水鸭大户，由赶着群鸭流动放养为水面圈养，使清水鸭养殖迅速发展并辐射到全县十多个乡镇，成为临澧县产业化结构调整的龙头企业。2003年，他又联合养殖大户与县供销社、畜牧水产局合股成立清水鸭有限责任公司、清水鸭养殖协会，按绿色食品的要求，实行种苗、饲料、防疫销售、管理“五统一”。清水鸭产品被农业部认证为“无公害产品”，被国家技术监督总局认可为国家标准化养殖基地。他主持的清水鸭养殖协会还通过光碟向农户传递养殖技术和信息，带动一大批农民致富。2000年，他被省政府授予湖南省劳动模范称号。2005年4月，在全国劳动模范和先进工作者表彰大会上，被授予全国劳动模范称号。

周海斌 男，汉族，1970 年 9 月出生，湖南省常德县（今常德市鼎城区）沧山乡新桥村人，中共党员。1989 年 12 月在鼎城区电力局参加工作，担任变电运行和管理。在 20 多年的工作中，有 15 年是任边远变电站站长，在这个工作岗位上，他和他的同伴先后执行操作任务 8800 多次，创造检修 1200 多次无事故，人身设备安全运行 9600 天的良好佳绩。为了让工友安心工作，率先在变电站办起了规范化的学习阅览室，开辟文化补习班。他自己刻苦学习，将变电运行知识和实际操作经验认真整理归纳，编制完善规范操作程序，实行系统微机管理，他所带领的变电站最早成为常德电力系统标杆站。2004 年，获全国“五一劳动奖章”。2010 年 4 月，出席全国劳动模范和先进工作者表彰大会，被授予全国劳动模范称号。

钟子进 男，汉族，1963 年 5 月出生，湖南省桃源县翦市镇人，中共党员，桃源县邮政局剪市支局的乡村投递员。钟子进 1985 年参加工作，在乡邮岗位上历经 25 个春秋，他所投递的段道，每天行程 60 多公里，负荷 50 多公斤，在山间小道上往返。20 多年里共踩坏 17 辆自行车，穿烂 113 双“解放鞋”，累计行程 66 万公里。他做到投递报刊、信件、包裹 600 余万件无差错，复活“死信”700 余件，送达疑难信件 800 余件，每年发展邮政储蓄过百万元，确保所投递的邮件无丢失、无损毁、无用户申告。他坚持投递邮件的同时，为农民代购化肥、农药、种子等农资，深受当地农民赞誉。省、市邮政部门先后 8 次授予他各项荣誉称号。2010 年 4 月，在全国劳动模范和先进工作者表彰大会上，被授予全国劳动模范称号。

王先荣 男，汉族，1968 年 3 月出生，湖南省澧县小渡口镇杨家村人，中共党员，高级农艺师，神州庄园葡萄酒业有限公司董事长，澧县葡萄协会会长。1988 年，王先荣开始尝试种植葡萄，经过两年的精心培植，1989 年获得成功。他研究出的南方葡萄标准化栽培模式，结束了欧亚葡萄在南方不能种植的历史，突破了红色品种在南方不能上色的难关。在他的带动下，澧县葡萄种植面积超过 2 万亩，形成了澧县的支柱产业，并辐射带动湖南省及周边地区。此后，他潜心研究葡萄栽培，发表学术论文 10 余篇，出版学术专著 2 部，先后获得湖南省科技进步二、三等奖、首届袁隆平科技奖。2007 年，当选为中共十七大代表。2010 年 4 月，出席全国劳动模范和先进工作者表彰大会，被授予全国劳动模范称号。

左五弟 男，汉族，1952 年 2 月出生，湖南省常德市武陵区丹州乡沙湖村人，沙湖村党支部书记。从 20 世纪 80 年代开始，左五弟研究果树苗木栽培，先后成功移栽绾溪蜜柚、脐橙、无核碰柑等 10 多个优良品种，成为远近闻名的致富带头人。1998 年任村党支部书记之后，他将自己的栽培技术无私的传授给村民，并创建“市场 + 协会 + 基地 + 农户”的运作模式，将沙湖村建成全省有名的“柑橘村”“苗木村”“致富奔小康示范村”。之后，他又带领村民修筑标准硬化村道，新建排水机埠，实施安全饮水工程，完善合作医疗，建设真正的富民强村。2000 年，湖南省政府授予他省劳动模范称号。2010 年 4 月，出席全国劳动模范和先进工作者表彰大会，被授予全国劳动模范称号。

二　全国先进工作者

刘学知　男，土家族，1935 年 10 月出生，湖南省石门县人，中共党员，汉寿县医学科学研究所副所长、血防站站长、党支部书记。从 1956 年起，他运用中医药和中西医结合治疗晚期血吸虫病与夹杂症 1000 多例。他结合防治进行医学研究，撰写学术论文 80 多篇，有 20 篇在全国各报纸杂志上发表，其中“晚期血吸虫病 999 例症状分类及治疗法则的总结”、“中西医综合治疗血吸虫病 134 例报告”等 4 篇学术论文，被中国科学技术情报研究所译成外文向国外介绍。他所研制的含巴降凡丸、槟榔杀虫丸获国家级奖，并出席全国科研座谈会，为防治血吸虫病做出了突出的贡献。1960 年 6 月，出席全国教育和文化卫生、体育、新闻方面社会主义建设先进单位和先进工作者代表会议，被授予全国先进工作者称号。

陈定贤　男，汉族，1935 年出生，湖南省汉寿县崔家桥乡人，1958 年起在崔家桥公社天馆民办小学任教师，1960 年加入中国共产党。在担任民办教师期间，正值国家处于三年自然灾害困难时期。为发展山区教育事业，他争取政府的支持，在全县山村率先办起一所民办小学。面对学生多、教室紧的状况，他腾出自己的住房作教室。为保证学生安心稳定的学习，尽量减轻学生家长负担，他带领学生开展勤工俭学，利用荒地及空坪隙地，进行种植养殖，使 80 多名学生免费入学。针对学生年龄不同、学习知识不等的状况，他采取分类进行辅导，提高学生学习的积极性，教学质量不断提高。1960 年 6 月，出席全国教育和文化卫生、体育、新闻方面社会主义建设先进单位和先进工作者代表会议，被授予全国先进工作者称号。

黄武英　女，汉族，1940 年出生，湖南省澧县白衣乡（今津市市白衣乡）人，中共党员。1956 年在农村开展扫除文盲工作时，当“包教包学小先生”，后任民办教师组组长，乡妇联专职干部、党委委员。她在担任民办教师期间，坚持边务农边教学生，还步行 6 里多路听课学习。任民办教师组组长后，她积极推动兴办民办学校，在全公社创办民办学校 14 所，两年为农村脱盲 4200 多人。她还根据自己的经验体会编写扫盲教材在全国刊物上发表，成为当时农村实现脱盲的主要教材。她的事迹被拍成《山村文化乡》电影纪录片在全国放映，成为全国闻名的农民脱盲教育工作的典型。1960 年 6 月，出席全国教育和文化卫生、体育、新闻方面社会主义建设先进单位和先进工作者代表会议，被授予全国先进工作者称号。

邵朝库 男，汉族，1933年3月出生，湖南省临澧县合口镇人，初中文化，中共党员，先后任民办学校教师、临澧县合口镇富强村村长、党支部副书记。1953年由村辅导员转为常年民办学校正式群师，1954年选为富强合作社群师组组长，并担任第五民办学校群师。他在坚持勤俭办学的同时，想法扩大积累，改善办学条件。1956年，他发动学员出资养殖家鱼，当年就获纯收入196元，除解决学校办公和学习课本外，还新辟图书室，添置了气灯等办公用品。他在坚持办民办学校的10多年里，编写了共27课，包括政治和生产服务的补充教材。在坚持民办办学的10多年间，为国家输送干部人才、企业管理人员40多人。1960年6月，出席全国教育和文化卫生、体育、新闻方面社会主义建设先进单位和先进工作者代表会议，被授予全国先进工作者称号。

游洪涛 男，汉族，1947年9月出生，湖南省常德县(今常德市鼎城区)人。1964年参加工作，先后在汉寿县外贸公司、常德市科技情报研究所从事特种水产综合研究，其“甲鱼的人工繁殖和养殖” 获湖南省重大科研成果三等奖后，又开始甲鱼品种遗传改良与疾病防治技术、提高珍珠质量的生产技术和金龟、泥龟、鹰嘴龟、牛蛙、泥蛙的繁殖生理及人工养殖技术的研究，获国家和省部级16项科技成果奖，推动汉寿县成为全国“第一个甲鱼之乡”，使常德成为全国特种水产发源地。其首创的甲鱼野生变家养人工繁殖成功，受到高度的关注和肯定。1978年3月，游洪涛出席全国科学大会，获全国首届科学大会重大科技成果奖，被授予全国先进科技工作者称号。同年6月，出席全国财贸学大庆学大寨会议，被授予全国先进工作者称号。是第五、六届全国人大代表。

赵必成 男，汉族，1935年2月出生，湖南省桃源县人，中共党员。1952年参加工作，后调任桃源县人民银行办公室主任、桃源县农业经营管理科科长。赵必成在担任县农业经营管理科科长期间，坚持农经体制改革，在全县59个乡镇组建农业经营管理站，累计创收521万元，积累123万元，固定资产达45万元。1984年开始，他在全县农经组织开展“1153”经营指导活动，即每个乡镇经营管理者指导1个企业、1个经济联合体、5个农户；每个村专业会计指导3个农户。所指导的企业和经济联合体，共创产值1625万元，利润344万元。指导的460个农户，每户人均收入由281元上升到702元，有95%的农户脱贫致富。1987年，他组建常德市第一个农村金融合作社，为农户生产发展提供贷款支持。1989年9月，出席全国劳动模范和先进工作者表彰大会，被授予全国先进工作者称号。

高春宏 男,汉族,1940年1月出生,湖南省桃源县人,中共党员。1958年3月参加工作,历任水利测量员、副局长、黄石水库管理处党委书记、县水利电力局党委书记。1985年走上领导岗位后,他围绕提高水电工程的整体效益,理顺区、乡(镇)水电管理站服务体系,组织推广了27项应用科学技术,规划设计了全县水电工程五年达标建设规划,对全县316座水库、712处电力排灌机埠、7座防汛堤院、69处小水电站、5.9万口塘堰,全部实行规范化科学管理。同时,坚持走外向型企业发展道路,全局经营收入由204万元起步,发展到2200万元,走出一条发展水利经济的成功之路。1989年4月,分别被湖南省人民政府和水电部授予省、部劳动模范称号。同年9月,出席全国劳动模范和先进工作者代表大会,被授予全国先进工作者称号。

朱法林 男,汉族,1954年4月出生,湖南省临澧县杉板乡牛麓村人,在临澧县农业银行杉板信用社观山分社任出纳员。1992年6月8日深夜,一名歹徒持斧头、砍刀等凶器潜入观山分社实施抢劫。担任守库任务的朱法林在遭到歹徒袭击后,强忍剧痛与之搏斗,被砍伤多达30多处。当歹徒挣脱企图逃走时,他忍着剧痛死死将其拖住,因伤势严重被歹徒推倒,他竭尽全力爬起来追赶和呼喊,在追赶50多米后终因失血过多而昏倒。朱法林保护国家财产与歹徒英勇搏斗事迹受到各方赞扬。1993年8月,朱法林被中宣部、公安部授予"全国人民群众见义勇为与犯罪分子作斗争先进分子"称号。1995年4月,被省政府授予湖南省劳动模范称号。同年4月,在全国劳动模范和先进工作者表彰大会上,被授予全国先进工作者称号。

李伊良 男,汉族,1937年11月出生,湖南省慈利县人,中共党员。1955年10月参加工作,在慈利县农科所、原种场工作,1982年调入常德市农科所,从事水稻育种的研究。在近40年的水稻科学研究中,李伊良主持研究培育出常非22A、金23A、德山A、898A四个优质杂交水稻不育系、培育成金优63、金优117、金优99等40多个优质杂交稻新组合,其中,金23A为全国第一个优质不育系。"金优系列组合"被推广到全国16个省、市、自治区,还被美国、菲律宾等国家示范种植,推广面积超过1.8亿亩,创造社会经济效益100多亿元。2004年,获湖南"周光召科技奖",获国家发明专利、国家科技进步奖二等奖。1995年4月,在全国劳动模范和先进工作者表彰大会上,被授予全国先进工作者称号。

张凤梅 女,汉族,1934年2月出生,湖南省常德市(今常德市武陵区)人,中共党员。1956年8月参加工作,一直在常德市武陵区基层居委会。1968年担任武陵区红卫居委会主任、党支部书记后,以艰苦奋斗的精神,将一个"穷窝子"打造成"一级明星居委会"。在她的带领下，居委会以30元起家，用滚雪球的方式，发展企业32家，企业产值近300万元，实现利润30万元。产业结构形成后，她以此为依托，强化社区服务，将居委会辖内的14户五保户、44名残疾人、53名两劳释放人员，以及数百名待业人员，全部安排在居委会所办企业。同时新建幸福院和幼儿园，解决孤寡老人和子女托幼问题，确保了社会一方平安。1995年12月，被民政部授予全国优秀居委会主任称号。1995年4月，被省政府授予湖南省先进工作者称号。同年4月，在全国劳动模范和先进工作者表彰大会上，被授予全国先进工作者称号。

陈建教　男，土家族，1954年1月出生，湖南省石门县太平镇人，中共党员。1972年10月在石门县九渡乡政府参加工作，历任农科站站长、科技副乡长、乡党委副书记、镇人大主席团主席。他在担任科技副乡长时带领农民科技致富，在担任省、市人大代表后，积极为民建言。到2004年年底止，接待群众来信来访2000多人次，向省市县有关部门上书意见和建议900多件。1992年6月，他撰写了调查报告《救救孩子》，中央电视台就此对他进行专题采访，引起社会各方关注，使185名失学儿童重返校园。1993年，他递交《人民盼政府，早日送瘟神》的报告，被省领导批示后，省、市卫生部门向世界银行争取结核病防治贷款667万美元。1994年他所反映的乡农机人员"农转非"问题，使全省3450名农机人员落实了商品粮和全民合同工待遇。1995年4月，被省政府授予湖南省先进工作者称号。同年4月，在全国劳动模范和先进工作者表彰大会上，被授予全国先进工作者称号。

李明菊　女，汉族，1953年10月出生，湖南省桃源县人。1970年至1975年下放农村，1975—1983年招工到桃源纺织印染厂，1983年调入常德市环境卫生管理处，工作一年后担任清扫班班长。此后多年的清扫岗位上，她文明作业，微笑待人，任劳任怨。17年里，她义务加班或代班700多个，助人为乐做好事2000多件，累计扫烂竹扫帚5000多把，运走的垃圾达3500多吨，清扫的面积近70平方公里。她以身作则，以自己的行动调动全班职工的积极性，她带领的清扫班所负责的清扫路段，无论是省检、国检，还是一般的突击抽查，都始终保持国检的水平。1996年4月被全国总工会授予全国五一劳动奖章，同时被省政府授予湖南省劳动模范称号。2000年4月，在全国劳动模范和先进工作者表彰大会上，被授予全国先进工作者称号。

李其荣　男，汉族，1943年9月出生，四川省阆中县人，中共党员。1968年分配到湖南省地质矿产勘查局403队，先后任地质技术员、地质组长、副分队长、副队长、总工程师。李其荣在从事地质找矿工作30余年里，主持湘北地区煤、磷、石膏等20余种矿产的勘查工作，有26项开发成果获部、省级二、三、四等奖。他致力于非金属矿开发研究，其研发的石膏墙体砌块是墙体材料的一次革命，研究的海泡石分子筛，为国家每年节约大量外汇。因此，李其荣出席“全国九五科技重要成果学术交流会”并作发言。1999年4月，获全国“五一劳动奖章”，同时被省政府授予湖南省劳动模范称号。2000年4月，在全国劳动模范和先进工作者表彰大会上，被授予全国先进工作者称号。

王赛艳 女，汉族，1954年1月出生，湖南省桃源县漆河镇人。1973年2月参加工作，在桃源县漆河镇中学任语文教师、副校长。王赛艳从事农村基础教育近30年里，刻苦钻研大胆实践，形成独特精湛的教学风格，曾两次代表湖南省参加全国语文教学比武，分别获得一、二等奖。先后为省内外2000余名教师上示范课40多堂，撰写学术论文100多篇，其中《议论文阅读入门指津》《开设活动课是实践素质教育的新举措》等10余篇论文由语文出版社等国家级出版社结集出版。1991年9月，被国家教委授予“人民教师”奖章、全国教育系统先进工作者称号。2000年4月，在全国劳动模范和先进工作者表彰大会上，被授予全国先进工作者称号。

王汉桃 男，汉族，1963年1月出生，湖南省汉寿县人，中共党员。1983年7月湖南警校毕业后，在常德市武陵公安分局参加工作，历任副科级侦查员、副大队长、刑警大队长，常德市公安局刑警支队长。1998年8月至2000年7月在中国人民公安大学首届英模班学习。王汉桃是全国特级优秀人民警察，从警20多年来，参与破获各类刑事案件3000余起，抓获犯罪嫌疑人800余名，捣毁犯罪团伙500多个，组织指挥侦破了一批在全省乃至全国有重大影响的要案，多次被公安部作为刑侦专家抽调外省市参与一些大要案的侦破。他4次参加全国公安保卫战线英模代表大会，3次受到胡锦涛等党和国家领导人的接见。2005年4月，出席全国劳动模范和先进工作者表彰大会，被授予全国先进工作者称号。2009年被评为“新中国60年湖南最具影响力的劳动模范”。

余章贵 男，汉族，1954年8月出生，湖南省澧县人，中共党员。1975年7月在澧县水电系统参加工作，历任王家厂水库管理处副主任、党支部书记、澧县水电局副局长、澧县艳洲水利水电工程管理局局长。余章贵挚爱他的事业，为水电事业的发展拼搏。特别是在任艳洲水利水电工程管理局局长、党委书记后，带领一班人开拓创新，将艳洲水电公司发展成固定资产5.5亿元、年生产总值2亿元、年上缴税利2000万元的集团企业。他引进现代企业管理机制，开创“制度＋文化”的管理模式，坚持以水电为依托，多业并进赢占电力市场，形成综合性企业的同时，解决1200多人就业，将企业建设成和谐文化企业。2003年4月，他获得全国“五一劳动奖章”，同时获得湖南省先进工作者称号。2005年4月，出席全国劳动模范和先进工作者表彰大会，被授予全国先进工作者称号。

王志英　女，汉族，1956年6月出生，河北省故城县人，中共党员。1978年12月湖南医学院毕业分配到安乡县人民医院，先后任心血管内科医师、主任医师、内科主任、副院长兼大内科主任。多年的临床经验积累和刻苦钻研，使她在心血管内科颇有造诣。2002年，她主持心血管内科参与第二项中国急性心肌梗塞临床研究，率先在全省县级医院建立了危重病及冠心病监测中心，成功观察和抢救100多例疑难和危重病人。她恪守"救死扶伤"职业道德，1998年安造大垸溃决后，她所在的救灾医疗点收治一名消化道大出血的患者急需输血，她不顾个人安危，乘坐冲锋舟寻找同一血型的输血者，使患者转危为安。2002年4月，被全国总工会授予五一劳动奖章，同时，被省政府授予湖南省劳动模范称号。2010年4月，出席全国劳动模范和先进工作者表彰大会，被授予全国先进工作者称号。

沈国初　男，1957年5月出生，湖南省常德市柳叶湖开发区白鹤山乡人，中共党员。1976年12月入伍，1987年5月复员到常德市交警支队担任路面执勤民警。在他执勤的管段内，每天有6000多名学生横过斑马线，他坚持上班提前半小时，下班推迟半小时，长年累月护送学生横过斑马线。他在这个管段一直坚守22年，被群众誉为"爱民斑马线"。在长期的路面执勤执法中，他创立动眼、动嘴、动脚、动真心的"沈国初工作法"，在全省交警系统全面推广。在全省"交通安全平安使者"评选中，城区100多名的士司机上街为他请功，在全国各类荣誉评选中，广大市民踊跃为他投票。相继被评为全国公安英模、特级优秀人民警察。2005年4月，被省政府授予湖南省先进工作者称号。2010年4月，出席全国劳动模范和先进工作者表彰大会，被授予全国先进工作者称号。

杨绍军　男，汉族，1944年1月出生，湖南省常德市武陵区丹洲乡阳湖村人，常德市阳光孤儿院院长。1982年，靠养猪和办小酒厂略有节余的杨绍军，将同村的7名孤寡老人赡养起来，开始他的慈善之路。1996年3月，办起全省第一家民办孤儿院常德市阳光孤儿院，先后收养了全省老、少、边、穷、灾区的孤儿360多名及服刑人员家中特困子女45名。他依靠多种经营积累资金，建成阅览室、电脑室、活动室、医疗室、排练室、放映厅、孤儿公寓等一应俱全的孤儿院，培养输送了一批有用之才，被民政部誉为"神州第一院"。2000年，被评选为湖南省先进工作者。2002年，获国际慈善组织授予的"爱心工程奖"。2009年，获全国第二届助人为乐道德模范称号。2010年4月，出席全国劳动模范和先进工作者表彰大会，被授予全国先进工作者称号。他还是第十、十一、十二届全国人大代表。

第三章　人物名录

第一节　中华民国时期工运先烈名录(按卒年为序)

黄　爱　男,1897 年 9 月出生,常德县人,社会主义青年团员,1920 年 10 月参加革命,湖南省劳工会创始人之一,任教育主任驻会干事,1922 年 1 月 17 日在长沙浏阳门外被杀害。

敬仲良　男,1904 年 7 月出生,桃源县人,中共党员,1926 年参加革命,曾任桃源县总工会副委员长,1927 年 5 月 24 日在桃源县杨泗庙被杀害。

严顺祥　男,1881 年出生,江西安源人,中共党员,1924 年参加革命,曾任常德县总工会人力车工会党支部书记,1927 年 5 月 27 日在常德县城被杀害。

王光熙　男,常德县人,中共党员,1925 年参加革命,曾任常德县总工会袜业工会委员长,1927 年 5 月 27 日在常德县城小西门被杀害。

邓恒泰　男,1889 年 4 月出生,石门县人,中共党员,1926 年 7 月参加革命,曾任石门县总工会委员长,1927 年 5 月 29 日在石门县城附近常德桥被杀害。

胡业本　男,1904 年 6 月出生,常德县人,中共党员,1926 年参加革命,曾任常德县总工会纠察队队长,1927 年 5 月 30 日在常德下南门被杀害。

鄢亿成　男,1900 年出生,常德县人,中共党员,1926 年参加革命,曾任常德县总工会烟业工会委员长,1927 年 5 月在常德县城被杀害。

易忠玖　男,1886 年 2 月出生,石门县人,中共党员,1926 年 1 月参加革命,曾任石门县工人纠察队队长,1927 年 5 月在石门县城蒋家洲被杀害。

陶季玉　男,1903 年 12 月出生,安乡县人,中共党员,1926 年参加革命,曾任安乡县总工会副委员长,1927 年 5 月在安乡官垱码头被杀害。

滕代胜　男,1904 年出生,麻阳县人,中共党员,1925 年参加革命,曾任常德县总工会组织教育委员,1927 年 5 月在常德县城东门外被杀害。

张圣荣　男,1903 年出生,常德县人,中共党员,1925 年参加革命,曾任常德县总工会宣传委员,1927 年 5 月在调往澧县途中被捕牺牲。

邱其芝　男,1906 年出生,安乡县人,中共党员,1926 年参加革命,曾任安乡县总工会执委兼秘书,负责青年和儿童工作,1927 年 5 月在安乡县城被杀害。

莫月秋　男，1907年出生，安乡县人，中共党员，1926年参加革命，曾任安乡县焦圻镇工会主任，1927年5月在安乡县城被杀害。

宋巨庭　男，汉寿县人，中共党员，1926年11月参加革命，曾任汉寿县工人纠察队队长，1927年5月在汉寿县城被杀害。

周国栋　男，常德县人，中共党员，曾任常德县总工会店员总会负责人，1927年6月在常德县周家店樊溪桥被杀害。

李光厚　男，汉寿县人，中共党员，1926年4月参加革命，曾任汉寿县柴木业工会主席，1927年7月在汉寿县城北门大码头被杀害。

周万福　男，汉寿县人，中共党员，1926年参加革命，曾任汉寿县工人纠察队队长，1927年7月在汉寿县城西门被杀害。

龚维信　男，汉寿县人，中共党员，1925年参加革命，曾任汉寿县总工会财务部部长，1927年7月牺牲在汉寿县茶叶山。

陈荣轩　男，1908年出生，安乡县人，中共党员，1926年参加革命，曾任安乡县总工会执委，药业工会主席，1927年7月在安乡县城被杀害。

刘绍锋　男，1902年5月出生，安乡县人，中共党员，1926年10月参加革命，曾任安乡县总工会委员长，1927年9月1日在长沙浏阳门外识字岭被杀害。

赵景香　男，汉寿县人，中共党员，1927年参加革命，曾任汉寿县工人纠察队队长，1927年9月在汉寿县城北门河坡被杀害。

康南山　男，常德县人，中共党员，1925年参加革命，曾任常德县总工会周士区渔业工会主席，1927年9月在常德县监狱被害。

陈　敏　女，1906年出生，常德县人，中共党员，1925年参加革命，曾任常德县总工会袜业工会委员长，1927年10月在常德县城小西门校场坪被杀害。

何根阳　男，1905年出生，汉寿县人，中共党员，1927年参加革命，曾任省工运特派员，1927年在常德被杀害。

刘十五　男，汉寿县人，中共党员，1926年4月参加革命，曾任汉寿县蔬菜园工人纠察队队长，1927年在汉寿县城东门被杀害。

金光纯　男，汉寿县人，1926年参加革命，曾任汉寿县工人纠察队队长，1927年在汉寿县城被杀害。

李德乾　男，1897年出生，临澧县人，中共党员，1926年参加革命，曾任中共临澧地下组织负责人、临澧县总工会秘书，1927年在临澧被杀害。

周启科　男，1904年出生，临澧县人，中共党员，1927年参加革命，曾任临澧县总工会工人纠察队队长，1927年在临澧县城被杀害。

陈仁卓 男,1906年出生,澧县人,1926年参加革命,曾任澧县城关镇工人纠察队队长,1927年在澧县县城被杀害。

陈本枝 男,1905年出生,澧县人,1926年参加革命,曾任澧县城关镇工人纠察队副队长,1927年在澧县县城被杀害。

谢孝成 男,1904年出生,澧县人,1926年参加革命,曾任澧县盐井镇工会组织者之一,1927年在澧县县城被杀害。

宋秋该 男,1890年出生,安乡县人,1926年参加革命,曾任安乡县总工会执委、箩业工会主席,1928年1月在安乡县城被杀害。

傅桂芳 男,常德县人,中共党员,1925年参加革命,曾任常德县总工会河洑运木业分工会主席,1928年3月28日在常德水府庙被杀害。

熊　敏 女,1907年出生,常德县人,中共党员,1925年参加革命,曾任常德县总工会妇女委员,1928年3月在常德县城被杀害。

胡诗成 男,1905年出生,常德县人,中共党员,1926年参加革命,曾任常德县总工会青工委员,1928年4月在常德县城被杀害。

文恒益 男,1895年6月出生,桃源县人,中共党员,1926年6月参加革命,曾任常德县总工会副委员长,1928年5月28日在常德下南门码头被杀害。

彭芳卿 男,汉寿县人,中共党员,1926年参加革命,曾任汉寿县箩业工会主席,1928年6月在汉寿县城东门被杀害。

翦去病 男,1898年9月出生,桃源县人,中共党员,1920年11月参加革命,曾任湖南省劳工会评议员、湖南省总工会秘书长、组织部长,1928年6月在常德校场坪被杀害。

杨春初 男,1903年出生,常德县人,中共党员,1925年参加革命,曾任常德县总工会缝纫业工会委员长,1928年7月在常德县城北门外柳堤被杀害。

陈　刚 男,汉寿县人,中共党员,1924年参加革命,曾任中共汉寿县委工农部部长,负责工运工作,1928年8月在汉寿县城北门河坡被杀害。

王万如 男,1896年出生,澧县人,1926年参加革命,曾任澧县大堰垱工人暴动组织者之一,1928年8月在澧县大堰垱牺牲。

彭肇宗 男,1910年3月出生,长沙市人,中共党员,1926年参加革命,曾任省工运特派员、安乡县总工会执委,1928年9月在长沙被杀害。

曹志民 男,1900年11月出生,澧县人,中共党员,1926年8月参加革命,曾任澧县总工会委员长,1928年10月27日在澧县县城小南门被杀害。

曾庆轩 男,1901年11月出生,石门县人,中共党员,1924年参加革命,曾任石门县总工会委员长、中共石门县委书记,1928年11月在石门县城被杀害。

杨鉴堂 男,1903年出生,澧县人,中共党员,1926年参加革命,曾任省工运特派员,1928年在澧县县城被杀害。

毛觉民 男,汉寿县人,中共党员,1926年参加革命,曾任中共汉寿县委组织部部长、县总工会宣教部部长,1928年牺牲于南县九里坪。

李方炎 男,1904年出生,澧县人,1926年参加革命,曾任安乡焦圻镇工会经济委员,1928年在澧县被杀害。

傅冠雄 男,1904年出生,澧县人,1925年参加革命,曾任上海市总工会副委员长,后返回澧县从事教书和工运,1928年在澧县县城被杀害。

王保华 男,1903年出生,澧县人,1926年参加革命,曾是澧县新洲镇工会组织者之一,1928年在澧县被杀害。

钟大洪 男,1908年出生,安乡县人,中共党员,1926年参加革命,曾任安乡县总工会执委、工人纠察队队长,1928年在安乡县城被杀害。

李 干 男 1906年出生,澧县人,1926年参加革命,曾任澧县总工会秘书,1928年在临澧县城被杀害。

李年华 男,1906年11月出生,汉寿县人,中共党员,1927年1月参加革命,曾任汉寿县工人纠察队队长,1929年1月在湘赣反围剿时被俘遇害。

胡梅初 男,1902年出生,常德县人,中共党员,1926年参加革命,曾任常德县总工会染织业工会党支部书记,1929年农历正月23日在常德县城被杀害。

周维城 男,1902年2月出生,桃源县人,中共党员,1926年5月参加革命,曾任省工运特派员、桃源县总工会秘书,1929年6月22日在常德北门外柳堤被杀害。

邹资生 男,1900年出生,澧县人,中共党员,1926年参加革命,曾任澧县北区工农武装领导人之一,1929年6月在澧县沙岗与敌作战中牺牲。

向贤肸 男,1903年1月出生,汉寿县人,中共党员,1926年8月参加革命,曾任省工运特派员、汉寿县总工会委员长,1929年7月在湖北公安掩护红军部队突围时牺牲。

芦先镇 男,常德县人,中共党员,1925年参加革命,曾任常德县总工会店员总会委员,1930年在河洑镇被杀害。

陈梅廷 男,1902年出生,汉寿县人,中共党员,1927年参加革命,曾任省总工会的代表、中共江苏省委委员,1931年4月在南京雨花台被杀害。

张冬保 男,汉寿县人,中共党员,1926年4月参加革命,曾任汉寿县蔬菜园工人纠察队队长,1931年6月在汉寿县城东门接龙桥被杀害。

胡彩清 男,1903年出生,澧县人,中共党员,1926年参加革命,曾任澧县北区工农武装领导人之一,1931年在澧县被杀害。

刘子歉 男,1901 年出生,澧县人,1926 年参加革命,曾任澧县南区工农武装组织者之一,1931 年在澧县被杀害。

杨敦铭 男,1904 年出生,澧县人,1926 年参加革命,曾任澧县大堰垱工人暴动组织者之一,1931 年在临澧合口被杀害。

邓乾元 男,1904 年 5 月出生,溆浦县人,中共党员,1925 年参加革命,曾任中共湖南省委干部、省工运特派员兼汉寿县总工会锄奸部长,1934 年 8 月被迫害致死。

杨耀南 男,1901 年出生,临澧县人,中共党员,1926 年参加革命,曾任澧县大堰垱工人暴动组织者之一,1936 年在澧县被杀害。

颜泽民 男,1904 年出生,临澧县人,中共党员,1926 年参加革命,曾任中共临澧县总工会筹备处秘书,1940 年在大别山抗日时牺牲。

龙在前 男,1903 年出生,石门县人,中共党员,1926 年参加革命,曾任省总工会教育总干事,1946 年 8 月在永顺县城外被杀害。

第二节　全国劳动模范和先进工作者名录

一　1956 年全国先进生产者代表会议授予称号的全国先进生产者

(1956 年 4 月 3 日至 5 月 10 日在北京召开)

上官能　洞庭湖工程处计划科技术员(后调省水利厅勘测设计院)
向德原　津市澧东油厂生产班长
刘振辉　西洞庭农场机耕队副车长
张松年　洞庭湖工程处抽水机总站修配厂组长
李德常　安乡县供销社植物油厂生产组长
单银霞(女)桃源师范附属小学教师(后调吉林省)
唐开火　中南地质局 413 队班长

二　1957 年、1958 年国务院授予称号的全国农业系统职工劳动模范

平吉奎　国营西洞庭农场场长
刘炎汉　安乡县安尤公社党委组织委员
陈孟伦　常德县血防站检验士

三　1959年全国工业、交通运输、基本建设、财贸方面社会主义建设先进集体和先进生产者代表大会(全国群英会)授予称号的全国先进生产者(1959年10月25日至11月8日在北京召开)

王昌炽　澧县羊耳山煤矿工程技术指导员
文德初　常德专署林业局陬市集材场木材编排工人
杨祥福　湖南省航运局常德港湖申轮正驾驶
李德良　常德七一机械厂技工
欧子卿　常德市建民染织厂染色工
龚学仁　常德县商业局自办石灰矿副矿长

四　1960年全国教育和文化、卫生、体育、新闻方面社会主义建设先进单位和先进工作者代表会议授予称号的全国先进工作者(1960年6月1日至10日在北京召开)

王定寰　常德专区寄生虫病防治所中医师
王栋生　常德市卫门口完全小学校长
许美兰(女)湖南汽车车桥厂幼儿园园长(授予称号时在教育部工作)
刘学知　汉寿县医学科学研究所副所长
邵朝库　临澧县新合公社群师
张谋祥　石门县二都公社群师
陈定贤　汉寿县崔家桥公社天后宫民办小学教师
罗爱珍(女)桃源县陬市和平路小学教师
黄伍英(女)澧县白衣公社群师
曹月初　津市公安局民警队副分队长

五　1977年全国工业学大庆会议授予称号的全国先进生产(工作)者(1977年4月20日至5月14日在大庆、北京召开)

夏明炎　石门县邮电局乡邮员

六　1978年全国科学大会授予称号的先进科技工作者（1978年3月18日至3月31日在北京召开）

李光庆　桃源县枫树公社庄家桥大队党支部书记
唐纯银　安乡县安福公社松湖大队党支部书记
游洪涛　汉寿县外贸公司生产培植员

七　1978年全国财贸学大庆学大寨会议授予称号的全国先进生产（工作）者（1978年6月20日至7月9日在北京召开）

游洪涛　汉寿县外贸公司生产培植员
戴笃伯　汉寿县财贸办副主任、县供销社主任

八　1979年国务院表彰农业、财贸、教育、卫生、科研战线先进企业和劳动模范大会授予称号的全国劳动模范（1979年12月28日在北京召开）

毕承松　澧县澧澹乡拥宪大队党支部书记
戴笃伯　汉寿县供销社党委书记、主任

九　1989年全国劳动模范和先进工作者表彰大会授予称号的全国劳动模范和先进工作者（1989年9月28日至10月2日在北京召开）

杨建成　常德市邮电局机务员、工程师（全国劳动模范）
杨桂元(女)常德市鼎城区商业综合公司副经理、工会主席（全国劳动模范）
吴志泉　临澧县太平农工商实业开发公司总经理、高级经济师（全国劳动模范）
章春香(女)常德棉纺织厂挡车工（全国劳动模范）
鲁由海　常德市鼎城区冲天湖乡冲天湖村村民（全国劳动模范）
薛海舟　国营华南光学仪器厂副总工程师（全国劳动模范）
赵必成　桃源县农村经营管理站站长、经济师（全国先进工作者）
贺大国　常德市武陵区城西联校育英小学校长、中学高级教师（全国先进工作者）
高春宏　桃源县水利电力局党委书记（全国先进工作者）

十　1995年全国劳动模范和先进工作者表彰大会授予称号的全国劳动模范和先进工作者(1995年4月30日在北京召开)

孙怀珍(女)常德纺织机械厂摇架分厂冲二车间工人(全国劳动模范)

朱法林　中国农业银行临澧县支行杉板信用社出纳(全国劳动模范)

钟于华　常德市鼎城区石公桥镇桃树嘴村村民(全国劳动模范)

江从新　安乡县安福乡花林村村民(全国劳动模范)

雷光耀　石门磷肥厂水泥车间班长(全国劳动模范)

邓威特　汉寿县血吸虫病防治站主任医师(全国先进工作者)

李伊良　常德市农业科学研究所助理研究员(全国先进工作者)

陈建教　石门县九渡河乡科技副乡长、党委副书记(全国先进工作者)

张凤梅(女)常德市武陵区红卫居委会主任(全国先进工作者)

十一　2000年全国劳动模范和先进工作者表彰大会授予称号的全国劳动模范和先进工作者(2000年4月28日在北京召开)

何文德　湖南华南光电仪器厂高级工程师(全国劳动模范)

李开喜　湖南国人啤酒股份有限公司董事长兼总经理(全国劳动模范)

李政球　常德市鼎城区牛鼻滩镇三星村党支部副书记(全国劳动模范)

罗　毅　常德卷烟厂厂长、党委书记(全国劳动模范)

高永香(女)常德棉纺织厂挡车工(全国劳动模范)

王赛艳(女)桃源县漆河镇中学高级教师(全国先进工作者)

李其荣　湖南省地质矿产勘查开发局403队副队长兼总工程师(全国先进工作者)

李明菊(女)常德市环境卫生管理处清扫班班长(全国先进工作者)

十二　2005年全国劳动模范和先进工作者表彰大会授予称号的全国劳动模范和先进工作者(2005年4月30日在北京召开)

陈碧云(女)桃源县公路管理局养路工(全国劳动模范)

曾献兵　常德卷烟厂厂长、党委书记(全国劳动模范)

喻自文　湖南双佳农牧科技有限公司董事长(全国劳动模范)
戴作均　常德赤峰实业总公司一矿采煤三队队长(全国劳动模范)
肖耀明　临澧县安福镇清水村村民(全国劳动模范)
王汉桃　常德市公安局刑侦支队支队长(全国先进工作者)
余章贵　澧县艳洲水利水电工程管理局局长、党委书记(全国先进工作者)

十三　2010 年全国劳动模范和先进工作者表彰大会授予称号的全国劳动模范和先进工作者(2010 年 4 月 27 日在北京召开)

王先荣　澧县葡萄协会会长兼神州庄园葡萄酒业有限公司董事长(全国劳动模范)
左五弟　常德市武陵区丹洲乡沙湖村党支部书记(全国劳动模范)
周海斌　常德市鼎城区电力局变电站站长(全国劳动模范)
钟子进　桃源县邮政局剪市支局乡邮投递员(全国劳动模范)
王志英(女)安乡县人民医院副院长兼大内科主任(全国先进工作者)
杨绍军　常德市阳光孤儿院院长(全国先进工作者)
沈国初　常德市交警支队直属二大队路面执勤民警(全国先进工作者)

十四　中国人民解放军大军区以上和公安部授予的全国英模(享受全国劳模待遇)

唐　华　常德市储木场党支部书记(1960 年全军教育工作会议授予先进工作者)
何学高　常德市鼎城区干部休养所(1979 年中央军委授予一级战斗英雄)
陈志勇　澧县公安局刑侦大队干警(1988 年公安部授予全国二级英模)
陈占保　桃源县人民法院党组书记(1989 年公安部授予全国二级英模)

十五　2011 年国务院表彰的粮食生产劳动模范和先进工作者(享受全国劳模待遇)

张昌元　汉寿县昌元水稻种植专业合作社理事长(2011 年全国种粮售粮大户)
胡胜强　汉寿县胜强水稻种植专业合作社理事长(2011 年全国种粮售粮大户)
叶新华　汉寿县农业局局长(2011 年全国粮食生产先进工作者)

第三节 省(部级)劳动模范和先进工作者名录

一 湖南省人民政府授予称号的劳动模范(先进生产者)和先进工作者

(一)湖南省第一届工业劳动模范代表会议授予称号的劳动模范(1951年3月15—23日在长沙召开)

王 定(女)常德市国营运输公司常德渡口大车司机
刘鸿炽 常德广德医院医师
余家治 桃源县工人生产合作社染织工人
汪德棣 常德百货公司计划股股长
苏宜周 常德专区农业局干部
陈本玉 临澧县石油公司职工
陈祖伯 常德金陵皮革厂技工
陈德彪 津市轧花厂副大车
张万明 常德电信局载波室班长
周龙池 汉寿县新生染织工业社织工
钟星舫 常德轮船运输公司搬运工
俞宽荣 津市轧花厂花车技工
贺佐才 湖南省公路运输局常德工务段道工
范玉祥 中国油脂公司常德公司管理人员
泰文聪 安江纱厂梳拼部技术员(1965年调入常德棉纺织厂)
黄瑞生 津市搬运社工人
萧子谦 安乡县阜康煤矿工务组组长
蒋盛祥 津市电信局线务员
颜友卿 常德电厂外线领班
瞿文香 常德邮电局邮勤员

(二)湖南省首届税务劳动模范代表会议授予称号的税务劳动模范(1951年7月5日在长沙召开)

常福元 石门县税务局税务所所长

(三)湖南省职工业余教育代表会议授予称号的职工业余教育模范(1951年8月26—30日在长沙召开)

刘伯强　常德市职工学校教师

(四)湖南省第二次先进生产者代表会议授予称号的先进生产(工作)者(1956年3月28日至4月1日在长沙召开)

丁立君(女)桃源县茶场生产组组长
万金红　常德文化湘剧团编导股股长
王志高　长沙市人民印刷厂小组长(后调入常德市建民色织印染厂)
王秀明(女)常德市染织厂班长
王宏喜　湖南省航运厅1111轮二副
王茂生　长沙卷烟厂炒丝工人(后调入常德县新湘卷烟厂任副厂长)
双菊廷　常德专区工程公司副工
邓忠岳　石门县综合农业试验站机耕队队长
石瑞藻　常德市第四中学教师
田映云　湖南省运输局沅陵总站钳工(后调入常德汽车修造厂)
龙中初　湖南省航运厅6202轮水手
龙春和　国营西洞庭农场生产队长
朱汉雄　湖南省公路厅益阳渡口司机(常德、益阳分区后调常德公路局)
朱启益　常德市华晶玻璃厂工人
刘地堂　常德油脂公司技工
刘承汉　澧县利农炼灰厂掌窑师
刘宗沅　常德专区贸易公司业务课员
刘绍泉　石门县综合农业试验站生产队队长
刘南山　汉寿县粮食局保管员
刘振辉　国营西洞庭农场机耕队队长
刘慧彬(女)常德市育婴街(今育英)小学教员
向冬发　常德食品公司炼油厂工人
向德原　津市澧东油厂生产班班长
孙启贵　常德市针织厂工人
李全初　常德七一机械厂钳工
李成维　津市建新砖瓦厂车间副主任
李克操　常德市百货公司主任

李福海　湖南省地质矿产勘查开发局 413 队组长
李肇喜　澧县荣市区供销社分店经理
李德常　安乡县供销社油厂生产组组长
杨贤任　石门县食品公司押运员
杨继明　石门县皂角市区供销社统计员
杨慧怡　常德花纱布公司统计员
宋孝友　湖南省航运厅 1113 轮轮机长
杜经宇　常德市加工米厂修理工
张万明　常德邮电局主任技术员
张升佳　常德县人民银行农贷员
张正春　常德市汇沅企业公司电工
张同刚　国营西洞庭农场作业区主任
张佑堂　汉寿县龙潭桥区供销社副主任
张春舫　常德土产公司负责人
张菊秋　湖南省航运厅 1401 轮船长
张海鹏　常德石油分公司废油加工厂厂长
陈　彬　湖南省公路厅大慈工程处技术员（后调入常德公路总段）
陈云廷　常德七一机械厂车间主任
陈本连　津市加工米厂领班
陈阳生　常德市保险公司办事员
陈学忠　安乡县邮电局机线班长
陈德生　常德市制革厂生产班长
罗号贤　中南五公司炊事员（后调入常德工程公司）
罗浣珍　百沙矿务局湘永煤矿化验技术员（后调入常德市树脂厂）
周立志　湖南省运输局沅陵总站钳工（后调入常德汽车修造厂）
周远义　汉寿县大业锅厂铸造工人
周栋清　常德食品公司副股长
单银霞(女)桃源师范附小教员（后调吉林省）
金善姿(女)常德市建民色织布厂织布工
易国良　津市五三蜡纸厂抄纸工
段保林　国营西洞庭农场生产组组长
洪家芹　临澧县苗圃技工

胡开松　临澧县邮电局封发员
胡和阶　常德邮电局投递班长
高绍芝　常德七一机械厂锻工
钱三元　湖南省航运厅2401轮升火工
徐华封　汉寿县初级中学教员
徐克锋　常德中医院医师、院长
徐福保　常德专区工程公司木工
唐开火　湖南省地质局413队组长
唐国珍　常德专区工程公司队长
唐保成　常德县河洑伞厂车间主任
黄道新　国营西洞庭农场生产组长
彭孝泉　澧县城关第一小学校长
彭海清　常德电厂副班长
程明生　常德广益制笔厂工人
蒋宗和　澧县城关小学教员
董保元　湖南雄黄矿炮工
舒国楚　桃源县茶厂机械木工
蔡桃清　常德县新源印刷厂组长

(五)湖南省第三次先进生产者代表会议授予称号的先进生产者(1958年7月21—30日在长沙召开)

万金红　常德市汉剧团第一副团长
马光煜　临澧县城关完小教员
王云吉　国营西湖农场生产队长
王连庆　湖南省六〇一矿钳工组长
王学英(女)桃源县双溪口小学校长
双菊廷　常德专区工程公司生产组长
安保梅　国营西洞庭农场生产组长
卢介藩　常德市邮电局机务员
田运科　湖南省六〇一矿生产组长
汤海鑫　常德专区公路局12车队司机
刘达生　国营西洞庭农场生产组组长
刘地堂　常德德山油脂加工厂技术员

刘寿云　　常德专区公路局澧县工区 71 班班长
刘运和　　津市酱园厂技工
刘秋庭　　湖南省航运局常德办事处 2142 帆船驾长
刘振辉　　国营西洞庭农场机务车长
刘崇恕　　安乡县宏文印刷厂工人
孙月存(女)临澧县合口建新纺织厂小组长
许细生　　湖南省航运局津市办事处湘津轮生火工
佘保生　　湖南省地质勘查局沅水队动力组组长
汪维富　　常德国营林场生产队队长
何正斌　　安乡县官垱供销社采购员
杨兴周　　桃源县印刷厂工人
杨怀友　　津市酒厂工人
杨昌协　　常德师范附属小学校长
杨林海　　湖南省航运局津市帆船厂工人
杨家训　　石门县皂市中心购销店副主任
杨祥福　　湖南省航运局常德办事处湘沪轮驾驶
陈正科　　湖南省航运局常德办事处监修
陈世泽　　湖南省航运局常德港工人
陈连云　　常德市建筑工程队分队长
陈序辉　　常德县扫盲办公室干部
陈孟伦　　常德县血吸虫病防治站血防队医师
陈桂云　　常德县南三民办农业中学教员
张书麟　　津市澧东油厂党支部书记
张光远　　汉寿县朱家铺粮店保管员
张吉炳　　常德县人民银行农金员
张伯诚　　常德市针织批发部保管员
张振兴　　常德市印刷厂工人
张桂堂　　常德专区工程公司木工
李廷岐　　湖南省安装工程公司株洲区电工组组长(后调入安乡县棉纺织厂)
李明清　　桃源冷家溪金矿生产组组长
李家新　　安乡县安裕乡羌口学区代理校长
李德良　　常德七一机械厂铸造工人

罗拾秋　常德县灌溪区农科站站长
明坤山　常德市邮电局交通员
林其生　常德帆船厂生产组组长
周华国　湖南省地质局常德地质队班长
周镜清　澧县第一中学教员
赵成君　常德县河洑供销社主任
赵昌达　澧县羊耳山煤矿工人
胡佑达　临澧县粮食局花林坪仓库保管员
胡富陔　常德昌明锅厂车间主任
夏明海　临澧县王化桥乡供销社主任
段茂良　常德农业机械厂工人
姚梅伯　桃源县三阳供销社分销店经理
侯着祥　常德专区公路运输局保修车间装配工
骆泽中　桃源县牛车河供销社分店副经理
袁正梅　汉寿县护城小学教员
唐开火　湖南省地质局413队沅水队组长
郭承明　澧县槐市税务局农村稽征员
郭庭楹　常德专区农业局助理技术员
倪顺妹(女)常德市邮电局市话员
秦文治(女)津市生产街小学教员
秦谷成　湖南省航运局常德港湘通轮副司机
黄金堂　常德市制革厂代理车间主任
龚学仁　常德县商业局生产资料经理部经理
龚德荣　澧县大围供销社营业员
彭海清　常德电厂工人
彭梅生　湖南省航运局津市办事处肖家湾航标站站长
彭振寰　常德农业机械厂车间主任
覃正来　湖南雄黄矿生产组组长
覃世德　石门县大米厂工人
粟义生　汉寿县大业纽扣厂生产组组长
阎海明　常德市商业局保管员
傅淑春　常德八一拖拉机站驾驶员

雷隆敦　湖南省地质局石门地质队机长
阙恩迪　湖南省航运局常德办事处 4563 轮水手
谭　杰　湖南省航运局常德办事处修山轮驾驶
蔡思翘　澧县大堰垱供销社干部
颜楚贤　石门县印刷厂车间主任
潘春廷　桃源县七一瓷厂工人
戴笃伯　汉寿县商业局副股长

（六）湖南省第四次先进集体、先进生产者代表会议授予称号的先进生产者

（1959年9月20—28日在长沙召开）

王昌炽　澧县羊耳山煤矿炮工
王松卿　国营西洞庭农场四分场二十队作业组组长
王爱廷　常德机床厂工人
文德初　常德专区林业局陬市集材场编排工人
孔德新　常德公路运输局 17 车队驾驶员
龙中兴　常德市人民电影院放映员
龙介藩　常德市轮渡经营处管理员
冯瑞武　津市农具机械修配厂工人
田自中　桃源县种鸡场技术员
汤发葵　湖南省地质局 413 队沅水分队队长
刘先甫　湘航常德办事处作业区工人
刘吉清　常德县农业机械厂工人
刘运洪　常德船舶厂工人
刘绍云　常德公路运输局 16 车队司机
刘宗保　澧县商业局澧南供销社新家滩分部负责人
刘全福　常德专区邮电局长途电信线务站驻段线务员
刘庚谱　湖南省航运局津市港帆船 6 队队长
刘湘尧　石门县五峰山煤矿车间副主任
刘新初　湖南省六〇一矿机修车间维修钳工
孙冠民　安乡县商业局生产资料经理部经理
孙常艮　津市红旗制革厂皮件车间主任
任丕辉　津市干部职工业余中学教员
吕致政　汉寿县第一中学教员

邱春枚　国营洋淘湖农场职工
宋瑞祥　湖南省地质局澧水地质队工人
苏开太　常德市电机厂副厂长
苏清典　石门县皂市人民公社供销部主任
吴次高　常德县园艺场技工
吴泽均　安乡县二农场一支部书记
吴树初　常德市五一制革厂工人
陈汉还　常德专区农科所河洑试验站技术员
陈国华(女)衡阳建湘机械厂车工(后调入常德汽车运输公司)
陈赐清　桃源县牯牛山林场会计
陈金生　津市涔澹农场干部
陈新庚　国营西洞庭农场一作业区四队组长
杨祥福　湖南省航运局常德港湖申轮正驾驶
李承伟　津市建新砖厂职工
李德良　常德七一机械厂铸造工人
罗爱珍(女)桃源县陬市镇和平路小学教师
易元良　常德师范学校教师
欧子卿　常德市建民染织厂染色工
欧传银　临澧县第一中学教师
胡建斋　常德专区基建局工程公司技术员
胡富陔　常德昌明锅厂车间主任
钟志芳　湖南省电业局供电所湘潭工区工人(后调入常德电业局高压管理所)
侯着祥　常德专区公路运输局保修车间装配工
梁瑾仙　涟源县第一中学教师(后调入汉寿县第一中学)
高阳生　安乡县印刷厂工人
萧明珍(女)安乡县陈家嘴小学教师
龚学仁　常德县商业局自办石灰矿矿长
黄生明　国营西洞庭农场职工
彭　万　湖南雄黄矿副矿长
彭丁佑　桃源冷家溪金矿职工
彭德运　汉寿县鸭子港供销社主任
傅淑春　常德八一拖拉机站司机

曾庆友　　汉寿县大业电厂技术员
谢顺兰(女)津市饮食服务公司第二旅社服务股长
雷仕珍　　常德市饮食服务公司经理
蔡学华　　常德肉类联合加工厂课长
蔡有元　　国营西洞庭农场拖拉机队驾驶员
蔡炳炎　　国营西洞庭农场生产组组长
熊新成　　汉寿洋淘湖农场职工
潘贤福　　临澧县合口织布厂维修工
颜楚贤　　石门县印刷厂车间主任

(七)湖南省教育和文化、卫生、体育、新闻方面社会主义建设先进单位和先进工作者代表大会授予称号的先进工作者(1960年5月20—25日在长沙召开)

卫雪樵　　桃源师范学校教师
马志亮　　桃源县档案馆管理员
王仲驹　　津市人民医院检验员
王定寰　　常德专区寄生虫病防治所医师
王栋生　　常德市卫门口小学校长
叶露茜(女)常德地区人民医院医师
孙菊仙(女)常德县金美公社聚宝大队群师
吕云锋　　常德军分区干部
华祖珍(女)澧县澧南公社兴隆大队幼儿教养员
许炽灿　　汉寿县农业干部学校教导主任
刘　文　　桃源县城郊公社民办红旗中学副校长
刘仁志　　桃源县第一中学党支部书记
刘先玉　　安乡县安造公社联校校长
刘学知　　汉寿县医学科学研究所副所长
刘宗秀　　安乡县安造公社党委副书记
李心能　　石门县第一中学副教导主任
李明仙　　常德县东风公社三合大队文化站站长
李春芳　　桃源县第三电影放映队队长
李新初　　汉寿县崔家桥联校校长
张合林　　汉寿县汉剧团副团长
张谋祥　　石门县二都公社群师

汪佐志(女)临澧县第一中学教师、团委书记
汪和桂(女)常德县东风公社丁家桥民办小学教师
杜闻钰(女)常德师范学校教师
苏觉民　新化县荣华公社文化馆工作人员(后调入西湖农场)
邵朝库　临澧县新合公社群师
杨　良　常德县人民医院副院长
杨永照　安乡县安昌公社业余学校教师
杨玉荣(女)常德县金美公社金美小学教师
陈云华　澧县官垸公社卫生院副院长
陈定贤　汉寿县崔家桥公社天后宫民办小学教师
陈崇岳　石门县河日公社文化馆副馆长
吴孝立　常德市印刷厂群师
易继源　石门县血防组医师
易维三　澧县澧西公社和平大队文化站主任
尚光全　临澧县合口血吸虫病防治组中医师
罗成英(女)津市第一完小教师
罗光裕　常德市新民中学校长
罗爱珍(女)桃源县陬市和平路小学教师
周凤池　澧县澧东公社胡家馆小学教师
周伯章　常德县初级师范学校总务主任
周常法　常德县第二中学教师
姜诗群(女)临湘县第一中学教导主任(1962 年调任津市第二中学教导主任)
胡大生　临澧县修梅公社民办农中教师
胡继溪　常德滨湖日报社编辑
赵远长　澧县澧东公社胡家馆小学教师
袁彩云(女)桃源县人民医院化验员
黄武英(女)澧县白衣公社群师
萧子来　汉寿县第一中学教师
曹月初　津市公安局民警队副分队长
谢代义　石门县农业中学教导主任
谢世国　安乡县城关卫生院医师
虞文鼎　桃源县龙潭公社梁皇店大队群师

筱长寿　常德市京剧团演员

廖鹏飞　常德师专中文教研组组长

熊永林　津市第一中学附属小学副校长

蔡官保　常德市第二中学教师

瞿翠菊(女)临澧县荆河剧团演员

(八)中共湖南省委、湖南省革命委员会表彰的模范教育工作者(1978年6月)

艾祖信　常德县石板滩公社中学党支部书记

张显锋　临澧县文家公社中学教师

杜慎英　澧县文教局副局长、灵泉公社同心学校民办教师

(九)湖南省革命委员会工业学大庆会议授予称号的劳动模范(1978年7月13日在长沙召开)

夏明炎　石门县邮电局皂市支局乡邮员、支局副局长

(十)湖南省工业学大庆表彰大会授予称号的劳动模范(1979年5月在长沙召开)

杨阿忠　浦沅工程机械厂炊事班班长

胡玲玲(女)桃源纺织印染厂细纱车间挡车工

夏明炎　石门县邮电局皂市支局乡邮员、支局副局长

萧明春(女)常德市针织厂织袜挡车工

庹世根　常德地区青峰煤矿一工区副主任

廖再鸣　常德汽车运输公司驾驶员

(十一)湖南省财贸学大庆学大寨表彰大会授予称号的劳动模范(1979年5月长沙召开)

李春田　常德县供销社酒厂党支部副书记

青华林　桃源县黄婆店公社碌厂桥大队代购代销员

柴二妹(女)常德市常德饭店党支部副书记

舒长安　澧县税务局干部

游洪涛　汉寿县供销社外贸公司生产培植员

(十二)湖南省劳动模范、先进集体表彰大会授予称号的职工劳动模范(1982年7月1—7日在长沙召开)

丁碧云(女)常德地区邮电局话务员

王永寿　津市市百纺公司中心门市部营业员

王金秀(女)桃源县桃花源区妇联主任

卢泽勋　汉寿县人民政府副县长、农艺师

左泽万　　安乡县安福公社农技站站长
包德全　　湖南省涔澹农场干部
汤卓俊(女)桃源纺织印染厂细纱甲班挡车工
刘年长　　澧县梦溪公社党委书记
刘海涛　　常德县牛鼻滩公社农科站植保员
刘喜庭　　常德西洞庭农场四分场饲养员
张　健(女)常德卷烟厂四车间挡车工
李正大　　常德县尧天坪公社信用社主任
李长发　　临澧县农业局干部
李淑菊(女)常德棉纺织厂挡车工
杨阿忠　　浦沅工程机械厂食堂管理科副科长
杨桂元(女)常德县河洑商店副经理
毕仁俊　　津市市中医院眼科主任
邹　红(女)津市市缫丝厂台长
苏玉媛(女)临澧县修梅供销社营业员
金德世　　澧县澧阳平原中心农科站技术员
青华林　　桃源县黄婆店公社碌厂桥大队代购代销店负责人
周嘉坤　　常德纺织机械厂车工
胡大才　　临澧县第一中学化学教师
贺大国　　常德市育英小学副校长
贺国华　　津市市环卫处清粪班长
黄林凡　　湘澧盐矿钻井队长
萧文铎　　汉寿县农科所农艺师
顾建云(女)常德市针织厂织袜车间班长
曾宪友　　中国人民银行常德市支行储蓄宣传员
鲁玉莲(女)桃源瓦儿岗公社畜牧场技术员
戴述楚　　常德地区羊耳山煤矿采煤班班长
戴笃伯　　汉寿县供销社党委书记

(十三)湖南省人民政府授予的全省会计工作劳动模范(1988年)

张少征　　浦沅工程机械厂会计
雷渊信　　常德地区财政局会计事务所高级会计师

(十四)湖南省职工劳动模范、先进集体表彰会授予称号的特等劳动模范和劳动模范(1989年4月29日在长沙召开)

1.职工特等劳动模范

杨建成　常德市邮电局市话载波机务员、工程师

杨桂元(女)常德市鼎城区商业综合公司工会主席

陈励青　浦沅工程机械总厂厂长、党委书记、高级工程师

贺大国　常德市武陵区城西联校育英小学校长、高级教师

章春香(女)常德棉纺织厂挡车工

2.职工劳动模范

丁敬桥　常德县新源印刷厂印刷班长

王文斌　湖南省601矿机械化施工一队一分队队长

王立军(女)中国农业银行常德市中心支行会计科副科长、助理会计师

王顺生　常德轴承厂厂长

刘宝林　汉寿县军山铺粮站统计员

刘树生　常德公路总段澧县公路段金山工班养路工

沈元占(女)常德市鼎城区武陵镇中心小学高级教师

张志红(女)常德市日用杂品公司总经理

张孝珍(女)常德市环境卫生管理处城东管理所清扫班班长

张松林　石门县公安局刑侦队技师

杨家柏　津市市造纸厂机修工

陈焰生　安乡县汽车配件厂机修班班长

罗传太　常德羊耳山煤矿新胜工区采煤二队采煤工

罗赛莲(女)桃源纺织印染厂筒摇车间挡车工

郑玉政　汉寿县航运公司砂石分公司挖砾船队作业组组长

金协桥　临澧县肉类食品加工厂厂长、经济师

周正湘　常德卷烟厂厂长、党委书记

柳才春　常德市农业生产资料公司经理、党支部书记

姜开友　常德七一机械厂轻机分厂车工

胡忠山　湖南湘澧盐矿制盐车间副主任

胡绪元　澧县物资回收利用公司羊湖口购销站业务副主任

赵云忠(女)津市东风理发店经理、中三级理发师

姚福兴　桃源县邮电局乡邮员

莫春满(女)安乡县饮食服务公司潺陵旅社主任
黄文国　石门磷肥厂磷肥车间工段长
黄宏喜　汉寿县煤矿机械厂车工
曹传松　澧县文物管理所所长
龚秋娥(女)临澧县百货大楼营业员
彭惠卿(女)津市市保河堤联校大山小学高级教师
鲁炳云　石门县运输公司火车站装卸队队长
谢平权(女)常德市第二人民医院主治医生
温超顺　常德工程公司第三工程处工会主席
路志英(女)常德市第一人民医院妇产科主任、副主任医师
雷日旦　湖南洞庭缸套厂供销科科长、助理工程师
谭德安　常德电业局超高压管理所驾驶员
翦建政　常德市塑料一厂厂长
薛海舟　湖南华南光学仪器厂副总工程师、高级工程师

(十五)1995年湖南省劳动模范和先进工作者表彰大会授予称号的劳动模范和先进工作者(1995年4月29日在长沙召开)

1.职工劳动模范

王志浩　津市市热电厂汽轮机运行工
文会烈　桃源县运输实业总公司驾驶员
皮世林　澧县甘溪水泥厂厂长
米济泽　澧县纺织总厂气流纺车间管道工
何寿喜　桃源纺织印染厂厂长兼党委书记
沙元亨　桃源县活塞环铸造厂厂长
向华进　桃源县邮电局市话机线组组长
杨学清　浦沅机械总厂劳动服务公司经理兼液压附件厂厂长
朱法林　中国农业银行临澧县支行杉板信用社出纳
朱婉秀(女)常德市武陵百货大楼柜长
陈湘鄂　湖南湘澧盐矿维修安装公司电工班班长
张荣福　常德七一机械厂班长
张祯如　常德市化学纤维厂工程师
徐丽纯(女)常德市鼎城区中兴机械厂四车间铣工
徐杰锋　常德灯泡厂二车间吹泡工人

罗　毅　常德卷烟厂厂长、党委书记

黄冬枝(女)常德市公共交通总公司乘务员

黄金玉　石门县金殴纺织公司经理

蒋克先　湖南气门厂座热车间熔炼工

曾友贵　常德汽车运输总公司常北公司驾驶员

2.农民劳动模范

叶汉进　澧县澧东乡清水村村民

卢万俊　桃源县古洞春茶业有限公司董事长

江从新　安乡县安福乡花林村村民、棉花科研小组组长

李治平　桃源县盘塘镇农技站站长、党支部书记

张天政　临澧县文家乡雅林村村民

钟于华　常德市鼎城区石公桥镇桃树嘴村村民

赵崇舫　常德西洞庭农场三分厂养鱼农民

彭世凤　澧县银丰水泥厂厂长

谭文德　石门县壶瓶山镇李坪村村民

3.先进工作者

毛坤祥　常德市第一人民医院骨科副主任、主治医生

邓威特　汉寿县血吸虫病防治站主任医师

何黔安(女)汉寿县审计局高级审计师

刘赤符　常德师范高等专科学校中文系写作教研室主任

向启建　常德市鼎城区逆江坪乡中学校长

何常保　常德市公安局交警支队直属大队交通民警

陈银清　临澧县国税局新安国税所所长

陈建教　石门县九渡河乡科技副乡长、党委副书记

张凤梅(女)常德市武陵区红卫居委会主任

周学元(女)津市市社会福利院护理员

谌和香(女)安乡县第一血防站护士

童望清　湖南省棉花科学研究所副研究员

(十六)2000年湖南省劳动模范和先进工作者表彰大会授予称号的劳动模范和先进工作者(2000年4月29日在长沙召开)

1.职工劳动模范

丁时满(女)常德船舶厂船体车间焊工班班长

王碧云(女)桃源汽车液压泵厂工人技师
何文德　湖南华南光电仪器厂高级工程师
刘承清　津市市蚊香总厂厂长、党委书记
杨玉凤(女)津市经纶绢麻纺织有限公司细纱车间挡车工
杨新伟(女)常德市公共交通总公司一分公司驾驶员
邹庚来　常德电业局局长
陈寿山　常德七一机械股份有限公司一车间造型一班班长
李明三　常德卷烟厂副厂长、经济师
周瑞枝(女)常德新源印刷厂印刷班工人
胡卫东　常德市第一建筑工程有限责任公司泥工班班长
赵凤凰　汉寿县造纸厂造纸车间维修工
赵仕武　临澧电力局电力安装班班长
高云安　澧县运达实业有限公司董事长、经济师
唐述木　安乡县氮肥厂维修车间工人
龚云芳(女)澧县服装厂服装设计师
彭述东　湖南汽车车桥厂厂长、高级政工师
谭葛金　石门县自来水公司班长
蒯同文　中国人寿保险公司常德分公司党委书记、总经理

2.农民劳动模范

马新志　桃源县三阳港镇官家洲村农艺师
左五弟　常德市武陵区丹洲乡沙湖村党支部书记
刘宏军　澧县张公庙镇兔子口产业化实业有限公司法人代表
李政球　常德市鼎城区牛鼻滩镇三星村党支部副书记
张少平　汉寿县龙阳镇创业村主任
肖耀明　临澧县安福镇清水村村民
施国平　津市市保河堤镇民主村科技示范户
喻自文　湖南双佳农牧科技有限公司董事长
龚陆生　常德西湖管理区东洲乡新兴村党支部书记
龚德生　安乡县官渡村党支部书记
鲁仕恒　常德西洞庭农场二分场八队生产组组长

3.先进工作者

文尚武　常德市第一人民医院外科主任医师

伍彩霞(女)石门夹山国家森林公园管理处旅游科导游
陈碧云(女)桃源县公路管理局养路工
杨绍军　常德市阳光孤儿院院长
朱枝元(女)汉寿县新兴乡联校教师
朱良枝　临澧县农业局副局长
李秀扎　桃源县广播电视局技术维修部工人
黄可新　常德市武陵区公安分局副局长、二级警督
黄明信　常德市德源投资开发有限公司副总经理
黄爱芬(女)常德市鼎城区农业局总农艺师
陶少鸿　常德市文学艺术界联合会副主席、二级作家
彭庭斌　常德市殡葬管理所火化班班长
虢光明　安乡县安障乡党委书记

(十七)2005年湖南省劳动模范和先进工作者表彰大会授予称号的劳动模范和先进工作者(2005年4月29日在长沙召开)

1.职工劳动模范

刘四清　湖南汽车车桥厂产品研发中心副主任
刘定国　常德市自来水公司管道维修工
刘湘松　湖南雪丽造纸有限公司董事长、总经理
杜运武　湖南省工业设备安装公司四分公司铆工班工人
庄建新　湖南汉寿岩下荣祺食品有限公司操作工
张　杰　桃源电力局城区供电所装表接电工
胡兆福　常德市青峰煤矿矿长
胡金梅(女)湖南东信棉业(常德)有限公司后纺车间挡车工
赵文辉　湖南湘澧盐矿制硝分厂生产维修车间钳工
肖汉族　湖南金健药业有限责任公司科研项目组长
姜　化(女)常德市邮政局武陵分局业务员
钟馥盟　大唐石门发电有限责任公司发电部主任
骆　斌　常德市环境卫生管理处垃圾处理中心垃圾渗透液处理工
章振云　湖南临澧胜芝化工有限公司碳铵车间操作工
黄可建　湖南大力建设机械股份有限公司冷作工
常　旭　常德纺织机械有限公司总经理、党委书记
曾献兵　常德卷烟厂厂长、党委书记

2.农民劳动模范

王先荣　澧县葡萄协会会长兼神州庄园葡萄酒业有限公司董事长
向远德　湖南向八老珍珠有限公司总经理
杨友萍(女)常德市鼎城区石板滩镇花木基地工程师
杨禄贵　津市市渡口镇李阳村村民
李四喜　桃源县枫树维吾尔族回族乡庄家桥村村民
李正武　常德西洞庭管理区龙泉办事处民安村村民
邢卫民　湖南双佳集团公司总裁
成来忠　常德市武陵区芦荻山乡玉带桥村养殖大户
吴开华　临澧县柏枝乡九星村党支部书记
劳建芳　安乡县来得富绿色食品有限公司总经理
夏东生　常德西湖管理区西洲乡田园村水产养殖户

3.先进工作者

文　智(女)常德市博物馆考古工作人员
史美华　常德市鼎城区公路管理局局长、党总支书记
杨守托　常德市审计局审计师
沈国初　常德市公安局交警支队直属二大队交警
林长福　常德市鼎城区第一中学教师
周雪安(女)安乡县人民医院外科主管护士
袁顺章　津市市人民法院新洲人民法庭审判员、经济庭副庭长
夏先考　常德市第一人民医院检验员
谢建英(女)常德市第十一中学教师
詹远华　常德市石门县蔬菜办公室农艺师
颜学祥　中共常德市委办公室保密技术监督科科长

(十八)2010年湖南省劳动模范和先进工作者表彰大会授予称号的劳动模范和先进工作者(2010年4月29日在长沙召开)

1.职工劳动模范

朱晓初　常德市鼎城区移动分公司经理
宋奇峰　湖南云锦集团股份有限公司机电车间电工
李鸿威　常德纺织机械有限公司设计部副部长
陈折峰　常德市公共交通有限责任公司1路线驾驶员
张　胜　湖南湘澧盐矿制硝分厂厂长、党总支书记

周新明　常德市鼎城区农村信用合作联社朗州信用分社主任
郭　磊　常德市市政建设总公司沥青混凝土搅拌站站长
席先化　安乡县交通局官垱汽车渡口班长
夏崇仁　常德中石油昆仑燃气有限公司党委副书记、总经理
夏楚珍　常德电业局西湖管理区电力公司经理
舒金芳(女)湖南桃源杰新纺织印染有限公司细纱车间挡车工
聂祚辉　常德青峰煤矿四工区掘进一队队长、党支部书记
崔耕铭　常德加州水产食品有限公司总经理
黄　健　湖南宏力纺织有限公司董事长
黄修平　临澧县烟草专卖局烟叶生产经营分部农艺师
熊正喜　常德雄鹰科技有限责任公司科研中心技术员
戴卫良　湖南中烟工业有限责任公司常德卷烟厂二车间工人

2.农民劳动模范

毛新云　常德兴达纺织有限公司董事长
刘连华　常德华诚现代农业开发有限公司董事长
李学文　安乡县宏发特种水产繁养农民专业合作社理事长
李清山　常德西洞庭管理区金凤办事处龙天村村民
怀新明　临澧县修梅镇赵家红提专业合作社理事长
吴光清　常德市武陵区南坪岗乡敬老院院长
赵世峰　津市市阳由渔业协会会长
高如楚　石门县株木岗柑橘专业合作社负责人
鲁胡子　桃源鲁胡子辣酱有限责任公司总经理

3.先进工作者

万小燕(女)常德市发展改革委员会科长
马明浩　石门县公路管理局局长
刘　俊(女)常德市第一中医院妇产科主任
李中英　常德市第一中学校长
吴让晓　常德市审计局局长
钟华山　常德市国土资源局局长
贺姝红(女)常德经济技术开发区国家税务局党组副书记
黄志泉　澧县总工会党组书记、副主席
唐　静　常德市武陵区东升小学副校长

蒋彬彬　常德市鼎城区公安局武陵镇派出所副所长

廖琪宁　石门县安全生产监督管理局党组书记、局长

(十九)1951 年以来湖南省政府授予称号的农业战线职工劳动模范和农业劳动模范

1.农业职工劳动模范

1951—1954 年省政府授予称号的农业职工劳动模范

皮业银　津市市政府建设科干部

李上久　汉寿县崔家桥供销社主任、党支部书记

周玉成　石门县林业局干部

1956 年省政府授予称号的农业职工劳动模范

王松吾　澧县蚕桑试验站职工

刘　卓　津市农校教员

杨亲才　常德专区河洑农业试验站职工

陈汉还　常德专区河洑农业试验站职工

陈迪湘　常德西洞庭农场生产队作业组组长

吴传业　澧县拖拉机站职工

吴次高　常德专区园艺场职工

胡培亨　常德拖拉机站技术员

谈绍坤　常德专区第二农场职工

谭锡庚　常德西洞庭农场四分厂职工

缪云华　常德西洞庭农场职工

1959 年湖南省农业社会主义建设先代会授予称号的农业职工劳动模范

王德浦　常德市农工部干部

叶冬梅　汉寿县机械厂职工

许世秀(女)常德西洞庭农场职工

汪国炎　澧县农场职工

陈久胜　津市涔澹农场职工

陈信还　常德市农科所技术员

邱春梅(女)汉寿县洋淘湖农场职工

胡荣珍(女)临澧县农科所职工

1961 年省政府授予称号的农业职工劳动模范

林家财　常德西洞庭农场职工

侯玉泉　　汉寿县沧港公社党委副书记
胡春生　　常德西洞庭农场联合加工厂碾米工人
谭绍荣　　澧县金罗畜牧站站长

1980 年省政府授予称号的农业职工劳动模范

刘海涛　　常德县牛鼻滩公社农科站干部
张定英(女)常德县畜牧良种场饲养员
李伊良　　慈利县原种场(1982 年调入常德市农科所)科研人员
屈学林　　石门县新关良种场干部
彭进先　　汉寿县农科研究所技术员

1988 年湖南省农业劳动模范先进表彰会授予称号的农业职工劳动模范

张代金　　安乡县焦圻镇联合总厂厂长
张丕贵　　临澧县新安镇龙凤山水泥厂厂长、助理工程师
张家灼　　澧县澧澹乡农技站站长、助理农艺师
张爱卿　　安乡县政协主席
周光灿　　汉寿县珍珠研究所副所长
骆正鑫　　常德地区农科所所长
郭三菊(女)汉寿县洋淘湖农场畜牧工区饲养员
唐贤益　　桃源县林业局局长、工程师
聂宪福　　澧县七里湖农场干部

2.农业劳动模范

1951 年湖南省第一届农业劳动模范代表大会授予称号的农业劳动模范

刘华九　　身份不详
何志清　　桃源县菖蒲乡夏家峪村农民
杨念之　　身份不详
张炳生　　桃源县三汉港乡周家湾村农民
罗月英(女)身份不详
郑启彩　　桃源县基隆乡万代港村农民
符太汉　　身份不详
彭汉臣　　汉寿县新兴乡桔林村农民
覃次珍(女)石门县所街乡天平村农民
龚新堂(女)桃源县马鬃岭乡桃家溶村农民
鲁大姐　　桃源县双溪口乡烽火港村农民

雷中月　　身份不详
谢洪恩　　桃源县八字路乡梅溪桥村农民

1952 年湖南省第二届农业劳动模范代表大会授予称号的农业劳动模范

王淑贞(女)桃源县三区庄家桥乡农民
邓春初　　临澧县修梅镇农民
冯本浩　　桃源县漳江镇宝洞峪村农民
余松廷　　身份不详
刘清柏　　身份不详
庄茂廷　　桃源县三区庄家桥乡农民
沈霞生　　常德西洞庭农场干部
杨太树　　常德县芦荻乡祠堂寺村农民
李运发　　澧县澧南乡老岗村棉花种植能手
陈本玉　　临澧县烽火乡农民
胡丕荣(女)临澧县停弦镇农民
易忠礼　　安乡县安裕乡槐圃村农民
钟益新　　桃源县漆河镇仙人山乡农民
贾春林　　津市李家铺乡清泉村农民
秦仲清　　身份不详
龚新堂　　桃源县姚家溶乡农民
裴多姑(女)临澧县合口镇农民
彭国顺　　汉寿县龙潭桥乡杨家岭村农民
聂泽长　　桃源县黄甲铺乡乾元村农民
蒯象志　　桃源县三区庄家桥乡农民
董雨廷　　桃源县盘塘乡农民
薛世魁　　桃源县举庵乡农民

1955 年湖南省第三届农业劳动模范代表大会授予称号的农业劳动模范

卜孟秋　　安乡县下渔口镇同心村农民
邱敦基　　汉寿县洲口镇三溢昏村农民
邹志清　　临澧县柏枝乡高家村农民
李俊群　　常德西洞庭农场二作业区队长
张茂发　　安乡县陈家嘴镇门板村农民
游兰桥　　临澧县肉食水产公司职工

蒋运生　安乡县安丰乡功成村农民
薛守田　常德东山峰农场职工

1956—1978 年省政府授予称号的农业劳动模范

王绪兰　桃源县盘塘公社农科所农民
王绪满　桃源县盘塘公社民主大队大队长
孙菊仙(女)常德县金美公社聚宝大队群师
刘尚志　安乡县农林水利局农技站站长
刘冰南(女)澧县洞市乡生产队专业队长
江代春(女)石门县皂市镇白沙渡村农民
任国斌　安乡县黄山头镇成福村农民
任修栋　澧县澧阳镇澹阳村农民
朱西美　澧县小渡口乡畜牧站职工
毕仁南(女)澧县澧南公社幼儿园教师
沈桂珍(女)常德县芦荻乡祠堂寺村农民
陈久伯　桃源县漆河公社华岩大队农民
陈合林　常德县草坪镇先锋村党支部书记
陈崇岳　石门县太平镇二房坪村农民
李二秀(女)临澧县新安镇农民
李明仙　常德县东风公社三大队文化站站长
张运兴　津市市关山大队党支部书记
吴镇良　常德西洞庭农场职工
周和枝(女)桃源县三汊港公社建国大队农民
夏桃先　桃源县沙坪镇后溪村农民
金章坤　石门县三圣乡彭家堰村农民
徐昌林　临澧县烽火乡将军村党支部书记
黄桂松　津市市金鱼岭办事处大旗村农民
傅泽思　桃源县牛车河乡唐家坪村农民
秦柏林　临澧县柏枝乡岗上铺村社教工作组长兼农科员
游开业　澧县甘溪滩镇古北村村民
龚翠玉　常德县韩公渡区小山村党支部书记
彭春娇(女)桃源县钟家铺乡交界山村农民
蒋宗英(女)临澧县文家乡农民

雷松林　石门县夹山镇坪村农民
谢承元　津市市金鱼岭办事处董家村农民
黎中道　临澧县陈二乡农民

1979—2012 年省政府授予称号的农业劳动模范

王先梅(女)澧县良种棉加工厂技术指导员
王伯承　汉寿县龙阳区农民
龙伯成　汉寿县龙阳区农民
田中基　桃源县桃花源区高田村集体养猪场养猪能手
刘永山　桃源县热市镇明月山村党总支书记
向国山　桃源县深水港乡鸦雀潭村农民
向多礼　石门县易市公社党委副书记
何胃汉　汉寿县水利局水产站站长
朱明生　常德县黄珠洲乡秧田村党支部书记
杨清和　常德县沧山乡云山村农民
杨继顺　澧县大平乡东岳村油菜种植大户
李二英(女)澧县官垸乡蚕场妇女主任
张世珊　常德县大龙站区祝家垱村农民
孟庆英(女)安乡县深柳镇文昌湾居委会主任
周三老　桃源县架桥镇覃家溶村农民
周昌菊　汉寿县沧港区张家昏村农民
周菊香(女)临澧县四星岗镇七张村农民
林秀华(女)常德县石板滩区兴隆桥村农民、全国养猪状元
俞宏桃　临澧县烽火乡农民
徐生权　桃源县黄家铺公社长寿大队农民
肖正荣　常德县河洑区聚宝乡会计
聂其发　汉寿县龙阳区农民
唐汇炳　临澧县合口镇水电站站长
曾凡绪　澧县涔南乡红湖村党支部书记
廖尚才　常德县石公桥区夹堤口村养殖能手

(二十)全国总工会评选的五一劳动奖章获得者,同时被湖南省人民政府授予称号的劳动模范和先进工作者

1.1985 年全国五一劳动奖章获得者

周家坤　常德纺织机械厂产品车间车工

章南高　津市市总工会职工学校校长

覃申媛(女)石门县蛟蛇溪小学特级教师

2.1986 年全国五一劳动奖章获得者

陈励青　浦沅工程机械总厂厂长、党委书记

蒋春云(女)津市市绸厂挡车工

曾国爱　常德市明胶厂厂长

3.1987 年全国五一劳动奖章获得者

丁竞哉　常德汽车运输公司常南分公司驾驶员

赵庆远　石门县剩头医疗站站长、党总支书记

龚克辉　石门县农业银行营业员

4.1988 年全国五一劳动奖章获得者

杨建成　常德地区邮电局机务员

胡　正　常德轴承厂车间主任

崔午辰　常德电业局局长

覃跃文　中国工商银行常德地区中心支行德山办事处信贷员

5.1990 年全国五一劳动奖章获得者

林德意　津市市福利院院长

肖启培　常德赤峰煤矿掘井队队长

张燕洁(女)常德市中心百货大楼经理

雷光耀　常德石门磷肥厂生产班长

6.1991 年全国五一劳动奖章获得者

刘世林　津市轮船运输公司 8301 轮船长

陈章华　澧县总工会主席

吴安全　湘澧盐矿制盐车间运行值班长

7.1992 年全国五一劳动奖章获得者

杨伟仁　常德市化学纤维厂厂长

何大寿　汉寿县农业局高级工程师

周怀山　津市轮船运输公司船长

黄道报　澧县水利局局长

曾国辉(女)常德市小河街居委会主任

8.1993 年全国五一劳动奖章获得者

孙怀珍(女)常德纺织机械厂摇架分厂装配工

胡玉成　　常德七一机械厂高级工程师

9.1996 年全国五一劳动奖章获得者

李明菊(女)常德市环境卫生管理处清扫班班长

周雪莲(女)常德市武陵区农经委纪检组长

郭福生　　华南光电仪器厂党委书记

10.1997 年全国五一劳动奖章获得者

刘圣山　　常德石门特种水泥厂化验室主任

严小平　　澧县氮肥厂造气车间班长

高永香(女)常德棉纺织厂细纱车间挡车工

11.1998 年全国五一劳动奖章获得者

刘　军　　澧县粮食局粮油食品公司电工

刘成模　　常德锦纶厂自动化控制室副主任

沈小华　　桃源县汽车液压泵厂机加车间钳工

苏前礼　　临澧县公路局新安道班班长

12.1999 年全国五一劳动奖章获得者

向才省　　澧县电信局刘家河支局局长

李开喜　　湖南国人啤酒股份有限公司总经理

李其荣　　湖南省地矿厅 403 队副队长、总工程师

袁建华　　常德卷烟厂一车间物流主任工程师

龚国初　　汉寿县农业局农艺师

13.2001 年全国五一劳动奖章获得者

王华芳　　津市市建筑工程有限责任公司项目经理、工程师

张金初　　临澧县第三中学体育教师兼少年体校游泳教练

陈汉清　　常德卷烟厂技术中心卷烟工艺工程师

14.2002 年全国五一劳动奖章获得者

王志英(女)安乡县人民医院内科主任

全必清　　临澧县地方税务局第一征收分局税收专管员

钟子进　　桃源县邮政局乡邮员

15.2003 年全国五一劳动奖章获得者

王学珍(女)津市益林麻棉纺织印染厂工人

余章贵　　澧县艳洲水利水电工程管理局局长、经济师

胡长明　常德卷烟厂卷烟销售处业务员

16.2004 年全国五一劳动奖章获得者

汪国平　汉寿县铭阳公司总工程师

周海斌　常德市鼎城区电力局黄土店变电站站长

戴作均　常德赤峰实业总公司一矿采煤三队队长

17.2006 年全国五一劳动奖章获得者

王建龙　常德市农科所水稻研究室研究员

刘东山　常德卷烟厂卷烟配方高级工程师

李拥军　常德羊耳山煤矿金泉工区掘进一队队长

18.2007 年全国五一劳动奖章获得者

王　伟　湖南凯斯机械股份有限公司花色车间主任

张金华(女)湖南金帛化纤有限公司加弹部纺丝班班长

程　秋　湖南汽车车桥厂准备车间铣工班班长

19.2008 年全国五一劳动奖章获得者

刘体刚　湖南中烟工业有限责任公司常德卷烟厂芙蓉王车间维修工

马　云　汉寿县第一中学高级教师

苏　玲(女)湖南云锦集团有限公司织布车间丙班挡车工

鄢志刚　桃源县西安镇副镇长

20.2009 年全国五一劳动奖章获得者

杨品红　湖南洞庭水殖股份有限公司研究员

徐开均　湖南天鹰建设有限公司工长(农民工)

高子华　常德市武陵区公路管理局南湖坪道班班长

庞娇娥(女)常德市建筑勘察设计院工程勘察员

21.2011 年全国五一劳动奖章获得者

孙贤德　常德市第一人民医院主任医师

李以华　津市市自来水公司金鱼岭水厂职工

袁三明　湖南中烟工业有限责任公司常德卷烟厂职工

22.2012 年全国五一劳动奖章获得者

王信初　常德市兴隆劳务有限责任公司调度部班长

芦少华　常德市总工会法律保障工作办公室主任

吴和枝(女)汉寿县宏达家电有限公司门店店长

符国强　常德烟草机械有限责任公司金工车间加工中心车工

二　湖南省人民政府认定的劳动模范和先进工作者

(一)湖南省人民政府表彰认定的劳动模范和先进工作者

文友明　桃源县车湖垸乡政府主任科员(1988 年湖南省抗洪抢险劳动模范)
龙运明　澧县人事局局长(1988 年湖南省抗洪抢险劳动模范)
刘建全　常德市鼎城区水利局干部(1988 年湖南省抗洪抢险劳动模范)
刘春祥　常德西湖农场计财科科长(1988 年湖南省抗洪抢险劳动模范)
纪宏志　安乡县人民政府干部(1988 年湖南省抗洪抢险模范)
张松清　安乡县黄山头镇凤凰居委会干部(1988 年湖南省抗洪抢险劳动模范)
张爱卿　安乡县政协主席(1988 年湖南省抗洪抢险劳动模范)
段国才　安乡县水利局干部(1988 年湖南省抗洪抢险劳动模范)
周秋林　常德市鼎城区建设局纪检书记(1988 年湖南省抗洪抢险劳动模范)
熊全广　常德市工商管理局干部(1988 年湖南省抗洪抢险劳动模范)
刘海清　常德市公安局交警支队正科级侦查员(1992 年全省十大杰出民警)
李少甫　常德市纪委书记(1994 年全国百名人民好公仆)
向绪汉　津市市人民法院法官(1994 年湖南省十大杰出法官)
李桂云(女)汉寿县蒋家嘴镇党委副书记(1995 年湖南省优秀党务工作者)
李月明　汉寿县供销社主任(1997 年省政府表彰的基层供销社先进工作者)
唐纯华　石门县磨市镇政府办副主任(1997 年省政府表彰的先进秘书工作者)
罗腊珍(女)常德市广电局副局长(1998 年湖南省首届人民满意公仆)
孔凡顺　桃源县木塘修防委员会主任(1999 年湖南省抗洪救灾功臣)
彭庭武　常德市财政局科员(1999 年湖南省抗洪模范)
傅少祥　常德市人民政府助理巡视员、公安局局长(2000 年湖南省忠诚卫士)
王汝国　常德市公安局行动技术支队支队长(2000 年湖南省忠诚卫士)
陈有万　津市市公安局政委(2000 年湖南省忠诚卫士)
徐国强　常德市公安局第一看守所干警(2000 年湖南省忠诚卫士)
高德明　常德市公安局刑警支队副支队长(2000 年湖南省忠诚卫士)
曹秀英(女)石门县楚江镇人大主席(2001 年省政府表彰的为民办实事先进工作者)
张程发　湖南省武陵监狱党委书记(2001 年湖南省社会治安综合治理先进工作者)
李跃忠　汉寿县芙蓉木制品包装厂创办人(2002 年省政府授予绿化劳动模范)
徐万发　澧县县委书记(2003 年湖南省防汛抗洪功臣)

张元英(女)常德市人民政府副市长(2003 年湖南省抗击非典先进工作者)
涂贤怀(女)常德市劳动和社会保障局副局长(2004 年湖南省推动再就业先进工作者)
李玉枝(女)常德市武陵区卫生局党委副书记、副局长(2004 年年湖南省人民满意公仆)
王春阳　常德市委办公室离退休科支部书记(2006 年湖南省优秀党务工作者)
张家跃　常德国力变压器有限公司党委书记(2006 年湖南省优秀党务工作者)
姚建平(女)常德市武陵区人大常委会主任(2006 年湖南省为民办实事先进工作者)
卜功元　常德市民政局党组书记、局长(2007 年湖南省民政先进工作者)
曾再农　常德市人事局局长(2007 年湖南省为民办实事先进工作者)
刘玉民　津市市李家铺信用社主任(2008 年湖南省优秀共产党员)
张柏枝　常德市人事局副局长(2008 年湖南省为民办实事先进工作者)
孟银州　常德市人社局副调研员(2010 年湖南省为民办实事先进工作者)
钟许成　常德市农业科学研究所水稻研究室主任(2011 年湖南省优秀共产党员)
田　工　常德市武陵区体育东路社区伤残军人(2011 年湖南省优秀共产党员)
李海清　湖南鸿鹰生物工程股份有限公司党支部书记(2011 年湖南省优秀共产党员)
林新忠　常德市鼎城区谢家铺镇党委书记(2011 年湖南省优秀党务工作者)
唐会荣　常德市第一中学党委书记(2011 年湖南省优秀党务工作者)

(二)中国人民解放军军以上授予的功臣和战斗英雄

蕲树明　常德地区水电局副局长(1947 年辽吉军区授予战斗英雄称号)
刘国新　常德粮油锅炉厂党支部书记(1949 年中南军区政治部授予大功)
杨文正　中国工商银行常德市支行离休干部(1949 年中南军区大功嘉奖)
刘全美　桃源县供销社人事股长(1949 年华东野战军授予战斗英雄称号)
刘春樵　常德地委副书记(1950 年解放军第 12 兵团授予剿匪特等英雄称号)
王洪友　澧县文化局翊武影剧院经理(1951 年中国人民志愿军 26 军授予一等功)
高玉付　常德市木材储运公司职工(1952 年华东军区授予一等功)
贾同皆　常德市酿酒四厂(1956 年中国人民解放军 5355 部队授予一等功)
杨宗保　汉寿县交通局工会主席(1964 年广州军区授予五好战士标兵称号)
蔡金海　汉寿县工商行政管理局干部(1972 年济南军区授予战斗英雄称号)
林明辉　临澧县氮肥厂锅炉工(1973 年广州军区授予一等功)
万祖辉　常德市物资局副局长(1979 年中国人民解放军 55 军授予一等功)
王典全　安乡县商务局科长(1979 年中国人民解放军 5355 部队授予一等功)
王昌发　石门县所街乡供销社职工(中国人民解放军 22 军授予一等功)
王德爱　汉寿县百货公司营业员(1979 年 43 集团军授予一等功)

向昌太　鼎城区供销大厦(1979 年中央军委授予一等功)
郑树清　常德昌明锅厂职工(1979 年广州军区授予一等功)
肖绍平　武陵区国家税务局税收专管员(1979 年广州军区授予一等功)
刘开国　常德市城管局党支部书记(1979 年广州军区授予一等功)
吴世忠　工商银行常德市支行纪委书记(1979 年中国人民解放军 41 军授予一等功)
杨万电　鼎城区草坪粮店职工(1979 年广州军区授予一等功)
徐厚双　建设银行鼎城区支行保卫科长(1979 年广州军区授予一等功)
陈孝松　鼎城区远东稀有金属公司(1979 年广州军区授予一等功)
胡佳友　汉寿县水电站岩汪湖大电排(1984 年广西军区授予一等功)
罗友士　湖南湘澧盐矿武装保卫部(1985 年广州军区授予一等功)
莫跃进　建设银行桃源县支行办公室主任(2010 年部队一等功)
赵克井　澧县公安局水上派出所所长(1985 年广西军区授予一等功)
韩克泉　澧县石油公司站长(1985 年广西军区授予一等功)
文国胜　临澧县工商银行职工(1988 年广州军区授予一等功)
江来寅　常德市公安局干警(1991 年部队授予一等功)
熊坤清　石门县纪委副书记(1991 年解放军总政治部、人事部授予模范军转干部)

(三)外省(市)调入常德工作的省级劳动模范和先进工作者

朱　胜　常德纺织机械厂职工(1953 年山西省劳动模范)
方自达　湖南华南光电有限责任公司副厂长(1954 年陕西省劳动模范)
周妙洪　常德纺织机械有限公司职工(1956 年上海市先进生产者)
肖淑兰　常德纺织机械厂职工(1957 年山西省劳动模范)
向炳全　湖南华南光电有限责任公司职工(1959 年陕西省劳动模范)
祝顺大　常德纺织机械厂职工(1959 年山西省劳动模范)
杨洁秋　汉寿县工业交通干校干部(1960 年江西省先进工作者)
谢行伟　常德纺织机械厂高级工程师(1963 年上海市先进工作者)
张福庆　桃源县电信局职工(1965 年广东省先进工作者)
贾运东　常德纺织机械厂职工(1977 年辽宁省劳动模范)
吴坤让　安乡县第五中学教师(1979 年湖北省模范教师)
魏义新　常德卷烟厂职工(1980 年甘肃省劳动模范)
毛任重　桃源县漳江镇人民政府干部(1991 年广东省职工劳动模范)

三　国家各部委办授予称号的劳动模范和先进工作者

(一)全国轻工系统

向德原　津市澧东油厂生产班班长(1956 年轻工业部授予先进生产者)
曾国爱　常德市明胶厂厂长(1987 年轻工业部授予劳动模范)
何香芳　常德市电池厂技术科科长(1990 年轻工业部授予劳动模范)
李祖然　湖南湘澧盐矿技术员(1993 年轻工业部授予劳动模范)
舒天顺　常德滨湖印刷厂厂长(1996 年轻工业部授予劳动模范)
赵克品　湖南湘澧盐矿(2000 年轻工业部授予劳动模范)
宾应红　常德西洞庭新湘糖业有限公司副总经理(2007 年全国轻工业劳动模范)
金义武　湖南重庆啤酒国人有限责任公司副总经理(2011 年全国轻工业劳动模范)

(二)全国地质矿产系统

唐开火　中南地质局 413 队组长(1956 年地矿部授予先进生产者)
苟宗佑　湖南省地质局 403 队科协办组长(1980 年地矿部授予劳动模范)
葛约清　湖南省地质局 413 队山地班班长(1980 年地矿部授予劳动模范)
佘耀彩　湖南省地质局 413 队金刚石刀具厂厂长(1985 年地矿部授予劳动模范)

(三)全国纺织工业系统

胡玲玲(女)桃源纺织印染厂细纱挡车工(1978 年纺织工业部授予先进生产者)
肖明春(女)常德市制袜厂挡车工(1978 年纺织工业部授予先进生产者)
王永华　常德市第二纺织机械厂维修钳工(1989 年纺织工业部授予劳动模范)
向兰香(女)桃源纺织印染厂细纱挡车工(1989 年纺织工业部授予劳动模范)
李淑菊(女)常德棉纺织厂络简工(1989 年纺织工业部授予劳动模范)
李悠锡　常德纺织机械厂五车间职工(1989 年纺织工业部授予劳动模范)
章春香(女)桃源纺织印染厂细纱挡车工(1989 年纺织工业部授予劳动模范)
张耀宗　常德棉纺织厂厂长(1989 年纺织工业部授予劳动模范)
费承铮　桃源纺织印染厂副总工程师(1989 年纺织工业部授予劳动模范)
张治水　常德第二纺织机械厂厂长(1995 年全国纺织工业劳动模范)
刘勇华(女)常德棉纺织厂挡车工(1995 年全国纺织工业劳动模范)
唐红云(女)湖南桃源杰新纺织印染厂挡车工(1995 年全国纺织工业劳动模范)
攀爱红(女)湖南桃源杰新纺织印染厂挡车工(2000 年全国纺织工业劳动模范)
王晓梅(女)湖南桃源杰新纺织印染厂挡车工(2006 年全国纺织工业劳动模范)

（四）全国电力工业系统

张世云（女）常德电业局工人（1979 年、1984 年电力部授予劳动模范和特等劳动模范）

梅金桥　　常德电力局副局长（1989 年能源部、水电工会授予劳动模范）

张元珍（女）石门县电力局局长（1994 年全国电力系统劳动模范）

（五）全国邮电系统

夏明炎　　石门县邮电局乡邮员（1977 年全国邮电系统工业学大庆先进生产者）

（六）全国财贸系统

刘地堂　　常德油脂加工厂技术员（1956 年全国粮食系统先进工作者）

刘南山　　汉寿县粮食局保管员（1956 年全国粮食系统先进工作者）

张登科　　安乡县书院洲棉花仓库保管员（1956 年全国供销系统先进生产者）

杨继明　　石门县供销社协理员（1957 年全国商业系统劳动模范）

胡佑达　　临澧县烽火乡粮站保管员（1963 年全国财贸先进生产者）

戴笃伯　　汉寿县供销社党委书记（1980 年、1989 年全国商业系统特等劳动模范）

毛先泽　　澧县梦溪区供销社党支部书记（1985 年商业部授予先进思想政治工作者）

刘世云（女）常德县丹洲乡粮店营业员（1985 年全国商业系统劳动模范）

刘申文　　澧县乔家河油脂化工厂厂长（1989 年全国商业系统劳动模范）

赵云忠（女）津市市东风理发店理发师（1989 年全国商业系统劳动模范）

吴远海　　湖南金健植物油有限责任公司总经理（1994 年全国内贸系统劳动模范）

宋冬春　　常德市植物油总公司经理（1994 年全国内贸系统劳动模范）

郑华芬（女）汉寿县商务局干部（2000 年全国内贸系统先进工作者）

邓津雄　　临澧县安监局干部（2000 年全国内贸系统先进工作者）

张正荣　　澧县粮食局局长（2003 年全国供销合作总社、人事部授予劳动模范）

何学平　　石门县供销合作社党组书记（2007 年全国供销系统劳动模范）

（七）全国教育系统

陈淑萍（女）常德县第七中学教师（1983 年全国优秀教师）

覃甲媛（女）石门县罗坪乡蛟蛇溪小学教师（1983 年全国优秀教师）

潘道荣　　安乡县第五中学教师（1983 年全国优秀教师）

刘元禧（女）桃源县漳江小学教师（1986 年全国优秀教师）

凌明祥　　安乡纺织印染厂中学教师（1986 年全国优秀教师）

曾文彦　　安乡县三岔河镇小学教师（1986 年全国优秀教师）

熊仲彬　　汉寿县第一中学教师（1986 年全国优秀教师）

贺大国　　常德市育英小学教师（1988 年全国优秀教师）

冯家强　　常德市鼎城区第一中学教师(1989年全国优秀教师)
汪隆英(女)澧县洞市乡联校教师(1989年国家教委、人事部授予先进工作者)
李季益　　津市市第一中学教师(1989年国家教委、人事部授予先进工作者)
张友文(女)鼎城区武陵中学教师(1989年国家教委、人事部授予先进工作者)
姚本才　　安乡县第五中学教师(1989年国家教委、人事部授予先进工作者)
黄子才　　汉寿县第一中学教师(1989年全国优秀教师)
覃道桃　　石门县第一中学党总支书记(1989年全国教育先进工作者)
王赛艳(女)桃源县漆河镇中学教师(1991年全国教育先进工作者)
罗瑞光　　临澧县第一中学教师(1991年全国教育先进工作者)
彭训安　　安乡县政法委副书记(1992年全国教育先进工作者)
陈晓明(女)津市市二完小高级教师(1993年全国教育先进工作者)
江崇书　　临澧县第一中学教师(1995年全国优秀教师)
商建东　　桃源县牛车河中学教师(1995年全国优秀教师)
易化强　　汉寿县第一中学教师(1998年全国教育先进工作者)
郑传岩　　澧县教育局教师(1998年全国模范教师)
胡卫民　　安乡县城关中心校城北中学教师(2001年全国优秀教师)
苏　光　　石门县第一中学校长(2004年全国优秀教师)
侯宏泉　　石门县第一中学副校长(2004年全国优秀教师)
高春枝(女)桃源县第九中学教师(2004年全国优秀教师)
吴启珍(女)桃源县渔父小学校长(2007年全国优秀教师)
赵夏泉　　石门县第一中学副书记(2007年全国优秀教师)
王中辉(女)石门县第一中学副校长(2010年全国模范教师)

(八)全国政法系统

丁登庆　　石门县治保会民兵队队长(1956年全国民警、治保功模)
张昌春　　临澧县农业社保卫委员(1956年全国民警、治保功模)
邱固立　　常德专区公安处武警直属小队副队长(1956年全国民警、治保功模)
刘大章　　桃源县陬市同心大队治保主任(1959年全国公检法先代会先进工作者)
刘立坤　　桃源县人民法院审判员(1959年全国公检法先代会先进工作者)
李松寿　　临澧县公安局预审员(1959全国公检法先代会先进工作者)
苏德崇　　西湖农场一分场第五生产队队长(1959年全国公检法先进工作者)
陈占保　　桃源县人民法院院长(1988年最高人民法院授予劳动模范)
罗林阶　　桃源县司法局干部(1990年全国司法行政系统先进工作者)

潘能震　安乡县安生乡人大主席(1992 年全国社会治安综合治理先进个人)

朱文君(女)常德市信访局调研员(1996 年司法部、人事部授予司法系统英雄模范)

田建平　石门县公安局纪委书记(2003 年全国特级优秀人民警察)

姚景平　常德市委政法委副书记(2005 年全国社会治安综合治理先进工作者)

(九)全国金融系统

唐声琢　人民银行常德市储蓄部主任(1956 年全国农村金融先进工作者)

黎光林　人民银行安乡虾渔口营业所(1956 年全国农村金融先进工作者)

裴先林　安乡县人民银行副股长(1965 年全国农村金融先进工作者)

刘约三　人民银行汉寿县支行计划股副股长(1980 年全国金融系统劳动模范)

李正大　农业银行常德县尧天坪信用社主任(1980 年、1982 年、1984 年全国金融红旗手、劳动模范)

周腊梅(女)农业银行常德市支行出纳员(1980 年全国金融红旗手)

彭松林(女)工商银行常德县支行 601 矿分理处主任(1980 年全国金融系统劳动模范)

曾宪友　工商银行常德市第一支行经济师 (1981 年、1982 年、1984 年、1986 年全国金融系统劳动模范)

王立军(女)农业银行桃源县支行会计股副股长(1982 年、1989 年全国金融红旗手、劳动模范)

龚玲玲(女)农业银行石门县支行会计股副股长(1984 年全国金融系统劳动模范)

杨合葵　人民银行常德县支行会计(1986 年、1989 年全国金融系统劳动模范)

严逢春　工商银行澧县支行会计(1989 年全国金融系统劳动模范)

龚克非　农业银行石门县易家渡营业所信贷员(1989 年中国农业银行金融卫士)

张德文　工商银行常德市临江支行职工(1992 年全国金融系统劳动模范)

张田香(女)桃源县信用社主任(1993 年全国金融系统劳动模范)

(十)全国化工系统

文丹震　澧县化工厂厂长、工程师(1985 年化工部授予劳动模范)

孙逢雪　安乡县晋煤金牛化工有限公司董事长(全国化工系统劳动模范)

黄晓时　湖南雄黄矿矿长(1994 年化工部劳动模范)

陈东海　石门磷肥厂董事长(1994 年化工部优秀企业家)

(十一)全国煤炭系统

庹世根　常德青峰煤矿工区副主任(1978 年全国煤炭工业劳动模范)

陈仕远　常德青峰煤矿工区采煤工人(1989 年能源工业部授予劳动模范)

戴述楚　常德羊耳山煤矿采煤班班长(1982 年煤炭工业部授予劳动模范)

（十二）全国交通系统

左应龙 省航运厅常德港1310号轮党支部书记（1978年交通部授予劳动模范）
张红专（女）常德汽车运输公司站务员（1989年交通部授予劳动模范）
何祖雨 安乡县交通局干部（1991年交通部授予劳动模范）
莫金秀（女）桃源县交通局公路管理站副站长（1998年全国交通系统先进工作者）
鲁炳云 石门县运输公司火车站装卸队队长（1998年铁道部授予装卸标兵）
马承斌 常德市交通局局长（2001年交通部、人事部授予交通系统先进工作者）

（十三）全国民政系统

林德意 津市市福利院院长（1987年民政部授予劳动模范）
杨玉林 津市市民政局局长（1994年全国民政系统先进工作者）
杨先平（回族）汉寿县委书记（1999年全国民族团结进步模范）
覃清香（女、土家族）石门县人民政府县长（1999年全国民族团结进步模范）
江菊英（女）武陵区城西光明巷居委会党总支书记（2003全国优秀社区工作者）
谭亚东（女）常德市民政局优抚安置科科长（2007年全国拥军模范）
胡小红（女）常德市殡葬服务中心城区殡仪馆馆长（2012年全国民政系统劳动模范）

（十四）全国水文、水利系统

陈际均 常德沅水流域水文勘测队职工（1983年全国水文系统先进工作者）
沈家铨 常德市水文局科技咨询部主任（1989年全国水利系统劳动模范）
鲁全生 常德市公安局机关党总支书记（1994年全国抗洪抢险劳动模范）
刘学锦 常德市水利局防汛办公室副主任（1996年全国抗洪抢险劳动模范）
潘小明 汉寿县公安局拘留所所长（1996年全国抗洪抢险劳动模范）
刘光明 安乡县人大常委会副主任（1998年全国水利系统先进工作者）
李代新 澧县澧南乡徐湖村村民（1998年全国抗洪劳动模范）
洪明祥 常德市委副书记（1998年人事部、水利部授予全国抗洪英雄）
唐业改 常德市水利局机关工会主席（2002年全国水利系统先进工作者）
严东平 津市市水务局局长（2006年全国水利系统先进工作者）
王子珣 常德市水电局洪道管理站高级工程师（全国抗洪抢险先进工作者）
刘秀松 常德市水电局主任科员（2007年全国水利系统先进工作）
饶　杰 汉寿县水利局局长（2010年全国水利系统先进工作者）
潘瑞明 常德市鼎城区人大常委会副主任（2010年全国水利系统先进工作者）

（十五）全国文化、广电、体育系统

吴元忠 桃源县文化馆馆长（1990年文化部授予劳动模范）

宋善科　　常德市广播电视局职工(1991年广电部、人事部授予先进工作者)
陈集清　　石门县新华书店经理(1992年全国新闻出版系统先进工作者)
张　新　　澧县文化局副局长(1995年文化部、人事部授予先进工作者)
龙西斌　　石门县博物馆馆长(1998年全国文博系统先进工作者)
万常明(女)常德市新闻出版局局长(2006年全国新闻出版系统先进工作者)
燕为志　　常德市体育局局长(2010年国家体育总局、人事部授予先进工作者)

(十六)全国城建、林业系统

蒋万太　　常德市饮食服务公司(1978年全国人民防空建设先进工作者)
童树清　　常德市园林局(1986年国家绿化委、人事部授予先进工作者)
江正福　　常德工程公司三工程区泥工班班长(1990年建设部授予劳动模范)
哈汉平　　常德市环境卫生管理处修理工(1990年建设部授予劳动模范)
朱雄飞　　湖南省601矿钳工(1991年国家建材工业局、人事部授予劳动模范)
申绍蓉(女)临澧县环境卫生管理处主任(1994年建设部授予劳动模范)
邹义祥　　常德市第一建筑工程公司总经理(1994年建设部授予劳动模范)
刘志奇　　常德市林业局局长(1996年全国绿化委、林业部授予先进工作者)
杨芳明(女)常德市房地产经营公司职工(1999年建设部授予劳动模范)
刘凡荣　　常德市经济建设投资集团公司董事长(2004年建设部授予劳动模范)
郑建华(女)常德市建筑勘察设计院副院长(2007年建设部、人事部授予劳动模范)
陈学科　　常德市公共交通总公司驾驶员(2007年建设部、人事部授予劳动模范)
徐合林　　石门特种水泥有限公司董事长(2007年全国建材行业劳动模范)
肖正汉　　常德市林业局局长(2011年全国绿化先进工作者)

(十七)全国财政、税务系统

张德钧　　临澧县财政局干部(1990年财政部授予先进工作者)
彭世海　　澧县粮食局干部(1990年财政部授予先进工作者)
丁仕东　　临澧县税务局局长(1997年国家税务总局、人事部授予先进工作者)
卜茂万　　津市市财政局副局长(2002年财政部授予先进工作者)

(十八)全国物价、质检系统

钟明炎　　常德市物价局副局长(1990年国家物价总局授予劳动模范)
谈法明　　常德市质量技术监督局局长(2011年全国质检系统先进工作者)

(十九)全国纪检、组织、档案、信访、计生、老干系统

张桂华(女)桃源县钟家铺乡干部(1990年全国计生工作表彰会授予劳动模范)
谷文英(女)津市市人民政府干部(1995年全国信访工作先进工作者)

马钦佩　安乡县纪委干部(2002年全国纪检监察系统先进工作者)

李娥皇(女)常德市老干部工作局局长(2006年全国老干部工作先进工作者)

袁序英(女)鼎城区委防范和处理邪教问题领导小组办公室主任(2006年全国防范和处理邪教先进工作者)

龙玉琼(女)石门县政府办督查室副主任(2007年全国信访工作先进工作者)

周显发　汉寿县档案局局长(2007年全国档案工作先进工作者)

覃业凤(女)石门县纪委副书记、监察局局长(2007年中纪委嘉奖)

孙　勇　澧县纪委副书记(2011年全国纪检监察系统先进工作者)

杜登庆　石门县老龄委办公室主任(2011年全国老龄工作先进工作者)

(二十)全国卫生、医药系统

周晓兰(女)津市东润联合医药公司(1986年国家医药管理局授予劳动模范)

郑传林(女)津市市人民医院护士(1988年卫生部、人事部授予全国模范护士)

蒋敦媛(女)津市市妇幼保健院医生(1992年卫生部、人事部授予先进工作者)

赵礼兰(女)津市市食品药品监督管理局局长(1998年全国医药系统劳动模范)

唐生道　石门县人民医院院长(1999年卫生部、人事部授予先进工作者)

黄绍华　常德市第一人民医院主任医师(2009年全国卫生系统先进工作者)

龙一全　常德市卫生局办公室主任(2011年卫生部、人事部授予先进工作者)

唐述国　澧县第六人民医院医师(2011年卫生部、人事部授予先进工作者)

(二十一)全国兵器工业系统

丁　葆　湖南华南光电集团有限公司职工(1991年兵器工业部授予劳动模范)

薛世刚　湖南华南光电仪器厂工人(2004年兵器工业部授予劳动模范)

(二十二)全国机械工业系统

何惠清　常德七一机械厂厂长(1995年机械工业部授予劳动模范)

汤国雄　湖南汽车车桥厂厂长(1995年机械工业部授予劳动模范)

(二十三)全国妇联、残联系统

邹白琼(女)桃源县妇联干部(1995年全国妇联、人事部授予先进工作者)

涂传勇　常德市残疾人联合会理事长(2009年中国残联、人事部授予先进工作者)

(二十四)全国农业系统

赵丕柏　澧县大围乡红湖村党支部书记(1990年农业部授予全国农业劳动模范)

第四节　常德市(地区)劳动模范和先进工作者名录

一　常德地区劳动模范和先进工作者表彰大会授予称号的劳动模范(先进生产者)和先进工作者

(一)1959年常德地区第一次社会主义建设先进集体、积极分子代表大会授予称号的先进生产(工作)者(1959年12月3—5日召开)

1. 常德市

马爱芝(女)常德市针织厂生产组组长
王凤林(女)常德市银行储蓄外勤
王栋生　常德市卫门口完小党支部书记
邓梅初　常德市生资经理部中心收购站负责人
双泽容　常德市先进绳索厂生产组组长
龙介藩　常德市轮渡经营处副司机
龙中兴　常德市人民电影院机务组组长
龙占梅(女)常德市红旗染织厂生产组组长
丘益清(女)常德市理发厅练习理发员
刘乔云　常德市炭精厂生产班班长
刘载喜　常德市红色五金厂钳工
刘德钧　常德市华晶玻璃厂吹制作技工
吴乐君(女)常德市洞庭制药厂生产副组长
吴爱珍(女)常德市百货公司中心门市部营业员
吴树初　常德市五一制革厂生产组组长
匡明海　常德市肉食品加工厂熬油工人
陈广兴　常德市搬运服务社大队队长
陈性尤　常德市电机厂生产组长
杨金堂　常德市红旗染织厂党支部书记
李冬生　常德市机制砖瓦厂生产组组长
李昆山　常德市制革厂生产组组长
李培生　常德市钢厂生产班班长

罗光裕　　常德市新民中学校长
周木兰(女)常德市红旗粮店大组长
周兴权　　常德女子中学生物教师
周新发　　常德市黄金台木器厂生产组组长
高福昌　　常德市建筑工程公司木工队队长
康二美　　常德市木帆船运输社船员
詹青云　　常德市机械厂钳工
欧子卿　　常德市建民染织厂浆染工人
黄文德　　常德市雨衣雨伞厂油伞工人
筱长寿　　常德市京剧团团委
蔡隆代　　常德市粮食局业务股业务员
雷士珍　　常德饭店经理
廖仲颐　　常德市中医院中医师
刘大柱　　常德市城北大队富强生产队小队长
张元樵　　常德市城东大队和平生产队社员
郑庭保　　常德市德山大队民建生产队党支部书记
郭大姐(女)常德市城西大队长生生产队党支部书记

2. 常德县

王芳胜　　常德县洞庭公社卫生院院长
毛落成　　常德县全美供销部主任
石大生　　常德县建筑工程社施工员
刘开达　　常德县金刚公社粮管站站长
刘吉清　　常德县农业机械厂造型工人
刘翠云(女)常德县新湘卷烟厂车间主任
孙友富　　常德县先锋船厂车间主任
孙明初　　常德县德山仓库保管员
沈德忠　　常德县长寿完小教师
宋仁寿　　常德县第二中学教师
陈士业　　常德县文教科科员
陈士球　　常德县林业局股员
陈孟伦(女)常德县人民医院检验士
杨　良　　常德县人民医院门诊中医

杨玉荣(女)常德县浮桥渡完小教师
杨志成　常德县商业局办公室办事员
杨学英(女)常德县邮电局话务组组长
杨翠珍(女)常德县金刚供销部营业员
张申佳　常德县上游银行主任
张竹卿　常德县金星公社尧天坪酒厂厂长
邵民权　常德县跃进水泥厂车间组长
林泽仲　常德县人民银行会计员
周三刚　常德县跃进供销部主任
周海洋　常德县黄土坡金矿队长
胡晨志　常德县罗家岗完小校长
胡富陔　常德县昌明锅厂工区主任
胡楚富　常德县英湖粮管站粮管组组长
赵作焕　常德县农业机械厂铣工
娄友廷　常德县红光机械厂车间主任
孟庆发　常德县洞庭供销部分部经理
段洪春　常德县金星财政税务组组长
夏官保　常德县上游公社扫盲群师
栗绍群(女)常德县金霞卫生院保健员
钱洪生　常德县金霞供销部分部经理
龚学仁　常德县商业局石灰矿副矿长
黄盛隆(女)常德县河洑米厂会计
彭千秋　常德县新源印刷厂圆盘组组长
潘永满　常德县英湖公社供销部营业员
熊振汉　常德县委宣传部宣传干事
王春甫　常德县海鹰公社运输组长
刘玉楼　常德县洞庭公社农具机械厂党支部书记
刘伟业　常德县太阳公社农具机械厂车间主任
杨丕清　常德县金刚公社农具机械厂车间主任
闵安榜　常德县东风公社革新机械厂厂长
周开阳　常德县金霞公社农具机械厂车间主任
周生陔　常德县全美公社革新机械厂厂务委员

聂景春　　常德县英湖公社农具机械厂车间主任
刘玉保　　常德县金刚公社双冲大队生产队长
阳仁利　　常德县金刚公社惠渠大队会计
吴承凤　　常德县金刚公社辉煌大队生产队长
陈文超　　常德县金刚公社报国大队党总支书记
罗拾秋　　常德县金刚公社临沅大队党总支书记
胡冬梅(女)常德县金刚公社红专一队饲养员
黄元珍(女)常德县金刚公社临沅大队妇女大队长
熊跃章　　常德县金刚公社幸福大队副大队长
于根初　　常德县太阳公社百胜大队党总支书记
包士焕　　常德县太阳公社星星大队党总支书记
全明巧(女)常德县太阳公社百胜大队妇女大队长
黄毛廷　　常德县太阳公社大战大队党总支副书记
朱良栋　　常德县跃进公社宏合大队党总支副书记
李元娥(女)常德县跃进公社逆江大队党总支副书记
刘梅香(女)常德县洞庭公社光复 8 生产队妇女队长
孙桃清　　常德县洞庭公社同德大队党总支书记
张金南(女)常德县洞庭公社民教大队党总支书记
周礼堂　　常德县洞庭公社黄珠大队党总支副书记
黄伯川　　常德县洞庭公社同德大队副大队长
唐淑珍(女)常德县洞庭公社复兴大队妇女大队长
鄢家辉　　常德县洞庭公社中河大队大队长
廖云山　　常德县洞庭公社德复大队大队长
熊大章　　常德县洞庭公社同乐大队党总支书记
熊同春　　常德县洞庭公社复兴大队党总支书记
白展模　　常德县英湖公社四美大队副大队长
陈秀山　　常德县英湖公社英勇大队党总支书记
李菊芝(女)常德县英湖公社天明大队妇女大队长
李隆荻　　常德县英湖公社水利部抽水机手
梅士荣(女)常德县英湖公社冠军大队妇女大队长
龚翠玉　　常德县英湖公社孟水大队党总支书记
龚婉玉　　常德县英湖公社办公室干事

曾庆碧　常德县英湖公社渔业大队渔场场长
樊玉坤　常德县英湖公社军山大队生产队长
王子廷　常德县全美公社花山大队生产队长
汪明珠　常德县全美公社高丰大队副大队长
杨小妹(女)常德县全美公社聚宝大队妇女大队长
范青山　常德县全美公社前进大队六生产队队长
唐子清　常德县全美公社青林大队12生产队队长
曾汉清　常德县全美公社聚宝大队副大队长
曾春仙(女)常德县全美公社丹砂大队妇女大队长
谢长寿　常德县全美公社丹砂大队副大队长
丁新初　常德县冲天公社黄金大队党总支书记
吴万全　常德县冲天公社南洋大队党总支书记
周双华(女)常德县冲天公社天桥大队妇女大队长
胡桂廷　常德县冲天公社天门岗大队副大队长
刘作好　常德县东风公社三合大队党总支书记
刘和阶　常德县东风公社麓洲大队党总支书记
范一老　常德县东风公社芦洲大队猪场场长
段海堂　常德县东风公社常胜大队9生产队队长
黄光先(女)常德县东风公社燕子大队3生产队妇女小队长
黄明燕　常德县东风公社建设大队大队长
陈协和　常德县上游公社北山大队党总支书记
周云廷　常德县上游公社荷花堰生产队队长
秦瑞芝(女)常德县上游公社兴狮大队妇女大队长
曾富清　常德县上游公社潭坪大队团总支书记
梁兴发　常德县金霞公社新桥林园场场长
肖森芝(女)常德县金霞公社红岩大队妇女大队长
曾凡昌　常德县金霞公社猛进大队党总支书记
莫士卿(女)常德县金星公社南岳生产队队长

3. 汉寿县

丁伍保　汉寿县兽药制造厂兽医
刘了初　汉寿县中医院中医师
刘友元　汉寿县洲口公社超美工厂工人

刘克全　汉寿县龙潭桥供销部收购员
刘弟华　汉寿县崔家桥公社粮食科主任
刘学知　汉寿县血防站中医
刘家均　汉寿县龙潭桥完小附中教师
刘浦生　汉寿县东方红农具厂副厂长
向礼锡　汉寿县运输人民公社社委
卢泽勋　汉寿县农水局农技干部
何大才　汉寿县鸭子港公社粮食科油脂工人
杨艳章　汉寿县运输人民公社委员
杨瑞林　汉寿县财政局利润专管员
李秋舫　汉寿县汉太公社农具机械厂车间主任
李玉林(女)汉寿县东方红供销部理发店理发员
李梅丰　汉寿县阳南塘财税所所长
张云藩　汉寿县商业局百纺经理部仓库保管员
张运成　汉寿县农具机械厂技工
张宝玉(女)汉寿县汉太公社马嘶桥小学民办教师
张朝良　汉寿县郑家铺供销部营业员
周玉堂　汉寿县护城公社粮食科保管员
周远义　汉寿县大业锅厂副厂长
周家树　汉寿县汉剧团副团长
胡敦明　汉寿县阳南塘供销部蒋家嘴分部营业员
饶文正(女)汉寿县龙潭桥公社肖家桥大队接生员
徐淑希(女)汉寿县邮电局报话组长
肖世华　汉寿县毛家滩公社三星工厂厂长
黄叶材　汉寿县汉太供销部业务干部
康秋生　汉寿县商业局坡头食品站主任
梅鹤琴　汉寿县文教科教研室主任
曾云高　汉寿县银行总务
曾庆友　汉寿县大业电厂司机
程桃秀(女)汉寿县东方红星星织染厂车间主任
史有宏　汉寿县护城公社栗公堤大队党总支书记
叶东阶　汉寿县护城公社荒嘴抽水机站副主任

陈香好　　汉寿县护城公社周文庙大队甘蔗专业队队长
谈东升　　汉寿县护城公社岩汪湖大队护牛队长
黄尊贤　　汉寿县护城公社王海坪大队大队长
刘章福　　汉寿县鸭子港公社太平大队会计
田新发　　汉寿县洲口公社捕捞大队大队长
刘学友(女)汉寿县洲口公社小港大队幼儿园教养员
胡桂蓝(女)汉寿县沧港公社养蜂场养蜂技术员
胡海堂　　汉寿县沧港公社万福大队党总支委员
彭富友　　汉寿县沧港公社熊家铺大队党总支书记
戴大姐(女)汉寿县沧港公社金珠大队妇女大队长
丁金莲(女)汉寿县毛家滩公社太安大队妇女队长
袁敬忠　　汉寿县毛家滩公社岩嘴大队干部
潘贞秀(女)汉寿县毛家滩公社荷花大队社员
李盈川(女)汉寿县汉太公社马嘶桥大队炊事员
赵腊妹(女)汉寿县汉太公社台云大队夹堤党支部副书记
戴贵保　　汉寿县汉太公社清水大队党总支副书记
宋幺妹(女)汉寿县朱家铺公社罗家大队畜牧场饲养员
吴泽湘　　汉寿县朱家铺公社响滩大队敬老院院长
唐六平　　汉寿县朱家铺公社响滩大队党总支书记
刘阳生　　汉寿县崔家桥公社龙和大队惠仙生产队文书
陈泽敏　　汉寿县崔家桥公社太平大队毛家冲林场场长
肖秀英(女)汉寿县崔家桥公社崔家桥大队副大队长
厥树朋　　汉寿县崔家桥公社崔家桥大队社员
王文桂　　汉寿县龙潭桥公社狮子山大队许家仑生产队队长
刘汉良　　汉寿县龙潭桥公社红墙大队分支书
王啟大　　汉寿县阳南塘公社凤阳冲大队党总支书记

4. 桃源县

丁福全　　桃源县陬市米厂生产组组长
万国云　　桃源县养路工区 11 队工人
王冬芝(女)桃源县桃源饭店服务员
毛金菊(女)桃源县城关镇棕竹木工厂工人
文明久　　桃源县龙潭粮管站会计

龙云秋　　桃源县综合农场试验场场长
汤坤元(女)桃源县银行会计
刘国清　　桃源县财政局副局长
刘顺山　　桃源县龙潭卫星机械厂车间主任
江清缘　　桃源县汉剧团团长
许巨秋　　桃源县工程公司生产队长
许伯荣　　桃源县商业局生资部经理
印　桃(女)桃源县陬溪大饭店服务员
庄宗元　　桃源县东风公社火箭机械厂车间主任
庄银珍(女)桃源县纺织厂工人
何爱钰(女)桃源县茶庵铺新店完小民办教师
吴德芳　　桃源县财政局股长
陈其康　　桃源县陬溪工农用具厂副厂长
杨兴国　　桃源县印刷厂工人
李同春　　桃源县冷家溪金矿生产组组长
李德华　　桃源县超美机械厂生产组组长
张和玉(女)桃源县陬市邮电支局电话员
张隆兴　　桃源县造纸厂生产组组长
罗爱珍(女)桃源县陬市和平小学教师
林金文　　桃源县运输公社陬市大队民兵排排长
周桂新　　桃源县佘家坪供销部经理
欧友文　　桃源县通用机械厂生产组组长
钟元景　　桃源县三阳税务所税收员
唐桂云(女)桃源县七一瓷厂工人
唐坤阶　　桃源县卫生防疫站医生
梦枚山　　桃源县佘家坪机械厂车间主任
高吉平　　桃源县硫化厂工人
曹俊丰　　桃源县兴隆卫生所所长
符振寰　　桃源县人委文教科干部
龚贤成　　桃源县兴隆街粮站保管员
詹菊清　　桃源县观音寺石灰厂技工
程华清　　桃源县沙坪供销部负责人

赖新文　　桃源县黄石营业所副主任
颜昌其　　桃源师范学校副校长
吴定山　　桃源县黄石公社香山大队生产队长
黎湘林　　桃源县黄石公社六一大队党总支书记
龙纯清　　桃源县剪市公社堰岩大队党总支书记
余庆武　　桃源县热市公社云缘大队饲养员
皮银芝(女)桃源县热市公社妇女队长
张才明　　桃源县热市公社金峰大队党总支书记
徐和秀(女)桃源县牛车河公社轿顶山大队妇女主任
刘春元　　桃源县茶庵铺公社茶庵铺大队党总支副书记
李泽培　　桃源县茶庵铺公社湖塘大队社员
李美德　　桃源县茶庵铺公社路阳坪大队社员
周建立　　桃源县茶庵铺公社茶庵铺大队党总支副书记
李　志　　桃源县三阳公社花山洞大队社员
官双和　　桃源县三阳公社卫星鸡场饲养员
蓝春太　　桃源县三阳公社民兵营长
王汉秋　　桃源县桃花园公社三庄大队生产队长
陈福禄　　桃源县桃花园公社梁皇大队党总支书记
熊永秀(女)桃源县桃花园公社黄土坡大队社员
刘松皆　　桃源县漆河公社副书记
李元芝(女)桃源县漆河公社曙光大队妇女大队长
陈久柏　　桃源县漆河公社华岩大队生产队长
方爱玉(女)桃源县兴隆街公社红旗林场副场长
刘春法　　桃源县兴隆街公社红旗林场团总支书记
曾文南　　桃源县兴隆街公社洪兴大队副大队长
杜玉清(女)桃源县佘家坪公社雷锋山大队幼儿园教师
李金洲　　桃源县佘家坪公社雷锋山大队副大队长
王绪满　　桃源县盘塘公社民主大队大队长
黄桂珍(女)桃源县盘塘公社徐家坪大队社员
邹景奇(女)桃源县龙潭公社卫星大队幼儿园教师
姚太生　　桃源县龙潭公社观音寺大队鱼苗饲养员
燕秀英(女)桃源县龙潭公社梁皇大队饲养员

万华清　桃源县城郊公社白洋大队党总支书记
刘金仙　桃源县城郊公社大理坪大队社员
陈瑞林　桃源县城郊公社岩头山大队社员
张万里　桃源县城郊公社茅草街大队生产队长
彭保生　桃源县城郊公社岩头山大队社员
许清安　桃源县东风公社芦洋大队党总支书记
李光庆　桃源县东风公社庄家桥大队党总支书记
周和芝(女)桃源县东风公社樟树大队妇女主任
覃兴洲　桃源县东风公社大溪大队生产队长
艾大姐(女)桃源县隅田坪公社架桥大队饲养员
向世清　桃源县沙坪公社郑河大队党总支书记
张在安　桃源县沙坪公社金陵大队副业主任
朱艳桃(女)桃源县理公港公社街头坪大队妇女队长
杨琦口　桃源县理公港公社金星大队生产队长
杨辞惠(女)桃源县唐公堰大队妇女队长
魏为之　桃源县双溪公社复兴大队社员

5. 临澧县

王万金　临澧县机械厂生产组组长
王永松　临澧县商业局食杂经理部保管员
王定惠　临澧县合口税务所专管员
王朝贵　临澧县合口万具修配厂厂长
文隆忠　临澧县邮电局机线员
尹大家　临澧县官亭公社煤矿党总支书记
卢兴祝(女)临澧县官亭公社卫生院护理员
卢兴喜　临澧县城关镇粮管站主任
叶世灼　临澧县牛角垭煤矿生产组长
江淑兰(女)临澧县官亭完小教师
朱五常　临澧县烽火公社医院医生
佘玉先(女)临澧县城关镇居委会委员
苏久香(女)临澧县合口纺织厂生产工人
吴桂顺　临澧县佘市桥完小校长兼联校校长
尚光泉　临澧县血防组医生

陈昌泉　　临澧县商业局商店营业员
李祖新　　临澧县烽火公社陶器厂生产工人
张光谢　　临澧县帆船社生产组长
罗永安　　临澧县柏枝台公社医院医生
周士安　　临澧县佘市桥供销部副部长
胡云珍(女)临澧县农科所饲养场职工
胡丹普　　临澧县新安锅厂生产组组长
胡廷兴　　临澧县第一农具厂车间副主任
祝学仲　　临澧县太浮山公社农具厂厂长
徐进南　　临澧县杨板桥公社农具厂车间主任
梁顺生　　临澧县人民银行行长
郭运枝(女)临澧县国营饭店服务员
黄开泉　　临澧县新安商店营业员
黄明大　　临澧县佘市桥粮管站主任
彭桂芬(女)临澧县太浮山供销部副部长
厥传银　　临澧县第一中学教师
蒋宗政　　临澧县佘市桥供销部营业员
将祖俊　　临澧县佘市桥粮管站保管员
瞿翠菊(女)临澧县国风剧团团委委员
马光珍(女)临澧县望城公社九子大队妇女大队长
尹宏安　　临澧县望城公社楚城大队党总支书记
张运泉　　临澧县杨板公社党委副书记
张兴礼　　临澧县杨板公社真武大队大队长
龚光松　　临澧县杨板公社银河大队副大队长
褚家法　　临澧县太浮山公社林木生产队中队长
黎恩来　　临澧县太浮山公社陈二铺大队党总支委员
吴世泉　　临澧县新合公社洞坪大队党总支书记
李二秀(女)临澧县新合公社妇女队长
胡仕全　　临澧县新合公社芭茅大队专职民兵营长
唐汇松　　临澧县新合公社金鸡大队党总支书记
潘孝全　　临澧县新合公社富强大队党总支书记
胡丕云　　临澧县停弦渡公社山洲大队党总支书记

赵传珍(女)临澧县停弦渡公社山洲大队幼师
江照玉(女)临澧县官亭公社九里大队妇女主任
刘光付　　临澧县官亭公社养鱼场党支部书记
何诗贵　　临澧县官亭公社楼子大队社员
杨夏初　　临澧县珠日公社党委副书记
鄢柏林　　临澧县珠日公社党委副书记
朱彭堂　　临澧县柏枝公社春湖大队饲养员
胡丕铁　　临澧县柏枝公社春湖大队社员
夏明植　　临澧县杉板公社双新大队治安主任
曾广柏　　临澧县杉板公社双新大队饲养员
田宗荣　　临澧县烽火公社党总支书记
黄伏姐(女)临澧县修梅公社白土大队饲养员
周业建　临澧县佘市桥公社道源大队大队长
蒋宗英(女)临澧县佘市桥公社石岩大队妇女大队长

6. 石门县

丁恩海　　石门县石门饭店分店负责人
马传科　　石门县运输人民公社小组长
王军教　　石门县林业局罗坪采伐队队长
文建英(女)石门县机械厂车工
文德轩　　石门县皂市完小党支部书记
占世烟　　石门县皂市公社机械厂副厂长
邢元海　　石门县渔场大队长
刘世松　　石门县五峰山煤矿工人
汪海山　　石门县苏市供销部水井分部负责人
朱先述　　石门县和平营业所副主任
阳自远　　石门县建筑工程公司工程队负责人
苏清典　　石门县苏市供销部副部长
吴扬声　　石门县太平税务所稽征员
陈进清　　石门县二都公社粮食科负责人
陈德教　　石门县子良公社卫生院院长
杨继明　　石门县商业局办公室主任
杨万平　　石门县沿市公社供销部门市部经理

李新安　石门县第一中学校长
易继元　石门县血防组组长
林昌全　石门县新关铁厂工人
赵从林　石门县董家湾煤矿工人
饶远洪　石门县二都机械厂党支部书记
梁建湘(女)石门县皂市邮电局话务员
屈学林　石门县棉科所生产队长
覃道叔(女)石门县太平公社卫生院股长
覃道现　石门县雁池完小总务主任
覃道蒙　石门县维新完小教师
唐生翠(女)石门县商业局副食品经理部营业员
盛梅芳(女)石门县畜牧场饲养员
龚玉长　石门县新关铁厂工人
曾雪翠(女)石门县新开供销部营业员
谭甫云　石门县公路连副指导员
谢永兵　石门县蒙泉公社机械厂车间主任
颜楚贤　石门县印刷厂车间主任
王焕多　石门县白洋湖农场生产队长
王万玉(女)石门县城关公社荷花大队生产小队长
刘翠珍(女)石门县城关公社双溪大队党总支副书记
刘帮林　石门县城关公社河曲大队队办林场场长
涂珍姑(女)石门县城关公社新厂大队党总支副书记
胡福英(女)石门县城关公社新厂大队生产小队长
宋西川(女)石门县蒙泉公社七星大队党总支书记
贾先志　石门县蒙泉公社上七里大队小队长
阎昌祚　石门县蒙泉公社幺市大队 2 生产队队长
廖清英(女)石门县蒙泉公社介溪大队妇女大队长
刘子游　石门县苏市公社中心大队小队长
万元珍(女)石门县二都公社青龙大队党总支副书记
陈学忠　石门县二都公社曹市大队青年突击队队员
覃道传　石门县雁池公社中心大队生产小队长
王凡林　石门县河口公社河口大队小队长

李元庆　　石门县河口公社大队长
覃明英(女)石门县河口公社双合大队妇女大队长
唐汇耀　　石门县太平公社王家大队小队长
郑安息　　石门县南岳公社生产小队长
刘友秩　　石门县和平公社生产小队长
易汉臣　　石门县十九林场生产队长
伍七英(女)石门县维新公社汉水大队妇女主任
伍尧之　　石门县维新公社胜利林场生产队长
贺柱臣　　石门县官渡公社马塌大队生产队长
雷松林　　石门县官渡公社贯坪大队生产队长
江代春　　石门县皂市公社镇水大队妇女大队长
袁云景　　石门县皂市公社镇水大队技术员
金章坤　　石门县新开公社白果大队党总支书记
银二秀(女)石门县新开公社官坪大队饲养员
唐碧桃(女)石门县所市公社妇女大队长
康桃娥(女)石门县文化公社妇女大队长

7. 澧　县

王昌炽　　羊耳山煤矿工程指导员
王复兰(女)澧县饭店服务员
刘宗保　　澧县澧南公社供销部张家滩分部经理
刘睦村　　澧县城关完小党支部书记
任承运　　澧县宜万公社供销部收购员
毕仁南(女)澧县澧南幼儿园幼师
叶培海　　澧县官垸机械厂篾工
皮丕章　　澧县大围公社粮食科科长
宋先武　　澧县建筑工程队木工组组长
汪国炎　　澧县农场职工
吴传业　　澧县拖拉机站拖拉机手
何国荣　　澧县余家台公社银行会计
陈光志　　澧县梦溪邮电局副局长
陈世青　　澧县印刷厂印刷工人
杨传泉　　澧县澧南公社粮食科干部

李万金　　澧县澧西公社古大农具厂厂长
李光汉　　澧县新洲机械厂车间主任
李永林　　澧县余家台公社财贸部部长
李金南(女)澧县澧南卫生所所长
张学松　　澧县商业局干事
罗藕仙　　澧县养路工区工人
周春艳(女)澧县邮电局话务员
周昭元　　澧县如东机械厂车间主任
周建华(女)澧县商业局干部
郑士楚　　澧县官垸公社小学校长
眭香柱　　羊耳山煤矿副矿长
赵正兴　　澧县余家台机械厂厂长
赵兴玉　　澧县通用机械厂钳工
羿世汉　　澧县澧南农具厂木工
郭承明　　澧县闸口税务所副所长
徐勇强　　澧县人民医院医生
肖尚尧　　澧县王家厂石灰厂生产小组组长
肖秋庭　　澧县闸口公社供销部副主任
肖隆恭　　澧县铁厂炉长
黄盛炎　　澧县档案馆副馆长
廖啟福　　澧县红砖总厂党支部书记
谭绍云　　澧县闸口公社畜牧水产部干部
熊光武　　澧县造纸厂工人
朱秋菊(女)澧县白衣公社三合大队妇女主任
杨德宏　　澧县白衣公社李家铺大队试验组组长
姚光宗　　澧县白衣公社永兴大队党总支副书记
肖平武　　澧县白衣公社林场场长
黄武英(女)澧县白衣公社妇女主任
毕承松　　澧县澧东公社农业试验站研究员
李登柏　　澧县澧东公社双林大队保管员
张运来　　澧县澧东公社长庆大队 16 队生产队长
赵传英(女)澧县澧东公社曾家河大队妇女队长

黄兆金　　澧县澧东公社七百户大队党总支副书记
王木兰(女)澧县澧南公社澧阳大队党总支委员
刘伯秋　　澧县澧南公社财会辅导员
夏运瑞　　澧县澧南公社红旗大队党总支书记
晏敬香　　澧县澧南公社五星大队林场场长
揭德和　　澧县澧南公社党委书记
王登秀(女)澧县澧西公社古大大队妇女队长
占盛鼎　　澧县澧西公社民主大队技术员
陈宏秀(女)澧县澧西公社八角大队妇女主任
张先孝　　澧县澧西公社永丰大队林场场长
易维三　　澧县澧西公社俱乐部主任
胡学明　　澧县澧西公社和平大队试验站站长
黄功义　　澧县澧西公社新堤大队生产队长
马开秀(女)澧县澧阳公社星星大队妇女队长
王定必　　澧县澧阳公社公车溪大队技术员
孙桂英(女)澧县澧阳公社水泗大队幼儿园幼师
钟吉槐　　澧县澧阳公社农业服务站技术员
曹传生　　澧县澧阳公社大河大队生产队长
王习九　　澧县如东公社联合大队生产队长
王国炎　　澧县如东公社双龙大队生产队长
汤代政　　澧县宜万公社万福大队党总支书记
易法秀(女)澧县宜万公社养猪场饲养员
罗绪国　　澧县东门公社白岩大队生产队长
曾昭祥　　澧县东门公社新华大队党总支书记
卢清元(女)澧县官垸公社乐府大队幼儿园幼师
伍章玉　　澧县官垸公社长发大队党总支委员
邹国永　　澧县余家台公社四合大队大队长
芦中友　　澧县余家台公社东码头大队生产队长
芦基乾　　澧县余家台公社东福大队生产队副队长
陈维菊(女)澧县王家厂公社妇女主任
袁明胜　　澧县王家厂公社金岭大队党总支书记
唐汇炎　　澧县王家厂公社联星大队党总支书记

刘后英(女)澧县梦溪公社百胜大队妇女主任
温敢松　澧县梦溪公社五福大队饲养员
王崇本　澧县盐井公社五家岗大队生产队长
唐熙金　澧县盐井公社泉堰大队大队长
范克武　澧县太清山公社太清大队副大队长
皮远林　澧县太清山公社太清大队生产队长
庹赐汉　澧县大围公社小渡口大队11生产队队长
马涛清　澧县渡口公社养鱼场团支部书记
裴万海　澧县渡口公社卫星大队党总支书记
刘友汉　澧县新洲公社草农大队党总支副书记
刘群英(女)澧县新洲公社龙山大队妇女副主任
刘冰兰(女)澧县方石坪公社洞市大队妇女队长
徐超伯　澧县方石坪公社牛桥大队生产队长
朱道莲(女)澧县如东公社新发大队妇女主任

8.津市市

王　岳　津市市邮电局话务员
王锡纯　津市市汽车站装卸队队长
邓志家　津市市人民银行储蓄外勤
龙　毅　津市市市区公社化学工厂党支部书记
冯瑞武　津市市机械厂铸工工长
叶福成　津市市电厂工人
刘运志(女)津市市荆河剧团团长
孙传兴　津市市先锋农具厂车间主任
孙常银　津市市红旗制革厂车间主任
邹淑纯(女)津市市群力染织厂车间主任
何定国　津市市郊区公社大队长
陈本连　津市市大米厂领班工人
杨传喜　津市市市区公社党支部书记
李万静(女)津市市百货中心门市部营业员
李少柏　津市市新华农业机械厂电工
李承伟　津市市建新砖厂工区负责人
李德正　津市市财政局专管员

郑志翔　　津市市卫生防疫站医士
柳祥生　　津市市航运湖勤轮船长
姚华堂　　津市市卫星制绳厂副厂长
黄中强　　常德专区农校教员
彭友芝(女)津市市新津螺丝厂学徒
傅祖贵　　津市市郊区公社生产队长
傅梅珍(女)津市市螺丝厂生产小队长
谢顺兰(女)津市市第一、第二旅社经理
谭敦海　　津市市木帆船合作社生产小队长

9. 安乡县

卜茂文　　安乡县第一中学党支部委员
王绍芝　　安乡县血防站中医
冯少忠　　安乡县花鼓剧团党支部书记
刘光寿　　安乡县建筑工程队党支部书记
刘先玉　　安乡县理兴垱完小校长
刘菊兰(女)安乡县百货商店营业员
沈国芝(女)安乡县棉纺厂车间主任
何兴斌　　安乡县金属工厂锻工
吴正楷　　安乡县电厂生产小组长
李米安　　安乡县商业局食杂经理部饲养员
李松林　　安乡县安成公社农具厂木工
李伯乾　　安乡县机械厂车间主任
周寿山　　安乡县安保公社粮站站长
周学祥　　安乡县安康公社虾扒垴商店采购员
禹小乐(女)安乡县邮电局话务员
高阳生　　安乡县印刷厂徒工
高淑珍(女)安乡县安保公社卫生院院长
肖伟爱　　安乡县财会辅导科辅导员
肖明珍(女)安乡县陈家嘴小学教员
黄　梅　　安乡县安造公社银行营业所副主任
黄宏才　　安乡县酒厂生产小组长
黄保华　　安乡县米厂领班工人

曾白萍(女)安乡县财政局副股长
谢世国　　安乡县城关公社卫生院副院长
裴仰秀(女)安乡县银行出纳员
雷凯风　　安乡县安保公社粮店主任
缪珍秀(女)安乡县棉纺厂纺纱工人
潘北海　　安乡县运输公社生产小组长
虢光华　　安乡县安昌公社税务组组长
邓晋福　　安乡县第一农场 4 队党支部书记
张德荣　　安乡县第二农场 1 大队副大队长
刘德春　　安乡县黄山林场生产队长
陆秀辉　　安乡县国营大鲸港养殖场大队长
刘金兰(女)安乡县安尤公社南剅口大队妇女主任
姜楷清　　安乡县安尤公社良种繁殖场场长
左东生　　安乡县安障公社岩剅口大队党总支副书记
肖泽进　　安乡县安障公社福昌大队党总支副书记
陈学佳　　安乡县安造公社成福大队农研组技术主任
易法梅(女)安乡县安造公社成福大队妇女主任
聂继炎　　安乡县安造公社白家岗大队小队长
刘士学　　安乡县安城公社门板洲大队副小队长
赵良才　　安乡县安城公社四分局大队副业主任
符芝英(女)安乡县安城公社门板洲大队妇女主任
谌旺生　　安乡县安城公社洪山大队党总支书记
卜国财　　安乡县安康公社仙桃大队党总支书记
冷德益　　安乡县安康公虾扒垴大队党总支书记
李国华　　安乡县安康公社成功大队 4 队党支部书记
王玉池　　安乡县安保公社汇口大队技术员
张多英(女)安乡县安保公社沙河口大队妇女主任
姚成仁　　安乡县安保公社丰凝岗大队 4 队党支部书记
何柏林　　安乡县安文公社党委委员
余先桂　　安乡县安文公社安官渡大队技术员
陈凤安　　安乡县安文公社广福大队彭秋岭大队党总支书记
徐凤阶　　安乡县安澧公社张九台大队党总支书记

唐兴全　　安乡县安澧公社夹洲大队党总支委员
唐阳秀(女)安乡县安澧公社松凝大队妇女主任
唐纯银　　安乡县安澧公社农科所副所长
张景辉　　安乡县安化公社沙嘴大队九队队长
彭学高　　安乡县安昌公社金家垱大队党总支委员

10. 地专直属单位

工交系统

马培党　　常德机床厂学徒工人
王爱廷　　常德机床厂钳工
王朝祥　　常德工程公司电机队工人
孔德新　　常德专区公路局 17 车队驾驶员
双菊廷　　常德工程公司工会主席
冯定媛(女)常德专区邮电局市话台话务员
方孝瑞(女)湘西钨矿车工
汤发奎　　沅水地质队二分队选矿工人
汤名来　　石门磷肥厂试验车间学徒
刘先甫　　湘航常德办事处工班班长
刘运洪　　常德船厂木工
刘桂秋　　湖南雄黄矿土木车间木工
刘恒建　　常德金刚石矿木工车间技工
刘焕杜　　湖南雄黄矿冶炼车间炉工
刘新初　　常德金刚石矿生产班班长
杜卿畴　　冶煤建井队支柱工
邹汝玖　　常德工程公司二工地生产队队长
沙德安　　常德金刚石矿岳王溪矿区班
吴雪珍(女)常德棉纺厂挡车工
宋梓钦　　常德工区第八养路队队长
芮井新　　湘黔铁路指挥部民工 2 大队 6 连排长
皮秋武　　湘黔铁路指挥部民工 2 大队 3 连排长
陈序清　　资水地质队 2 号机钻工
陈铁秋　　沅水地质队 2 分队动力工人
杨祥福　　常德航管局湖申轮正驾驶

李丁英(女)常德电厂化验员
李午初　　常德棉纺厂技工
李华舫　　湘黔铁路指挥部民工 1 大队 7 连排长
李傅德　　石门磷肥厂看火工人
李全初　　常德七一机械厂生产组长
李德良　　常德七一机械厂生产组长
张开春　　石门茶厂机修组生产组长
张以俊　　常德专区交通局工程队技术员
张美秀　　伍家岭石膏矿工人
张桂清　　常德电厂外线工
张银元　　237 队内燃工
罗振华　　湘西钨矿技术员
胡建斋　　常德工程公司一工区木工队队长
胡湘廷　　常德电厂锅炉检修工
姚美英(女)常德七一机械厂学徒
贵前张　　湘西钨矿风钻工
春泽周　　湘西钨矿西安坑口爆破工
肖铁樵　　金刚石矿木工车间技工
殷仁菊　　澧水地质队车工组长
倪顺妹(女)常德专区邮电局市话组值机员
符德善　　常德机床厂车工
龚世保　　常德专区工程公司加工厂工会主席
黄光锡　　机电安装公司五队钻炮工地班长
黄椿祥　　常德棉纺厂技术员
鄢作林　　常德地质局修配厂生产组长
舒国楚　　桃源茶厂木工
谢代春　　伍家岭石膏矿副主任
谢汉清　　常德机床厂造型工
廖其政　　湖南雄黄矿机电车间司机
蔡　彪　　常德跃进机械厂副股长

财贸系统

文秋生　　常德专署商业局生资经理部办事员

汤先荣(女)常德专署商业局百货采购批发站专业员
刘地堂　　常德专署粮食局德山油厂技术员
许秀英(女)常德专署商业局收发员
许家寿　　常德专署商业局土产废品经理部业务员
陈望春　　常德专署商业局纺织品经理部业务副课长
杨长保　　常德专署商业局储运包装经理部仓库保管员
李镜寰　　常德专署粮食局总务
李德卿　　常德专署财政局税政科员
张青山　　常德专署人民银行人秘科科长
张海鹏　　常德专署商业局石油煤建经理部电工
周海生　　湘粮第三机械厂刨工
蔡学华　　常德冻肉厂干部
蔡德寿　　湘粮厅粮运4队小队长
雷　振　　常德专署商业局档案员

文教卫生系统

王定寰　　常德专署防治所主治中医
王莉芳(女)津市市人民医院外科护士
邓文瑞　　常德医专教导干事
叶路茜(女)常德地区人民医院医师
刘玉阶　　常德专署药政处工人
刘志成　　常德专署文教科科员
刘爱珍(女)常德专区幼儿园保育员
杨林生　　常德专区中药站保管员
胡继溪　　常德滨湖日报组长
赵先德　　常德滨湖日报印刷厂车间主任
姚福初　　常德专区文工团工人
鲁　又(女)常德专署卫生科科员
廖鹏飞　　常德师范专科学校教员
熊大盛　　常德专区电影站修理员

农业系统

文国宪　　常德专署林业局中队长
文德初　　常德专署林业局陬市集材场工人

王德浦　常德专区农科所机械厂车间主任
丘少阶　津市集材场木材编扎指挥
陈还汉　常德专区农科所技工
贺松桂　常德地委农村部干事
赵庸祥　常德专署林业局保卫组组长
丘春梅(女)洋陶湖农场饲养员
张炳辉　洋陶湖农场拖拉机队驾驶员
胡保勋　洋陶湖农场木工组长
熊新成　洋陶湖农场生产队长
王月奎　西洞庭农场机耕队党支部书记
王松青　西洞庭农场农工组长
许世秀(女)西洞庭农场 4 畜牧队饲养员
陈星庚　西洞庭农场 10 生产队生产组组长
张运秀(女)西洞庭农场 10 生产队家属
黄生明　西洞庭农场农工组组长
蔡炳炎　西洞庭农场农工组组长
陈文顺　涔澹农场中队长
栗长林　西湖农场 4 分场 1 队生产队长

(二)1983 年常德地区劳动模范、先进集体代表大会授予称号的劳动模范和先进生产(工作)者(1983 年1 月召开)

1. 劳动模范

常德市

万良忠　常德市大饭店治保会副主任
王正春　常德市人民政府行政科职工
刘兰秀(女)常德市立群收购店经理
甘腊芝(女)常德市毛巾厂成品车间负责人
朱德岩　常德市公安局城南派出所民警
张凤梅(女)常德市城东红卫居委会主任
张国雄　常德市第六中学语文教研组组长
哈汉平(女)常德市环境卫生管理处清粪车驾驶员
欧阳坤尧　常德丙纶厂筹建处副主任
罗启圣　常德市阀门厂锻工班班长

黄祖圣　常德市武陵酒厂一班班长
贺大国　常德市育英小学副校长、特级教师
袁定波　常德市酱厂副厂长
顾建云(女)常德市针织厂制袜班班长
唐梅秀(女)常德市副食品中心商店党支部书记
肖桂英(女)常德市武陵百货大楼日化柜营业员
康元生　常德市运输公司常滨大队14号机船班长
邱业庆　常德市东郊公社皇经阁大队1队社员
文吉福　常德市德郊公社永丰大队党支部书记

常德县

王义成　常德县建筑机械厂党支部书记
龙国即　常德县氮肥厂副厂长
孙子平　常德县农业局副局长
朱　辉　常德县印刷厂美工
陈淑萍(女)常德县第七中学副教导主任
杨仕准　常德县黄土店公社计划生育专干
杨桂元(女)常德县河洑商店党支部书记
李正大　常德县尧天坪公社信用社主任
张定英(女)常德县畜牧改种场猪场副队长
张焕安　常德县中医院内科主任
周先樵　常德县韩公渡公社党委副书记、管委会主任
郑庆风(女)常德县外贸局干部
梅少晋　常德县人民法院党组成员、刑庭庭长
彭松林(女)中国人民银行常德县支行601矿分理处会计
游美俐(女)常德县逆江坪公社广播站机线员
朱明生　常德县黄珠洲公社秧田大队党支部副书记
陈富生　常德县中河口公社东北湾大队7队社员
胡胜利　常德县洞庭公社南湾大队7队社员
刘海涛　常德县牛鼻滩公社农科站植保员
高妹枝(女)常德县韩公渡公社牛牯陂大队妇女主任
刘炳堂　常德县石公桥公社三堰口大队党支部书记
鲍世焕　常德县白鹤山公社甲洲大队党支部书记

杨清和　常德县沧山公社紫云林场党支部书记
张世珊　常德县大龙站公社祝丰大队 13 队队长
张孟春　常德县瓦屋垱公社熊家桥大队 11 队队长
陈华清　常德县蔡家岗公社南山大队党支部书记
陈子廷　常德县石板滩公社毛栗岗大队林场场长
杨少均　常德县丹洲公社阳湖大队 8 队社员
裴德新　常德县斗姆湖公社临沅大队 22 队队长
王三保　常德县官桥坪公社王家湾大队党支部书记
聂正新　常德县黄土店公社湖堤大队 4 队队长
胡伯全　常德县康家吉大队湾堤大队 5 队社员
谭春初　常德县逆江坪公社逆江坪大队党支部书记
莫赛平(女)常德县尧天坪公社伍福桥大队社员

汉寿县

王菊初　汉寿县第一中学副校长、工会主席
卢泽勋　汉寿县人民政府副县长、农艺师
刘　军　汉寿县棉纺厂副厂长
刘云望　汉寿县新华书店副经理
刘进秋　汉寿县西港公社党委副书记
李玉声　汉寿县法律顾问处副主任
季秋兰(女)汉寿县饮食服务公司芙蓉面馆主任
周元生　汉寿县机械厂车工
青松林　汉寿县建筑公司工会副主席
肖文铎　汉寿县农科所副所长、农艺师
肖先松　汉寿县公安局教导员
聂景秋　汉寿县粮食局蒋家嘴仓库白酒车间班长
游洪涛　汉寿县特种水产科研所所长
曾庆喜　汉寿县水电安装队党支部书记
戴笃伯　汉寿县供销社党委书记
瞿爱华(女)汉寿县月明潭公社供销社旅社服务员
马富喜　汉寿县西港公社猫儿山大队一队社员
周克钧　汉寿县西港公社竹山坡大队 2 队社员
冯贤义　汉寿县西竺山公社菱水桥大队银水桥队社员

张良发 汉寿县西竺山公社张家湖大队合力生产队社员
何胃汉 汉寿县周文庙公社陈君堤大队党支部副书记
陈祖友 汉寿县文蔚公社永光大队3队社员
周昌菊 汉寿县沧港公社沧浪渔场社员
翟定松 汉寿县新兴公社报国大队7队社员
周德财 汉寿县聂家桥公社花园大队8队社员
曾贵保 汉寿县岩嘴公社太安大队加工厂厂长
廖俊杰 汉寿县岩嘴公社廖家汊大队渔场社员
周岳兰 汉寿县月明潭公社谷家冲大队党支部书记
伍新成 汉寿县阳南塘公社伍家冲大队柳树坝生产队社员
刘建坤(女)汉寿县百禄桥公社八斗丘大队妇女主任
李赞美(女)汉寿县大南湖农场田家洲大队2区1队社员

桃源县

王立军(女)中国农业银行桃源县支行漆河营业所会计
王金秀(女)桃源县桃花源区委委员
卢万俊 桃源县太平铺公社茶叶良种站站长
叶永贵 桃源县酒厂厂长
叶桂初 桃源县漆河区食品站屠工
宁望林 桃源县氮肥厂厂长、工程师
刘元禧(女)桃源县城关镇漳江小学教师
刘志均 桃源县文化局创作组创作员
杜高生 桃源县沼气办公室技术员
李序海 桃源县桃源理发店理发员
李岳中 桃源县公安局刑侦队法医
周跃光 桃源县防疫站寄生虫科主任医师
易翠英(女)桃源县桃源饭店住宿部班长
罗光辉 桃源县无线电厂车间主任
傅光正 桃源县西河口水库职工
鲁君山 桃源县农业科学研究所所长
谢保成 桃源县人民法院审判员
向国山 桃源县深水港公社鸦鹊滩大队5队社员
陈子文 桃源县茅草街公社观山岭大队党支部书记

罗长亿　　桃源县三汊港公社庆兰大队大队长
李小娥(女)桃源县陬郊公社洋洲大队 7 队社员
周三老　　桃源县架桥公社覃家溶大队林场场长
黄金榜　　桃源县郝坪公社金坪大队吴大屋生产队社员
王雪春(女)桃源县郝坪公社黄金大队九岔峪生产队社员
鲁玉莲(女)桃源县瓦儿岗公社甘竹山牧场技术员
谭金岩　　桃源县黄甲铺公社街头坪大队 2 队社员
廖春柏　　桃源县鄢家溪公社梁皇殿大队林场场长
李月廷　　桃源县佘家坪公社竹林寺大队郭家湾生产队队长
胡协文　　桃源县芦花潭公社老屋棚大队观山垭生产队社员
罗春初　　桃源县芦花潭公社高山大队 4 队社员
方金莲(女)桃源县龙虎公社集云大队 8 生产队社员
黄春池　　桃源县马石公社安溪大队茶厂厂长
万永兴　　桃源县杨溪桥公社稻罗大队胡家冲生产队社员
青华林　　桃源县黄婆店公社碌广桥大队代购代销员

临澧县

冉永贵　　临澧县新安公社民政助理员
刘必禹　　临澧县青山管理局水电所机修班班长
刘景尧　　临澧县园艺场农牧工
苏玉媛(女)临澧县供销社合口镇商店营业员
吴远海　　临澧县粮食局合口油脂化工厂副厂长
陈克珍(女)临澧县织布厂织布车间挡车工
胡大材　　临澧县第一中学化学教师
胡金亮　　临澧县新华书店图书发行组组长
胡良次　　临澧县财税局新安税务所所长
段永建　　临澧县水稻原种场农技员
蒋国顺　　临澧县望城公社广播编播员
蒋祖绍　　临澧牛角垭煤矿矿长
谭登梅(女)临澧县文家公社大队幼儿园幼师
李长发　　临澧县望城公社永安大队党支部书记
田自立　　临澧县陈二公社金家大队罗家湾生产队社员
高长远　　临澧县文家公社林场社员

唐汇炳　临澧县新合公社金岗大队党支部书记
邵树国　临澧县新合公社富强大队党支部书记
黄开梅　临澧县新安公社梁马大队4队社员
苏德定　临澧县新安公社水泥厂党支部书记

石门县

丁申梅　石门县肉食公司生猪良种繁殖场场长
李子恒　石门县河曲煤矿生产股股长
李攸权　石门县装卸搬运公司装卸队队长
张宏秀(女)石门县南坪河公社水打溪电站饲养员
张松林　石门县公安局刑侦股技术员
张福珍(女)石门县饮食服务公司迎新旅社主任
周海堂　石门县蒙泉区生资站主任
屈学林　石门县新赐良种场党总支副书记
赵庆远　石门县剩头医疗站站长
袁柳溪　石门县水稻原种场副场长、农艺师
覃申媛(女)石门县罗坪公社蛟蛇溪小学教师
彭经麓　石门县业余体校副校长兼教练
覃大川　石门县杨坪公社昂头山大队大队长
王福生　石门县三板桥公社三板桥大队6队社员
钟荣华　石门县三板桥公社南门垱大队大队长
翟笃培　石门县白洋湖公社党委书记
康跃武　石门县白洋湖公社镜溪桥大队6队社员
腾福安　石门县白洋湖公社下七里大队10队社员
杨祖树　石门县二都公社天供山大队5队社员
黄茂三　石门县易家渡公社丁家山大队2队社员
向多礼　石门县易家渡公社双河大队党支部书记
江代春(女)石门县皂角市公社白洋渡大队棉种科研队队长
黎龙清　石门县瓜子峪公社河曲峪大队7队队长
李玉银　石门县三圣公社三圣庙大队2队社员
杨万钧　石门县所街公社芙坪峪大队党支部书记

澧　县

马伯准　澧县第一中学数学教研组组长

文丹震　澧县化工厂副厂长、工程师
韦小梅(女)澧县人民医院总护士长
皮国治　澧县甘溪区供销社培植员
关良臣　澧县农业局副局长
刘年长　澧县梦溪区委书记
宋玉铎　澧县民政局办公室干部
宋先荣　澧县人民法院白衣法庭庭长
邵子建　澧县人民电影院美工
陈敬熙　澧县水电局设计股股长
张孝春　澧县财税局太青山公社财税组财务专管员
张建平　澧县建筑公司泥工班班长
胡玉平(女)澧县纺织厂筒摇车间挡车工
黄美兰(女)澧县垱市供销社五金专柜营业员
龚光友　澧县百纺公司营业员
彭世海　澧县粮食局财务股股长
鲁秉英(女)澧县城关镇第一小学教师
胡廷贵　澧县灵泉公社李家大队党支部书记
黄平安　澧县白衣公社柏林大队社员
施大树　澧县毛里湖公社铜盆大队 3 队社员
刘长庆　澧县李家铺公社三星大队 4 队社员
张儒松　澧县永丰公社新联大队 4 队社员
唐业枚　澧县官垸公社农科站社员
刘宗元　澧县大围公社建新大队 5 队社员
范生明　澧县大围公社沙河大队 4 队社员
陈方田　澧县大围公社黄丝大队 9 队社员
杨翠斌　澧县九垸公社土地洲大队 10 队社员
毕承松　澧县澧澹公社拥宪大队党支部顾问
黄　皂　澧县澧澹公社三甲大队 2 队社员
王先梅(女)澧县澧东公社三元大队大队长
金德时　澧县车溪公社牌楼大队农科站农技员
任丕军　澧县王家厂公社偏古垴林场技术员
朱运海　澧县王家厂公社仁和大队 3 队社员

皮修富　　澧县马溪公社月池大队党支部书记
范德海　　澧县城关镇澧阳大队5队队长

津市市

文星云　　津市市人民路百货商店主任
向顺滋　　津市市酶制剂厂党总支书记
邹　红(女)津市市缫丝厂挡车工
毕仁俊　　津市市中医院眼科主任
陈伯林　　津市市五金交电化工公司党支部书记
李曼绮(女)津市市商业幼儿园幼师
罗怡秀(女)津市市蚊香厂工人
周晓兰(女)津市市医药公司中心门市部营业员
赵从远　　津市市阳由公社农科大队农民
贺国华　　津市市环境卫生管理处清粪班班长
彭进清　　津市市公安局汪家桥派出所副所长
蒋明庆　　津市市委纪律检查委员会副书记
潘善松　　津市市建筑规划设计室主任
曾昭华　　津市市第一完全小学校长

安乡县

孙发林　　安乡县塑料厂厂长、党支部书记
宋旺发　　安乡县安成粮管站管理员
杨玉华(女)安乡酒家旅栈部服务员
张东柏　　安乡县人民医院主治医生
张正清　　安乡县氮肥厂调度室主任
符大象　　安乡县生资公司采购组组长
袁庆才　　安乡县畜牧水产局助理工程师
高菊香(女)安乡县出口洲血防院医生
郭清芳　　安乡县安康公社司法助理员
郭增兰(女)安乡县招待所服务员
袁庆才　　安乡县畜牧水产局副股长、助理工程师
潘道荣　　安乡县第五中学政治教师
王泽辉　　安乡县安凝公社农技站农技员
胡祖南　　安乡县安全公社沙滩口大队8队社员

左泽万　安乡县安武公社农技站站长
郑厚桥　安乡县安武公社竹林大队18队社员
刘凤琪　安乡县安康公社科学技术协会秘书
杨海桃　安乡县安尤公社子龙庵大队20队会计
胡世喜　安乡县安造公社木剅大队3队社员
成文斌　安乡县安福公社林业站党支部书记
唐纯银　安乡县安福公社松湖大队卫星生产队社员
晏　杰　安乡县安丰公社中河口大队党支部书记
彭正华　安乡县安丰公社东南洲大队12队社员

地直单位

丁竞栽　常德汽车运输公司181车队客车驾驶员
丁碧云(女)常德地区邮电局市话组值班长
石道满　湖南拖拉机厂铸造车间工段长
史宏道　常德地区滨湖印刷厂工人
史莲芝(女)常德西洞庭农场1分场种棉农工
刘桂华(女)常德地区精神病疗养院护士
刘喜庭　常德西洞庭农场4分场党支部委员
许斯魁　贺家山原种场蚕桑制种站副站长、农艺师
朱之尧　常德地区人民医院小儿科副主任医师
朱良达　桃源纺织印染厂印染分厂技术科科长
何美兰(女)常德棉纺织厂前纺甲班挡车工
匡镜秋　常德师专历史科主任
宋善科　常德地区6906台副台长
汤卓俊(女)桃源纺织印染厂细纱车间挡车工
吴建辉　东山峰农场运输队汽车驾驶员
陈清泉　湖南农学院常德分院化学教研室主任
杨阿忠　浦沅工程机械厂行政科副科长
李显荣　浦沅机械总厓设计科工程师
李君坦　常德地区教师进修学院中文教研组组长
李淑菊(女)常德棉纺厂筒摇车间挡车工
张　健(女)常德卷烟厂2车间工人
罗泽宇　常德工程公司2处工程处助理工程师

周嘉坤　常德纺织机械厂五车间车工
卓总清　常德青峰煤矿 1 工区采煤工人
胡景云(女)常德供电所西郊变电站班长
梁正明　津市航运办事处 1335 轮船长
游少书　湘西金矿沃溪坑口安全工
游福新　常德地区林业汽车运输公司驾驶员
曹清忠　湖南雄黄矿化工车间副主任
黄林凡　湖南湘澧盐矿钻井队队长
谌畅全　常德粮运车队分队长
曾凡春　常德赤峰煤矿堰垭工区采煤队先锋班班长
雷光耀　常德石门磷肥厂搬运队 2 班班长
黎恩施　常德西湖农场加工厂党支部副书记
戴述楚　常德羊耳山煤矿羊耳山工区采煤 3 队班长
魏嘉孝　湖南湘澧盐矿机修车间主任

2. 先进生产(工作)者

常德市

丁为宽　常德市第四运输公司经理、党支部书记
王金枝(女)常德市文化馆党支部书记
邓美钦　常德市制钉厂下料工
龙新权　常德市广播站营业员
甘俭民　常德市粮油加工厂面粉车间主任
沈建华(女)常德市塑料一厂乙烯车间副主任
何耀章　常德市农副产品公司贸易货栈经理
陈永瑶(女)常德市德山服装厂后勤班班长
陈希寿　常德市司法局宣传专干
杨庆阶　常德市外贸局副科长
杨保胜　常德市德山玻璃分厂 1 车间副主任
杨菊云(女)常德市城南街道办事处计划生育专干
李治陵　常德市塑料二厂车间主任
贵春珍(女)常德市德山税务所开票员
罗培森　常德市电影公司宣传发行员
胡松林　常德市电池厂供销股长

盛德志　　常德市工商行政管理局市管科科长
黄国庆　　常德市金属材料公司司机
徐珍春(女)常德市东江供销社罗湾商店副经理
徐莉莉(女)常德市莉莉服装店个体经营者
鄢大明(女)常德市德郊信用社副主任
唐生孝　　常德市农药厂动力工段钳工1班班长
高绍宏　　常德市砖瓦厂1车间党支部书记兼车间主任
曾广才　　常德市业余体校校长
曾宪友　　中国人民银行常德市支行储蓄宣传员
程兰平(女)常德市水表工业公司机加车间生产班长
裴远发　　常德市火葬场党支部书记
廖强华　　常德市卫生防疫站劳卫科副主任
廖慰祖　　常德市电机总厂副厂长、工程师
熊跃凯　　常德市第一建筑工程公司第3施工队队长
颜万昌　　中国人民建设银行常德市支行助理经济师
戴　侃　　常德市东风皮鞋厂工人
庄大富　　常德市护城公社皂树大队5队队长
黄明生　　常德市东江公社关天坪大队4队社员

常德县

马兴国　　常德县日杂公司保管员
邓克巩　　常德县人民政府办公室秘书
左腊元(女)常德县南坪公社东风小学副校长
刘　蓉(女)常德县财政局办事员
刘世荣　　常德县丹洲公社粮店营业员
刘启寿　　常德县枉水管理所党支部副书记
刘海涛　　常德县牛鼻滩公社农科站植保员
伍金泉　　常德县雷公庙公社湖海坪学校校长
邬友义　　常德县航运公司船厂造船班班长
余锦章　　常德县教育局教师
杨启信　　常德县政法委秘书
杨腊梅(女)常德县大龙站区妇女主任
杨朝成　　常德县工商局牛鼻滩区工商所所长

李天益　常德县林业局林业技术干部
李书万　常德县公安局秘书股副股长
李志华　常德县河洑面粉厂车间维修工人
李茂成　常德县石门桥公社生资商店保管员
张光国　常德县肉食生产公司副经理
张成勤　常德县税务局副局长
周冬珍(女)常德县人民医院护士
聂景国　常德县物资局机电设备公司经理
袁龙凯　常德县牛鼻滩公社兰马口大队信用分社会计
袁明星　常德县水泥厂车间副主任
黄力俊　常德县百纺公司仓库保管员
黄巨初　常德县尧天坪公社电影放映队队长
彭二秀(女)常德县医药器材公司中药饮片加工厂出纳员
彭树莅　常德县牛鼻滩区供销社主任
韩兴福　常德县长茅岭公社党委书记
凌翠兰(女)常德县中河口公社太平大队 7 队社员
刘秋生　常德县洞庭公社互助大队 2 队社员
罗四喜　常德县黄珠洲公社杨家台大队 10 队社员
谌伏林　常德县黑山嘴公社庆福大队 8 队社员
周才桂　常德县蒿子港公社庆丰大队 6 队队长
陈时政　常德县韩公渡公社黄花湖大队党支部书记
罗廷德　常德县牛鼻滩公社顶新大队 10 队社员
赵志大　常德县断港头公社黄腊溪大队 7 队社员
彭梅山　常德县芦荻山公社苗儿港大队社员
梅友本　常德县芦荻山公社观庙大队社员
周善章　常德县镇德桥公社张家桥大队党支部书记
周方秋　常德县灌溪公社黄土山大队 2 队队长
孙佑华　常德县石公桥公社电器厂厂长
胡兴佐　常德县周家店公社九岭大队党支部书记
黄经文　常德县冲天湖公社余家垱大队党支部书记
张春福　常德县冲天湖公社桃树嘴大队六队队长
曾友清　常德县长岭岗公社长岭岗大队中堰生产队队长

郭元珍(女)常德县肖五铺公社桃树大队副大队长
李绪凡　常德县双桥坪公社李家铺大队七队会计
罗元举　常德县河洑公社白合庵大队党支部书记
张明德　常德县灌溪公社窑顶大队 4 队社员
邓学超　常德县丹洲公社楠木大队 4 队社员
金万寿　常德县南坪公社高峰大队 7 队社员
熊双武　常德县雷公庙公社黄滩桥大队刘四堰生产队社员
李锡家　常德县许家桥公社民族大队副大队长
黄祖福　常德县许家桥公社中堰大队 12 队社员
李玉林　常德县草坪公社徒山大队 18 队社员
徐新民　常德县丁家港公社高岭山大队 1 队社员
陈克家　常德县丁家港公社莲花大队 5 队社员
毛华云　常德县康家吉公社邱家港大队 2 队社员
杨金凤(女)常德县石门桥公社石门桥大队 6 队社员
梁伯雄　常德县谢家铺公社谢家铺大队大队长
陈桂秋　常德县唐家铺公社金泉山大队 3 队队长
熊次勤　常德县钱家坪公社溪冲大队 7 队队长
莫明全　常德县港二口公社打鼓洲大队党支部书记
娄书舫　常德县长茅岭公社田坪大队企业购销员

汉寿县

丁承友　汉寿县城关镇城东居委会个体工商业者
王志伟　汉寿县氮肥厂供气车间主任
王碧莲(女)汉寿县聂家桥公社计划生育专干
方德高　汉寿县毓德铺公社卫生院党支部书记、中医
刘约三　汉寿县人民银行计划股长
刘明生　汉寿县印刷厂维修工
汪云清　汉寿县岩嘴公社党委委员、纪检干事
何大寿　汉寿县病虫测报站副站长、农艺师
陈明德　汉寿县龙潭桥公社广播机线员
杨连群　汉寿县外贸局柳林嘴收购站职工
李维义　汉寿县林科所副所长
伍早庭　汉寿县蒋家嘴镇退休干部

胡白云(女)汉寿县城关三完小教导主任
郭枚西(女)汉寿县血防医院医疗科主任、医师
袁爱保　汉寿县芦苇总场淤洲分场党支部书记
肖传玲(女)汉寿县人民医院代总护士长
游祖礼　汉寿县新兴公社民政助理员
黄开成(女)汉寿县酒油厂榨油工
彭天喜　汉寿县工商局朱家铺工商所职工
傅功瑞　汉寿县公安局龙潭桥派出所驻军山铺民警
曾巧忠　汉寿县麻纺厂技术股副股长
童中荣　汉寿县搬运公司坡头作业区党支部书记
熊礼义　汉寿县木材公司副主任
张春山　汉寿县周文庙公社周文庙大队党支部书记
刘普堂　汉寿县周文庙公社红菱湖大队党支部书记
张学武　汉寿县坡头公社黄泥湖大队 2 队社员
谢兴发　汉寿县鸭子港公社枫林大队 9 队社员
刘春华　汉寿县洲口公社同永大队 7 队社员
童自亮　汉寿县沧港公社张家滘大队 2 队社员
刘宏福　汉寿县新兴公社乾兴大队退休干部
罗先初　汉寿县聂家桥公社先锋大队 4 队社员
周大友　汉寿县毛家滩公社五膳大队党支部委员
胡国宇　汉寿县朱家铺公社西田湾大队党支部书记
胡子希　汉寿县朱家铺公社石马大队党支部书记
郭四保　汉寿县丰家铺公社檀木大队幸福生产队社员
宋诗纯　汉寿县东岳庙公社燕窝大队宋家生产队会计
袁先红　汉寿县株木山公社押东大队二古生产队社员
王三保　汉寿县株木山公社左家庵大队郭家铺生产队社员
李一廷　汉寿县太子庙公社缸儿口大队仓库队社员
吴四保　汉寿县崔家桥公社油草冲大队油草冲队社员
李成稳　汉寿县毓德铺公社周家嘴大队副大队长
吕国荣　汉寿县三和公社龙潭大队金佛冲生产队队长
谢秋生　汉寿县龙潭桥公社月光塘大队菱角塘生产队社员
朱正喜　汉寿县洋淘湖农场青山湖工区 6 队队长

周富贵(女)汉寿县南湖渔场前进二区职工
李遇春　汉寿县夹堤原种场砖瓦厂党支部书记
林帮柱　汉寿县围堤湖农场蒋家嘴区 2 队社员
周家富　汉寿县围堤湖农场湘莲场社员
林长清　汉寿县龙潭桥公社窑嘴大队代购员
彭淑仙(女)汉寿县龙潭桥公社杨家岭小学民办教师

桃源县

马作媛(女)桃源县热市公社党委副书记
王大兵　桃源县马宗岭公社粮店主任
王学坤　桃源县财税局深水港公社税收专管员
王春堂　桃源县建筑工程公司第四施工队队长
龙明昭　桃源县科学技术委员会干部
刘中耀　桃源县沙坪公社党委书记
印　桃(女)桃源县百货纺织品公司燎原商店营业员
伍孝珍　桃源县土产公司生产培植员
向光伟　桃源县第一中学教导处副主任
孙建平　桃源县青少年业余体校教练
余百尊　桃源县八公桥公社民政助理员
陈月庭　桃源县委办公室门卫
陈菊英(女)桃源县车湖垸公社四坪大队信用站会计
杨品成　桃源县七一瓷厂技术干部
李桂云(女)桃源县沙坪镇个体经商户
张金山　桃源县架桥公社武装干事
周如新(女)桃源县人民医院妇产科主任
罗梅举　桃源县人民医院外科主任
胡建修　桃源县九溪公社司法助理员
赵明安　桃源县运输公司革新组组长
肖金平(女)桃源县双溪口公社供销社幸福岗商店营业员
徐克福　桃源县三阳区教育办主任
蒋伦群　桃源县玉器厂玉器车间副主任
谢理清　桃源县城关镇后港居委会个体养蜂户
黎清明　桃源县盘塘公社粮站保管员

宋协廷　　桃源县八字路公社回龙大队大队长
戴玉英(女)桃源县尧河公社马家湾大队 4 队社员
闵春枝(女)桃源县茅草街公社观山岭大队 7 队社员
杨金翠(女)桃源县车湖垸公社艟船洲大队 9 队社员
郭栋成　　桃源县马宗岭公社鹤峰大队大队长
周银珍(女)桃源县三汊港公社文艺大队 7 队社员
孙　成　　桃源县基隆公社其林大队党支部委员
胡梅初　　桃源县枫树公社覃家嘴大队 9 队社员
张金初　　桃源县枫树公社黎家坡大队 3 队会计
黎福皆　　桃源县余田公社余田坪大队灯子湾生产队社员
龚吉廷　　桃源县盘塘公社回龙庵大队九家溶生产队队长
胡雨斋　　桃源县九溪公社孙家河大队福田生产队队长
徐盛斌　　桃源县涌泉公社松岭岗大队党支部书记
钟二姐(女)桃源县黄婆店公社丰火溶大队杨柳峪生产队社员
魏谓之　　桃源县双溪口公社跑马大队 2 队队长
肖昌和　　桃源县菖蒲公社明月大队 4 队队长
管和清　　桃源县黄石公社东山大队上湾生产队社员
钟昌满　　桃源县黄婆店公社丰火溶大队党支部副书记
谢运力　　桃源县杜坪公社八斗丘大队 2 队队长
朱自富　　桃源县理公港公社牌楼寺大队 9 队社员
吴明池　　桃源县牛车河公社丁家坪大队陈家湾生产队会计
朱治明　　桃源县鄢家溪公社七铃坪大队鲁底坪生产队社员
邹竹青　　桃源县龙潭公社黄伞坡大队闵家峪生产队队长
青美林　　桃源县向家桥公社筒家坝大队姜阳山生产队社员
陈冬英(女)桃源县浯溪河公社飞龙山大队耗毛湾生产队妇女队长
王桂生　　桃源县向家桥公社六角垭大队党支部书记
周湘生　　桃源县三阳公社石牛市大队双桥生产队队长
王高祥　　桃源县佘家坪公社农技站站长
刘计备　　桃源县桃花源公社双湖大队白领堰生产队社员
文云秋　　桃源县龙虎公社马家坪大队 1 队社员
王童伯　　桃源县泥窝潭公社龙门垭大队党支部书记
郭世岳　　桃源县八公桥公社九龙殿大队 5 队队长

周泽怡　　桃源县一甲城公社仙人溪大队王家湾生产队社员
周春枝(女)桃源县一甲城公社红鹤大队余家墩生产队社员
叶阳秋　　桃源县太平铺公社洞溪大队茶厂厂长
谭万修　　桃源县大水田公社薛家冲大队管委会委员
蒋启厚　　桃源县牯牛公社落马洞竹木检查站检查员

临澧县

王焕生　　临澧县血防院二病室主任、医师
刘井瑶　　临澧县观山园艺示范场农牧工人
刘国华　　临澧县太浮公社计划生育专干
孙圣东　　临澧县对外贸易局粮油股培植员
孙永焕　　临澧县副食品公司合口批发部保管员
朱祖锋　　临澧县公安局刑侦股股长
宋光保　　临澧县第三中学教师
吴世清　　临澧县水泥厂化验室助理工程师
杨绪木　　临澧县新安公社党委书记
杨隆泉　　临澧县新合公社司法助理员
李孝书　　临澧县氮肥厂造气车间生产班班长
张家财　　临澧县柏枝公社信用社会计
张荣锦　　临澧县委办公室副主任
钟银山　　临澧县航运公司二船队党支部书记
范湘衡(女)临澧县珠日公社雨台学校教师
周启新　　临澧县物资局机电公司保管员
胡林英(女)临澧县饮食服务公司车站旅社服务员
胡定元　　临澧县新安供销社废品收购员
徐建国　　临澧县棉麻蚕茧公司经理
莫家财　　临澧县人民政府办公室副主任
章安永　　临澧县人民法院合口人民法庭庭长
熊　荫　　临澧县人民银行金融门卫员
缪宗维　　临澧县人民医院内科副主任
滕自明　　临澧县工商行政管理局合口工商所副所长
沈昌林　　临澧县文家公社张家大队青龙生产队社员
谭先建　　临澧县太浮公社双福大队林场场长

张凤初(女)临澧县太浮公社郭家大队妇女主任
甫宏福　　临澧县珠日公社蔡家大队党支部书记
鄢玉林　　临澧县陈二公社月亮岗大队鄢家生产队社员
祝自存　　临澧县陈二公社三板大队张家岗生产队社员
周丕进　　临澧县柏枝公社永乐大队向阳生产队社员
黄维柏　　临澧县望城公社龙溪大队葵花生产队社员
朱良友　　临澧县烽火公社三门湾大队合子桥生产队社员
汪祚明　　临澧县杨板公社云林大队二刘生产队社员
李永福　　临澧县修梅公社合丰大队治保主任
刘兰禹　　临澧县佘市公社湖堰大队肖家生产队队长
易坤山　　临澧县杉板公社歌驾大队界岗生产队社员
张业付　　临澧县停弦公社大溪 3 队社员
陈定生　　临澧县官亭公社枣木大队党支部书记
蒋祖国　　临澧县九里公社万岗大队党支部书记

石门县

王承乾　　石门县生资公司保管员
邓文金(女)石门县血防院副护士长
邓永孚　　石门县农业局植保站副站长
田有荣　　石门县广播站副站长
田其松　　石门县人民检察院刑二股股长
申昌宏　　石门县南坪河公社电影放映队队长
刘玉茂　　石门县油桐科研所副所长
齐振华　　石门县二都公社供销社营业员
余东海　　石门县工商行政管理局泥沙管理所所长
佘继秋　　石门县农机化研究所职工
朱方明　　石门县委组织部干部
朱柯先　　石门县杨柳公社粮站主任
向惠典(女)石门县饮食服务公司迎新饭店营业员
杨昌海　　石门县氮肥厂一车间党支部书记
李仕菊　　石门县五一机械厂工程师
李育俊　　中国农业银行石门县支行行长
李银珍(女)石门县妇幼保健站站长

张如教　石门县二都公社民政助理员
项文元　石门县新关公社党委副书记
夏名镒　石门县图书馆副馆长
钟法支　石门县矽砂矿洗砂车间主任
徐宗全　石门县公证处公证员
徐超群　石门县火电厂检修车间党支部书记
喻述槐　石门县畜牧水产局干部
覃事章　石门县瓜子峪公社管委会副主任
黄国华(女)石门县白洋湖公社保宁桥大队幼师
童怀亮　石门县公安局警察中队班长
储运华(女)石门县织布厂准备车间主任
蒋松寿　石门县建筑工程公司工人
曾宪党　石门县化工二厂装药车间副主任
谭声美　石门县皂角市公社岩湾大队小学民办教师
熊哲松　石门县经济委员会副主任
钟九阶　石门县杨坪公社昂头山大队党支部委员
周柏春　石门县三板公社砖桥大队 4 队社员
刘富友　石门县磐石公社望仙树大队 1 队社员
潘碧清　石门县磐石公社乌云山大队 2 队社员
舒业乔　石门县蒙泉公社彭山庙大队 1 队社员
欧珍兰(女)石门县花薮公社二古庙大队 3 队社员
邓兰生　石门县官渡桥公社马塌大队 10 队队长
覃小莲　石门县白云桥公社美圣桥大队 12 队社员
刘楚凉　石门县燕子山公社新堰口大队 4 队社员
唐义生　石门县燕子山公社双堰堤大队 2 队社员
张立林　石门县望羊桥公社鹤山大队 10 队队长
潘腊姑(女)石门县阳泉公社青鱼垴大队 1 队社员
圣忠厚　石门县维新公社崔家井大队 8 队社员
盛方容　石门县渡水公社渡水大队 4 队社员
万紫双(女)石门县水田岗公社接二坪大队铁销生产队会计
唐自坦　石门县太平街公社太平街大队副大队长
阎友恒　石门县杨柳公社前进大队党支部副书记

孟焕新　石门县雁池公社樟树湾大队 11 队社员
汤珍纯　石门县九伙坪公社黄鹤塌大队 4 队社员
康保国　石门县中岭公社天坪头大队会计
覃业楚　石门县水南渡公社寨子垭大队 4 队社员
郑秀帮　石门县商溪公社剑峰大队 2 队社员
覃国祥　石门县安溪公社五家山大队党支部书记

澧　县

文定华　澧县盐井公社计划生育专干
田元炯　澧县红湖区联校师训班教师
刘金秀(女)澧县澧州旅社服务员
伍炎生　澧县石油公司新洲油库保管员
任丕军　澧县王家厂公社偏古垴林场技术员
许泽国　澧县人民检察院检察员
朱传湘　澧县夹堤口血防院副院长
汤和平　澧县氮肥厂专职团干
吴良臣　澧县农业局副局长
吴国村　澧县报社会计
陈克忠　澧县人民政府农村办公室经管科科长
陈南芙(女)澧县甘溪医院医师
杨翠明　农业银行澧县澧东信用社主任
李宗军　澧县人民政府办公室干部
李绍刚　澧县粮食局城关米厂维修班班长
张　新　澧县荆河剧团演员
张从南(女)澧县如东公社供销社营业员
张延清　澧县社队企业局煤矿管理站副站长
罗轩言　澧县物资局金属材料公司业务员
郑林祖　澧县业余体校一中排球班教练员
洪素云(女)澧县澧西公社幸福小学教师
聂兴东　澧县广播局水泥电杆厂负责人
钱绪江　澧县公安局政保股副股长
唐吉祖　澧县农业局副局长
唐泽模　澧县乔家河轧花厂车间主任

唐蕊妍(女)澧县卫生防疫站检验科主任
黄泽春　澧县工商行政管理局城关工商所干部
黄道斌　澧县城关镇食品加工厂党支部书记
曹德磬　澧县财税局税政股股长
龚道望　澧县毛里湖公社党委书记
彭仕林　澧县芦苇场党总支书记
程　傲　澧县氮肥厂机电车间党支部书记
雷日旦　澧县拖拉机修理厂供销股股长
雷志其　澧县林业局七里湖苗圃主任、党支部书记
戴承梅　澧县搬运公司闸口党支部书记
戴承树　澧县工农教育办公室副主任
高柏林　澧县棠华公社太平大队 2 队社员
郭寿迪　澧县白衣公社建国大队 4 队社员
童金枝(女)澧县棠华公社民主大队 2 队社员
黄天明　澧县渡口公社三合大队 14 队社员
文继发　澧县毛里湖公社民主大队 4 队社员
陈明正　澧县如东公社枫树大队社员
程克湘　澧县官垸公社赵家大队社员
王道新　澧县新洲公社荷花堰大队 6 队社员
马学炳　澧县官垸公社水电站主任
鲁永贵　澧县九垸公社荣岩大队 6 队队长
王命化　澧县九垸公社渔场社员
张运祥　澧县澧南公社栗木大队茶林场场长
王道新　澧县澧阳公社新桥大队社员
刘清尧　澧县澧东公社 14 队社员
严文力　澧县大堰垱公社沈家大队 13 队队长
杨继顺　澧县大坪公社东岳大队 6 队队长
李子望　澧县大坪公社大杨大队 10 队社员
易发桃　澧县道河公社白马大队 4 队社员
吴泽清　澧县道河公社长木大队 7 队社员
熊宗柱　澧县张公庙公社青龙大队党支部书记
曹永松　澧县车溪公社万新大队 3 队社员

陈章耀　澧县界岭公社顺桥大队 8 队队长
向显清　澧县闸口公社青岩大队 10 队社员
陈本言　澧县甘溪公社芦茅大队社员
皮修春　澧县甘溪公社甘溪大队社员
刘定先　澧县太青公社圣竹大队党支部副书记
张孔华　澧县东门公社长冲大队党支部副书记
高守华(女)澧县方石坪公社烟家大队 6 队社员
杨坤菊(女)澧县大围公社建新大队妇女主任
杨传力　澧县方石坪公社杨家大队 10 队社员
刘睦风　澧县杨家坊公社永红大队 5 队社员
吴正雄　澧县洞市公社木溪大队 2 队社员
伍贤珍(女)澧县宜万公社易家大队 7 队社员
樊友祥　澧县复兴公社佑兴大队 6 队社员
任承模　澧县梦溪公社洪福大队 9 队社员
杨开文　澧县双龙公社双台大队 4 队社员
王世湘　澧县盐井公社金合大队 5 队社员
谭永宜　澧县大堰垱公社农科站农技员

津市市

王文华(女)津市市电子管厂工艺员
王崧德　津市市委办公室行政组会计
刘克云　津市市科学技术委员会秘书
孙拥军　津市市粮油供应公司职工
邹庆珍(女)津市市造漆厂化工中心实验室技术员
传祖贤　津市市沼气办公室技术员
杨邦华(女)津市市织布厂挡车工
杨慧媛(女)津市市新华工厂准备车间车工
易婉珍(女)津市市日杂公司人民路废品收购部副主任
周晓兰(女)津市市医药公司中药中心门市部营业员
林树群　津市市第一中学政治教研组组长
林德意　津市市社会福利院卫生员
欧柏林　津市市味精厂 2 车间炊事班班长
项钟瑜(女)中国人民银行津市支行储蓄员

赵延超　　津市澧水船队 58 号船驾长
姚育宏　　津市市财税局窑坡财税所副所长
施燕斌(女)津市市煤建公司蜂窝煤加工厂工人
舒星钦(女)津市市汪家桥办事处建湘油毡厂工人
覃正梅(女)津市市计划生育办公室主任
童小萍(女)津市市荆河剧团演员
蒋谟生　　津市市城交公司客车司机
潘训安　　津市市对外贸易局工矿产品股副股长
颜学银　　津市市床单厂机修班班长

安乡县

邓绪英(女)安乡县安丰公社卫生院护士
刘恒林　　安乡县安文公社民政助理员
刘兴为　　安乡县建筑材料厂生产调度
刘菊林　　安乡县文化馆馆长
任茂生　　安乡县委组织部老干部工作办公室干事
孟　杰　　安乡县广播局外线工人
余秋莲(女)安乡县安丰公社计划生育专干
陈虎初　　安乡县棉纺厂细纱车间副主任
杨美安(女)安乡县安康供销社虾扒垴商店副经理
李湘荣　　安乡县大湖口财税所安全组专管员
李静平(女)安乡县人民政府办公室打字员
张发林　　安乡县塑料厂党支部书记
张辉满　　安乡县原种场副场长
罗　沙(女)安乡县羌口学校校长
周清秀(女)安乡县机械厂加工车间党支部书记
金则业　　安乡县人民检察院办公室主任
章光蒲　　安乡县搬运公司 2 大队副队长兼会计
龚道林　　安乡县芦苇场党支部副书记
黄振生　　农业银行安乡县安丰公社信用社主任
黄辉群(女)安乡县副食品公司营业员
彭竹舫　　安乡县公安局看守所干警
曾广寿　　安乡县安昌公社三星嘴中学教导主任

曾宪松　　安乡县安全供销社董家商店副经理
裴仰秀(女)中国人民银行安乡县支行出纳股副股长
戴庭哲　　安乡县造纸厂副厂长、工程师
刘运生　　安乡县安尤公社芝子湖大队 11 队队长
刘天一　　安乡县安障公社北城大队副大队长
郭祖顺　　安乡县安障公社岩剅口大队 15 队社员
唐次英(女)安乡县安昌公社丁家渡大队 5 队社员
何文选　　安乡县安昌公社金家垱大队 6 队社员
曾照生　　安乡县安化公社新口大队 17 队社员
李宏兰(女)安乡县安化公社沙嘴大队 1 队社员
宋天松　　安乡县安文公社紫金大队 10 队社员
张学兵　　安乡县安宏公社宏湖大队 3 队社员
谭芝英(女)安乡县安生公社官堰大队 2 队社员
毕家林　　安乡县安生公社中兴大队 1 队社员
车昭群　　安乡县安造公社傅家大队 10 队社员
陈克福　　安乡县安凝公社蚕林场 9 队社员
张建军　　安乡县安丰公社西南洲大队 10 队副队长
杨震运　　安乡县安裕公社双剅口大队 11 队社员
杨秋林　　安乡县安康公社渔场职工
傅进财　　安乡县安康公社安兴大队党支部书记
邓长清　　安乡县安成公社五七场大队 7 队社员
何桂明　　安乡县安成公社常付大队 13 队社员
骆伯荣　　安乡县安德公社和丰大队 14 队队长
石章朋　　安乡县安德公社民阜大队党支部书记

地直单位

丁志远　　商业部常德粮食机械厂铸造车间造型班副班长
万金红　　常德地区戏剧学校校长
王世皮　　湘西金矿西安坑口风钻工
王怀发　　常德通用机械厂 3 车间焊工班班长
王祚国　　常德地区石门玻璃厂生产车间行道机 2 班班长
王桂兰(女)常德林场工人
王修望　　常德地区石门磷矿汽车队驾驶员

王启承　常德七一机械厂工程师
王清宇　桃源师范学校讲师
王焕盈　常德地区冶金煤炭工业局安监科副科长
文定华　常德地区计量处业务组长
邓才发　常德西洞庭农场 4 分场 7 队农工
邓甫政　常德电厂检修安装队副主任
邓联秋　常德地区化工机械厂质检股副股长
尹良学　常德西洞庭农场 2 分场 3 队 6 组农工
龙寿清　常德地区文化局政工科干部
卢迪生(女)常德卫生学校副校长
叶耀宗　常德地区水利电力局工程师
刘大德　常德卷烟厂 3 车间党支部书记
刘文清　常德地区农机公司仓储课长
刘仲儒　常德地区基本建设设计室副主任工程师
刘仿云(女)常德西湖农场 5 分场妇女主任
刘宏勋　常德电光机械厂 4 车间主任
刘建军　常德地区环保监测站助理工程师
刘秋生　湖南省六〇一矿选矿车间油选工
刘春阶　常德西洞庭农场水产分场 4队养鱼农工
向玉成　常德地区教育局教育科体卫专干
孙汝法　常德纺织机械厂动力科管道工
许美兰(女)湖南拖拉机制造厂幼儿园主任
朱子高　常德卷烟厂检验科副科长
朱伟平　常德地区毛编织厂 1 车间钳工
朱献军　中国人民建设银行常德地区中心支行助理经济师
成红良　浦沅工程机械厂车工
沈国华　常德地区统计局统计员
余金柏　常德汽车修配厂 2 车间维修模具班班长
宋仁杰　常德地区医疗器械修理部修理工
吴常胜　常德西湖农场 6 分场 1 队党支部书记
陈　薇(女)常德地区土畜公司杂皮车间副主任
陈汉还　常德地区林科所林业工

陈甫国 常德广福桥煤矿机电队班长
杨文清 常德地区有线电厂1车间电焊工
杨冬生 常德石油站德山石油库计量员
李应节(女)常德电业局临澧供电所财务股副股长
李金华 常德地区机电设备公司储运股副股长
李炎秋 常德西洞庭农场4分场党支部书记
李彦生 常德西洞庭农场造纸厂造纸1车间党支部书记
李春富 湖南省地质413队炊事员
李清顺 常德船舶厂3车间铆工3班班长
李廉福 常德地区日杂废旧物资公司党支部副书记、经理
张 玲(女)常德地区医药公司保管员
张世云(女)常德电业局油库管理员
张兴泉 湖南拖拉机制造厂底盘车间设备管理员
张前阶 常德工程公司第1工程队混凝土工
张淑文(女)桃源纺织印染厂质检员
张湘泉 中国农业银行常德地区中心支行会计师
张福荣 湖南涔澹农场农业中队分队长
张德实 澧县邮电局市线组技术员
严 贵 常德轴承厂4车间主任
严若云 常德副食品调拨供应站西郊仓库负责人
官梅春(女)常德地区人民医院护士
罗伯珍 常德行署办公室司机班班长
周志初 常德地区长途电信线务站线务员
卓伯泉 常德地委党校理论教员
郑盛道 湖南省地质403队修配车间钳工组组长
赵冬保 常德电影机械厂机加工班班长
娄正权 常德师范学校干部
胡珑珑(女)常德地委第一招待所服务员
柳诗学 常德棉纺织厂分厂司机班班长
谈 典 常德地区中级人民法院刑一庭副庭长
徐淑娥(女)常德地区气象台报务员
肖两胜 常德师范专科学校党委办公室主任

曹鸣魁　常德地区血吸虫病防治院院长
龚德芝(女)常德第二纺织机械厂电工班班长
黄大轩　常德地区财税局预算科科长
黄忠平　湖南省常德航运办事处作业区机械队机械司机
黄祖一　常德地区农校作物栽培教研组组长
黄建平　湖南柴油机厂总装车间生产班班长
舒运龙　湖南省蚕桑科学研究所材料保管员
阎官清　常德地区石门煤机厂加工车间负责人
喻先栋　常德七一机械厂 2 车间钳工
满竹山　常德地区塑料制品厂保全班班长
鲁连生　常德地区交通机械厂 1 车间金铆班副班长
彭克修　常德西洞庭农场 5 分场 5 队党支部书记
彭志光　常德地区石门磷矿清官渡工区运输工
彭敏芝(女)常德地委宣传部干部
蒋元契　常德地区经济委员会打字员
曾宪雄　常德青峰煤矿 3 工区采煤队班长
谭汉泉　常德电业局津市供电所主任
廖保钿　常德地区农科所技术干部
翦吉成　常德万金障农场政法干部
翦南海　常德地区司法局律师
戴玉云(女)常德地区肉类联合加工厂制药车间生产班长

二　常德市劳动模范和先进工作者表彰大会授予称号的劳动模范和先进工作者

(一)常德市第一次职工劳动模范、模范集体表彰大会授予称号的职工劳动模范(1989 年 9 月 30 日召开)

1. 武陵区

刘焕清　常德市大米厂厂长
杜松清　武陵区农业站农艺师
后祥林　常德市第一建筑工程公司施工队队长
陈先福　常德市制革厂削匀班班长

张凤梅　　武陵区红卫居委会主任
张新福　　武陵区公安局交警队干警
罗明贵　　常德市第三运输公司汽车驾驶员
胡庭喜　　常德市低压电器厂党支部书记、副厂长
覃正亚(女)常德市日杂公司鞭炮烟花炊具商店职工
康小平(女)常德市蔬菜公司东门菜场经理
彭庆书(女)武陵区卫生防疫站卫生宣传科主任

2. 鼎城区

丁冬初　　常德市航运公司沅水运输处船长
王宏全　　中共鼎城区委办公室副主任
杨进庭　　鼎城区大龙站农科站农艺师
陈庆堂　　鼎城区河洑办事处供销社理事会主任
陈金阶　　常德新源印刷厂厂长
陈善保　　鼎城区石门桥办事处党委副书记
范金莲(女)鼎城区粮食局马家吉大米厂发货员
钟凤亭　　鼎城区石公桥血吸虫病防治站副主任医师
徐杰峰　　常德灯泡厂司炉班班长
雷尧初　　鼎城区司法局河洑办事处司法助理员

3. 汉寿县

刘光辉　　汉寿县棉纺厂前纺车间工段长
刘练堂　　汉寿县工具厂技术副厂长
何大寿　　汉寿县农业局粮油站站长、高级农艺师
杨　玲(女)汉寿县第二人民医院主治医生
李有元　　农业银行汉寿县太子庙营业所主任
陈爱兰(女)汉寿县氮肥厂电焊工
郑华芬(女)汉寿县饮食服务公司春华轩酒楼经理
祝秋生　　汉寿县人民政府信访办公室主任
梁朝新　　汉寿县科学技术委员会工程师
黄耕道　　汉寿县公安局拘留所所长

4. 桃源县

刘明开　　桃源县轻化建材一公司保管员
朱克洛　　桃源县柴油机厂钳工

邹瑞华(女)桃源县农业局高级农艺师
沙元亨　桃源县九溪水轮泵水电站站长
陈道祖　桃源县人民医院主治医生
张星明　桃源县茶安铺区公所纪检委员
徐佳芙　桃源县余田乡供销社主任

5. 临澧县

陈昌寿　临澧县官亭水库管理所助工
李运力　临澧县标准件厂厂长
徐建国　临澧县供销合作社党委书记
周昌安　临澧县中医院副主任医师
蒋定国　临澧县公安局刑警队副队长

6.石门县

刘秋艳(女)石门县泥沙区江坪河乡粮站主任
陈学君　石门县建筑工程公司泥工
周常平　石门县五峰山煤矿井下生产值班长
贾国辉　石门县文化馆副研究馆员
唐天雄　石门县三江口水电管理局技术科长
龚　涛　石门县委组织部司机

7.澧　县

王如金　澧县面粉厂党支部书记兼厂长
王定桂(女)澧县兰江百货大楼塑料柜柜长
刘士永　澧县县委党史办公室助理研究员
黄道礼　澧县中医院眼科主任、主治医师
韩永松　澧县农科所高级农艺师
蔡填庆　澧县农业生产资料公司保管员
熊宜炳　澧县氮肥厂原料车间副主任

8.安乡县

邓光耀　安乡县新华书店业务股副股长
刘金秀(女)安乡县安裕供销合作社大鲸港商场经理
李四阳　安乡县橡胶厂技术科科长
周德富　安乡县公安局官陵湖派出所民警
熊玉厚　安乡县水产养殖总场珊珀湖渔场场长

9.津市市

王焕高 津市市农业局助理农艺师
尹宏泉 津市市面粉厂厂长
陈章海 津市市自来水公司电工
李生泉 津市市家具厂技术员
周玉兰(女)津市市床单厂挡车工
贺耕畴 津市市五交化公司中心商场营业员
蒋敦媛(女)津市市妇幼保健院副主任医师

10.市直单位

王家伏 湖南雄黄矿采选厂值班主任
王鹤鸣 常德纺织机械厂技术科工程师
王慧玲(女)常德卷烟厂 4 车间挡车工
文会钧 常德市农村经济委员会纪委副书记
尹泽海 常德市基础处理勘测建设公司钻探班班长
刘仕林 常德市金属回收公司落路口加工厂厂长
刘世安 常德电子技术研究所副所长、助理研究员
叶又生 常德电厂司炉工
朱伟平 武陵液压件厂装配车间副主任
苏前礼 常德市公路总段临澧段新安工班班长
陈孝贤 常德青峰煤矿机电副总工程师
陈明生 常德粮油工业锅炉厂厂长
陈金娥(女)常德市环境卫生管理处清扫班班长
杨林生 湖南华南光电仪器厂工具车间铣工
李传枝 湖南汽车车桥厂厂长
李明堂 常德汽车运输公司五车队驾驶员
林铁辉 常德第二纺织机械厂技术处副主任
张安民 常德市邮电局邮件科机要押运员、班长
张慧如(女)桃源纺织印染厂织布车间甲班挡车工
罗龙泉 常德烟草工业机械厂车工、技师
胡宗恒 常德通用机械厂电工、技师
胡艮娥(女)常德棉纺厂后纺车间细纱挡车工
赵志祥 常德西洞庭农场粮油棉加工厂浸出油车间主任

莫金初　　常德市畜产品进口公司肠衣仓库负责人
莫新春　　常德市公安局正科级侦查员
肖启培　　常德赤峰煤矿堰垭工区掘进1队队长
辜宏吉　　常德工程公司1处1队混凝土班班长
彭昌云　　常德市第一纺织机械厂3车间锻工班班长
曾芝姐(女)常德市武陵酒厂3车间副主任
曾国清　　津市轮船运输公司8203轮船长
曾悌清　　常德轴承厂工会主席
雷光耀　　常德石门磷肥厂搬运队2班班长

(二)常德市第二次劳动模范和先进工作者表彰大会授予称号的劳动模范和先进工作者(1995年9月30日召开)

1.武陵区

邓胜利　　常德市纱布染整厂染整分厂厂长、党支部书记
江菊英(女)常德市武陵区光明巷居委会主任
陈远来　　常德市殡葬管理所万金公墓管理处主任
杨昌贤　　常德市武陵区个体屠宰户
林和先(女)中国工商银行常德支行职工、助理经济师
周国祥　　常德市第一建筑工程公司1162工程处职工
詹陆云(女)常德市化学纤维厂纺织班班长
康立华　　常德市武陵区东江乡白龙村党支部书记
彭经民　　常德市第三人民医院中药师
谢运泉　　常德市劳动保护用品公司经理、党支部书记
熊以华(女)常德市西郊小学教导主任

2.鼎城区

马培全　　常德市鼎城区劳动局主任科员
王绍德　　常德市沧水冶炼厂厂长
邓学华　　常德市鼎城区棉麻公司蒿子港扎花厂厂长、党支部书记
龙占高　　常德市鼎城区斗姆湖镇南垸村村民
冯本亮　　常德市鼎城区河洑中心粮管站主任、党支部书记
卢青山　　常德建设机械厂职工
伍冬梅(女)常德市鼎城区石公桥镇联五北村代理党支部书记
石冬华　　常德市鼎城区蒿子港镇六安村党支部书记

刘菊成　常德市鼎城区公安局武陵镇派出所所长
孙太仙(女)常德市鼎城区尧天坪乡平桥村村民
孙正大　鼎城区官桥垱乡驻烟厂装卸运输公司经理、党支部书记
余锡德　常德中兴机械厂1车间造型工
陈立国　常德市鼎城区唐家铺乡企业管理站站长
陈兴来　常德市鼎城区农机公司仓库保管员
杨启贵　常德市鼎城区桥南市场经营户
李正球　常德市鼎城区牛鼻滩镇三星村副村主任
李祥万　常德市鼎城区灌溪镇党委书记(副处级)
李富饶　常德市鼎城区委组织部干事
张志明　常德市鼎城区南坪岗乡团委书记
张国民　常德市鼎城区自来水公司维修工
宋　浩　常德市鼎城区中河口镇团洲村村民
贵　华　常德市鼎城区造纸厂厂长
谈忠明　常德市鼎城区冲天湖乡企业管理站站长、助理经济师
林泽芬(女)常德市鼎城区丁家港乡联校中学教导主任
周炳国　常德市鼎城区第八中学校办工厂职工
胡学友　常德市鼎城区氮肥厂合成车间职工
胡宽永　常德湘北水泥厂厂长、高级经济师
柳云秀(女)常德市邮电局鼎城区武陵镇支局营业员
钟兰华(女)常德市鼎城区环境卫生管理处清洁工
康　勇　常德水电建设公司船队职工
栗万珍(女)常德市第四人民医院儿科副主任医师
黄爱芬(女)常德市鼎城区经济作物工作站站长、农艺师
黄朝信　常德市鼎城区冲天湖乡龙子岗村养殖(个体)经营场长
龚长久　贺家山原种场乐兴分场11队农工
龚群敏(女)常德市鼎城区电影公司放映站站长
曾国政　常德市鼎城区中河口镇财政所职工
鲁玉香(女)常德市鼎城区家用电器公司营业员
戴正发　常德市鼎城区丹洲乡高四村党支部书记
戴君和　常德市鼎城区尧天坪乡联校校长
戴菊初　常德市鼎城区牛鼻滩供销社出纳员

3.汉寿县

王　华　汉寿县中医院院长、副主任医师
王良伟　汉寿县档案局局长、副研究馆员
王菊林　汉寿县罐头嘴乡党委书记
刘力生　汉寿县岩嘴乡太安村党支部书记
刘巨清　汉寿县周文庙乡先锋村村民
刘克英(女)汉寿县黄麻纺织厂织布车间挡车工
刘绍荣　汉寿县麻塑制品厂党总支书记、经济师
朱爱君(女)汉寿县莹麻纺织厂助理工程师
果英武　汉寿县水电安装公司职工
杨利荣　汉寿县机械厂中级车工
杨满枝(女)汉寿县龙洲大酒店经理、党支部书记
李白艳(女)汉寿县农业局经作站站长、农艺师
李明月　汉寿县西港供销社理事会主任、经济师
李银仓　汉寿县鸭子港乡横河岭村村民
张永生　汉寿县造纸厂厂长、助理经济师
青凤舞　汉寿县邮电局岩汪湖邮电所机线员
周运星　汉寿县第一中学一级教师
周德权　汉寿县崔家桥镇水产站站长
胡运清　汉寿县公安局预审股股长
凌雪莲(女)汉寿县罐头嘴乡双庆村党支部副书记、妇女主任
唐长富　汉寿县航运公司坡头分公司船长
符保初　汉寿县蒋家嘴砖瓦总厂厂长、党支部书记、经济师
曹腊生　汉寿县委办公室职工
黄文利　汉寿县建筑工程公司工区主任
黄书祥　汉寿县鸭子港乡车滔村党支部书记
彭月殿　汉寿县棉纺织厂工会主席
曾庆梅(女)中国农业银行汉寿县支行周文庙信用社出纳
曾跃林　汉寿县洋淘湖农场渔场农工
曾繁茂　汉寿县龙潭桥乡党支部书记
戴爱英(女)汉寿县南湖渔场红旗工区新建队农工
戴晓峰　汉寿县周文庙乡科技副乡长

4.桃源县

王益初　　桃源县三阳港镇白栗坪村党支部书记
王显成　　桃源县丁家坊乡枣儿垭村党支部书记
王碧云(女)桃源县汽车液压泵厂厂长、经济师
王储驼　　桃源县人民医院管道工
龙　虹(女)桃源县有线电视台新闻采编
田永胜　　桃源县三元潭乡松阳坪村1组农民
叶平泉　　桃源县郑家驿乡郑家驿村村委会主任
刘世凡　　桃源县西溪水库管理所水利员
刘志保　　桃源县热市乡党委书记
刘昌桂　　桃源县黄婆店乡皇坪村农民
伍中胜　　桃源县农业局助理农艺师
向谷仙(女)桃源县城关镇漳江小学教导处副主任
杜胜武　　桃源县柴油机厂生产班长
余协军　　桃源县热市水泥厂厂长
余高明　　桃源县菖蒲乡菖蒲村第4组农民
陈新球(女)湖南桃花源化工总厂催化剂分厂高级工程师
杨仕福　　桃源县桃花源镇电管站站长
胡桂林　　桃源县人民政府办公室司机
姚治元　　桃源县桃花源区委书记、区长
姚锡久　　桃源县黄石水库管理处主任、党委书记
荣立中　　湖南桃花源化工总厂合成氨分厂电仪车间电工班长
徐进华　　桃源县商业局漳江大楼业务员
徐珍伯　　桃源县公证处公证员
莫金秀(女)桃源县交通局公路管理站路桥测会员
黄先远　　桃源县三汉港乡彭家湖村4组农民
龚金榜　　桃源县郝坪乡金坪村老屋组农民
蔡新民　　中国工商银行桃源县支行司机
熊云芳(女)桃源县陬市镇兴盛街一组村民
熊以才　　桃源县水泥厂厂长

5.临澧县

王作春　　临澧县九里乡同心村村民

叶正兰(女)临澧县个体经营者、临澧县个体劳动者协会合口镇分会会长
刘双梅(女)临澧县新安粮食储备库经营组长、会计员
刘道炎　临澧县陈二乡党委书记
汪文政　临澧县建材包装总厂副厂长、助理经济师
庞新兵　临澧县五交化公司商业城治安员
李惠君(女)临澧县试验小学高级教师
张明成　临澧县杉板乡白洋村土垭组村民
金自芳(女)临澧县城关完全小学高级教师、工会副主席
姜守清　临澧县水泥厂立窑班长、高级看火工
徐尊国　临澧县佘市桥镇芭蕉村党支部书记
郝诗村　临澧县龙凤山水泥有限责任公司副经理、经济师
唐生初　临澧县铁湾煤矿掘进队长
符大安　临澧县公安局正科级侦查员
舒金莲(女)临澧县供销购物中心有限责任公司营业员
彭华国　临澧县建筑安装工程公司经理、经济师
谌泽民　临澧县人民医院院长、外科主治医师
薛祚兵　临澧县百货大楼家电柜承包负责人

6.石门县

邓华敦　石门县磨市镇农科站站长、技术员
龙西斌　石门县文化局副局长兼博物馆馆长
叶淑华(女)石门县皂市镇供销社理事会主任、党支部书记
刘凡章　石门县新铺乡凉井村党支部书记
刘平华　石门县连杆厂锻工
伍千菊(女)石门县织布厂生产班长
向延志　石门县壶瓶山镇党委书记
汤发琪　石门县中医院院长、内科副主任医师
苏世淮　石门县委办公室正科级干部
陈永新　石门县太平乡推宝槽村村委会副主任
陈景清　石门县化肥厂厂长、党总支书记
李文义　石门县南北镇南镇村红鱼茶厂农工
张北兵　石门县官渡桥水泥厂厂长、党支部书记
赵正和　石门县第一家眼镜店个体经营者、经济师

赵德峰　石门县夹山镇青玄山村党支部书记
盛忠望(女)石门县三圣乡中学教师
龚成建　石门电力局用电办副主任
候文英(女)中国建设银行石门县支行储蓄员
覃道伟　石门县水泥厂职工
覃粤湘(女)石门县百货纺织品公司柜长
雷建明　石门县地方税务局宝峰税务所所长、助理经济师
潘清珍(女)石门县维新镇敬老院院长
熊先刚　石门县种子公司副经理、助理农艺师

7.澧　县

丁松林　澧县艳洲水利水电工程管理局职工
王少波　澧县化工三厂厂长、经济师
王先明　澧县永丰乡曾家港村村民
王典军　澧县方石坪镇党委书记
毛文清　澧县第三建筑工程公司经理、高级工程师
汤永斌　澧县肉类联合加工厂厂长、畜牧师
刘先春　澧县摩托车商场经理
池远忠　澧县人民检察院副科级检察员
余习春　澧县养蜂研究所所长、高级畜牧师
陈本银　澧县农业经济作物工作站站长、农艺师
杨正华　湖南洞庭砂布厂厂长、高级机电工程师
李开喜　湖南澧州啤酒厂厂长、高级经济师
李远珍(女)澧县小渡口镇红星村党支部副书记、妇女主任
李学伍(女)澧县津市轧花厂轧花车间生产班长
吴学满　澧县涔南乡复兴村村民
周书望　澧县城关医院副院长、中医主治医师
周用寿　澧县甘溪滩镇芦茅村党支部书记
胡定凤(女)澧县环境卫生管理处职工
胡宗明(女)澧县总工会主席、党组书记
洪明刚　澧县梦溪区粮管站党支部书记
钟元元(女)澧县纺织总厂细纱车间挡车工
郝祖祥　澧县血防站职工

倪华明　　澧县人大常委会联工委主任
贺显珍(女)澧县第一中学英语教师
梁炳群　　澧县氮肥厂厂长助理、助理经济师
曹柞发　　澧县王家厂镇柳津村10组村民
黄　丽(女)澧县兰江百货大楼有限责任公司营业员
彭思锦　　澧县审计局商粮审计股股长、审计师
雷立凡　　澧县预制构建厂生产班班长
雷清玉(女)澧县双龙乡界湖村妇女主任

8.安乡县

王建龙　　安乡县氮肥厂设备科机修工
冯新国　　安乡县安全乡志中村村民
申建春　　湖南工业缝纫机厂厂长、经济师
刘光明　　安乡县安丰乡党委书记
任海权　　安乡县安康造纸厂厂长、经济师
何仁言　　安乡县造纸厂辅助车间电工
陈克福(女)中国农业银行安乡县支行城郊营业所会计
李盈山　　安乡县纪委副书记、监察局局长
李碧兰(女)安乡县棉麻公司会计师
周新芝(女)安乡县新华书店管理人员、经济师
姚正安　　安乡县农业局土肥站农技员、农艺师
徐利用　　安乡县安德卫生院院长、主治医师
赵文君　　安乡县晋穗莹麻厂厂长、党支部书记、经济师
赵诗茂　　安乡县飞达橡胶厂厂长、助理经济师
肖晓安　　安乡县粮食局焦圻镇粮管站站长
韩昌喜　　汉寿县美术印刷厂副科长
蔡国保　　安乡县安裕乡槐圃塬村党支部书记
曾腊枚(女)安乡县安造乡单家滩渔场农民
熊兴容(女)安乡棉纺织厂细纱车间甲班挡车工
熊宜安　　安乡县工商行政管理局经济稽查大队经济员
熊菊英(女)安乡县第一中学一级教师

9.津市市

邓复清　　津市市第三建筑工程公司施工员

兰玉桥　津市市园林管理处羊忍山苗圃主任
刘承清　津市市蚊香总厂厂长、党委书记、经济师
杜慎泽　津市市灵泉乡戚家村4组村民
吴小萍(女)湖南油泵电机总厂车工
杨亚雄　津市市味精厂厂长、党委书记、政工师
李厚银　中国工商银行津市市支行储蓄员、助理经济师
李新明　津市市面粉厂中级工
周其楠　津市市第一中学一级教师
周春广　津市市物资局轻化建材公司采购员
胡定洪　津市市公安局汪家垱派出所教导员
贺家泽　津市市白衣乡党委书记
郭楚津　津市市香料有限公司供销员
涂德新　津市市造纸厂厂长、党委书记、政工师
庹桂香(女)津市市渡口镇教育办教师
董振武　津市市丝绸总厂总工程师
彭泽清　津市市人民医院工会主席
傅绍云　津市市襄阳街个体劳动者

10.市直单位

万国新　湖南省西洞庭造纸厂工段长
王子珣　常德市水利水电局洪道管理站站长
王汉桃　常德市武陵区公安分局刑侦队副队长
王良才　常德市第二人民医院麻醉科主任、主治医师
王焕章　湖南湘澧盐矿科技处处长、高级工程师
文元林　常德市第二中学副校长
文良卿　常德市种子公司副经理
文振铨　湖南汽车车桥厂副总工程师兼工艺处处长、高级工程师
邓毅华　湖南华南光电仪器厂机加分厂高级工
孔凡润　常德塑料一厂包装分厂厂长助理
石高翔　常德有线通信(集团)公司总经理、高级工程师
刘圣山　湖南特种水泥厂化验室主任
刘世安　常德市电子技术研究所所长
刘成模　常德锦纶厂自控室副主任

刘启民　常德市市政建设总公司副总经理
刘明德　常德第二纺织机械厂清砂班班长
刘秋芬(女)常德市公共交通总公司驾驶员
刘桂仙(女)常德林场职工
刘春林　常德卷烟厂6车间电器助理工程师
孙小斌　常德武陵液压件厂1车间职工
向平武　常德赤峰煤矿4工区采煤2队队长、党支部书记
向跃进　湖南雄黄矿水泥厂副厂长
伍向阳　常德西湖农场4分场农工
朱伯章　常德市物价局检查所所长
朱治平　常德农校高级讲师
朱嫦娥(女)常德市大曲酒厂灌装车间主任
池远和　常德烟草工业机械厂研究所副总工程师
汤秋林　常德轮船运输总公司江海公司7211轮船长
邱末召　常有通信集团常宇公司副经理
谷　斌　常德电厂车间主任
苏蓉君(女)常德市国家税务局监察室主任
何　云　常德棉纺织厂1分厂动力车间技师、党支部副书记
吴爱平(女)常德市人事局办公室主任
邵先舫　常德市第一中医院业务副院长、副主任医师、副教授
陈　欣　常德汽车运输公司总经理、经济师
陈平秀(女)常德师专组织人事处副主任
陈支援(女)常德七一机械厂3车间刨插班班长
陈华辉　常德市工商行政管理局2分局桥北市场管理所所长、助理经济师
陈华丽(女)常德市德山粮油公司经理
陈爱梅(女)常德市第一人民医院普外科护士长
陈娟芝(女)湖南省地质矿产厅413队钻石工具厂厂长、工程师
陈新堤　常德湘北房地产开发公司党支部书记、副经理
杨共和　常德市保险中心支公司城市业务科科长、经济师
李　力　常伟机动车测试服务公司车间主任、工程师
李习会　常德市公路局鼎城区公路段职工
李炎初　常德纺织机械厂高级电器工程师

李远翠(女)桃源纺织印染厂织布车间乙班挡车工
李祥贵　常德市造纸厂生产办主任
卓尚雄　常德汽车运输总公司石门公司驾驶员
祝光友　常德五金交电化工采购供应站党委书记、总经理
陶方前　常德卷烟厂7车间班长
罗定凡(女)常德市计划生育委员会纪检组副组长
罗桂林　常德市邮电局局长、党委书记、助理经济师
周正元　常德市第一中学高级教师
周亚毫　常德西洞庭包装厂厂长兼党支部书记
周道平　湖南洞庭制药厂4车间副主任
郑永安　常德石门磷肥厂副厂长
胡贵华　常德烟草公司销售科长、助理经济师
范阳生　常德电视台总工程师
涂自安　常德木材储运公司职工医院院长、中医师
项文化　常德广福桥煤矿4工区职工
贺国刚　常德市邮电局城区营业组营业员
莫益朋　常德市石油公司德山油库主任
覃代初　常德市委办公室老干部工作室主任
肖永坤　常德电业局变电管理所班长
鲁元球　常德市中级人民法院副庭长
龚长久　贺家山原种场乐兴分场11队农工
彭四清　湖南省德山监狱型铸大队大队长、工程师
彭学云　常德西湖农场造纸厂厂长、党总支书记
彭德香　常德赤峰煤矿1工区采煤队队长
曾志高　常德师范学校数学教师
曾献立(女)西湖农场供销社贸易公司营业员
裴万成　常德市化工厂锅炉班班长
谢达仁　湖南省津市监狱3大队副大队长
熊显科　常德市电子计算站站长、统计师

(三)常德市第三次劳动模范和先进工作者表彰大会授予称号的劳动模范和先进工作者(2003年9月17日召开)

1.职工劳动模范

丁　琼(女)安乡县锦豪纺织有限责任公司挡车工
王中辉(女)石门县第一中学高级教师
王召辉(女)临澧县人民医院主管护师、护士长
王忠清　石门县玉叶化肥股份有限公司董事长
王常青　石门县人民医院副主任医师
邓亚兰(女)常德市环境卫生管理处职工
邓曙光　常德电业局电力勘测设计院院长
付必金　湖南恒杰纸制品有限公司董事长
田　欣　津市市第一中学高级教师
甘运金　澧县通达有限责任公司工程师
汤兰卉(女)常德市鼎城区港二口镇中心小学高级教师
刘士清　湖南车桥厂产品处工程师
伍　瑾　安乡日银纸业有限公司董事长
朱帮华　津市市东风汽车配件有限责任公司总经理
谷绍礼　常德市第一建筑工程有限责任公司职工
沈冬生　常德市德成建筑工程有限公司总经理
余建湘　常德市鼎城区粮油站站长
余章贵　澧县艳洲水利水电工程管理局局长
吴忠文　常德市第二中医院工会主席
陈士华　常德移动通信分公司鼎城区营业部经理
陈章金　常德金友文化有限责任公司董事长
杨　舰　湖南德海制药有限公司车间主任
杨先珍(女)澧县环境卫生管理处职工
杨学玲(女)津市市人民医院妇产科主任、副主任医师
杨晚球　澧县长寿水泥公司总经理
李文开　常德市交通局桃源公路管理站太平桥道班班长
李权炳　桃源县西安镇林业管理站站长
李拥军　常德市鼎城区电力局职工
李德保　汉寿县百禄桥苧麻脱胶厂厂长
张　胜　湖南湘澧盐矿制硝厂技术主任
张金安　汉寿县氮肥厂总调度
张学军　汉寿县第一中学高级教师

张建新　临澧县第一中学副校长、高级教师
罗世平　桃源县商业总公司总经理、党委书记
易安建　汉寿县青少年业余体校教练
周代湘　澧县小渡口镇中学校长、高级教师
周建军　常德市鼎城区灌溪镇农技站站长
周胜洪(女)湖南华南光电仪器厂技术中心高级工程师
周德江　桃源县德江棉纺厂厂长
胡开正　汉寿县龙阳百货有限公司董事长
胡兴国　桃源县人民医院副院长、副主任医师
胡金梅(女)东信棉业(常德)有限公司后纺车间挡车工
胡爱科(女)桃源县环境卫生管理处职工
胡淑云(女)常德市武陵区东方畜牧养殖开发中心总经理
胡敏华(女)常德市钢窗厂厂长
赵爱国　常德欣运集团公司常南分公司副站长
贺忠善　石门县白云山国有林场职工
郭　勇　常德电信分公司通信建设部副主任
袁三明　常德卷烟厂 2 车间职工
徐背福　常德金彩特种商标印务有限公司董事长
唐汇淑(女)石门县科峰电子实业有限公司董事长
高金枝(女)临澧县农业局经济作物站农艺师
肖汉族　金健药业有限责任公司总经理
常　旭　常德纺织机械有限公司总经理
堵德华　常德烟草机械有限责任公司主任工程师
葛必胜　澧县人民医院副主任医师
黄汉名(女)汉寿县人民医院主治医师
曾腊梅(女)常德市兰耀实业有限公司董事长
鄢忠诚　安乡县第一中学高级教师
潘劲松　桃源县广播电视局职工
蔡　东　常德金芙蓉化纤有限公司机械工程师
蔡大云　湖南双豹粮食机械有限公司董事长
戴开树　中国移动通信集团公司常德分公司总经理
戴作均　常德赤峰实业总公司采煤职工

2.农民劳动模范

王先荣　　澧县农康园艺有限责任公司园艺师
卞军辉　　安乡县安康乡虾扒村5组种植专业户
傅绍兰(女)常德傅大姐风味食品有限责任公司董事长
刘劲松　　常德西湖管理区西湖镇新康居委会营销专业户
邢卫民　　石门县宝峰禽业有限公司董事长
向远德　　汉寿县周文庙乡养殖专业户
邹清华　　安乡县活鱼市场营销专业户
李四喜　　桃源县四喜养殖公司总经理
李政军　　常德市鼎城区十美堂镇渔场养殖专业户
罗安太　　津市市新洲镇白泉村种植专业户
罗明泉　　常德市武陵区东郊乡皇经阁村八组种植专业户
胡岩祖　　澧县双龙乡农科站站长
胡淙伍　　石门县沱源药材科研所所长
郭文均　　桃源县三阳港镇官家洲村党支部书记
雷德华　　常德西洞庭畜牧水产服务中心养殖专业户
戴建国　　汉寿县围堤湖乡岩屋场村村委会主任

3.先进工作者

石振亚　　常德市第七中学校长、中学高级教师
史新林　　临澧县图书馆馆长
冯献民　　常德市人民检察院渎侦局局长
叶红俊(女)常德市地税局直属分局专管员
刘丙松　　常德市财政局机关后勤服务中心副主任
孙圣雄　　澧县林业局局长
汪荡平　　常德市文化艺术研究所国家一级编剧
邹汉春　　常德市劳动就业服务管理处副主任
杨万明　　常德市第三人民医院检验科主任、副主任检验师
杨年春　　常德市农业科学研究所水稻室主任
杨守托　　常德市审计局审计师
杨国斌　　安乡县公安局城关镇派出所所长
张晓玲(女)桃源县老干局局长
易伟献　　常德市物价局价格认证中心主任

姚登科　常德市委组织部办公室主任
夏先考　常德市第一人民医院检验科副主任检验师
黄彩霞　津市市公安局交警大队程序股指导员
曾昭旺　汉寿县贸易发展局局长
詹远华　石门县蔬菜办公室主任
蔡建球　常德市鼎城区白鹤山乡党委书记

(四)常德市第四次劳动模范和先进工作者表彰大会授予称号的劳动模范和先进工作者(2008年4月16日召开)

1.职工劳动模范

丁立新　津市市民政局殡仪馆火化班班长
丁北伐　石门县广播电视局蜈蚣寨电视转播台助理工程师
王　平　中央储备粮常德直属库主任、党委书记
王　玲(女)常德市环境卫生管理处专用车辆管理所清扫班长
王信初　常德市兴隆劳务有限责任公司调度部班长
王胜军　湖南特力液压有限公司电焊班组组长、高级技工
尹德荥　常德羊耳山煤矿金泉工区主任
刘立基　湖南大力建设机械工程股份有限公司董事长、总经理
刘育林　常德市武陵区教育印刷厂副厂长
刘滨波　常德芙蓉大亚化纤有限公司助理工程师
伍云支　湖南石门特种水泥有限公司车间主任、技师
许　超　常德力元新材料有限责任公司PVD工段工段长
朱守荣　常德金鹏印务有限公司2工段模切机长
朱登其　桃源县公路局钟家铺乡杜坪道班班长
苏　玲(女)湖南云锦集团有限公司织布车间甲班挡车工
吴先士　常德烟草机械有限责任公司研究所设计员、工程师
吴和枝(女)汉寿县宏达家电有限公司总经理
吴明星　汉寿县春华轩饮食服务有限责任公司高级技师
陈折峰　常德市公共交通总公司1分公司1路线驾驶员
陈启中　常德达门船舶有限公司生产班长
陈章波　澧县天供山林场营林工区主任、营林助理工程师
陈琼武　桃源县三尖农牧有限责任公司董事长
杨仁辉　湖南凯斯机械股份有限公司烟机车间主任

李子清　湖南金健面制品有限责任公司董事长、总经理
李以华　津市市自来水有限责任公司维修班班长
李和东　湖南广安建筑有限责任公司项目经理
李朝辉(女)常德市鼎城区邮政局营业班班长
李鸿威　常德纺织机械有限公司产品设计部副部长、高级工程师
张　萍(女)津市市三洲驿街道办事处柏枝林社区党总支书记
易春初　桃源县民政局殡仪馆火化工
罗　勇　石门县电力局高级工
周哲富　石门县东山峰茶科所茶厂厂长
周厚友　湖南华南光电(集团)有限责任公司研发部高级工程师
岳　红(女)中国移动常德分公司澧县营业部市场经营部主任
郑波敦　石门县磨市镇农技站站长、助理农艺师
金逸云　中国移动常德分公司安乡营业部副经理、党支部书记
赵福祥　澧县艳洲水利水电工程管理局工程师
姚善平　桃源县科学技术局司机
贾万全　常德市鼎城区自来水公司高级工
席先化　安乡县交通局公路管理处大杨树汽车渡口班长
梅仲国　常德环宇纺织有限公司董事长、工程师
夏崇仁　常德华油燃气有限公司总经理、高级工程师
袁纯国　湖南恒安纸业有限公司设备主管、机械工程师
高子华　常德市公路管理局武陵区公路局湖坪公路站站长
屠忠明　常德市鼎城区电力局电力 110 队长
阙思静(女)常德市武陵区天成超市店长
徐国雨　临澧县邮政局四新岗邮政所投递员
高　波　湖南中泰特种装备有限责任公司总经理、高级工程师
肖友平　澧县商务局牲猪屠宰办高级技工
盛　勇　汉寿县广播电视局网络公司区经理、工程师
崔耕铭　常德(澧县)加州食品有限公司总经理
黄　健　湖南(津市)宏力纺织有限公司董事长
黄项国　桃源杰新纺织印染有限公司纺织厂设备主管、工程师
黄春初　湖南德力电力建设有限公司变电建设分公司经理
黄修平　常德市烟草公司临澧县分公司高级工

蒋　蓉　　湖南安福气门有限公司机加工车间副主任
覃正雄　　石门县自来水公司维修班班长
温元军　　安乡县下渔口中心卫生院护工、水电工
曾稳清　　湖南汉寿煤矿机械有限公司技工
廖军民　　澧县环境卫生管理处铲车驾驶员
熊世富　　安乡县城建环卫管理所清运队队长
熊成章　　汉寿县雄鹰科技公司研发中心所长
戴　萍(女)中国移动通信集团常德分公司大客户主管
戴卫良　　湖南中烟工业有限责任公司常德卷烟厂 2 车间技术员
戴正红　　桃源县自来水公司安装分公司抢修班班长

2.农民劳动模范

刘连华　　常德(澧县)华诚现代农业开发有限公司董事长
刘菊红(女)汉寿县蒋家嘴镇紫阳冲村村委会主任、党支部书记
吴泽枝(女)临澧县九里乡五里村种植户
宋小平　　澧县城头山综合养殖有限公司董事长
陈美仙(女)常德市鼎城区石门桥镇高岭村生猪养殖户
杨江波　　汉寿县绿博农业综合开发有限公司项目负责人、农艺师
杨琴玲(女)石门县壶瓶山镇下磨山村村民
李跃进　　常德市跃进米业公司董事长(武陵区芦山乡社木铺村 6 组村民)
李桂庭　　西洞庭管理区龙泉办事处涂家湖村养殖专业户
张志红　　湖南帅克化学有限公司董事长(西湖管理区东洲办事处旺禄村村民)
易金元　　津市市李家铺乡土桥村园艺场经营户
钱本孝　　安乡县安福乡松湖村棉花种植户、农艺师
唐洪鹤　　桃源县茶庵铺镇松阳坪村党支部书记
高如楚　　石门县三圣乡株木岗园艺场场长
鲁胡子　　桃源县牛车河乡真龙桥村党支部书记
蔡吉新　　常德市鼎城区石板滩镇拾柴坡村党支部书记

3.先进工作者

丁友才　　常德市武陵区地方税务局局长
刘中华　　常德市委办公室主任科员
刘向阳　　常德市公安局支队长
杜舜卿(女)常德市第二中学副校长

邹纯生　　临澧县地方税务局副局长、注册税务师
何东彪　　常德市鼎城区地方税务局局长
陈如山　　安乡县职业中专学校高级教师
李建卿　　常德市劳动和社会保障局科长
吴东湘(女)桃源县纪律检查委员会正科级纪检监察员
张军锦　　常德国有林场场长、党委书记
张建军　　汉寿县审计局局长、党组书记
张德智　　常德德山开发区农村工作局局长、德山镇人民政府副镇长
周佑夫　　常德市西湖管理区国土规划建设局局长、党组书记
周明杰　　常德市柳叶湖旅游度假区管委会建设局工程师
郭跃明　　常德市西洞庭管理区公路站站长
龚　平　　津市市人民检察院公诉科长
黄绍华　　常德市第一人民医院 ICU 主任、副主任医师
谭微智　　澧县县委政法委员会副书记
廖琪宁　　石门县子良乡党委书记

(五)常德市第五次劳动模范和先进工作者表彰大会授予称号的劳动模范和先进工作者(2013 年 5 月 3 日召开)

1.常德市劳动模范

胡科军　　常德赤峰实业总公司方石坪煤矿开拓五队队长
庞志敏　　湖南中烟工业有限责任公司常德卷烟厂一车间包装维修技师
谭祖安　　湖南华南光电(集团)有限责任公司高级技师
杨　辉　　湖南天鹰建设有限公司路桥分公司技术负责人、工程师
代卫平(女)中国移动通信集团湖南有限公司常德分公司工程师
夏柏龙　　大唐石门发电有限责任公司总经理
钟著辉　　常德电业局检修公司二次检修二班班长
刘湘平　　常德达门船舶有限公司总经理
彭　嵘　　湖南友谊阿波罗商业股份有限公司春天百货常德店总经理
张文彪　　常德创美装饰工程有限责任公司董事长
彭德强　　湖南德强通信设备服务有限公司董事长
汪雪娟(女)常德南坪客运中心有限责任公司经理
刘树辉　　常德市自来水公司管道维修中心副主任
尹小妹(女)常德市公共交通有限责任公司乘务员

朱传霞(女)常德市农业科学研究所油料作物研究室主任
吴吉明 常德市第一人民医院胸心外科主任
张进千 湖南协平律师事务所副主任
罗立志 湖南浩宇建设有限公司安全员
徐江维 常德市七七七运输服务有限公司业务与客服经理
刘云华 湖南大力建设机械工程股份有限公司塔式起重机工段结构一班班长
杨志安(女)常德市壹德壹食品有限公司粉面部部长
徐泽喜 常德市田园农业开发有限公司总经理
刘 澜(女)湖南省电力公司常德鼎城电力局党群专干
王建忠 常德市联嘉机械有限公司董事长
李 辉(女)鼎城区农村信用联社斗姆湖信用社主任
张明仲 鼎城区市政公用事业管理处市政维护工
冯正兰(女)鼎城区灌溪镇中学教师
王泽桂(女)常德市兴隆劳务有限责任公司现场四部复烤一车间初选组组长
赵安林 鼎城区石公桥镇东陂堰村党支部书记
刘光祥 鼎城区石板滩镇雷家铺村樟堰组花木栽种专业户
曾 山 鼎城区牛鼻滩镇芷湾村村委委员
张 璐(女)湖南中联重科车桥有限公司工程车桥事业部主管
张 谦(女)中国移动通信集团有限公司常德市津市市分公司客服代表
金兴斌 津市市万兴良种猪繁育场场长
李应武 湖南省电力公司常德津市电力局局长
严菊英(女)津市德雅中学教师
范国军 常德市万隆生态农业科技发展有限公司总经理
涂学珍(女)汉寿县人民医院护士长
向 东 湖南鑫源建筑工程有限公司施工员
蔡国华 汉寿县龙阳国际大酒店工程部经理
吴 锐 湖南中汉高分子材料科技有限公司行政人资部部长
王建中 康普药业股份有限公司汉寿分公司电工班班长
朱焕先 中联重科股份有限公司汉寿分公司型材下料班班长
朱云桥 汉寿县新丰阳光果业有限公司园艺师
王立初 汉寿县湘汉苗木有限公司园林工程师
敖治平 湖南省科辉墙材有限公司董事长

卫　敏　湖南省桃源杰新纺织印染有限公司行政部部长、工会主席
钱　丽(女)桃源县广播电视台专题部主任
璩荣国　桃源县路灯管理站站长
杨志高　桃源县竹园发电有限责任公司总工程师
罗　佳(女)中国邮政储蓄银行股份有限公司桃源县陬市支行大堂经理
孙锦新　湖南四通建设有限公司质安部经理
姚中奎　桃源县漆河镇铁佛寺村党支部书记
燕良贵　湖南省银木塘棉花专业合作社理事长
张远军　湖南中泰特种装备有限责任公司 PE 分厂副厂长
刘力斌　湖南安福气门有限公司党委书记、工会主席
苏宏瑞　湖南嘉丰建材有限公司生产主管
钱少云　临澧县柏枝乡虎山村农民
刘尚慧(女)常德艳洲水电实业有限公司人事部部长
郑大田　湖南平安医械科技有限公司董事长
冯传立　澧县住房保障办公室副主任
汤真平　澧县第六中学教师
张　建　澧县市政公用事业管理处路灯维护所所长
龚建平　澧县树大园林有限责任公司董事长
廖双全　澧县码头铺镇刻木山村党支部书记、村主任
刘　健　安乡县自来水公司水厂厂长
胡代付　安乡县黄山头国有林场场长
王先平　药圣堂(湖南)制药有限公司机修班班长
倪立生　安乡县安宏乡唐家铺村农民
覃道周　湖南省电力公司常德石门电力局壶瓶山供电所所长
邹应琼　湖南壶瓶山茶业有限公司总经理
邓友平　石门县自来水公司纯净水厂厂长
李子才　湖南石门特种水泥有限公司制造车间主任
杨昌松　石门县恒园果业合作社理事长
朱志群(女)石门县寨垭茶叶专业合作社理事长
马新军　常德中联重科液压有限公司机电工程师
鲍明爱(女)常德市环境卫生管理处德山环卫所清扫一班班长
张全会(女)湖南云锦集团股份有限公司筒摇车间乙班挡车工

高震球　常德经济技术开发区石门桥镇石门桥村农民
陈代堂　西湖管理区东洲乡旺福村党支部书记
肖立安　常德市汇美食品有限公司董事长
张家焕　西洞庭管理区望洲办事处白芷湖村农民

2.常德市先进工作者

刘永春　常德市临澧公路管理局局长
孙　杰　常德市公安局交通警察支队直属四大队执勤一中队中队长
方顺才　常德市第十一中学校长
袁学明　常德市文化馆馆长
汤　婷(女)常德市武陵区体育东路社区居委会党总支书记
周和生　鼎城区环境卫生管理处主任
李文广　汉寿县国土资源局党组书记、局长
宋大鸣　桃源县粮食局党委书记、局长
马云强　临澧县总工会办公室主任
朱翠芳(女)临澧县地方税务局监审室主任
唐胜利　澧县地方税务局党组书记、局长
蹇静娟(女)安乡县公安局深柳派出所副所长
任先奇　安乡县中医院党委书记
汤永红　中共石门县纪律检查委员会副书记
夏召安　石门县楚江镇观山社区居委会党总支书记
陈世红　常德柳叶湖旅游度假区白鹤山乡中学校长
刘登勇　西湖管理区西洲乡党委书记
聂小玲(女)西洞庭管理区工会工作委员会副主任

第五节　全国省市优秀工会工作者和工会积极分子

一　全国优秀工会工作者和优秀工会积极分子

(一)全国优秀工会工作者

1.1983 年中国工会第十次代表大会表彰的优秀工会工作者

张义林　常德通用机械厂工会干事
章南高　津市市职工学校校长

2.1988年中国工会第十一次代表大会表彰的优秀工会工作者

张承基　汉寿县棉纺厂工会主席

3.1993年中国工会第十二次代表大会表彰的优秀工会工作者

鲁龙久　常德七一机械厂工会主席

4.1995年全国总工会成立70周年表彰的优秀工会工作者

胡宗明（女）澧县总工会主席

5.2003年中国工会第十四次代表大会表彰的优秀工会工作者

车德莲（女）常德卷烟厂工会主席

6.2008年中国工会第十五次代表大会表彰的优秀工会工作者

刘克云　常德市人大常委会副主任、市总工会主席

华建忠　常德烟草机械有限责任公司工会主席

7. 2009年全国总工会表彰的优秀工会工作者

和洪宣　常德纺织机械有限公司工会主席

8.2011年全国总工会表彰的优秀工会工作者

张　俊　常德电力局工会主席

聂小玲(女)常德西洞庭管理区工会工作委员会副主任

(二)全国优秀工会积极分子

1.1957年8月全国总工会表彰的优秀工会积极分子

肖永庄　常德汽车运输公司16车队保养车间车工、工会财务委员

2.1983年10月中国工会第十次代表大会表彰的优秀工会积极分子

王志英　常德卷烟厂1车间检验员、工会副主席

王明钧　澧县氮肥厂行政科科长、工会副主席

方展夏　湖南拖拉机制造厂底盘车间副主任、车间工会主席

汤民主　常德电光机械厂3车间钳工、车间工会主席

刘载华　常德县河洑商店政工干事、工会副主席

刘德鹏　澧县粮食局人事股干事、局工会干事

朱国善　常德纺织机械厂4车间工人、车间工会组织委员

汪　阳　桃源县二轻工业局办公室干事、县总工会通讯报道小组成员

苏大新　常德第二纺织机械厂2车间大件班班长、车间工会生活委员

杜应成　常德肉类加工厂维修车间生产调度、车间工会委员

匡汉崇　津市市饮食服务公司秘书股长、公司工会副主席

冷德先　常德交通机械厂2车间主任、厂工会副主席

陈昌前　常德市公共汽车公司技术股长、职工技协副主任
杨方才　常德前进制革厂车间主任、厂工会委员
杨元秋　桃源县城关直属粮站保管员、站工会委员
杨况中　汉寿县邮电局农话组组长、局工会文体委员
张克昌　安乡县第四中学教员、校工会副主席
卓继进　澧县汽车保养厂二保底盘班班长、工会组长
罗忠海　湖南省地质局413队锻工、供应科工会委员
胡安民　常德地区人民医院图书管理员、工会组长
胡鄂香　津市航运办事处作业区办公室干事、工会干事
姜开友　常德七一机械厂2车间工人、车间工会副主席
郭廷才　常德粮食机械厂机修车间车工班班长、工会组长
高书生　常德县新源印刷厂车间主任、厂工会主席
徐经文　常德市日杂废旧物资公司办公室干事、公司工会副主席
覃维新　常德青峰煤矿2工区机电队长、队工会主席
傅绍珍(女)津市市绸厂车间副主任、车间工会主席
储荣华(女)石门县织布厂行政干事、厂工会女工委员
曾炳炎　湖南601矿机修车间副主任、车间工会主席
谢道济　临澧县商业局业务股负责人、工会干事
谭桢麓　常德武陵机械厂技术员、工会业余电影放映员
魏　琮　石门县蒙泉区教育办公室副主任、县教育工会委员

3.1988年10月中国工会第十一次代表大会表彰的优秀工会积极分子

朱高望　常德赤峰煤矿工会组长
温超顺　常德工程公司3处7队工会主席

4.1993年10月中国工会第十二次代表大会表彰的优秀工会积极分子

彭孟芝(女)常德市委副书记(工会荣誉积极分子)
周振斌　桃源纺织印染厂财务处副处长

5.1995年全国总工会成立70周年表彰的优秀工会积极分子

王自银　湖南汽车车桥厂工会主席
彭景发　常德纺织机械厂工会主席
蒋炳福　临澧县总工会主席

6.2008年10月中国工会第十五次代表大会表彰的优秀工会积极分子

甘　莲(女)湖南东信棉业(常德)有限公司工会主席

满慧文(女)常德市委机关工会女职工委员会主任

二　湖南省优秀工会工作者和优秀工会积极分子

(一)湖南省优秀工会工作者

1.1956年10月湖南省第一次工会积极分子代表大会表彰的优秀工会工作者

王友辉　津市市盐业公司工会主席
王记陞　常德市纺织品公司工会主席
王其佳　桃源县百货公司工会主席
王昌寿　常德县放羊坪完小工会主席
田孟秋　澧县总工会副主席
叶福成　津市市光明电厂工会主席
陈若水　常德市日杂食品公司工会主席
张贵庭　西洞庭农场工会主席
周远义　汉寿县大业锅厂工会主席
宫玉庭　桃源县陬市完小工会主席
聂仁杰　常德市染织厂工会副主席
秦恰勋　常德农校工会主席
戴笃伯　汉寿县纺织品公司工会主席

2.1961年12月湖南省第二次工会积极分子代表大会表彰的优秀工会工作者

文德初　省森工局陬市储木场工会主席
朱盛和　石门县新关铁厂工会主席
殷仁菊　湖南省地质局澧水队工会主席
崔翠英(女)常德棉纺厂工会副主席

3.1980年5月湖南省第三次工会积极分子代表大会表彰的优秀工会工作者

刘志卫　常德地区工会组宣科干事
李汉初　常德青峰煤矿工会主席
张建初　西洞庭农场1分场工会干事
章南高　津市市总工会职工学校校长
唐仕才　西洞庭农场工会秘书
廖大滨　桃源纺织印染厂工会干事

4.1983年11月湖南省总工会表彰的优秀工会工作者

陈巧云　常德洞庭制药厂工会副主席
张林义　常德通用机械厂工会专干
贺梅清　常德地区粮运汽车队工会主席
席右林　常德市第一建筑工程公司工会主席
章南高　津市市职工学校校长

5.1988 年 4 月湖南省总工会表彰的优秀工会工作者

王明钧　澧县氮肥厂工会主席
申南松　湖南湘澧盐矿工会主席
刘平梅(女)常德地区供销社联合工会副主席
李德培　安乡县总工会职工学校校长
张承基　汉寿县棉纺厂工会主席
曹丰平(女)常德地区工会组宣科副科长
常振兴
戴　可(女)常德市总工会职工物价监督总站副站长

6.1991 年 11 月湖南省第四次工会积极分子代表大会表彰的优秀工会工作者

刘明樵　常德市商业局联合工会主席
陈先建　汉寿县总工会主席
李少清　临澧县总工会主席
李定元　常德广福桥煤矿工会主席
安士银　安乡县总工会办公室主任
陈家华　津市市总工会生产生活部部长
孟祥金　津市市教育工会主席
钟建秋(女)常德电业局工会主席
段贤东　常德市外经委联合工会主席
贺梅清　常德市粮运汽车队工会主席
梁德炳　常德市邮电局工会主席
鲁龙九　常德七一机械厂工会主席

7.2003 年 4 月湖南省总工会表彰的优秀工会工作者

车德莲(女)常德卷烟厂党委副书记、工会主席
彭固枝(女)常德市鼎城区总工会女职工委员会主任

8.2008 年 4 月湖南省总工会表彰的优秀工会工作者

卫　敏　常德桃源杰新纺织印染有限公司工会主席

江升元　常德市武陵区人大常委会副主任、区总工会主席
杨连范　桃源县人大常委会副主任、县总工会主席
张禹华(女)常德市总工会调研员

(二)湖南省优秀工会积极分子

1.1956年10月湖南省第一次工会积极分子代表大会表彰的优秀工会积极分子

马爱芝(女)常德市针织厂工会女工委员
刘庆华　安乡县大米总厂工会生产委员
刘金生　澧县垱市供销社工会副主席
朱作均　临澧县建湘染织厂工会组织委员
皮祖英　常德市建湘袜厂工会宣传委员
汪荣贵　常德港务处工会小组长
沈自民　临澧县柏枝完小工会副主席
余克明　津市市基建厂工会财务委员
陈人珊　常德市第一中学工会宣传委员
陈本根　安乡县城关完小工会委员
杨治国　常德市人民医院工会青工委员
杨临荣　安乡县食品公司工会财务委员
张桂新　常德市制革厂工会劳保委员
金友生　常德森林分局工会劳保委员
周德润　桃源县茶厂工会组织委员
胡　杰　津市市邮电局工会劳保委员
赵公海　澧县利民岩厂工会宣传委员
赵海云　西洞庭农场工会组织委员
钟伯成　桃源县陬市镇搬运工会主席
郭祖国　澧县食品公司工会财务委员
袁绍洲　常德专区工程公司工会生活委员
凌有缘　常德公路养路总段工会生产委员
徐长鑫　常德中心站工会劳保委员
唐炳堃　湖南省轮运局津市港工会小组长
高镇藩　常德专区工程公司工会财务委员
龚伦胜　澧县第二中学工会委员
龚超均　湖南雄黄矿采矿区工会主席

彭松翅　湖南省轮运局常德办事处工会小组长
傅世华(女)常德市专卖公司工会宣传委员
雷根深　西洞庭农场工会组织委员

2.1961年11月湖南省第二次工会积极分子代表大会表彰的优秀工会积极分子

王冬生　常德专区基建局工程公司工会组织委员
叶世协　临澧县印刷厂工会财务委员
刘先制　津市市工程公司工会劳保委员
刘泽洪　常德电厂工会小组长
何云清　汉寿县农业机械厂工会组织委员
吴学成　湖南六〇一矿工会小组长
郑华平(女)常德师专工会女工委员
龚兆富　湖南雄黄矿工会委员

3.1980年湖南省第三次工会积极分子代表大会表彰的优秀工会积极分子

万德富　安乡县塑料厂炊事员、厂工会副主席
王玉珍(女)湖南雄黄矿供销科保管员、车间工会宣传委员
王家球　湖南省地质局403队车间生产调度、车间工会副主席
王炳初　常德机械厂1车间副班长、车间工会组织委员
史锦林　红光仪器厂11车间党支部委员、车间工会主席
刘国经　临澧县第一中学教师、工会主席
刘显庆　湘澧盐矿热电站党支部书记、车间工会主席
孙圣国　羊耳山煤矿羊耳山工区党总支副书记、工区工会主席
江友生　桃源县氮肥厂副厂长、厂工会主席
邹国福　安乡县第一中学体育教师、校工会主席
成子明　安乡县造纸厂党总支副书记、厂工会主席
余善述　常德通用机械厂车间统计员、车间工会宣传委员
但启能　石门钢铁厂机修车间党支部委员、车间工会主席
吴以元　新安焦化厂洗煤车间工人、车间工会宣传委员
吴成喜　常德市毛巾厂副厂长、厂工会主席
吴贤槐　广福桥煤矿董家湾工区政工干事、工区工会副主席
陈昌礼　桃源县陬溪区粮站副主任、站工会主席
陈培文　常德地区公路总段机械厂工人、厂工会委员
杨宗黄　常德地区人民医院工人、院工会宣传委员

杨桂元(女)常德县商业局河洑商店营业员、店工会副主席
李菊堂　　常德专区供销社生资公司副经理、公司工会主席
罗冬林　　常德航运办事处机务车间班长、工会小组长
周昌玉　　常德岩码头石油站政工科干事、站工会副主席
周厚梅　　临澧县氮肥厂工会副主席
周锡林　　常德市阀门厂行政股副股长、厂工会副主席
周德纯　　石门县粮食局计供股股长、局联合工会副主席
欧阳有莫　浦沅工程机械厂财务科会计、厂工会委员
郑文清　　津市航运办事处作业区安全质量员、工会宣传干事
郑盛明　　湖南省沅水局机修厂粉冶车间主任、厂工会主席
胡　英(女)汉寿县护城供销社副主任、社工会副主席
洪振森　　常德赤峰煤矿申家工区党支部干事、工区工会宣传委员
姚忠铭　　常德粮油加工厂供销股副股长、厂工会副主席
范运阶　　常德工程公司2处6队党支部委员、工会主席
钟傅德　　澧县肉食水产公司秘书、公司工会副主席
贺　英　　常德地区邮电局退休干部委员会主任
聂启生　　常德汽车运输公司澧县保养厂副厂长、厂工会主席
郭庭财　　常德粮食机械厂工人、厂工会电视放映员
徐　行　　常德师范专科学校副校长、工会副主席
唐芳庭　　常德柴油机厂3车间电镀班班长、车间工会委员
黄大喜(女)津市市机砖厂副厂长、厂工会主席
覃正明　　常德石门磷肥厂高炉车间工人、车间工会宣传委员
覃道信　　常德石门航运公司4船队班长、队工会委员
樊仲香　　澧县王家厂水库管理处工人、工会小组长
熊祚辉　　石门县氮肥厂碳铵车间主任、车间工会主席

4.1983年湖南省总工会表彰的优秀工会积极分子

丁淑芝(女)华南光学仪器厂工会女工委员
王志英　　常德卷烟厂一车间检验员、工会副主席
王明钧　　澧县氮肥厂行政科科长、厂工会副主席
王家全　　临澧县青山水轮泵管理局工会副主席
王泽培　　津市市第二职业中学工会副主席
王菊珍　　常德百货站工会委员

方展夏 湖南省汽车车桥厂底盘车间工会主席
刘载华 常德县供销社河洑商店政工干事、工会副主席
刘德鹏 澧县粮食局人事股干事、局工会干事
朱国善 常德纺织机械厂3车间工人、车间工会主席
汤民主 常德电光机械厂3车间工会组织委员
杜应成 常德肉类联合加工厂维修车间生产调度、车间工会委员
汪 阳 桃源县二轻工业局办公室干事、县工会通讯报道组成员
苏大新 常德第二纺织机械厂2车间工人、车间工会委员
匡汉崇 津市市饮食服务公司秘书股长、工会副主席
冷德先 常德交通机械厂2车间主任、厂工会主席
陈昌前 常德市公共汽车公司技术股长、职工技协副主任
陈继荣 常德汽车修配厂工会委员
杨元秋 桃源县城关直属粮店保管员、站工会委员
杨方才 常德市前进制革厂车间主任、厂工会委员
杨况中 汉寿县邮电局农话组组长、局工会文体委员
杨国忠 安乡县经委职工学校校长、县总工会委员
李明星 澧县第一中学工会副主席
张克昌 安乡县第四中学教师、校工会副主席
卓继进 常德汽车运输公司澧县保养厂班长、工会小组长
卓维新 常德青峰煤矿2工区机电队队长、队工会主席
罗忠海 湖南省地质局413队锻工、供应科工会委员
周跃儒 常德市变压器厂行政科长、工会组长
胡安民 常德地区人民医院图书管理员、工会组长
胡鄂湘 津市航运办事处作业区办公室干事、工会干事
姜开友 常德七一机械厂2车间工人、车间工会副主席
钟发云(女)桃源县城关镇漳江小学党支部副书记、镇教育工会主席
郭庭才 常德粮食机械厂机修车间车工班长、工会组长
高书生 常德县新源印刷厂车间主任、厂工会主席
徐经文(女)常德市日杂废旧公司办公室干事、工会副主席
储荣华 石门县织布厂行政干事、厂工会女工委员
傅绍珍(女)津市市绸厂车间副主任、车间工会主席
曾炳炎 湖南601矿机修车间副主任、车间工会主席

谢道济　临澧县商业局业务股负责人、工会干事
谭桢麓　常德武陵机械厂技术员、工会业余电影放映员
魏　琮　石门县蒙泉区教育办公室副主任、县教育工会委员
戴作森　常德赤峰煤矿工会委员

5.1988 年 4 月湖南省总工会表彰的优秀工会积极分子

何兴发　桃源纺织印染厂厂长
何孝德　身份不详
朱高望　常德赤峰煤矿工人、工会组长
陈科满(女)常德县总工会工运史专干
杨方才　常德市前进制革厂车间主任、厂工会委员
杨万发　身份不详
李以富　身份不详
张振兴　身份不详
胡富华　身份不详
姜开友　常德七一机械厂二车间工人、车间工会副主席
黄先政　常德市塑料五厂厂长
晏年如　石门县五金厂工会主席
温超顺　常德工程公司三处七队工人、队工会主席
傅春林　桃源纺织印染厂工会女工专干
彭正初　常德地区公路总段工会

6.1991 年 11 月湖南省第四次工会积极分子代表会议表彰的优秀工会积极分子

王定云　常德市公路总段
刘发清　浦沅工程机械总厂
刘岩山　常德市建委联合工会
许令辉　湖南省六〇一矿
陈梦霞(女)常德滨湖印刷厂
杨永明　常德纺织机械制造厂
杨胜芝(女)常德市酿酒集团公司武陵酒厂
李本祥　常德市洞庭制药厂
李耀辉　常德汽车运输公司
张兰香(女)常德市工程公司
罗光祥　常德市合成纤维厂

罗梅芳(女)常德棉纺厂
易桂华　西洞庭农场糖厂
林海英(女)常德肉类联合加工厂
钱世荣　石门县卫生局
徐　伟　石门磷肥厂
徐绍烈　常德市鼎城区新源印刷厂
高绪兰(女)常德市电子玻璃材料厂
颜泽和　临澧县自来水公司
戴志安　常德轴承厂

7.2003 年 4 月湖南省优秀工会工作者、优秀工会积极分子、最佳工会工作支持者代表大会表彰的优秀工会积极分子

冯妙兰(女)浦沅集团公司金工车间党支部书记兼分工会主席
万义初　临澧县农村信用合作社联合社人教股股长
皮作清　常德市第一人民医院党委委员、基建办负责人
铁小文　常德国力变压器有限责任公司监事会主席、党委副书记
喻　斌　湖南石门二化有限责任公司政工部长
戴世安　湖南省湘澧盐矿纪委书记

8.2008 年 4 月湖南省优秀工会工作者、优秀工会积极分子、最佳工会工作支持者代表大会表彰的优秀工会积极分子

王　齐　临澧县丁玲学校政教主任、工会主席
龙继承　石门特种水泥有限公司原料车间副主任、分工会主席
朱绍顺　中国建设银行常德市分行工会副主席
吴友文　津市市人民医院办公室主任、工会主席
杨英敏　中国教育工会鼎城区委员会经审主任
易合林　临澧县国家税务局工会主任
周运陆　湖南逐鹿苎麻纺织有限公司党支部书记、工会主席
龚道春　澧县国土资源局工会副主席
傅华利(女)安乡县教育局党委副书记、工会主席

三 常德市(常德地区)优秀工会工作者和优秀工会积极分子

(一)常德市(常德地区)优秀工会工作者

1.1980年1月常德地区工会工作先进集体、积极分子代表大会表彰的先进工会工作者

常德市:王本善 刘 毅(女) 何友均 何兆福 吴成喜 陈保全 林泽风 周锡林 胡汉卿

常德县:龙巨涛 刘启信 李宋泉 李茂春

汉寿县:刘慧珍(女) 胡文斌 彭全广

桃源县:刘永欣 向宏春 姜吉清 燕文阁

临澧县:洪振华(女) 马光煜 刘德光

石门县:陈安教 熊先济(女)

澧 县:金新年(女) 施贤林

津市市:兰洪斌(女) 张宗友 钟振华 章南高 饶寿元

安乡县:芦长安(女) 曹森林

地直单位:马先全 马培觉 王学模 王洪志 左昭文 刘印红(女) 刘宗瑞 邢爱连 何顺芝(女) 吴彩玉(女) 余锡恩(女) 陈月斌 陈世友 陈利平(女) 杨镇钧(女) 李 羚(女) 李秀玉(女) 李国祥 张义林 张政权 张锡琴(女) 连季斋(女) 林树仁 赵林魁 赵绪远 姚忠铭 姚家凯 倪正敏 倪春林 廖大滨 周泽斌 钟克奇 舒级浮 肖英蔚 梁俊明 唐实美 黄寿云 黄胜军 曹楚雄 韩 英 雷文乔 熊武志

2.1985年3月常德地区工会工作先进集体、先进个人代表大会表彰的先进工会工作者

常德市:王炳生 邓国治(女) 伍元生 陈巧云(女) 李宝珠(女) 李晋湘(女) 徐径文(女) 周虎忠 栗杏华(女) 席右林 肖一平(女) 傅九英(女) 廖美华(女) 袁定东 曹华鳌 戴正义

常德县:王用娇(女) 丰照模 龙尚文 朱金惠(女) 张星三 张梅生 芦少华 邱大戌 彭梅生

汉寿县:冯宣华(女) 朱顺贤 刘国荣(女) 刘冬生 杨先建 张国桢 林伏秀(女) 周仁秀(女) 韩昌友 戴坤安

桃源县:王福康 刘 荣 刘冬范 吴长安 陈德素(女) 罗林章 罗桃初 傅性焜 程德明 戴先枝(女)

临澧县:王本秋　王家全　贾柏枝(女)　周大曙　徐国祥
石门县:陈宛谟　梁功云(女)　涂自银　覃道富　谭深海
澧　县:刘宗右　刘德鹏　余媛礼(女)　陈凤兰(女)　张民东　揭德和　李福英(女)　夏振华　唐开泰
津市市:石仲云　向多才　何忠孝　张冬生　章南高　秦本铁　鲁序才　程禹耕
安乡县:王泽槐　刘士海　何养才　杨先玉(女)　杨复翠(女)　李忠厚　李德培　张泽军　胡绍明　候镇汉
地直单位:王昌焕　石质斌　申南松　刘登科　朱泽宪　何顺芝(女)　张锡琴(女)　朱茂章　苏宏良　宋明星　金朝来　陈继荣　杨宗黄　杨栋生　李明艳(女)　张义林　周先福　周小平　周风扬　姚蒲香(女)　袁荣庆　罗月明　罗建刚　贺梅清(女)　梁崇才　傅润桃(女)　黄铁安　潘学福　黎盛立　熊　均

3.1990 年常德市总工会表彰的十优工会主席

刘洪学　向多文　陈先建　陈章华　杨万能　张承基　钟建秋(女)　曾悌清　熊　均　戴元明

4.1991 年常德市总工会表彰的十优工会主席

刘洪学　华德成　杨万能　李志华　李祖福　孟祥金　钟建秋(女)　曾昭富　曾悌清　鄢美红

5.1992 年常德市总工会表彰的优秀工会干部

武陵区:朱玉春　李志浩　楚裕湘
鼎城区:伍育钧　陈叔民　胡华樵　湖其国
汉寿县:叶汉球　陈文华　谢政卿　黎必成
桃源县:刘　荣　吴元枝(女)　李桂清　林春秋
临澧县:刘世荣　余建武　张辉山　郝诗村
石门县:周树琪　舒兆云(女)　唐远局
澧　县:王本望　王选初　曹永春　胡宗明(女)　曾立忠
津市市:王昌次　汤长鑫　张启珍(女)　韩先平
安乡县:胡公立　曹森林　曾明星
市直单位:马兴国　王　斌　王自银　王用娇(女)　文廉楚　云国祥　汪承毛　杜　宁　余风书　杨万秋　杨凤莲(女)　杨国烈　李实秋　李国祥　李炳生　张　艳(女)张自杰　罗华林　罗忠镛　周　俊　欧阳元成　郑盛祥　胡安民　郭连成　袁定东　唐振球　高振连　饶鼎城　游文喜

黄冬林　黄民福　葛振美　曾先菊（女）　程念先　谢　文　雷北海
雷志辉　廖美华（女）　蔡苏清　潘梓元　黎云芳（女）　熊巩固　戴旭初

6. 1998 年常德市总工会表彰的先进工会工作者

王自银　王长富　王华如　王岳军　王琳娜（女）　文国忠　孔凡润　甘启明
田中才　冉祖国　车德莲（女）　刘　星　刘有元　刘慎国　孙克茂　孙全发
孙沅媛（女）　皮世双　关良志　印生阶　余前舫　余风书　吴正强　吴希光
陈　莉（女）　陈谷生　陈国旗　陈铁牛　杨丕松　杨民权　李西安　杨贵元（女）
李克维　李益交　张升豪　张业发　张科元　张春初　张祖汉　张建华　谷正雄
金定元　金道德　孟全银　罗才恒　罗圭玉（女）　罗诗尚（女）　罗淑英（女）
周银甫　胡传国　胡宗明（女）　胡桂英（女）　胡玲玲（女）　殷安杰　钟昌满
贺良兵　娄子元　涂华堂　梁炳坤　钱雪峰　郭建堂　徐泽庭　高守勤　鲁龙九
覃世元　龚本元　龚永良　龚光茂　彭延凤（女）　彭家新　蒋炳福　曾庆友
曾燮柳　谢海波　谢超锦　雷子贵　谭永德　熊金生　戴世安　戴耀华　燕学云

（二）常德市（常德地区）优秀工会积极分子

1. 1961 年 12 月常德地区工会工作先进集体、积极分子代表大会表彰的优秀工会积极分子

常德市：王芳从　王正春　邓风初　龙金凤（女）　田金生　刘北海　朱庆生　吴以枚
李和顺　周建中　娄春弟　姚青采　粟孟春　殷素文（女）　黄介成　彭和廷

常德县：马信权　王海云　汪维富　张亚钧　张弟樵　林　洪　周三刚　禹明清
高用心　高选胜　鲁云九　曾桂堂　傅淑春（女）

汉寿县：史松林　刘了初　孙贵珍（女）　何云清　李国堂　李新初　罗世奎　胡汉君
曾云高　韩湘达

桃源县：龙保安　刘月金　伍福金　朱文才　邹德芬（女）　陈明孝　陈锦恒　陈德明
李光辉　李纯初　张岳初　涂前慧（女）　钟昌喜　唐怡卿（女）　熊炳兰

临澧县：马光煜　王代恒　叶世协　朱易春　汪佐志（女）　周长固　郭润芝（女）
徐光先

石门县：王燕凤（女）　刘服元　朱三乐　杜进志　陈正保　杨万年　李金吾　金昌武
胡光周　黄甫臣　雷冬生

澧　县：王大旗　王太原　汪明霞（女）　余成谷　周春艳（女）　钟傅德　游顺玉
胡家银　盛德玉（女）　龚方乾　龚光友　黄德廉　熊大义

津市市：毛冠王　田丕元　刘先制　刘仕荣　刘运和　陈新章　杨学风　李少柏
李彰善　胡梅珍（女）　赵安福　徐光协　夏应祥　黄守进　黄焕荣

黄继协　谢顺南

安乡县: 田　斌(女)　刘菊秀(女)　沈国芝(女)　陈国祥　李来安　李启永　胡天成　莫爱莲　肖明珍(女)　庞银秀(女)　黄保华

地直单位: 马甲皆　万傳久　王万生　王永生　王车生　王志生　王雷初　文正国　文德初　邓日新　邓召发　邓德祥　甘泽玉(女)　甘德云　冉年珍(女)　刘泽洪　刘宜宾　刘桂生　刘腊英(女)　刘望太　伍金玉(女)　孙祥生　许平安　苏大贤　何士斌　何汉波　何茂贵　何春芝(女)　吴应泉　吴岳甫　吴学成　邵正福　陈铁秋　杨振兴　李明德　李罗英(女)　李新桥　李德良　张运昌　张双成　张儒雅　芦仁贵　芦益德　罗云峰　罗良松　周兰桂(女)　郑华平　胡世国　胡训民　胡建斋　赵合德　姚德先　范斌臣　宾保显　梁天锡　耿成海　覃青珍(女)　康郁理　舒满英(女)　殷仁菊(女)　徐光武　肖中生　肖伏祥　肖家荘　崔翠英(女)　夏加团　夏宋来　喻民武　龚兆富　黄难先　彭子林　彭出庚　蒋金鸣　雷秀珍(女)　蔡耀明　熊金林　熊荣尧　戴保生

2.1980 年 1 月常德地区工会工作积极分子、先进工会工作者代表大会表彰的优秀工会积极分子

常德市: 丁玉民　凡学芝(女)　尹韦湘　白春年　刘四元(女)　刘成春　刘清朗　伍敦明　邹菊甫　严秀文(女)　陈平云　陈玉润(女)　陈长新　陈腊秀(女)　李秀春(女)李桃玉(女)　李宝珠　张祖丽(女)　旷柒华　单贤清　郑志勇　胡大毛　胡立铭　胡金枝(女)　赵松山　贾玉珍(女)　徐泽友　徐泽红(女)　高桂枝(女)　肖智慧(女)　盛佰华　曹友文　阎力卫　龚九英(女)　黄义均　彭诗好　傅九英(女)　揭德保　阙福臣　詹艳芳(女)　雷梅霜　熊　猛

常德县: 丁泸宜(女)　万春焕　龙栋清　帅文华　帅正国　杨学英(女)　李春秀(女)　邱正德　周炳南　范淑兰(女)　胡桃珍(女)　郭春秋　肖定昌(女)　曾玉生　谢吉才

汉寿县: 丁友道　王桂华(女)　刘春海　何英菊(女)　陈政权　陈焰光　李云兴　张世能　周廷龄　周淑萍(女)　胡　英(女)　郭长富　徐建清　高少军　肖立新(女)　谌楚先　童腊春　黄风珍(女)　黄爱珍(女)　曾元皋　熊淑芝(女)

桃源县: 王长富　王荣仁　文福顺　方旭岸　刘金福　何义清　宋松柏　吴元枝(女)　陈心荣　陈占云(女)　陈昌礼　李化兰　李专兰(女)　张三友　张家福　张宜章　张秋柏　周　明(女)　赵轰甫　莫光玉　袁昌鸿　徐克福　段友文

童大定　雷凤午　熊宏生

临澧县：于乾森　王本荣　王家泉　韦少林　叶松枝　刘万桂　刘正中　刘国经　汪淑华(女)　沈光亚　吴卫平　李本俊　泰宪军　游九香(女)　戚桂清

石门县：丁绪传　龙文元　伍炎戴　伍修金　沈克钦　何万卿　何英勤　池继流　陈绍学　杨业基　杨希锦　周德纯　范淑芳(女)　覃道泗　覃道福　覃道富　谢桂云　雷志学　谭深海

澧　县：丁仁秀(女)　丁学舫　王先华　尤　龙　刘兴帮　刘宗右　刘志元　孙灼然　陈仲桥　陈彬吾　杨　杰　杨家梅　李宗悦　李明金　张华明　张茂珍(女)　金忠林(女)　皮运富　周济美　胡家馨　钟传德　樊仲香

津市市：王定生　王秀英(女)　邓纯秀(女)　邓纯儒　田培员　刘菊生　刘德云　孙黄艾(女)　孙常铭　沈婉华(女)　李秀益(女)　李俊武　李祖柱　匡汉荣　许忠昌　张修业　张　玲(女)　张启珍(女)　张厚仁(女)　张治平　罗凤仙(女)　罗怡秀(女)　易国良　孟祥金(女)　赵照怀　钟友则　莫声振　郭春秀(女)　彭志荣

安乡县：万德富　王国清(女)　刘桂秋(女)　刘华斌　朱海峰　邹国富　余淑珍(女)　陈三元(女)　李寿辉　李国章　周德政　洪甲炎　胡栋梁　易德华　袁松高　黄德贵　董桂兰(女)　蔡胜家　蔡际纯(女)　彭紫霞(女)

地直单位：卜宗保　王玉珍(女)　王生台　王优阶　王运林　王志英(女)　王家球　王炳初　王春秀(女)　王菊珍(女)　文九善　文会贤　丰丽华(女)　开朝海　邓文先　邓文辉　邓元福　尹朗应　尹继友　方炳德　方展夏　甘栋生　史锦林　冯祥恒　冯本怡　汤凤仙(女)　汤民主　刘文伟　刘先志　刘秀梅(女)　刘良冬(女)　刘序英(女)　刘克光　刘启祥　刘忠权　刘金樵　刘桂芝(女)　刘裕树　刘道建　刘荣昌　刘跃彩　刘湘雄　朱厚圣　伍伯明　伍凯支(女)　向明科　向延年　羊庆云　孙立新　孙正富　孙圣国　孙维凯　杜应成　杜运启　余新正　余善述　苏明月(女)　吴　军　吴　焰(女)　吴以元　吴其国　冷德先　但起能　陈兆云　陈安玉(女)　陈启敏(女)　陈桃秀(女)　陈宏皋　陈继荣　陈菊仙(女)　陈建维　杨大明　杨正富　杨光翠(女)　杨阿忠　杨顺连(女)　李协成　李明权　李明扬　李锡桃　张平东　张长清　张巨初　张明顺　张康玉　张凌云　张建初　张清文　罗子跃　罗冬林　罗容秋　罗教慧　林荣进　林剑匡　林维萍(女)　周　广　周开泰　周克森　周兆葵　周郁兰(女)　周运生　周铭清　周炳云　周昌玉

周建军　欧仁林　欧阳有谋　郑文清　郑盛明　胡大保　金泽慧(女)
金道双　洪振森　姜开友　姚敦明　范运阶　钟丁才　钟双荣　钟罗明
钟腊秀(女)　贺　英　贺大伟　饶运巨　郭高祥　郭素清　郭庭才(女)
郭雪聪　郭德玉　涂正清(女)　徐才庚　徐达文　徐阳东　顾友甫
庹德双　舒善浩　葛宪生　寇周双　谌建华　梅德尧　唐小军　唐芳庭
唐传道　唐忠贤　肖友圣　盛海泉　曹更生　黄功泉　黄守进
黄美华(女)　彭志明　彭跃堂　董建枝　喻少宽　喻俊辉(女)　覃生考
覃正明　覃惜春(女)　薛礼明　程淑萍(女)　韩桂林　谢子云
谢桂英(女)　廖宰庆　腾官保　魏久新(女)　戴世煌　戴显发

3.1985年常德地区工会工作先进集体、先进个人代表大会表彰的优秀工会积极分子

常德市：丁望张　王一鸣　王志军　王勋元　文桃初　朱万章　车焕新　宋桂清
吴中青(女)　吴晓露(女)　邱文友(女)　陈昌前　陈昌盛　杨德章　杨方才
张　群　张卫胜　张伯民　罗继南　连毛弟　周一民　周育清　周耀儒
郑庭以　胡金枝(女)　胡朝爱　赵志兰(女)　郭　志(女)　唐　文(女)
彭诗好(女)　蒋本秀(女)　蒋学初　湖南燕(女)　蔡隆贵　颜永珍(女)

常德县：丁富远　王云庆　刘宏学　刘载华(女)　许弼杰　朱长家　陈序鹤　陈奉喜
杨金香(女)　李　俊　张光宙　周栋清　赵　超　范瑞智　高书生　谢国庆
曾晓白

汉寿县：刁瑞英(女)　王海涛　刘书生　何景保　陈辉山　杨况中　李传松　张理云
周干臣　胡祥菊　胡敬满　肖家华　肖淑琼(女)　傅景荣(女)

桃源县：文长付　孔湘桃　田造时　朱春莲(女)　孙　刚　余福林　汪　洋　杨元村
张人敬　张启明　罗昌林　孟耀卿　钟发云(女)　涂腊梅(女)　董碧芳(女)
程本治　谢之远

临澧县：刘金枝(女)　邹启厚　幸光明　陈永源　杨传洲　周绍钧　岳连生　揭振明
黄云昌　谢道济　熊华南(女)

石门县：刘淑云(女)　江从珍　吴继莲(女)　陈集佳　张欣然　金　石　赵永全
阎玉珍(女)　肖碧焕　唐天贵　龚玲玲(女)　蒋国佐　储运华

澧　县：方启贤　申万生　伍发清　李明成　李明星　李肇喜　张如宽　胡良明
赵小玲(女)　赵昌贵　赵复涔　肖业儒　黄兆兵　黄继红　樊仲香

津市市：王泽培　王爱玲(女)　王海清　方大银　匡汉崇　吴立平　陈瑞康　杨友如
李桂兰(女)　李忠金　易婉珍(女)　周天池　周穆聪　胡绍珍(女)
郭君琪(女)　肖跃楚　肖菊英(女)　肖益民　傅德明

安乡县：王国萍(女)　艾业精　向世荣　陈虎初　杨国忠　张克昌　金腊秀(女)

夏元芝(女) 夏泽卿 章淑琼(女) 解治平 彭保斌 曾尧宪 曾作中

地区直单位:丁淑珍(女) 马志强 毛次胜 文心求 方展夏 汤民主 伍 杰(女) 孙跃海 朱光华 朱国善 杜应成 苏大新 吴清英(女) 吴慧华(女) 成希干 宋正标 宋维新 冷德先 芦 芳(女) 陈正湘 陈月斌 陈建雄 陈曾喜 杨子龙 杨学文 李中平 李元珍(女) 李运鑫 李祥发 李淑菊(女) 张浩然 易长梅 英增章 罗冬林 罗忠海 罗建明 周 成 孟凡珏 胡安民 胡鄂湘 姜开友 郜明书 宾泉成 聂启森 郭金波 徐爱珍(女) 龚智慧(女) 彭敬初 傅春林(女) 韩玉丛 谭世敏(女) 谭桢麓 廖传雄 蔡光斗 曾炳炎 蒯象忠 薛海舟 熊运松(女) 戴作森

4. 1992年常德市总工会表彰的优秀工会积极分子

武陵区:刘金碧(女) 赵 明 舒光荣 高绪兰(女) 黄泽生 彭翠兰(女)

鼎城区:万 利 刘洪学 李佳伶(女) 李菊枝(女) 蔡大祥 熊坤生

汉寿县:帅桂珍(女) 刘家宽 杨瑞宏 张良志 袁松红(女) 肖迎春(女)

桃源县:孔令文(女) 余福林 沙美初 郭云甫 喻兴忠 葛冬荣

临澧县:文书友 刘泽统 李文万 毕文田

石门县:丁秉珍(女) 邓改平 杨其斌 周仕林 徐超贵 雷志国

澧 县:马小平 邹淑珍(女) 李永长 张景炎 胡定钧 肖庭友 廖明清

津市市:王爱玲(女) 邓传义 朱军学 杨 旻 李景党 周隽杰 庹学典 彭泽清

安乡县:刘利珍(女) 朱正秋 陈连喜 张有志 张文鹏 张悦之

市直联合工会:王天发 王金鹏 伍铁军 孙昌发 宋琼玲(女) 罗元梅(女) 罗云仙(女) 罗秋云(女) 李盈富 张发德 张晓明 张德建 苏红里 金喜林 赵壁城 范国英(女) 徐远萍(女) 唐美胜 高业华 屠家齐 彭桂云(女) 程谦富 熊先福

市直基层工会:丁为胜 于坤俊 马道川 王一鸣 史宏道 乐树生 刘希平 刘昌进 刘忠铭 孙 勇 刘霞春(女) 伍迎秀(女) 吕红星 邹富卿 沈志忠 余冬英(女) 苏国才 何赐达 吴玉琢 陈优珍(女) 陈仲春 陈宏春 杨栋生 杨海平 杨棣华 李 萍(女) 李本祥 李学军 李基胜 李雅玲(女) 李建国 张仕军 张献云 周先福 周国庆 周桃英(女) 胡宗恒 单绪新 贺长生 倪中美(女) 徐永定 徐国良 高政凯 章祖兰(女) 覃 峰 殷才林 舒仁彪 顾孔定 袁美丽(女) 唐炎庭 曹迪如 黄道彬 傅绍康 曾跃武 谭付岩 谭善华 蔡秀琴(女) 黎胜军

第四章　先进集体

第一节　全国先进集体

一　全国总工会授予的“五一劳动奖状”单位

1997 年全国五一劳动奖状单位

常德卷烟厂

2003 年全国五一劳动奖状单位

湖南汽车车桥厂

2004 年全国五一劳动奖状单位

常德电业局

2006 年全国五一劳动奖状单位

大唐石门发电有限责任公司

2007 年全国五一劳动奖状单位

常德烟草机械有限责任公司

2008 年全国五一劳动奖状单位

湖南湘澧盐矿热电分厂电气修试班

2009 年全国五一劳动奖状单位

常德市邮政局

2011 年全国五一劳动奖状单位

中国移动通信集团湖南有限公司常德分公司

2012 年全国五一劳动奖状单位

湖南德成建设工程有限公司

二　全国总工会授予的“工人先锋号”单位

2008 年全国工人先锋号单位

常德市公共交通总公司 1 路线

湖南省湘澧盐矿热电分厂电气修试班

2009 年全国工人先锋号单位

湖南省地质矿产勘查开发局 403 队盐矿项目 1 号钻机

中国移动通信集团湖南有限公司常德分公司营销中心武陵大道营业厅

2011 年全国工人先锋号单位

湖南云锦集团股份有限公司无梭轮班

中国人民银行常德市中心支行国库科

2012 年全国工人先锋号单位

湖南中烟工业有限责任公司常德卷烟厂芙蓉王卷烟生产线技术改造项目部

大唐石门发电有限责任公司发电部

三　全国总工会授予的“模范职工之家”和“模范职工小家”单位

(一)全国“模范职工之家”单位

1995 年全国模范职工之家单位

湖南华南光电(集团)有限责任公司工会

常德卷烟厂工会

1998 年全国模范职工之家单位

湖南湘澧盐矿工会

2000 年全国模范职工之家单位

常德电业局工会

桃源县第一中学工会

中国人民银行石门县支行工会

2003 年全国模范职工之家单位

常德市第一人民医院工会

石门县人民医院工会

2005 年全国模范职工之家单位

湖南电信常德分公司工会

湖南中联重科汽车车桥有限公司工会

2008 年全国模范职工之家单位

湖南省常德市地方税务局工会

中国移动通信集团湖南有限公司常德分公司工会

澧县国土资源局工会

2010 年全国模范职工之家单位

中国人民银行常德市中心支行工会

常德市第一中学工会

湖南省电力公司常德鼎城电力局

桃源县地方税务局工会

2011 年全国模范职工之家单位

湖南安福气门有限公司工会

澧县地方税务局工会

（二）全国“模范职工小家”单位

1993 年全国模范职工小家单位

常德卷烟厂工会四车间分会

湖南湘澧盐矿工会制盐车间分会

1998 年全国模范职工小家单位

湖南汽车车桥厂工会铸造车间分会

常德市公路局津市灵泉道班工会小组

2000 年全国模范职工小家单位

桃源县地方税务局 2 分局工会小组

2001 年全国模范职工小家单位

湖南湘澧盐矿工会热电厂分会

湖南湘澧盐矿工会矿区分会

2002 年全国模范职工小家单位

桃源县国家税务局桃花源分局工会小组

2003 年全国模范职工小家单位

临澧县地方税务局 1 分局工会小组

中国农业发展银行澧县支行机关工会

2005 年全国模范职工小家单位

中国农业发展银行桃源县支行工会

桃源县地方税务局 5 分局工会小组

湖南移动通信常德分公司工会澧县营业部分会

2008 年全国模范职工小家单位

湖南云锦集团筒摇车间甲班工会小组

湖南电信常德分公司客户服务中心部门工会小组

常德电力公司变电运行管理所岗市变电站工会小组

2010 年全国模范职工小家单位

常德市自来水公司工会沅南分会

湖南移动通信常德分公司德山营业部工会小组

大唐石门发电有限责任公司工会控制车间分会

湖南移动通信常德分公司鼎城区营业部工会小组

临澧县电力局九里供电所工会小组

湖南移动通信常德分公司石门县营业部工会小组

澧县国税局甘溪分局工会小组

湖南移动通信常德分公司安乡县营业部工会小组

第二节　省(部)级先进集体

一　湖南省总工会授予的“五一先锋集体(奖状)”单位

2009 年湖南省五一先锋集体(奖状)单位

中国移动通信集团湖南有限公司常德分公司

2010 年湖南省五一先锋集体(奖状)单位

湖南省地质矿产勘查开发局 403 队

2011 年湖南省五一先锋集体(奖状)单位

湖南省湘澧盐化有限责任公司

2012 年湖南省五一先锋集体(奖状)单位

湖南云锦集团股份有限公司

常德纺织机械有限公司

二　湖南省总工会授予的“工人先锋号”单位

2009 年湖南省工人先锋号单位

大唐石门发电有限责任公司发电部

湖南中烟工业有限责任公司常德卷烟厂芙蓉王卷烟生产线技术改造项目部

中国人民银行常德市中心支行国库科

湖南电信常德分公司 10000 号客户服务中心

常德市第五人民医院自愿戒毒所

2010 年湖南省工人先锋号单位

常德烟草机械有限责任公司信息中心

常德市邮政局武陵分局中心储蓄所

常德纺织机械有限公司综合车间精加工班

常德电业局调度管理所

常德市第二人民医院感染科

常德电业局客户服务中心 95598 客户服务部

2011 年湖南省工人先锋号单位

湖南广益粮油棉有限公司油脂车间预榨工段

湖南移动通信常德分公司临澧集团客户中心

湖南中烟工业有限责任公司常德卷烟厂一车间卷包乙班

常德市鼎城区地方税务局办税服务中心

澧县艳洲水电实业有限公司发电运行车间

三　湖南省总工会授予的“模范职工之家”和“模范职工小家”单位

(一)湖南省“模范职工之家”单位

1997 年湖南省模范职工之家单位

澧县第二中学工会

1998 年湖南省模范职工之家单位

中国人民银行临澧县支行机关工会

1999 年湖南省模范职工之家单位

桃源县电业局工会

2000 年湖南省模范职工之家单位

汉寿县地方税务局工会

临澧县国家税务局工会

中国人民银行安乡县支行工会

2001 年湖南省模范职工之家单位

常德市鼎城区邮政局工会

中国人民银行桃源县支行工会

石门县邮政局工会

澧县邮政局工会

中国工商银行澧县支行工会

2002 年湖南省级模范职工之家单位

中国人民银行汉寿县支行工会

桃源县人民医院工会

桃源县第九中学工会

临澧县电业局工会

中国农业发展银行临澧县支行工会

石门县中医院工会

石门县地方税务局工会

澧县审计局工会

中国人民银行澧县支行工会

澧县艳洲水利水电工程管理局工会

津市市地方税务局工会

2003 年湖南省模范职工之家单位

常德长途线路局工会

湖南电信鼎城区分局工会

石门县电信局工会

澧县第一中学工会

澧县电业局工会

中国工商银行津市市支行工会

2004 年湖南省模范职工之家单位

中国人民保险公司桃源县支公司工会

临澧县电信局工会

津市市国家税务局工会

2005年湖南省模范职工之家单位

常德市地方税务局德山分局工会

常德市地方税务局武陵区分局工会

湖南电信桃源县分公司工会

中国工商银行桃源县支行工会

临澧县地方税务局工会

澧县电信分公司工会

安乡县电力局工会

津市市电力局工会

2006年湖南省模范职工之家单位

常德市无线通信局工会

常德烟草机械有限责任公司工会

澧县人民医院工会

石门县电力局工会

津市市电信分公司工会

2007年湖南省模范职工之家单位

常德市第六中学工会

汉寿县电信局工会

2008年湖南省模范职工之家单位

常德市总工会机关工会

常德市自来水公司工会

常德市公路管理局工会

常德市地方税务局机关工会

中国建设银行常德市分行工会

常德市第三中学工会

常德市第七中学工会

中国农业发展银行鼎城区支行工会

石门县疾病控制中心工会

安乡县地方税务局工会

安乡县电信分公司工会

2009年湖南省模范职工之家单位

常德市鼎城区地方税务局工会

汉寿县国土资源局工会

湖南重庆啤酒国人有限公司工会

2011年湖南省模范职工之家单位

常德广播电视大学工会

常德市工商行政管理局机关工会

中国工商银行常德市分行工会

常德市武陵区育才小学工会

石门县楚江镇中渡社区工会

澧县第六中学工会

津市市人民法院工会

(二)湖南省"模范职工小家"单位

1999年湖南省模范职工小家单位

澧县地方税务局1分局工会小组

2000年湖南省模范职工小家单位

湖南湘澧盐矿工会机械制造安装公司分会

汉寿县国家税务局工会太子庙分局分会

石门县地方税务局1分局工会小组

安乡县国家税务局大鲸港分局工会小组

2002年湖南省模范职工小家单位

汉寿县地方税务局2分局工会小组

澧县地方税务局6分局工会小组

2003年湖南省模范职工小家单位

常德市鼎城区地方税务局4分局工会小组

澧县地方税务局5分局工会小组

安乡县地方税务局2分局工会小组

津市市地方税务局1分局工会小组

2004年湖南省模范职工小家单位

常德市鼎城区地方税务局2分局工会小组

桃源县地方税务局3分局工会小组

桃源县电力局桃花源供电所工会小组

汉寿县地方税务局 3 分局工会小组
湖南移动通信常德分公司临澧县营业部工会
石门县地方税务局 6 分局工会小组

2005 年湖南省模范职工小家单位

汉寿县地方税务局 4 分局工会小组

2006 年湖南省模范职工小家单位

湖南海利常德农药化工有限公司乐果车间工会小组
湖南移动通信常德分公司桃源县营业部工会
临澧县地方税务局 2 分局工会小组
澧县地方税务局 4 分局工会小组
湖南移动通信常德分公司津市营业部工会

2008 年湖南省模范职工小家单位

汉寿县地方税务局 1 分局工会小组
湖南移动通信常德分公司汉寿县营业部工会
桃源县地方税务局 1 分局工会小组
桃源县地方税务局 4 分局工会小组
临澧县地方税务局 3 分局工会小组

2009 年湖南省模范职工小家单位

常德市鼎城区地方税务局 5 分局工会小组
临澧县地方税务局稽查局工会小组
常德长途线路局石门分局工会小组
澧县张公庙供电所工会小组
津市市电力局新洲供电所工会小组
津市市地方税务局 2 分局工会小组

2011 年湖南省模范职工小家单位

常德市鼎城区地方税务局 1 分局工会小组
桃源县邮政局漆河支局工会小组
汉寿县电力局龙阳中心供电所工会小组
临澧县邮政局合口支局工会小组
安乡县农村信用合作联社工会机关分工会
津市市人民法院新洲人民法庭工会小组

第三节 市级先进集体

一 常德市总工会授予的“五一先锋集体(奖状)”单位

2009 年常德市五一先锋集体(奖状)单位

常德市第一建筑工程有限责任公司
常德市第四人民医院
常德市兴隆劳务有限责任公司
汉寿县地方税务局
汉寿县建设局
石门县中医院
桃源县第二人民医院
桃源县试验幼儿园
湖南中泰特种装备有限责任公司
临澧恒璋瓷业有限责任公司
澧县人民医院
澧县金龙玉凤餐饮有限公司
安乡县深柳镇城关中学
安乡县农村信用合作联社
津市市劳动和社会保障局
津市市公安局交通警察大队
常德市康复医院
湖南德山酒业营销有限责任公司
常德市第二人民医院
湖南常德南坪客运中心有限责任公司
常德市国土资源储备中心
湖南地质矿产勘查开发局 403 队
常德市第一中医院
常德市武陵区国家税务局
常德市水电勘测设计院

2010 年常德市五一先锋集体(奖状)单位

常德市公共交通有限责任公司
湖南云锦集团有限责任公司
湖南广益粮油棉有限公司
常德市汇美食品有限公司
常德市地方税务局武陵分局
常德市武陵区金丹试验学校
常德市鼎城区国家税务局
常德市鼎城区地方税务局
汉寿县教育局
汉寿县煤矿机械有限公司
桃源县第三中学
临澧县地方税务局
湖南安福气门有限公司
澧县总工会
安乡县农村信用合作联社营业部
安乡县深柳镇城关中学
津市市地方税务局
津市市民政局

2011 年常德市五一先锋集体(奖状)单位

常德市公路管理局
常德市房地产产权管理处
湖南华南光电(集团)有限责任公司
常德市国土资源规划测绘院
常德中亿实业有限责任公司
湖南移动通信常德市鼎城区分公司
常德市联嘉机械有限公司
汉寿县国土资源局
桃源县人民检察院反贪污贿赂局
临澧县电力局
石门县地方税务局
澧县财政局

津市市国家税务局
津市市房地产管理局
安乡县国土资源局
西湖管理区财政局
湖南广益粮油棉有限公司
常德西洞庭管理区劳动和社会保障局

2012年常德市五一先锋集体(奖状)单位

常德市天源住房建设有限公司
常德市土地登记服务中心
常德市经济建设投资集团有限公司
常德市金鹏印务有限公司
常德市质量技术监督局常德经济开发区分局
常德市武陵区农村商业银行
常德芙蓉大亚化纤有限公司
常德市鼎城常盛电子厂
国药控股常德有限公司
汉寿县国家税务局
汉寿县邮政局
桃源县审计局
湖南三尖农牧有限责任公司
临澧金华天机械制造有限公司
湖南移动通信临澧县分公司
湖南移动通信石门县分公司
澧县审计局
澧县人力资源和社会保障局
津市市中意糖果有限公司
津市市总工会
湖南安乡南方水泥有限公司
安乡县地方税务局
湖南谊诚化工有限责任公司
常德市西洞庭管理区科技文体局
常德市西洞庭管理区水利局

二　常德市总工会授予的“工人先锋号”单位

2008 年常德市工人先锋号单位

湖南中烟工业有限责任公司常德卷烟厂 2 车间制丝班
常德市电信分公司客服中心 10000 号
常德电业局 500 千伏岗市变电站
湖南省地质矿产勘查开发局 403 队盐矿项目 1 号钻机
常德市第五人民医院自愿戒毒所
常德市第一中学体育教研组
湖南移动通信常德分公司营销中心武陵大道营业厅
常德市地方税务局直属分局办税服务厅
常德市劳动和社会保障局劳动就业服务管理处窗口
常德市自来水公司管道维修青年突击队
常德市邮政局市北区投递部
大唐石门发电有限责任公司发电部

2009 年常德市工人先锋号单位

常德芙蓉大亚化纤有限公司沟槽班
武陵区农村信用合作联社营业部
武陵区人力资源和社会保障局劳动服务大厅
鼎城区地方税务局办税服务厅
湖南特利液压有限公司 2 车间拉缸班
鼎城区政务服务中心服务大厅
汉寿县人力资源和社会保障局就业培训中心
汉寿县市政公司技术室
汉寿县太子化工涂料有限公司油漆车间
石门县自来水公司杨岭岗水厂
石门县邮政局客户营销部
湖南华夏建筑有限责任公司曹成惠项目部泥工组
中国建设银行桃源支行漳江路分理处
桃源杰新纺织有限公司纺织厂 2 车间乙班
湖南安福气门有限公司气门毛坯校直班

临澧县中医院普外科
常德美华尼龙有限公司包装车间
澧县艳洲水电实业有限公司发电厂
安乡晋煤金牛化工有限公司原料维修班
湖南凯斯机械股份有限公司第一分公司平板车间铣工班
津市市广播电视台新闻部
湖南移动通信常德分公司津市市九澧大道营业厅
湖南省湘澧盐矿盐兴公司碘酸钾厂
常德市第二人民医院感染科
湖南省地质矿产勘查开发局403队澧县芒硝矿钻井工程施工项目部
湖南华南光电(集团)有限责任公司表面处理车间
常德市第一中医院骨伤一科
常德市环境卫生管理处机械化作业班
常德市公共交通总公司7路线
常德欣运集团股份有限公司常南分公司车站售票组
大唐石门发电有限责任公司燃料运输部
常德烟草机械有限责任公司信息中心
大湖水殖股份有限公司科研种苗中心
常德柳叶湖巅峰旅游开发有限公司游客服务中心
常德赤峰实业总公司方石坪煤矿开拓五队
湖南电力公司常德电业局调度管理所
湖南移动通信武陵分公司个人大客户班
常德市邮政局武陵分局中心营业所
湖南中烟工业有限责任公司常德卷烟厂1车间卷包乙班
常德纺织机械有限公司综合车间精加工班

2010年常德市工人先锋号单位

大唐石门发电有限责任公司检修部
常德市公共交通有限责任公司38路公交车
湘澧盐矿矿区机运检修中心
常德市鼎城区公路管理局周家店道班
湖南省地质矿产勘查开发局403队3号机组
湖南中烟工业有限责任公司常德卷烟厂动力车间冷空班

常德西洞庭管理区人民医院内儿科
常德西洞庭第一中学高三年级组
湖南信得利物流有限公司商务部
常德市邮政局投递分局南区投递部
老樵夫餐饮有限公司原生态菜馆
武陵区人民法院民一庭
武陵区东湖巷社区居委会
常德市第二中医院肝病科
鼎城区邮政局城区分局
湖南移动通信汉寿县分公司营业厅
汉寿县电力局营业大厅
湖南省四通建设有限公司质安管理部
湖南湘福新型建材有限公司制粉车间
临澧县恒璋瓷业有限责任公司制模车间
湖南移动通信石门县分公司集团大客户中心
石门县广播电视台交通频道
澧县广播电视台小渡口广播电视直属站
湖南移动通信安乡县分公司营销中心潺陵班组
湖南娄星纺织有限公司筒摇车间甲班
津市市人民医院手术中心

2011 年常德市工人先锋号单位

湖南华南光电(集团)有限责任公司精密机加车间铣加班
桃源公路管理局郑驿道班
湖南省湘澧盐化有限责任公司热电分公司锅炉车间运行 3 班
常德市中国诗墙管理处绿化管理所
大唐石门发电有限责任公司控制部
常德市城投龙门建设项目管理有限公司工程部
常德赤峰实业总公司方石坪煤矿开拓 2 队
常德市自来水公司沅北水厂机修班
湖南中烟工业有限公司常德卷烟厂 2 车间卷包丙班
常德市市政建设总公司沥青混凝土搅拌站
常德市邮政局德山分局

湖南省电力公司常德电业局计量管理所
湖南省地质矿产勘查开发局 403 队 2 号机台
鼎城区国家税务局西洞庭分局
常德经济技术开发区地方税务局稽查局
中冶南方工程技术有限公司常德沅江西大桥 BT 项目部工程部
湖南德力电力建设集团有限公司队德力变电建设分公司
武陵区司法局法律援助中心
湖南大力建设机械工程股份有限公司起重臂制造班
常德佳诚机械有限公司拉杆班组
常德市鼎城区地方税务局 1 分局
汉寿县邮政局中心营业部
汉寿县自来水公司管网所
湖南省电力公司常德桃源电力局维操班
桃源县司法局法律援助中心
临澧县第一完全小学三年级组
湖南金兴机械有限公司剪板下料班
澧县市政公用事业管理处路灯维护所
湖南省电力公司常德澧县电力局修试班
石门县中医院护理班
葛洲坝易普力湖南二化民爆有限公司膨化车间装药组
津市市国家税务局办税服务厅
津市市总工会职工维权帮扶中心
湖南移动通信安乡县分公司综合部后勤支撑班
常德电业局西湖电力有限责任公司裕民变电站
湖南广益粮油棉有限公司轧花车间轧花工段
常德电业局西洞庭电力有限责任公司维操班

2012 年常德市工人先锋号单位

湖南省地质矿产勘查开发局 413 队常德工程勘察院
大唐石门发电有限责任公司发电部一控 4 班
湖南华南光电(集团)有限责任公司光学特艺 1 班
湖南省地质矿产勘查开发局 403 队矿产调查院
常德市城市建设投资集团有限公司投融管理部

石门县公路管理局易市道班
常德市邮政局南坪支局
常德市公共交通有限责任公司 6 路公交线
常德市工商行政管理局财务基建科
湖南中烟工业有限责任公司常德卷烟厂 2 车间制丝电气技术组
常德市鼎城区地方税务局稽查局
常德电业局调度控制中心自动化班
常德金鹏印务有限公司 2 车间丙班
中国石油化工股份有限公司湖南常德石油分公司常德大道加油站
常德市土地登记服务中心发证部
常德市自来水公司德山营业所维修班
湖南恒欣建设工程有限公司善德大道 1 标段工程项目部
常德市福源电子有限公司质检部
常德市联嘉机械有限公司垂直油缸装配组
常德市鼎城区地方税务局第二税务分局
汉寿县国家税务局办税服务大厅
中国电信汉寿县分公司营业服务中心
桃源县公安局交通警察大队车辆管理所
湖南移动通信桃源县分公司大客户中心
常德华海液压机械制造有限公司军品班
临澧县疾病预防控制中心结核病防治门诊部
石门县邮政局壶瓶山支局
湖南石门特种水泥有限公司制造分厂中控班
湖南移动通信临澧县分公司集团大客户中心
津市市地方税务局办税服务大厅
津市市妇幼保健院 B 超科
中国电信安乡县分公司客户端装维护分部
安乡县恒生商贸有限责任公司收银课
湖南谊诚化工有限责任公司 2 车间
常德市汇美食品有限公司实罐 1 车间
常德市西湖管理区自来水公司安装维修班

三　常德市总工会授予的“模范职工之家”和“模范职工小家”单位

(一)常德市“模范职工之家”单位

1992年常德市模范职工之家单位

常德纺织机械有限公司工会

常德市鼎城区委机关工会

中国农业银行澧县支行工会

临澧县邮电局工会

1995年常德市模范职工之家单位

汉寿县电力局工会

1996年常德市模范职工之家单位

澧县自来水公司工会

中国工商银行安乡县支行工会

中国农业银行安乡县支行工会

1997年常德市模范职工之家单位

常德微波通信局工会

桃源县邮电局工会

石门县自来水公司工会

津市市造纸厂工会

津市市人民医院工会

1998年常德市模范职工之家单位

常德西洞庭农场工会

津市市白衣乡联校工会

津市市邮电局工会

1999年常德市模范职工之家单位

常德市职业病防治所工会

桃源县漆河镇教育工会

中国工商银行石门县支行工会

石门县城关镇教育工会

澧县王家厂水库管理局工会

2000 年常德市模范职工之家单位

中国人寿保险公司澧县支公司工会

石门县磨石镇中心医院工会

石门县楚江镇教育工会

2001 年常德市模范职工之家单位

常德市鼎城区教师进修学校工会

常德市鼎城区实验幼儿园工会

桃源县竹园发电责任公司工会

桃源县甲铺乡教育工会

桃源县九溪乡教育工会

澧县职业中学工会

澧县城关镇中学工会

2002 年常德市模范职工之家单位

常德市血防院工会

常德市妇幼保健院工会

湖南移动常德市鼎城区分公司工会

常德市鼎城区武陵中学工会

桃源县木塘镇联校工会

澧县第一完全小学工会

安乡县第一中学工会

2003 年常德市模范职工之家单位

常德市第二中学工会

常德市第五中学工会

中国工商银行常德分行营业部工会

中国人民保险公司武陵区支公司工会委员会

常德市武陵区人民法院工会

常德市鼎城区武陵镇教育工会

常德市鼎城区雷公庙镇教育工会

桃源县第八中学工会

临澧县新安中心卫生院工会

中国建设银行津市市支行工会

中国人寿保险公司津市市支公司工会

中国农业发展银行津市市支行工会
安乡县第二职业中学工会

2004年常德市模范职工之家单位

中国农业发展银行常德分行机关工会
中国农业发展银行常德分行营业部工会
常德市第四中学工会
常德市武陵区紫桥小学工会
常德市武陵区农商银行工会
中国农业银行鼎城区支行工会
桃源县第四中学工会
桃源县职业中学工会
汉寿县邮政局工会
中国农业发展银行汉寿县支行工会
澧县第三中学工会
临澧县人民医院工会
中国建设银行临澧县支行工会
临澧县实验学校工会
津市市第一中学工会
安乡县邮政局工会
中国农业发展银行安乡县支行工会

2005年常德市模范职工之家单位

常德市第十一中学工会
中国联通常德分公司工会
常德市发展和改革委员会工会
常德市公安局工会
常德西湖管理区工会
常德市武陵区卫门口小学工会
常德市鼎城区丁家港中学工会
桃源县第七中学工会
汉寿县农村信用社工会
汉寿县中医院工会
中国财产保险股份有限公司汉寿县支公司工会

澧县第四中学工会
澧县财政局工会
临澧县第四中学工会
津市市第七小学工会
津市市灵泉中学工会
石门县第五中学工会

2006 年常德市模范职工之家单位

常德市职业中学工会
常德市武陵区育英小学工会
常德市武陵区光明巷社区工会
中国工商银行鼎城区支行工会
常德市鼎城区武陵镇中心小学工会
常德市鼎城区灌溪镇教育工会
常德市鼎城区周家店镇教育工会
常德市鼎城区斗姆湖镇教育工会
汉寿县第二中学工会
汉寿县詹乐贫中学工会
汉寿县龙阳镇中心小学工会
中国人寿保险股份有限公司汉寿县支公司工会
临澧县第一中学工会
石门县广播电视局工会
中国建设银行石门县支行工会
津市市国土资源局工会
津市市第二中学工会
津市市第五中学工会
安乡县教师进修学校工会

2007 年常德市模范职工之家单位

常德市第一人民医院德山分院工会
常德市教学仪器站工会
常德市武陵区滨湖小学工会
常德市鼎城区第一中学工会
常德市鼎城区第六中学工会

中国建设银行汉寿县支行工会

中国建设银行澧县支行工会

临澧县丁玲学校工会

石门县二化有限责任公司工会

常德线路局石门线路分局工会

津市市渡口镇中心学校工会

中国建设银行安乡县支行工会

安乡县第二中学工会

2008 年常德市模范职工之家单位

常德电业局德山供电局工会

常德电业局变电运行管理所工会

常德市武陵区东升小学工会

湖南华安房地产开发有限责任公司工会

石门县卫生监督局分工会

2009 年常德市模范职工之家单位

常德电厂留守处工会

中国银行监督管理委员会常德监督分局工会

常德市房地产管理局机关工会

常德市第三中学工会

常德市第十三中学工会

常德电业局变电检修管理所工会

常德电业局城区供电所工会

常德市武陵区芙蓉路小学工会

常德市鼎城区港二口镇中学工会

汉寿县龙池实验中学工会

常德美华尼龙有限公司工会

津市市李家铺中学工会

2010 年常德市模范职工之家单位

湖南省地质矿产勘查开发局 413 队工会

常德中石油昆仑燃气有限公司工会

常德市西湖管理区人民医院工会

常德市兴隆劳务有限责任公司工会

桃源县文昌中学工会
中国建设银行桃源县支行工会
汉寿县人民医院工会
澧县疾病预防控制中心工会
津市市保河堤中学工会

2011 年常德市模范职工之家单位

常德市鼎城区第二中学工会
桃源县国家税务局工会
汉寿县周文庙乡中心学校工会
临澧县总工会机关工会
石门县公安局工会
石门县楚江镇观山社区工会
澧县烟草局工会
澧县澧州医院工会
澧县芦苇场工会
津市市翊武中学工会

2012 年常德市模范职工之家单位

桃源县杰新纺织印染有限公司工会
汉寿县酉港镇中心学校工会
汉寿县文蔚乡中心学校工会
临澧县邮政局工会
石门县莱士单采备血浆站工会
石门县楚江镇红土社区工会
津市市翊武中学工会

(二)常德市“模范职工小家”单位

1998 年常德市模范职工小家单位

常德市鼎城区地方税务局黄土店分局工会小组
常德市鼎城区地方税务局牛鼻滩分局工会小组
桃源县邮政局陬市分局工会小组
临澧县国家税务局合口分局工会小组

1999 年常德市模范职工小家单位

临澧县国家税务局城关镇分局工会小组

2000 年常德市模范职工小家单位

湖南汽车车桥厂工会制动器分会

湖南汽车车桥厂工会检验处分会

西洞庭农场职工医院工会

桃源县电力局陬市供电所工会小组

澧县国家税务局 3 分局工会小组

安乡县国家税务局官陵湖分局工会小组

2001 年常德市模范职工小家单位

湖南汽车车桥厂工会车桥分会

澧县地方税务局 2 分局工会小组

临澧县电信局新安支局工会小组

石门县邮政局新关支局工会小组

2002 年常德市模范职工小家单位

常德市鼎城区地方税务局 6 分局工会小组

汉寿县地方税务局坡头税务所工会小组

汉寿县地方税务局第五税务所工会小组

汉寿县农村信用合作联社西港镇信用社工会小组

桃源县电力局桃花源供电所工会小组

石门县地方税务局 2 分局工会小组

石门县地方税务局 4 分局工会小组

石门县电信局新关分局工会小组

澧县艳洲水电管理局工会发电厂分会

澧县电力局垱市供电所工会小组

安乡县地方税务局 1 分局工会小组

安乡县地方税务局 4 分局工会小组

2003 年常德市模范职工小家单位

湖南湘澧盐矿工会制硝厂分会

常德市鼎城区国家税务局港二口所工会小组

常德市鼎城区武陵镇常源小学工会小组

澧县电力局盐井供电所工会小组

安乡县地方税务局 5 分局工会小组

安乡县地方税务局 3 分局工会小组

2004 年常德市模范职工小家单位

桃源县电力局盘塘供电所工会小组

临澧县电力局四新岗供电所工会小组

石门县地方税务局 3 分局工会小组

中国工商银行津市市支行营业部工会小组

2005 年常德市模范职工小家单位

汉寿县农村信用合作联社罐头嘴乡信用社工会小组

临澧县电力局望城供电所工会小组

石门县电力局抄收班工会小组

安乡县自来水公司工会水厂分会

2006 年常德市模范职工小家单位

汉寿县农村信用合作联社洲口乡信用社工会小组

汉寿县农村信用合作联社太子庙镇信用社工会小组

桃源县电力局漳江供电所工会小组

澧县电力局甘溪供电所工会小组

澧县电力局向阳桥供电所工会小组

澧县国土资源局澧阳镇国土资源管理所工会小组

湖南电信津市分公司营业服务中心工会

2007 年常德市模范职工小家单位

湖南湘澧盐矿工会盐兴公司分会

汉寿县农村信用合作联社沧港信用社工会小组

汉寿县农村信用合作联社蒋家嘴信用社工会小组

桃源县地方税务局服务大厅工会小组

石门县电力局检修班工会小组

2008 年常德市模范职工小家单位

常德市长途电信线路局汉寿线路分局工会小组

汉寿县电力局蒋家嘴供电所工会小组

汉寿县农村信用合作联社崔家桥乡信用社工会小组

汉寿县农村信用合作联社月明潭乡信用社工会小组

常德市长途电信线路局桃源线路分局工会小组

临澧县邮政局新安支局工会小组

澧县电力局小渡口供电所工会小组

石门县电力局接装班工会小组

2009年常德市模范职工小家单位

常德市长途电信线路局城域网分局工会小组

湖南湘澧盐矿工会物流公司分会

汉寿县农村信用合作联社岩汪湖镇信用社工会小组

临澧县电力局修梅供电所工会小组

石门县电力局调度班工会小组

澧县电力局码头铺供电所工会小组

津市市电力局保河堤中心供电所工会小组

2010年常德市模范职工小家单位

湖南省电力公司常德电费管理中心工会

湖南省电力公司常德客户服务中心工会

湖南华南光电(集团)工会铸造车间分会

常德市自来水公司工会沅北水厂工会小组

桃源县电力局沙坪供电所工会小组

湖南电信石门东区支局工会小组

临澧县人民医院妇产科工会小组

临澧县通程电力建设公司工会小组

石门县邮政局维新支局工会小组

安乡县电力局调度通信班工会小组

2011年常德市模范职工小家单位

湖南省电力公司常德计量管理所工会

湖南省电力公司常德线路管理所工会

汉寿县邮政局阳南塘乡支局工会小组

湖南电信石门县壶瓶山支局工会小组

安乡县电力局线路班工会小组

湖南联通安乡县分公司工会

2012年常德市模范职工小家单位

常德市自来水公司工会沃特市政总公司分工会

鼎城公路局周家店道班分工会

湖南联通汉寿县分公司工会

石门县邮政局壶瓶山支局工会

湖南联通津市市分公司工会

附录：

常德市总工会机构、编制演变情况

（1988—2016 年）

1988 年常德撤区建市，实行市领导县的体制。同年 8 月 24 日，根据省委办公厅、省政府办公厅湘办〔1988〕37 号《关于批复常德市市直党政群机关机构设置的通知》精神，中共常德市委、常德市人民政府常通字〔1988〕11 号文件决定，按照群众团体有关章程，设置常德市总工会。

一、主要工作任务和职责范围

市总工会是全市各级工会和各产业工会全市组织的领导机关，由中共常德市委领导。依据《中华人民共和国工会法》和《中国工会章程》规定，市总工会机关的主要工作任务是：

1.根据党的基本理论、基本路线和基本纲领，遵照全国总工会和省总工会确定的工会工作的指导方针和任务，围绕大局，结合我市实际，指导全市工会工作。

2.贯彻执行全国总工会、省总工会和市总工会代表大会的决议，依照法律和章程，组织和指导全市各级工会履行工会"维护、建设、参与、教育"等社会职能，开展工会各项业务工作；领导市总工会直属单位的工作。

3.对有关职工利益的重大问题进行调查研究，向市委、市人民政府和省总工会反映职工群众的情绪、愿望和要求，并提出意见和建议；参与涉及职工切身利益的有关政策、措施和制度的制定；对侵犯职工合法权益的重大事件进行调查并提出处理意见，参与职工重大伤亡事故的调查处理。

4.依照法律和章程，指导全市各级工会的自身建设和改革，监督检查《中国工会章程》的贯彻执行，不断完善工会各项组织制度和民主制度；指导基层工会组织职工开展以职工代表大会为基本制度的民主选举、民主决策、民主管理和民主监督工作，建立健全调整劳动关系、维护职工劳动权益的平等协商制度和集体合同制度。

5.协助区县（市）委和市直有关委、局党组（党委）管理区县（市）一级工会和市级产业工会的领导班子；研究制订工会干部管理制度和培训规划，配合省总工会做好企事业单位及区县(市)工会领导干部的培训工作。

6.受市政府委托,承担全国劳模、省劳模的推荐、管理和市劳模的推荐、评选、管理工作;负责本市全国五一劳动奖章、奖状获得者的推荐、管理工作。

7.负责指导全市各级工会加强对职工进行爱国主义、集体主义、社会主义教育,民主、法制、纪律教育以及科学、文化、技术教育,组织职工开展文体活动,不断提高职工的思想道德素质与科学文化素质,培养和建设有理想、有道德、有文化、有纪律的职工队伍。

8.负责工会经费的收缴、管理、使用、审查、审计工作;管理工会的固定资产;指导各级工会加强财产管理。

9.负责全市工会组织的涉外工作。

10.承办市委、市人民政府交办的其他事项。

二、科室设置、职能调整及人员编制情况

1987 年年末,省总工会常德地区工作委员会内设 3 科 1 室,事业编制 17 名,实有 16 人(其中领导 4 人)。

1988 年 10 月 13 日,常编发〔1988〕75 号文件通知,为适应撤区建市后工会工作的需要,市总工会内部机构设立:办公室、组织部、宣教部、民主管理部、女工部、生产生活部、财务部。

1988 年 12 月 20 日,常编办发〔1988〕55 号文件批复,为适应撤区建市后工会工作的需要,市总工会内部机构设置:办公室、组织部、宣教部、民主管理部、女工部、生产生活部、财务部。核定总编制 41 人行政编制 22 人,事业编制 19 人。

1990 年 8 月 5 日,常编办直〔1990〕57 号文件批复,常德市总工会教育工作委员会和卫生工会联合委员会各配备专干事业编制 1 名。专干编制单独立户,人员经费由市总工会负责。

1996 年 3 月 15 日,常德市机构编制委员会《关于印发常德市总工会机关机构改革方案的通知》(常编发〔1996〕8 号),确定总工会机关设 7 个职能科室:办公室、组织部、民主管理社会保障部、经济工作部、财务部(加挂经费审查委员会办公室牌子)、女职工部、法律维权工作部。核定行政编制 19 名,其中工会领导职数 4 名,纪检组组长 1名,秘书长、正副部长(主任)职数 11 名,其他工作人员 3 名。按有关规定,机关后勤服务人员核定事业编制 2 名。

2000 年 9 月 22 日,常编办〔2000〕71 号文件批复,常德市总工会财务部加挂资产管理办公室牌子。

2002 年 4 月 10 日,中共常德市委办公室印发《常德市总工会机关机构改革方案》(常办通字〔2002〕29 号),常德市总工会机关设 6 个职能部室:办公室、组织部(加挂宣传教育部牌

子)、民主管理工作部、生产保护部、财务部(经费审查委员会办公室与其合署办公室)、女工部(加挂常德市总工会女职工委员会办公室牌子)。核定行政编制 16 名。其中:主席 1 名,副主席 2 名,纪检组组长 1 名,经费审查委员会主任(副处级)1 名;正副科级领导(含秘书长)职数 7 名;其他工作人员 4 名。机关后勤服务编制 2 名。

2006 年 4 月 29 日,常编办〔2006〕55 号文件通知,市总工会追加安置军转干部行政编制 1 名。调整后,市总工会行政编制 17 名。

2006 年 6 月 14 日,常编办〔2006〕119 号文件通知,市总工会原核定后勤服务编制 2 名核减为 1 名。

2010 年 3 月 11 日,常编发〔2000〕18 号文件批复,市总工会增加女职工委员会主任(副处级)职数 1 名,增加经贸工会工作委员会主任(副处级)职数 1 名,其编制内部调剂解决,不新增编制。

2011 年 3 月 1 日,常编发〔2011〕13 号文件批复,市总工会增加建筑物业工会工作委员会主任(副处级)职数 1 名,其编制从你单位内部调剂解决,不新增编制。

2011 年 3 月 3 日,常编办〔2011〕36 号文件通知,市总工会追加安置军转干部行政编制 1 名。调整后,市总工会行政编制 18 名。

2014 年 5 月 13 日,常编发〔2014〕21 号文件通知,市总工会的常务副职或排名第一的副职按党委、政府工作机构正职配备,不另行核定领导职数。

2015 年 8 月 5 日,常编办复〔2015〕78 号文件通知,市总工会追加安置军转干部行政编制 1 名。调整后,市总工会行政编制 19 名。

2016 年 4 月 8 日,常编办复〔2016〕56 号文件批复,核减市总工会后勤服务全额拨款事业编制 1 名。

2016 年 9 月 12 日,常编办复〔2016〕132 号文件批复,市总工会设立人事科,与办公室合署办公,主要负责机关及直属单位的机构编制、干部人事、劳动工资、机关党建和离退休人员管理服务工作,组织部(宣传教育部)不再承担相应工作任务。核定人事科科长(正科级)职数 1 名,所需编制从财务部调剂。调整后,市总工会行政编制仍为 19 名,其中:办公室(人事科与其合署办公)2 名,财务部(经费审查委员会办公室与其合署办公)2 名;正副科级领导职数为 8 名(其中正科级领导职数为 7 名)。

表附-1

年度	编制数			在编人数			年度	编制数			在编人数		
	合计	行政	事业编制	合计	行政	事业编制		合计	行政	事业编制	合计	行政	事业编制
1987	17	0	17	16	0	16	2002	18	16	2工勤	18	16	2工勤
1988	41	22	19	44	22	19	2003	18	16	2工勤	18	16	2工勤
1989	41	22	19	22	22	19	2004	18	16	2工勤	18	16	2工勤
1990	41	22	19	21	21		2005	18	16	2工勤	18	16	2工勤
1991	41	22	19	21	21		2006	18	17	1工勤	18	17	1工勤
1992	41	22	19	21	21		2007	18	17	1工勤	18	17	1工勤
1993	41	22	19	21	21		2008	18	17	1工勤	18	17	1工勤
1994	41	19	22	19	19		2009	18	17	1工勤	18	17	1工勤
1995	41	19	22	19	19		2010	18	17	1工勤	19	18	1工勤
1996	19	19		19	19		2011	18	17	1工勤	19	18	1工勤
1997	19	19		19	19		2012	18	17	1工勤	19	18	1工勤
1998	19	19		19	19		2013	18	17	1工勤	19	18	1工勤
1999	19	19		19	19		2014	18	17	1工勤	19	18	1工勤
2000	19	19		19	19		2015	19	19	1工勤	19	18	
2001	19	19		19	19		2016	19	19		19	19	

说明：事业编制含目前统计的全额、差额、自收自支事业编制以及原统计口径的经费自理、经费自筹、企业化管理编制。

三、直属二级机构设置演变情况

1.常德市总工会职工技术协作办公室

1989年2月25日，根据《关于设置常德市总工会职工技术协作管理站等事业机构有关问题的批复》（常编办直〔1989〕17号）精神，设置常德市总工会职工技术协作管理站，核定事业编制7名，其中：正副站长各1名，技术指导员5名。

2000年9月22日，常编办〔2000〕71号文件批复，将常德市总工会职工技术协作管理站更名为常德市总工会职工技术协作办公室，原定的10名事业编制核减为7名。

2002年4月10日，中共常德市委办公室印发《常德市总工会机关机构改革方案》（常办通字〔2002〕29号），核定全额拨款事业编制5名，其中主任1名，副主任1名，其他工作人员3名。管理人员参照公务员管理。

表附-2

年度	编制数			在编人数			年度	编制数			在编人数		
	合计	行政	事业编制	合计	行政	事业编制		合计	行政	事业编制	合计	行政	事业编制
1988							2003	5		5	5		5
1989	7		7	7		7	2004	5		5	5		5
1990	7		7	7		7	2005	5		5	5		5
1991	7		7	7		7	2006	5		5	5		5
1992	7		7	7		7	2007	5		5	5		5
1993	7		7	7		7	2008	5		5	5		5
1994	7		7	7		7	2009	5		5	5		5
1995	7		7	7		7	2010	5		5	4		4
1996	7		7	7		7	2011	5		5	4		4
1997	7		7	7		7	2012	5		5	5		5
1998	10		10	10		10	2013	5		5	4		4
1999	7		7	7		7	2014	5		5	4		4
2000	7		7	7		7	2015	5		5	5		5
2001	7		7	7		7	2016	5		5	3		3
2002	5		5	5		5							

说明：事业编制含目前统计的全额、差额、自收自支事业编制以及原统计口径的经费自理、经费自筹、企业化管理编制。

2.常德市总工会法律保障工作办公室

1994年2月工人文化宫俱乐部管理站成立。核定事业编制4人。

2002年4月10日，中共常德市委办公室印发《常德市总工会机关机构改革方案》(常办通字〔2002〕29号)，由常德市总工会工人文化宫俱乐部管理站更名为常德市总工会法律保障工作办公室。核定全额拨款事业编制4名。

表附-3

年度	编制数			在编人数			年度	编制数			在编人数		
	合计	行政	事业编制	合计	行政	事业编制		合计	行政	事业编制	合计	行政	事业编制
1994	4		4	4		4	2000年	4		4	4		4
1995	4		4	4		4	2001年	4		4	4		4
1996	4		4	4		4	2002年	4		4	4		4
1997	4		4	4		4	2003年	4		4	4		4
1998	4		4	4		4	2004年	4		4	4		4
1999	4		4	4		4	2005年	4		4	4		4

续表附-3

年度	编制数			在编人数			年度	编制数			在编人数		
	合计	行政	事业编制	合计	行政	事业编制		合计	行政	事业编制	合计	行政	事业编制
2006年	4		4	5		5	2012年	5		5	5		6
2007年	5		5	4		4	2013年	5		5	4		4
2008年	5		5	5		5	2014年	5		5	4		4
2009年	5		5	5		5	2015年	5		5	2		2
2010年	5		5	5		5	2016年	5		5	1		1
2011年	5		5	4		4	备注						

说明：事业编制含目前统计的全额、差额、自收自支事业编制以及原统计口径的经费自理、经费自筹、企业化管理编制。

3.常德市工人文化宫

1984年9月1日常编办直〔1984〕64号文件批复，工人文化宫、俱乐部管理站成立，属地区工会管理，定为科级事业单位，定事业编4名。

1990年撤区建市后隶属常德市总工会管理。内设5个机构，宣传教育科、阵地活动科、影视服务科、计划财务科和办公室。1993年8月18日，常编办直〔1993〕49号文件批复，常德市工人文化宫定为科级事业单位。其隶属关系、人员编制、经费渠道维持不变。

2000年9月22日，常编办〔2000〕71号文件批复，常德市工人文化宫自收自支编制由原定的40名核减为20名。

2003年8月22日，常编办〔2003〕59号文件批复，常德市工人文化宫（简称市工人文化宫），是市总工会管理的事业单位，原有级别（正科级）暂不变。其主要工作任务是：建立、健全和辅导职工业余和离退休职工文体团队组织，组织开展有益身心健康的文化、艺术、歌咏、舞蹈、戏曲和体育等活动；开展文化宣传、举办文化、文学艺术、体育和兴趣类知识培训与讲座，活跃人们的文化生活，培养职工兴趣爱好。核定自收自支事业编制20名，其人员编制结构为：主任1名，副主任2名；其他管理人员5名；文化艺术人员12名。2007年7月安置退伍军人1人，核增自收自支事业编制1人。

表附-4

年度	编制数			在编人数			年度	编制数			在编人数		
	合计	行政	事业编制	合计	行政	事业编制		合计	行政	事业编制	合计	行政	事业编制
1990	40		40	40		40	1993	40		40	40		40
1991	40		40	40		40	1994	40		50	40		40
1992	40		40	40		40	1995	40		40	40		40

表附-4

年度	编制数			在编人数			年度	编制数			在编人数		
	合计	行政	事业编制	合计	行政	事业编制		合计	行政	事业编制	合计	行政	事业编制
1996	40		40	40		40	2007	20		20	20		20
1997	40		40	40		40	2008	20		20	20		20
1998	40		40	40		40	2009	20		20	19		19
1999	40		40	40		40	2010	20		20	20		20
2000	19		19	19		19	2011	20		20	19		19
2001	19		19	19		20	2012	20		20	18		18
2002	19		19	19		20	2013	20		20	15		15
2003	19		19	19		19	2014	20		20	15		15
2004	19		19	19		19	2015	20		20	13		13
2005	19		19	14		14	2016	20		20	13		13
2006	19		19	19		19							

说明：事业编制含目前统计的全额、差额、自收自支事业编制以及原统计口径的经费自理、经费自筹、企业化管理编制

4. 常德市职工学校

1994年12月20日，常工组〔1994〕62号文件，将市职工学校并入工人文化宫。实行统一管理，统筹安排。

2000年9月22日，常编办〔2000〕71号文件批复，常德市职工学校事业编制由原定的11名核减为3名。

2003年8月22日，常编办〔2003〕59号文件批复，常德市职工学校（简称市职校），是市总工会管理的事业单位，机构级别暂定为正科级。其主要工作任务是：开展在职职工短期培训；开展中等学历教育及相关成人职业培训。核定全额拨款事业编制3名，其人员编制结构为：校长（副校长）1名，教育教学人员2名。

表附-5

年度	编制数			在编人数			年度	编制数			在编人数		
	合计	行政	事业编制	合计	行政	事业编制		合计	行政	事业编制	合计	行政	事业编制
1998	11		11	11		11	2005	3		3	3		3
1999	11		11	4		4	2006	3		3	3		3
2000	3		3	3		3	2007	3		3	3		3
2001	3		3	3		3	2008	3		3	2		2
2002	3		3	3		3	2009	3		3	2		2
2003	3		3	3		3	2010	3		3	2		2
2004	3		3	3		3	2011	2		2	2		2

续表附-5

年度	编制数			在编人数			年度	编制数			在编人数		
	合计	行政	事业编制	合计	行政	事业编制		合计	行政	事业编制	合计	行政	事业编制
2012	2		2	2		2	2015	2		2	1		1
2013	2		2	2		2	2016	2		2	1		1
2014	2		2	1		1							

说明：事业编制含目前统计的全额、差额、自收自支事业编制以及原统计口径的经费自理、经费自筹、企业化管理编制。

5.常德市职工维权帮扶中心

2010年3月17日，常编办〔2010〕75号文件批复，设立常德市职工维权帮扶中心，为市总工会管理的正科级事业单位。其主要工作任务是：负责为职工提供有关劳动就业、公共服务优惠、民政优抚的政策咨询以及职业介绍、职业培训、法律援助、生活救助等形式的帮助和服务；负责整合困难职工帮扶的有关资源，会同有关部门帮助解决职工在就业、培训、医疗、生活、子女上学等方面的突出问题；协助调处劳动纠纷，依法维护职工合法权益。核定市职工维权帮扶中心全额拨款事业编制2名，其人员编制结构为：主任（副主任）1名；其他工作人员1名。

2011年2月22日，常编办〔2011〕25号文件批复，市职工维权帮扶中心增加全额拨款事业编制1名，其人员编制结构为其他工作人员。调整后，市职工维权帮扶中心全额拨款事业编制为3名。

2012年6月8日，常编办〔2012〕72号文件通知，市职工维权帮扶中心安置2011年度政策性人员追加全额拨款事业编制1名。

2013年3月28日政策性安置2人（军转家属、退伍军人各1人）

2016年7月军转家属调走。

表附-6

年度	编制数			在编人数			年度	编制数			在编人数		
	合计	行政	事业编制	合计	行政	事业编制		合计	行政	事业编制	合计	行政	事业编制
2010	2		2	2		2	2014	4		4	6		6
2011	3		3	2		2	2015	4		4	6		6
2012	4		4	4		4	2016	4		4	5		5
2013	4		4	6		6							

说明：事业编制含目前统计的全额、差额、自收自支事业编制以及原统计口径的经费自理、经费自筹、企业化管理编制。

6.常德市总工会信息中心

2011 年 3 月 3 日，常编办〔2011〕35 号文件批复，设立市总工会信息中心，为市总工会管理的正科级事业单位。其主要工作任务是：负责市总工会信息化建设规划的制定，并组织实施；负责电子政务系统建设与管理；负责内外网的规划与建设以及有关网络信息技术的推广应用；负责指导全市工会系统信息化建设和发展。核定市总工会信息中心全额拨款事业编制 2 名，其人员编制结构为：主任（副主任）1 名；其他工作人员 1 名。其编制来源为：从市职工学校划转 1 名，新增 1 名。调整后，市职工学校全额拨款事业编制为 2 名。

表附-7

年度	编制数			在编人数			年度	编制数			在编人数		
	合计	行政	事业编制	合计	行政	事业编制		合计	行政	事业编制	合计	行政	事业编制
2011	2		2	2		2	2014	2		2	2		2
2012	2		2	2		2	2015	2		2	2		2
2013	2		2	2		2	2016	2		2	2		2

说明：事业编制含目前统计的全额、差额、自收自支事业编制以及原统计口径的经费自理、经费自筹、企业化管理编制。

四、1988 年以来，机构演变过程中撤销、合并、转型的机构

1.中国职工旅行社常德支社

1989 年 2 月 25 日，根据《关于设置常德市总工会职工技术协作管理站等事业机构有关问题的批复》（常编办直〔1989〕17 号）精神，设置中国职工旅行社常德支社，核定事业编制 2 名（专干）。

2003 年 8 月 22 日，常编办〔2003〕53 号文件批复，市总工会下属的中国职工旅行社常德支社不再作事业单位管理，原有的 2 名全额拨款事业编制予以核销。

表附-8

年度	编制数			在编人数			年度	编制数			在编人数		
	合计	行政	事业编制	合计	行政	事业编制		合计	行政	事业编制	合计	行政	事业编制
1989	2		2	2		2	1996	2		2	2		2
1990	2		2	2		2	1997	2		2	2		2
1991	2		2	2		2	1998	2		2	2		2
1992	2		2	2		2	1999	2		2	2		2
1993	2		2	2		2	2000	2		2	2		2
1994	2		2	2		2	2001	2		2	2		2
1995	2		2	2		2	2002	2		2	2		2

说明：事业编制含目前统计的全额、差额、自收自支事业编制以及原统计口径的经费自理、经费自筹、企业化管理编制。

2.常德市职工物价监督管理总站

1989 年 2 月 25 日，根据《关于设置常德市总工会职工技术协作管理站等事业机构有关问题的批复》（常编办直〔1989〕17 号）精神，设置常德市职工物价监督管理总站，核定事业编制 4 名，其中站长 1 名、专干 3 名。

1990 年 11 月 27 日，常编办直〔1990〕93 号文件批复，常德市职工物价监督管理总站更名为常德市职工物价监督管理站。其机构性质、级别、人员编制、经费渠道维持不变。

2000 年 9 月 22 日，常编办〔2000〕71 号文件批复，撤销常德市职工物价监督管理总站，核销原定的 6 名事业编制。

表附-9

年度	编制数			在编人数			年度	编制数			在编人数		
	合计	行政	事业编制	合计	行政	事业编制		合计	行政	事业编制	合计	行政	事业编制
1989	4		4	4		4	1995	4		4	4		4
1990	4		4	4		4	1996	4		4	4		4
1991	4		4	4		4	1997	4		4	4		4
1992	4		4	4		4	1998	4		4	4		4
1993	4		4	4		4	1999	4		4	4		4
1994	4		4	4		4	2000	4		4	4		4

说明：事业编制含目前统计的全额、差额、自收自支事业编制以及原统计口径的经费自理、经费自筹、企业化管理编制。

3.常德市总工会法律顾问室

1989 年 2 月 25 日，根据《关于设置常德市总工会职工技术协作管理站等事业机构有关问题的批复》（常编办直〔1989〕17 号）精神，设置常德市总工会法律顾问室，核定事业编制 2 名，其中律师 1 名、专干 1 名。

2000 年 9 月 22 日，常编办〔2000〕71 号文件批复，撤销常德市总工会法律顾问室，核销原定的 4 名事业编制。

表附-10

年度	编制数			在编人数			年度	编制数			在编人数		
	合计	行政	事业编制	合计	行政	事业编制		合计	行政	事业编制	合计	行政	事业编制
1989	2		2	2		2	1995	4		4	4		4
1990	2		2	2		2	1996	4		4	4		4
1991	2		2	2		2	1997	4		4	4		4
1992	2		2	2		2	1998	4		4	4		4
1993	2		2	2		2	1999	4		4	4		4
1994	4		4	4		4	2000	4		4	4		4

说明：事业编制含目前统计的全额、差额、自收自支事业编制以及原统计口径的经费自理、经费自筹、企业化管理编制。

4.常德市总工会工人文化宫俱乐部

1984 年 9 月 1 日常编办直〔1984〕64 号文件批复,工人文化宫、俱乐部管理站成立,属地区工会管理的科级事业单位,定事业编 4 名。

2000 年 9 月 22 日,常编办〔2000〕71 号文件批复,常德市总工会工人文化宫俱乐部事业编制由原定的 4 名核减为 3 名。

2002 年 4 月 10 日,中共常德市委办公室印发《常德市总工会机关机构改革方案》(常办通字〔2002〕29 号),常德市总工会工人文化宫俱乐部管理站更名为常德市总工会法律保障工作办公室。原机构不再存在。

表附-11

年度	编制数			在编人数			年度	编制数			在编人数		
	合计	行政	事业编制	合计	行政	事业编制		合计	行政	事业编制	合计	行政	事业编制
1994	4		4	4		4	1999	4		4	4		4
1995	4		4	4		4	2000	3		3	3		3
1996	4		4	4		4	2001	3		3	3		3
1997	4		4	4		4	2002	3		3	3		3
1998	4		4	4		4							

说明:事业编制含目前统计的全额、差额、自收自支事业编制以及原统计口径的经费自理、经费自筹、企业化管理编制。

索　引

A

B

C

D

F

G

H

J

K

L

O

P

Q

S

T

W

X

Y

Z

编 后 记

2010年9月，常德市人民政府地方志办公室启动全市第二轮部门志书的编修。2012年8月，《常德市工会志》编修工作正式启动，市总工会常委会高度重视《常德工会志》编纂工作，成立了由市总工会主席担任主任的编纂委员会，设立了编纂办公室，聘请了曾在中共常德市委党史办（市人民政府方志办）和市总工会工作的两位退休同志专职其事。

按照国务院“每20年续修一次志书”的规定及常德地方志工作规划的安排，《常德市工会志》原定篇幅50万字，编修断限为1988年至2010年。鉴于在上一轮志书编修中，工会只是作为常德地区志里党派群团志中的一章，没有单独成书，以及考虑到工会届次的完整性，市总工会常委会决定，将本次志书的编修断限确定为上限不限，从有史料记载写起；下限为2012年底，个别内容延至2013年，篇幅增加到90多万字。最终形成一部详细记载常德地区一百多年来工人阶级产生、发展、工会组织的建立以及工人运动和工会工作的全过程，记录常德工人阶级和工人运动光荣历史的常德第一部完整的工会志书。

《常德市工会志》由大事记和职工队伍、清末民国时期的工人团体和工人运动、中华人民共和国成立后的工会组织、主要会议、工会工作、人物和先进集体等6篇组成，跨越两个世纪，历时一百多年。要完成如此浩大的志书编修，必须占有翔实的历史资料。在编修过程中，各区县（市）总工会、部分企事业单位工会和市档案局提供了历史和现实资料。特别是曾在20世纪80年代承担常德工运史编修工作的刘发清、戴坤安同志,通过采取查阅历史档案、基层工会提供资料、走访部分老工会干部等形式,收集整理了大量的新民主主义革命时期、社会主义建设时期,以及常德撤区建市之前的工人运动和工会工作的文字和图片资料,从而,保证了《常德市工会志》编修的历史延续性、史料的真实性和志书的完整性。

《常德市工会志》遵循"观点正确、体例严谨、内容全面、特色鲜明、记述准确、表达通顺、文风端正"的志书编修原则,在编写过程中,编者尽量做到记而不作、述而不论、寓论于事、寓褒贬于史实,坚持做到重史实、重资料、重引用、宁缺毋滥的历史的真实记录。然而,由于客观因素的制约,特别是"文化大革命"前后期的资料缺失和不完整,有些记述难免略显单薄,遗漏、不连贯的情况依然存在,这也是沧海遗珠之憾。

《常德市工会志》作为一部部门志书,承载了太多的关心与支持。在编制志书篇目和编修过程中,常德市人民政府地方志办公室几次到市总工会调研指导。志书初稿完成后,在相继召开的工会老同志征求意见座谈会、区县(市)总工会和部分企事业单位工会征求意见座谈会、市总工会部门负责同志和市总工会常委会审稿会上,常德市人民政府地方志办公室在对志书错误之处进行修正的同时,对进一步完善志书提出中肯的意见,使志书大为生色。常德纺织机械有限公司、国网常德供电分公司等单位工会和曾经在工会工作过的老同志,提供了珍贵的历史照片,对志书的编修给予了热忱支持,谨此一并致以最诚挚的感谢。由于编者水平有限,加之志书篇幅浩大,书中难免存在错讹之处,敬请不吝批评指正,并致以诚挚谢意。

编　者

2017年12月